Delhi (au nord), Agra (au nord-est) et le Rajasthan forment un triangle magique où l'art indo-musulman s'est pleinement exprimé. Bordé par le Pakistan (à l'ouest), grignoté par le désert du Thar (à l'ouest, la partie jaune), le Rajasthan, d'une superficie d'un peu moins des deux tiers de celle de la France, dévoile ses forteresses rajputes et ses villes altières : Jaisalmer (à l'extrême ouest), Bikaner (au nord), Jodhpur (au centre), Udaipur (au sud) et Jaipur (à l'ouest).

Directeur artistique et technique
Ahmed-Chaouki Rafif
Coordination éditoriale et iconographique
Marie-Pierre Kerbrat
Texte et photographies
Philippe Bénet et Renata Holzbachová
Cartographie
Yves Korbendau

ISBN 2-86770-160-0
N° d'éditeur 1161
Dépôt légal : premier trimestre 2003

Imprimé en France par Mame à Tours

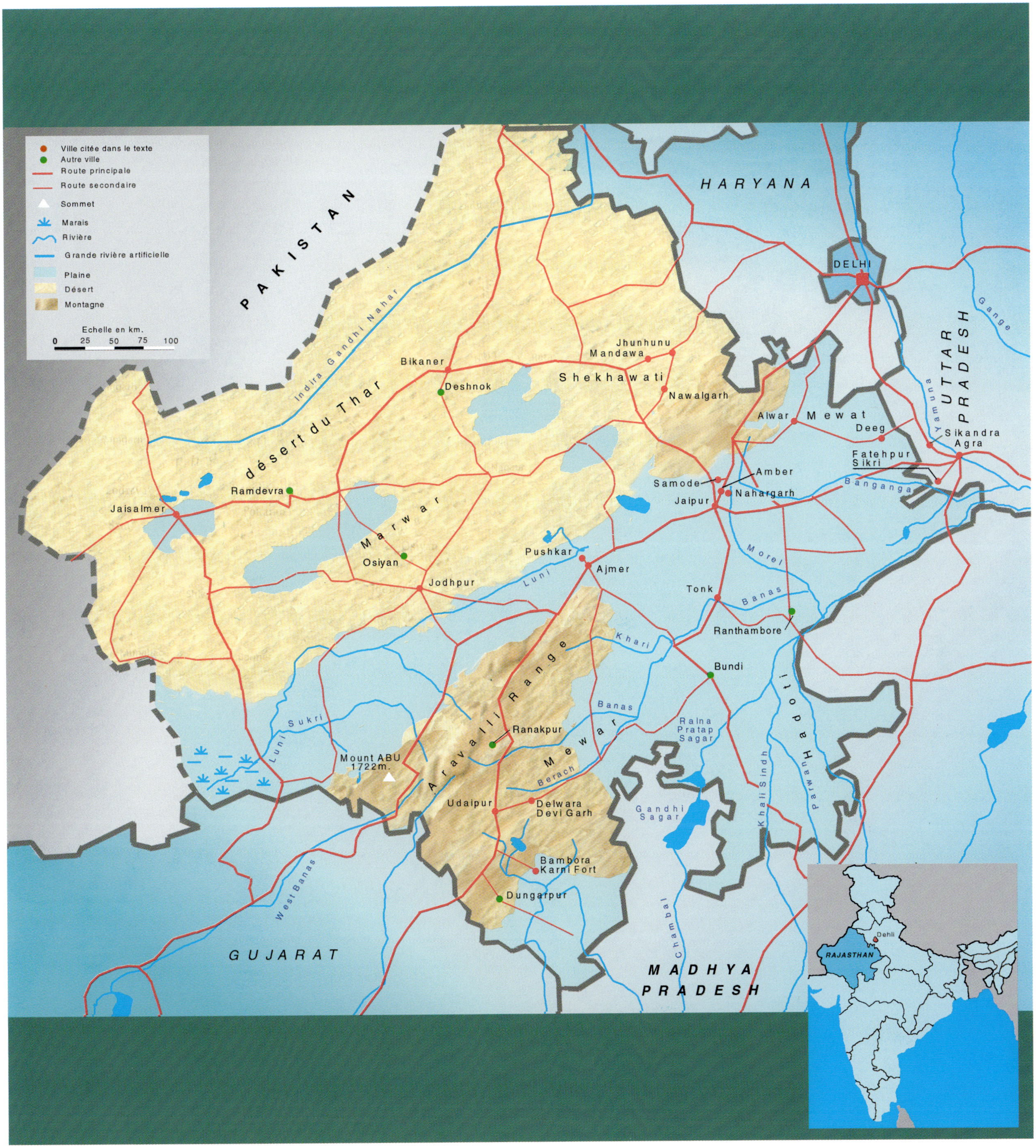
Ville citée dans le texte
Autre ville
Route principale
Route secondaire
Sommet
Marais
Rivière
Grande rivière artificielle
Plaine
Désert
Montagne
Echelle en km.
0 25 50 75 100
PAKISTAN
HARYANA
DELHI
UTTAR PRADESH
GUJARAT
MADHYA PRADESH
Indira Gandhi Nahar
désert du Thar
Marwar
Shekhawati
Mewat
Mewar
Aravalli Range
Bikaner
Deshnok
Jhunhunu
Mandawa
Nawalgarh
Alwar
Deeg
Sikandra
Agra
Fatehpur Sikri
Amber
Samode
Nahargarh
Jaipur
Ramdevra
Jaisalmer
Osiyan
Jodhpur
Pushkar
Ajmer
Tonk
Ranthambore
Bundi
Ranakpur
Mount ABU 1722m.
Udaipur
Delwara Devi Garh
Bambora Karni Fort
Dungarpur
Gange
Yamuna
Banganga
Morel
Banas
Luni
Khari
Sukri
Berach
West Banas
Chambal
Khali Sindh
Parwan
Hadoti
Raina Pratap Sagar
Gandhi Sagar
RAJASTHAN
Dehli

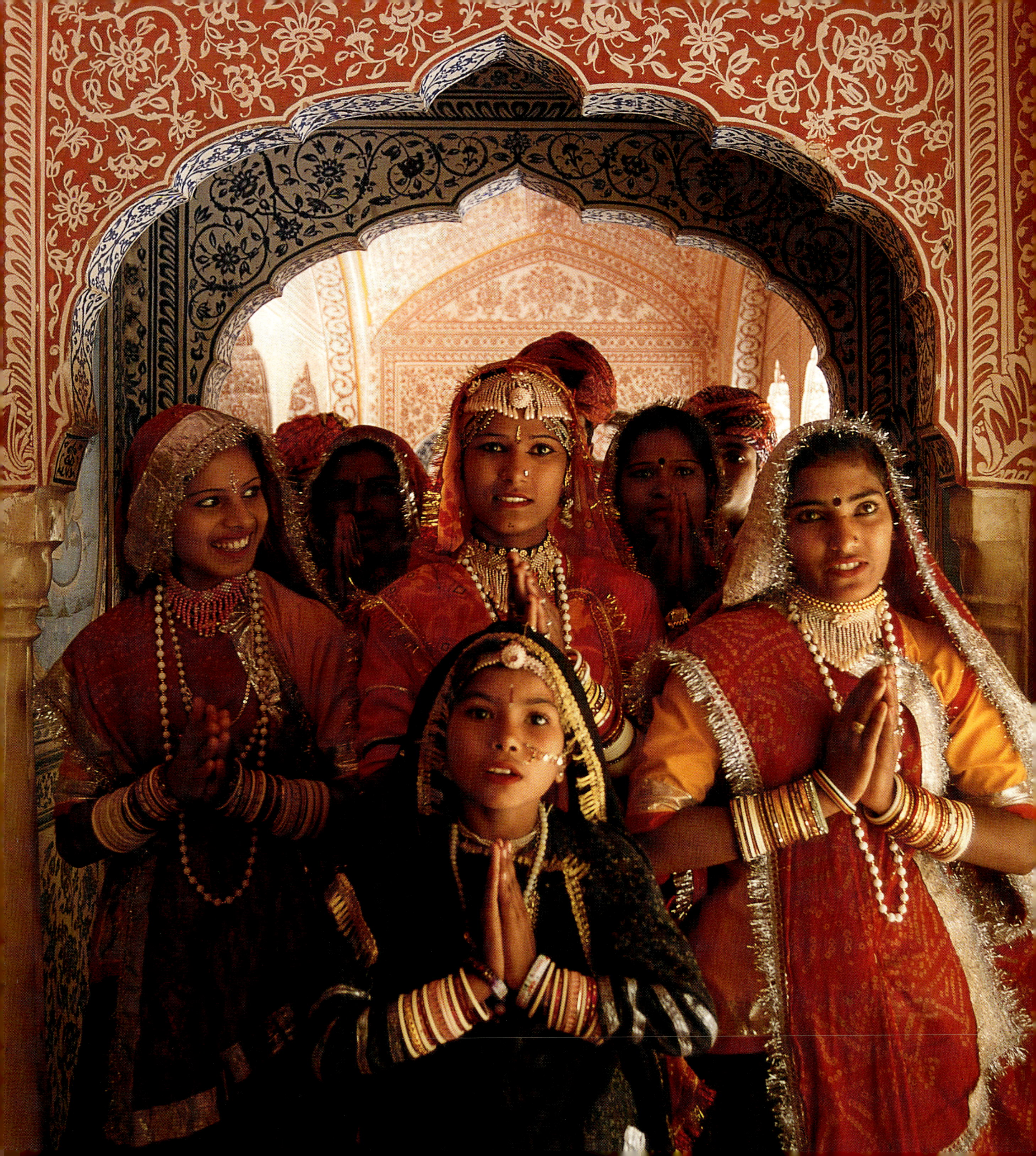

Philippe Bénet
Renata Holzbachová

Rajasthan
Delhi - Agra

Un art de vivre indo-musulman

ACR Édition

Sommaire

EXTRAIT DES CARNETS DE VOYAGE DES AUTEURS

« 10 mars : arrivée à Jodhpur… »

«… Le maharaja de Jodhpur, Gaj Singh II, nous attend. Son palais (l'un de ses palais), l'"Umaid Bhawan" que nous survolons en cette fin de soirée, est un carnaval insensé de dômes, de tourelles et de colonnes de pierre, rougis par le soleil couchant. Entourés de 250 serviteurs, le maharaja, son épouse la maharani Hemlata Rajya, leurs deux enfants, une grand-tante parlant couramment français habitent très confortablement dans cet élégant complexe pour lequel les nostalgiques des Années folles ne tarissent pas d'éloges. Et qui passe pour être le plus grand palais privé du monde : 394 pièces vastes comme de vrais appartements, des vestibules hauts comme des cathédrales, des couloirs longs comme des avenues de New Delhi. Quitter le désert du Thar pour survoler la ville de Jodhpur, deuxième ville du Rajasthan, relève de la pure magie. Les maisons bleutées de la ville basse, caressées par un soleil complice, semblent former une oasis tellement reposante !

« Juché sur un rocher qui surplombe la ville, le fort de Mehrangarh, que Rudyard Kipling qualifiait de "construction de géants", s'élève dans l'azur comme une citadelle irréelle. Du haut de ses 120 mètres de muraille, les ancêtres du maharaja repoussèrent longtemps les envahisseurs moghols, avant d'en être les alliés. Édifiée au milieu du XVe siècle, les chroniques de l'époque rapportent que 500 éléphants et 10 000 esclaves furent requis pour faire surgir la forteresse qui a survécu aux outrages du temps.

« Lui faisant face, la toisant presque, parade sur un promontoire de l'autre côté de la ville l'"Umaid Bhawan", la résidence de son altesse "his Highness", comme tout le monde l'appelle. Le 38e maharaja des guerriers rathors rajputs, fier descendant de Rama (héros de la célèbre épopée du Ramayana), membre de la lignée de la "race du Soleil", vient de fêter ses cinquante ans de règne, un règne sans pouvoir. Il n'avait que quatre ans quand il accéda au trône… C'était en 1952. Après l'Indépendance en 1947, quand tous les privilèges des princes furent gommés pour cause de démocratie, les anciennes familles royales durent trouver des solutions pour subvenir à leurs "fastueux besoins" et entretenir leur patrimoine. Certains ne s'en remirent jamais, laissant forteresses et palais à l'abandon. D'autres tentèrent l'aventure dans l'hôtellerie avec succès. Aujourd'hui, l'"Umaid Bhawan" est l'une des adresses les plus prisées du Rajasthan. Ses fascinantes suites Art déco ont été encensées dans tous les magazines de décoration de la planète. La famille du maharaja a conservé une aile du palais comme résidence privée. Nous allons l'y rencontrer. »

La forteresse de Mehrangarh, à Jodhpur : « Une construction de géants », disait Rudyard Kipling.

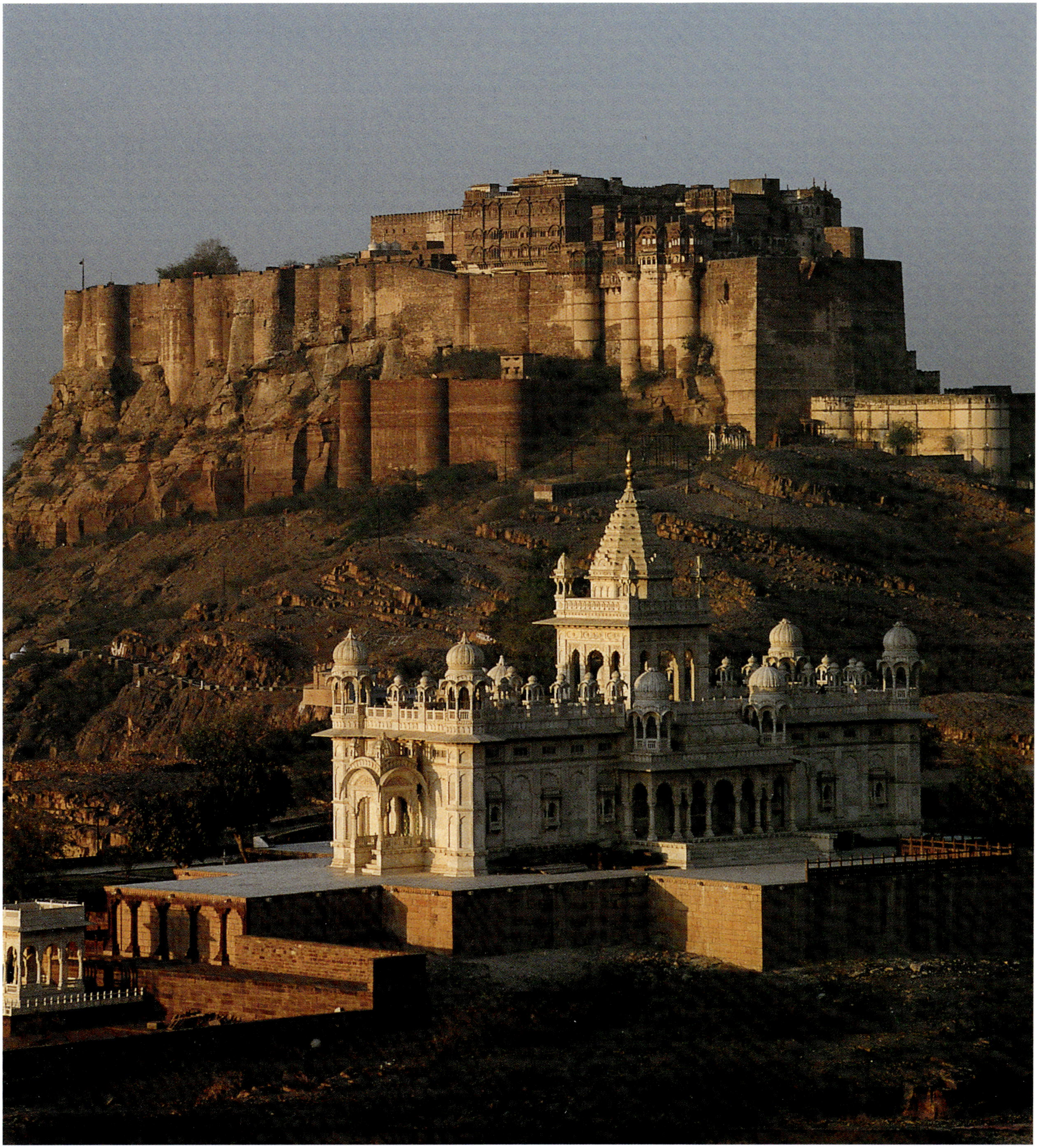

« Le plus grand palais privé du monde »

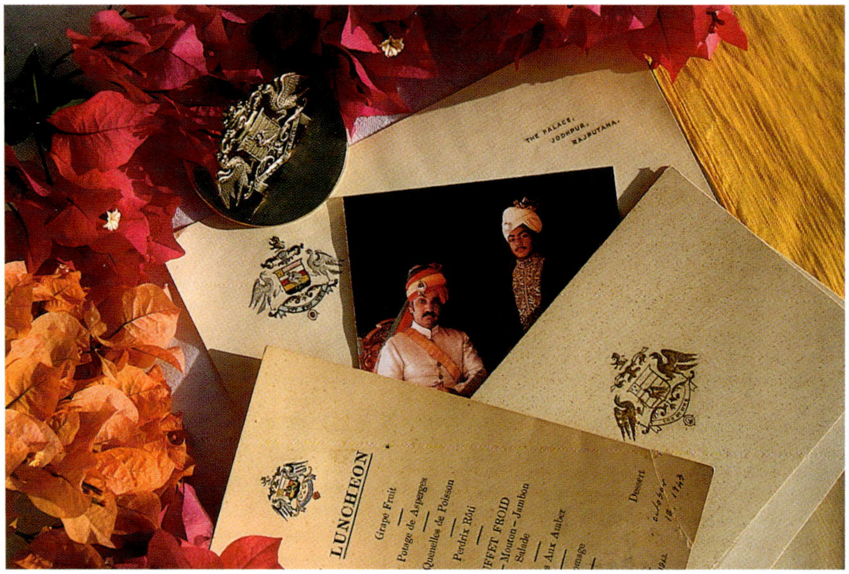

« Le soir se fait bleuté. Les éclairages du palais percent la nuit. Depuis les hublots de notre avion, il semble avoir les dimensions d'une vraie ville. "Umaid Bhawan" signifie le palais d'Umaid, nom du grand-père du présent maharaja. C'est Umaid Singh qui commanda la construction du palais, dans les années 1920, à des architectes anglais de génie. Cela partait d'un bon sentiment : donner du travail à la population acculée au désespoir en raison de la famine qui sévissait. Ils furent ainsi 3 000, habitants de la ville et de l'État de Jodhpur, à être salariés pendant des années. Un record à l'époque !

« L'aéroport où nous atterrissons en douceur a également été dessiné par Umaid Singh. Passionné d'aviation, il possédait une flotte de douze appareils. Le nôtre s'immobilise. Bouffée de chaleur : le désert n'est pas loin. En guise de comité d'accueil, une interminable Buick 8 cylindres, couleur crème, modèle 1947, décapotable, nous attend avec chauffeur. Les clients de l'hôtel et les invités de marque ont le choix parmi les voitures de la collection familiale qui peuvent venir les chercher à l'aéroport : deux Cadillac modèles 1941 et 1947 ; deux Rolls Phantom II modèle 1942 ; une Packard modèle 1947. Il y a aussi la Morris Minor modèle 1934 et quelques autres, plus modernes. Nous avons choisi la Buick 1947, cadeau de sa grand-mère au fils du maharaja, le prince Yuvraj, pour ses dix-huit ans. Le palais se trouve a quelques encablures de l'aéroport. Intérieur cuir, moteur puissant, la longue Buick avance sans bruit. Chaque jour, pas moins de huit chauffeurs font tourner les moteurs, astiquent, bichonnent les vieilles mécaniques.

« Tea time » pour Gaj Singh II, 38e maharaja de Jodhpur, dans les jardins de l'Umaid Bhawan, le plus grand palais privé du monde : 394 pièces, 8 salles à manger et une piscine Art Déco.

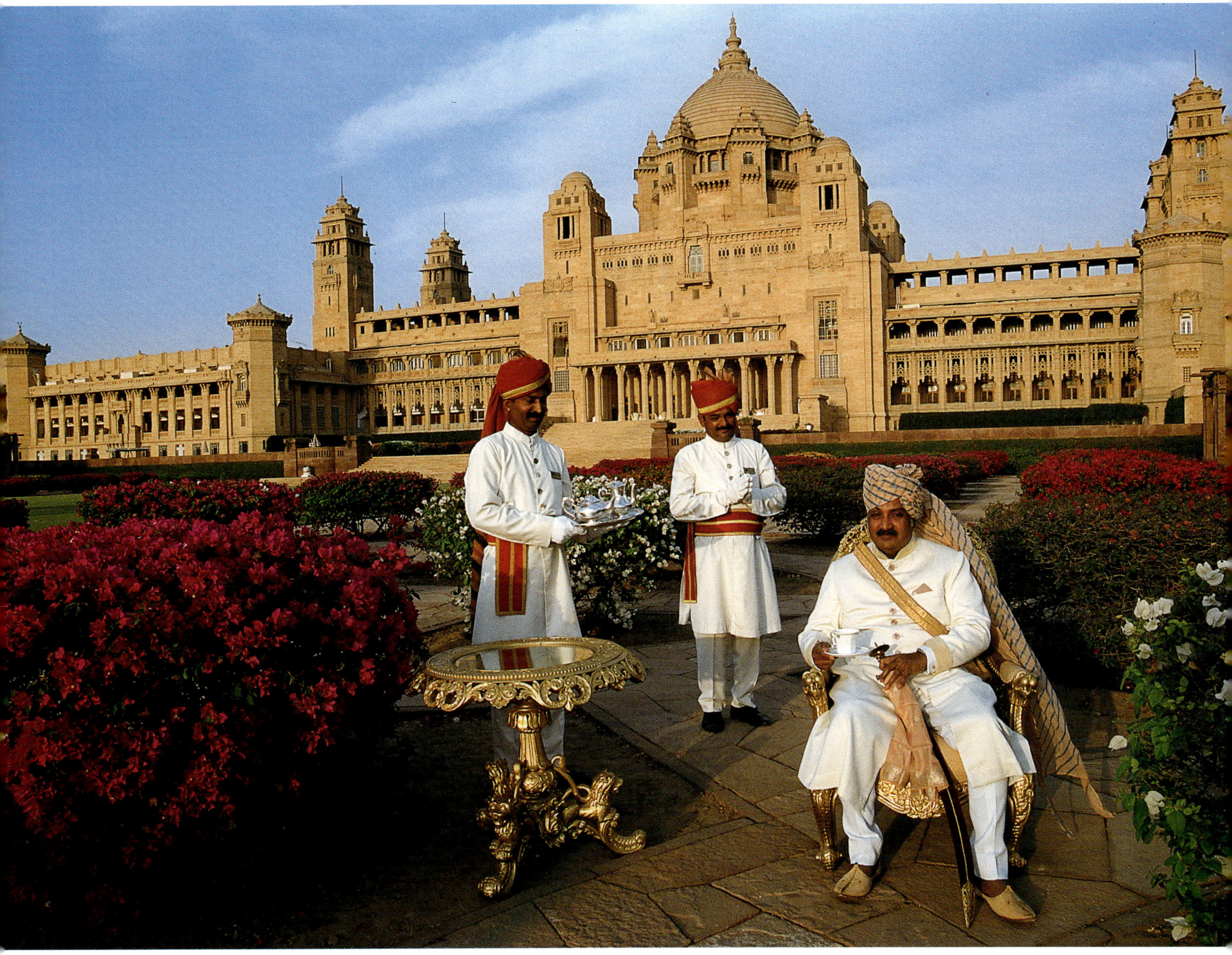

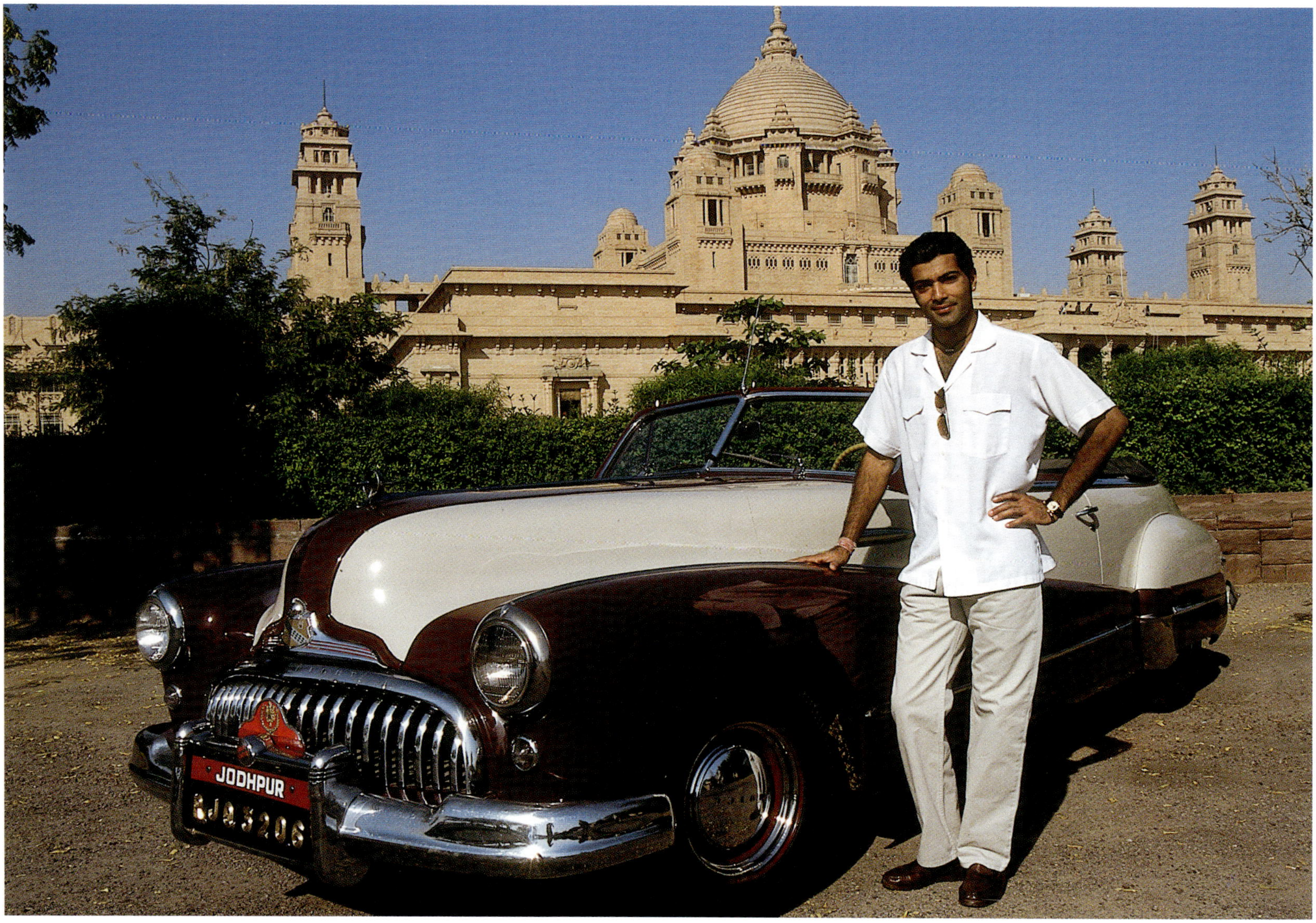

L'élégance et le panache n'ont pas disparu de la panoplie des Rajputs. Le prince Yuvraj Shivraj Singh, fils du maharaja de Jodhpur, devant sa Buick 8 cylindres modèle 1947, cadeau d'une bien gentille grand-mère pour ses dix-huit ans.

« Kipling avait raison. Dans ses mémoires de voyage "from Sea to Sea", l'écrivain anglais mentionnait déjà en 1887 que "Jodhpur différait des autres États du Rajputana (ancien nom du Rajasthan, avant l'Indépendance), parce que la famille royale y était particulièrement accueillante envers ses visiteurs en quête d'informations..."

« Nous passerons une petite semaine de rêve dans le très magique "Umaid Bhawan", comme hôtes de son altesse. "A propos, votre altesse, les maharajas ne sont-ils pas devenus des hommes d'argent, des businessmen ?" "– Nous sommes simplement les gardiens de notre histoire", nous précisera Gaj Singh II. A vingt-cinq ans, son fils, le prince Yuvraj Shivraj Singh, incarne le visage sympathique de l'Inde moderne : études brillantes à Oxford, champion de polo, passionné d'internet, engagé dans des œuvres caritatives, voyageant dans toute l'Europe (il adore les Français), il gère l'hôtel familial avec le même panache que son père. C'est un vrai Rajput... »

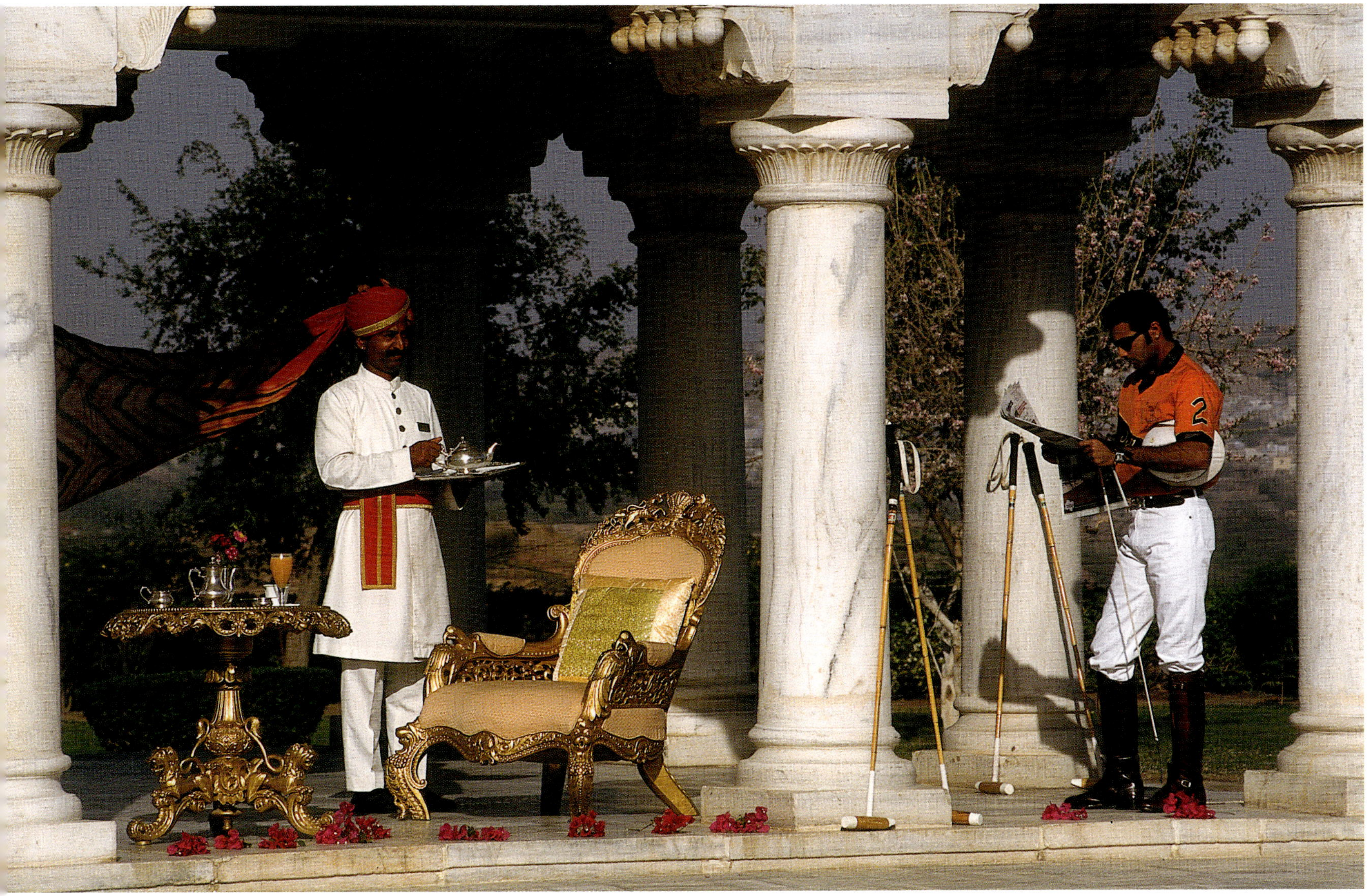

Après des études à Oxford, le prince Yuvraj Shivraj Singh a pris en main la gestion du patrimoine familial. Excellent joueur de polo, passionné de chevaux, s'engageant aussi dans des mouvements caritatifs, il incarne l'Inde moderne.

INTRODUCTION

A longueur d'année, le psychiatre de l'ambassade de France à Delhi tâche de rassurer ces Français de passage encore sous le choc de cette Inde qui inquiète et qui fascine. Ont–ils croisé, dans les hôtels « stay and die » (« attendre la mort ») de Bénarès, le regard illuminé de celles ou ceux qui espèrent la mort, désirant que leurs cendres soient disséminées dans le Gange sacré pour atteindre plus vite le Nirvana ? A Calcutta ou à Bombay, ont-ils été sollicités par ces grappes de mendiants qui semblaient à la fois si pauvres et tellement riches de l'intérieur (mais comment font-ils) ? Ont-ils trop écouté ces drôles de « sages » pour qui tout est vain ? Ceux-ci leur ont-ils dévoilé que la vie présente n'était rien et que la prochaine sera meilleure ? Ou bien encore ont-ils été envoûtés par ces incroyables histoires de femmes de maharaja, devenues « sati » en s'immolant sur un bûcher pour suivre leur héros dans l'éternité ?

Partir au Rajasthan, c'est s'exposer à la tentation du beau et du fantastique, une tentation insolente pour les éperdus de romantisme et d'esprit chevaleresque. Que reste-t-il de cette vingtaine d'États qui formaient avant l'Indépendance le Rajputana ? Pointant dans l'azur, émergeant superbement du désert, les forteresses rajputes jadis imprenables d'Amber, de Jodhpur, Jaisalmer, Bikaner, Chittaurgarh, sublimes parenthèses de silence au milieu du grondement de villes qui ont grandi trop vite, témoignent encore d'un passé glorieux. Des palais d'une rare finesse, ceux de Samode, de Lalgarh et de Devi Garh, sont des bijoux, des éléments de parure que le Rajasthan s'est doté au fil des siècles, des guerres, des invasions, des compromis historiques. Les *haveli* (maisons closes, en persan) colorés des anciens marchands du Shekhawati ou de Jaisalmer évoquent, quant à elles, le temps des riches caravanes qui traversaient le désert du Thar.

Tambours et danses dans le durbar hall *(salle de réception) du palais de Samode, sublime exemple d'architecture rajpute-moghole réalisée au début du XIXe siècle.*

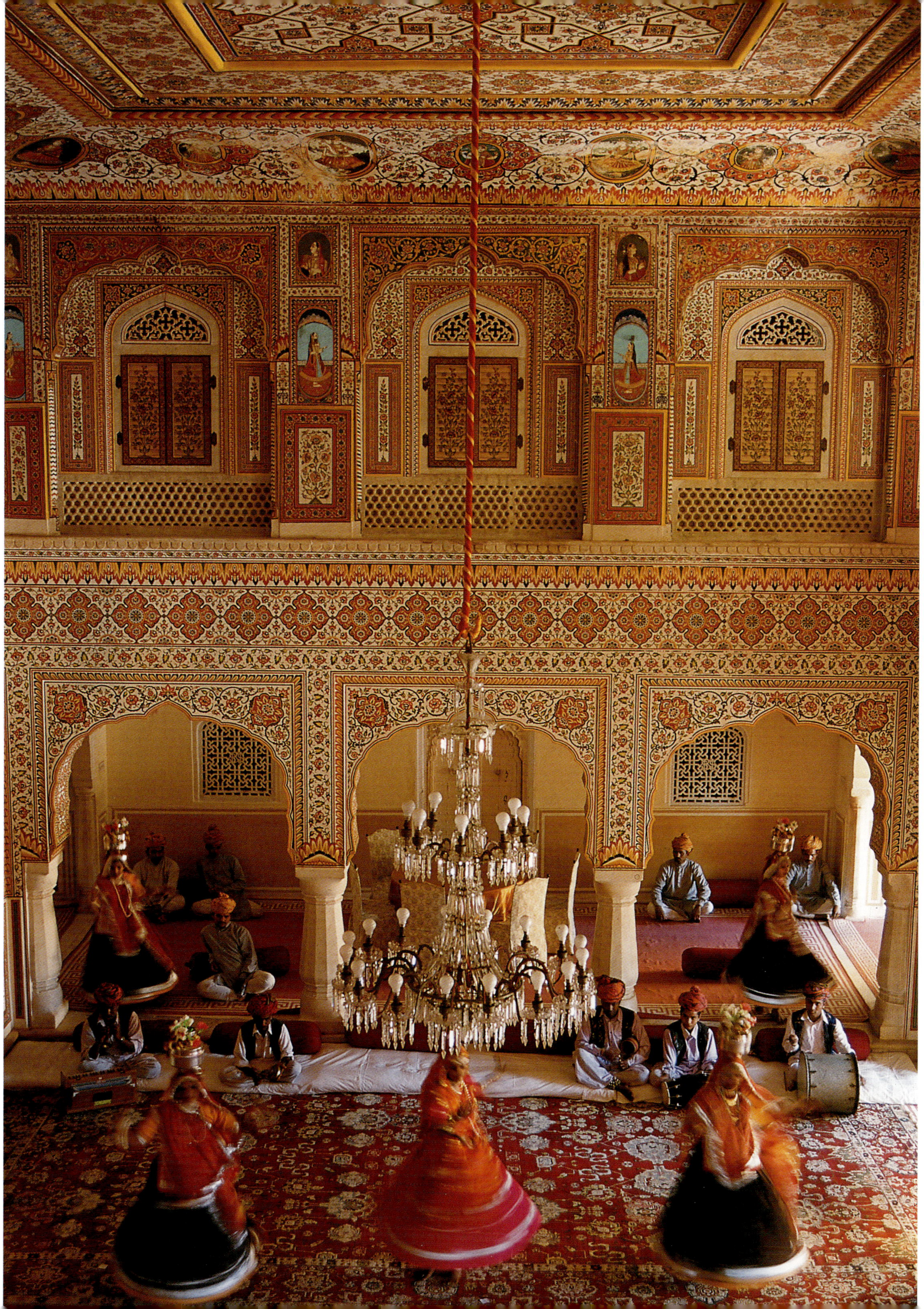

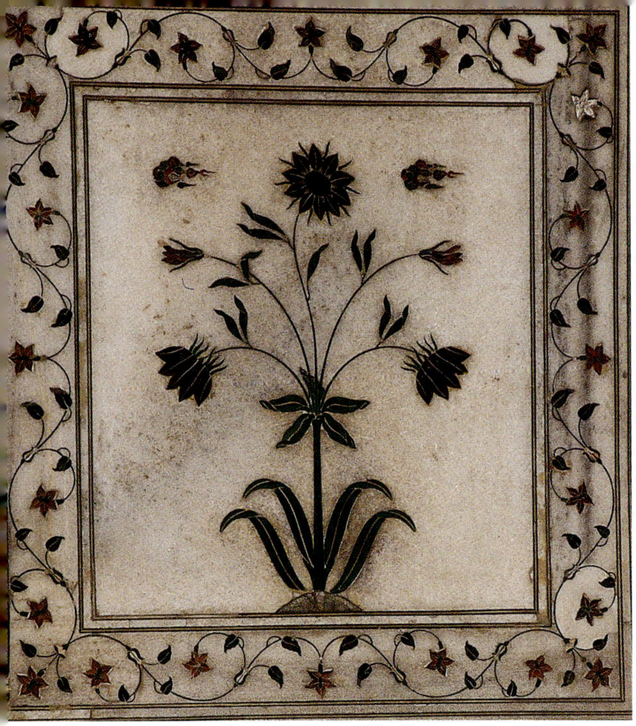

Détail du travail d'incrustation de pierres précieuses sur marbre selon la technique italienne de pietra dura. *Motif du* diwan-i khas *(hall des audiences privées) du Fort Rouge à Delhi.*

A droite :
Pas l'ombre d'un maharaja riche et fantasque à l'horizon ! Les princes rajputs, qui gèrent désormais leurs palais en surfant sur internet et qui voyagent en jet privé, ont abandonné depuis longtemps aux touristes ces luxueux trains d'antan. Parcourir le Rajasthan à bord du « Palace-on-wheels », inspiré des trains des maharajas, reste un must. – « Thé ou café ? »

Propice à tous les mirages et à tous les mystères, le Rajasthan, ce « pays des Rois », porte bien son nom. Ces derniers rois aujourd'hui sans pouvoir, ces maharajas et aristocrates aux allures princières et aux costumes chatoyants, nous avons croisé leur panache : maharajas de Jaipur et de Jodhpur ; maharana d'Udaipur, princesse de Bikaner ; *rawals* (aristocrates) de Samode ; *thakurs* de Karni Fort et d'Alsisar ; *nawab* (prince musulman) de Tonk.

Ces héritiers de légendes vivaces, ces descendants de guerriers rajputs ou de nobles musulmans, nous ont ouvert leurs palais, leurs demeures privées. Et parfois leur cœur. En ce début d'un nouveau siècle, force est de constater que leur panache reste intact ! Tout a été dit sur leurs ancêtres régnant : leurs fastes, leur extravagance, leurs richesses, leurs dépenses somptuaires. Grand raconteur de l'Inde britannique, Rudyard Kipling avait dit d'eux qu'« ils avaient été créés par la Providence afin de pourvoir le monde en décors pittoresques, en histoires de tigres et en spectacles grandioses ». Ce qui n'était déjà pas mal ! Tout reste à redécouvrir sur les maharajas du XXIe siècle : leur âme de mécènes pour protéger ou relancer l'artisanat, leur engagement dans les mouvements caritatifs, leur sens de l'hospitalité, leur don à gérer un patrimoine en créant des milliers d'emplois pour la population locale. Quant à leurs palais-hôtels dignes de contes des Mille et Une Nuits, ils ont été souvent façonnés par la divine rencontre entre l'hindouisme et l'Islam qui a également imprégné la culture locale.

Avec ses innombrables forteresses qui inondent le désert, le Rajasthan ressemble à une partition brute. L'art moghol et ses finesses y ont ajouté le contrepoint et le phrasé.

Delhi, qui compte de somptueux vestiges musulmans ; Agra, fier de son Taj Mahal et de quelques autres incomparables mausolées, et le Rajasthan forment un triangle magique où Turcs et Moghols ont jeté le manteau de soie et de brocart de la culture arabo-persane, où l'art indo-musulman s'est épanoui en toute beauté.

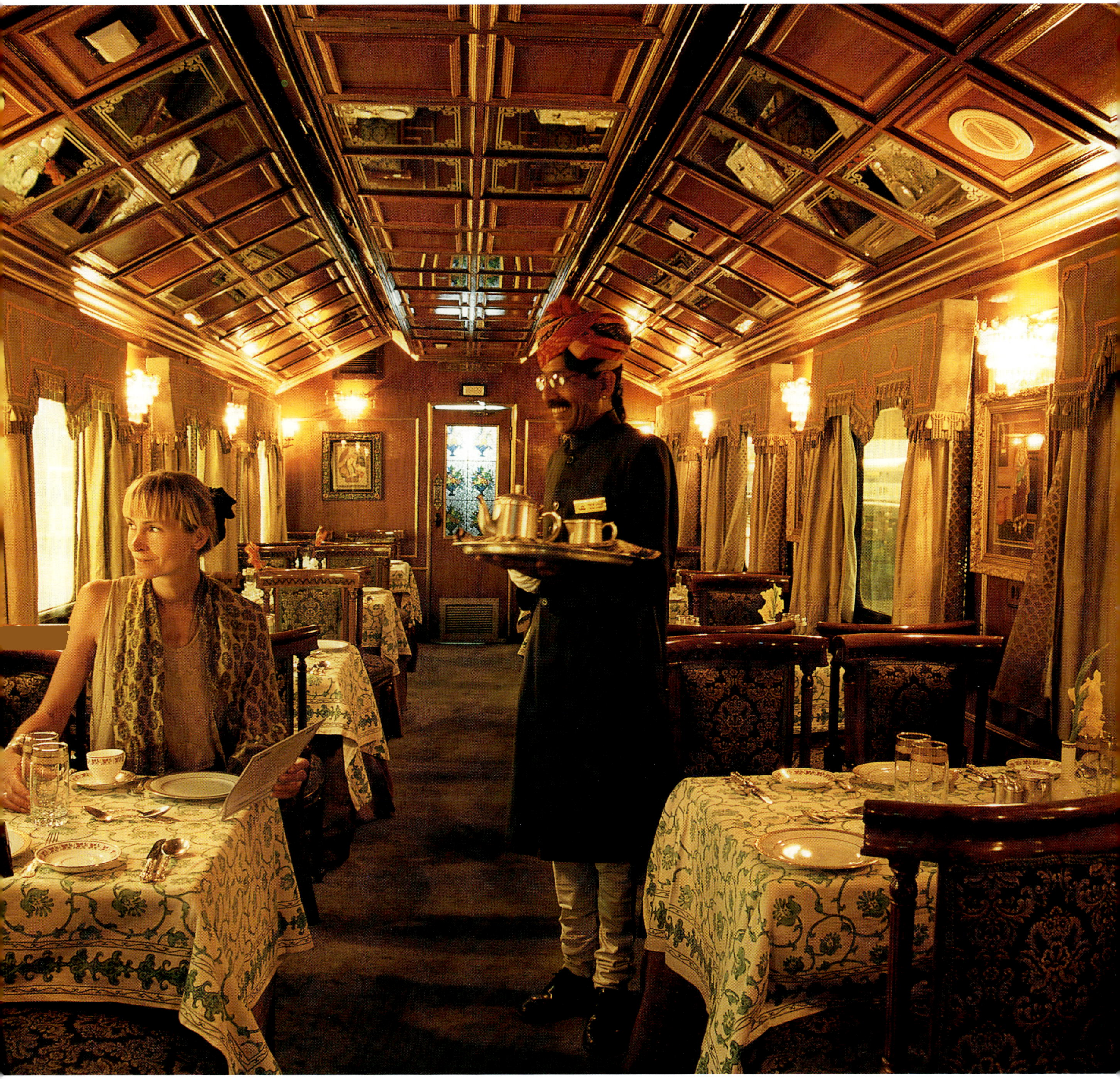

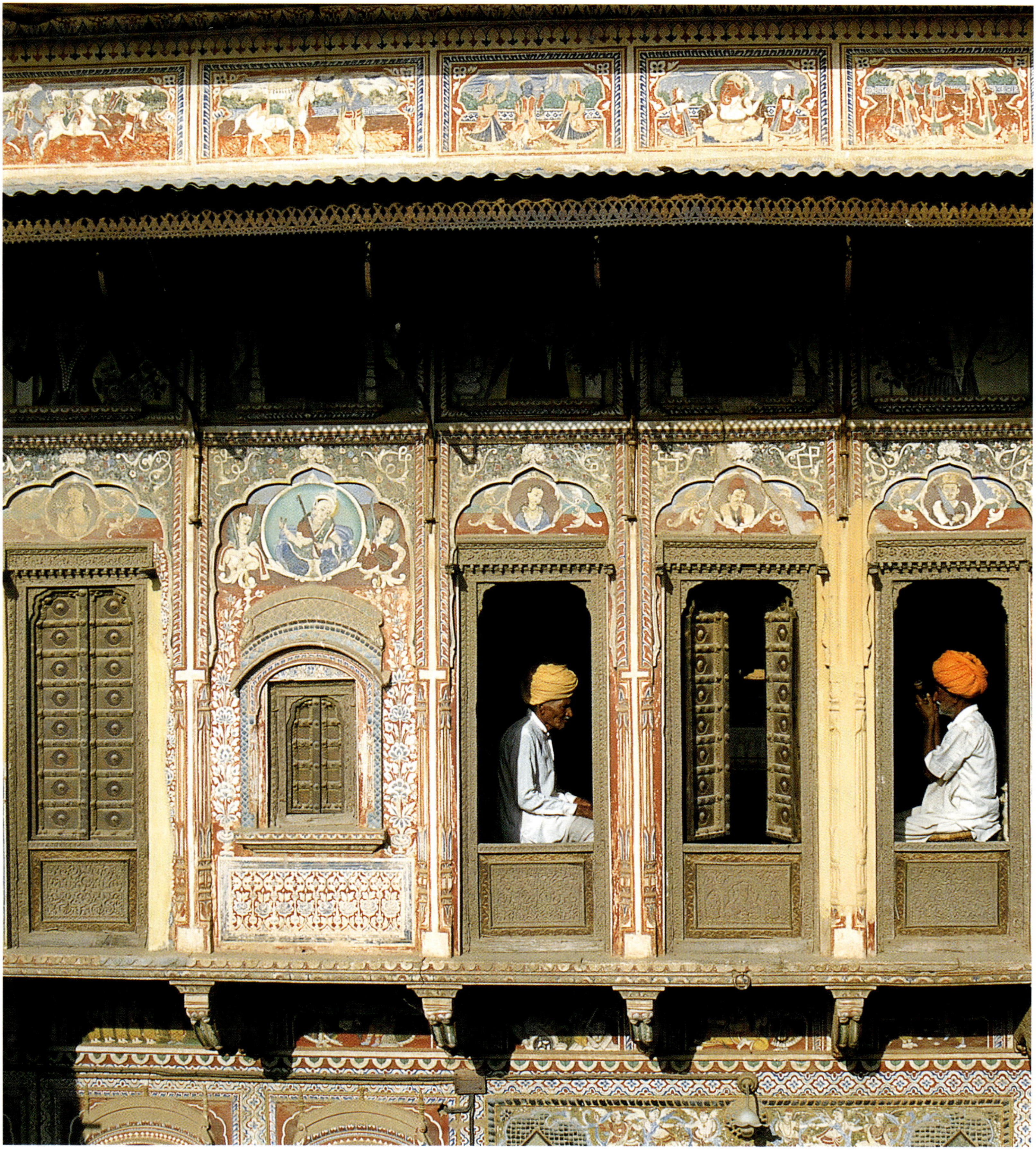

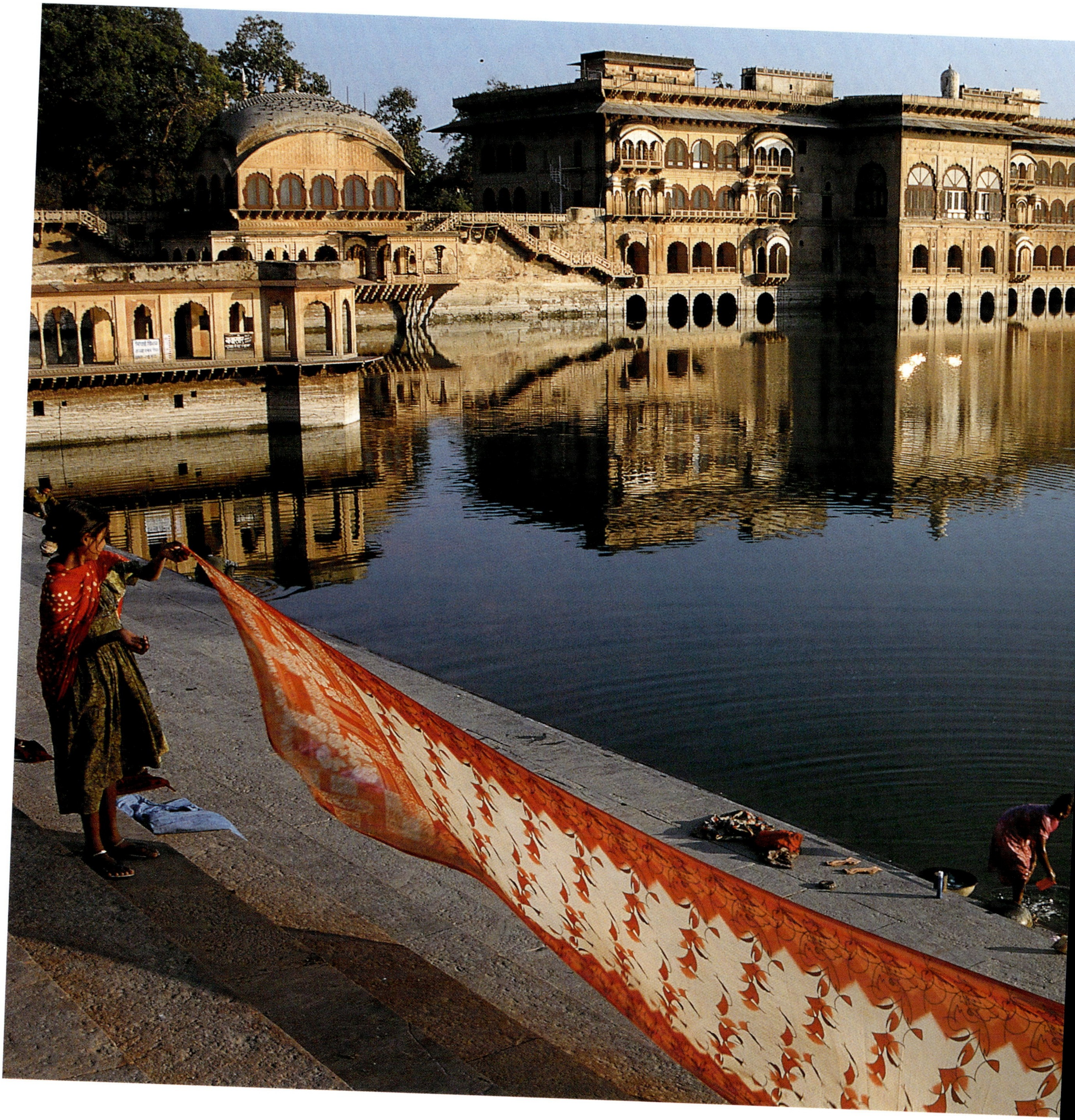

Islam et architecture

« Nous sommes d'origine persane, nous restaurons les peintures exécutées par nos ancêtres engagés par les princes rajputs au XVIe siècle. » La rencontre fortuite dans le fort de Junagarh, à Bikaner, de deux jeunes artistes s'appliquant à restituer avec passion et patience les peintures anciennes des merveilleux palais des Fleurs (Phul Mahal) et palais de la Lune (Chandra Mahal), est parlante. L'influence de la Perse, modèle de raffinement au Moyen Age, a profondément pénétré l'art musulman en Inde.

Après la mort du prophète Mohammed (570-632), les premiers califes soumirent la Syrie, l'Égypte, la Perse et l'Afrique du Nord. Au Xe siècle, l'avance musulmane atteint, à l'est, l'Afghanistan actuel. Une dynastie turque s'établit à Ghazni d'où un certain Soubouk Tegin (977-997) fait des incursions en Inde. Au début du XIe siècle, c'est au tour de Mahmud de Ghazni de dévaler les plaines du nord de l'Inde où il fonde la ville de Lahore (aujourd'hui au Pakistan). A la fin du XIIe siècle, l'occupation de Delhi par le sultan afghan Mohammed de Ghor, vainqueur des armées rajputes, entame véritablement l'histoire de l'art islamique en Inde. Si les sultans turcs font d'abord appel aux artisans venus d'Irak, d'Iran et d'Afghanistan, afin d'essaimer leur talent à bâtir des mosquées, ils s'adressent ensuite aux sculpteurs hindous locaux. Qu'il convient d'éduquer à la mode persane. Ayant horreur du vide, ils se complaisaient à sculpter chaque centimètre carré de leurs temples traversés de sombres passages menant à la « cella », l'image sacrée et vénérée. Très peu de vestiges hindous antérieurs au XVIIIe siècle subsistent dans le nord de l'Inde, car les musulmans conquérants se sont appliqués à raser toute trace d'hindouisme. Ils ont fait effacer toute marque d'idolâtrie en martelant les images de dieux, d'animaux et d'humains pour les remplacer par des inscriptions coraniques, des réseaux d'entrelacs et des arrangements de tiges ondoyantes. Des mosquées voient le jour, s'ouvrant généreusement à l'air libre et s'arc-boutant sur une profusion d'arcs en carène et de coupoles sur trompes. Elles dévoilent de belles façades polychromes de grès rouge, agrémentées de marbre blanc.

A la suite de Mohammed de Ghor, l'un de ses officiers, Qutab ud-Din Aibak, ancien esclave turc affranchi, se proclame sultan de Delhi et installe sa capitale autour d'une interminable tour-minaret, symbole de la victoire de l'Islam. C'est le Qutab Minar, tour un peu jumelle de la Giralda qui pointe à Séville, à l'autre bout du monde musulman. Son achèvement prendra trente ans. Dans la capitale du sultanat, l'art iranien et sa sobriété deviennent très « tendance ». Comme partout, on s'accapare le vieux pour faire du neuf. Les colonnes des sanctuaires jaïns et hindous servent de matériaux de construction. On fait percer d'ouvertures la façade de la salle de prière à la mode iranienne (persane) qu'on trouve raffinée à l'extrême.

Mais en 1398, le turco-mongol Tamerlan marche sur l'Inde du Nord et s'empare de Delhi, affirmant la dynastie des Sayyides, supplantée en 1450 par celle des Lodi. Bien à l'abri derrière leurs forteresses inexpugnables, les royaumes rajputs du Rajputana ont assez bien résisté à cette première vague musulmane.

*Les inscriptions coraniques recouvrant la façade de la salle de prière de la mosquée Adhai-din ka Jhonpra, réalisée au XIIIe siècle à Ajmer (*page 23*), font partie des plus beaux chefs-d'œuvre de l'art musulman.*

Pages 24 et 25 :
L'influence persane s'exprime totalement dans l'élégant travail d'arabesques et d'incrustation de pierres dans les palais des Fleurs et de la Lune, nichés dans le Fort de Junagarh, à Bikaner.

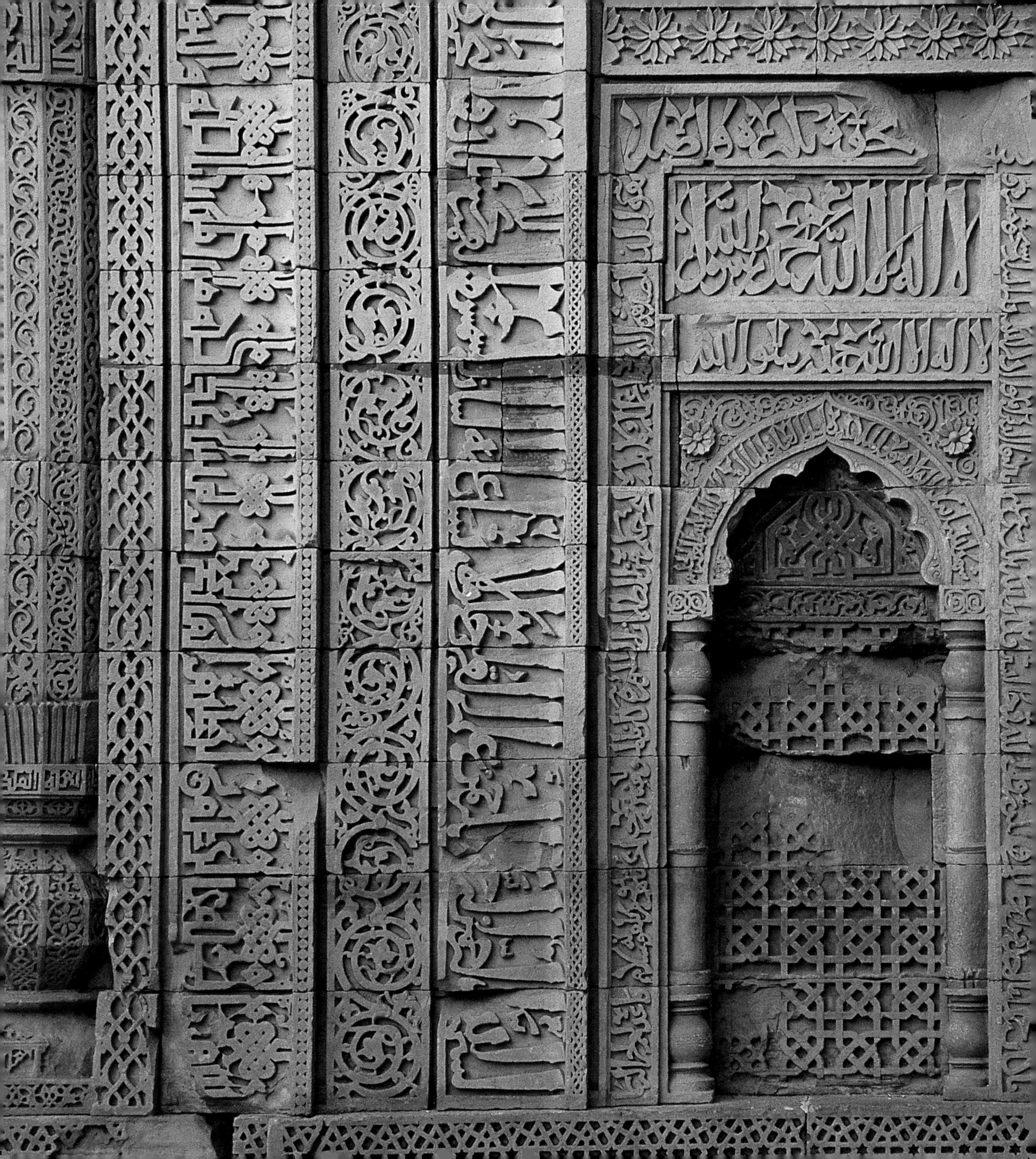
لا اله الا الله محمد رسول الله
لا اله الا الله محمد رسول الله

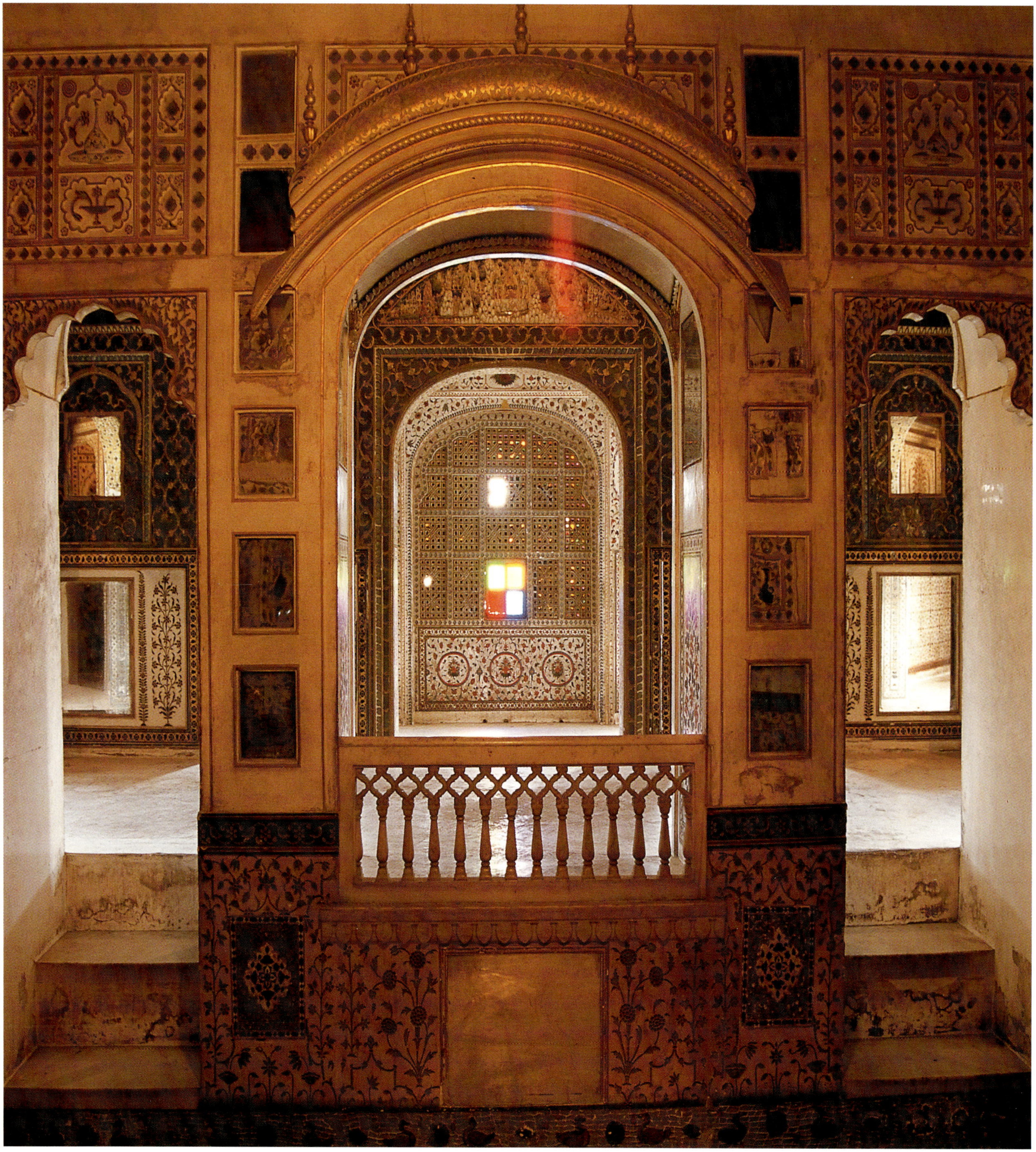

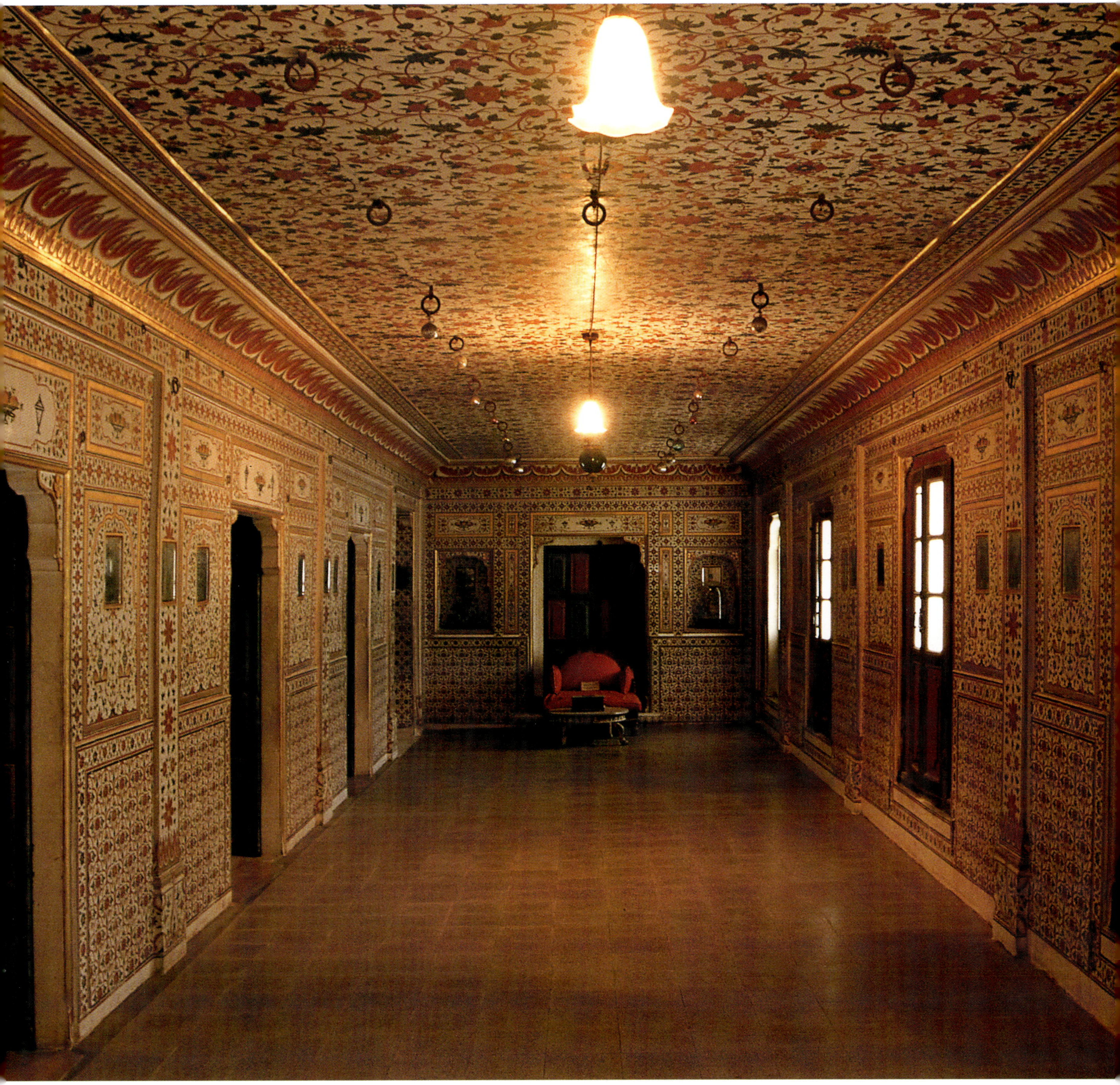

Les empereurs moghols et l'influence persane

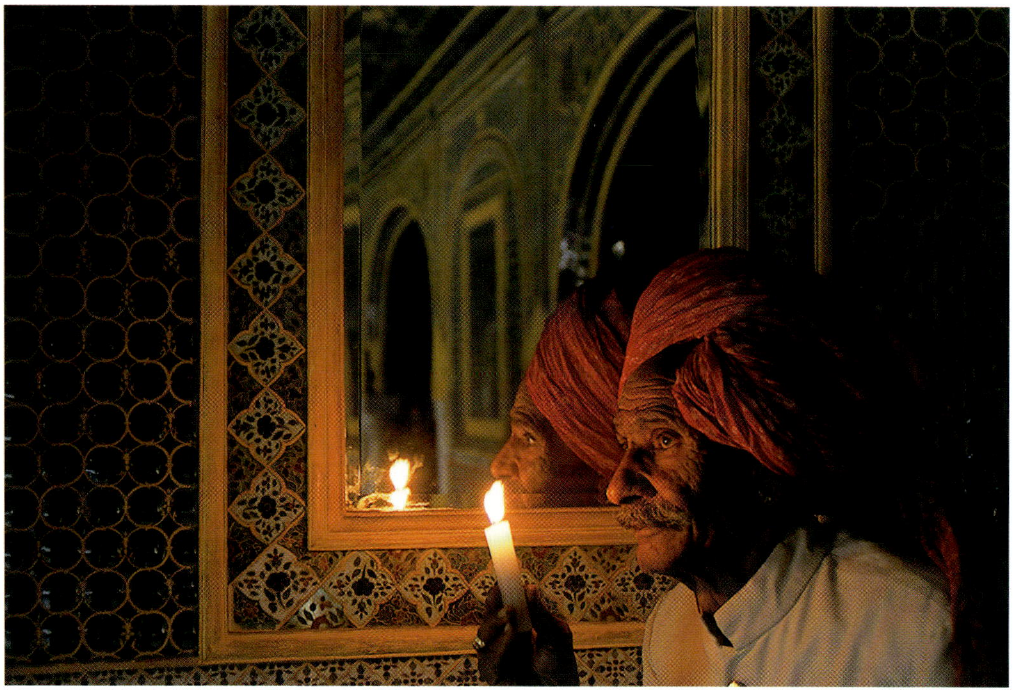

La magie du shish mahal *(salle des miroirs) du palais de Samode.*

Descendant du Mongol Tamerlan par son père et de Gengis Khan par sa mère, un certain Babur, qui régna de 1526 à 1530, prend la ville de Lahore aux Afghans, mais c'est depuis Kaboul qu'il lance ses hordes en direction de l'Inde du Nord, en 1526. Il élimine les troupes du sultan Ibrahim Lodi et enlève Delhi où il se fait proclamer empereur. Il inaugure ainsi la nouvelle dynastie des Moghols (moghol est la traduction persane de mongol). Rêvant encore aux parcs ombragés qui tapissaient Kaboul, aux confins de son nouvel empire, il introduit la mode des jardins moghols dont il pare ses palais d'Agra. Devant symboliser le Paradis, le jardin moghol, ou « chahar bagh », se conjugue en quatre parties égales, séparées par deux canaux très bas, animés de jets d'eau. Des massifs fleuris y sont plantés. Ayant dû guerroyer pour asseoir son pouvoir, Babur, qui n'a pu signer de grandes constructions, marque pourtant le début d'une seconde inspiration de l'art musulman instillée sur l'Inde du Nord, du XVIe siècle au XVIIIe siècle. Le premier Moghol meurt à Agra en 1530, laissant à son fils Humayun (1530-1556) un royaume instable et vaste qui couvrait l'Inde du Nord. Ses armées sont indisciplinées, faites de Turcs, d'Afghans, de Persans, d'Uzbeks et d'Indiens.

En 1540, Humayun doit abandonner son empire au gouverneur afghan de la région du Bihar, Sher Khan, pourtant nommé par Babur. Sher Khan se fait empereur sous le nom de Sher Shah Sur. Humayun, qui se replie sur Kaboul, vivra en exil pendant quinze ans auprès de la cour persane. En 1555, puissamment armé, il part à la reconquête de ses terres, retrouvant son trône à Delhi, un an seulement avant sa disparition en 1556.

Des artistes et architectes persans qui ont accompagné le Moghol sont chargés par sa veuve, Haji Begum, de concevoir à Delhi un mausolée grandiose pour le défunt. L'influence persane s'y révèle pleinement. Placé au milieu de jardins, – ce qui constitue une grande nouveauté –, l'édifice se pare d'arcs en ogives, de façades de marbre et de grès rouge et se coiffe d'une double coque surmontée d'une coupole.

Commandé par l'empereur moghol Shah Jahan, petit-fils d'Akbar, en souvenir de son épouse préférée morte en couches, le Taj Mahal n'entend plus les hommages : « une larme solitaire posée sur la joue du temps ».

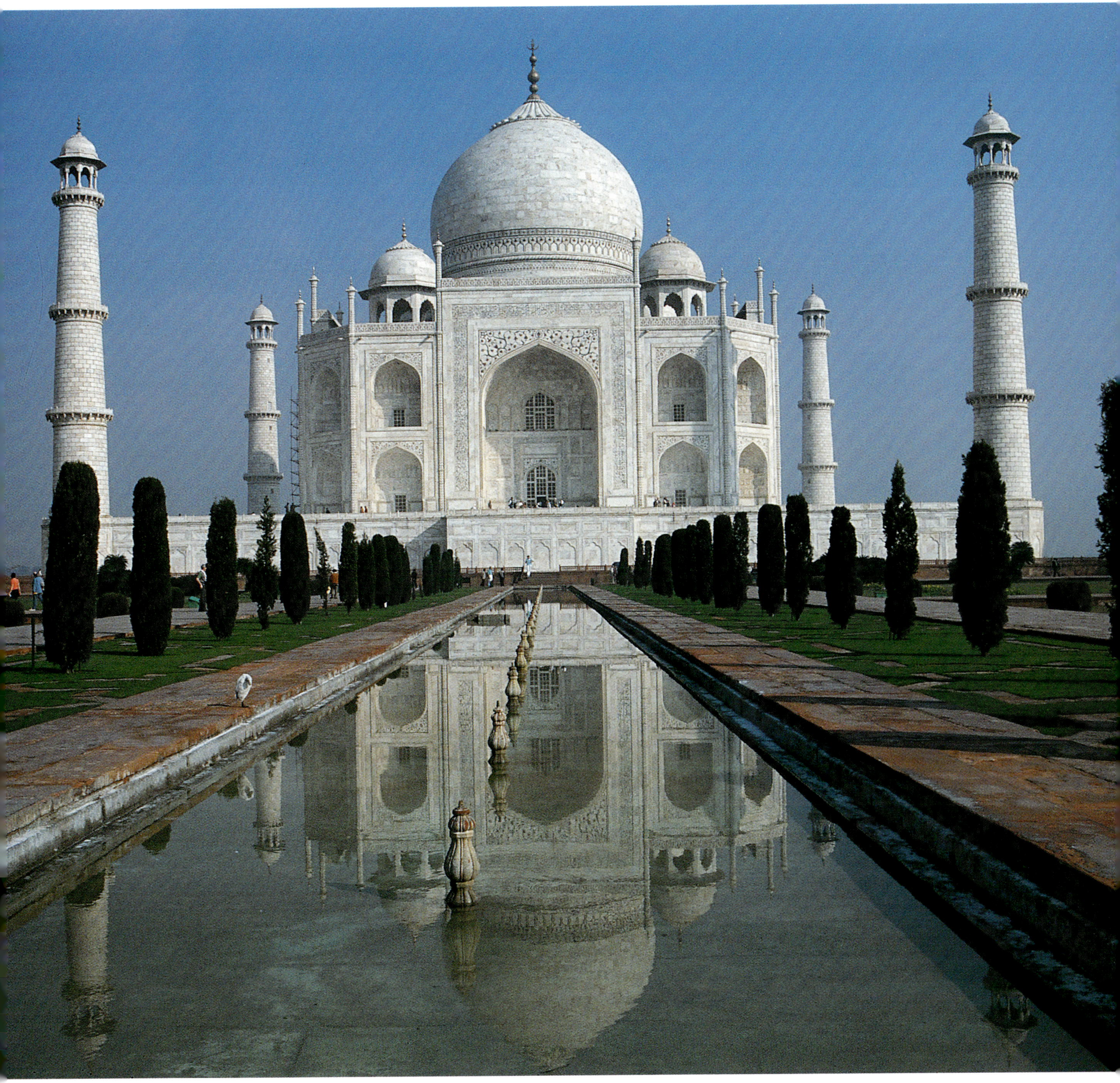

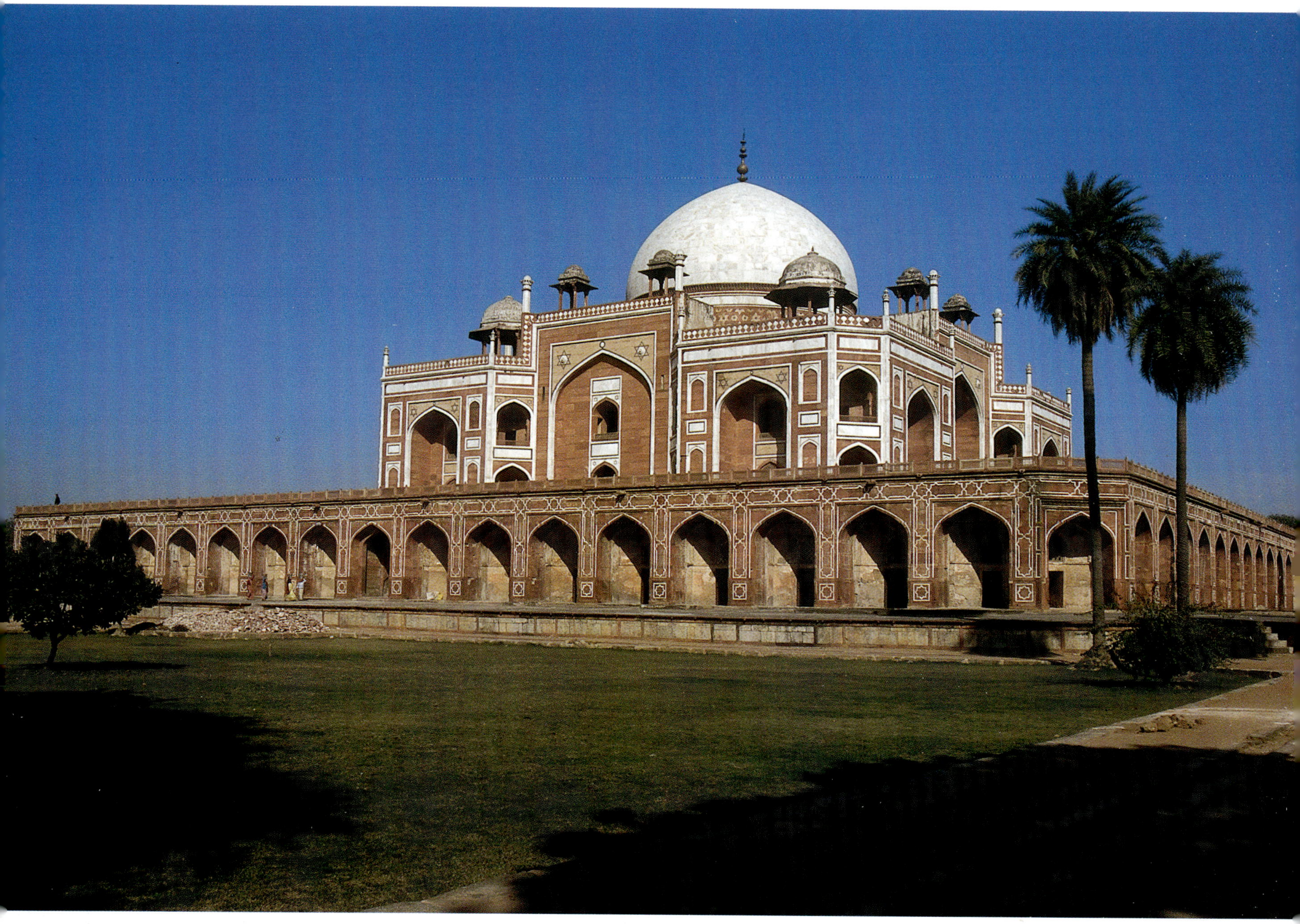

Entouré de jardins moghols, le mausolée de l'empereur moghol Humayun (1530-1556) est un havre de paix dans la trépidante Delhi. Grès rouge, marbre blanc, coupole à double coques, l'influence persane s'affirme totalement.

Le shish mahal, ou salle des miroirs du palais de Samode. Importé de Perse, l'art du miroir a embelli de nombreux palais du Rajasthan, où murs et plafonds sont parsemés d'éclats de miroirs. Parfois, des sphères en verre soufflé à l'intérieur d'argent étaient cassées et les parcelles incrustaient le plâtre des plafonds et des murs. Des bougies ou des lampes à huile posées sur le sol rendaient l'endroit féerique.

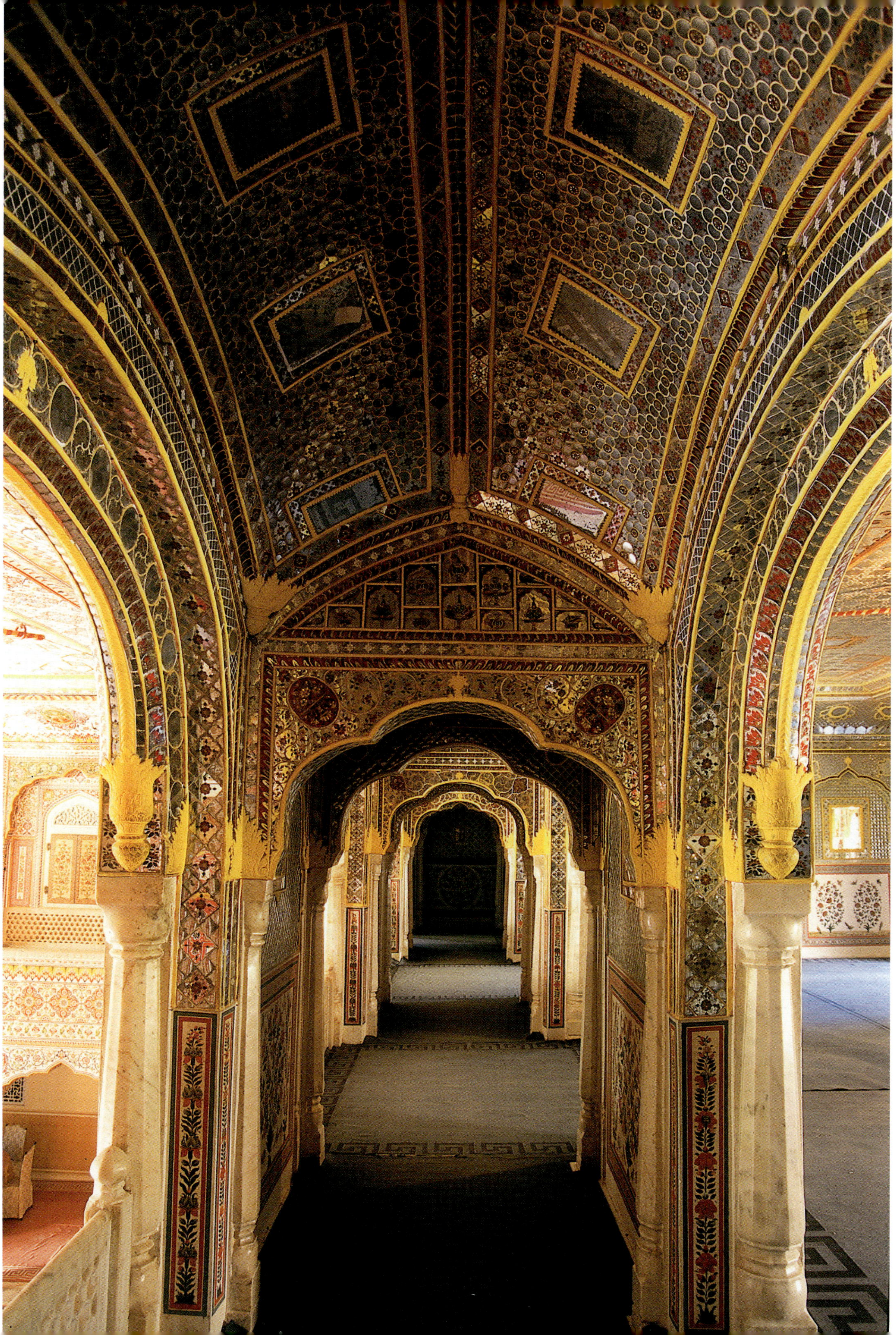

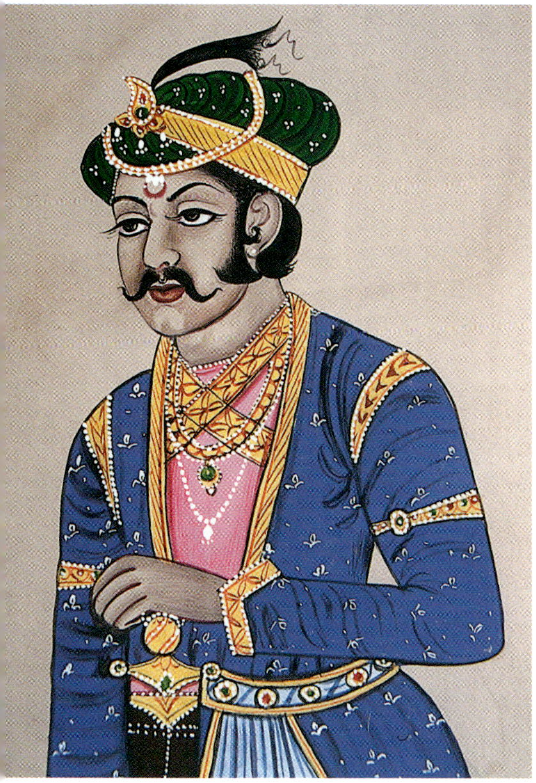

Akbar, le « Grand Moghol » (1556-1605)

Né en Inde, succédant à son père Humayun, ce contemporain d'Henri IV va marquer profondément l'histoire de l'Inde. Pour les Indiens du XXIe siècle, hindous comme musulmans, le nom d'Akbar symbolise à jamais prospérité, paix, justice et unité. Alors que depuis le XIIe siècle, les souverains musulmans avaient dominé par la force cette Inde du Nord segmentée en de multiples petits États dirigés par les Afghans, les Turcs et les rajas hindous, Akbar va devenir le précurseur de la nation indienne. Certes, il s'impose d'abord par les armes, guerroyant sans relâche depuis ses bases de Kaboul, Lahore, Delhi, Agra, Fatehpur Sikri. Son royaume, aussi étendu que l'Europe, ira de l'Afghanistan au Bengale, de l'Hymalaya au plateau du Dekkan. Mais il aura des ambitions plus nobles et fera de l'Inde une entité en matière politique et spirituelle.

Il se veut aussi grand bâtisseur, optant pour le grès rouge dont il inonde son vaste empire, à Lahore et à Agra, avec des complexes comprenant bâtiments administratifs, palais privés et mosquées. Il fait venir les plus grands maîtres artisans d'Iran, les fait travailler avec des peintres locaux, développant la miniature pour croquer la culture indienne qu'il affectionne. Son éphémère capitale, Fatehpur Sikri, témoigne à merveille du syncrétisme de celui qui voulait rassembler les peuples de son empire, les religions et les cultures. Un peu comme il aimait associer en architecture des éléments persans comme l'arc et l'iwan (espace voûté) et indiens (grès rouge, piliers, auvents, entablements…).

*Contemporain d'Henri IV, l'empereur moghol Akbar s'est attaché pendant son règne à unifier l'Inde sur le plan politique et spirituel (*à gauche*).*

Parmi les princes rajputs, les maharanas d'Udaipur ont toujours opposé une résistance acharnée aux Moghols. Miniature du XVIIIe siècle de l'École d'Udaipur représentant le départ pour la chasse. On reconnaît les enseignes solaires portées par les soldats et le Lake Palace en marbre blanc.

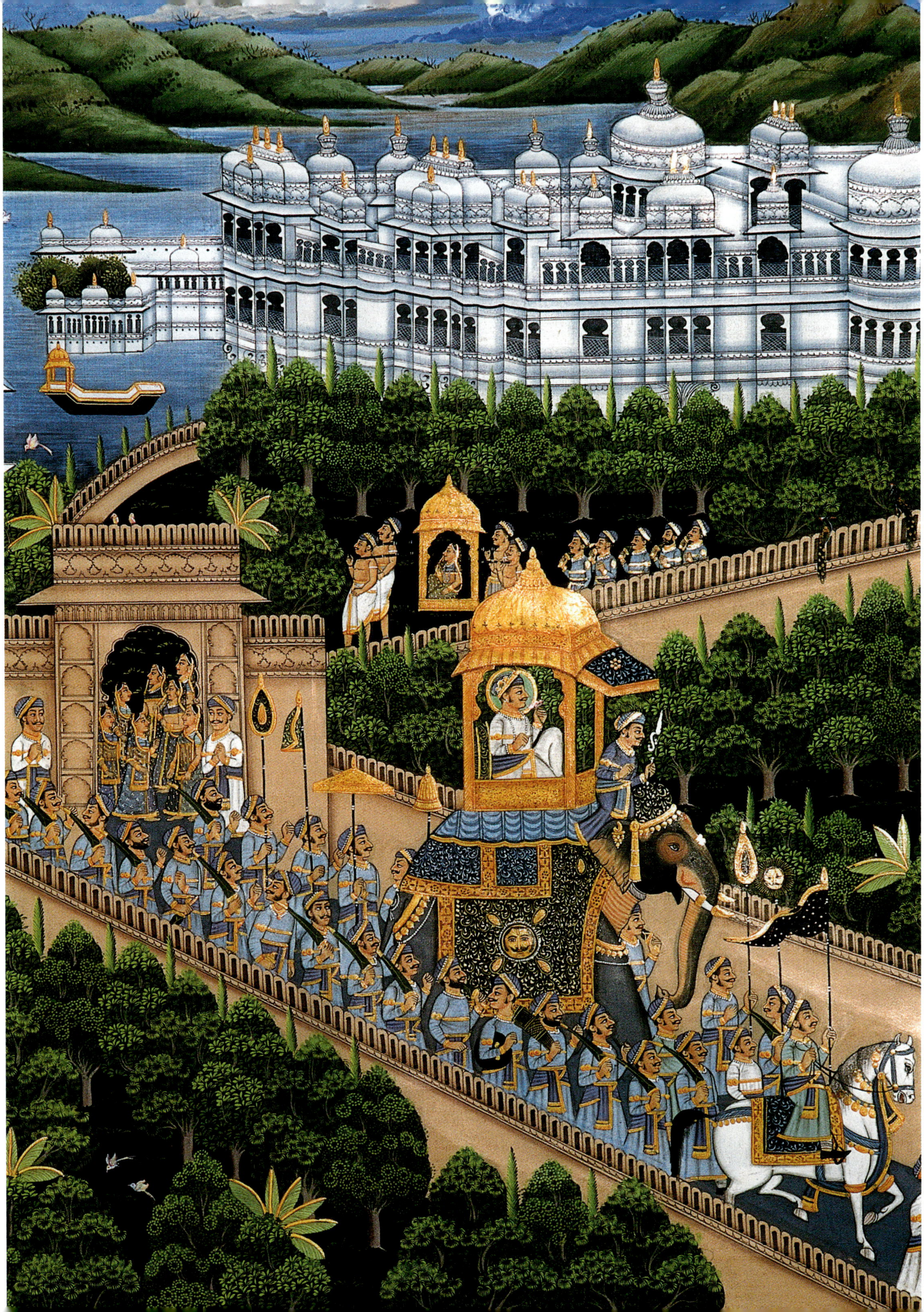

Akbar, l'unificateur

A coup d'édits, Akbar va démocratiser une société qui en avait bien besoin. Il abolit l'esclavage, demande aux gouverneurs des villes de respecter les libertés des individus. Il s'attaque aussi à la polygamie. Dès 1587, il interdit aux hindous comme aux musulmans d'avoir plus d'une épouse, sauf si cette dernière est stérile ou ne peut donner de fils. Même si pendant son règne un harem bien fourni l'a toujours accompagné dans ses campagnes et ses déplacements, il avouera à la fin de ce règne : « Si j'avais été plus sage plus tôt dans ma vie, je n'aurais pris dans mon harem aucune femme de mon royaume, car mes sujets sont pour moi comme des enfants. »

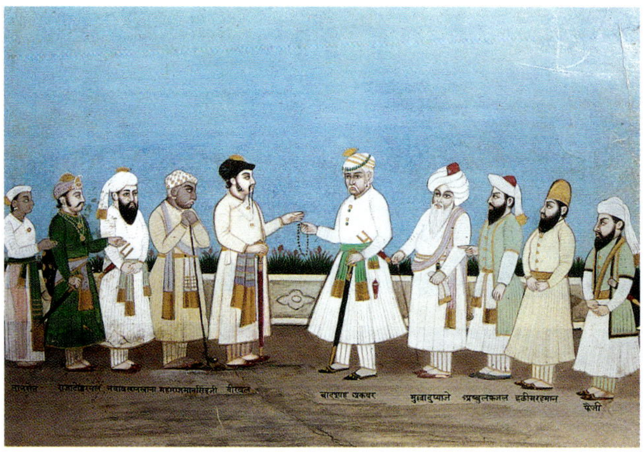

*L'empereur moghol Akbar donna les mêmes droits aux hindous et aux musulmans (page 32). Contraints de s'allier avec les Moghols dès la fin du XVI*e *siècle, après les avoir longtemps combattus, les princes rajputs s'entourèrent d'une cour fastueuse à l'exemple des envahisseurs (page 33).*

Grand pacificateur des rapports humains, il permet aux veuves de se remarier (ce qui allait à l'encontre des coutumes hindoues) et décide que les mariages se feraient désormais par consentement mutuel avec toutefois l'accord des parents. Autre révolution marquante : l'âge légal des mariés. Avant Akbar, les unions étaient souvent arrangées par les parents pour leurs très jeunes enfants, parfois avant l'âge de cinq ans (ce qui est encore actuellement le cas dans les zones les plus reculées du Rajasthan). L'empereur moghol décide que les garçons pourraient se marier à partir de 16 ans et les filles à partir de 14 ans.

Il veut faire disparaître la mendicité qu'il trouve rétrograde. « L'oisiveté est la cause de tous les maux », affirme-t-il. « Ceux qui cherchent le bonheur doivent apprendre un métier et le pratiquer. » Il décide aussi de contrôler la prostitution autorisée seulement en dehors des murs des villes. Sur le plan économique, en raison d'une meilleure politique de taxations et de répartition des terres, l'Inde d'Akbar va s'enrichir, consommant davantage qu'elle ne produit et pouvant ainsi exporter.

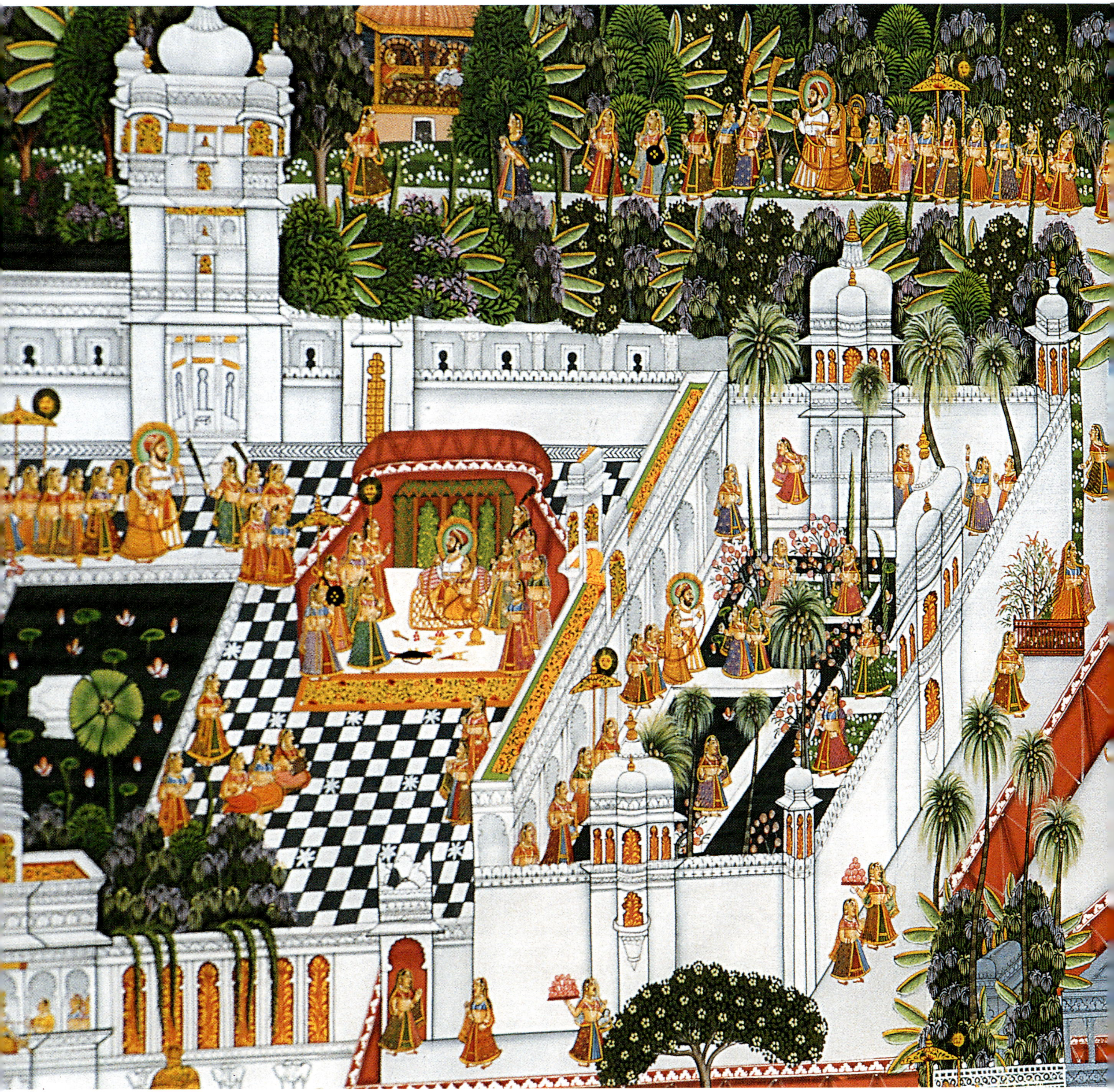

Akbar, le tolérant

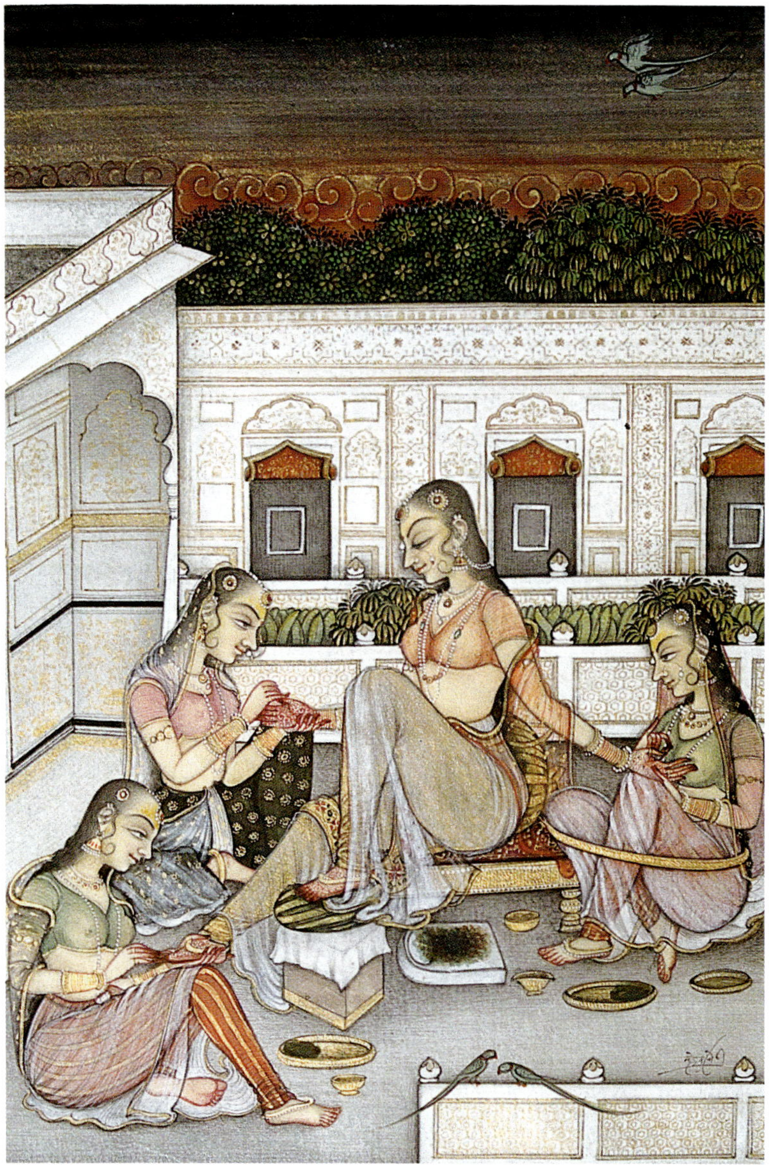

Maquillage au henné pour les femmes du zenana. *Miniature de l'École de Kishangarh.*

Ses pensées, ses lois nous sont restituées grâce à son fidèle confident, poète et historiographe Abul Fadl. Akbar va s'attacher à combattre le fanatisme religieux en donnant la totale liberté de croyance et de construction de lieux de culte pour toutes les religions. Chacune peut être prêchée, à condition que la tranquillité publique soit garantie. Il fera même traduire les Évangiles en persan, ainsi que le poème épique du Mahabharata. Musulman convaincu, il se passionne pour les autres croyances, convoque penseurs jaïn et parsi et envoie en 1594 une lettre à Goa pour convier des pères jésuites. Trois d'entre eux arrivent une année plus tard à Lahore où se trouve la Cour. Le Grand Moghol leur donne un emplacement pour y édifier une église et avoue sa soif d'apprendre : « Je connais toutes les religions du monde sauf celle de Jésus-Christ qui est la foi en Dieu reconnue par de nombreux fidèles. Comme je me sens une grande inclination à témoigner de l'amitié des pères, je désire qu'ils m'enseignent leur religion… »

Mais ses agissements commencent à agacer certains membres de la cour. Qui le voient tenir dans ses bras les tableaux de la vie du Christ et des Apôtres, apportés par les Pères ou bien encore assister à genoux à leurs cérémonies.

Le poème signé de l'historien Abul Fadl, qu'Akbar fit graver sur le fronton d'un temple, en dit long sur la quête spirituelle et la tolérance du Grand Moghol :

« Ô Dieu, dans chaque temple je vois des humains
Qui Te cherchent et dans chaque langue
J'entends ceux qui Te louangent.
L'hindouisme et l'islam Te pressentent.
Chaque religion dit : « Tu es l'Unique sans égal ».
Dans une mosquée, on murmure la sainte prière,
Dans une église, les gens font sonner
Les cloches pour Ton amour
Parfois, je me rends dans un cloître,
Un temple hindou
Et parfois dans une mosquée.
Mais c'est toujours Toi que je cherche
De temple en temple. »

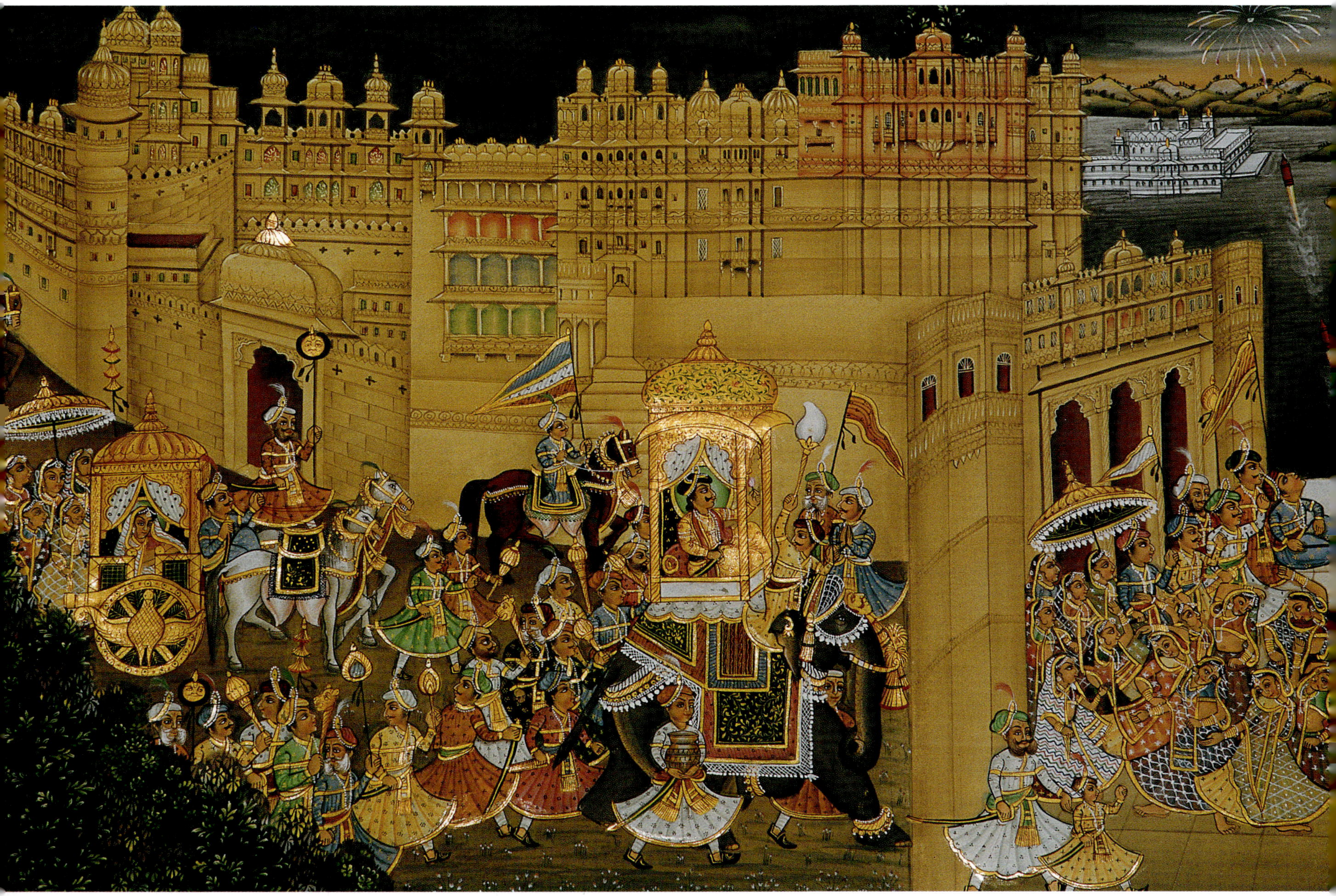

Les miniatures de l'École du Mewar (Udaipur) sont très colorées et expressives. On reconnaît le Lake Palace au milieu du lac Pichola et le palais royal au premier plan.

Les successeurs d'Akbar

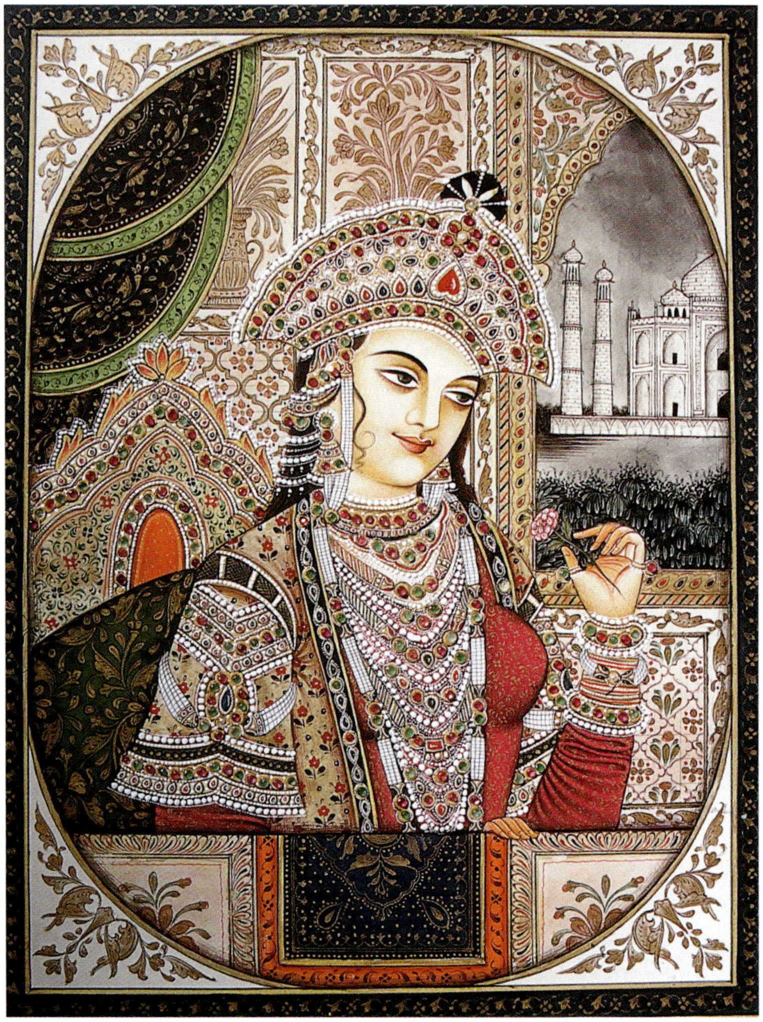

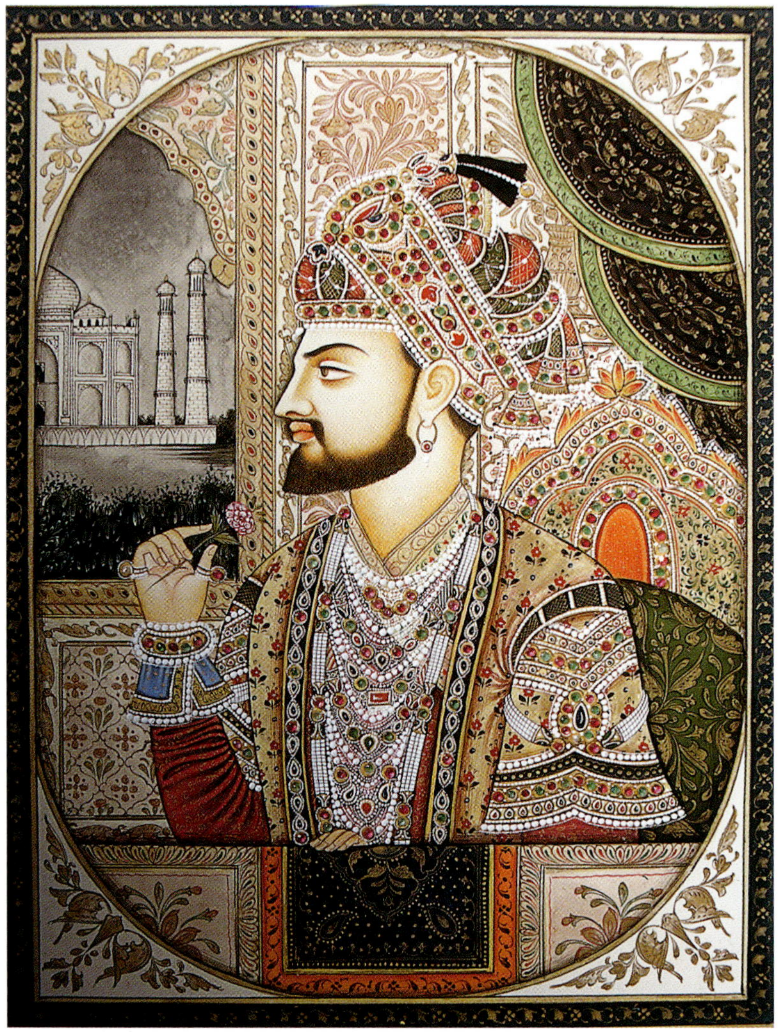

N'ayant guère hérité des volontés de tolérance d'Akbar, ses descendants se veulent toutefois éclairés en matière architecturale. Fils d'Akbar, Jahangir (1605-1627), qui laissera son épouse gouverner, opte pour le marbre blanc qui deviendra le matériau de prédilection du Moghol suivant, Shah Jahan (1627-1658) habité par le désir fou de créer. C'est lui qui fait ajouter les somptueuses parties palatines dans les forts d'Agra et de Lahore. Il fait aussi édifier le Fort Rouge à Delhi et met sur pied la septième cité historique de Delhi qu'il pare de la plus vaste mosquée de l'Inde, la Juma Masjid. Mais son apothéose reste le Taj Mahal, mausolée dédié à son épouse. Les meilleurs artisans de l'empire mettront vingt ans à peaufiner ce « poème de marbre blanc ». La parenthèse moghole vacille ensuite. Par son fanatisme, Aurangzeb (1658-1707) subira les révoltes des Rajputs, des Sikhs et des Jats. L'empire périclitera très vite après lui.

Héros de l'une des histoires les plus glamour qui soit, l'empereur moghol Shah Jahan (1627-1658), petit-fils d'Akbar, en compagnie de son épouse préférée Mumtaz i Mahall morte en accouchant de leur quatorzième enfant. Fou de chagrin, Shah Jahan lui fera construire un mausolée à la dimension de sa peine : le Taj Mahal.

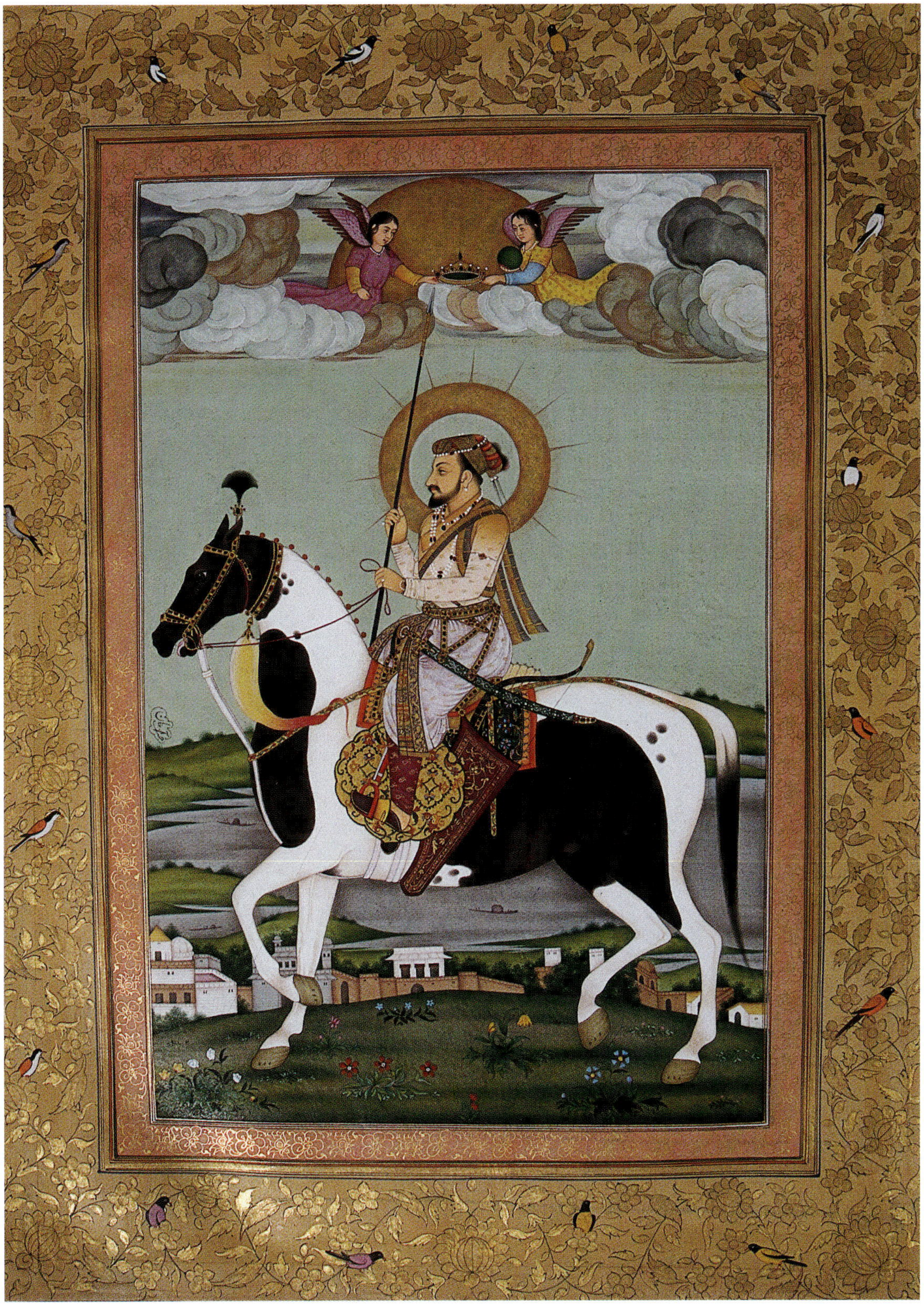

Shah Jahan est souvent représenté avec un nimbe rayonnant entourant la tête, pour exprimer son caractère surhumain.

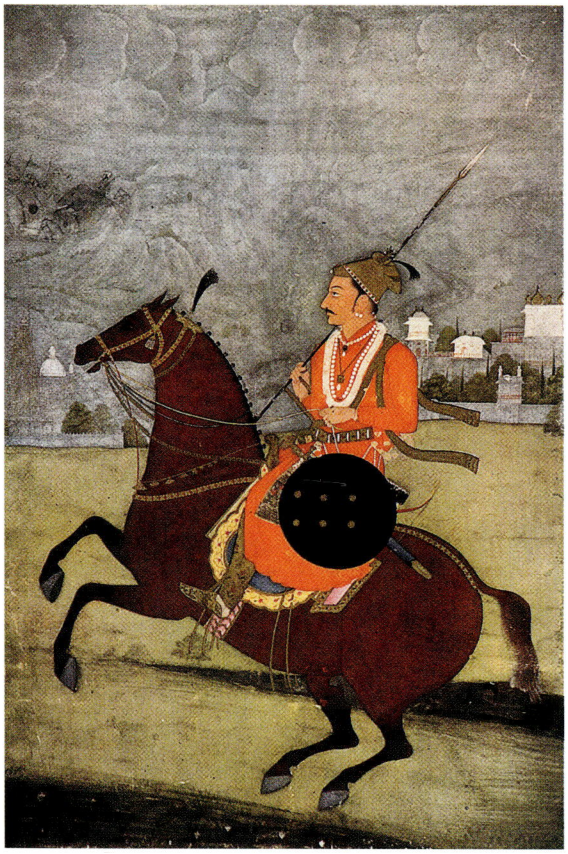

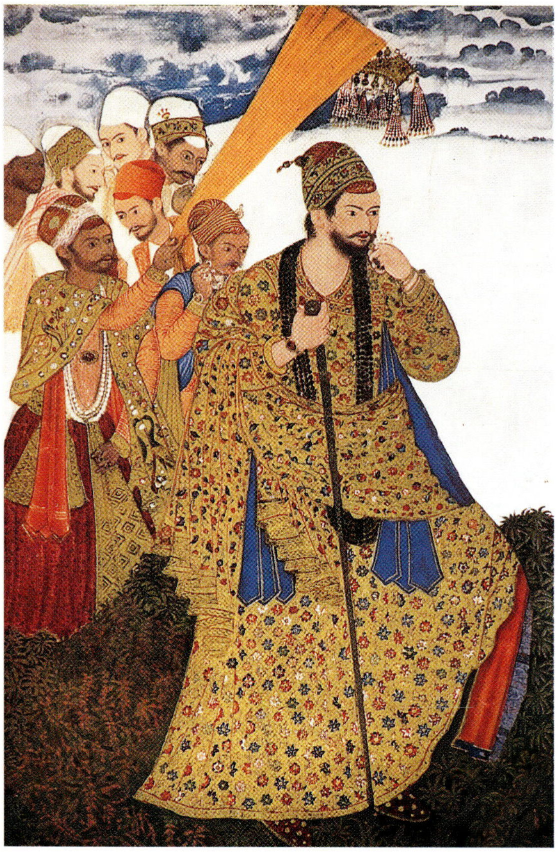

L'influence moghole chez les Rajputs

Retranchés derrière leurs forteresses, les Rajputs ont souvent dû céder face aux attaquants moghols auxquels ils devaient payer un lourd tribut. Au XVIe siècle, le raja d'Amber Bhar Mal choisit d'être l'allié du Moghol Humayun, donnant même sa fille en mariage au fils de l'empereur et futur Akbar. En récompense, le raja devint gouverneur des provinces. Dès lors, beaucoup d'autres Rajputs furent tentés de pactiser avec les Moghols pour en tirer certains avantages : paix et prospérité pour leur royaume. L'artisanat et l'art local allaient profiter de cet échange fructueux. Son ancêtre ayant pactisé avec les Moghols, le maharaja Sawaï Jai Singh créa la nouvelle capitale Jaipur en 1727 et, pour l'embellir, alla débaucher les meilleurs artisans d'Agra et de Delhi qui travaillaient alors à la Cour moghole.

Dès la fin du XVIe siècle, les princes rajputs empruntent des éléments d'architecture et le faste des Moghols pour en doter leurs forteresses.

A quoi ressemblait alors un palais moghol ? A l'intérieur d'une enceinte défendue par des remparts, ce dernier abritait plusieurs bâtiments administratifs ainsi que le hall des audiences publiques (*diwan-i am*) pour les réceptions. Les appartements privés étaient divisés en *mardana* réservé aux hommes alors que les femmes (épouses et favorites) étaient isolées dans le *zenana* où seuls l'empereur et les eunuques avaient le droit de pénétrer (du persan *zan* qui signifie femme). Des écrans de pierre ajourés appelés *jali* permettaient aux recluses de voir sans être vues. Des hammams chaud et froid avaient aussi leur place pour la détente de l'empereur et des concubines. Les ministres et les intimes avaient droit d'accès au hall des audiences privées, le *diwan-i khas*. Quant au *shish mahal*, salle revêtue d'éclats de miroirs, elle était réservée aux fêtes et cérémonies.

Un peu à l'image des Moghols, les Rajputs ont édifié de fastueux palais à l'intérieur de leurs forteresses. Ils ont aussi isolé les femmes dans le *zenana*, appartements agencés autour de cours intérieures, et ont joué avec les arcs polylobés et les motifs floraux, à la persane. On a parsemé les constructions de pavillons à toit plat, toujours à la moghole. On a édifié des *jharokha*, sortes de balcons couronnés de toits bengalis tombant de chaque côté. On a paré les palais de *chhatri*, petits pavillons couronnés d'un dôme. Autre élément incontournable : le *durbar hall* où le Rajput rassemblait son durbar, assemblée de nobles.

L'art du miroir, également d'origine persane, est un exemple éclatant d'échange indo-musulman. Presque toutes les forteresses qui parsèment les montagnes du Rajasthan possèdent dans leurs entrailles ces petites salles aux murs et plafonds piquetés de parcelles de miroir. C'était toute une industrie.

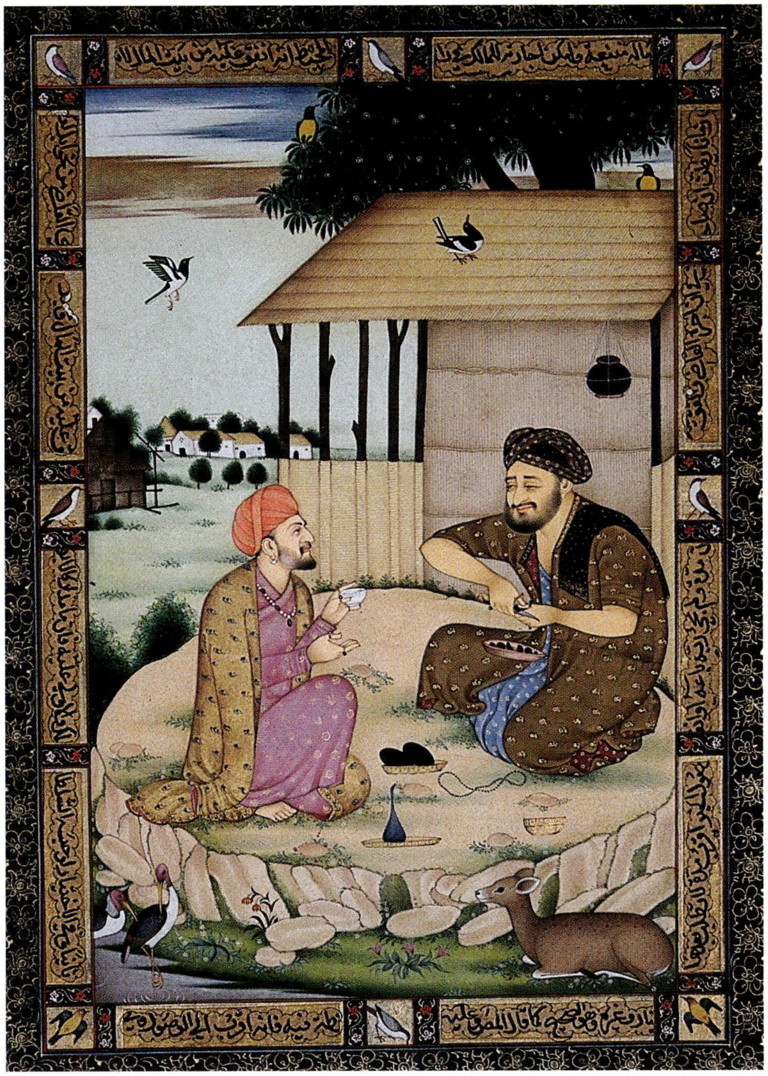

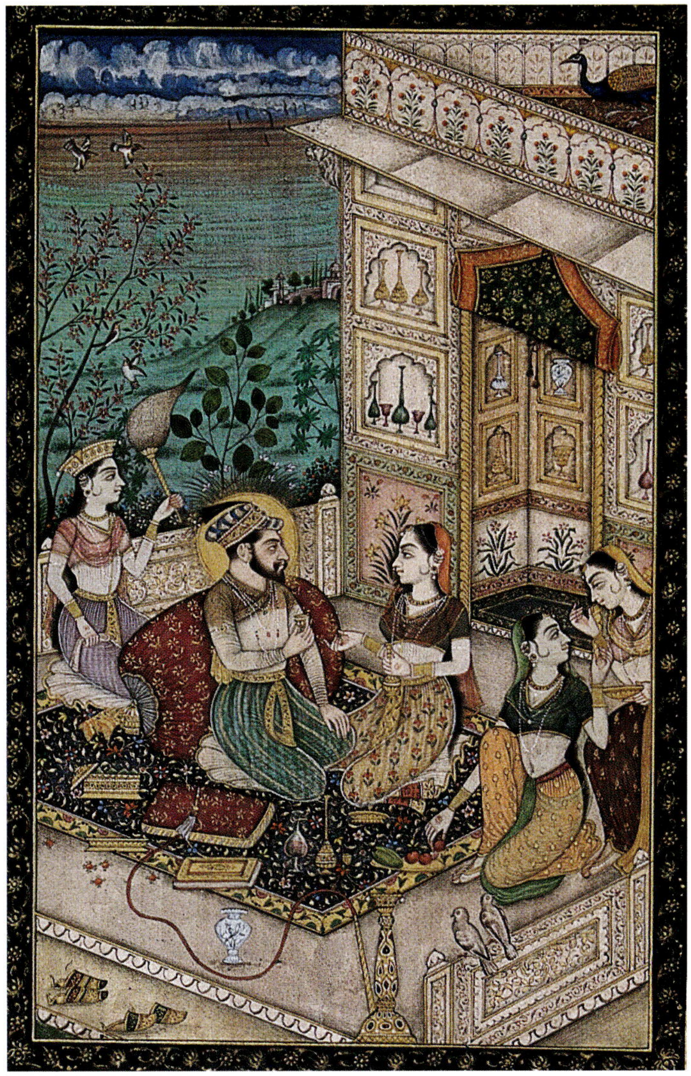

Les artisans avaient développé des fabriques de sphères en verre soufflé à l'intérieur d'argent. Les boules étaient cassées et leurs nombreux morceaux scellés dans les plafonds avec du plâtre. Ces espèces de « salles des miroirs » étaient appelées *shish mahal*. Assis sur des tapis venant d'Iran ou d'Afghanistan, les rois rajputs y célébraient de grands événements comme les mariages, les naissances et les victoires. Quelques bougies, quelques lampes à huile posées sur le sol suffisaient à créer un espace féerique, les points lumineux se reflétant au plafond et sur les murs autant de fois que le nombre d'éclats de boules incurvées. Ce décor féerique fut inventé pour rappeler aux Rajputs leurs origines nomades et reconstituer ces cieux étoilés qu'ils observaient depuis leurs bivouacs et qui submergeaient leur regard.

D'inspiration moghole ou rajpute, les miniatures illustrent des scènes de la vie quotidienne : chasse, rendez-vous galant, mariage… Le paon, emblème du Rajasthan et de l'Union indienne, est très souvent présent.

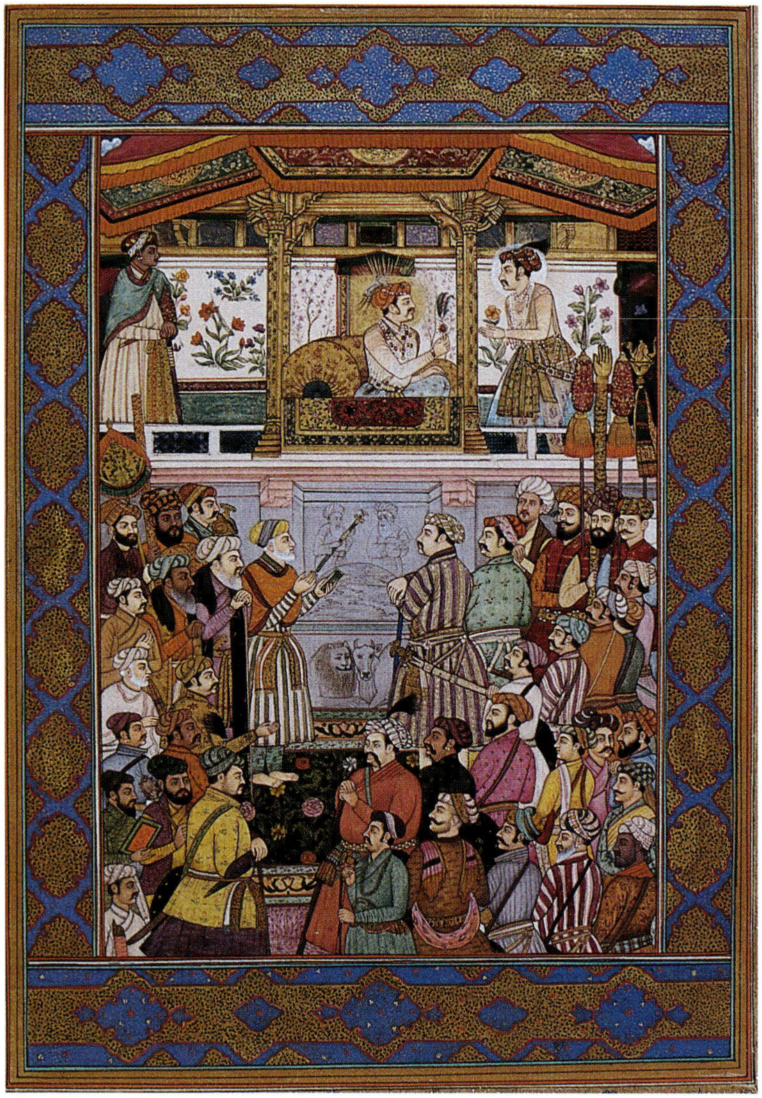

Bilan de la période coloniale

En 1498, le Portugais Vasco de Gama débarque au Kérala et ouvre à l'Europe la route des Indes. La concurrence commerciale est lancée. Les Portugais choisissent Goa comme capitale ; les Anglais s'installent à Bombay (1534-1660), puis à Calcutta (1690) ; les Français et la Compagnie française des Indes Orientales adoptent Pondichéry (1674). C'est en 1613 que l'empereur Jahangir autorise l'East India Company à fonder un centre commercial à Surat. Les directeurs feront de véritables fortunes avec l'argent indien qui inondera l'Angleterre. Contrairement aux autres Européens, les Anglais ne cherchaient pas à acheter épices, calicots ou terrains. Ils désiraient plutôt des marchés pour écouler leurs lainages et leurs produits manufacturés, ce qui allait sonner le glas de l'artisanat indien prospère. Sur le terrain, les deux civilisations resteront assez étrangères. Pourtant des points positifs sont à relever : un mode de vie plus organisé, le réseau ferroviaire le plus développé de toute l'Asie, des routes percées à travers le désert et la jungle, l'irrigation de grandes étendues, l'apport de la médecine européenne qui augmentera l'espérance de vie. Étrange histoire ! C'est l'éducation anglaise et le contact avec les idées européennes qui allaient engendrer les nationalistes les plus ardents.

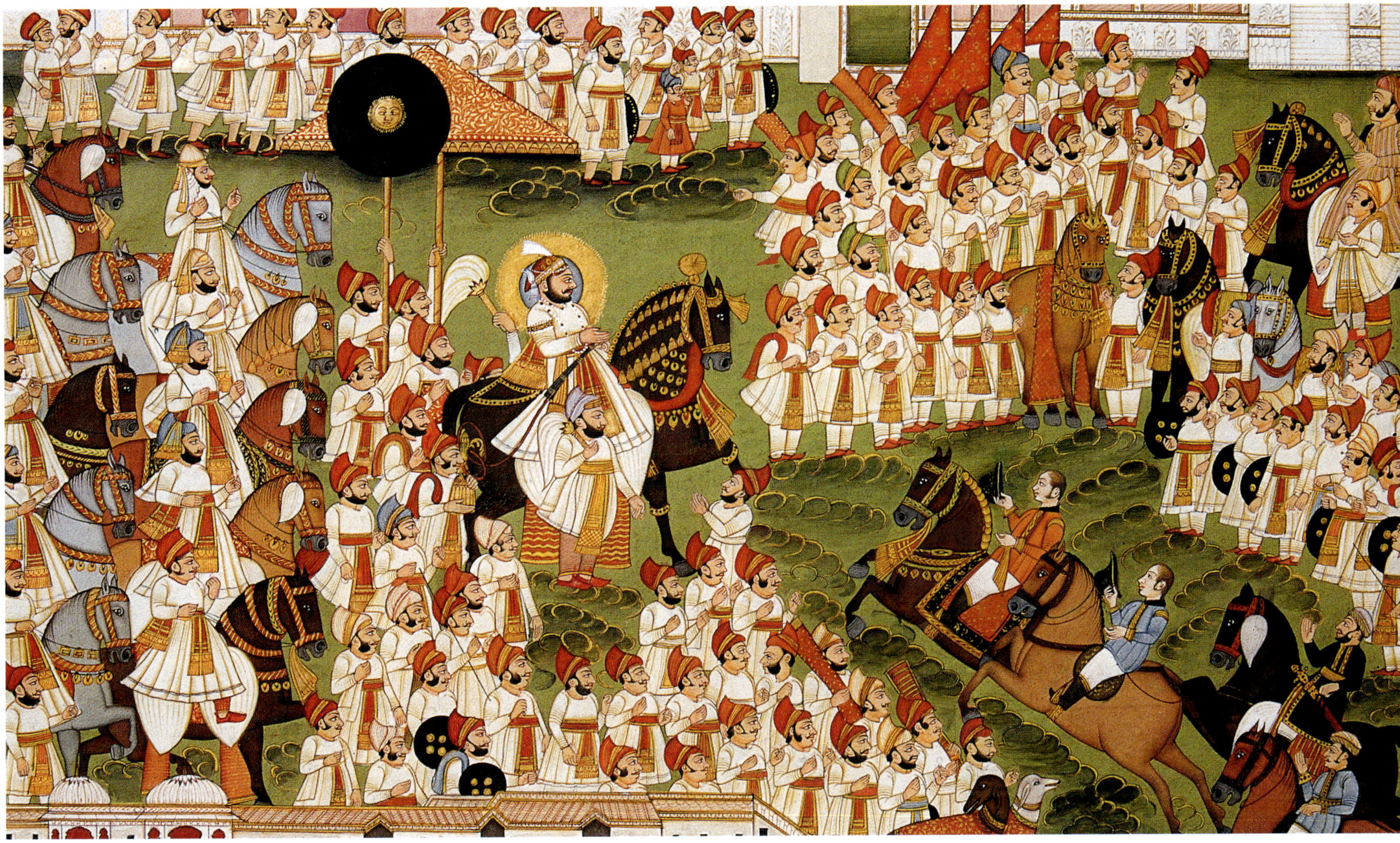

*Souvent agrémentée d'arabesques ondoyantes, précise dans l'expression des visages, la peinture moghole a marqué les écoles de Jaipur, Bikaner, Bundi, Jodhpur et Alwar. L'École du Mewar (*page 41*) reste quant à elle très typique dans ses thèmes guerriers. Cette miniature du début du XIX*e *siècle illustre la remise des lettres de créance du lieutenant-colonel James Tod, célèbre topographe, au maharaja Bhim Singh II (1778-1828) au milieu de son* durbar *(assemblée) de nobles.*

Vers l'Indépendance

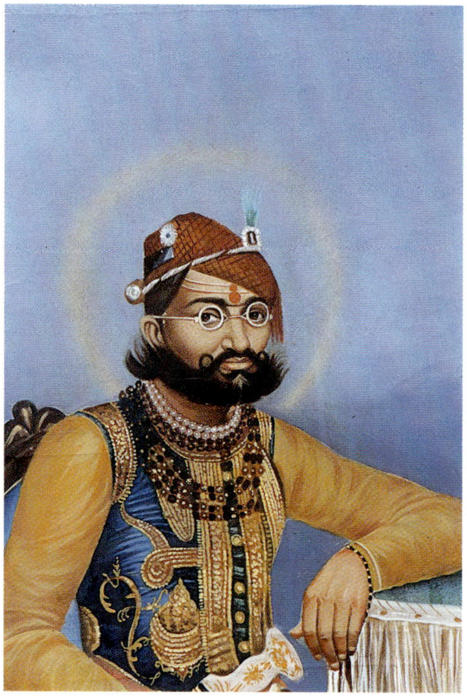

L'empire moghol n'est plus que l'ombre de lui-même après la mort d'Aurangzeb, en 1707. Ses successeurs abandonneront toute autorité. Delhi est pillée, les souverains rajputs ne peuvent juguler l'invasion des Marathes, originaires d'Inde centrale, et demandent assistance aux Britanniques. Reconnaissant habilement les privilèges aux maharajas et leur signant des accords de défense, les Anglais finissent par exercer une véritable tutelle sur la région au milieu du XIXe siècle, contrôlant tout le nord de l'Inde, depuis la frontière afghane jusqu'à la Birmanie.

La révolte dite des Cipayes est allumée en 1857 lors d'une distribution de cartouches aux Cipayes, nom donné aux troupes indiennes de l'armée britannique. Les douilles étaient couvertes de graisse et les soldats devaient déchirer l'enveloppe avec les dents. Or la rumeur affirmait qu'il s'agissait de graisse de porc ou de vache, ce qui scandalisa musulmans et hindous. La révolte fit long feu. Les Européens furent massacrés. Delhi fut même enlevée par les mutins qui voulaient conforter l'empire moghol. Finalement la mutinerie sera matée.

La reine Victoria devient « impératrice des Indes » en 1877. L'empire des Indes, le Raj, unifie le territoire qui compte alors 550 États princiers. Entre-temps, une classe moyenne est née en Inde et le besoin de démocratie se renforce. Le Congrès national indien voit le jour en 1885. Mais les maharajas restent fidèles aux Britanniques. Un avocat, Mohandas Karamchand Gandhi, qui va devenir un personnage de légende plus connu sous l'appellation de Mahatma, ce qui signifie « grande âme », prend la tête de la résistance passive et non violente. Le parti du Congrès, sous les rênes de Jawaharlal Nehru, réclame officiellement l'Indépendance.

En 1947, les Anglais annoncent leur décision de se retirer définitivement du sous-continent indien. Lord Mountbatten sera le dernier vice-roi des Indes. Le Congrès se prononce pour une nation laïque. Mais la Ligue musulmane réclame la formation de deux États : l'Inde à domination hindoue ; le Pakistan, musulman. Le 15 août 1947, naissent l'Inde et le Pakistan. Dix millions d'hindous et de sikhs quittent le Pakistan pour l'Inde alors que huit millions de musulmans abandonnent l'Inde pour peupler le Pakistan.

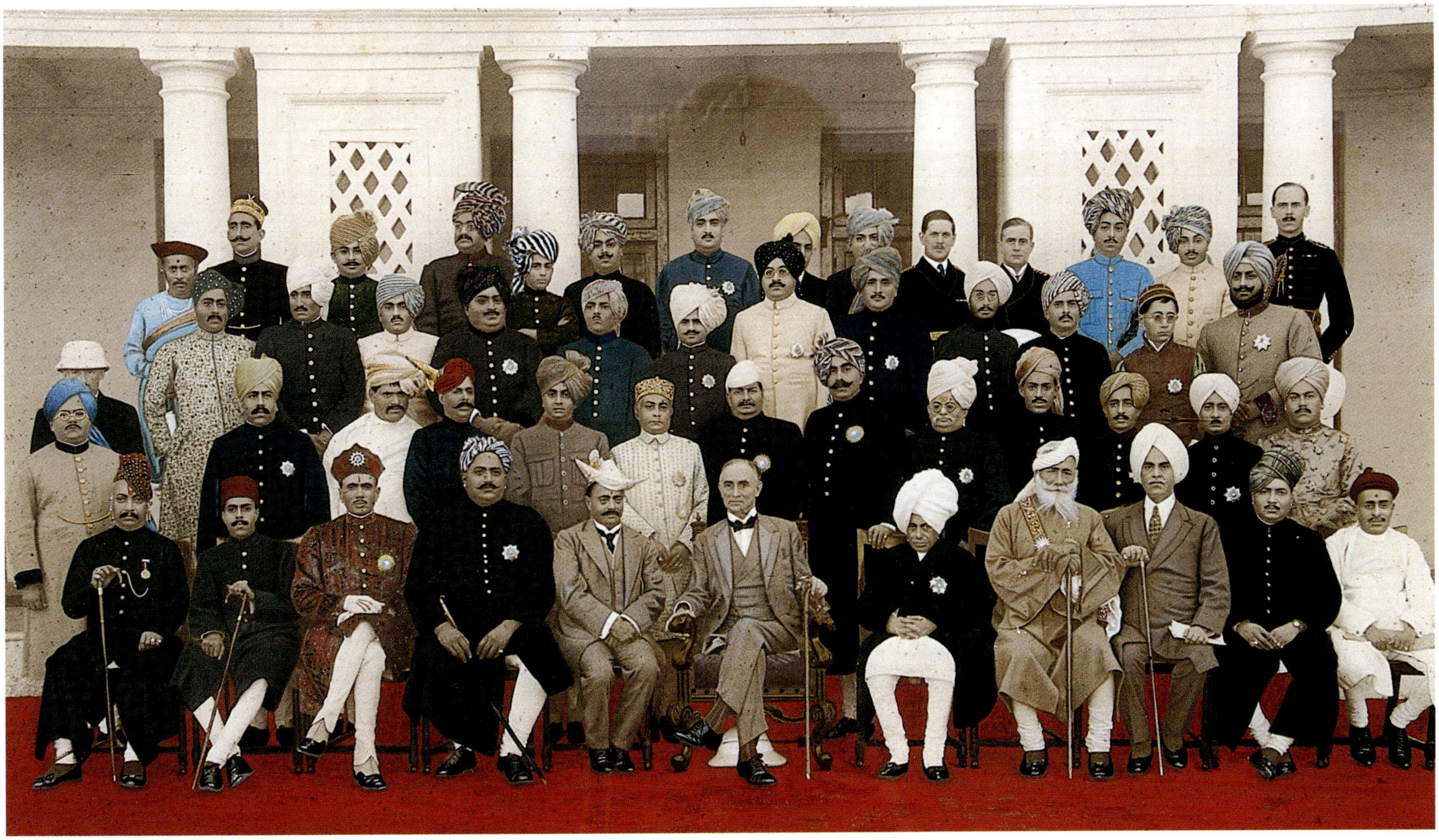

Photo prise à l'occasion de la réunion de la chambre des Princes à Delhi en 1924 (à droite du vice-roi Owen, le maharaja du « Kasmir »).
En bas : *Madho Singh II (1880-1927), maharaja de Jaipur, était l'un des plus puissants princes rajputs.*

Page 42 :
C'est au maharaja Ram Singh II (1835-1880) que l'on doit la couleur vieux rose de la ville de Jaipur.

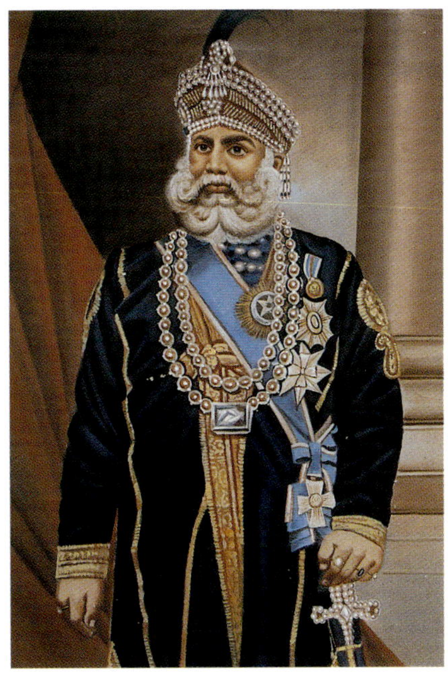

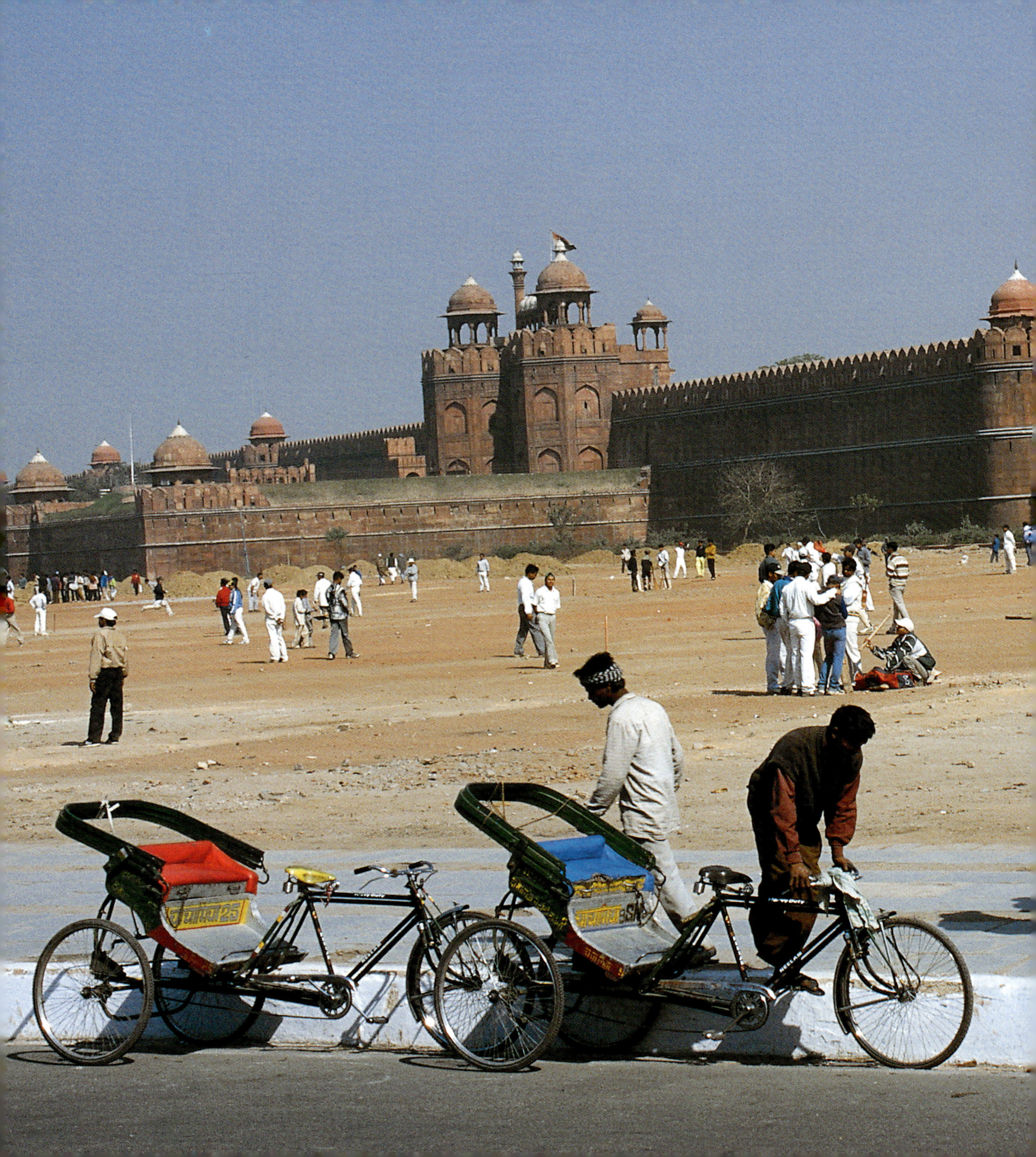

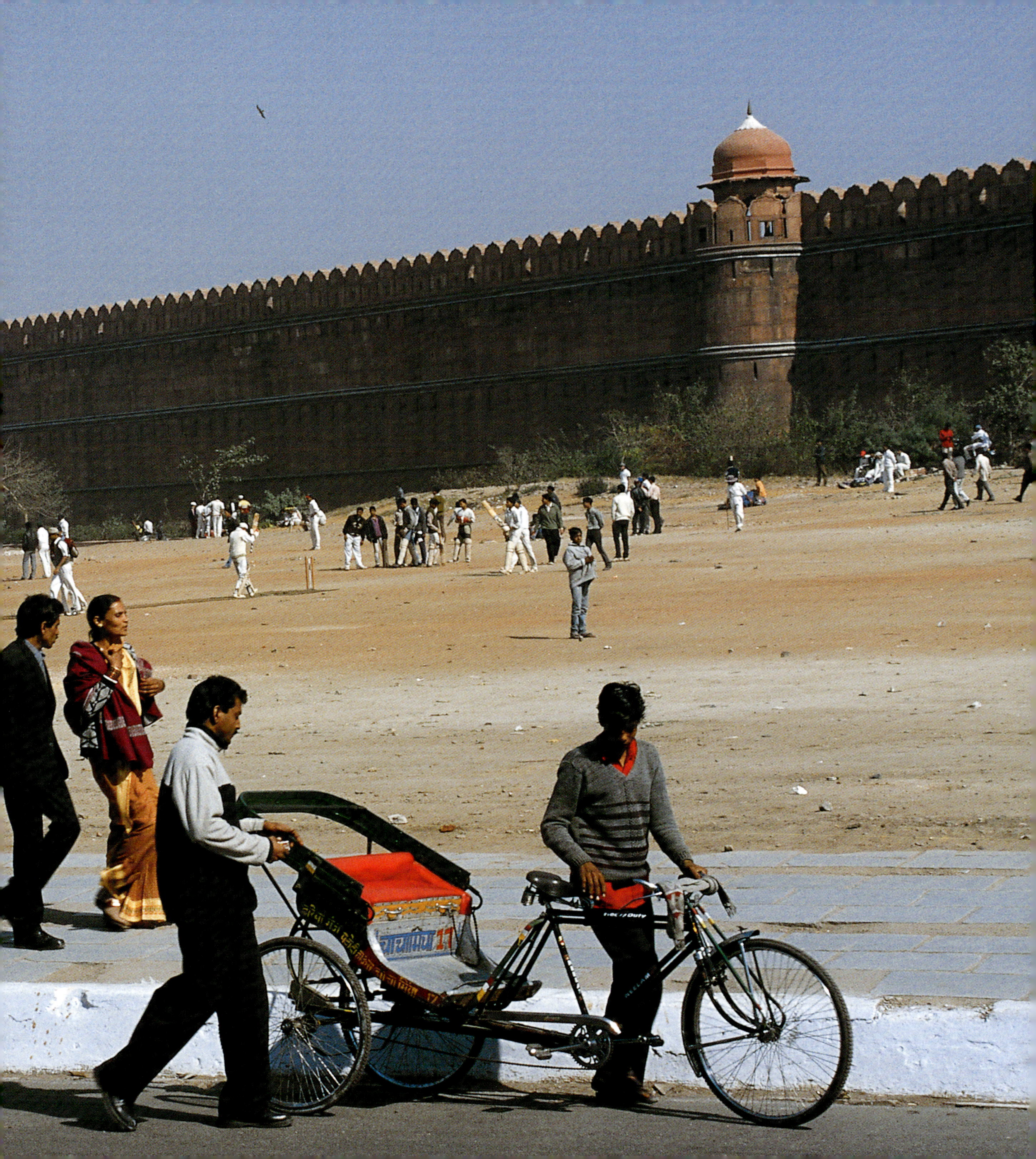

DELHI

Non, New Delhi n'a rien d'une ville-musée engoncée dans les relents d'une splendeur passée, même si, inaugurée en 1931, elle sortit tout droit des cartons de l'architecte britannique Sir Edwin Lutyens. Ci-contre, le palais présidentiel, Rashtrapati Bhawan, achevé en 1929.

Les encombrements sont dantesques, même sur la large avenue Raj Path menant au palais présidentiel. L'éléphant est le moyen le plus efficace pour se frayer un chemin.

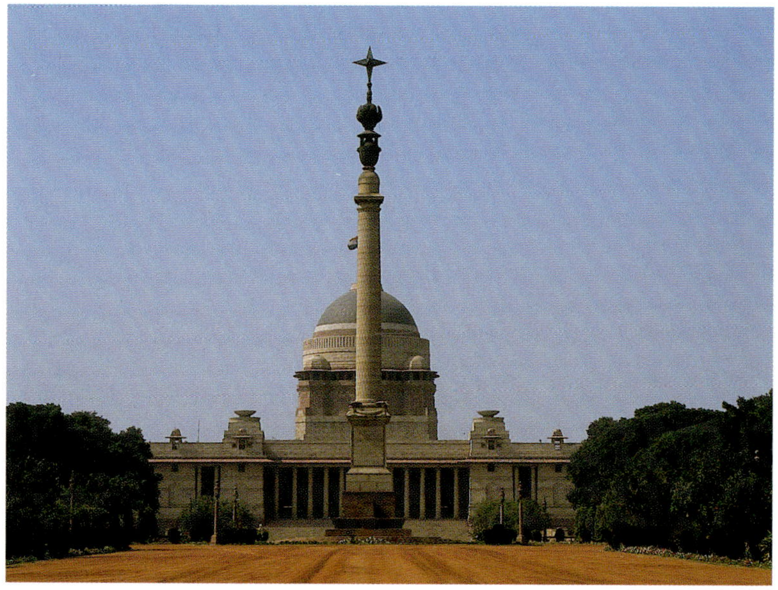

New Delhi

C'est le même cérémonial, matinal et quotidien, qui se déroule aux portes du fastueux palais présidentiel, le Rashtrapati Bhawan. A travers les jardins odorants de bougainvillées et de jasmins, accompagné par le piaillement des perroquets verts, un serviteur en gants blancs apporte solennellement au palais les deux plus belles roses du jour, délicatement posées sur un plateau d'argent. L'une d'elles terminera sa journée à la boutonnière du Président de l'Union Indienne.

Achevé en 1929, le Rashtrapati Bhawan, le palais présidentiel et ses jardins, entouré de ministères, du Parlement et de parcs découpés par de larges avenues, représente une halte méritée après le bouillonnement de l'Old Delhi.

C'est en 1911, à l'occasion du dernier grand rassemblement des princes indiens, que le roi George V annonçait officiellement le transfert du gouvernement de Calcutta à Delhi. Les architectes Sir Edwin Lutyens et Herbert Baker furent chargés de dessiner cette nouvelle capitale « ni néoclassique, ni moghole, simplement impériale », inaugurée en 1931. Ils choisirent la colline de Raisina Hill, sortirent de leurs cartons de larges avenues, dont la King's way (aujourd'hui Raj Path) serait l'épine dorsale. Juché sur les hauteurs de la ville, le nouveau palais, agrémenté de sublimes jardins néo-moghols, accueillit le vice-roi des Indes. Après le départ des Britanniques en 1947, cette demeure est devenue celle du président de la République indienne.

Un peu en déroute, les inconditionnels du « british style » se retrancheront dans les salons patinés de l'Hôtel Impérial inauguré en 1931 par Lord Willingdon lui-même. Bien assis au fond de larges fauteuils en rotin de la Verandah, autrefois bien nommée « Garden Party », on se laissera aller à rêvasser au bon temps du Raj, en dégustant doucement sous le regard ravi des serveurs en livrée rouge impeccable « a very English afternoon high tea ».

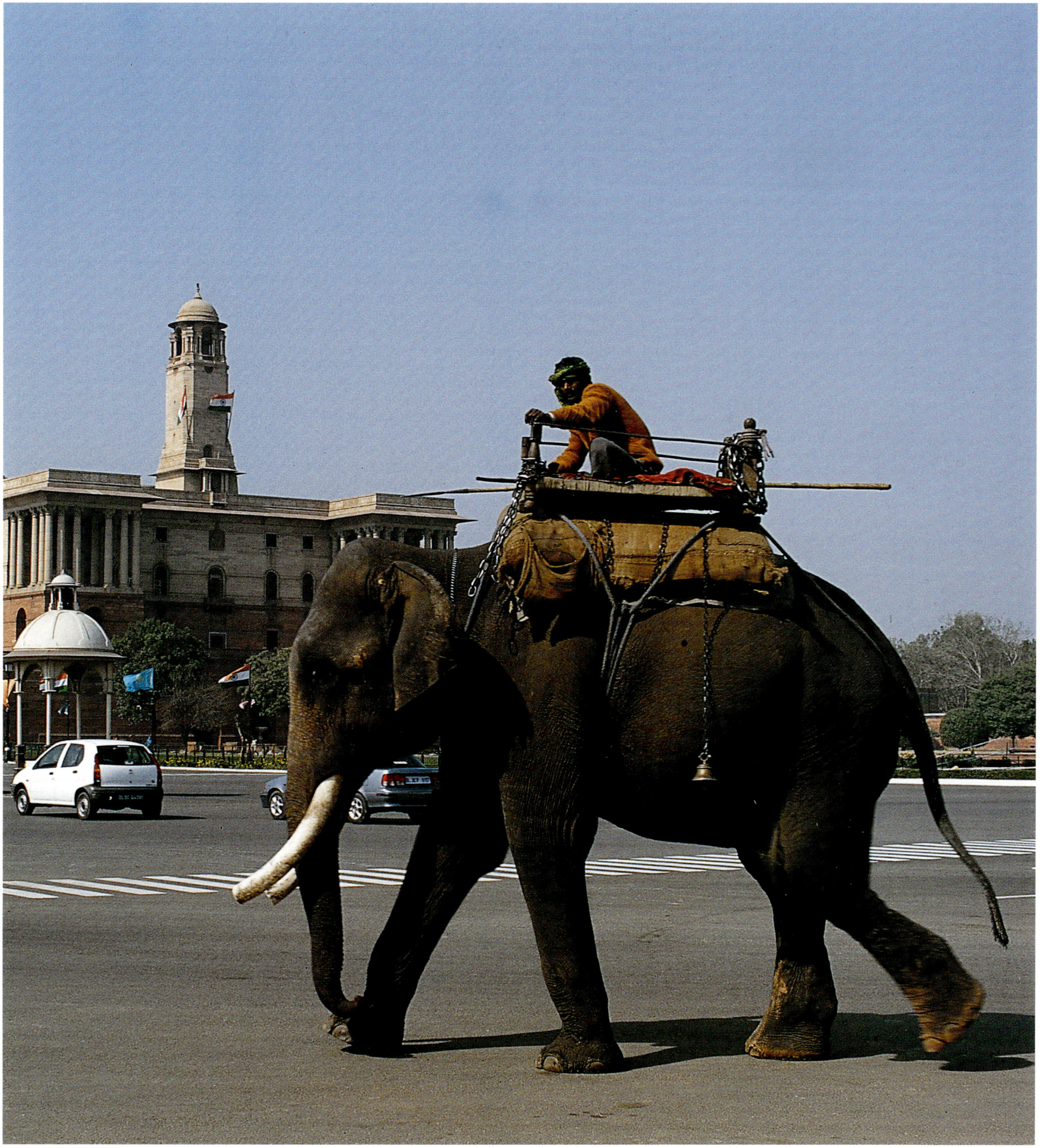

La ville aux 7 cités

Approchant les dix millions d'habitants, Delhi est la troisième métropole indienne après Mumbai (Bombay) et Calcutta. La capitale de l'Union indienne possède le statut de Territoire de l'Union. Campée sur la rive droite du fleuve sacré Yamuna, affluent du Gange, elle semble pourtant lui tourner le dos. C'est plus qu'un symbole, car Delhi n'est pas une ville de tradition hindoue.

Quand on parle de ville aux sept cités, c'est pour évoquer autant de capitales dessinées par les envahisseurs turcs ou afghans qui se sont succédé. Où est l'âme de cette ville Janus à deux têtes ? Peut-être dans les quartiers populaires et le bazar de Chandni Chowk, au cœur de cet Old Delhi bouillonnante. Les manuels d'histoire indiens affirment qu'on a retrouvé dans les entrailles de la capitale des poteries datant de mille ans avant Jésus-Christ. Que l'empereur Ashoka y fit dresser un édit creusé dans le roc sept siècles plus tard et que les Rajputs du clan Tomar établirent la forteresse de Dilli vers le VIIIe siècle.

En 1192, le sultan Mohammed de Ghor et ses troupes venues d'Afghanistan arrachent Delhi au roi hindou Prithviraja III. En proie au mal du pays, le vainqueur laisse la ville à son général Qutab ud-Din Aibak, un ancien esclave turc qui se proclame sultan, édifie sa capitale dans le complexe du Qutab Minar. Delhi est musulmane. Deux dynasties turques se succéderont, celle des Khiljis et des Tughluqs qui inaugurent quatre nouvelles cités de Delhi. Mais en 1398, Tamerlan pille la ville. L'un de ses lieutenants afghans fonde la dynastie des Sayyids au milieu du XVe siècle, suivie de celle des Lodis (1450-1526) qui dirigent les opérations depuis Agra. Mais ils ne font pas le poids devant Babur, descendant de Gengis Khan et de Tamerlan, qui fonde la dynastie des Moghols et occupe Agra. Son fils Humayun a plutôt le coup de cœur pour Delhi. Les Moghols suivants, Akbar et Jahangir, dirigeront les affaires depuis Agra et Lahore (actuel Pakistan). L'empereur Shah Jahan (1627-1658), celui qui signera le Taj Mahal, revient à Delhi et sort de ses cartons la IXe cité, « Shahjehanabad », l'actuel « Old Delhi » qu'il enrichit d'édifices emblématiques comme le Fort Rouge et la mosquée Juma Masjid.

Étonnant, car tellement décalé au milieu des immeubles de New Delhi, l'observatoire astronomique Jantar Mantar, imaginé au XVIIIe siècle par le maharaja qui fonda Jaipur, Jai Singh II.

Après la mort d'Aurangzeb, Delhi est dévastée successivement par le roi des Perses Nadir Shah en 1739, par le chef afghan Ahmed Shah en 1756 et enfin par le raja jat de Bharatpur en 1764. Les Anglais, qui surgissent dans la péninsule, gouvernent depuis Calcutta mais détachent un Résident qui dirige la capitale à côté d'un empereur moghol qui ne fait plus qu'œuvre de figuration. Mais les Indiens se fâchent. Quand la révolte des Cipayes flambe en 1857 et que l'empereur Bahadur Shah II se range du côté des insurgés, les Britanniques en profitent pour évincer le Moghol de son trône et le déportent en Birmanie. En 1911, le roi George V annonce fièrement la construction de la Xe Delhi. Confiée à Sir Edwin Lutyens et Herbert Baker, New Delhi voit le jour en 1918 pour être inaugurée en 1931.

A l'Indépendance, lors de la création du Pakistan, des milliers de musulmans quittent la capitale pour rejoindre Lahore alors que sikhs et hindous fuient le Punjab pakistanais. Delhi devient presque punjabie. Depuis 1956, la ville a le statut de Territoire de l'Union.

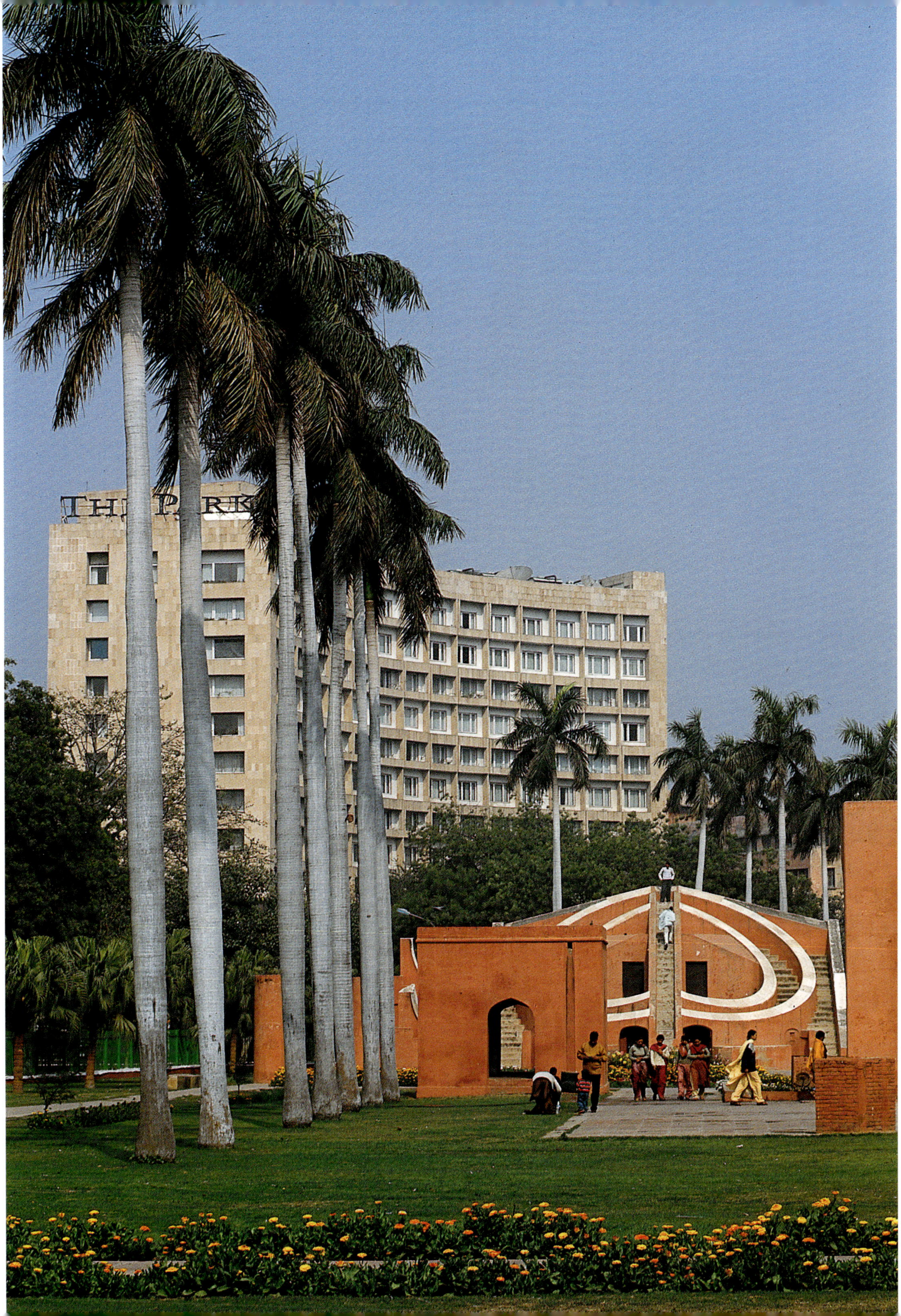

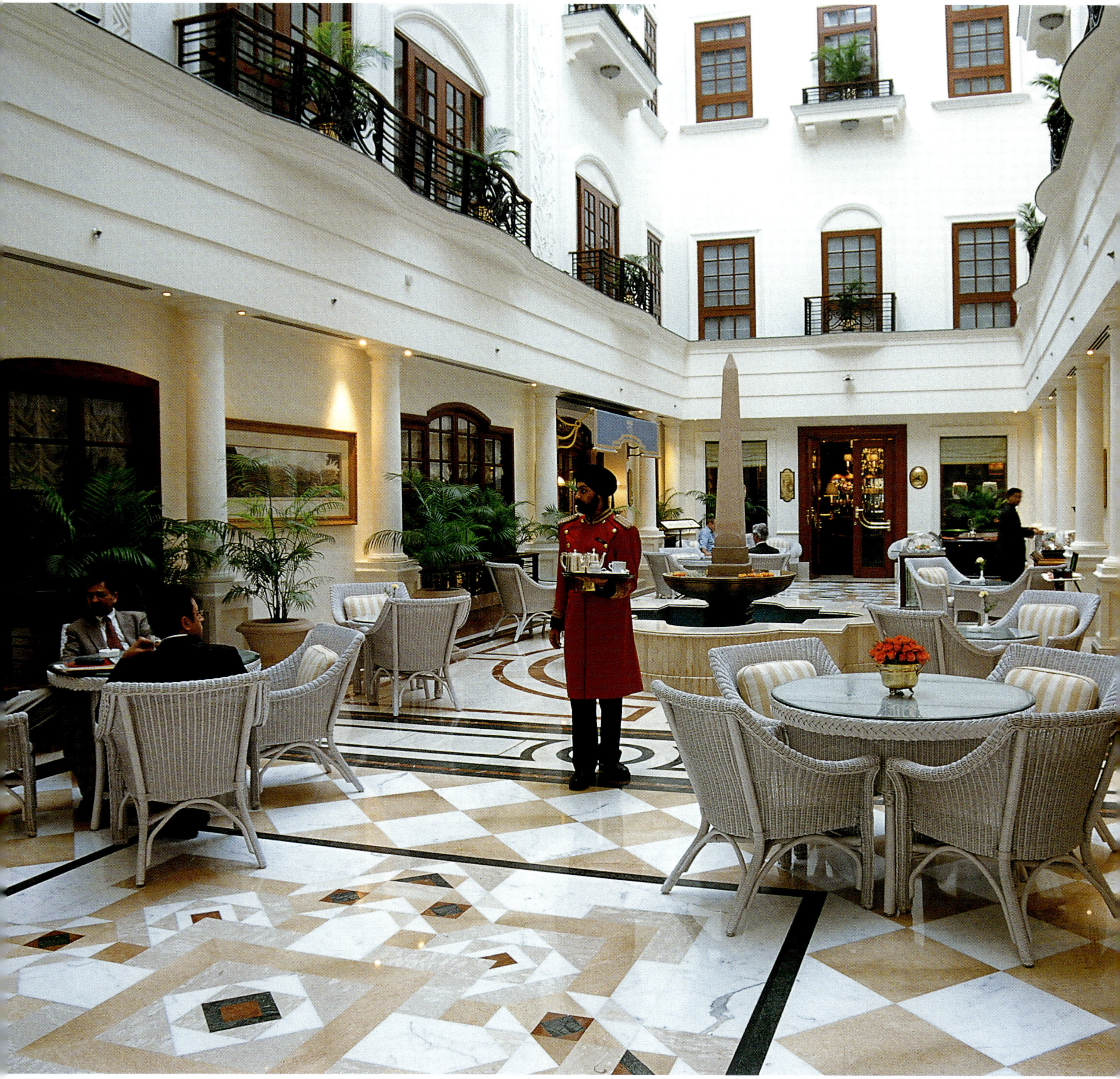

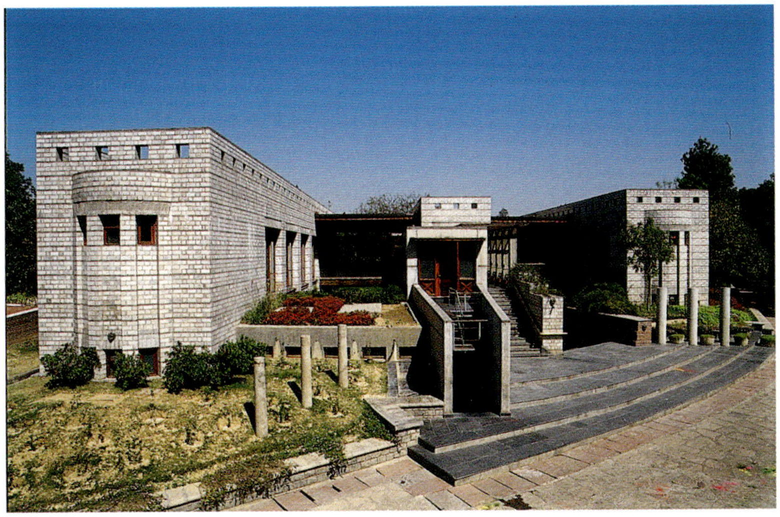

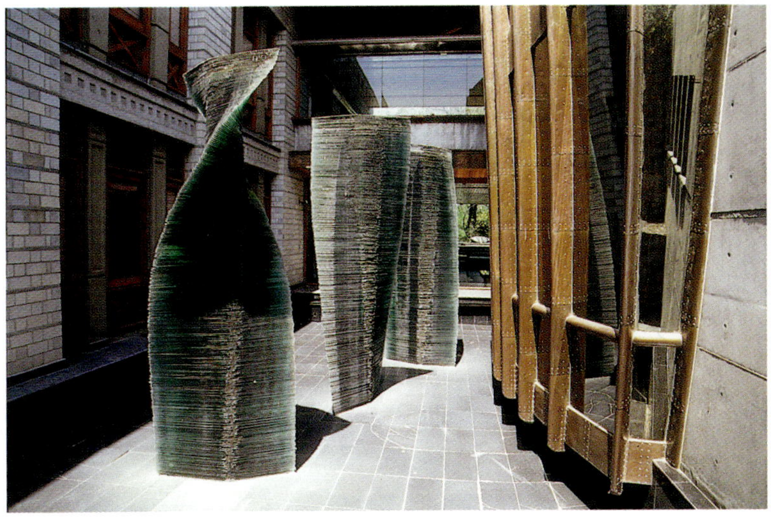

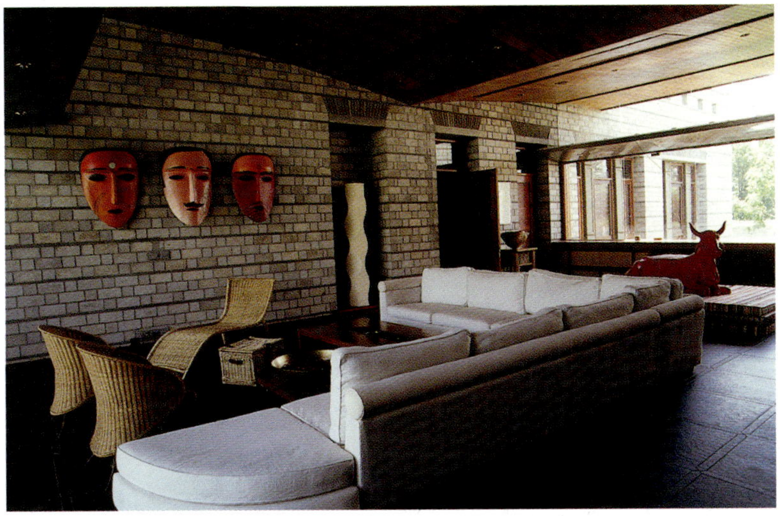

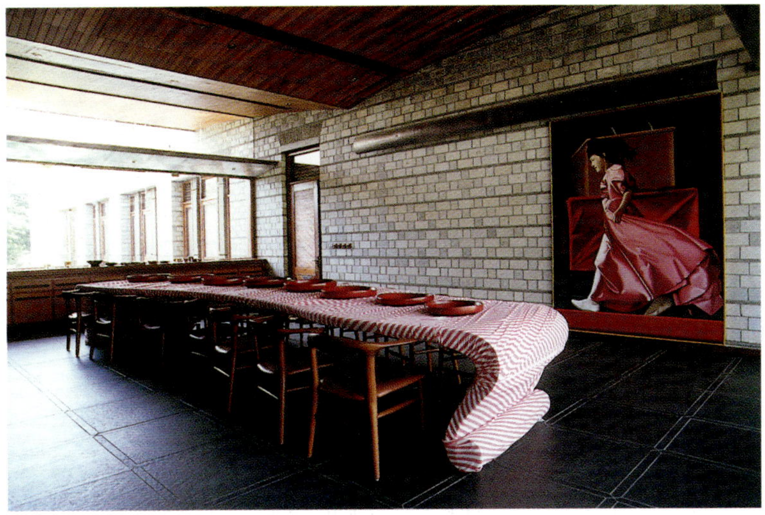

Les moelleux salons de l'hôtel « The Imperial », sublime reliquat de l'ère coloniale. Pour faire le plein de nostalgie.

Page 51 : *La maison post moderne de la famille Poddar. Madame Lekha Poddar, son mari Ranjan et leurs enfants habitent le quartier chic de Rajokri, dans les faubourgs de Delhi. Pour réaliser la maison de leur rêve très post-moderne, ils ont donné leur chance à de jeunes architectes bourrés de talent : Inni Chatterjee et le décorateur Samir Wheaton. Une sorte de toit volant ondulé en bois et cuivre repose sur des colonnes de béton. Parquets en bois poli, sol en granit, plafonds en ciment et teck. La lumière est reine partout. Le premier niveau s'organise autour d'une sculpture en verre de l'Américain Danny Lane. Le mobilier correspond aux coups de cœur de Lekha (elle a signé la décoration minimaliste du palais hôtel Devi Garh, près d'Udaipur) lors de ses voyages : fauteuils en rotin de Londres, objets en teck d'Assam et du Kerala, jarres de Birmanie…*

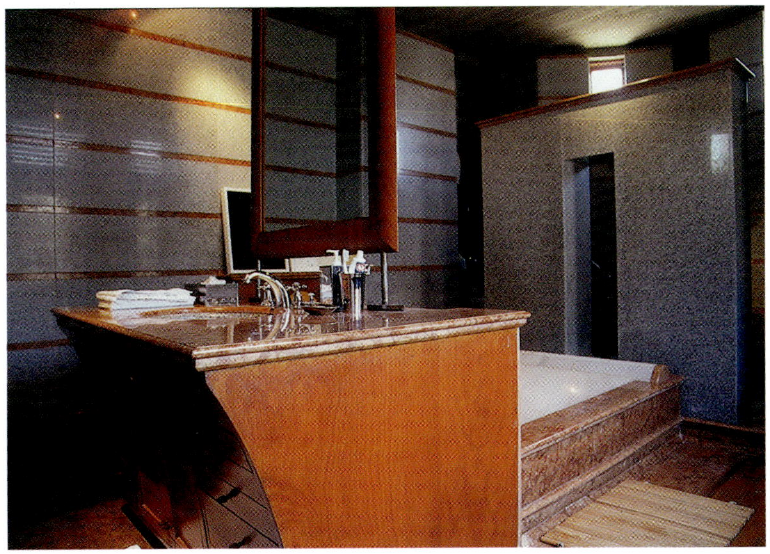

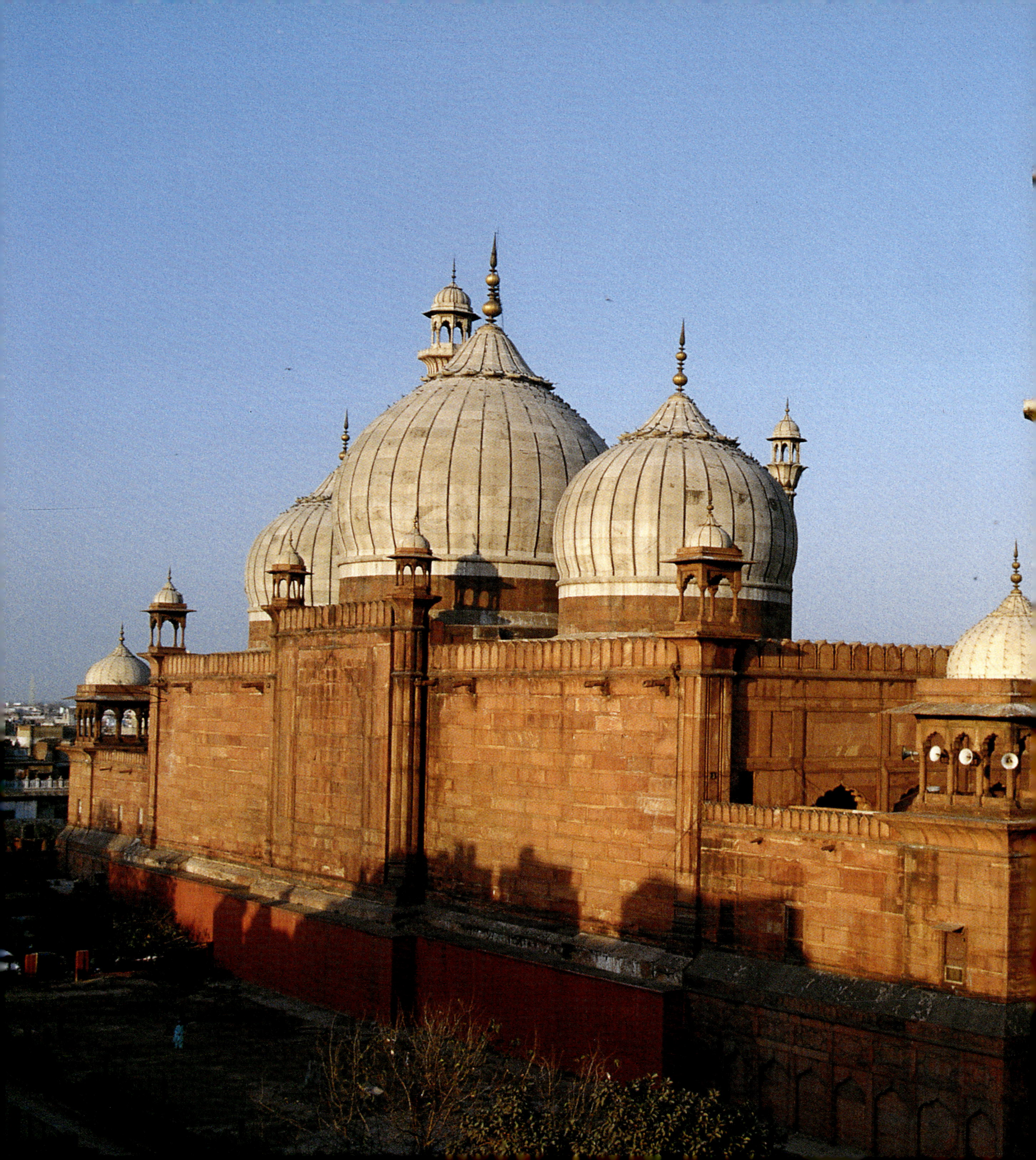

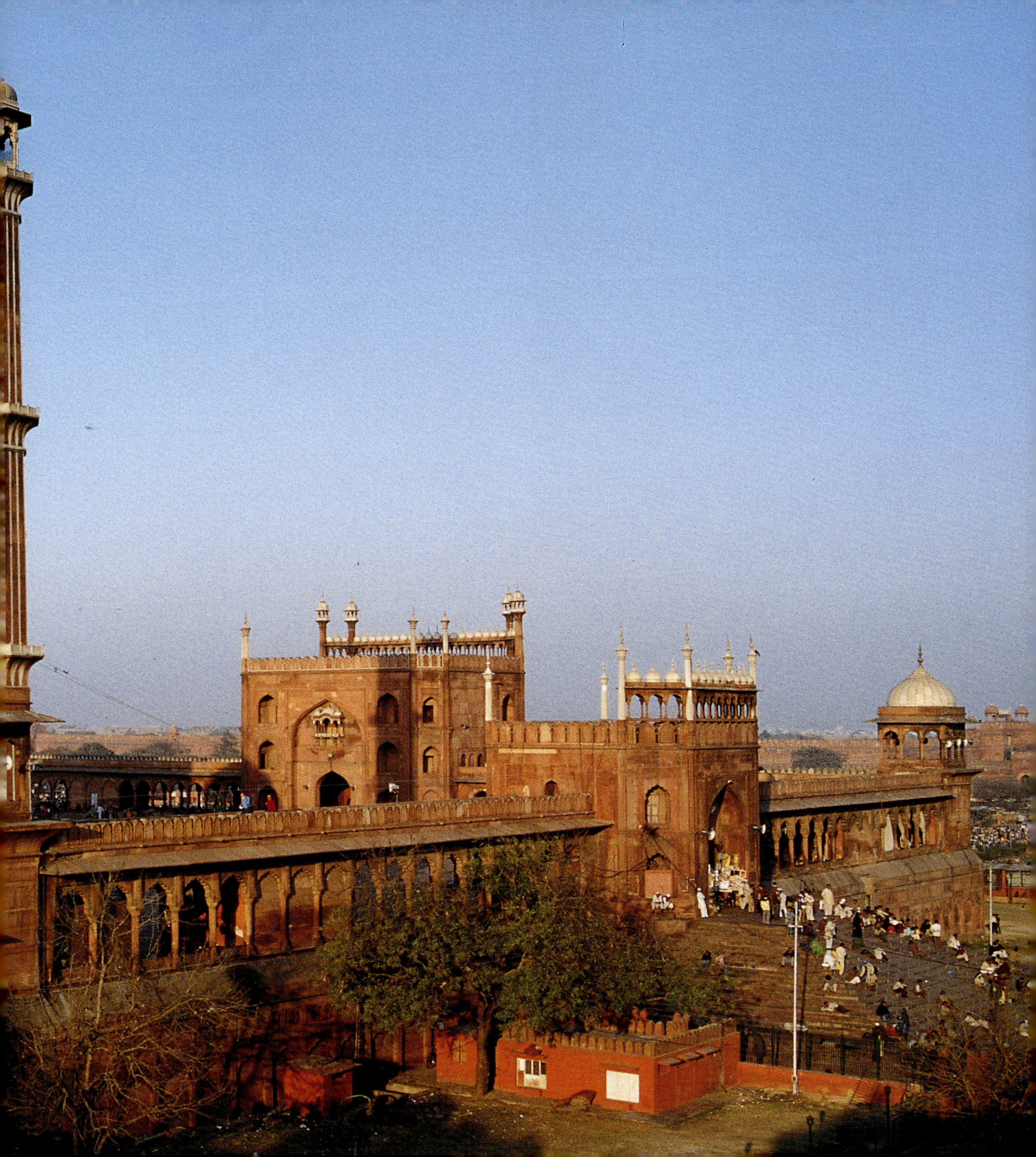

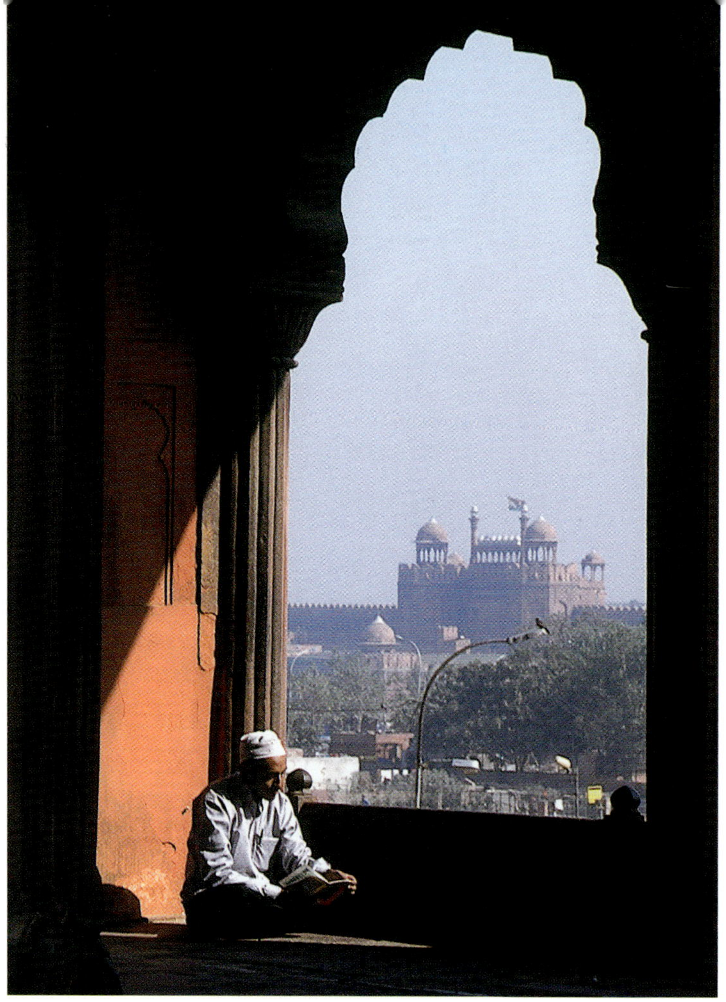

Double page précédente, ci-contre et double page suivante : *Achevée en 1658, la mosquée Juma Masjid de Delhi est la plus vaste de l'Inde. Dernière grande mosquée construite par les empereurs moghols, symphonie de grès rouge et de marbre blanc, elle accueille chaque vendredi 30 000 fidèles qui se rassemblent pour la grande prière.*

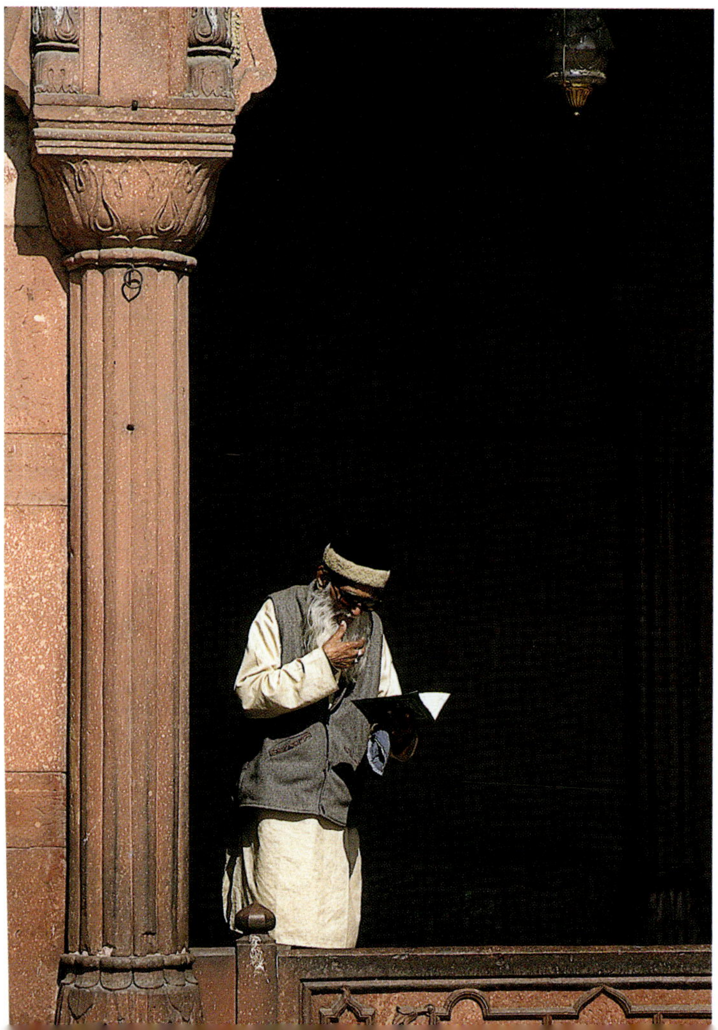

Old Delhi

Pour prendre le pouls de cette très ancienne capitale fondée par Shah Jahan au XVIIe siècle, il faut musarder un vendredi matin, jour de grande prière, autour de la Juma Masjid, la plus grande mosquée de l'Inde, bâtie au milieu du XVIIe siècle. Dans les ruelles environnantes, il faut se frayer son chemin au milieu d'une foule compacte et colorée qui passe et repasse devant les étals des marchands du Meena Bazar. On s'interpelle, on se retrouve, on s'invite. Les hôtels ont fait le plein de pèlerins. Assis en tailleur à l'entrée, les patrons des restaurants offrent leur sourire de bienvenue à l'étranger de passage, ainsi qu'un délicieux thé au lait. Doucement, la plus grande mosquée de l'Inde va se remplir de ses 30 000 fidèles qui gravissent d'abord les marches de l'imposant escalier, passant sous le haut portail percé d'un *iwan* (espace voûté) qui focalise le regard. Au milieu d'une vaste cour, un bassin sert aux ablutions. On se prépare, on se purifie, on se salue.

Les dimensions de cette dernière grande mosquée moghole sont très imposantes avec cette façade principale encadrée de deux minarets et couronnée de trois bulbes blancs, énormes dômes outrepassés. Cernés par d'élégantes arcades percées de trois portails, les fidèles prennent place. Ponctué d'un arc polylobé, le portail central (*pishtaq*) s'ouvre sur la salle de prière où l'imam prépare son homélie. Par un étroit escalier intérieur, on peut accéder au sommet du minaret sud qui commande une superbe vue sur Old Delhi et le Fort Rouge, juste en face, qui semble monter la garde. La grande prière du vendredi peut commencer.

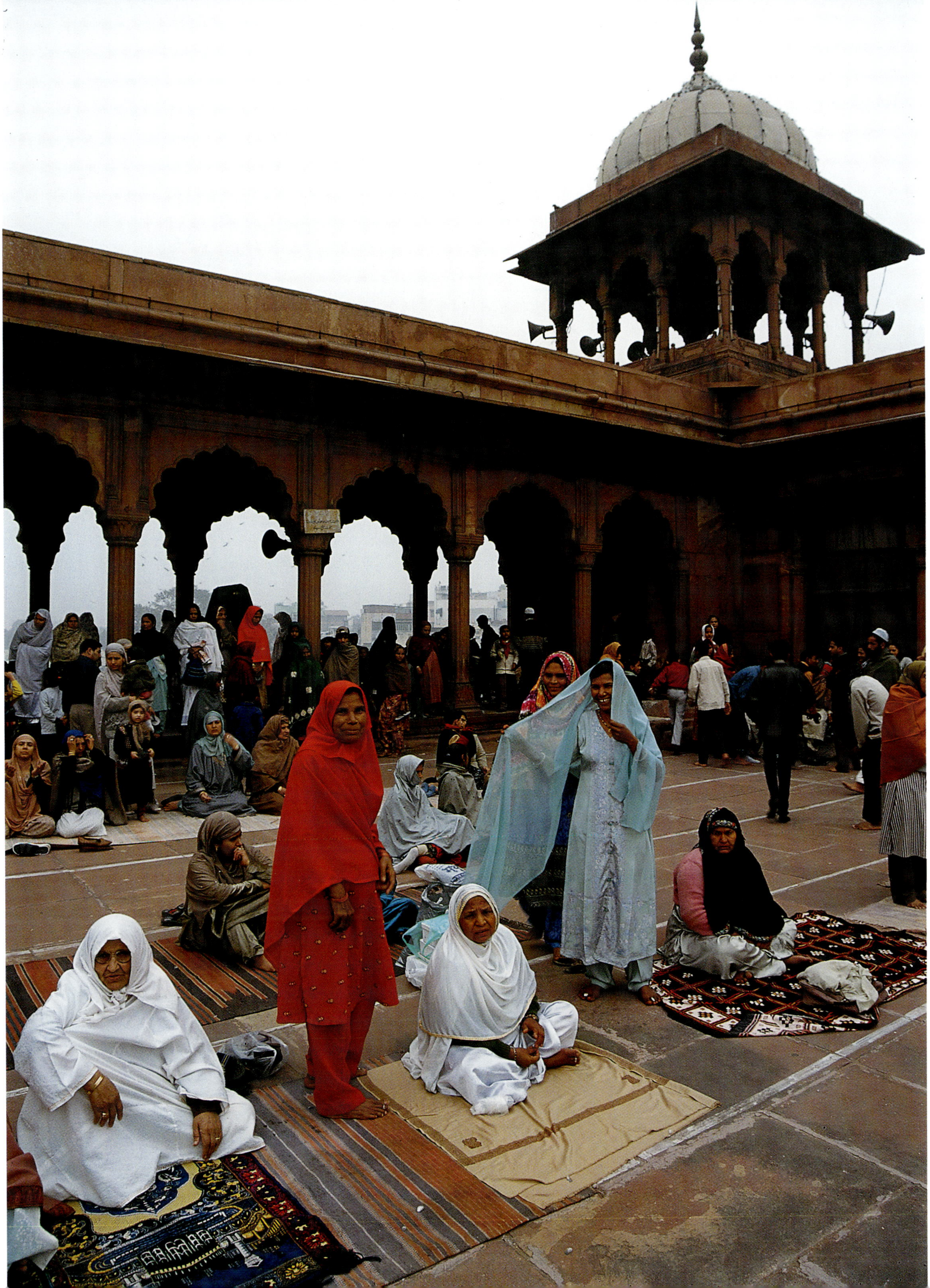

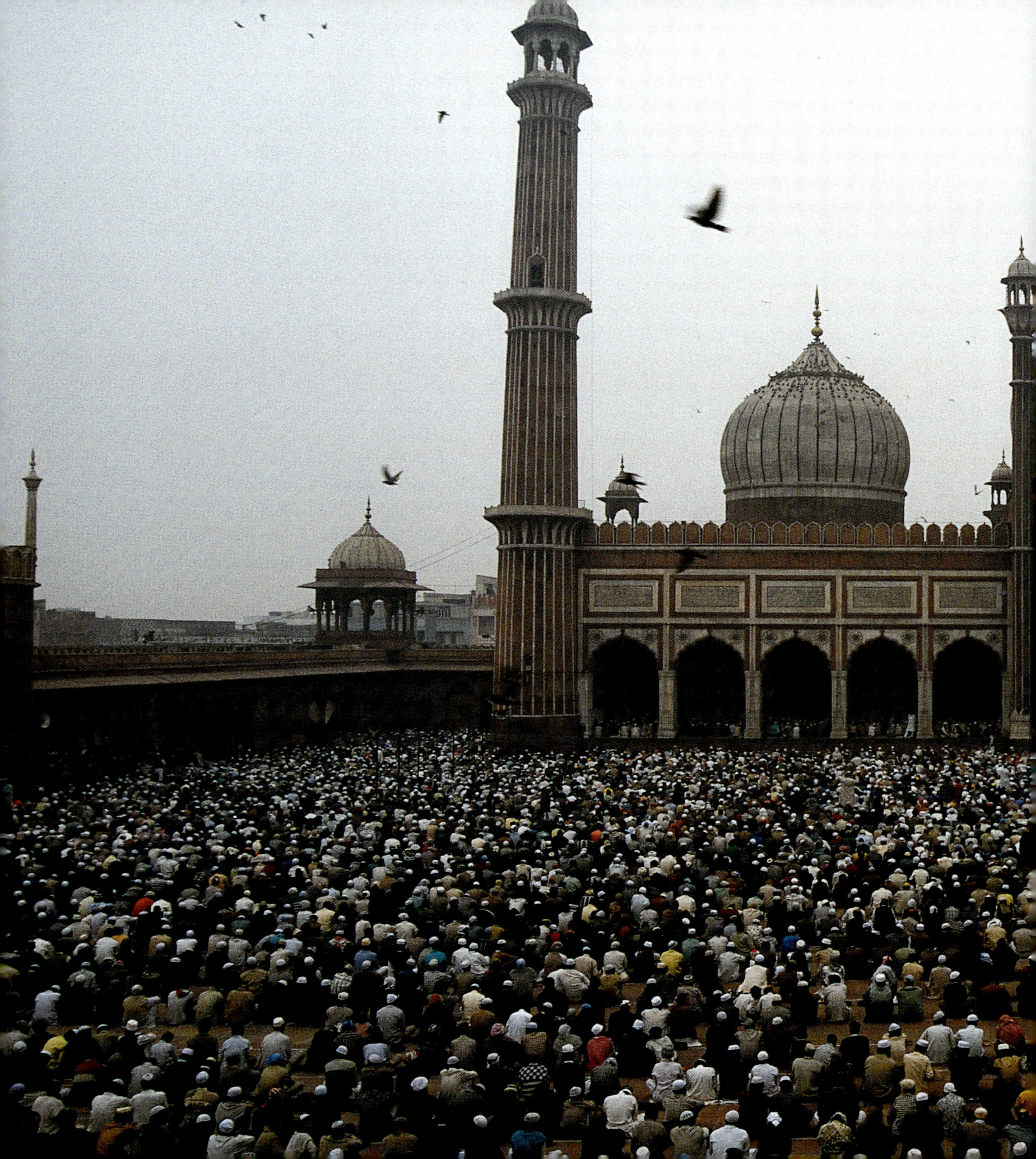

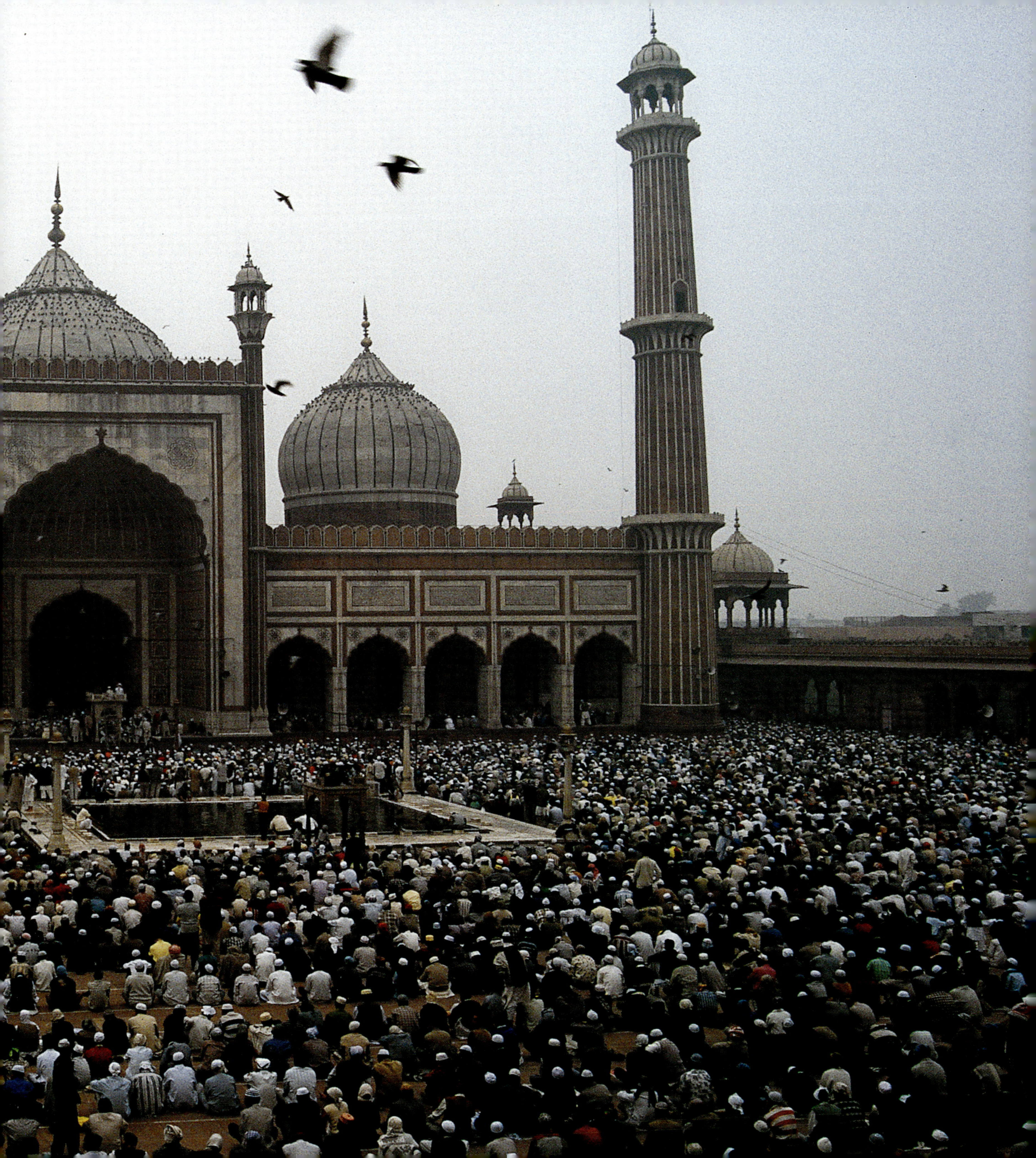

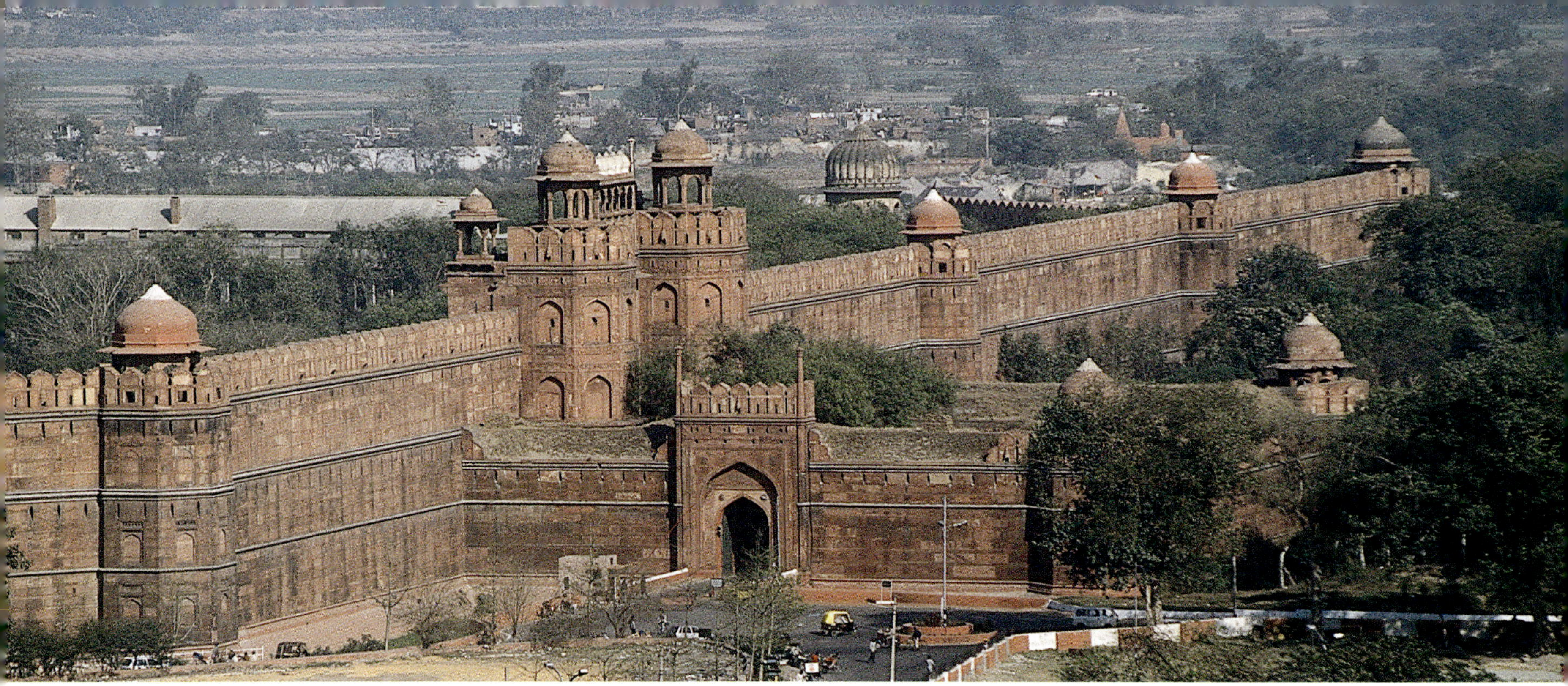

Le Fort Rouge

La vaste esplanade qui sert d'écrin au Fort Rouge est désormais le terrain de jeu de prédilection des jeunes Indiens qui s'exercent au polo, juste sous les remparts de grès rouge qui courent sur plus de deux kilomètres. Cet impressionnant complexe fut conçu par l'empereur Shah Jahan qui délaissa Agra pour Delhi en 1638. Il fit pour cela raser une forteresse bâtie au XIe siècle par les Rajputs.

La Porte de Lahore permet l'accès à cette « cité interdite » qui comprenait résidences, palais du gouvernement et bâtiments administratifs. Une longue allée conduit au *diwan-i am* (hall des audiences publiques) où l'empereur paradait en recevant ses hôtes, assis majestueusement sur son trône en marbre couronné d'incrustation de pierres semi-précieuses. Dessinés à la mode persane et agrémentés de canaux et de pavillons, les jardins dits « Hayat Baksh Bagh », « jardins qui donnent la vie », invitent le visiteur à une douce rêverie sur le thème des fastes de l'empire, entre le Rang Mahal, palais réservé à la première épouse de l'empereur, et le Khas Mahal, palais ciselé de *jali* (écrans ajourés) où se tenait l'empereur. Chaque matin, il apparaissait depuis son balcon tel « l'ombre de Dieu sur le monde » avant de rejoindre le *diwan-i khas* (hall des audiences privées) aux murs de marbre blanc et les hammams.

*Derrière les austères remparts de grès rouge du Fort de Delhi (ci-dessus), la cour des empereurs moghols était fastueuse et riche comme en témoigne ce délicat pavillon de la fontaine (*page 59*) nommé Shah Burj (1725) qui fournissait l'eau dans les palais.*

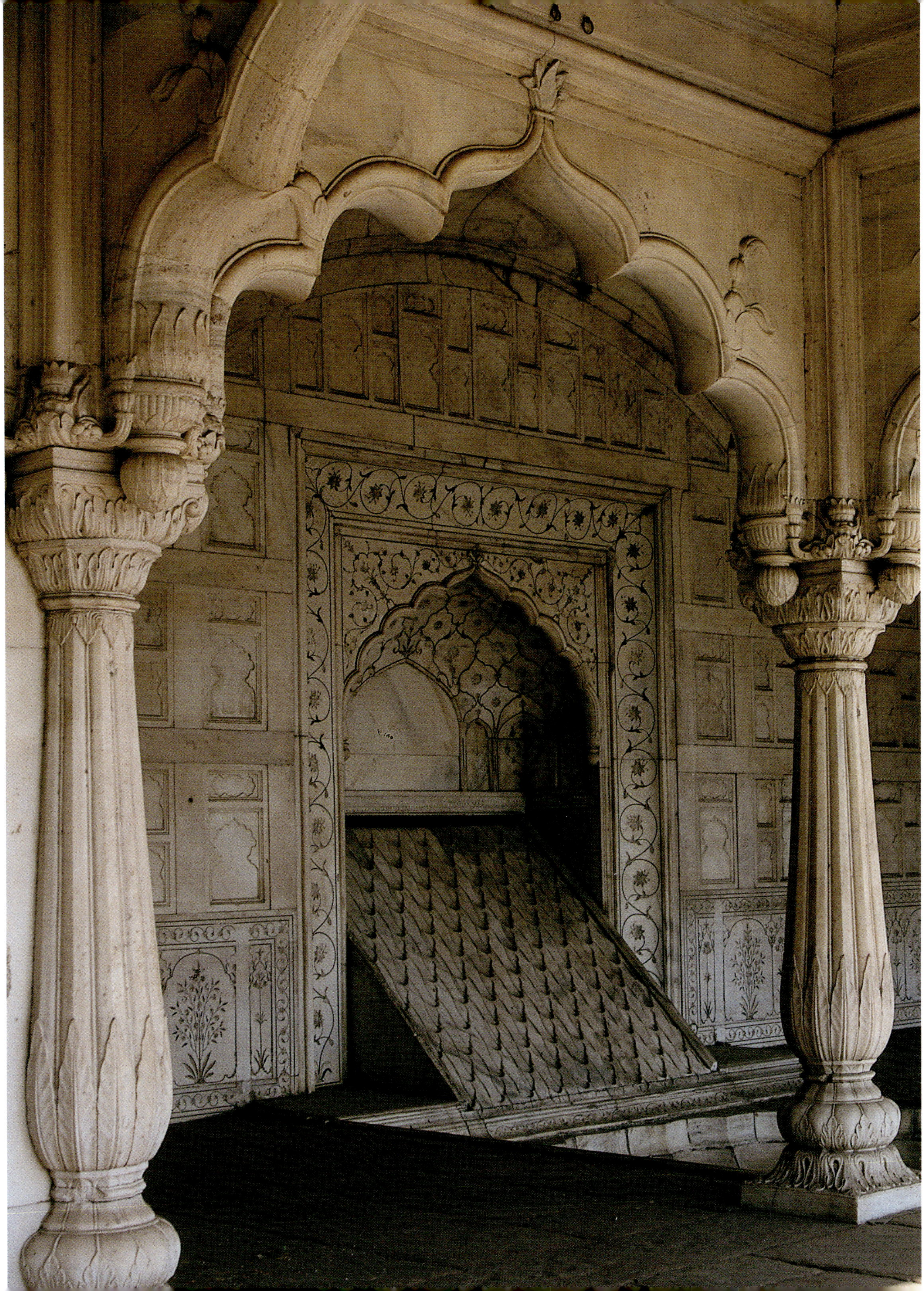

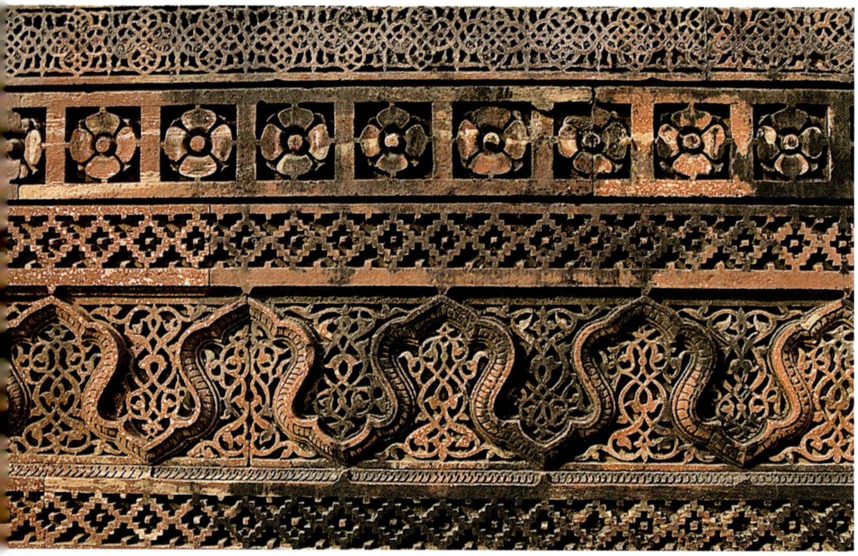

Érigée à Delhi en 1192, la tour-minaret du Qutab Minar symbolise la victoire éclatante de l'islam. Haute de 73 m, présentant cinq sections séparées par des galeries à stalactites d'une rare élégance, elle servit de minaret à la première mosquée indienne dite Quwwat ul-Islam (la force de l'islam).

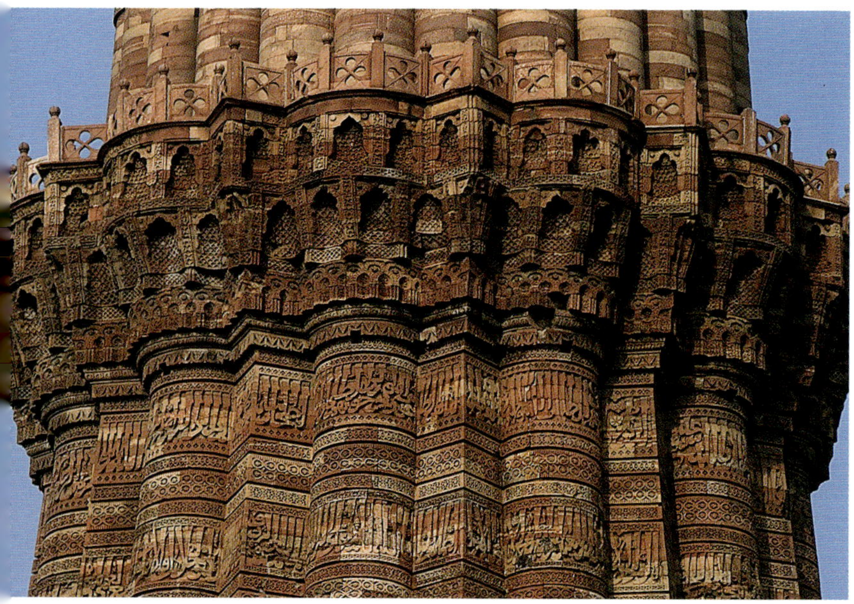

Le Qutab Minar

Tous les écoliers de Delhi connaissent l'interminable tour-minaret du Qutab Minar qualifié de « plus haut édifice de toute l'Inde » par les instituteurs. C'est la Tour Eiffel à Paris, la Pyramide de Chéops, à Gizeh. Historiquement, il représente la victoire de Mohammed de Ghor sur le roi hindou Prithviraja III, en 1192. Symboliquement, c'est la victoire éclatante de l'Islam. Il porte le nom de Qutab ud-Din Aibak, général en chef des armées victorieuses. Pour remercier ce vaillant guerrier, on lui donne le titre de gouverneur et il se proclame sultan de Delhi. Cet ancien esclave turc en profite pour fonder sa capitale dans le site du Qutab Minar et la « dynastie des Esclaves ».

Haut de 73 m, le Qutab Minar se compose de cinq tranches superposées, séparées par des stalactites (muqarna). Des bandeaux d'écriture coufique entourent l'édifice. A côté, la construction cubique de l'Ala-i Darwaza présente des inscriptions coraniques et entrelacs d'une rare finesse, ciselées par des artistes hindous de grand talent.

Après le Qutab Minar, les écoliers en goguette traversent, main dans la main, une cour avec des colonnes étrangement sculptées... « C'est la plus ancienne mosquée de l'Inde », répètent encore les professeurs. Qui n'ont pas tort. On entreprit cette mosquée baptisée Quwwat ul-Islam (la force de l'Islam) en 1193. Des colonnes prélevées sur 17 temples hindouistes et jaïns ont été amenées pour soutenir l'édifice. On reconnaît facilement les piliers de forme cubique assez typique du style hindou du VIIIe siècle. Au centre de la cour, se dresse un pieu de fer, singulier témoin de l'époque hindoue qui aurait été dédié à Vishnou, au IVe siècle.

L'enceinte où s'élève le Qutab Minar recèle d'autres beaux vestiges de l'ère musulmane, comme les ruines de la tombe d'Ala ud-Din Khilji qui fut sultan au début du XIVe siècle ou celles d'une école coranique assez caractéristique de l'époque seldjoukide (origines turques des premiers conquérants musulmans de l'Inde). Pour parfaire la visite du fameux Qutab Minar, passez devant la tombe d'Illtutmish, successeur de Qutab ud-Din. Assemblée en 1236, elle présente une abondante décoration sculptée. Attardez-vous, promenez votre œil sur ce travail insensé. Les sculpteurs hindous étaient terrifiés par le vide !

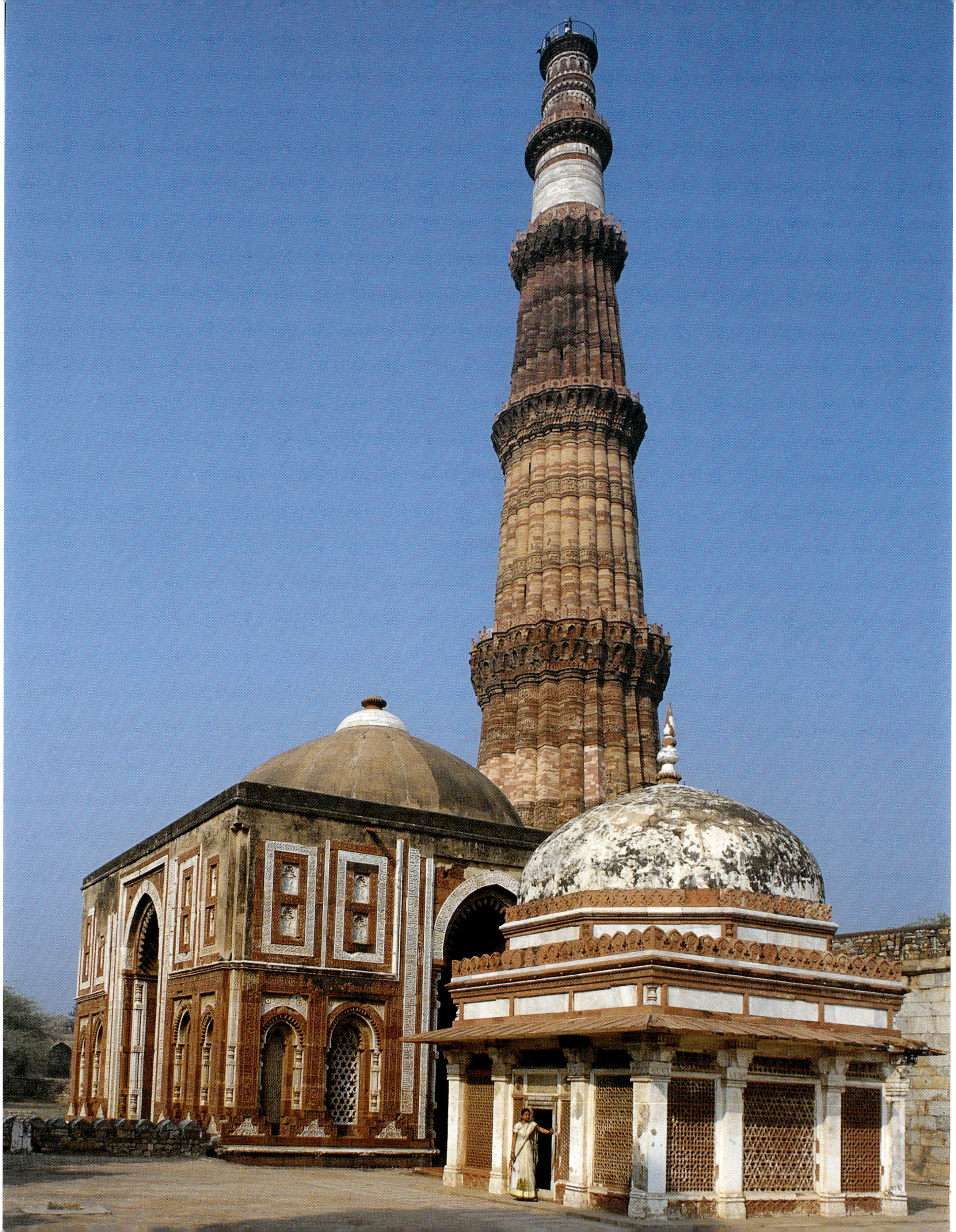

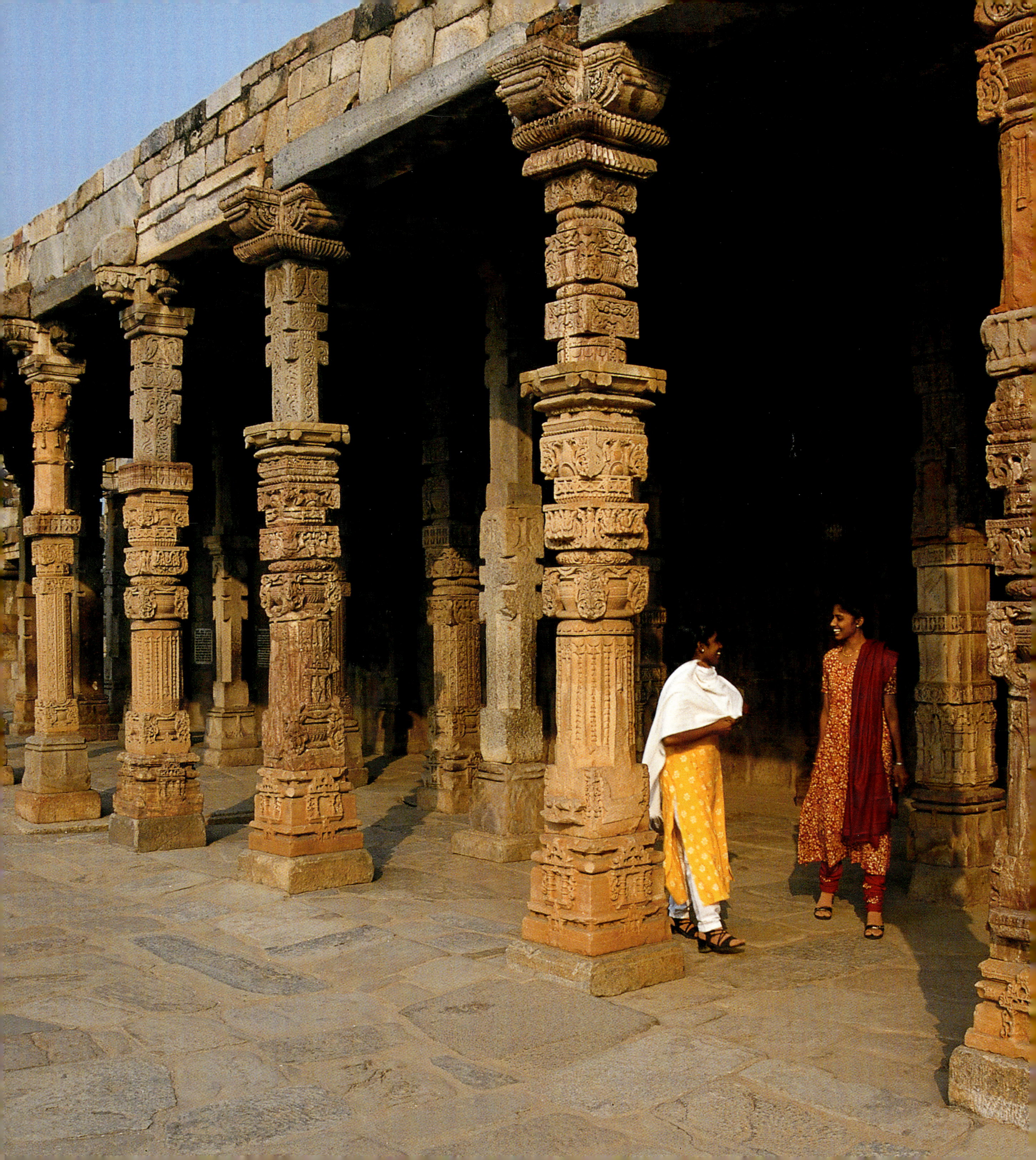

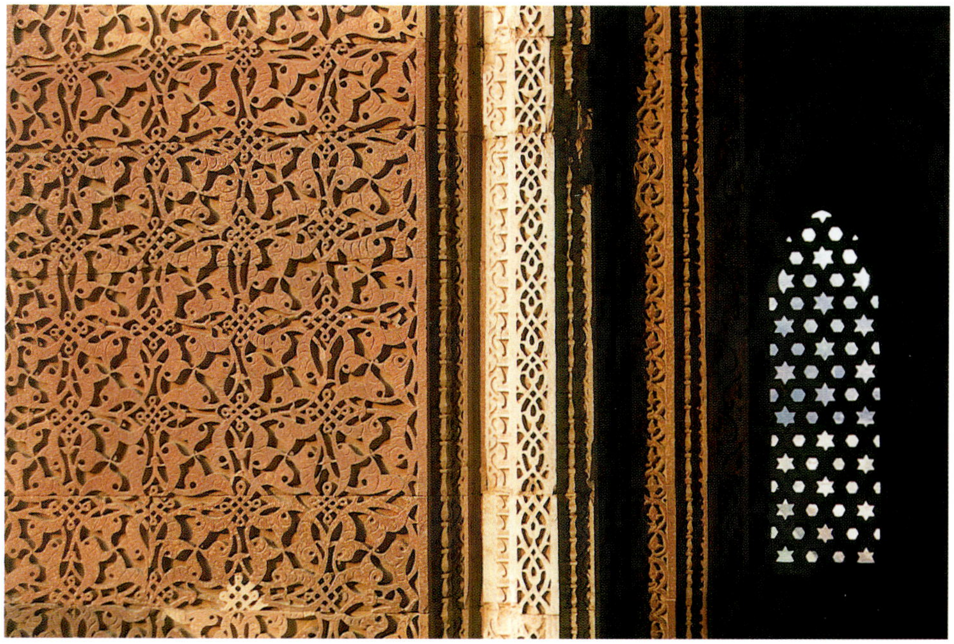

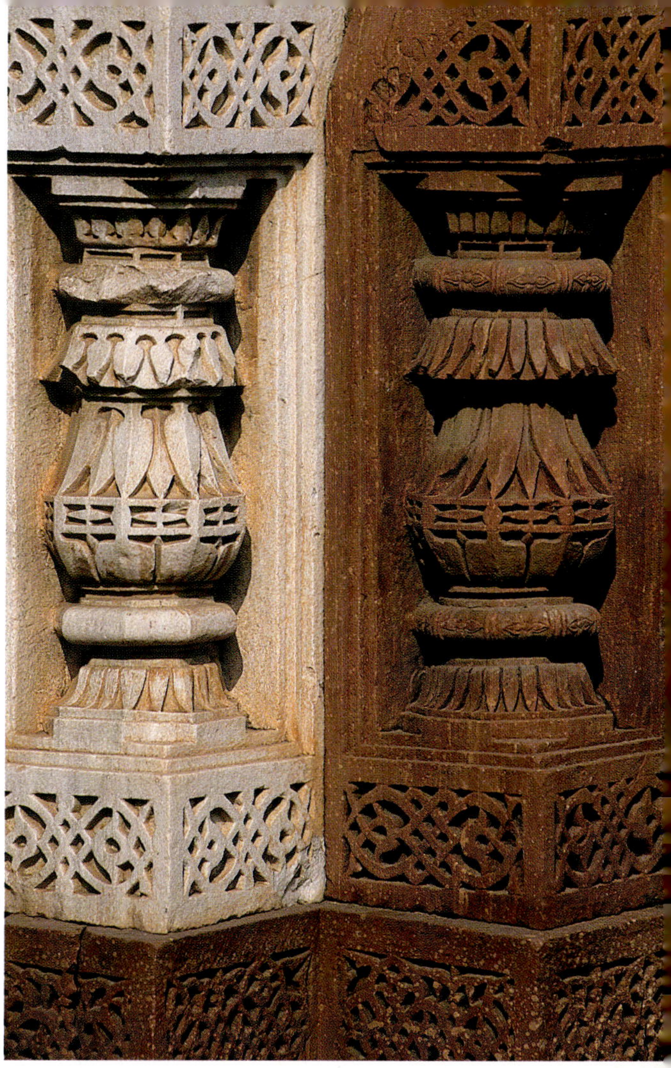

Les piliers de la mosquée furent prélevés dans les temples hindous et jaïns (page 62). La finesse du travail de la pierre des édifices du Qutab Minar, au décor fait de motifs géométriques, d'arabesques florales et d'inscriptions coraniques couvrant les arcades, traduit le génie des sculpteurs indiens de l'époque.

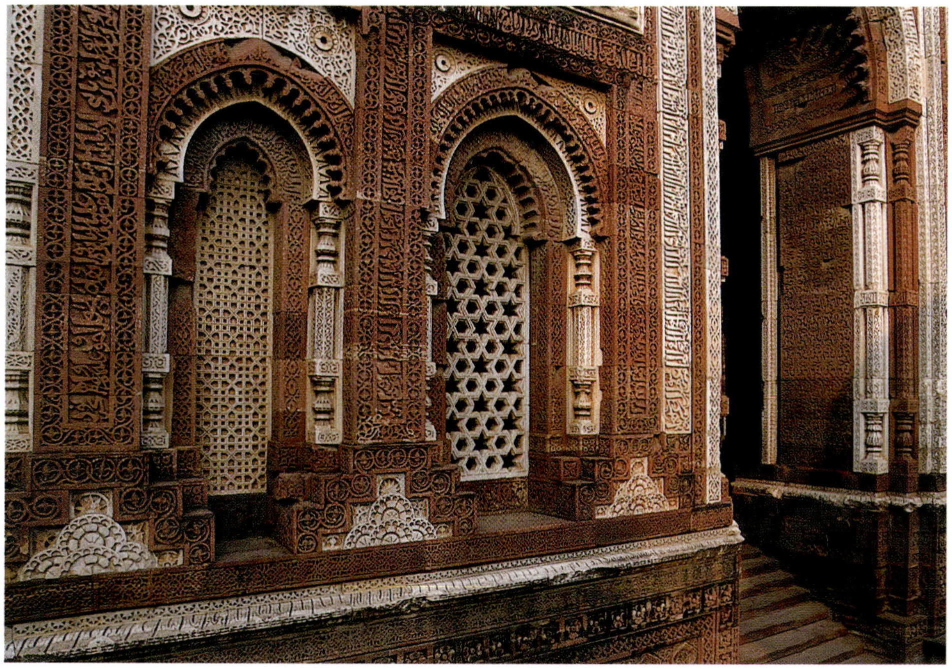

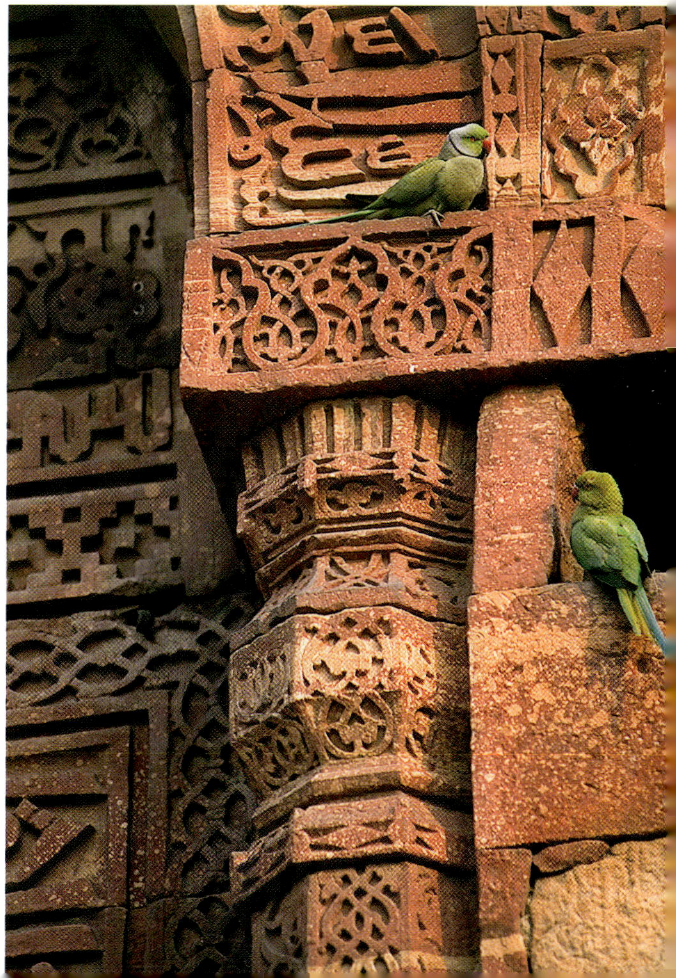

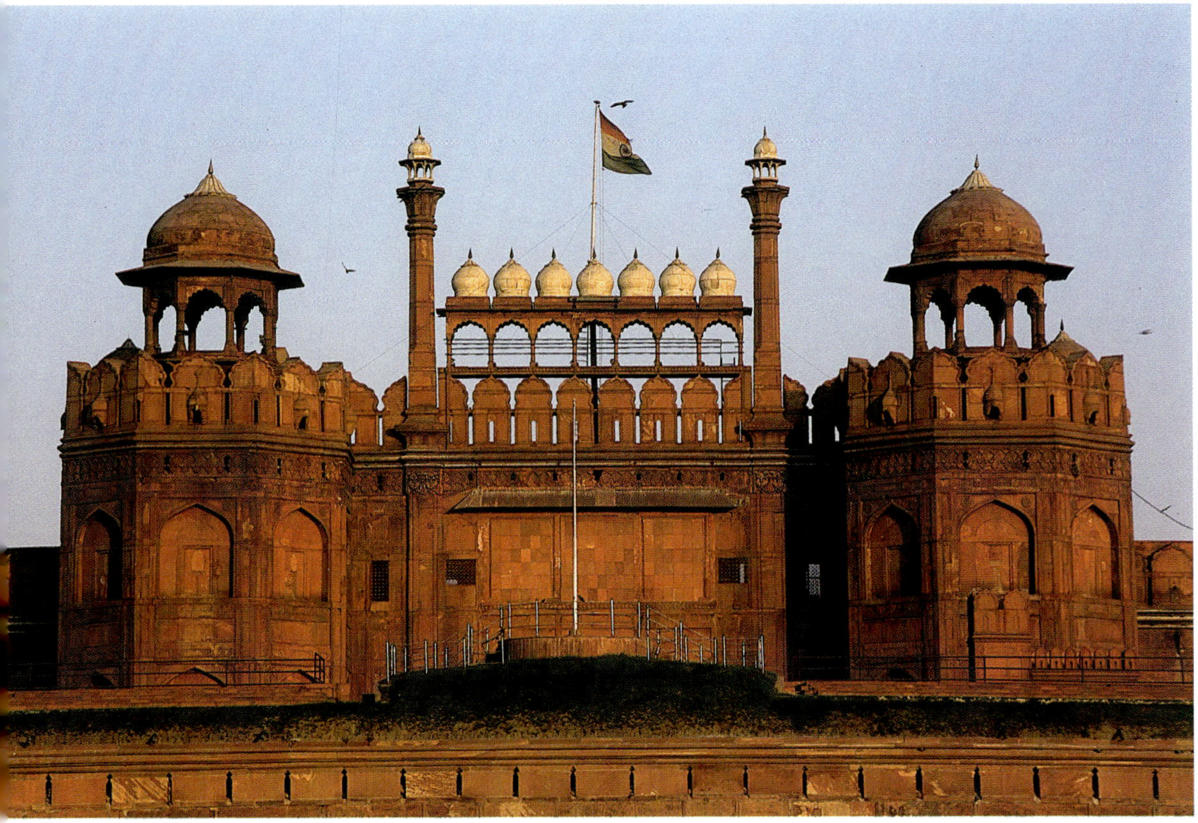

Chassant l'empereur moghol Humayun, un chef afghan, Sher Shah, se proclame souverain de l'Inde du Nord en 1540 et fait bâtir une nouvelle citadelle, Purana Qila, à Delhi.

Le Vieux Fort, Purana Qila

Il faudrait découvrir le Vieux Fort, le Purana Qila, dans les brumes du petit matin. L'endroit est tellement paisible, fait de jardins peuplés d'écureuils et plantés sur une colline vallonnée où se trouvait la légendaire Indraprashta, mentionnée dans le Mahabharata, la première Delhi. On pénètre par l'une des quatre portes qui percent la muraille. Au début de son règne, succédant à son père Babur en 1530, l'empereur moghol Humayun fait bâtir ce fort et le baptise Dinpanah, « le refuge de la foi ». En 1540, le chef afghan Sher Shah Sur évince le Moghol et s'accapare le site. Dorée par le soleil, la mosquée Sher Shah est d'une grande élégance. Les spécialistes y reconnaîtront un monument de transition entre le style hindou et l'influence persane. L'arche centrale de la façade, avec ses bandeaux épigraphiques, forme un *pishtaq*, sorte de portail monumental. Les décorations intérieures faites de mosaïques sont fines. A deux pas de là, dominant la petite colline du Vieux Fort, une tourelle percée de niches et surmontée de *chhatri* est connue sous le nom de Sher Mandal. Elle rappelle la tragique disparition d'Humayun. Après quinze ans d'exil, l'empereur moghol retrouve son empire et Delhi. Pour méditer sur les aléas du pouvoir, il aimait se réfugier dans cette tourelle qui lui servait aussi de bibliothèque et où il trouva la mort, en tombant dans les escaliers. Tragique destin !

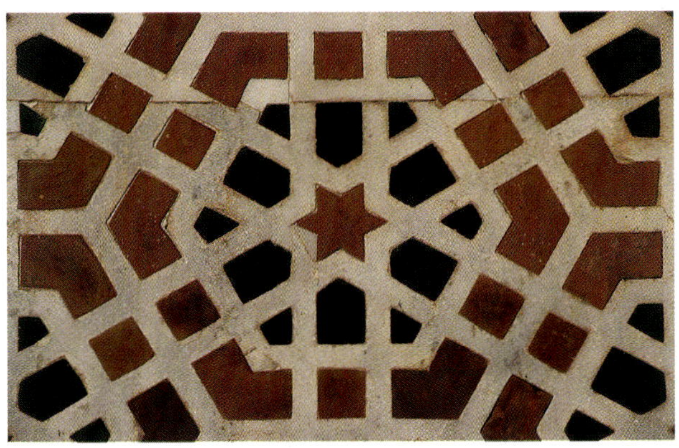

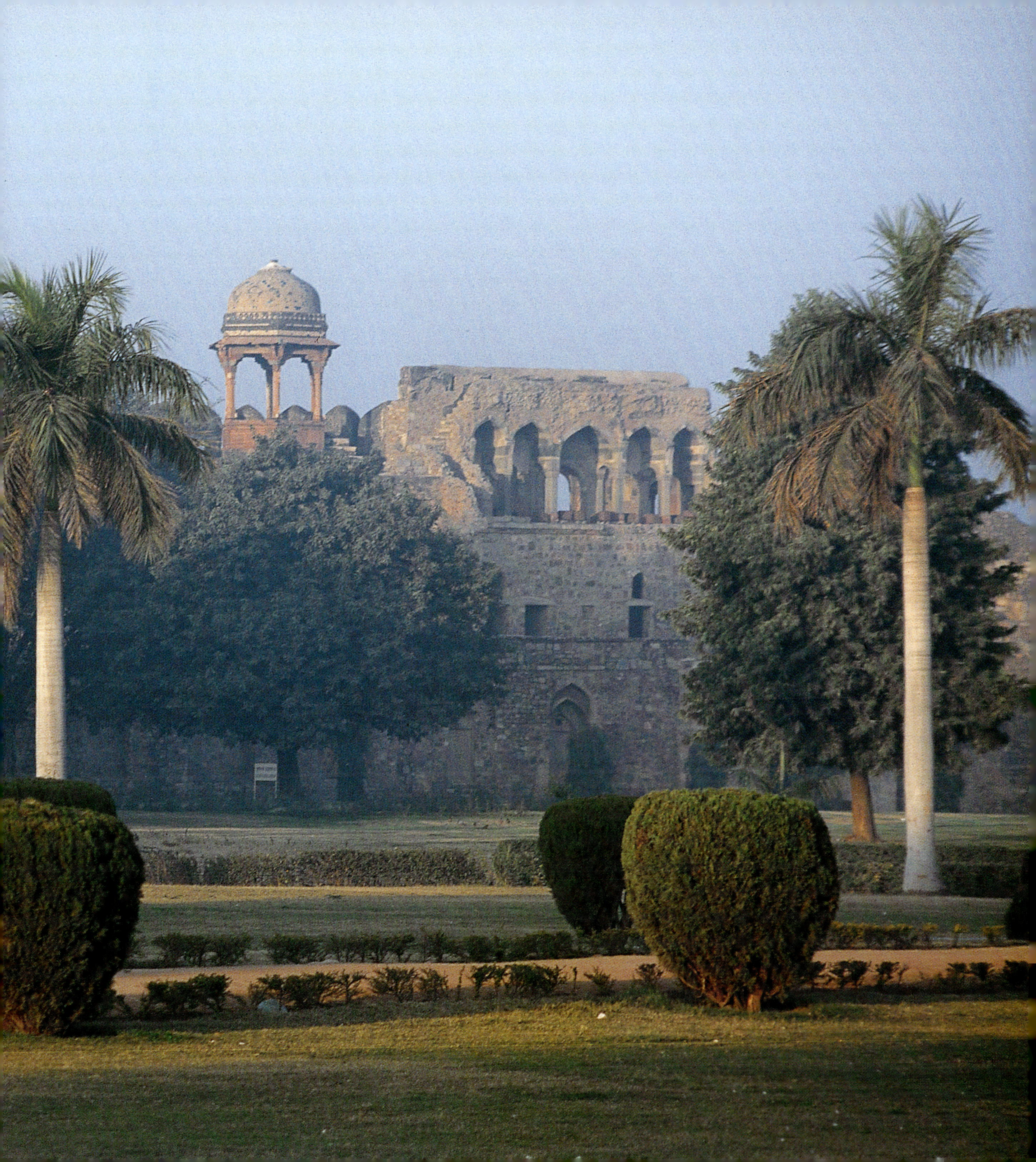

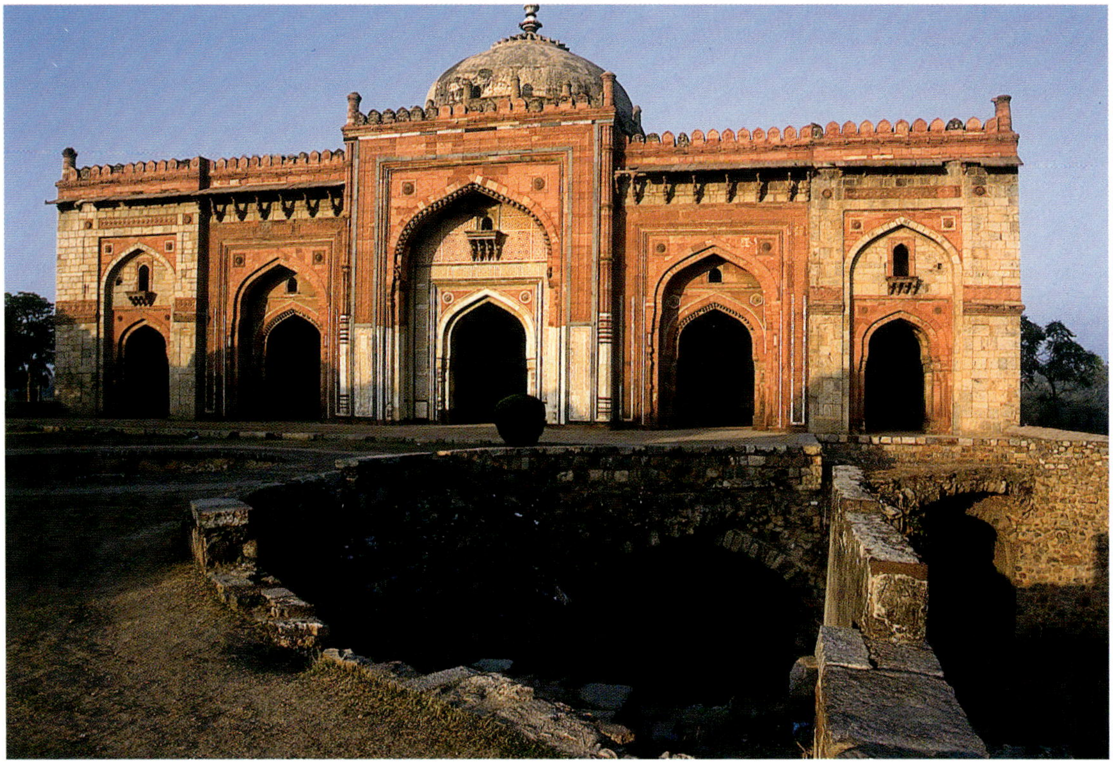
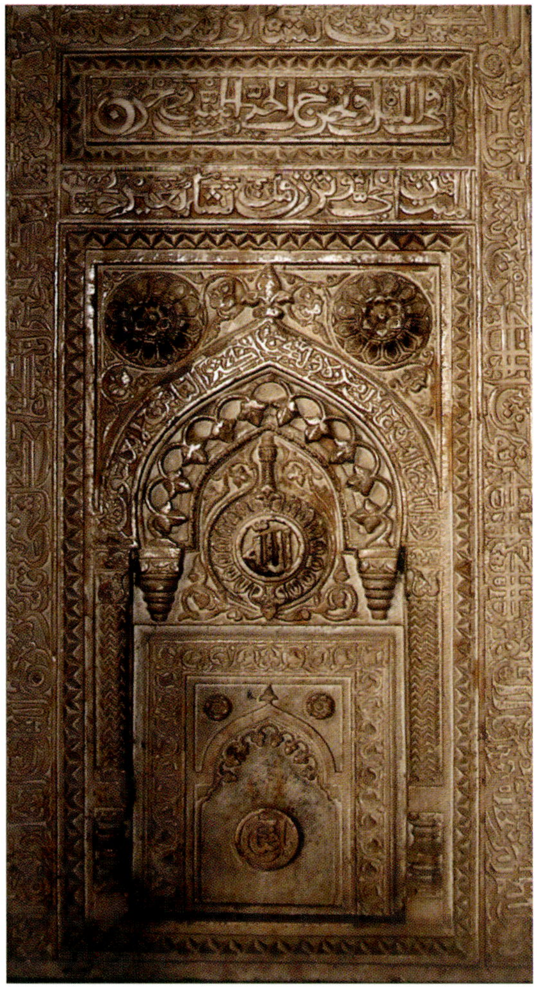
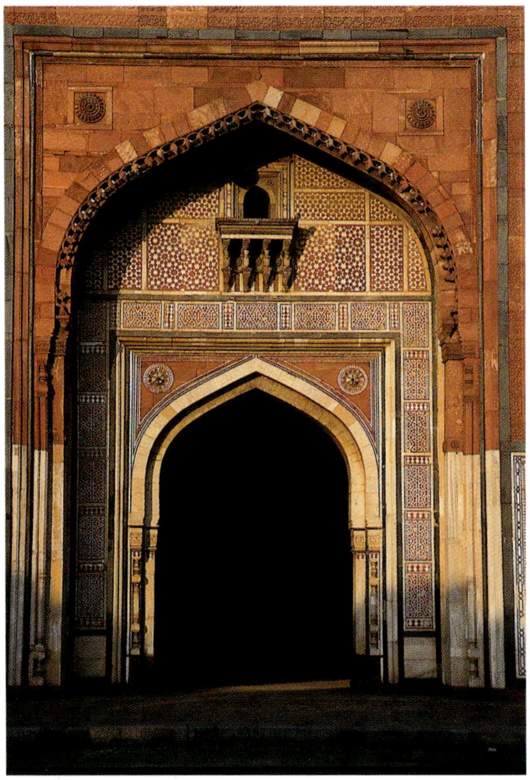
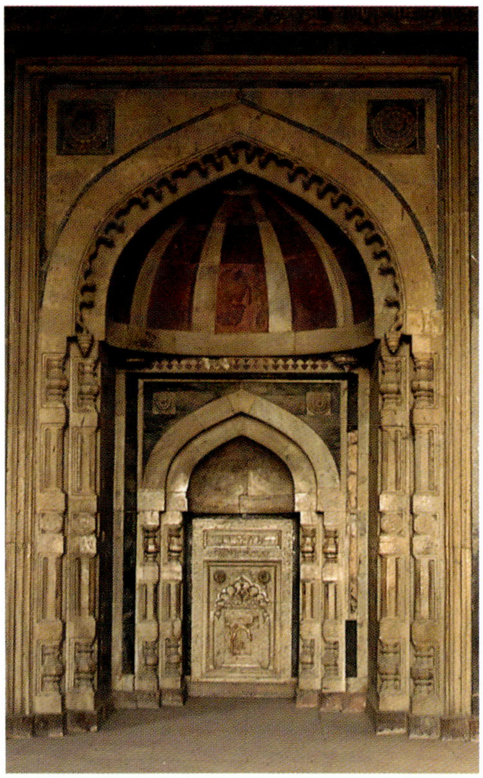
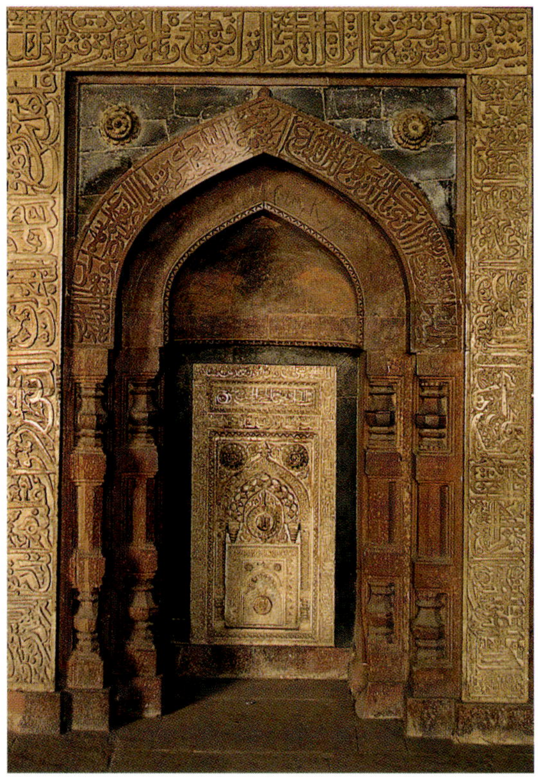

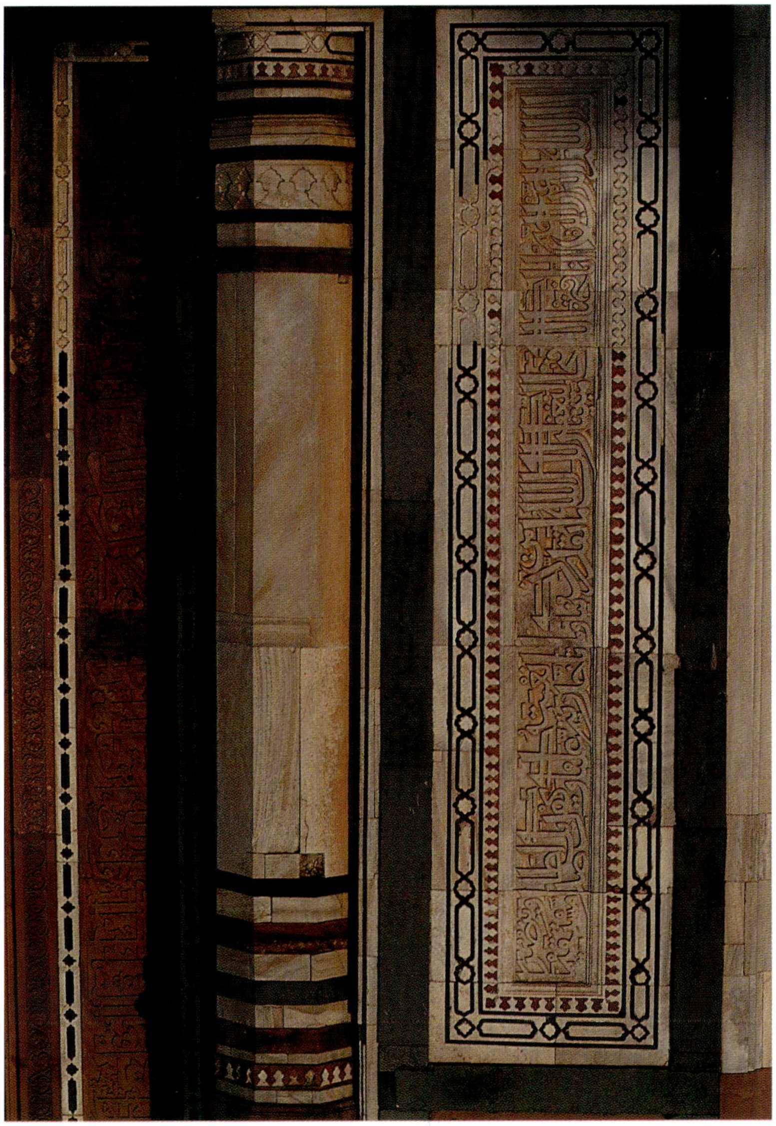

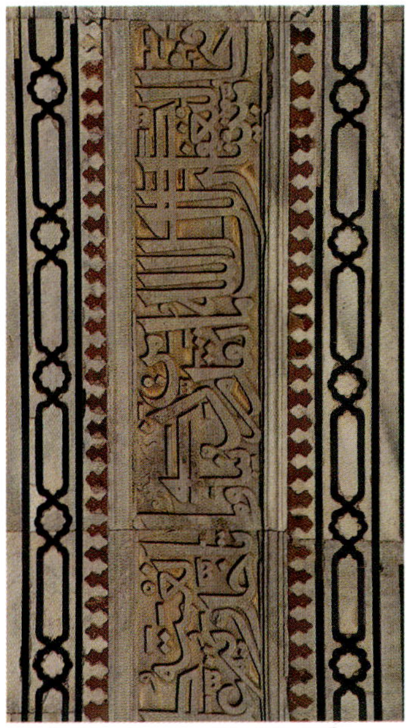

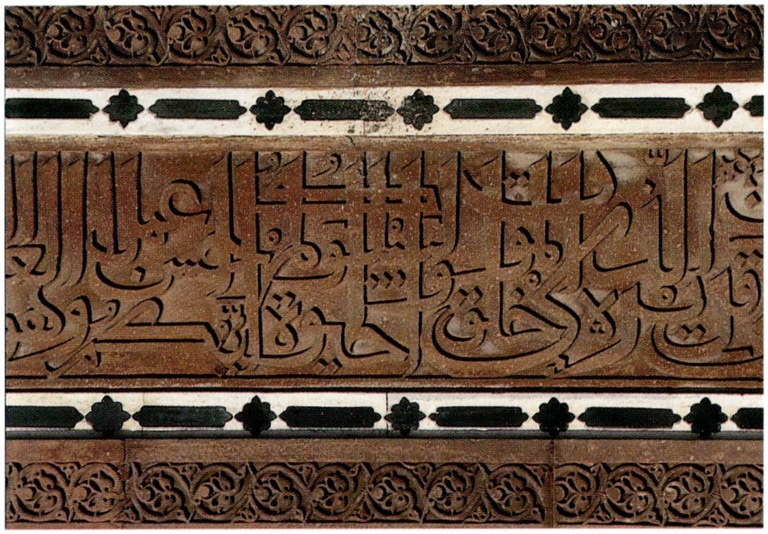

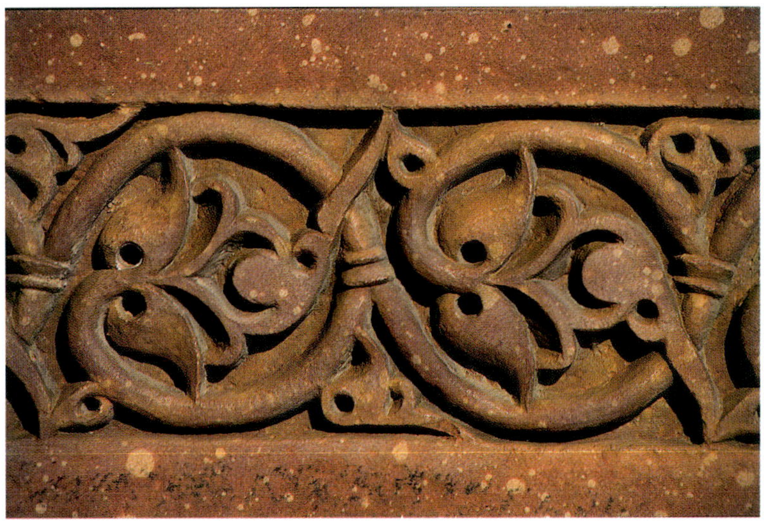

Construite en 1541, dans l'enceinte du Vieux Fort (Purana Qila) de Delhi, cette élégante mosquée, Qila-i-Kuhna (mosquée de Sher Shah), présente cinq arches sur cour avec de remarquables bandeaux épigraphiques, bien marqués autour du balcon central de l'arche principale. Détails du décor de mosaïques et de faïences polychromes de la mosquée.

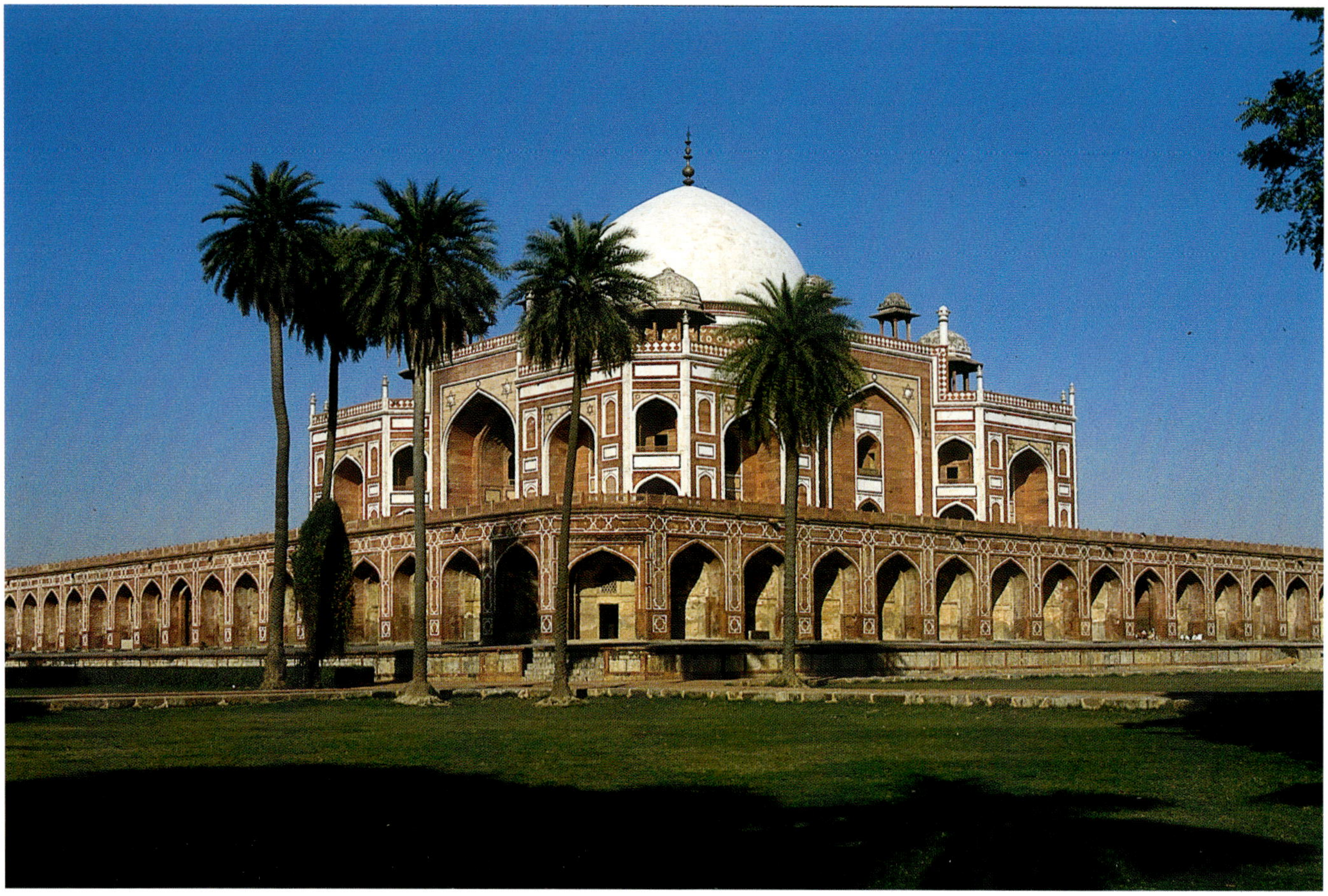

Grès rouge, coupole outre-passée en marbre blanc, impression de légèreté, beauté des formes et des matériaux, le mausolée de l'empereur Humayun est le premier grand chef-d'œuvre moghol, construit entre 1557 et 1565.

Page 69 :
Non loin du mausolée, les pèlerins font provision de pétales de roses et de jasmin pour les déposer sur le dargah *de Hazrat Nizam ud-Din, un saint musulman.*

Le mausolée d'Humayun

Et si ce mausolée était le plus beau monument de Delhi ? Ceux qui sont las du cahos de la capitale (on les comprend !) apprécient cet îlot tranquille. Humayun peut reposer en paix. Longtemps exilé à la cour persane, l'empereur moghol recouvre son empire en 1555. Des artistes persans l'accompagnent. Quand il meurt, sa veuve commande l'édification d'un mausolée à l'architecte persan Mirak Mirza Ghiyas qui se veut précurseur en Inde : jardins moghols, grès rouge et marbre blanc, coupoles à double coque… Une vraie révolution !

Entouré d'un remarquable jardin, le mausolée se découvre au bout d'une longue allée bordée d'arbustes. Les dimensions sont très agréables à l'œil, les matériaux utilisés, – un savant mélange de grès rouge et de marbre blanc – donnent à l'édifice une impression à la fois de légèreté et de force. Le tombeau est placé sur une plate-forme élevée, un *iwan* central (espace voûté) perce chaque façade, quatre *chhatri* (cénotaphes à coupole en forme d'ombrelle) enserrent le dôme. On retrouve les arcs en carène et les niches à iwan. Ce tombeau servira de modèle à tous les mausolées indo-musulmans qui suivront, soucieux de la mode persane.

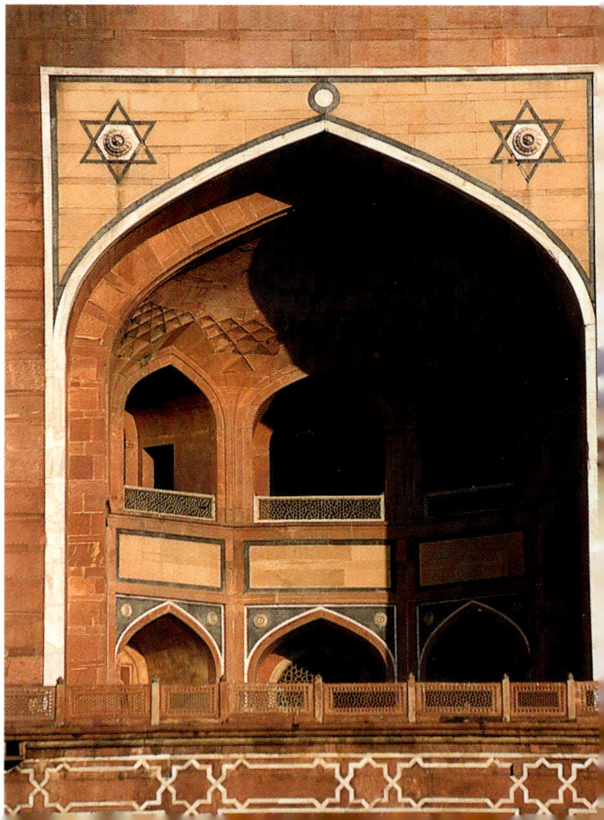

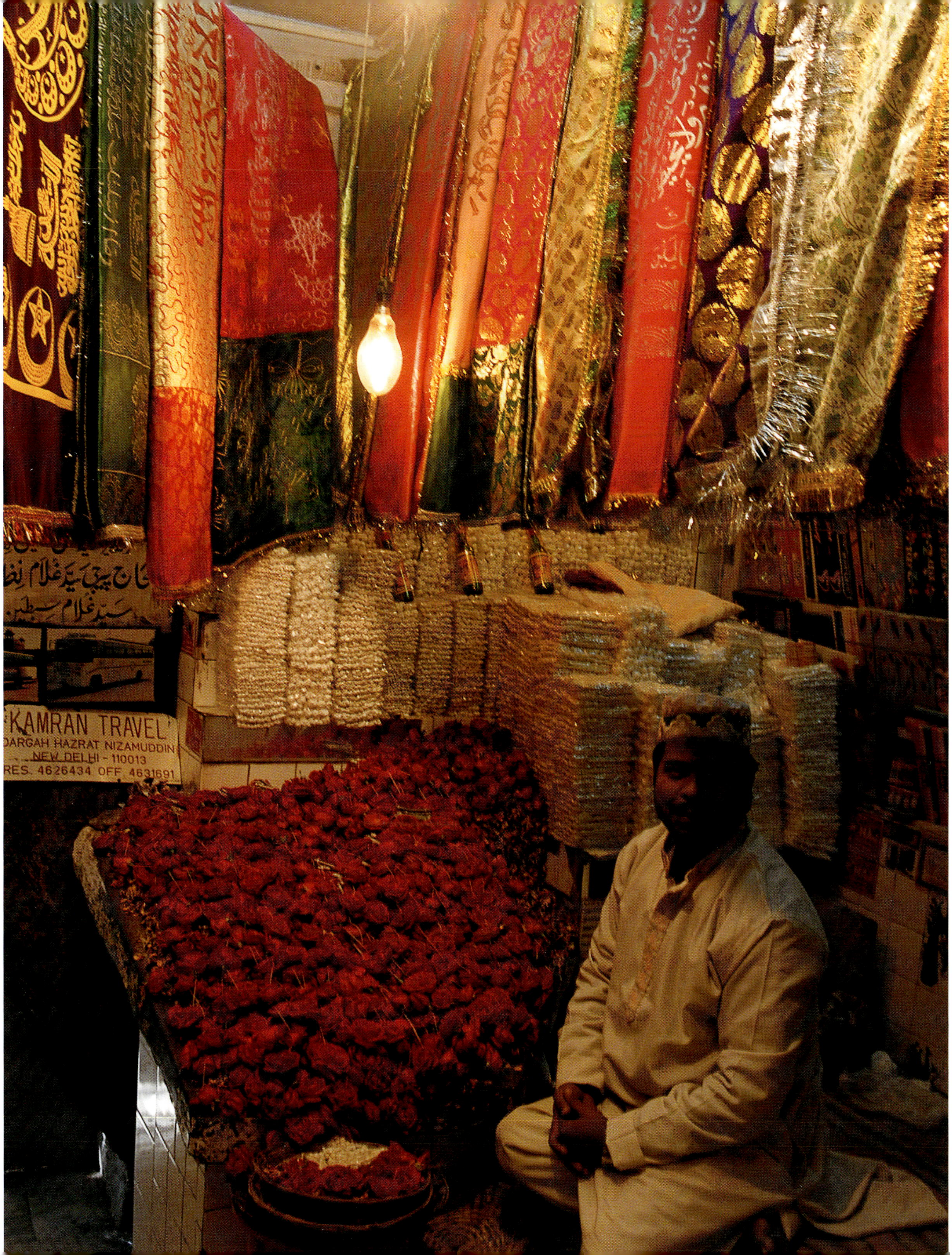
KAMRAN TRAVEL
DARGAH HAZRAT NIZAMUDDIN
NEW DELHI - 110013
RES. 4626434 OFF. 4631691

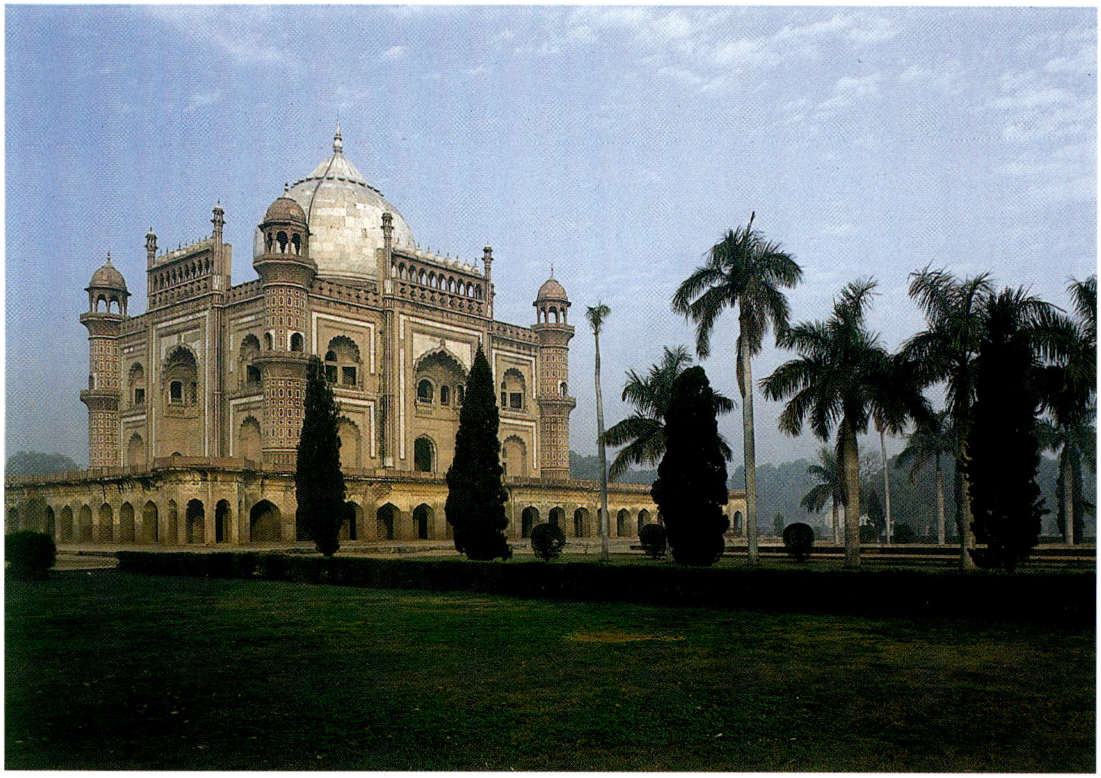

Quand les brumes du petit matin laissent entrevoir la silhouette majestueuse du mausolée de Safdar Jang, le spectacle est saisissant et la sérénité totale. Dernier chef-d'œuvre moghol, réalisé en 1754 plus de cent ans après le Taj Mahal, il s'élève au milieu de jardins caractéristiques, divisés en quatre parties par des canaux. Plate-forme carrée, tours d'angles avec chhatri, *décorations de marbre blanc.*

En suivant « Lodi Road »

Au milieu de jardins vallonnés (les Lodi Gardens) qui longent la Lodi Road, l'architecture indo-musulmane entre le XVe et le XVIIIe siècle se décline au gré des mausolées offerts au repos de quelques personnages importants. Édifié en 1754, celui de Safdar Jang servit de dernier refuge à l'un des Premiers ministres de l'empereur. Installé au centre d'un jardin moghol clos de murs et divisé en quatre parties par des canaux, le mausolée, placé sur une plate-forme élevée, est décoré de plafonds à stalactites de stuc superbes. Un peu plus loin, on reconnaît facilement le tombeau du sultan Mohammed Shah (1450) à sa forme octogonale, avec cette chambre centrale à huit plans, un dôme sphérique et huit *chhatri* typiquement hindous. D'autres sépultures invitent au recueillement, comme le Bara Gumbad (1494) avec ses embrasures caractéristiques, le Shish Gumbad et l'octogonal tombeau du sultan Sikandar Lodi (1517).

Double page suivante :
L'un des trois dômes de la Grande Mosquée d'Agra achevée en 1648.

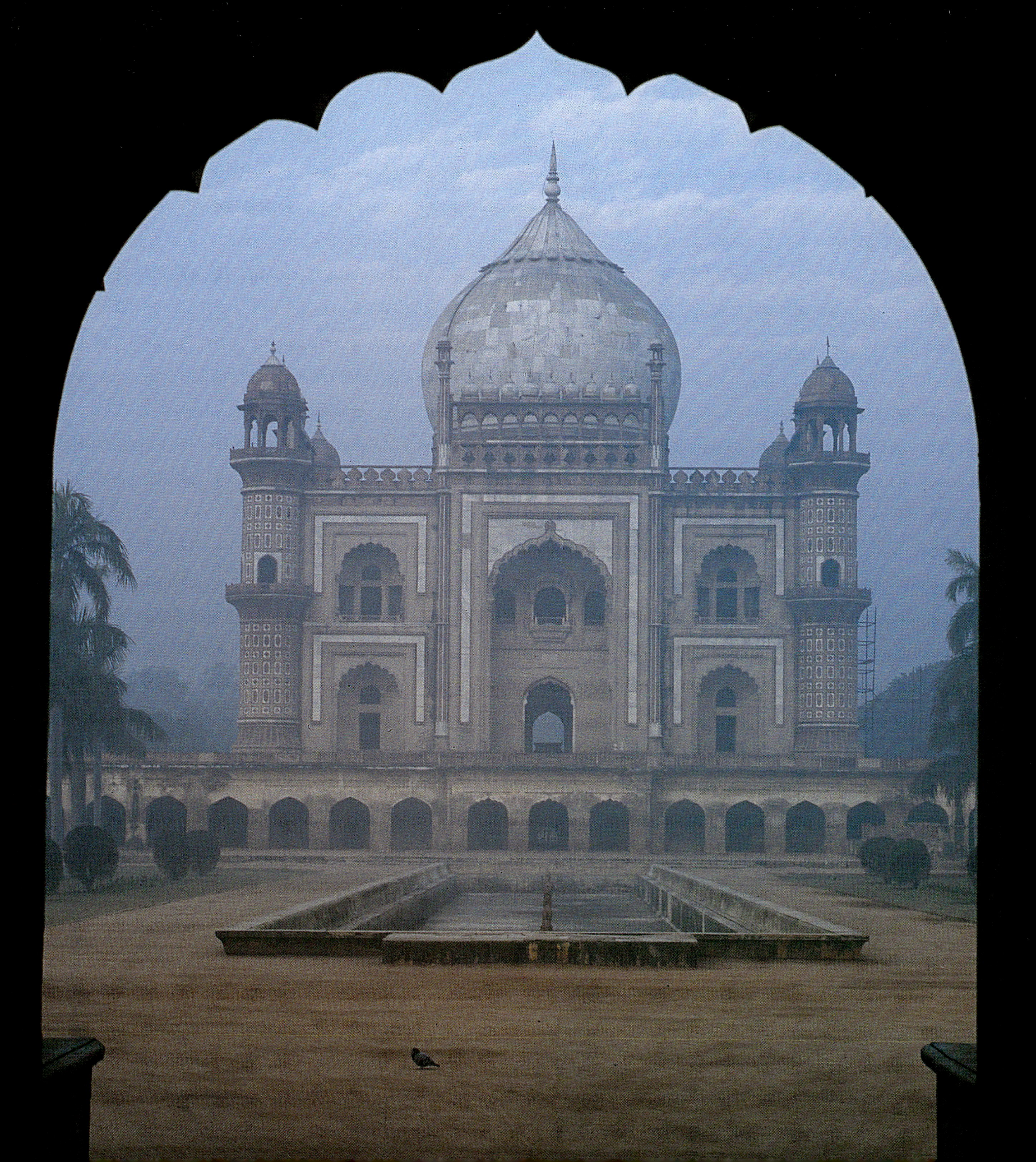

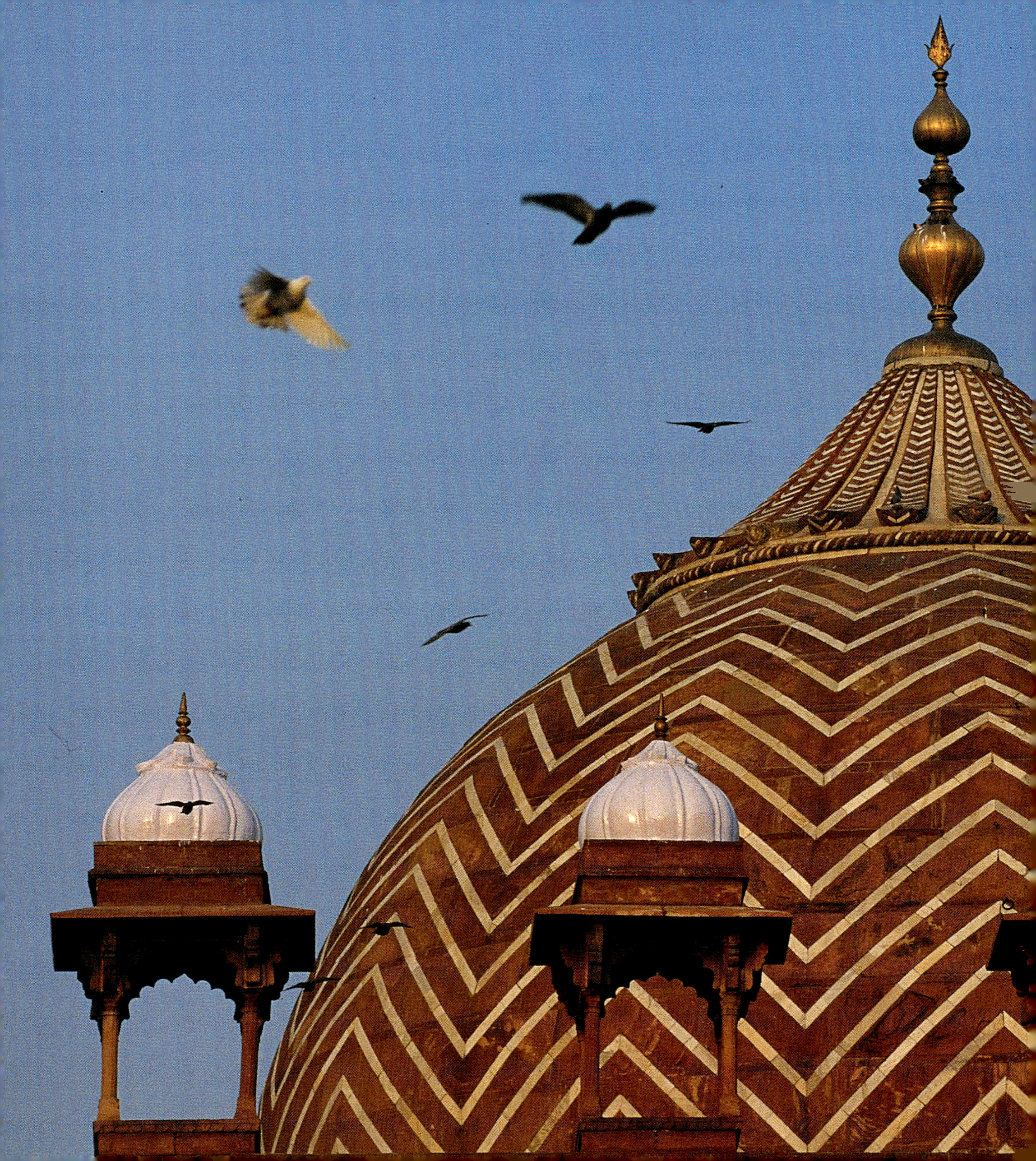

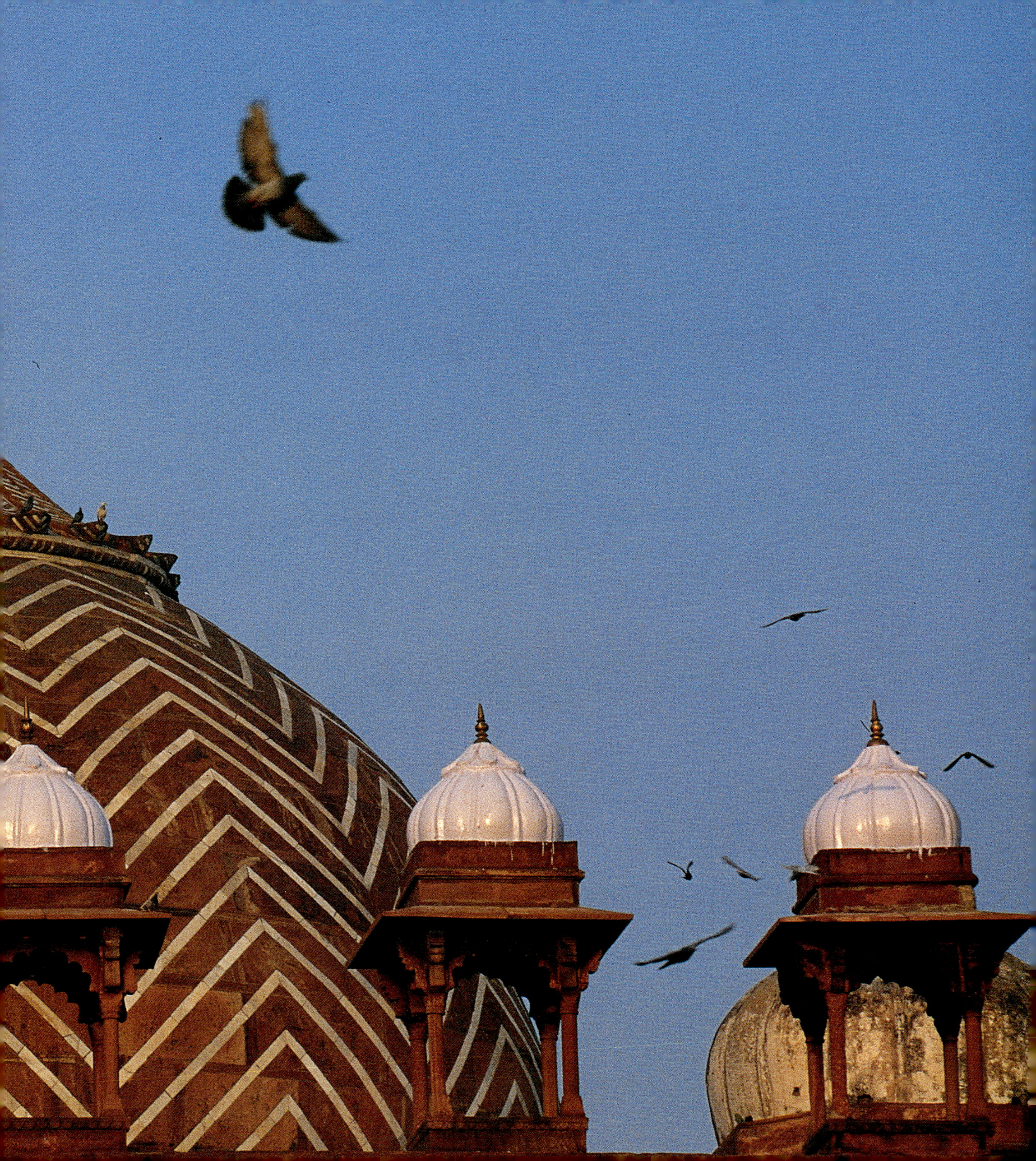

AGRA

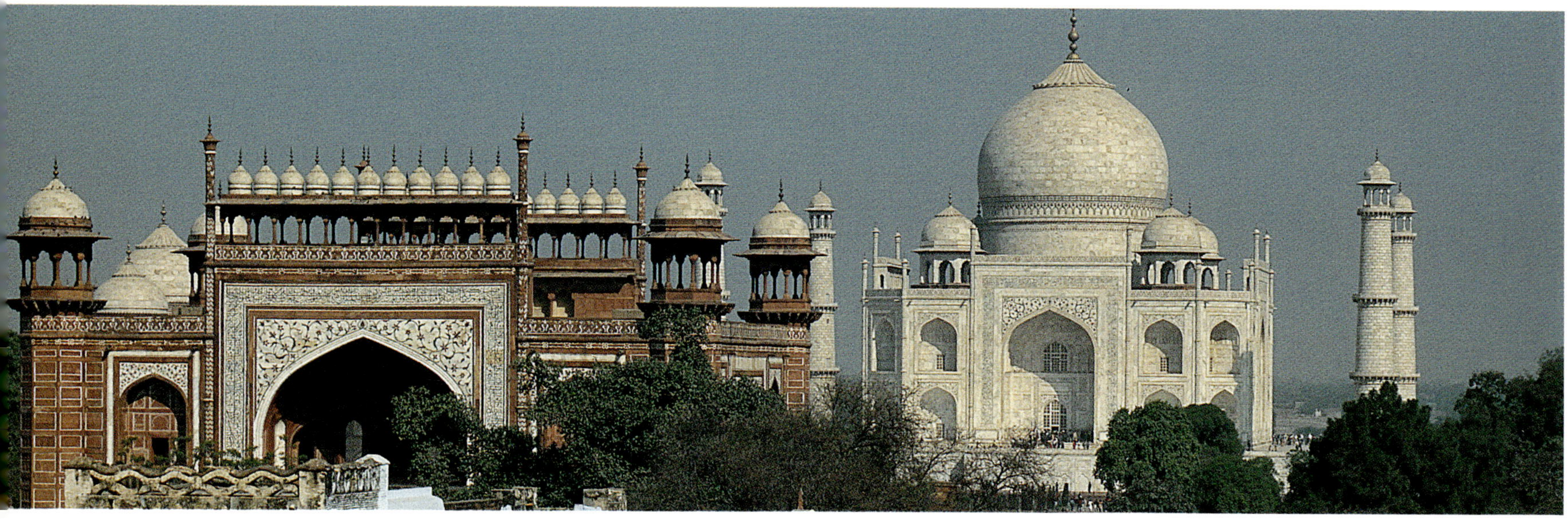

Mohammed K.K. est un homme heureux, presque comblé. Ce musulman, archéologue passionné d'architecture, porte le titre envié de Superintendant de l'Archeological Survey of India pour Agra. C'est depuis ses bureaux, dans l'ancien quartier colonial fait de maisons basses à vérandas, qu'il dirige la protection du Taj Mahal. Comme un rituel, chaque matin, il surprend « son Taj » lors de la visite d'inspection, bien avant les touristes. Sans se lasser. « Depuis 2001, les industries chimiques ont quitté les environs pour préserver le mausolée qui est nettoyé tous les six ou sept ans avec des produits naturels », explique Mohammed K.K., fier et connaisseur : « Bien qu'il soit le monument le plus visité du monde, la conception du Taj Mahal n'est pas une révolution. Parlons plutôt d'un aboutissement, une synthèse. On retrouve les minarets de Sikandra, le merveilleux travail de *pietra dura* du mausolée consacré à l'Itimad ud-Daula ; le dôme du mausolée d'Humayun, à Delhi. »

Si la ville a grandi anarchiquement, arc-boutée aux portes du Taj Mahal, grignotée par les hôtels bon marché et les boutiques de souvenirs, elle déploie quelques merveilles de l'art moghol dans la boucle du fleuve : le charmant mausolée de l'Itimad ud-Daula, le glorieux mausolée d'Akbar à Sikandra ; le Taj Mahal commandé par l'empereur Shah Jahan et le Fort Rouge où la cour d'Akbar, celle de son fils Jahangir et celle de son petit-fils Shah Jahan, se sont succédé avec faste.

Derrière les hauts portails en grès rouge remarquablement incrusté de marbre blanc, le Taj Mahal semble extrêmement léger malgré ses dimensions : le dôme en bulbe sur tambour culmine à 72 m. On raconte que des croquis de ses jardins et de ses bassins dessinés en 1632, rapportés en Europe par de grands voyageurs, auraient pu servir à la conception des parcs et jardins de Versailles.

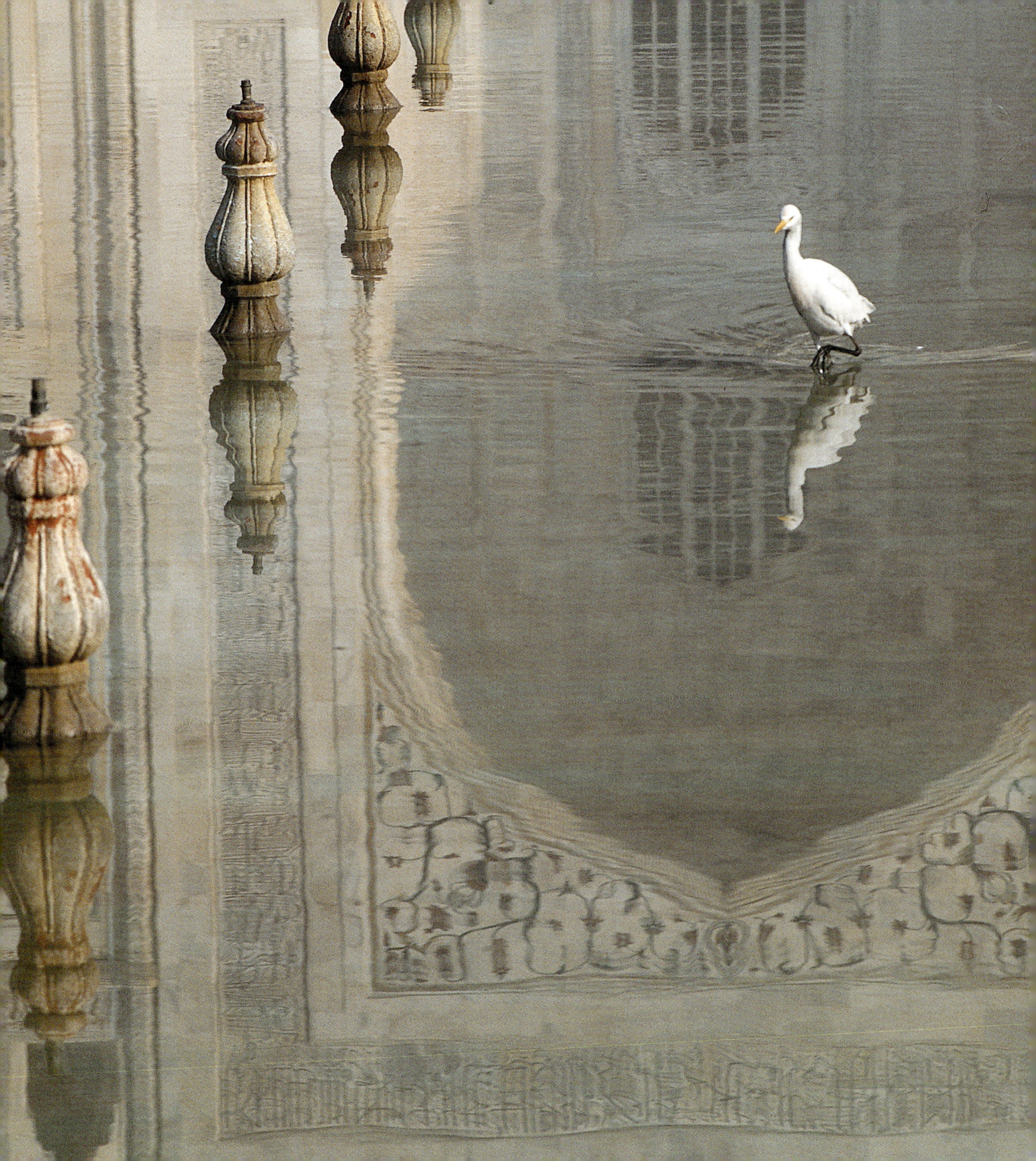

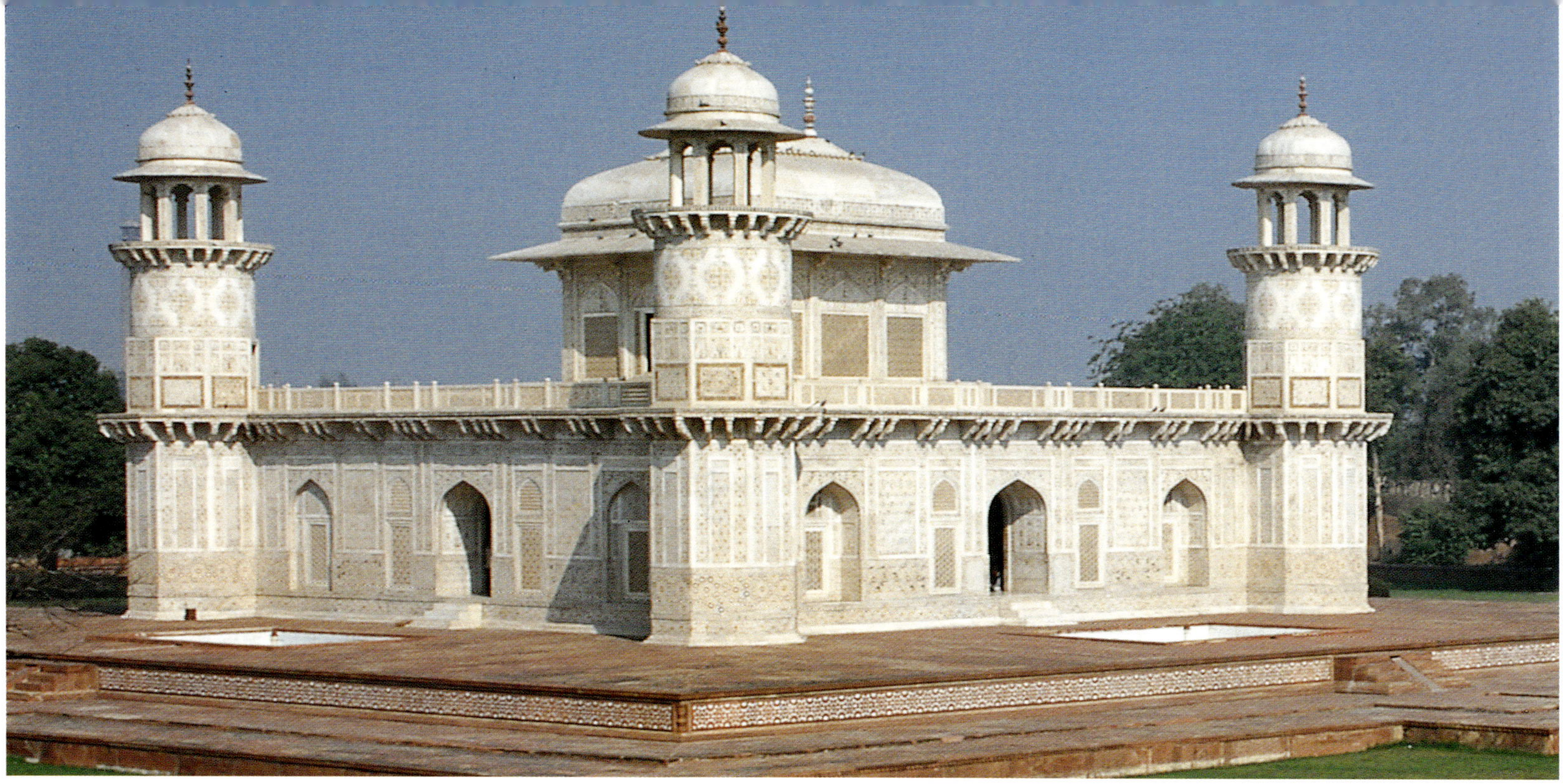

Le mausolée de l'Itimad ud-Daula

Les amoureux se donnent volontiers rendez-vous dans les romantiques jardins moghols entourant le mausolée de l'Itimad ud-Daula. Perçant les brouillards matinaux, ce bijou d'architecture qui émerge doucement au milieu des palmiers convient bien à tous les serments et à toutes les promesses. Impossible de ne pas céder à son charme. Certains puristes (et beaucoup de visiteurs) affirment qu'il est l'édifice le plus raffiné de toute l'Inde du Nord.

L'œuvre d'une femme à la mémoire de son père... Alors que l'empereur moghol Jahangir s'adonnait à la poésie et à l'opium, la courageuse épouse Nour Mahal dirigeait l'empire avec son propre père Mirza Ghiyas Beg. Trésorier et grand vizir de l'empereur, l'homme avait droit au titre d'Itimad ud-Daula, c'est-à-dire « le pilier de l'Empire ». A sa mort, en 1628 (quatre ans avant le « sacre » du Taj Mahal), sa fille lui fit édifier un tombeau de forme persane, aux dimensions parfaites : un plan carré délimité par quatre minarets peu élevés. Les témoignages de l'époque révèlent que Jahangir, sans doute pour se faire pardonner d'avoir fait assassiner le premier mari de Nour Mahal, en finança les travaux. Au milieu d'un jardin carré inspiré des jardins persans « charbagh », le mausolée semble avoir été conçu comme une maison d'habitation, peut-être celle où vécut le grand vizir, avec neuf petites salles au rez-de-chaussée. A l'intérieur des niches creusées dans les murs, on découvre des motifs évoquant quelques douceurs du paradis promis : cyprès, grenades, flacons de parfum... Mais la grande originalité réside plutôt dans le formidable travail des façades de marbre, carnaval insensé de fines pierres précieuses incrustées selon la technique de *pietra dura*. On y retrouve admirablement réalisés à la lime, des motifs géométriques suivant des arabesques exécutés par les meilleurs tailleurs de pierre indiens du moment.

Annonçant le Taj Mahal, le mausolée de l'Itimad ud-Daula est un petit bijou, ou plutôt un coffret à bijoux. Ses dimensions sont certes modestes (Ghiyas Beg n'était que grand vizir de l'empereur Jahangir et avait reçu le titre de « pilier de l'État », Itimad ud-Daula). Côté architecture : une terrasse carrée au milieu d'un jardin lui aussi carré, à la persane ; des minarets peu élevés surmontés de chhatri, *encadrant un pavillon central. Côté décoration : un vrai festival ! Car les façades du mausolée sont entièrement revêtues de marbre incrusté de pierres précieuses colorées selon la technique de* pietra dura.

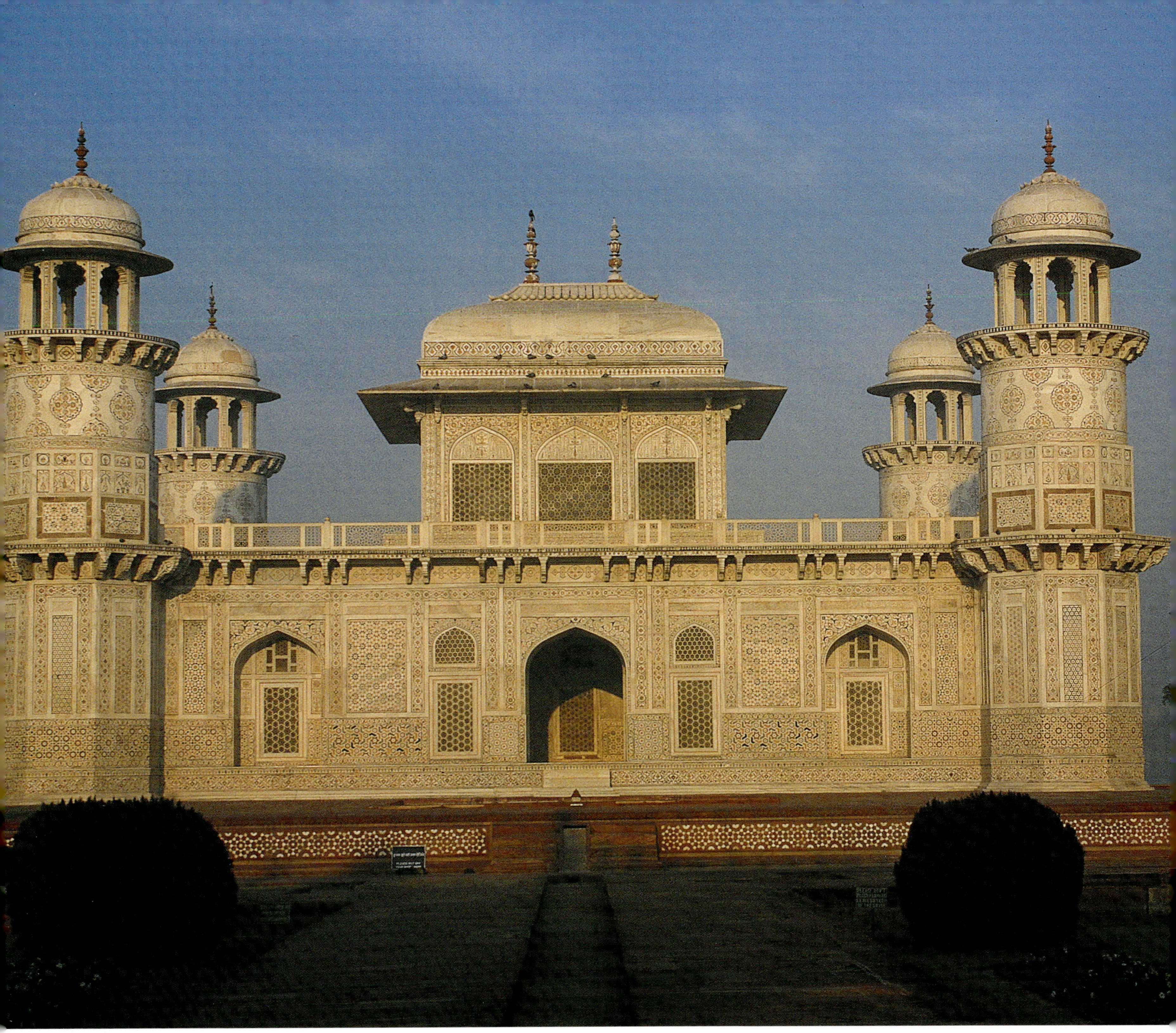

Double page suivante :
Sitôt passée la splendide porte en grès rouge incrustée de marbre blanc, le mausolée est en vue. Mais il faut s'approcher encore pour prendre la mesure du puzzle multicolore qui orne le monument funéraire : motifs géométriques dignes des plus fins tapis persans, incrustations formant des bouteilles à long col devant contenir un élixir d'immortalité, des cyprès et des grenadiers, des bouquets... Le paradis !

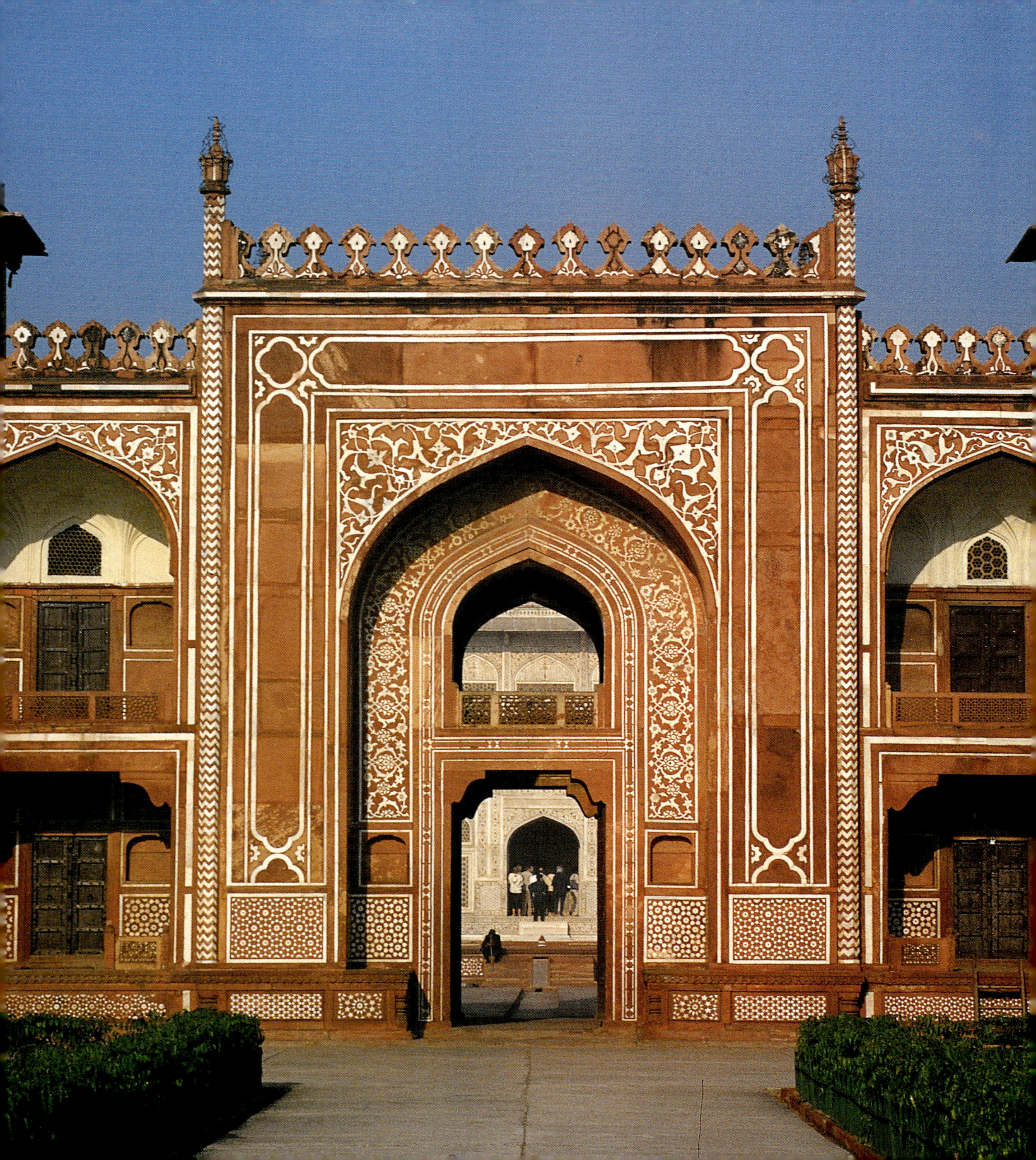

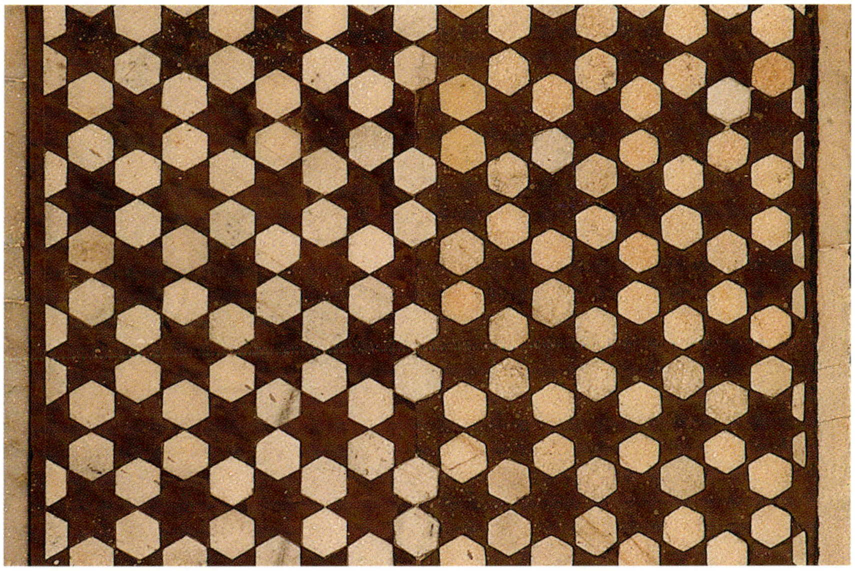
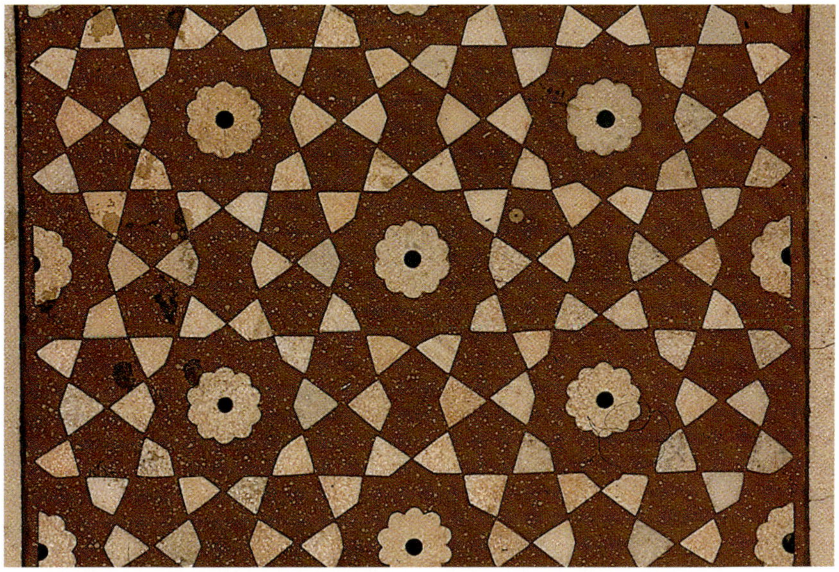
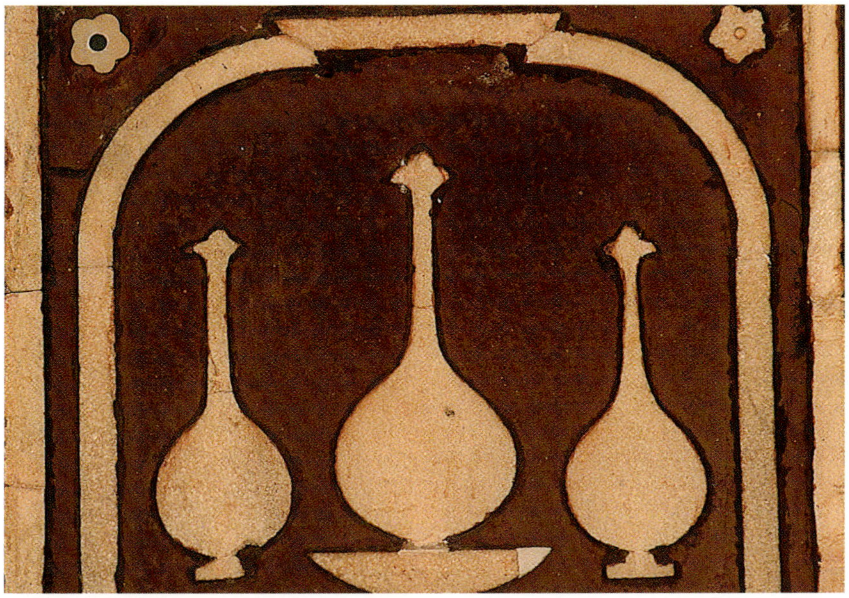
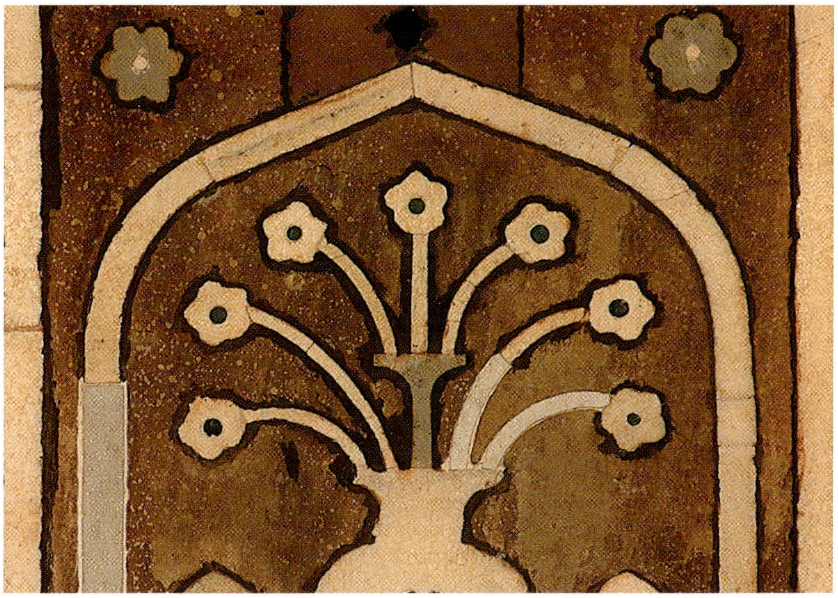
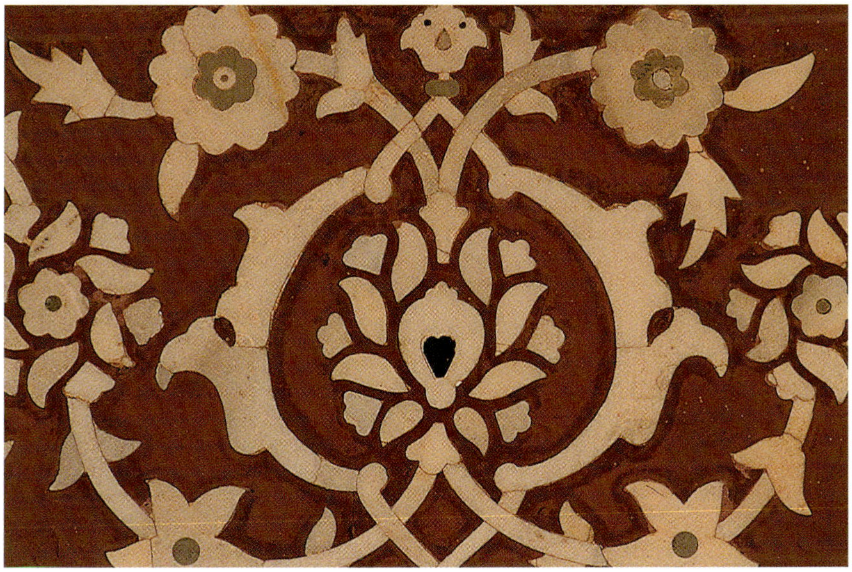
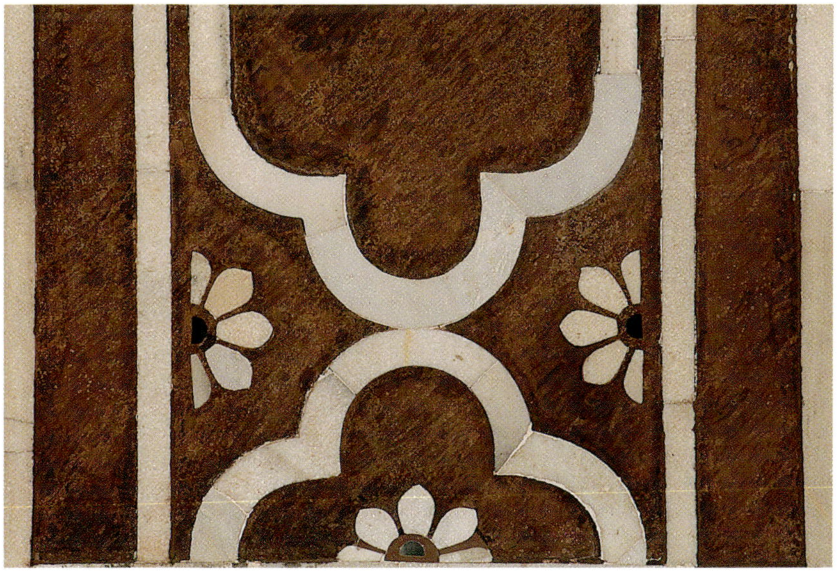

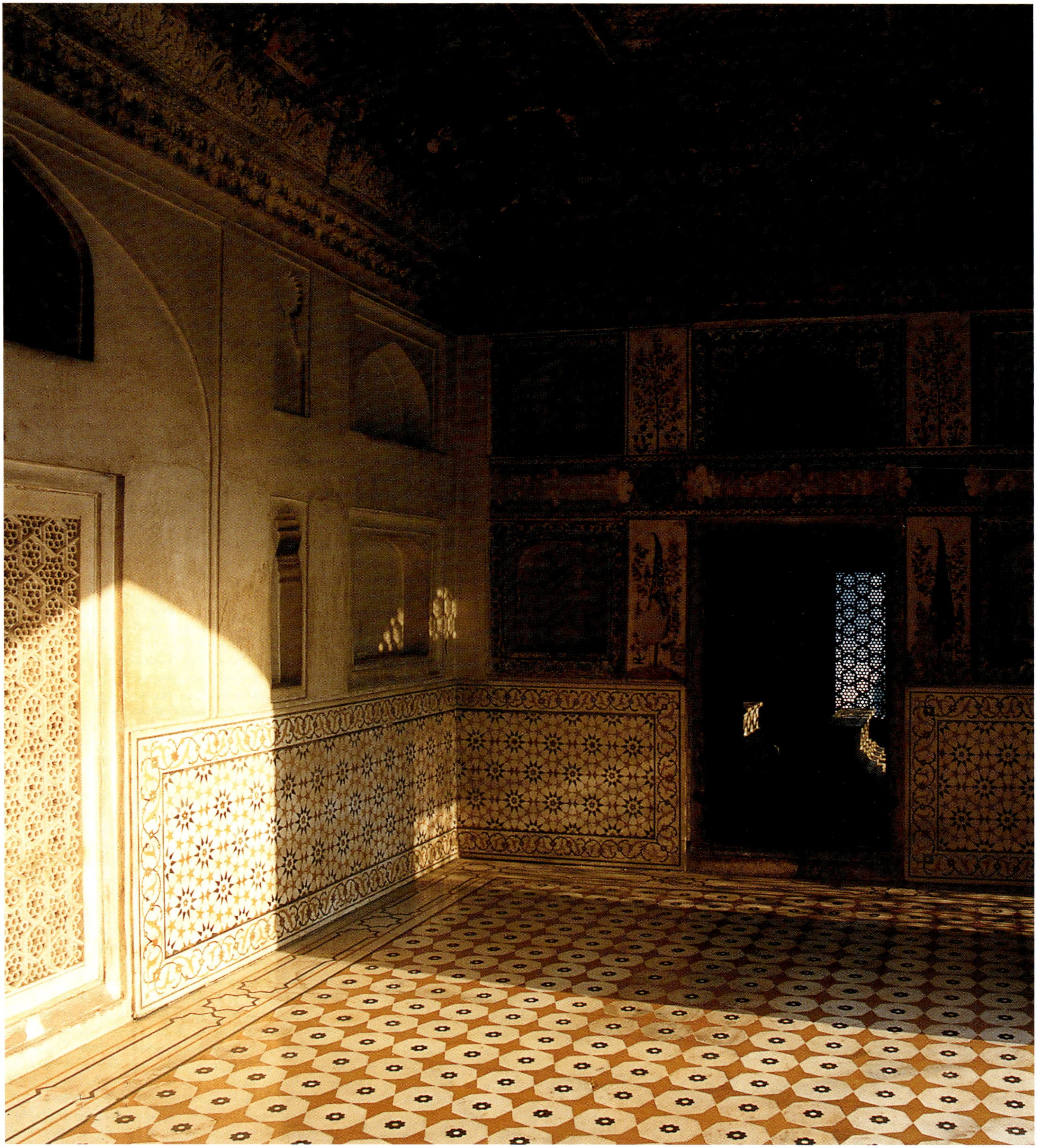

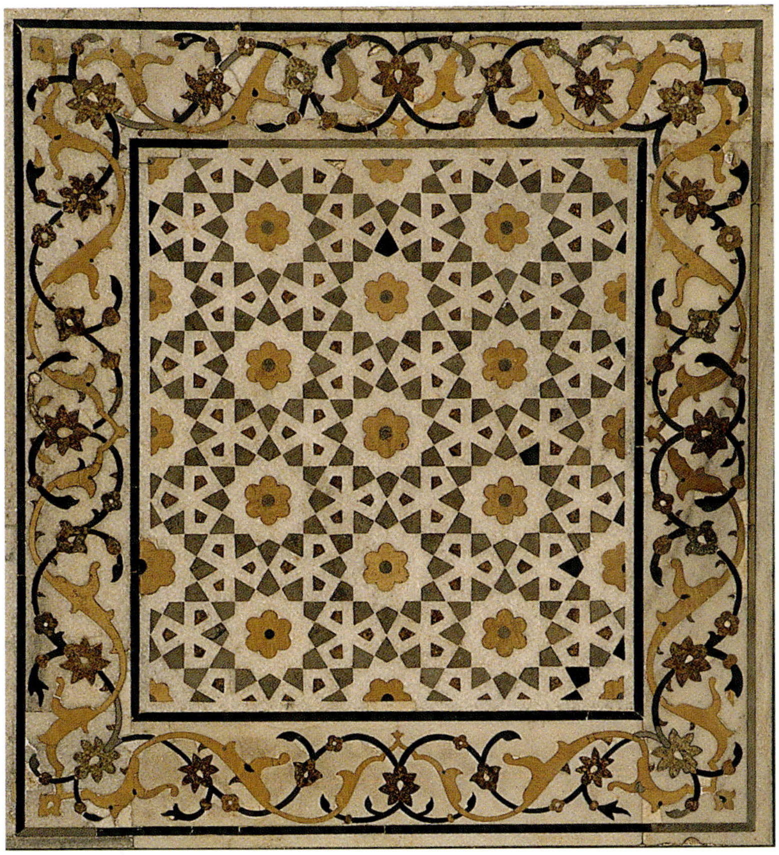

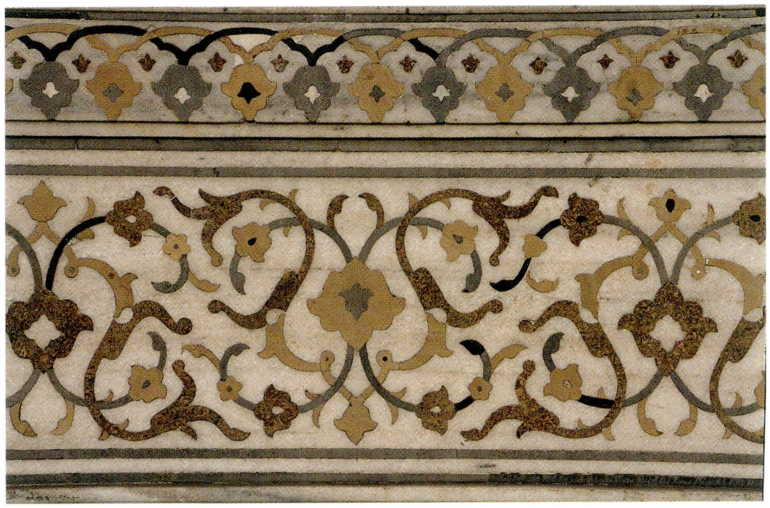

A la demande de Nour Mahal, pour rendre hommage à son père, les artisans hindous n'ont employé que des pierres précieuses colorées pour les incruster dans le marbre et pour en faire des mosaïques qui alternent gracieusement avec des claustra réalisés à la lime. Du grand art moghol !

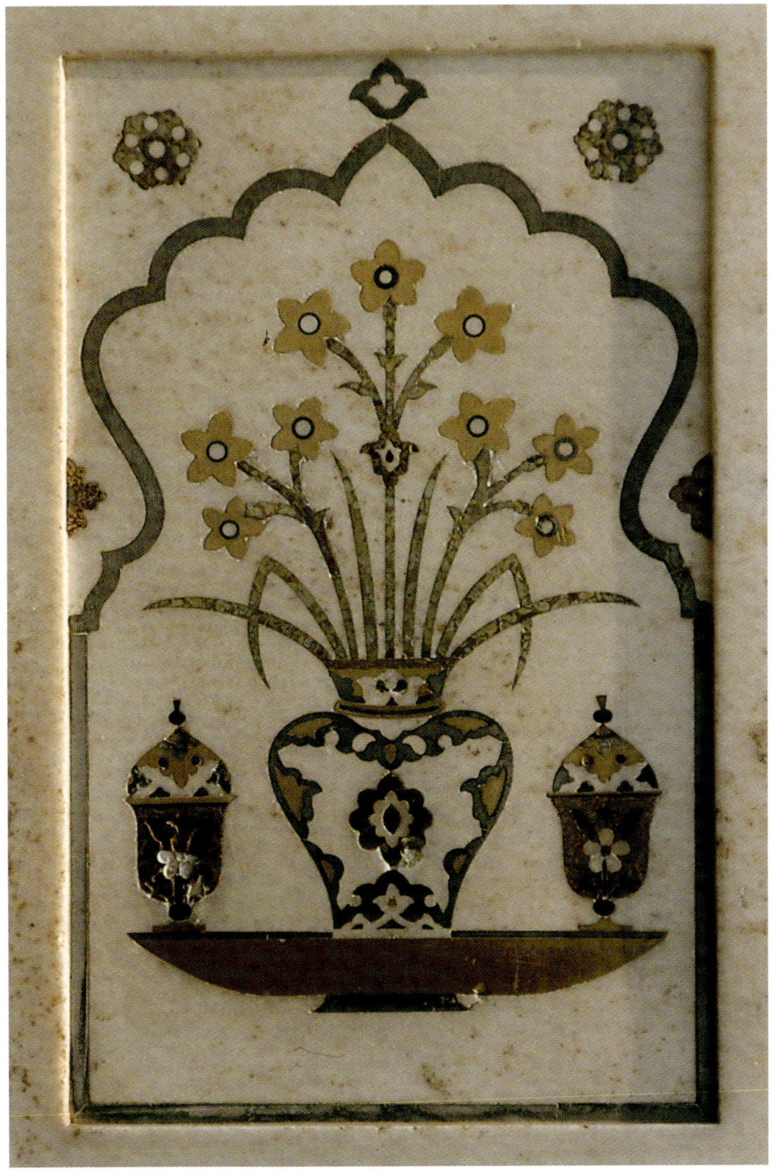

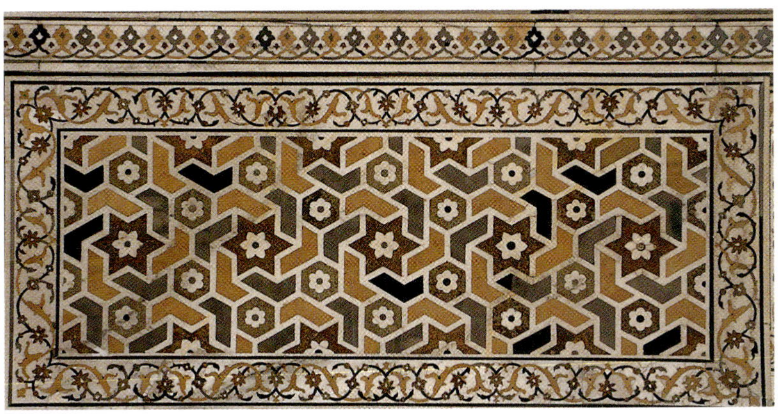

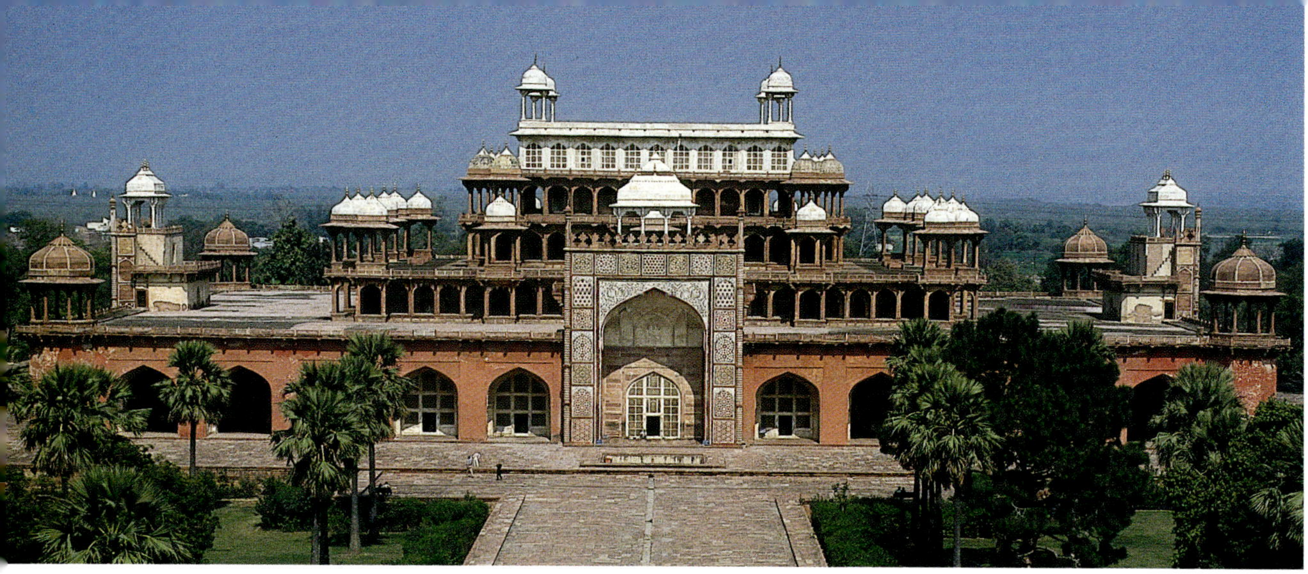

L'empereur moghol Akbar a lui-même dressé les plans de son mausolée commencé en 1602. Entouré de parcs animés de jets d'eau, il devait être comme un sublime trait d'union entre le ciel et la terre.

Le mausolée d'Akbar à Sikandra

Akbar avait consulté les astrologues les plus qualifiés de l'empire. Ces derniers avaient désigné le site de Sikandra, à une dizaine de kilomètres d'Agra, pour abriter son propre mausolée. Les premiers terrassements débutèrent en 1602. Akbar, qui connaissait bien le style du mausolée consacré à son père Humayun, réalisé par des architectes persans, désirait pour son repos une architecture plus « indienne ». Il retint le choix d'une pyramide à degrés avec un sarcophage déposé dans ses entrailles, s'inspirant du symbolisme hindou : « la montagne et la caverne ».

La forme définitive du tombeau ne fut achevée qu'en 1613 par son fils Jahangir. Les chroniques anciennes évoquent la fin d'Akbar dans le Fort d'Agra, le jour de ses 73 ans : c'était le 27 octobre 1605, après 49 ans, 8 mois et 3 jours de règne sans partage. Il rendit l'âme après qu'on lui eut récité la profession de foi musulmane et qu'il ait désigné son fils comme successeur. On fit une brèche, le lendemain, dans les murailles du Fort, car selon certaines coutumes, les morts et les vivants ne devaient pas emprunter le même chemin. Précédée de tambours, une procession solennelle mêlant Jésuites, femmes du harem et nobles aux pieds nus et sans turban, rejoignit Sikandra. On descendit le cercueil dans le mausolée et la dalle de marbre blanc fut scellée. On recouvrit le corps de linge immaculé et on y déposa des roses selon la coutume hindoue. Son fils Salim, futur Jahangir, plaça un turban et un coran à la tête de la tombe, avec le sabre et le bouclier d'Akbar. L'empire moghol ne serait plus jamais ce qu'il fut…

Le site a conservé des dimensions peu ordinaires. Une monumentale porte d'accès recouverte de mosaïques polychromes de marbre incrusté de grès rouge ouvre sur un parc aéré où vivent en paix quelques troupeaux de cervidés. Le dernier mausolée de l'époque moghole à avoir été édifié en grès rouge apparaît comme une pyramide à quatre degrés, avec des galeries et des *chhatri*. On pénètre dans l'édifice par une première pièce ornée de peintures murales. Ensuite un couloir sombre, autrefois décoré de peintures illustrant toutes les religions du monde, conduit au tombeau proprement dit, vide. Les ossements du Grand Moghol furent éparpillés sans ménagement par les Jats, caste de paysans combattants. C'était en 1761.

On pénètre dans l'enceinte par un portail grandiose hérissé de quatre minarets en marbre et orné de pierres polychromes incrustées dans le grès rouge. Là encore, profusion de mosaïques géométriques et de motifs floraux. Forcément sublime !

Double page suivante :
Le monument funéraire lui-même est une pyramide à quatre étages, flanquée de quatre colossaux portails (pishtaq) (page 84) *eux-mêmes richement pourvus d'ornementation. Le véritable tombeau se trouvait dans une crypte obscure à laquelle on accédait par une salle recouverte de dorures et d'inscriptions coraniques* (page 85). *Au fond d'un couloir, le sarcophage de marbre blanc apparaissait, orné du seul mot « Akbar », en noir.*

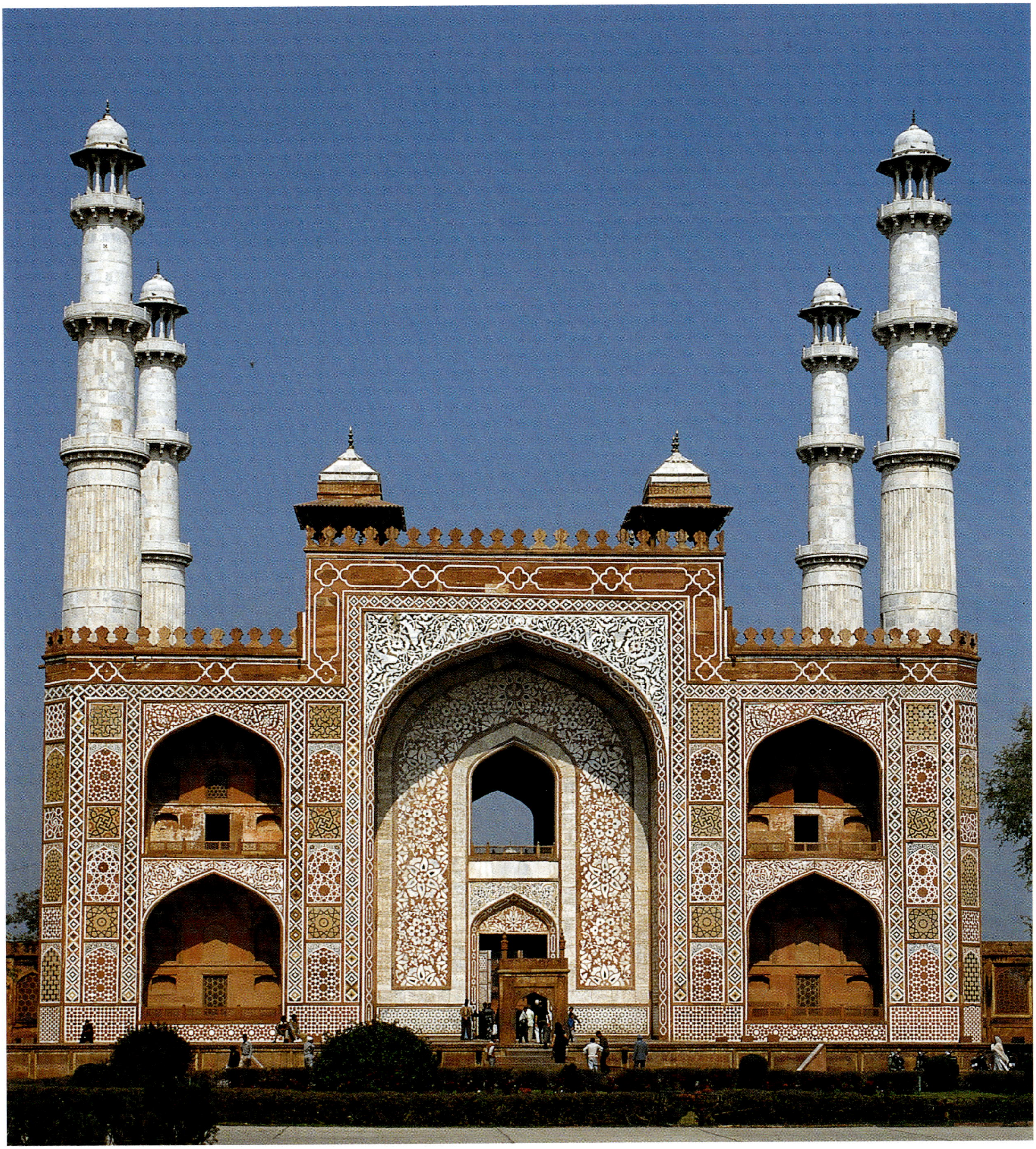

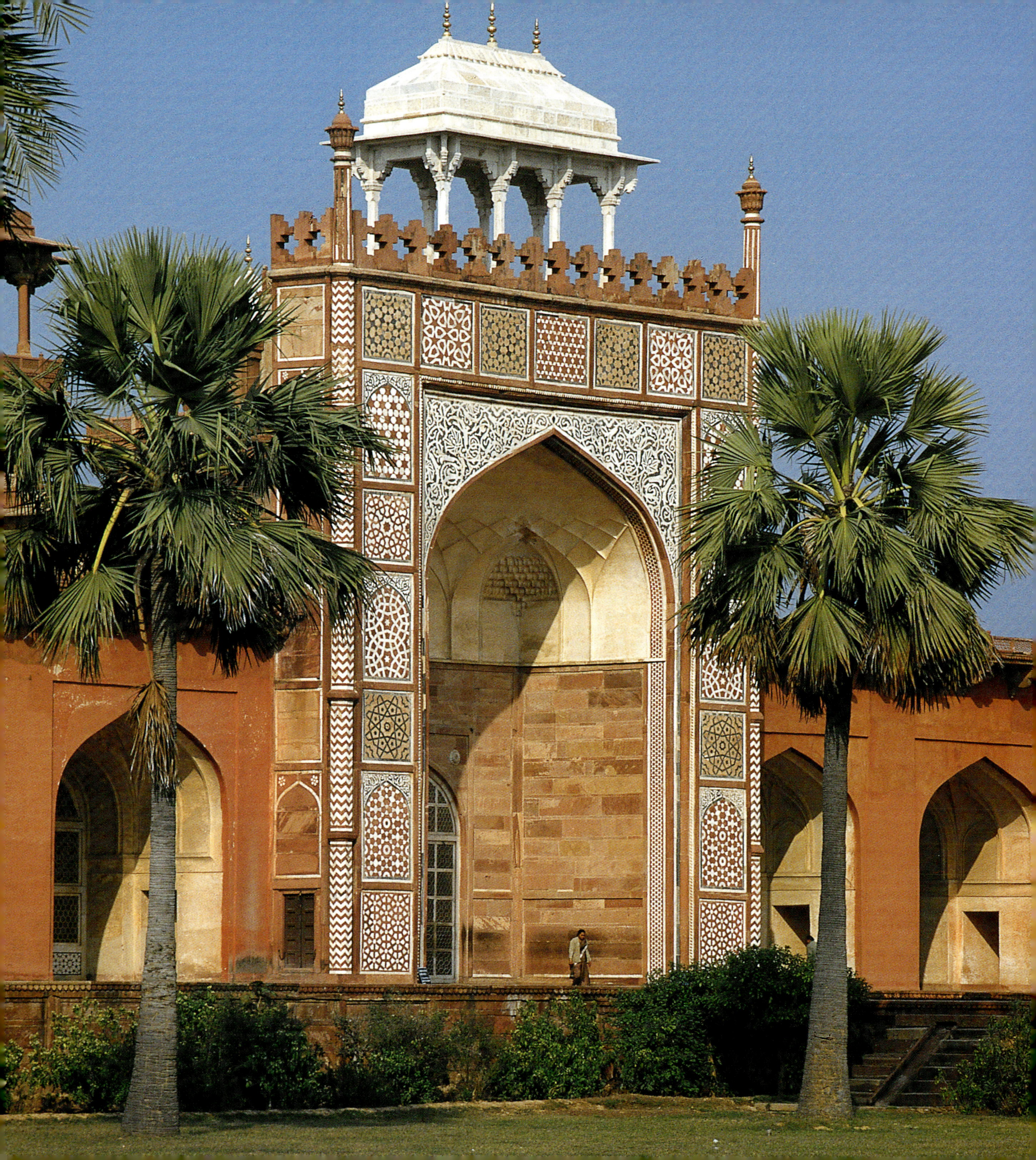

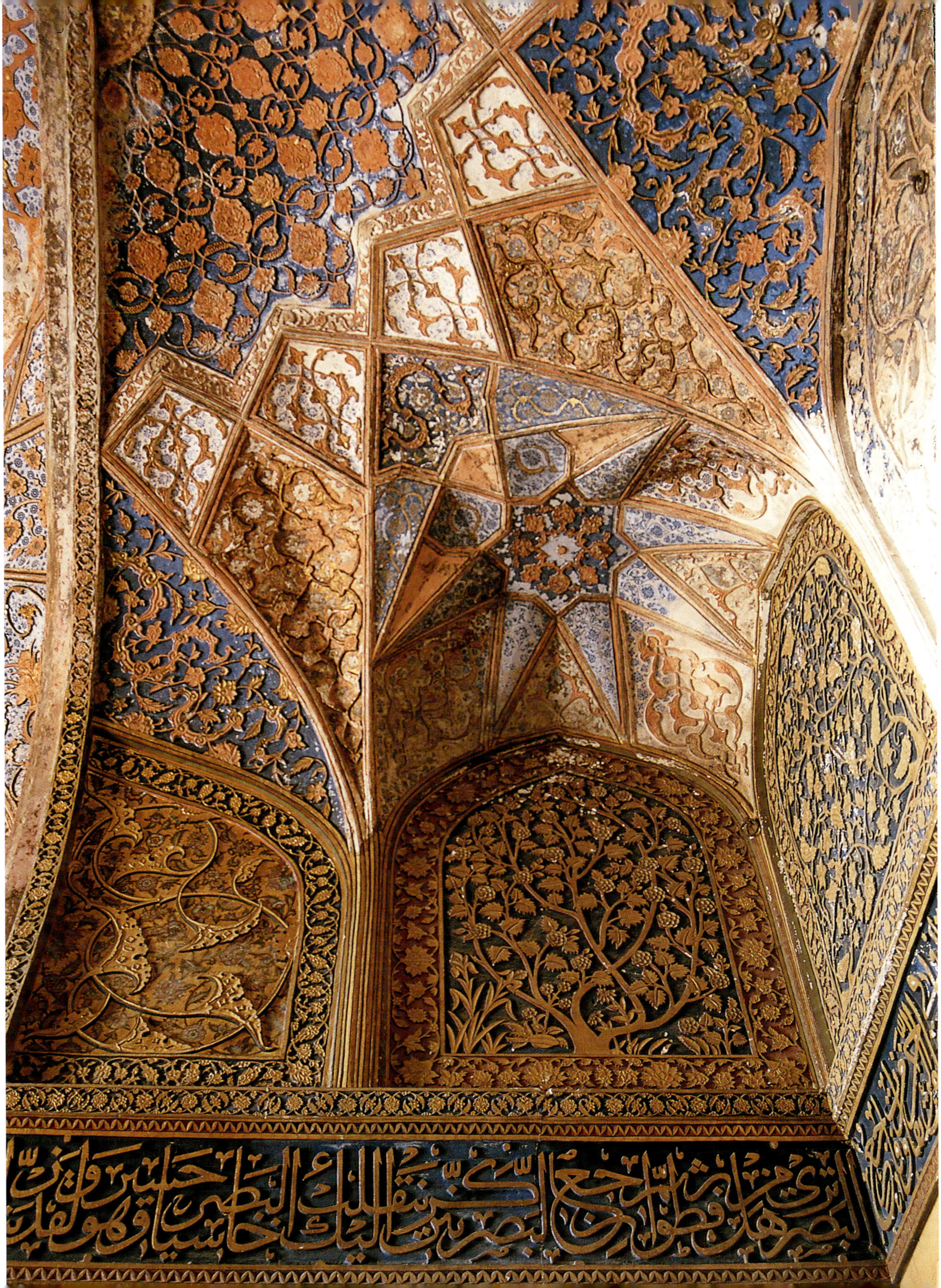

Le Taj Mahal

Adossé à une ville trop urbanisée, le Taj Mahal adhère pleinement à la comparaison de Rabindranath Tagore : « Une larme solitaire posée sur la joue du temps ». On ne « visite » pas le Taj Mahal comme un autre monument. Cela tient plutôt de la contemplation et du recueillement. C'est aussi un petit voyage intérieur. Car sont mêlés dans ce somptueux mausolée quelques grands mystères de l'homme : l'image de la beauté et de l'amour, le souvenir de l'être chéri et la mort. Chacun s'y retrouve, chacun tâche de s'approprier un petit morceau de ce paradis sur terre. Palais de la Béatitude, le Taj Mahal raconte à merveille une histoire d'amour qui fait vibrer le monde depuis des siècles. Celle de l'empereur Shah Jahan, petit-fils d'Akbar, pour son épouse préférée, Mumtaz-j Mahal, à qui, preuve de grande confiance, il délègue une partie des affaires de l'État (ce qui est rarissime à l'époque). Elle l'accompagne même régulièrement dans ses campagnes. En 1631, pendant un long périple au sud de l'empire, elle perd la vie dans un campement en mettant au monde leur quatorzième enfant. Désespéré, Shah Jahan refuse de s'alimenter pendant toute une semaine et décrète un deuil de deux années pour la Cour, proscrit les fêtes ainsi que le port de bijoux et les parfums. Inconsolable, il imagine alors un mausolée à la dimension de sa peine. Ce sera Mumtaz Mahal, le « palais de la Favorite » qui deviendra par déformation Taj Mahal, « palais de la Couronne ». L'architecte en reste inconnu. Il y travaillera 22 ans, de 1632 à 1654, en compagnie des meilleurs artisans du royaume. 20 000 personnes seront requises. Si certains spécialistes affirment que Shah Jahan aurait voulu pour sa propre sépulture une construction jumelle en marbre noir de l'autre côté du fleuve, cette hypothèse n'a jamais été vérifiée et semble bien irréaliste.

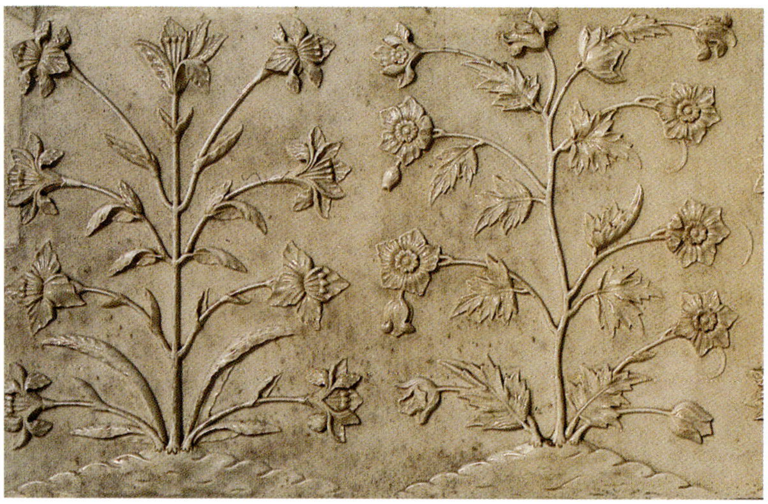

Les proportions du Taj Mahal sont parfaites et les ornements aussi discrets que raffinés, souvent de simples motifs floraux sculptés finement dans le marbre. Non, vraiment, ce mausolée n'engendre pas la tristesse. Loin de se lamenter, l'empereur Shah Jahan avait même pris l'habitude d'y donner de somptueuses fêtes avec feux d'artifices, musiciens et poètes pour entretenir la mémoire de sa chère épouse.

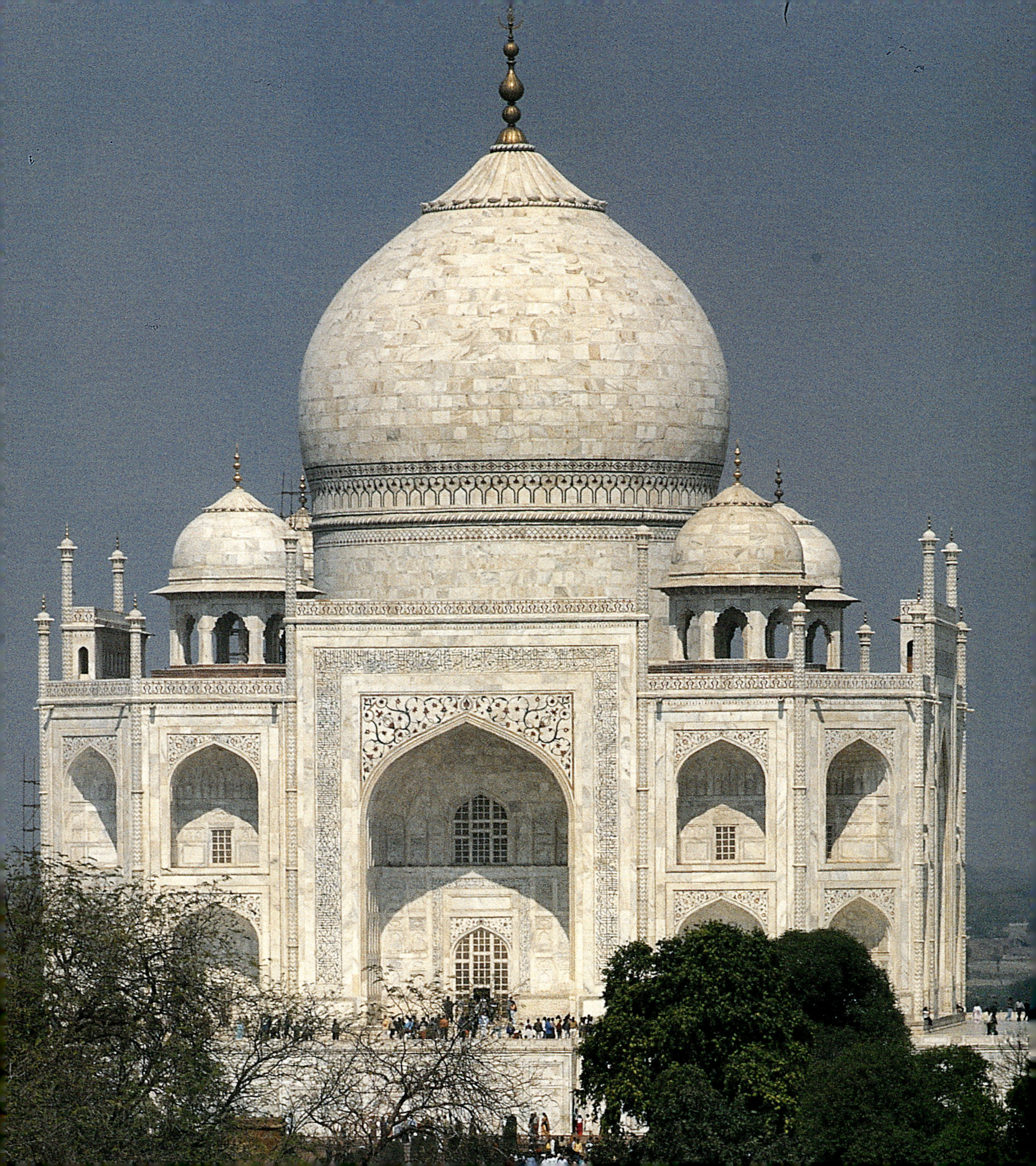

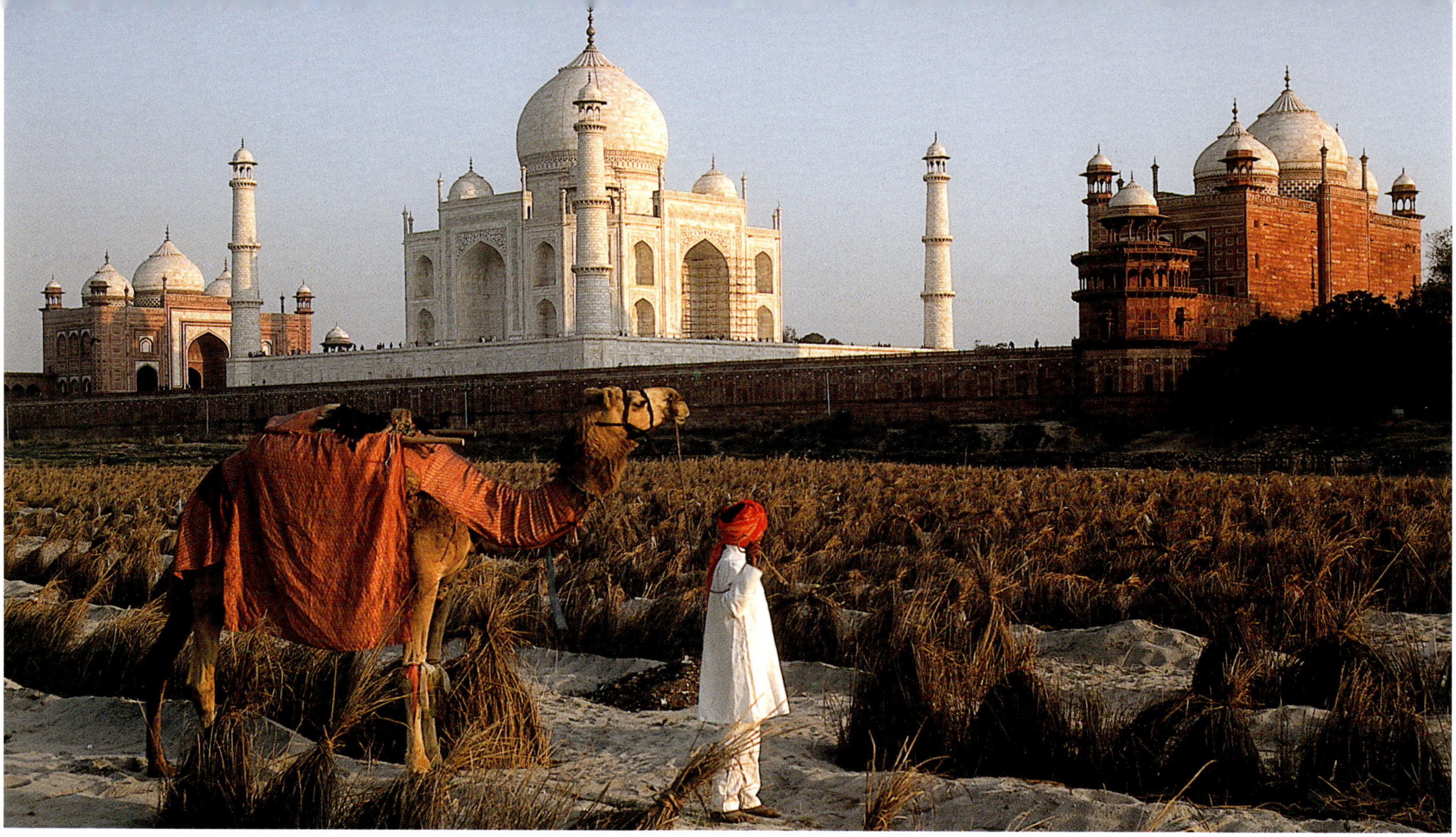

Un sublime mausolée

Il y a d'abord ces jardins luxuriants qui abondent. Après avoir franchi une première porte, une allée conduit au Portail Ouest en grès rouge décoré de marbre blanc. Apparaît au loin le Taj Mahal. Un rêve ! Un modèle ! On y retrouve, sublimés, le parc et la terrasse du tombeau d'Humayun à Delhi ; les minarets du tombeau de Jahangir à Lahore ; le double dôme du tombeau de Tamerlan, à Samarkand.

Tout semble avoir été conçu pour impressionner le visiteur, le surprendre, l'émerveiller. Certainement pas pour l'attrister. Le palais fut en effet le cadre de fêtes brillantes avec feux d'artifice, données par Shah Jahan qui s'abandonne à des mondanités après avoir pensé à abdiquer. La composition du mausolée est équilibrée. A ses formes élancées, il doit son élégance ; aux matériaux utilisés, son harmonie ; à un formidable message d'amour, son esprit. Les yeux suivent d'abord un long canal bordé de cyprès qui aboutit à l'édifice de marbre, tenant sur un vaste socle. Quatre minarets hauts de 47 m encadrent le tombeau dominé par un dôme en bulbe sur tambour. La coupole est entourée de quatre *chhatri*. L'édifice est d'un plan carré aux angles coupés dont chaque côté est évidé par un *iwan* central (espace voûté) encadré d'un portail (*pishtaq*) et deux niveaux de niches.

Suivant le canal du milieu, le visiteur émerveillé s'attarde au bassin central. Le Taj s'y reflète totalement. C'est tout un monde qui tient dans une image qu'on a bien du mal à quitter. Plus loin, sur la plate-forme du mausolée, le marbre est partout, immaculé, provenant des carrières de Makrana, non loin d'Ajmer. On s'écarquille les yeux. La décoration est généreuse et raffinée, faite de motifs floraux, de volutes et d'inscriptions coraniques

Le Taj Mahal, flanqué de son « hôtellerie » pour pèlerins et d'une mosquée tout en grès rouge, domine avec élégance les rives du fleuve Yamuna. Shah Jahan n'a que trente-neuf ans quand il décide de bâtir le plus fabuleux monument de l'Inde moghole. Parce qu'elle est morte en couches, sa femme a le statut de martyre et son mausolée pourra être désigné comme lieu de pèlerinage.

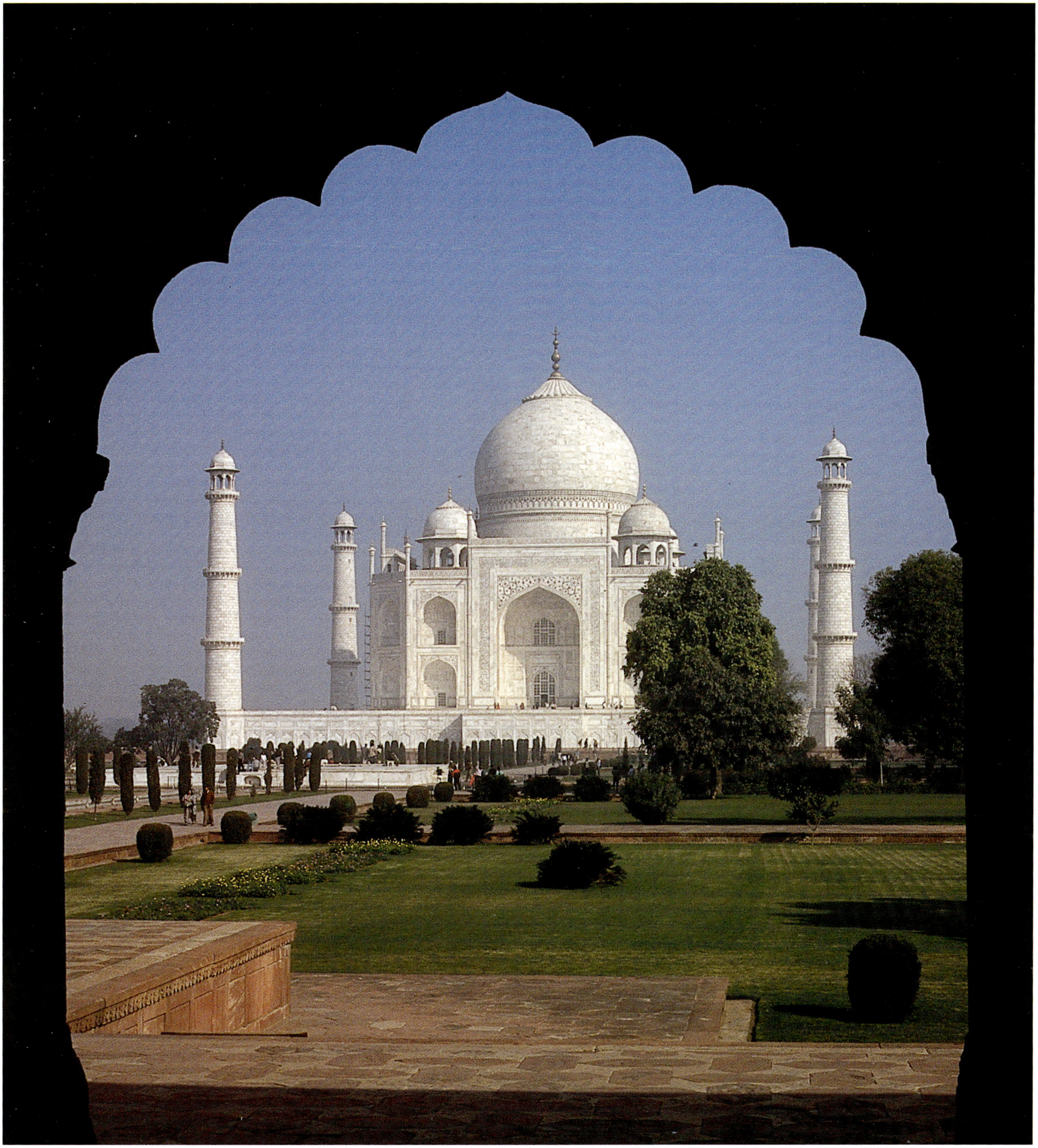

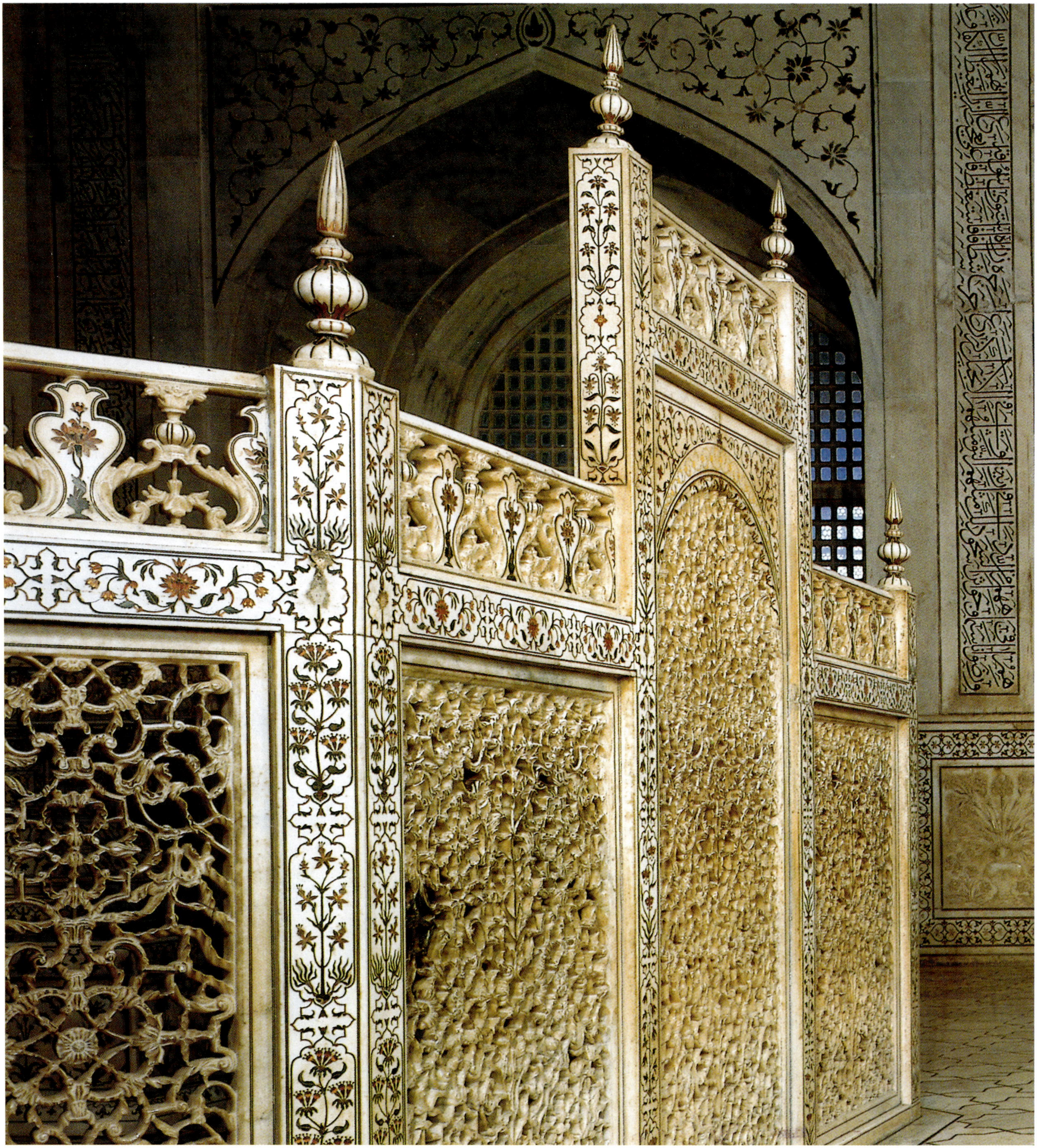

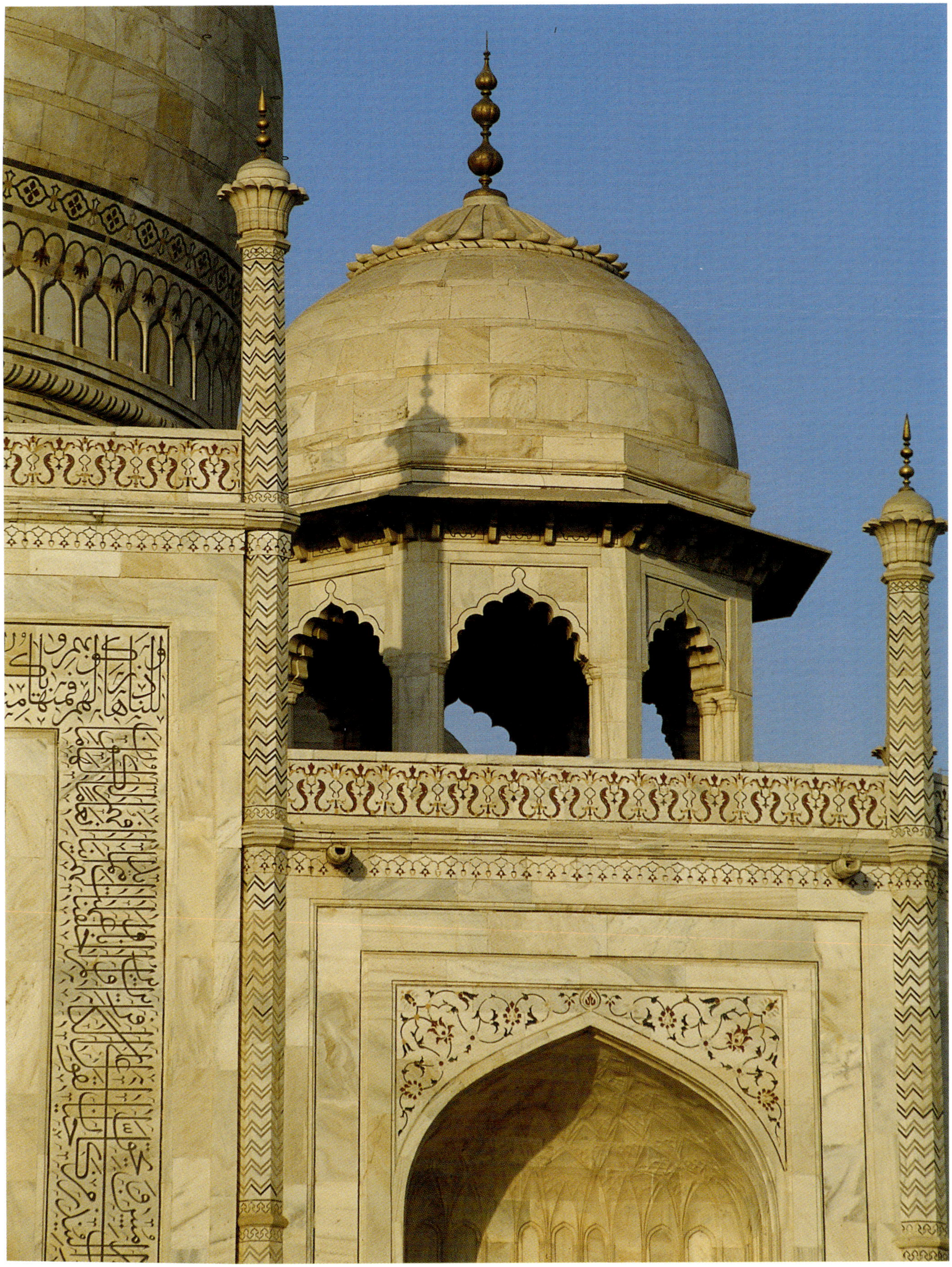

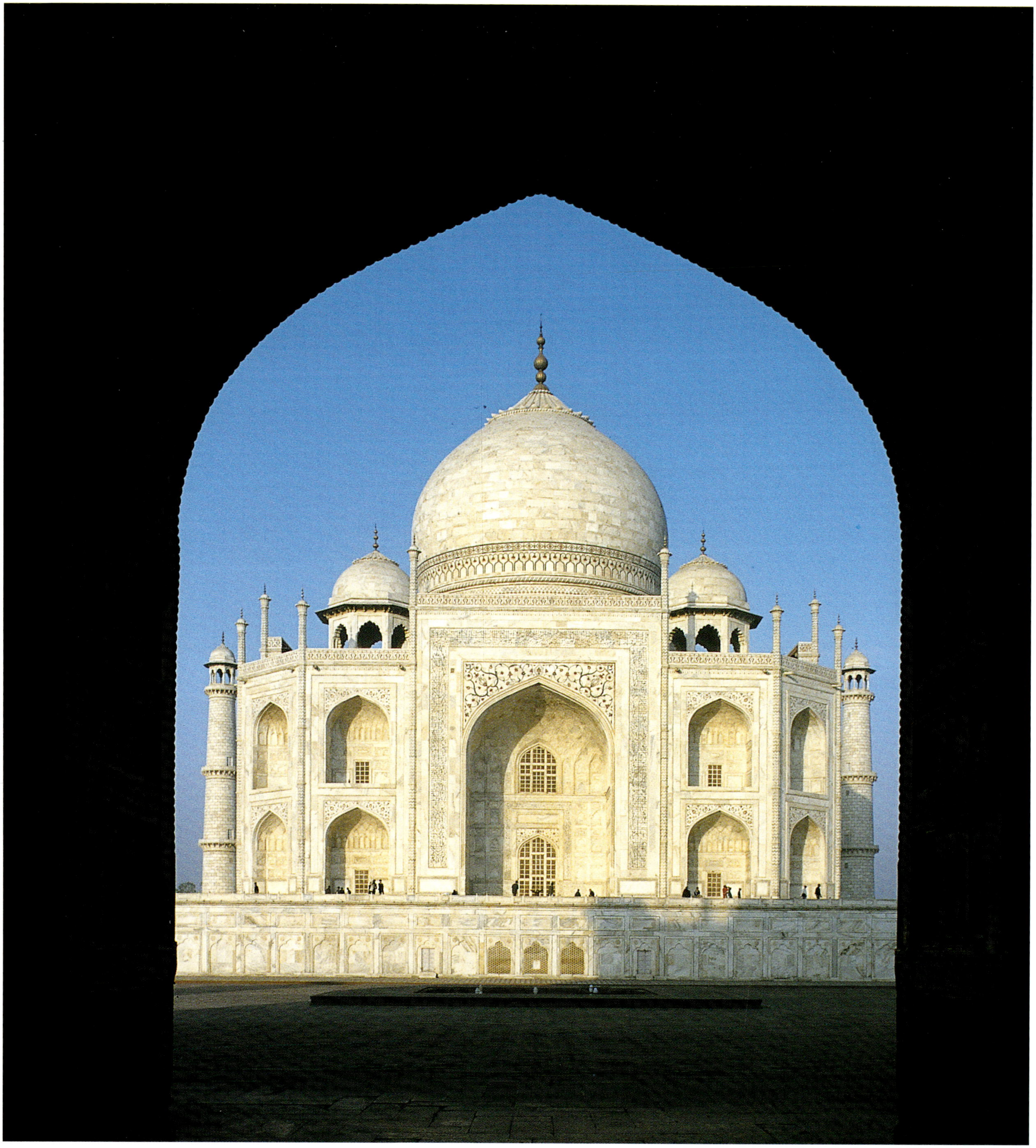

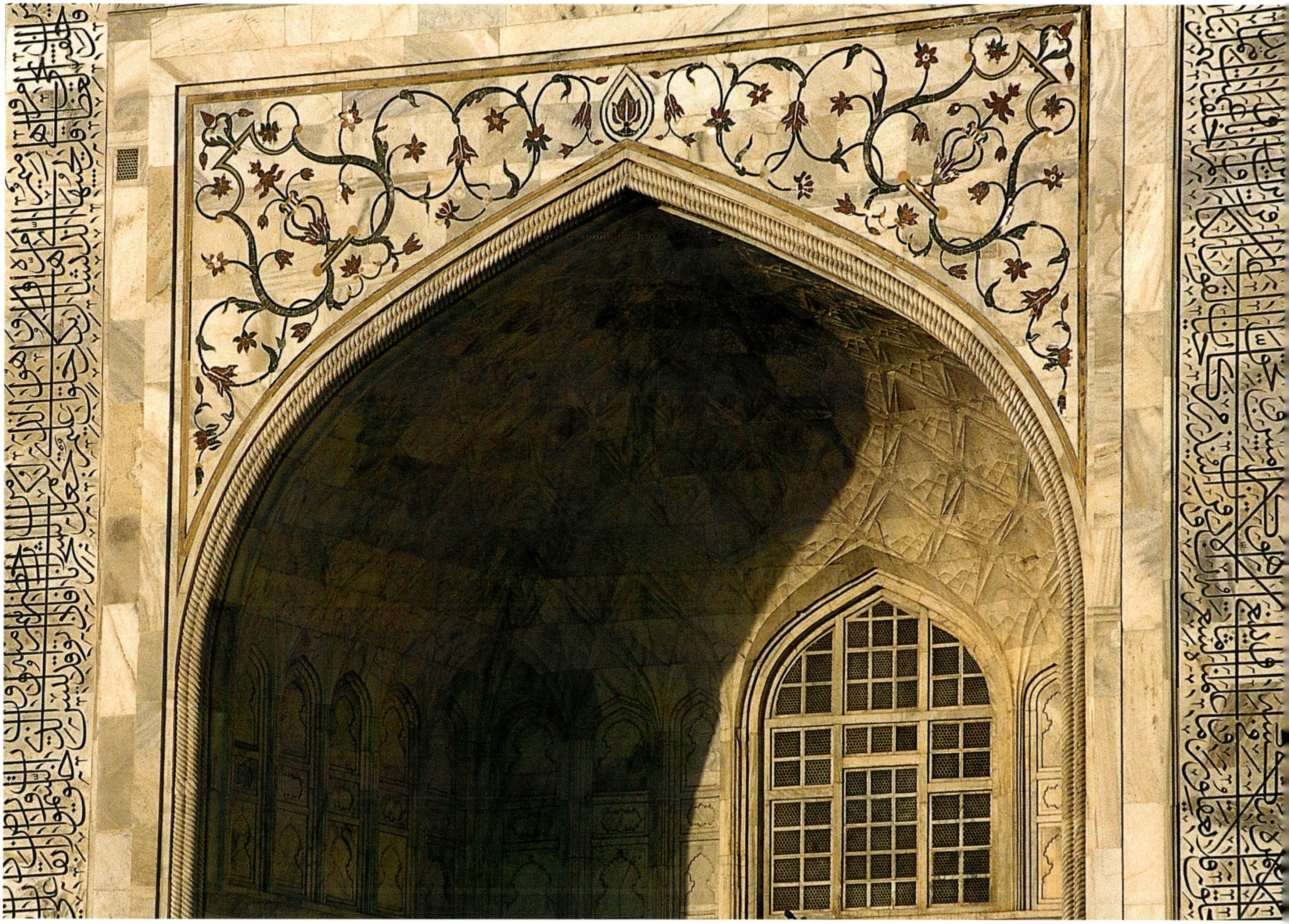

ornées de pierres semi-précieuses selon la technique de *pietra dura*. On pénètre alors avec émotion au cœur de la chambre mortuaire de forme octogonale où sont posées les fausses sépultures du couple, les vraies tombes sont dans la crypte. On se laisse emporter par tant de raffinement. Mais on a tellement hâte de ressortir et d'explorer les alentours... De chaque côté du mausolée, deux édifices presque jumeaux en grès rouge méritent le détour. Celui situé à l'ouest est une mosquée où est encore célébré le culte musulman. Son double, qui ne comporte pas de mihrab (niche indiquant la direction de La Mecque), servait à abriter les pèlerins venus rendre hommage. Toute une journée ne suffit pas. Les nuances du marbre se révèlent avec le temps : tendrement bleuté à l'aube, rose au lever du soleil, puis couleur de miel. Il éclate d'un blanc immaculé à midi. Le Taj Mahal se dérobe à l'homme pressé.

Les meilleurs décorateurs venus de Perse et de toute l'Inde du Nord furent engagés. 20 000 ouvriers travaillèrent pendant vingt-deux ans pour réaliser une ornementation toute en finesse : bandeaux épigraphiques reproduisant les versets du Coran, incrustation de marbre venu de Makrana (non loin d'Ajmer) à l'aide de jaspe du Punjab, d'améthystes de Perse, de saphirs du Sri Lanka.

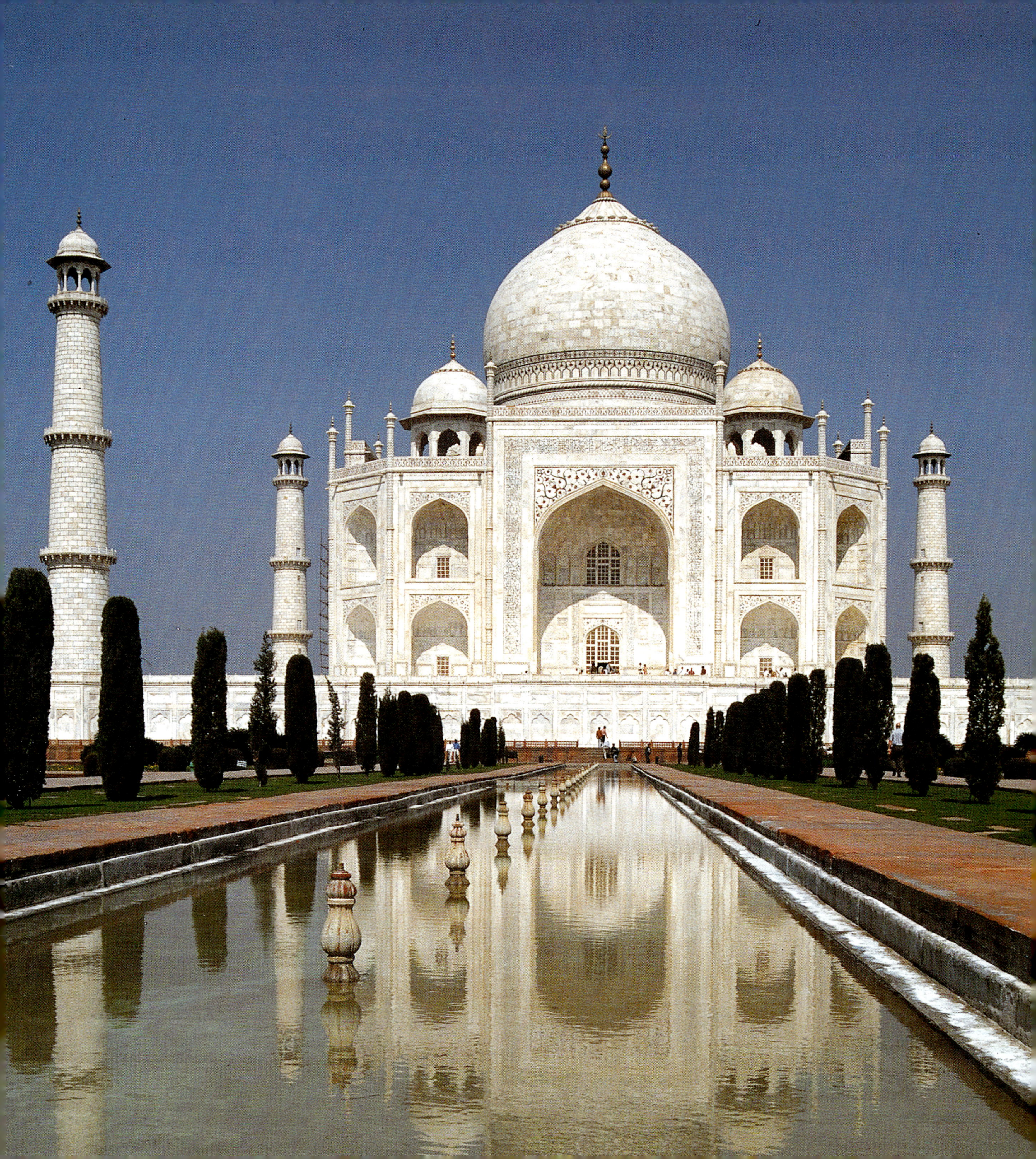

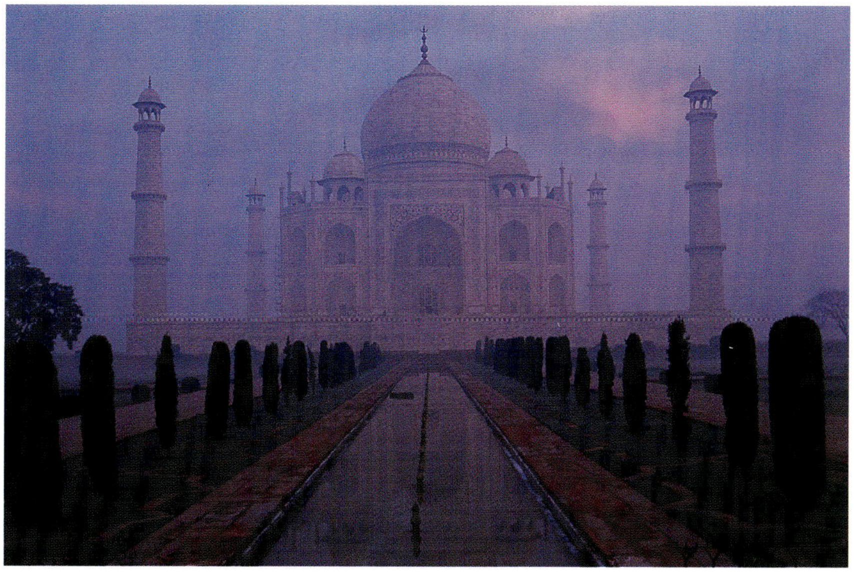
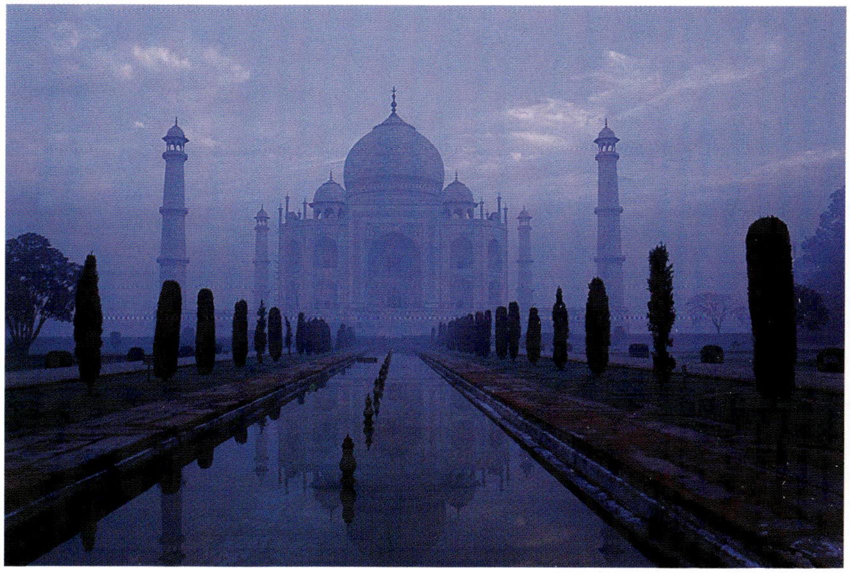
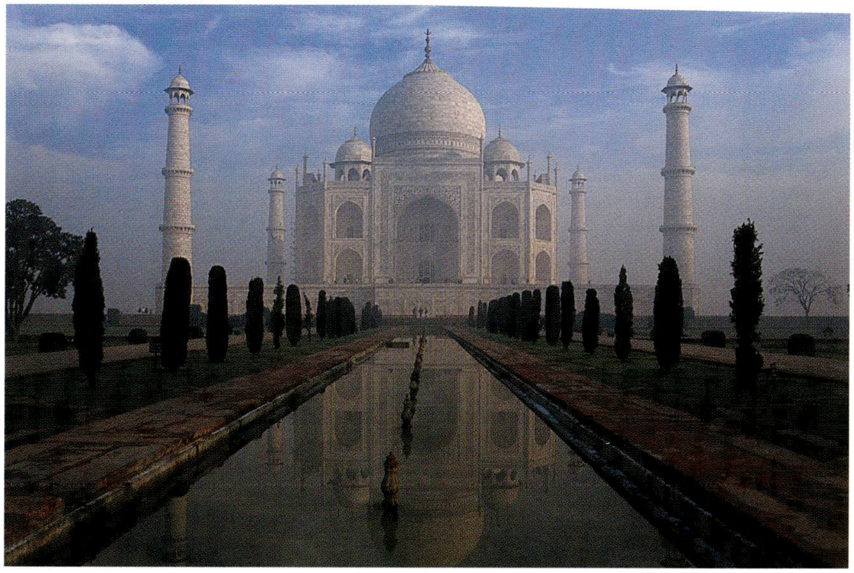
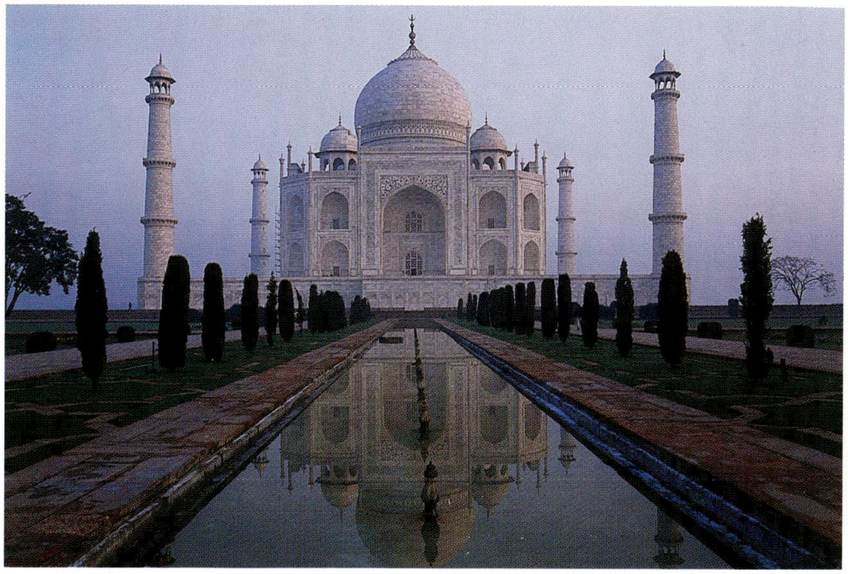
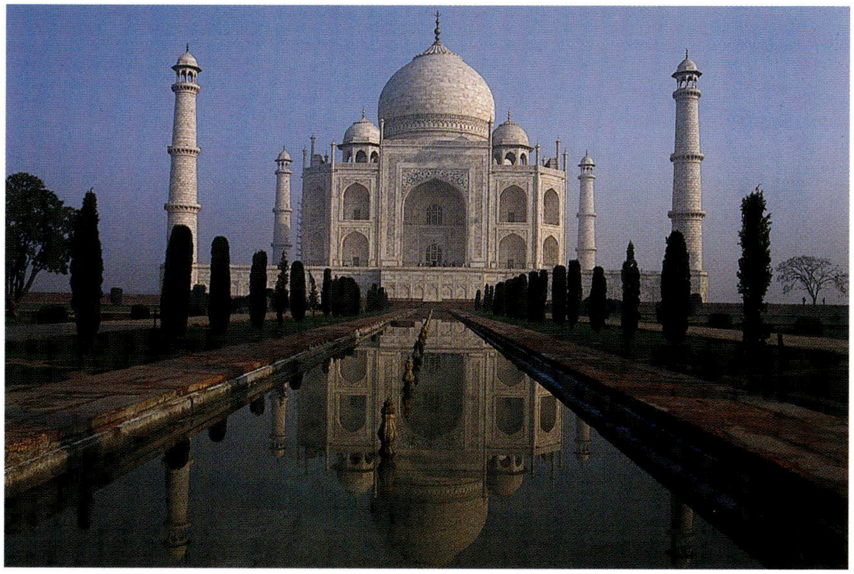
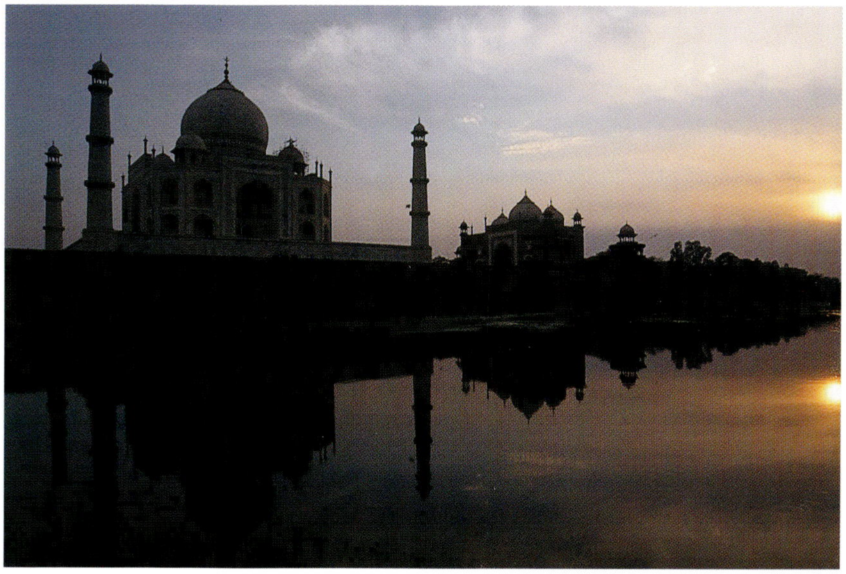

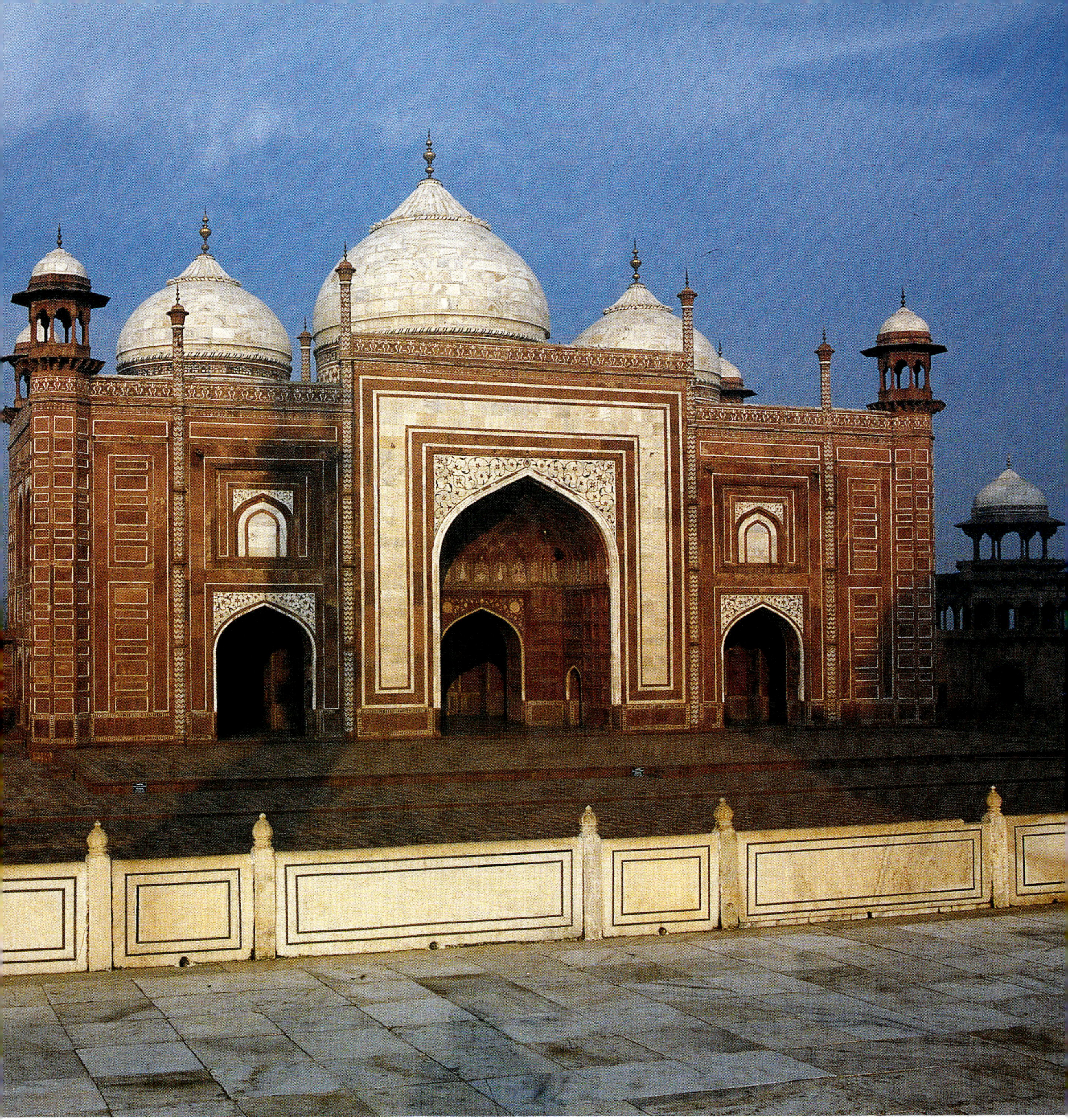

Double page précédente :
La pureté du Taj Mahal se dérobe à l'homme pressé. De l'aube au crépuscule, les reflets caressants du soleil tapissent sa silhouette d'ombre ou de lumière, de force ou de mystère. Mais c'est à midi que la « perle de l'Inde » étincelle vraiment de mille feux. Rien n'a été laissé au hasard pour enchanter le visiteur, ni les quatre élégants minarets légèrement inclinés vers le haut pour donner une impression de stabilité à la construction, ni la largeur du bassin central qui contient pleinement le reflet du Taj Mahal. Quel sublime présent pour l'humanité !

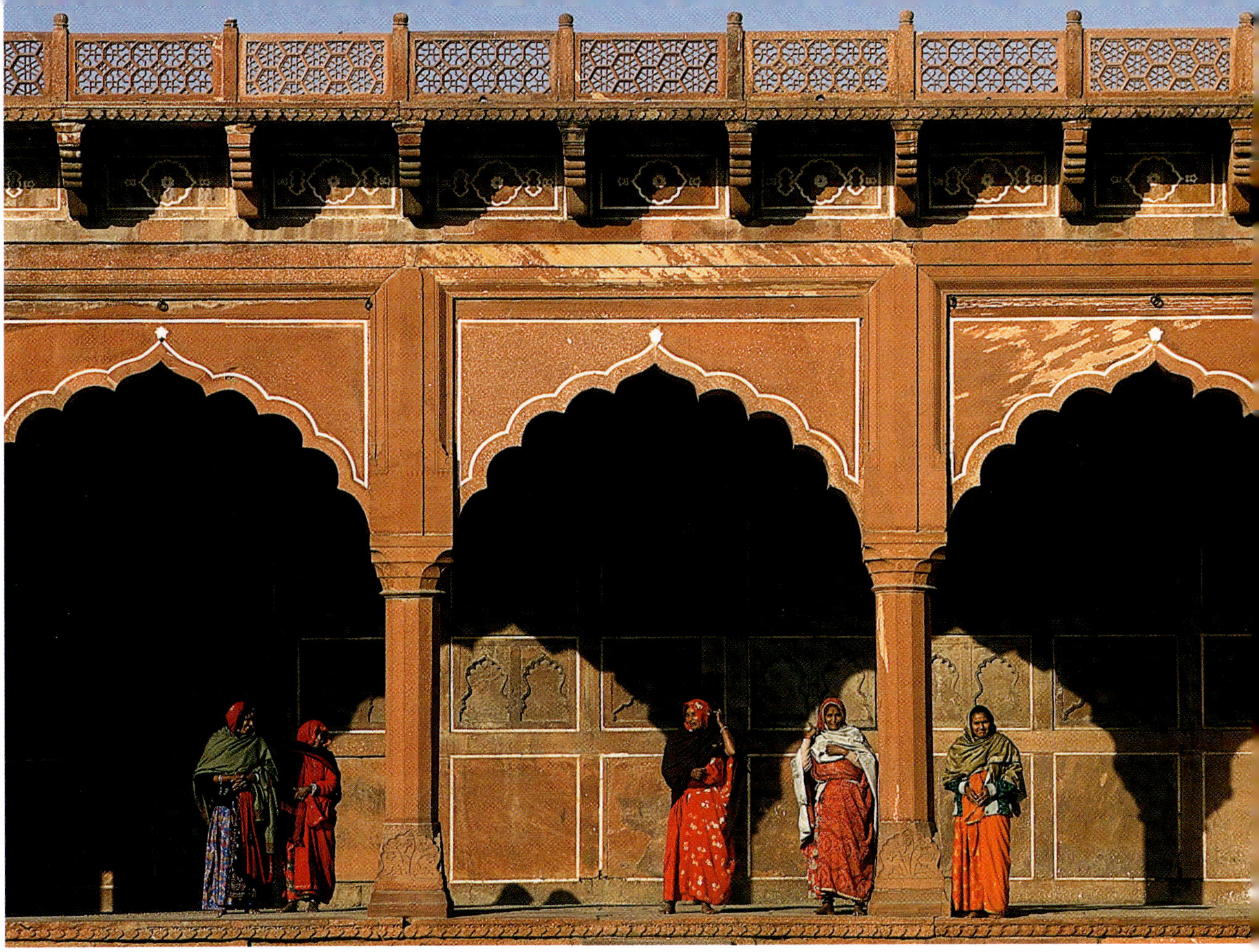

Les inconditionnels du Taj Mahal oublient bien souvent les deux bâtiments en grès rouge presque jumeaux qui encadrent le mausolée, selon un axe est-ouest. Dommage ! Car ce sont de merveilleux îlots de tranquillité loin de la foule engouffrée dans le mausolée. L'ornementation de leurs bas-reliefs, faite de volutes, d'arabesques ondoyantes et de motifs géométriques, mérite vraiment la visite (pages 98 et 99)*. L'édifice, orienté à l'ouest, est une mosquée qui accueillit la sépulture de la défunte avant que son mausolée ne soit terminé. Quant à l'autre bâtiment jumeau, sans mihrab (niche indiquant la direction de La Mecque), il était réservé aux invités.*

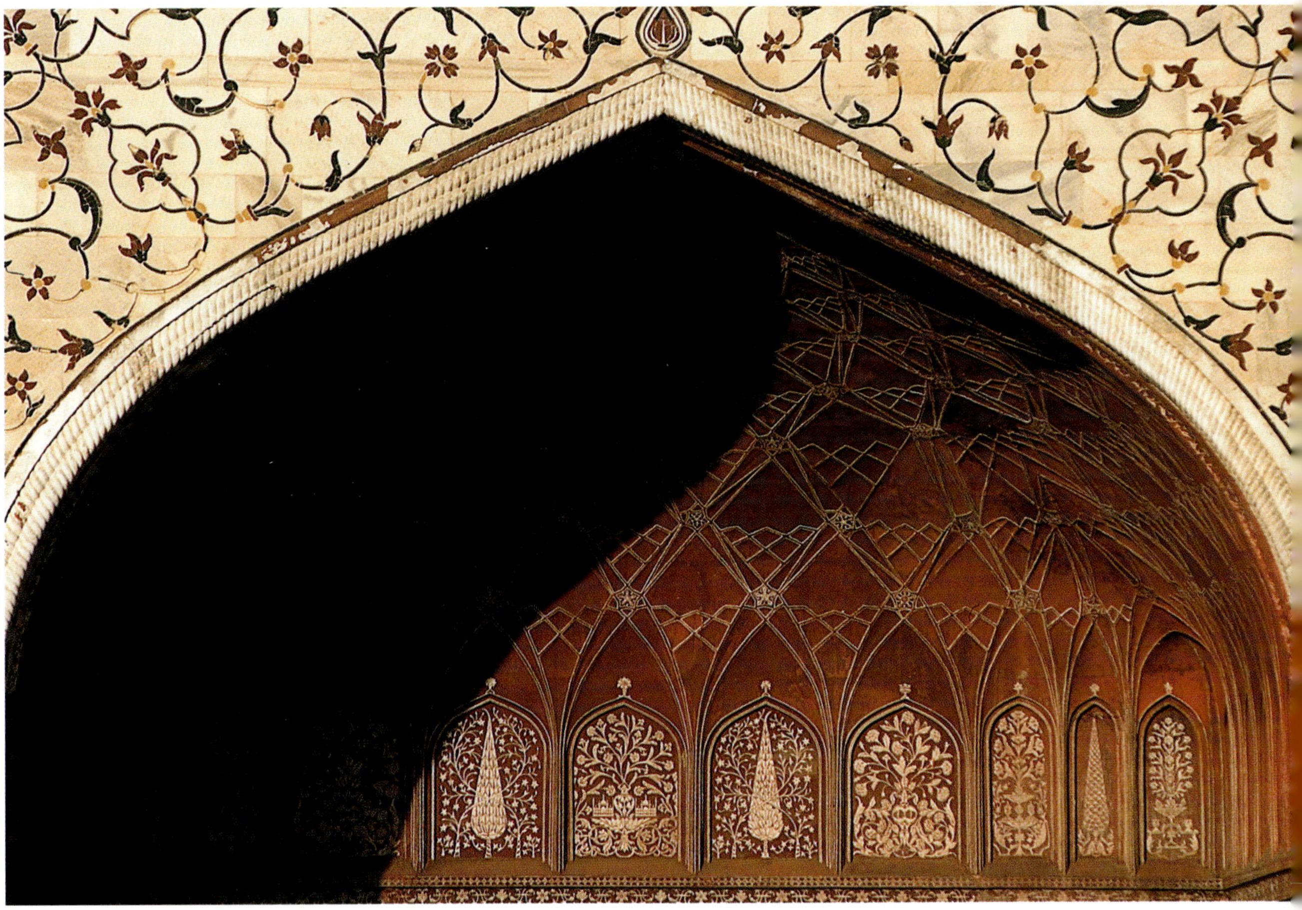

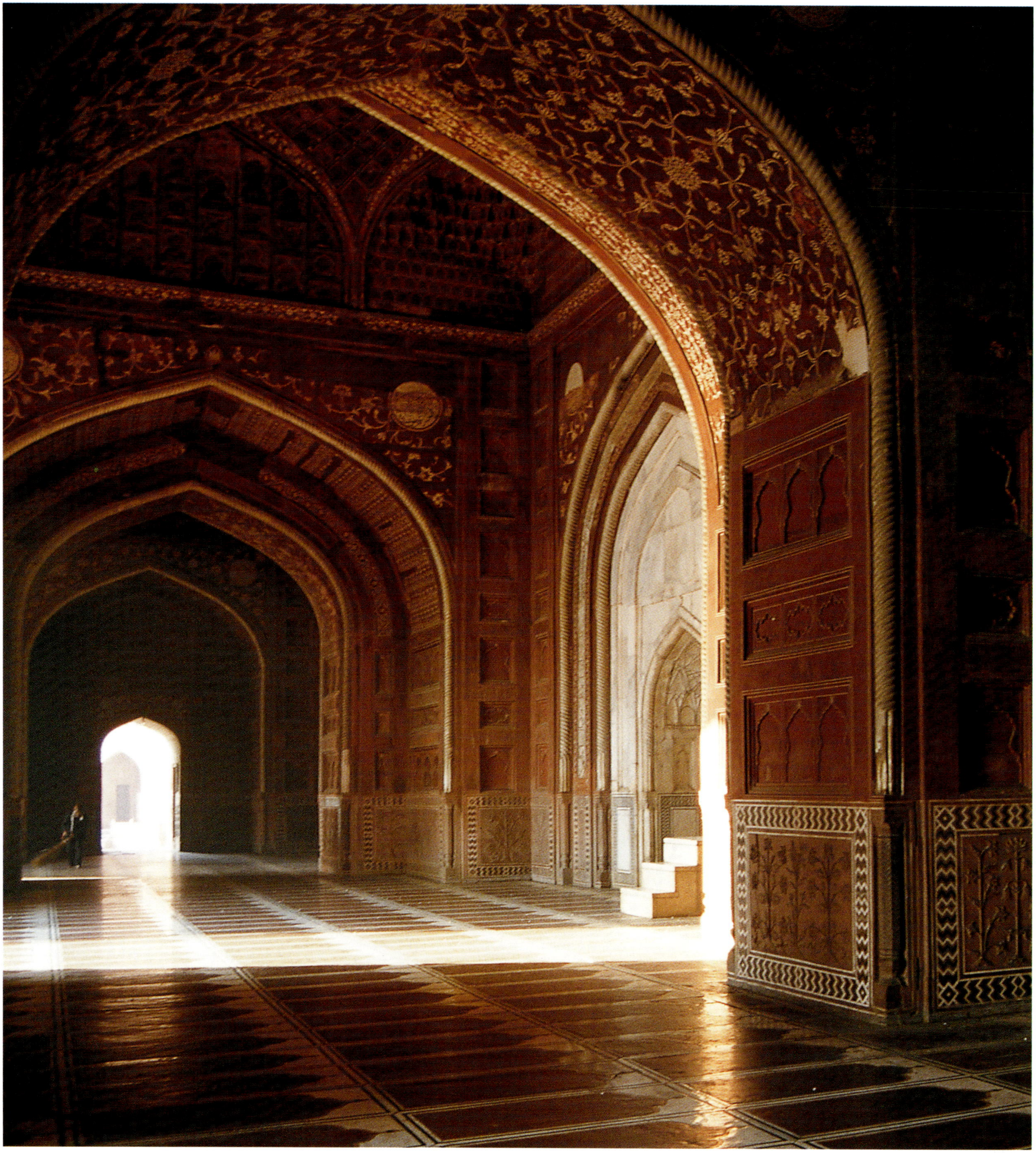

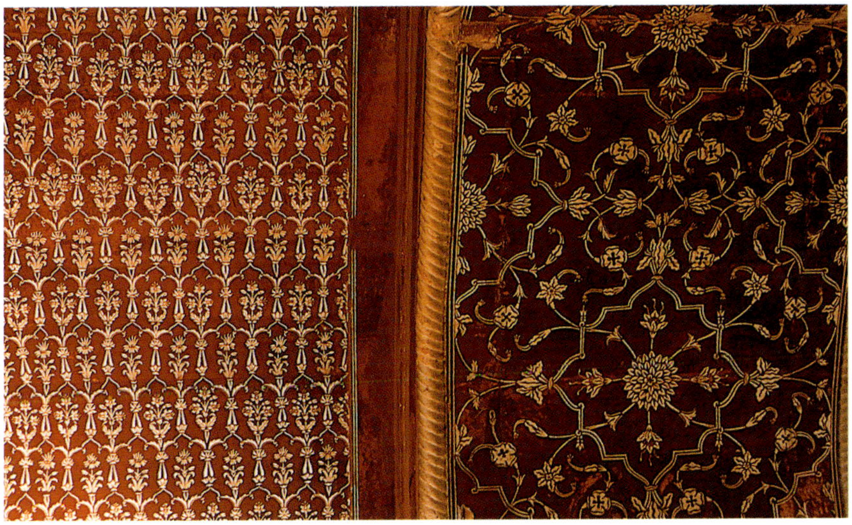

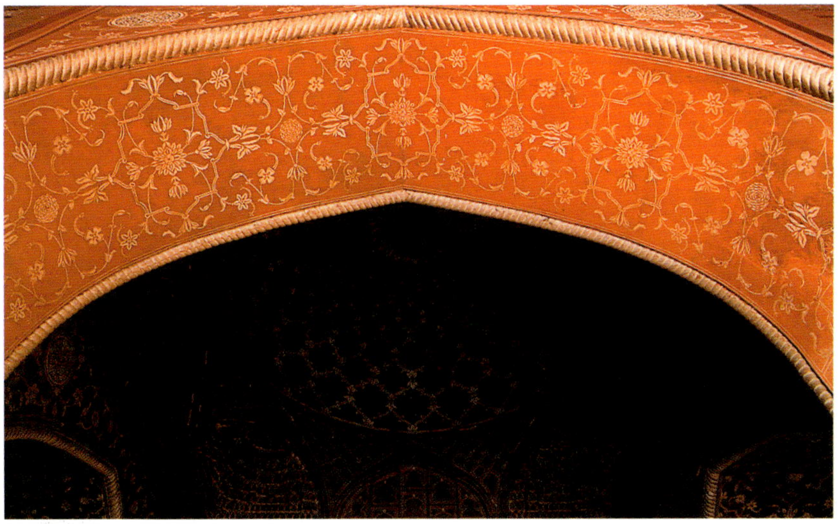

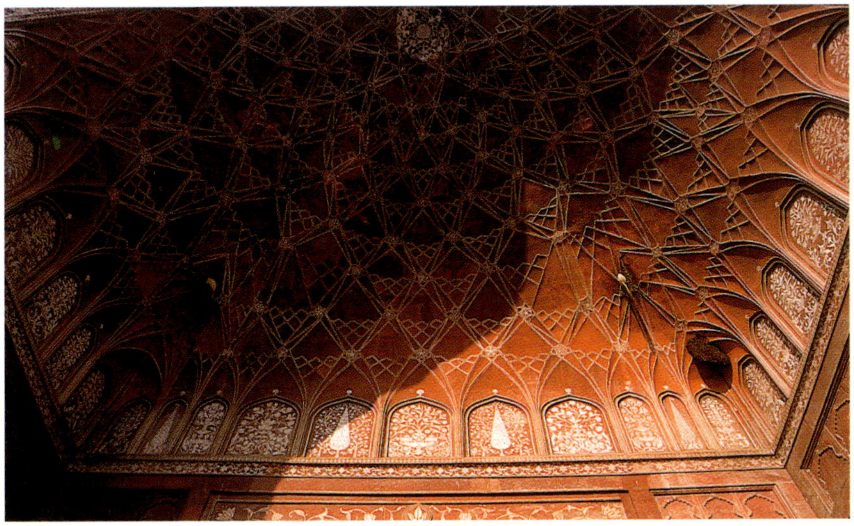

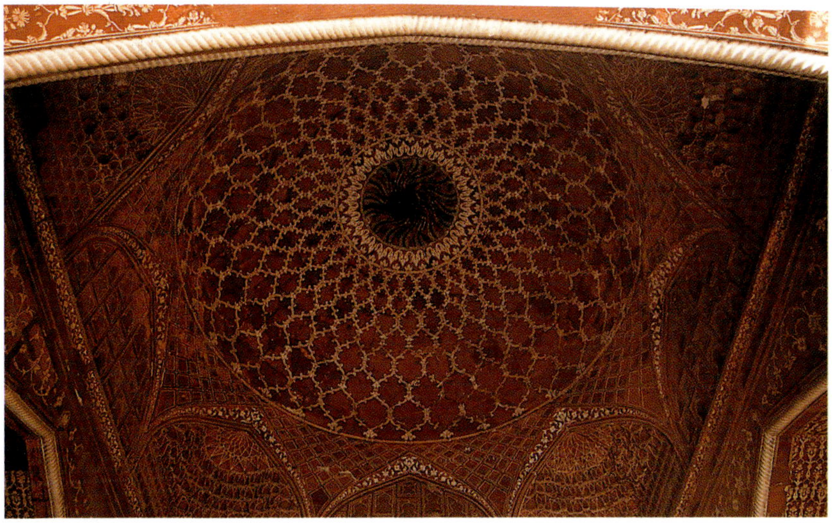

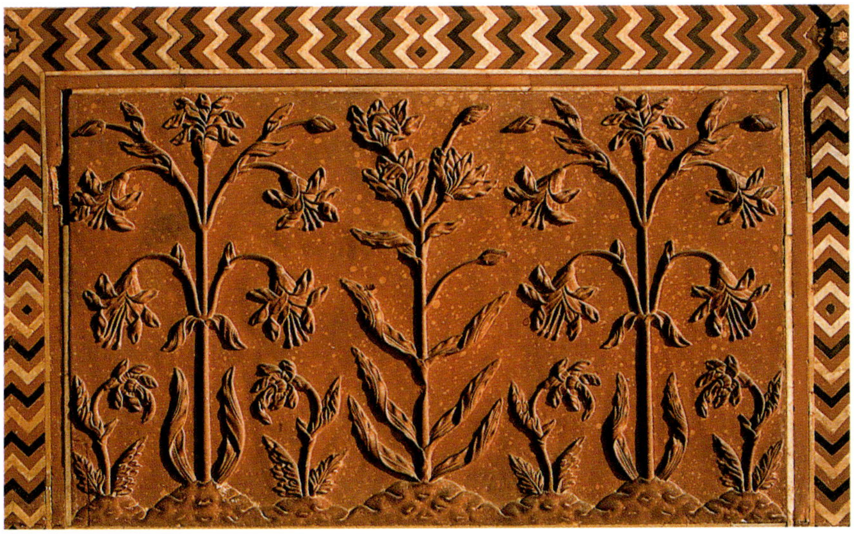

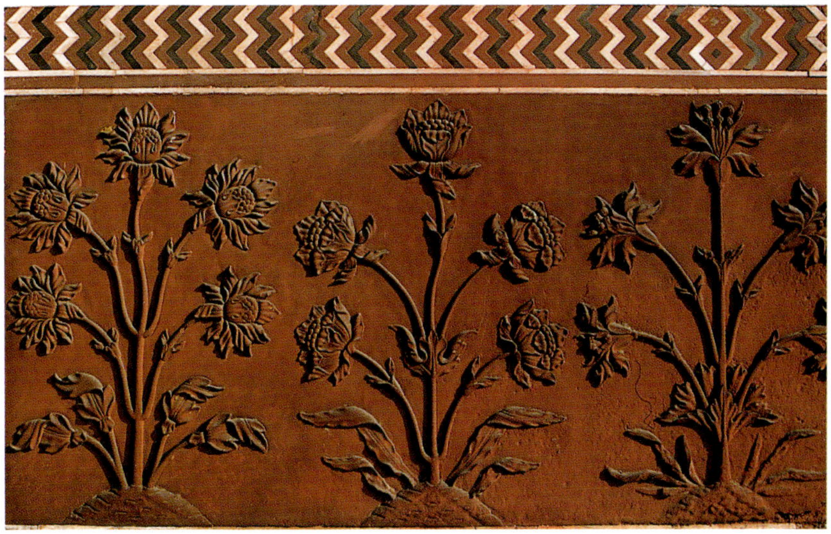

Le fort d'Agra

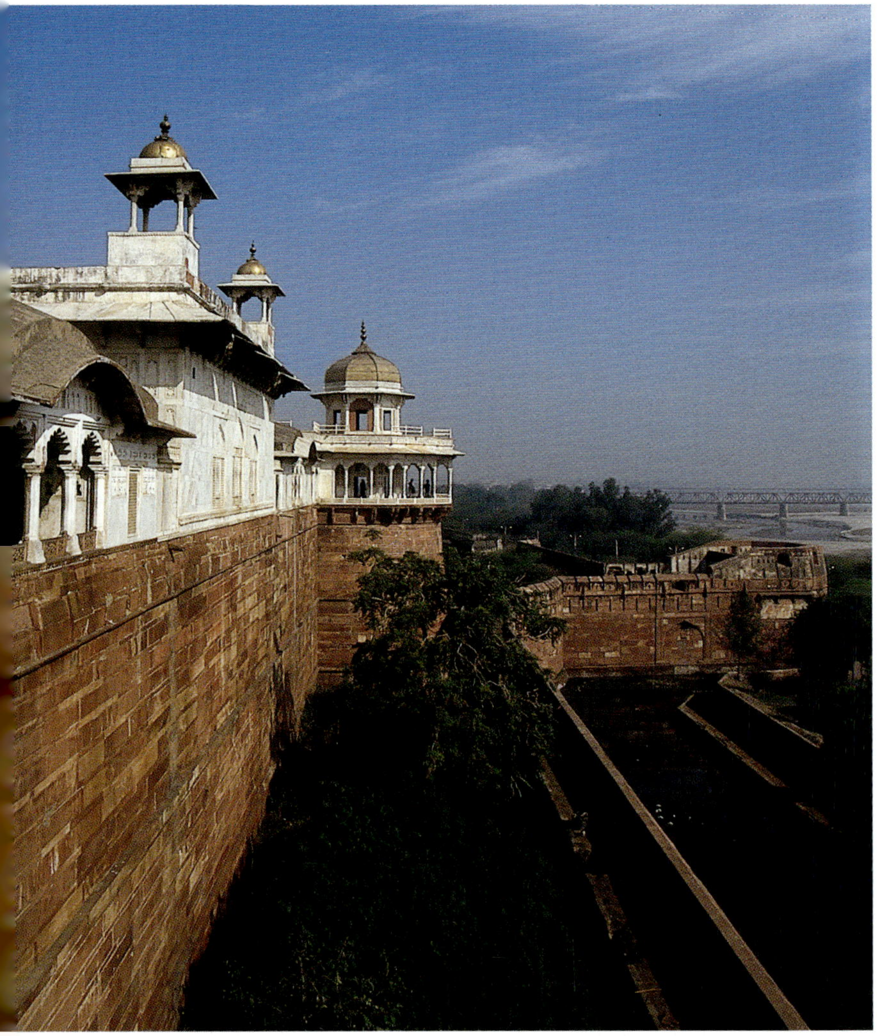

Avec ses douves et sa double muraille de grès rouge, le Fort Rouge donne une idée de la puissance cyclopéenne de l'empire moghol. Bien qu'il semble imprenable, il fut pillé et assiégé bien souvent pendant son histoire. C'est au début de son règne en 1565 (les travaux vont durer neuf années) qu'Akbar le fit édifier pour sa Cour, à l'endroit d'une forteresse rajpute. Pour surveiller son immense empire, le « Grand Moghol » devait être mobile. Avec harem et éléphants, il préférera sa nouvelle capitale Fatehpur Sikri entre 1574 et 1585, puis Lahore. Il revient à Agra en 1598 d'où il dirige les affaires jusqu'en 1605. Son petit-fils Shah Jahan fera embellir le fort de gracieux palais et de mosquées en marbre blanc qui balisent une promenade agréable dans ses entrailles.

On y pénètre par la porte sud Amar Singh Darwaza qui s'ouvre sur une rampe conduisant à une vaste cour bordée par le palais où vivait le fils d'Akbar, Jahangir. Une impression de grand raffinement prévaut dans une deuxième cour-jardin flanquée d'un remarquable *diwan-i am* (hall des audiences publiques), salle hypostyle en grès rouge où Akbar recevait. Au sein de cette enceinte fortifiée adoucie par la patine du temps, les appartements privés surprennent par leur élégance. On s'aventure sur la droite dans un admirable patio à arcades dont le nom d'Anguri Bagh, ce qui signifie jardin des Raisins, évoque suavité et douceur. Les ouvrages les plus anciens affirment que quelque 300 grappes en émeraudes, or et rubis agrémentaient la courette flanquée du Khas Mahal, le palais privé d'Akbar, tout en marbre blanc. On se réfugie sans défense dans cet univers de rêve.

Plus loin, dominant le fleuve et la plaine, on s'imagine en délectation dans le Shish Mahal (palais des Miroirs), surprenant encore par sa finesse, ou en grande relaxation dans les deux hammams, l'un pour bain chaud et l'autre pour bain froid. La tour octogonale qui fait suite, la Musamman Burj, rappelle de bien tristes souvenirs. Elle fut d'abord la demeure de l'héroïne défunte du Taj Mahal, Mumtaz Mahall. Avant de servir de prison « de luxe » à son époux l'empereur Shah Jahan, à la fin de sa vie. Le pauvre homme ! Déposé par son fils Aurangzeb en 1658, il mourut au Fort en 1666. Sa seule consolation était de pouvoir contempler à loisir son Taj Mahal depuis la tour. Le *diwan-i khas* (hall des audiences privées) est là pour rappeler que Shah Jahan fut aussi un constructeur de génie. Si la mosquée de la Perle (Moti Masjid) est fermée au public, on s'attardera dans la petite mosquée Nagina Masjid réservée aux femmes. Qui révèle de ravissantes décorations.

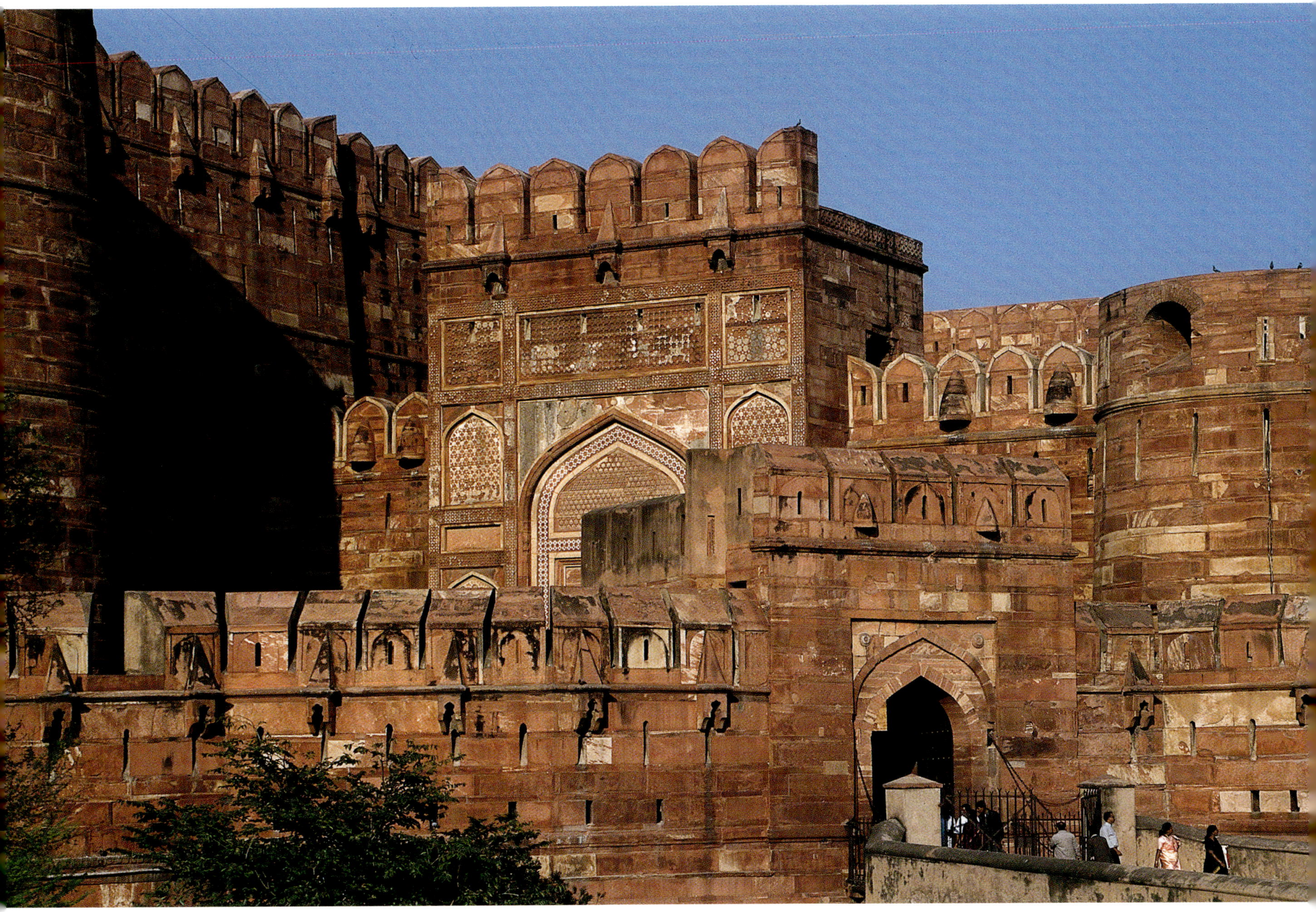

Le grès rouge affectionné par Akbar donne à la double muraille du Fort Rouge d'Agra, longue de plus de 2,5 kilomètres, une impression de totale invulnérabilité.

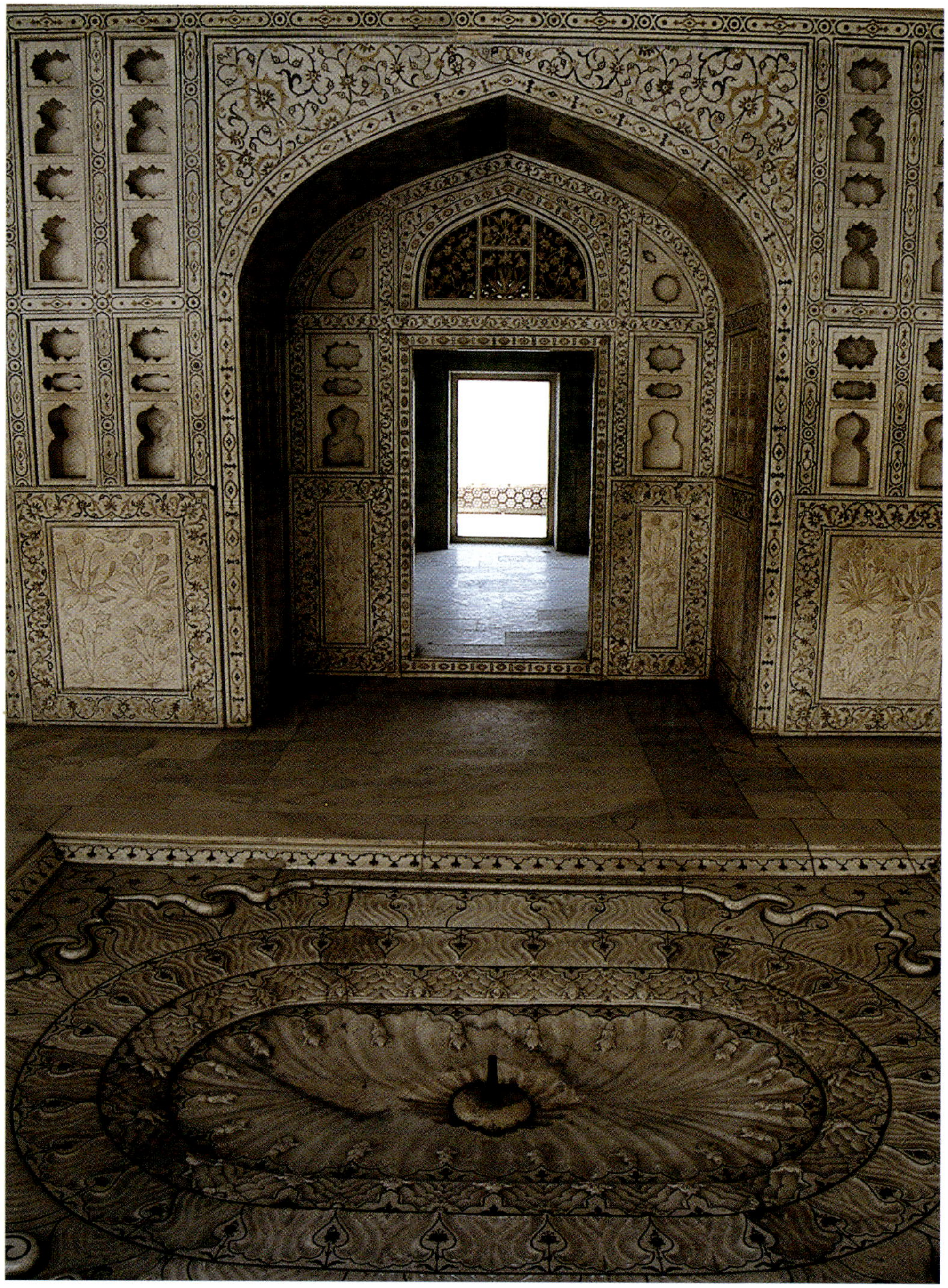

La vie au temps d'Akbar

Akbar a seize ans, un tuteur et un empire à conquérir quand il décide de quitter Delhi pour Agra d'où il commandera pendant les quinze premières années de son règne. Le climat y est plus agréable et la situation lui permettra de surveiller les Afghans bien dissipés dans le Bihâr ainsi que les Rajputs toujours en révolte. Le voyage jusqu'à Agra dure 21 jours, ponctué de chasses et de pêches mémorables. A son arrivée, il trouve un fort bien usé et peu fiable, car construit en briques. Qu'importe ! On le refera en pierres : les carrières sont nombreuses dans la région, bientôt livrées au labeur de 4 000 ouvriers. Les blocs arrivent en barques à voile jusqu'au pied de la forteresse d'Agra. Akbar, qui aime le style des palais du Gujarat et du Bengale, en fait parer les intérieurs. Il n'en reste rien aujourd'hui.

Comment vivait Akbar à Agra ? Quand il ne partait pas chasser avec guépards et harem, il faisait organiser des combats d'éléphants, sa distraction préférée. Il recevait aussi des ambassadeurs comme ceux du shah de Perse qui le couvrent de présents : chevaux arabes, tissus précieux et fins tapis. Akbar était un lève tôt. Après la prière, il avait l'habitude de se montrer à son peuple depuis sa *jharokha*, fenêtre de l'apparition. Puis il recevait les pétitions et les courtisans, allait au harem pour régler les affaires de la maison, discutait avec ses ministres et visitait les écuries. Le soir, des fêtes colorées étaient données pour amuser la Cour. Artistes et musiciens hindous et musulmans s'y produisaient.

A l'intérieur du fort d'Agra, il reste très peu de vestiges des palais en grès rouge d'Akbar. Son petit-fils, l'empereur moghol Shah Jahan préféra pour sa cour les remplacer par des palais en marbre blanc qui balisent une élégante promenade jusqu'au Musammam Burj (ci-contre)*, également appelé tour du Prisonnier. Shah Jahan y fut retenu pendant huit ans par son troisième fils, Aurangzeb. Seule consolation : pouvoir observer à loisir le Taj Mahal où reposait son épouse qu'il allait rejoindre en 1666.*

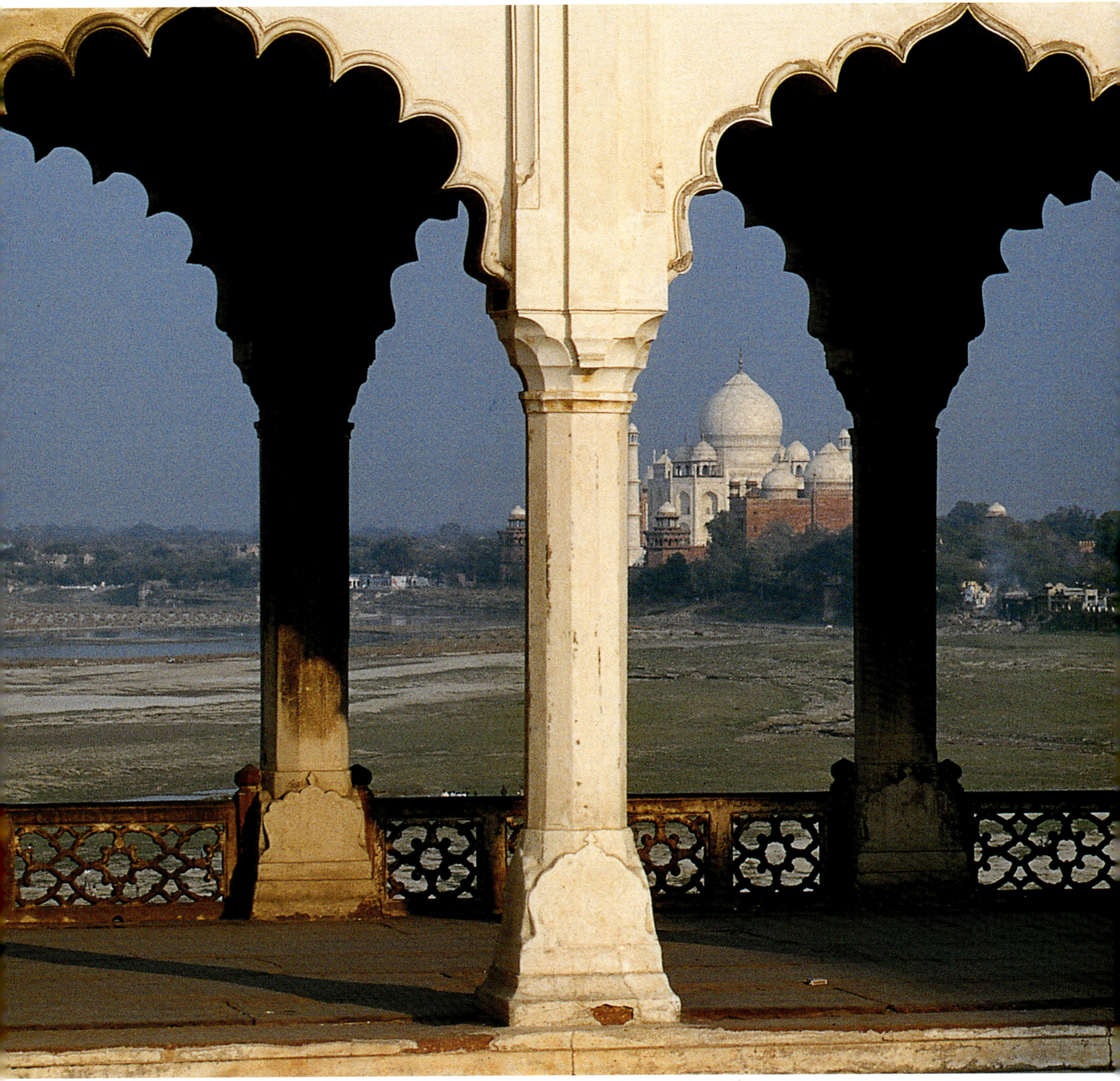

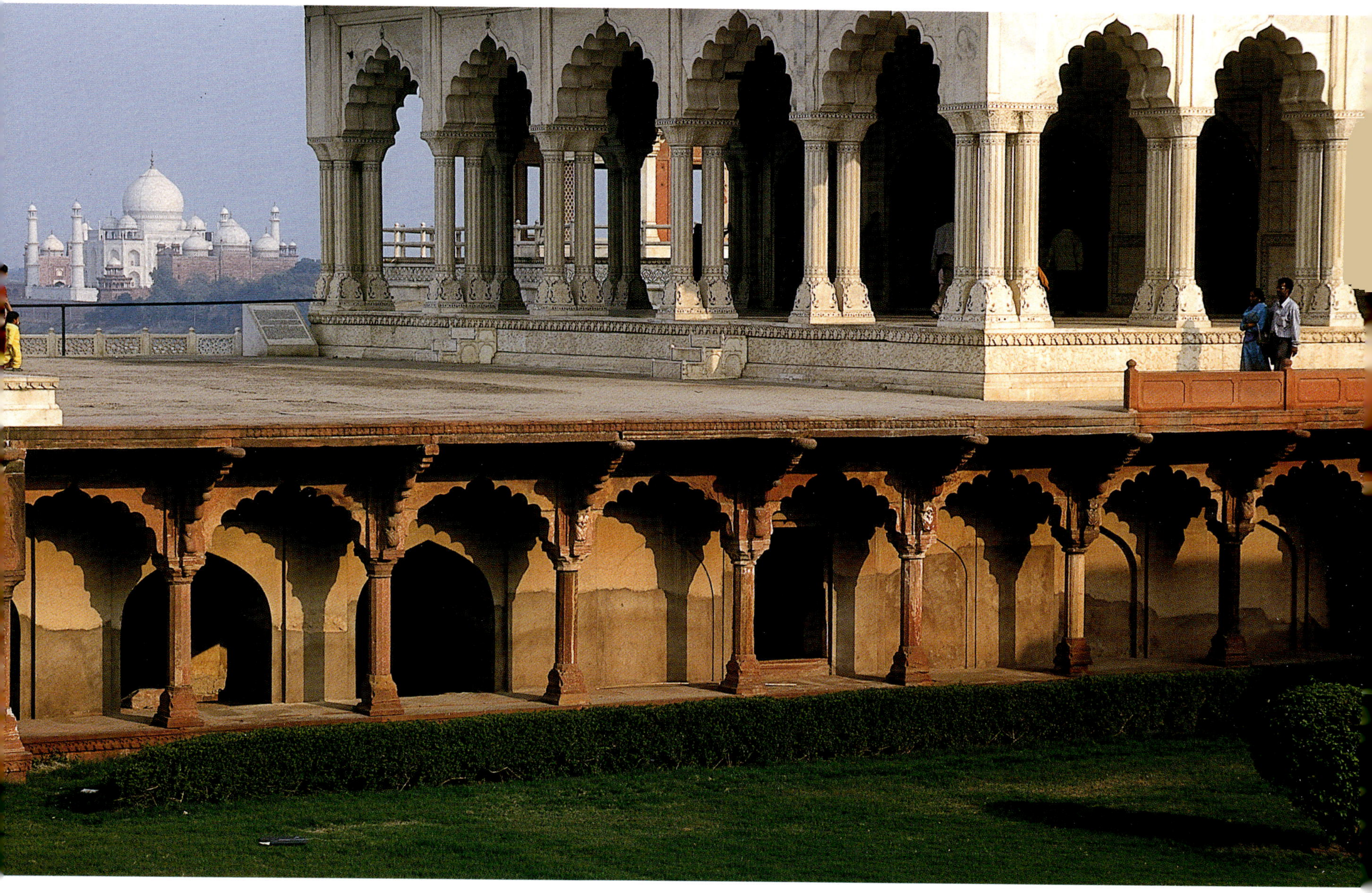

Derrière ses remparts, le fort d'Agra mène une double vie avec de ravissants palais qui ravivent le souvenir de la cour fastueuse de Shah Jahan, entre le diwan-i khas *(hall des audiences privées) ponctué d'une double rangée de piliers et le* diwan-i am *(hall des audiences publiques). C'est là que l'empereur moghol recevait ambassadeurs et princes en grande pompe.*

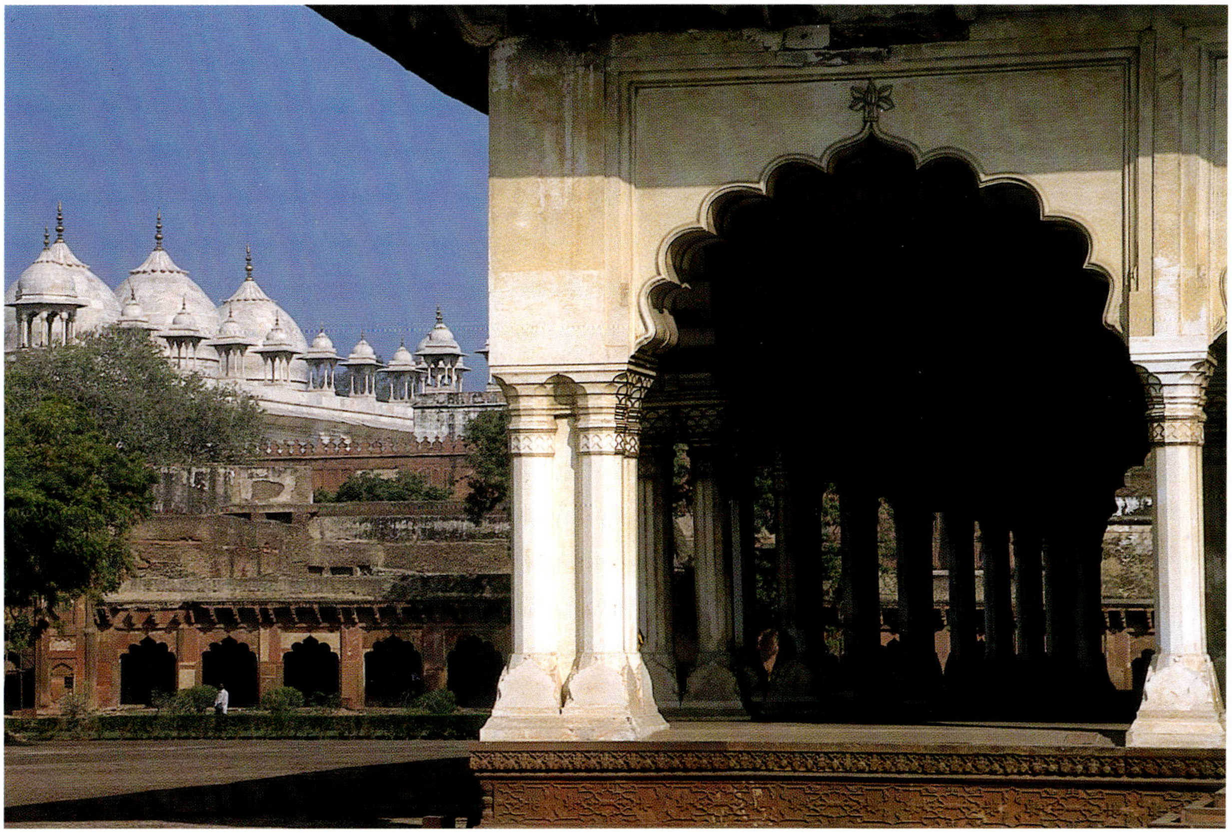

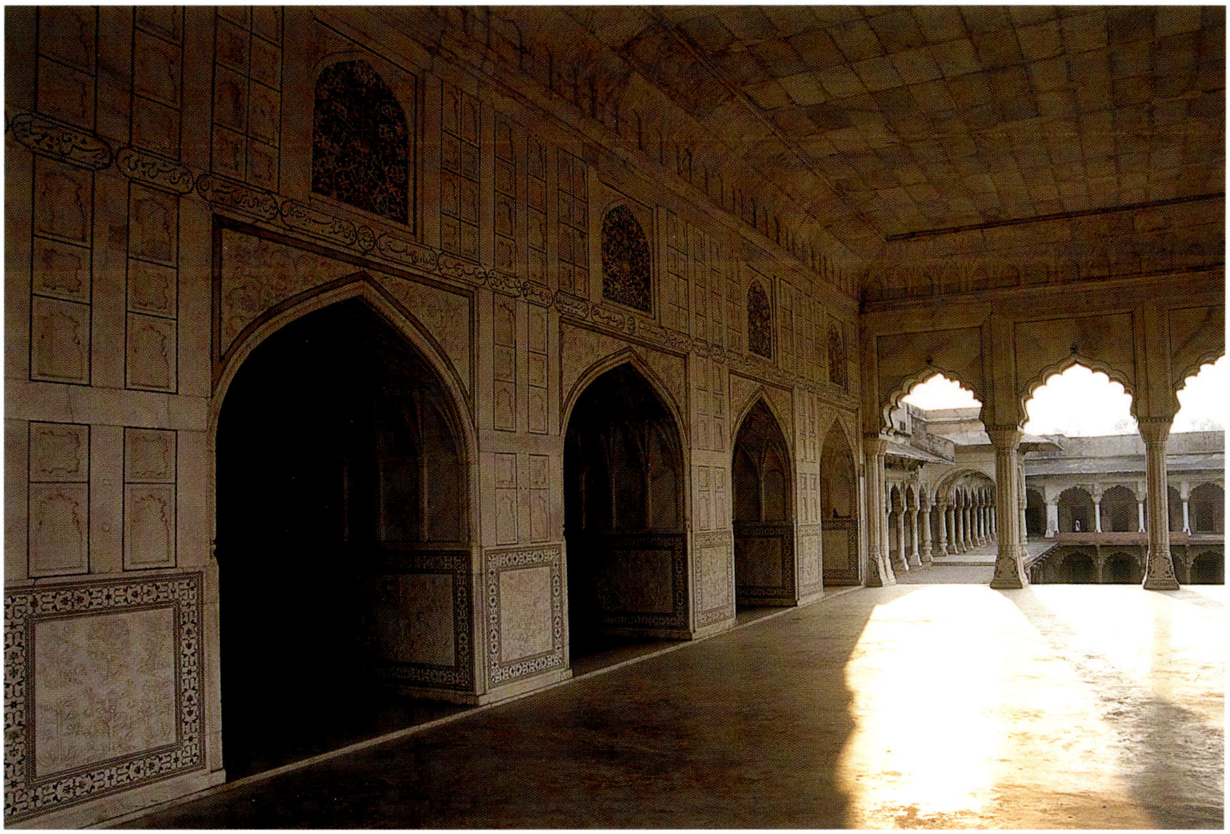

FATEHPUR SIKRI

Capitale moghole fantôme

Dominant une morne plaine, à une quarantaine de kilomètres à l'ouest d'Agra, les murailles rouges de Fatehpur sont visibles de loin. L'idéal serait d'arriver à bord de l'une de ces calèches qui attendent le visiteur à l'entrée du bourg, avec une batterie de gamins gesticulant en guise de comité d'accueil. Une ambiance de village paisible. Rien à voir en tout cas avec la description de Ralf Finch, ce voyageur anglais qui passait, en 1585, « dans cette ville où le roi tient sa Cour ». Écoutons-le : « Si les rues ne sont pas aussi belles que celles d'Agra, cette cité est néanmoins plus grande et sa population très nombreuse comprend des Maures et des Indiens. Agra et Fatepore sont d'ailleurs beaucoup plus grandes et peuplées que Londres. Tout le long de la route, s'étend un marché de victuailles et d'objets divers. Les constructions s'y succèdent si près les unes des autres que l'on se croirait dans une ville, et la foule y est aussi grande que sur un véritable marché. »

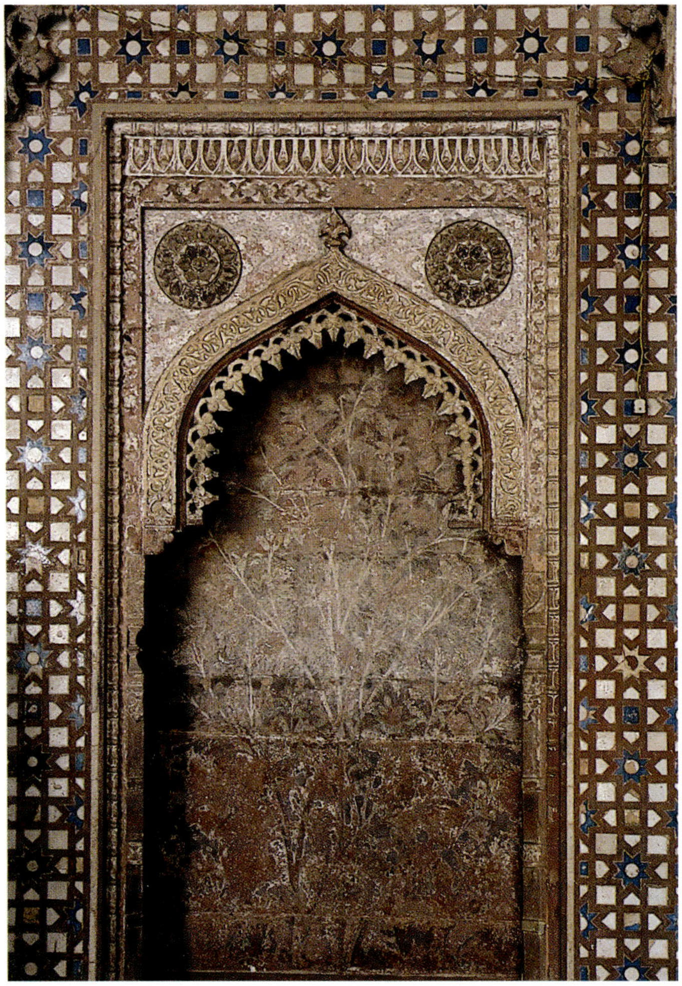

L'une des niches, ou mihrab, de la salle de prière de la mosquée de Fatehpur Sikri, indiquant la direction de La Mecque.

Les amateurs d'art moghol ainsi que les « fins palais » seront comblés par la « ville de la Victoire ». Les édifices de l'ancienne capitale d'Akbar sont merveilleusement préservés et les spécialités culinaires locales, les *khataies*, sortes de gâteaux secs au beurre, sont de purs délices. Les ruelles tarabiscotées de la ville basse à majorité hindoue abritent nombre de ces boulangeries où l'on enfourne les pâtisseries, le soir venu, dans des odeurs de crème renversantes. Et ce serait sacrilège de ne pas se laisser tenter pour quelques roupies. Irrésistibles !

Dans les hauteurs de la ville, autour de la Juma Masjid (Mosquée du Vendredi), s'étend le quartier des musulmans où quelques familles habitent des maisons aux escaliers raides et aux terrasses abandonnées à la brebis « familiale ». Le point commun des deux communautés, outre le respect et l'amitié ? Ils adorent tous les *khataies* et vénèrent en chœur l'empereur Akbar, grand unificateur des religions, des styles et des architectures. Car les ancêtres de ces paisibles habitants furent assurément requis pour faire de Fatehpur Sikri une cité moghole idéale avec palais, mosquée, caravansérails…

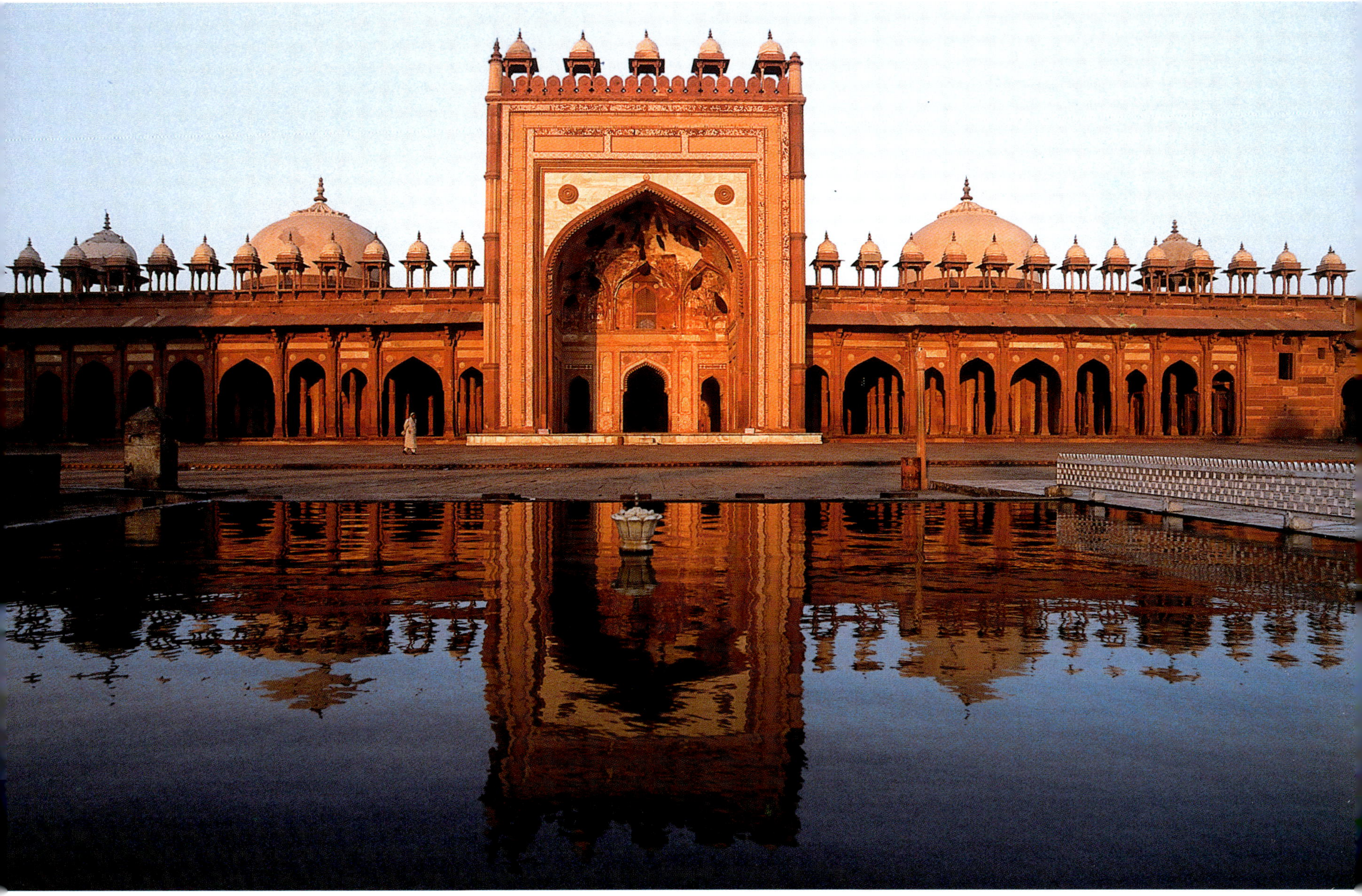

Akbar adorait le grès rouge. Sa capitale aujourd'hui déchue en est couverte. A deux pas de ses palais, il fit édifier au XVIe siècle la Grande Mosquée du Vendredi dont la salle de prière est pourvue d'un imposant portail central, ou pishtaq.

Il n'aurait certainement pas déplu au sympathique imam de la mosquée de Fatehpur de vivre à l'époque d'Akbar, quand le « Grand Moghol » entouré de sa cour apparaissait depuis la Badshahi Darwaza, la porte Royale (à droite)*.*

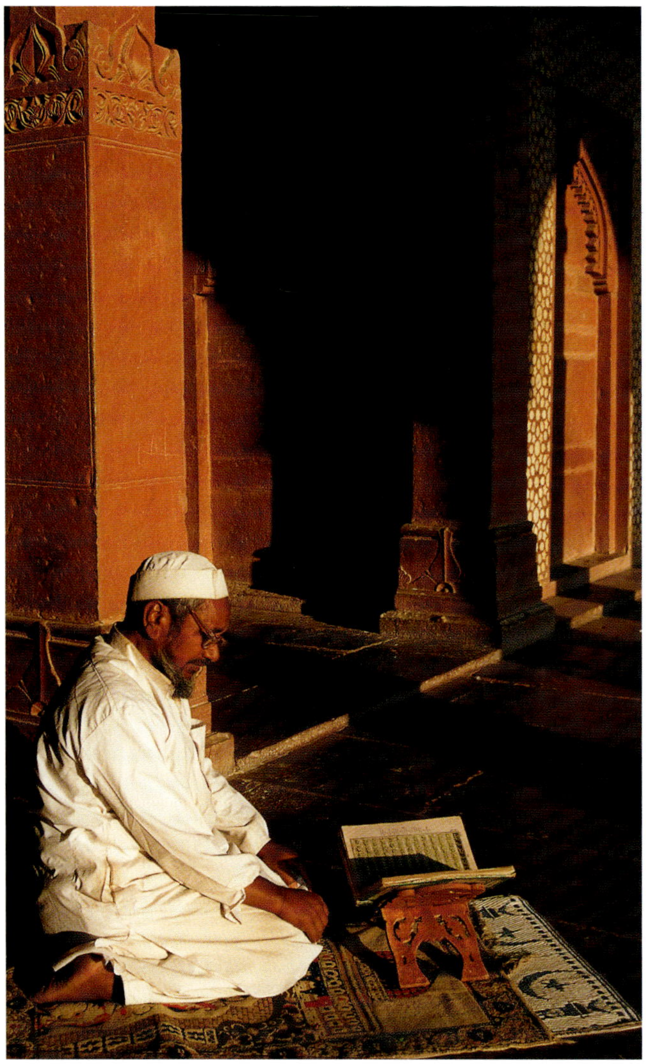

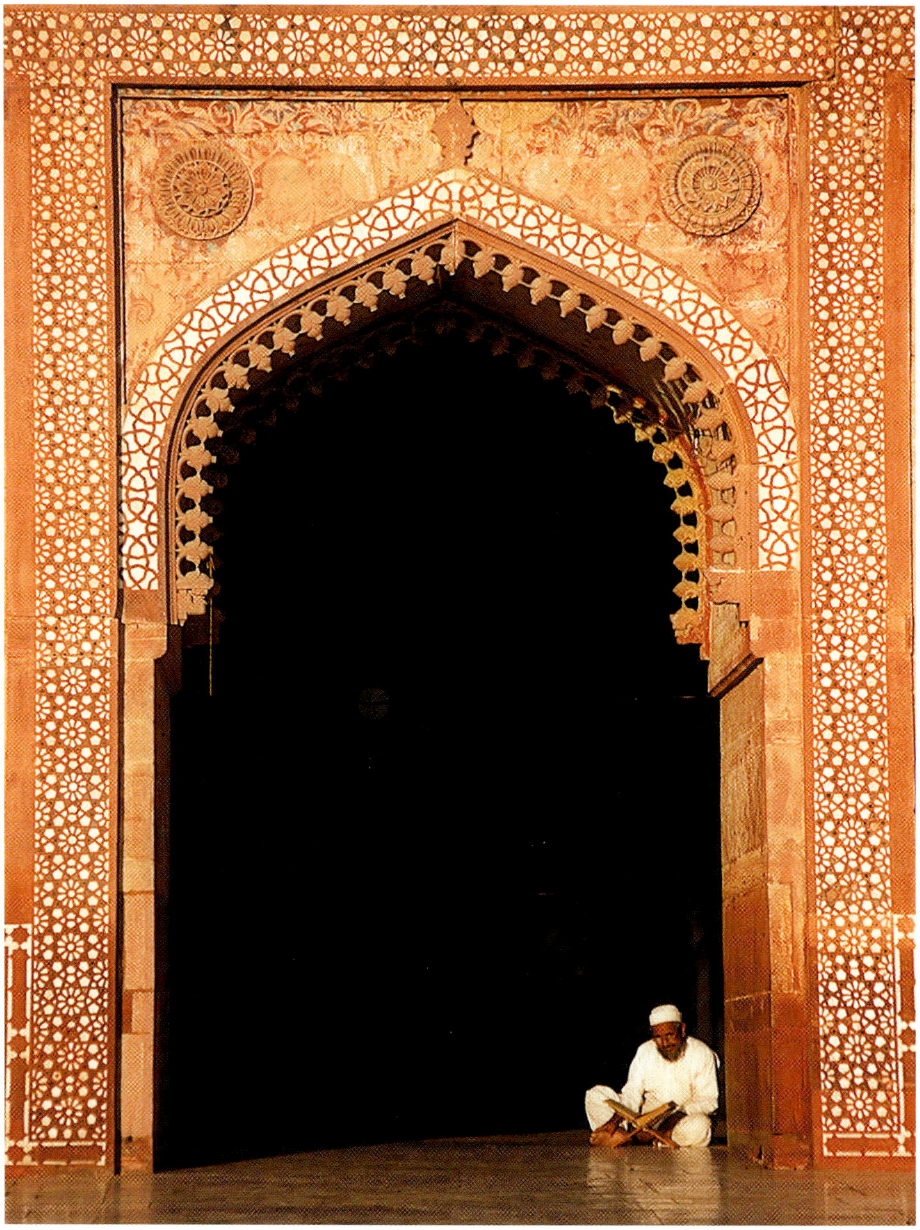

A l'apogée de sa gloire, lassé d'Agra, l'empereur moghol Akbar décide de bâtir sa nouvelle capitale sur ce site, en 1570. La France de la Renaissance s'est déjà dotée de quelques beaux fleurons d'architecture à Blois, Chambord et Chenonceau. Ayant perdu des jumeaux en bas âge, Akbar, qui a vingt-six ans, confie ses malheurs à un saint soufi, le sheikh Salim Chishti qui vivait retiré sur une colline. L'homme pieux lui conseille d'installer sa femme en ces lieux et prédit la naissance de trois fils à l'empereur qui s'inquiétait pour sa descendance. Un fils naît l'année suivante, qui prendra le nom de Salim, le futur empereur Jahangir. Exaucé et fou de joie, Akbar décide alors d'établir un royaume qui sera bien éphémère, car trop isolé et trop difficile à alimenter en eau. Il lui préférera Lahore en 1585.

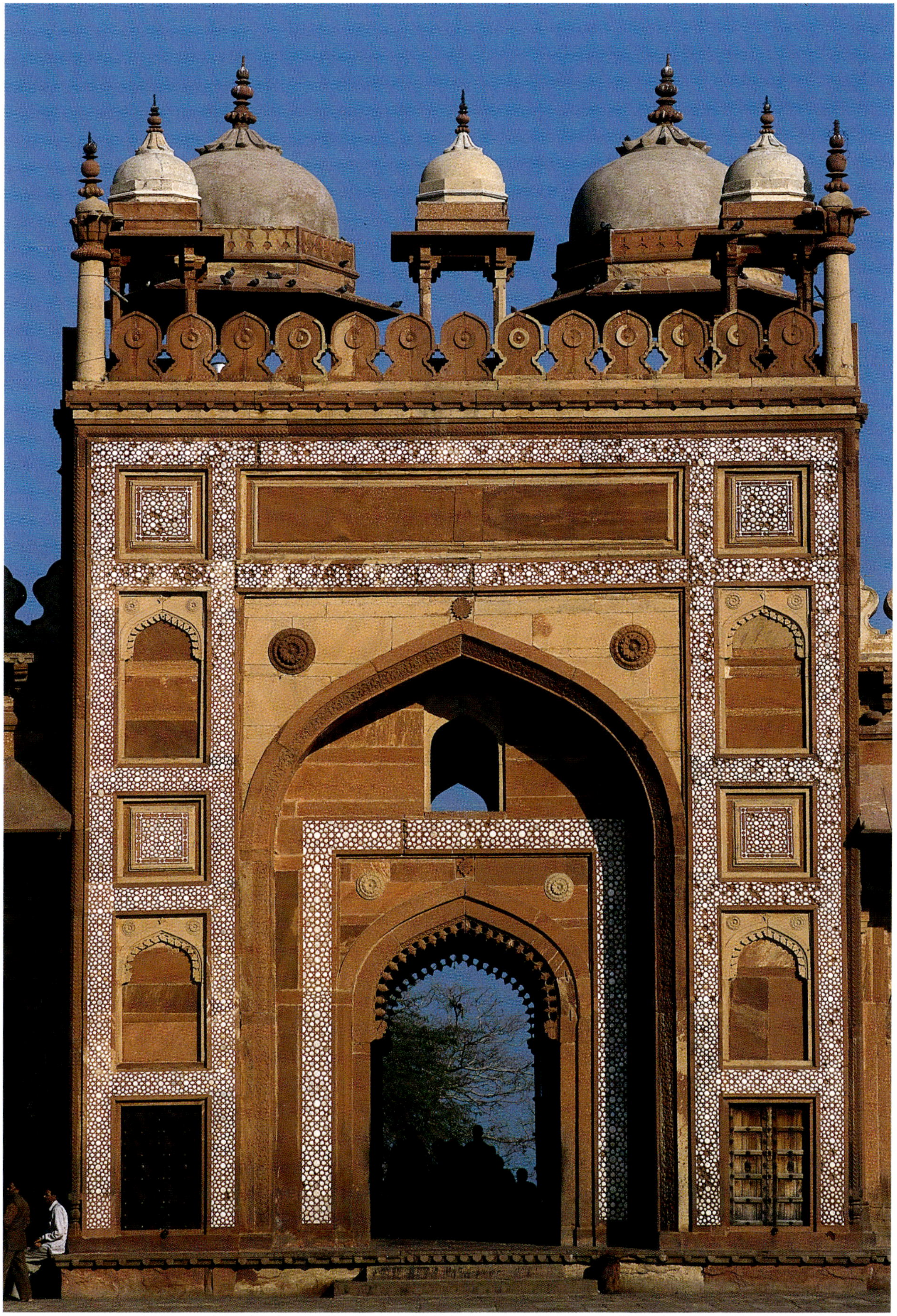

La cité idéale d'Akbar

L'arrivée devant la Juma Masjid par sa face sud est un choc tant la porte triomphale Buland Darwaza semble gigantesque. Édifiée en 1575 pour célébrer la victoire d'Akbar sur le sultan du Gujarat, elle contient sur la face intérieure une émouvante inscription en persan : « Le monde est un pont. Franchis-le ; ne construis rien dessus ». On débouche sur une vaste cour tellement tranquille, entourée d'arcades surmontées de *chhatri*. Le grès rouge est partout. Sur le côté ouest, la salle de prière avec son monumental portail central attire les fidèles et les étrangers de passage que le vieil imam accueille avec la même douceur. Presque au milieu de la cour, un petit pavillon de marbre d'une rare élégance reçoit la visite de pèlerins hindous et musulmans. C'est le mausolée de Sheikh Salim Chishti. Le tombeau original fut englobé en 1606 par l'empereur Jahangir dans ce pavillon à galerie fermée de *jali*.

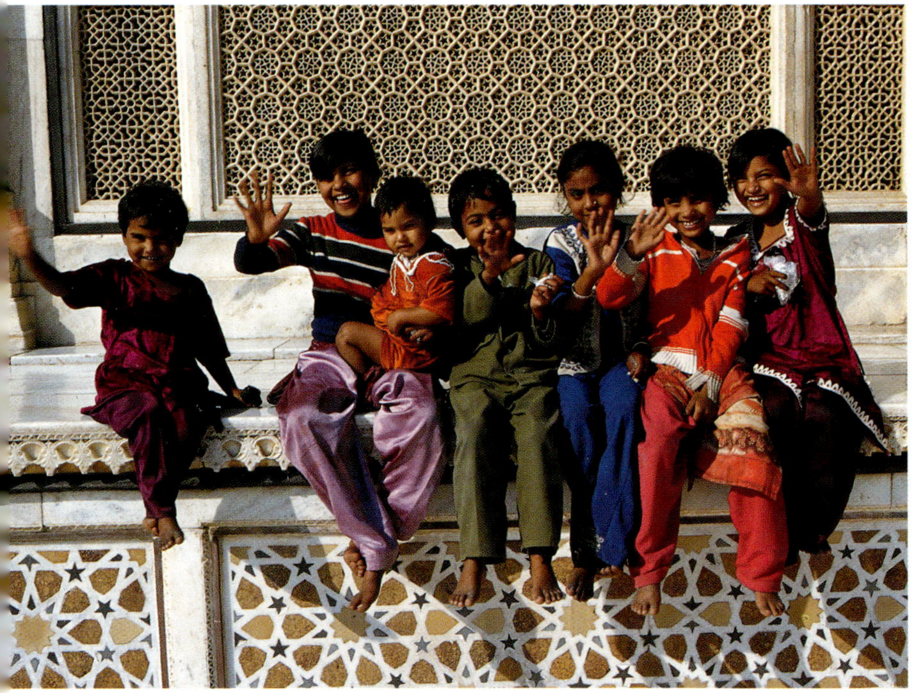

Les gamins de Fatehpur, hindous et musulmans, aiment beaucoup jouer dans la cour de la Grande Mosquée devant le mausolée de Sheikh Salim Chisti. Ils sont un peu chez eux ! Ce sont leurs ancêtres, sculpteurs de pierre, qui ont fait surgir la ville d'Akbar.

Comme le faisaient autrefois les empereurs, on emprunte la Porte royale, Badshahi Darwaza, pour rejoindre les palais d'habitation clos de murailles. On s'engage avec émotion dans un vaste ensemble de cours étendues ou intimistes, de palais et de pavillons où paradait en son temps la riche Cour d'Akbar. Il règne ici une sorte d'indolence qui favorise la rêverie. Les ruines parlent bien davantage que tous les guides. On retrouve sans peine les vestiges de salles destinées aux Archives, à la Monnaie, à l'Astrologue. Il y avait aussi un hôpital, une bibliothèque, des écuries pour les chevaux et les chameaux. Les écritures des scribes d'Akbar nous renseignent sur sa conception de cité parfaite. Effaçant toute notion de rue et de place, il opte pour l'espace libre, refusant le monumentalisme. On privilégie les piliers et linteaux plutôt que les voûtes et les coupoles. Les colonnes hindoues sont islamisées par des sculptures géométriques. C'est le syncrétisme cher à Akbar. Et que ceux qui estiment que ce décor de pierre manquait de chaleur se détrompent ! La Cour d'Akbar était d'une extrême opulence, mais il manque des tentes colorées plantées ici et là, des tissus bariolés tendus à des crochets et partageant les espaces pour les rendre plus intimes.

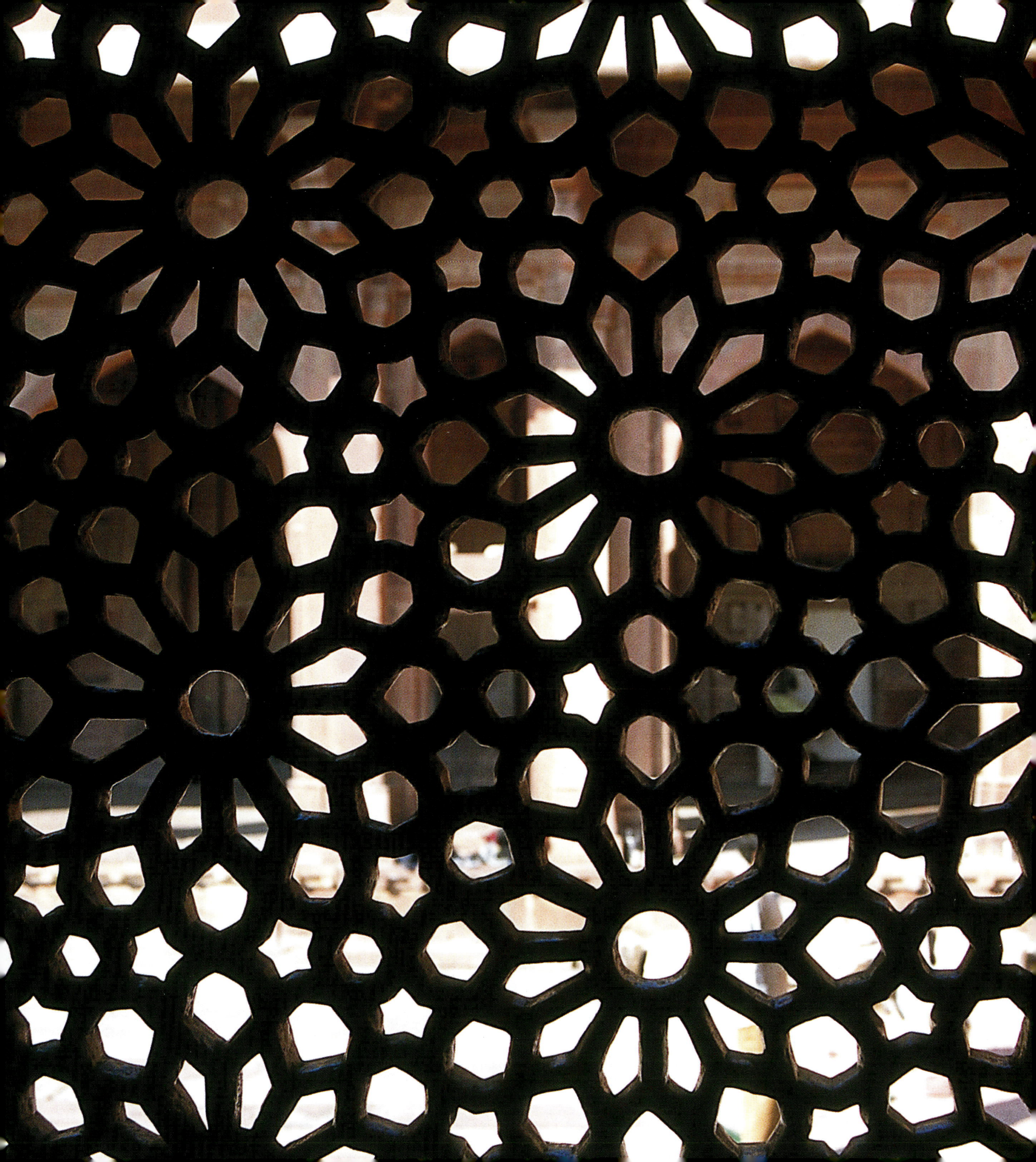

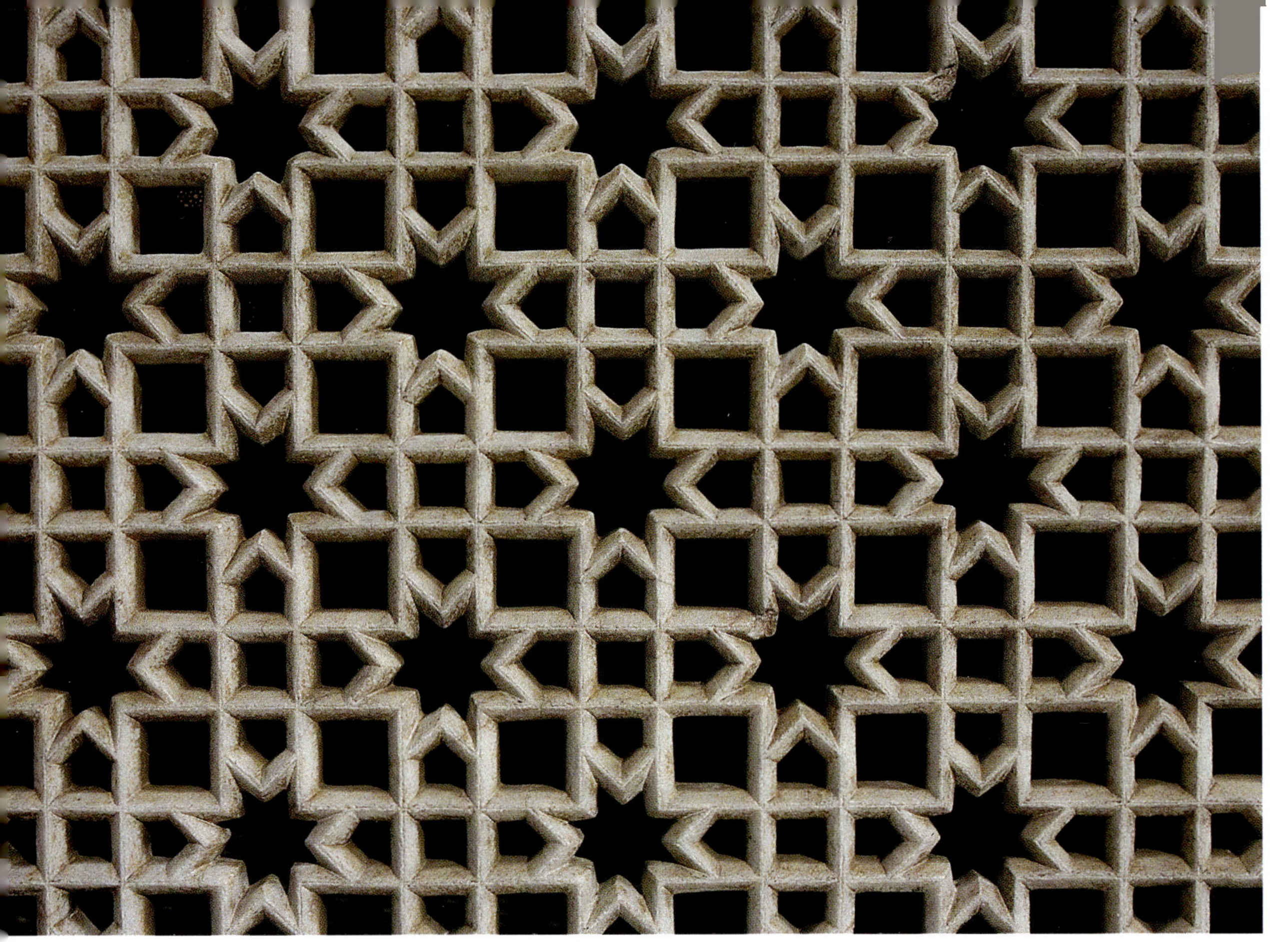

Tous ces vestiges ont leur secret, comme le Panch Mahal, cet élégant palais aux 5 étages hypostyles, de forme décroissante avec ses 176 colonnes sculptées. Plus insolite encore, le Haramsara, quartier des femmes où vivaient des centaines de concubines et d'épouses gardées par des eunuques. Certaines avaient plus de chance ! La première épouse d'Akbar résidait dans la maison dite de Maryam alors que sa fille paradait dans la fantastique maison dite de Birbal aux façades recouvertes d'arabesques d'une remarquable structure.

Pour une immersion totale dans l'Empire moghol, il faut s'engager dans le *diwan-i khas* (hall des audiences privées). Installé sous un dais, Akbar, tel un chercheur de vérité, y trônait et assistait à tous les débats philosophiques et religieux contradictoires qu'il aimait organiser. Ouvert aux quatre points cardinaux, ce petit édifice de deux étages est d'une grande originalité. Au centre, s'élève une colonne monolithique soutenant une plate-forme où campait le trône du « maître de l'Univers ». Les passerelles qui traversent l'espace en diagonale sont là pour rappeler la cosmogonie hindoue. A Fatehpur Sikri, chaque maison, chaque placette a sa propre histoire. Après avoir médité, l'empereur rendait la justice dans le vaste *diwan-i am* (hall des audiences publiques) et recevait ses conseillers dans le *diwan-i khas* (hall des audiences privées). Las des affaires du monde, il pouvait enfin s'abandonner au spectacle des danseuses et des musiciens qui animaient les soirées sur le bassin carré, l'Anup Talab. Et que la fête commence !

Entourant le mausolée d'un saint musulman, Sheikh Salim Chisti, ce fin corridor ciselé en marbre blanc, au début du XVIe siècle, est l'un des plus beaux trésors de l'art moghol. Le marbre a été évidé à la lime pour former des structures géométriques rassemblées en délicat claustra ininterrompu. Le corridor permet aux pèlerins de suivre le rite de circumambulation autour de la sépulture.

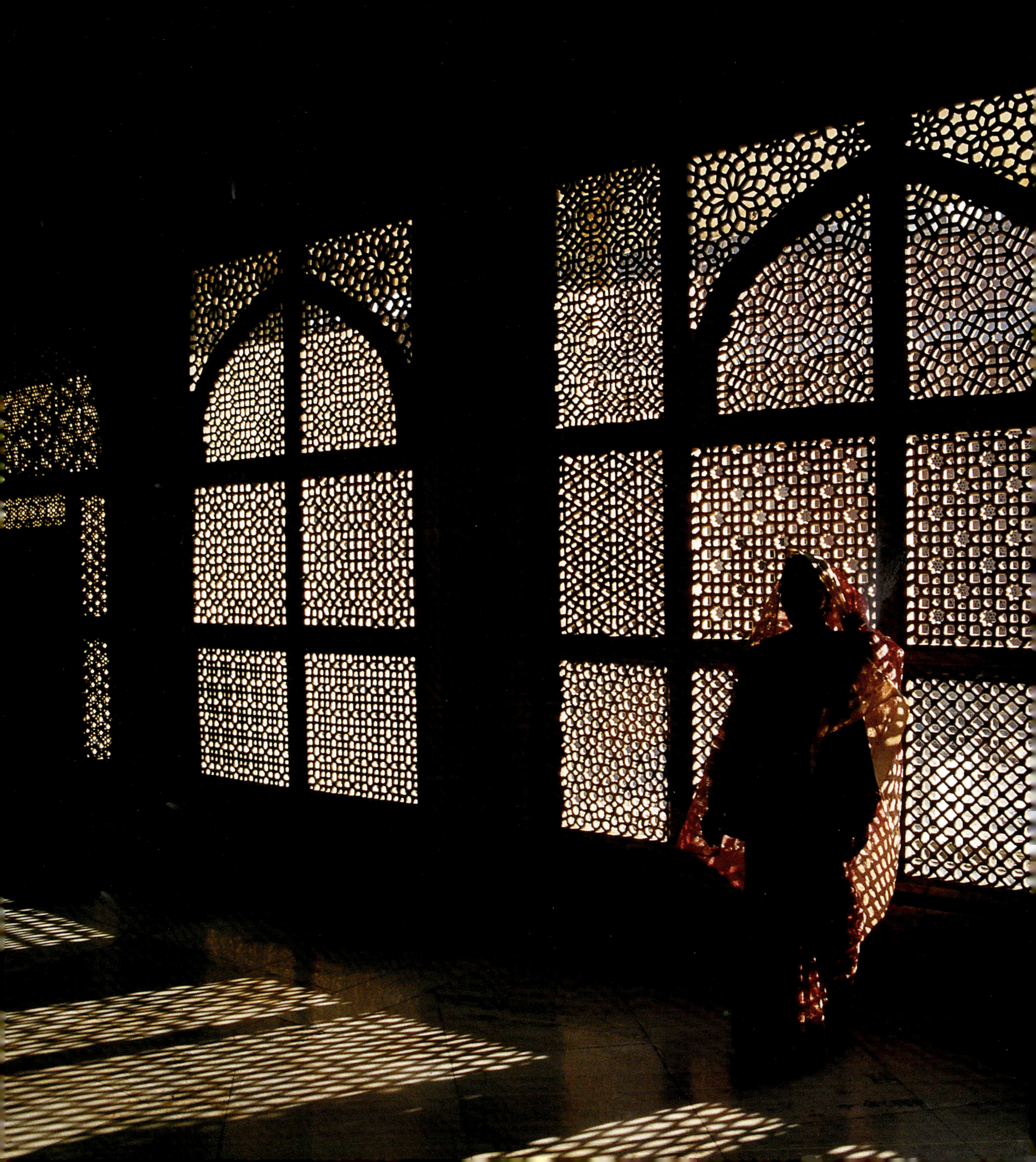

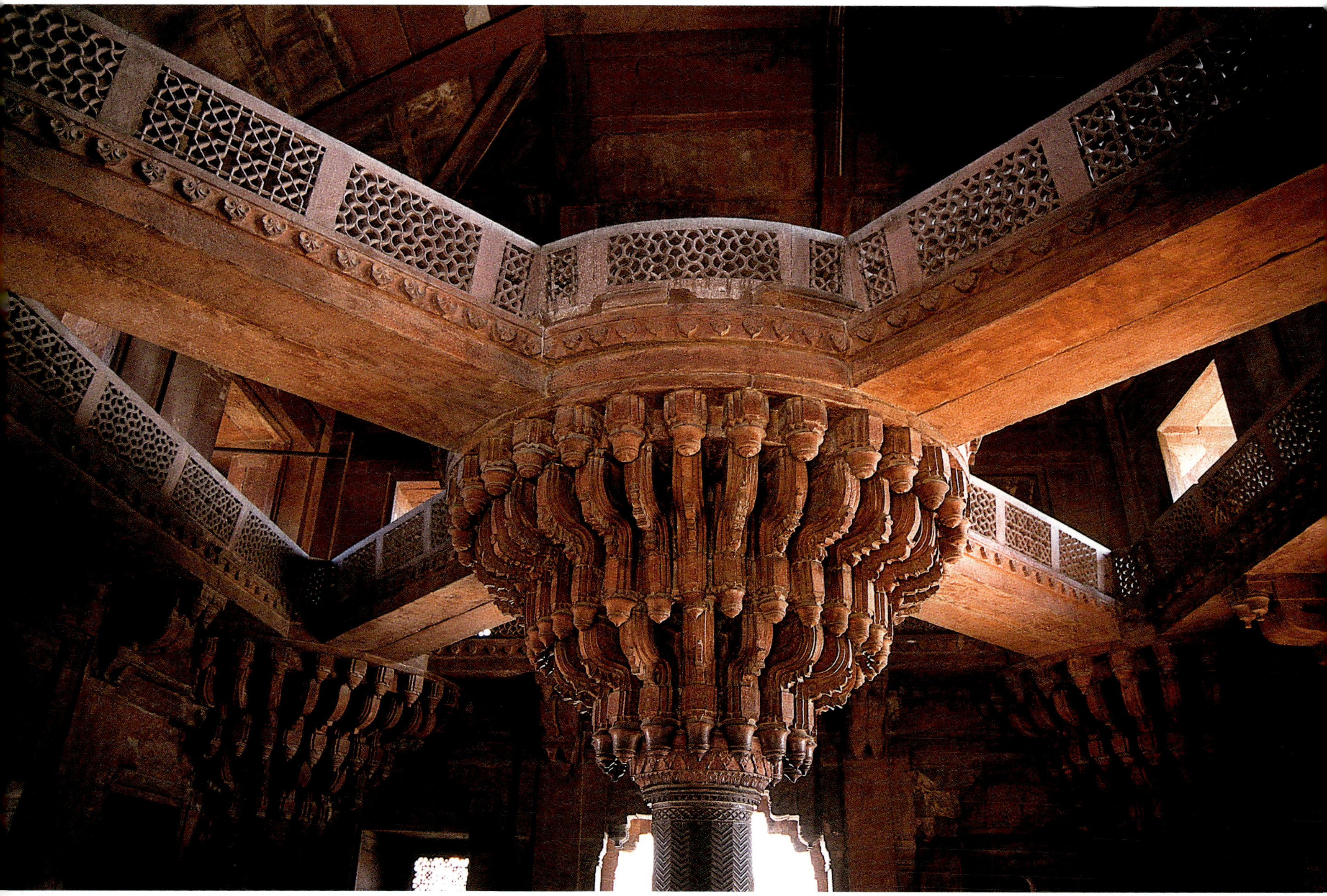

Fatehpur Sikri, la ville de la victoire, qui ne fut habitée par la cour d'Akbar qu'une quinzaine d'années jusqu'en 1585, nous laisse un témoignage authentique de la vie du Grand Moghol. Le diwan-i khas, *ou salle des audiences privées* (ci-dessus), *est la salle la plus fantasmagorique. Installé sous un dais, au sommet de cette étrange colonne, tel le maître de l'Univers, Akbar prenait part aux débats philosophiques au milieu des invités de marque. Autre joyau d'architecture en grès rouge : la maison de Birbal, ministre d'Akbar* (page 115)*, couverte d'un fin réseau d'entrelacs et d'arabesques qui rappelle le travail du bois.*

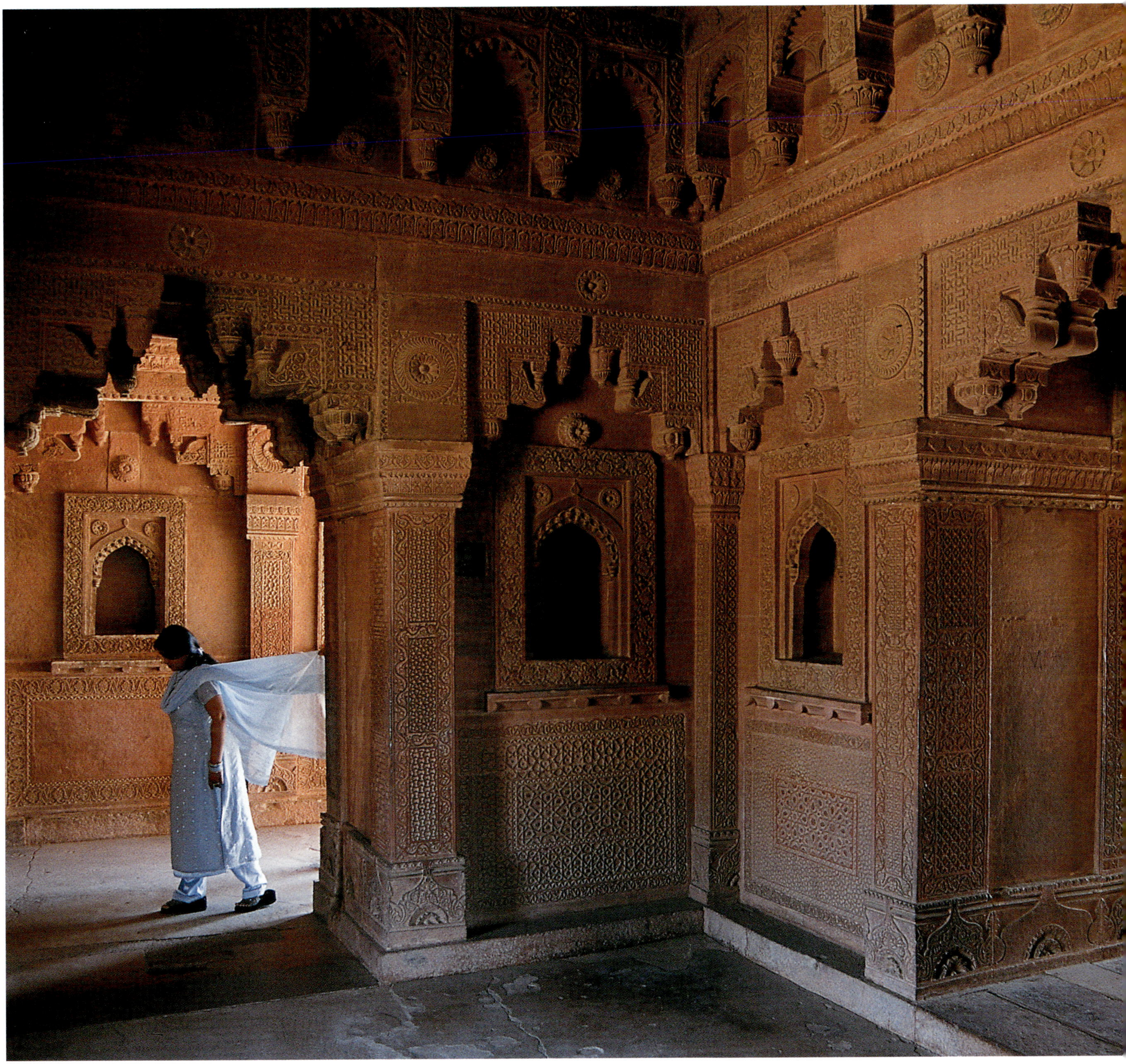

LE RAJASTHAN

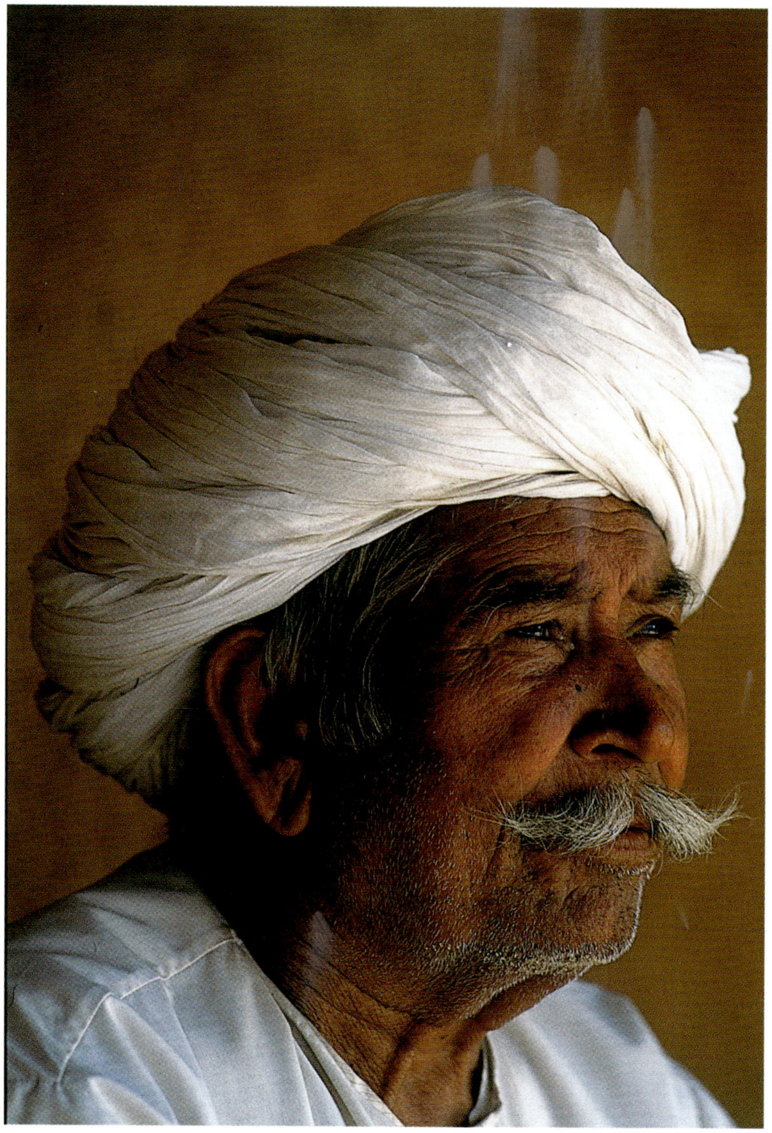

Terre de contrastes

Alternant forteresses altières submergeant le regard, villages vivant des heures paisibles au rythme des moissons et déserts étincelants, le Rajasthan est une région de forts contrastes. Second en taille des 25 États que compte l'Union indienne (qui comprend également sept Territoires dont Delhi), il s'étend au nord-ouest sur une superficie de 342 000 km², soit environ deux tiers de celle de la France, formant une sorte d'étoile arrondie dont les pointes extrêmes sont distantes de 700 kilomètres. Bordé par le Pakistan à l'ouest, il est entouré par plusieurs autres États indiens : le Punjab, l'Haryana, l'Uttar Pradesh, le Territoire de Delhi, le Madhya Pradesh et le Gujarat. Le Rajasthan est aujourd'hui formé d'une trentaine de districts portant chacun le nom de leur capitale.

Géographiquement, la chaîne des monts Aravalli, qui culmine à 1 722 m, coupe cette zone en deux selon une diagonale du nord-est au sud-ouest, délimitant trois grandes régions naturelles : une zone presque désertique de steppes à l'ouest, se perdant dans les dunes du désert du Thar ; un relief montagneux au centre ; des plaines fertiles et des plateaux basaltiques au sud-est où l'on cultive le blé, l'orge, le millet, le maïs…

Région semi-désertique, le Rajasthan présente trois saisons distinctes : la saison chaude (de mi-mars à juin) avec des pointes à 45°C ; la saison des pluies de juillet à septembre ; la saison froide, d'octobre à février, les températures pouvant alors descendre au-dessous de 0°C. Venue du sud, la mousson est capitale pour les cultures, apportant 90 % des précipitations annuelles. Ne couvrant que 10 % de la superficie de l'État et localisées essentiellement dans le sud et à l'est, les forêts sont riches en tecks. On trouve également des manguiers, des bougainvilliers et des banians aux racines profondes.

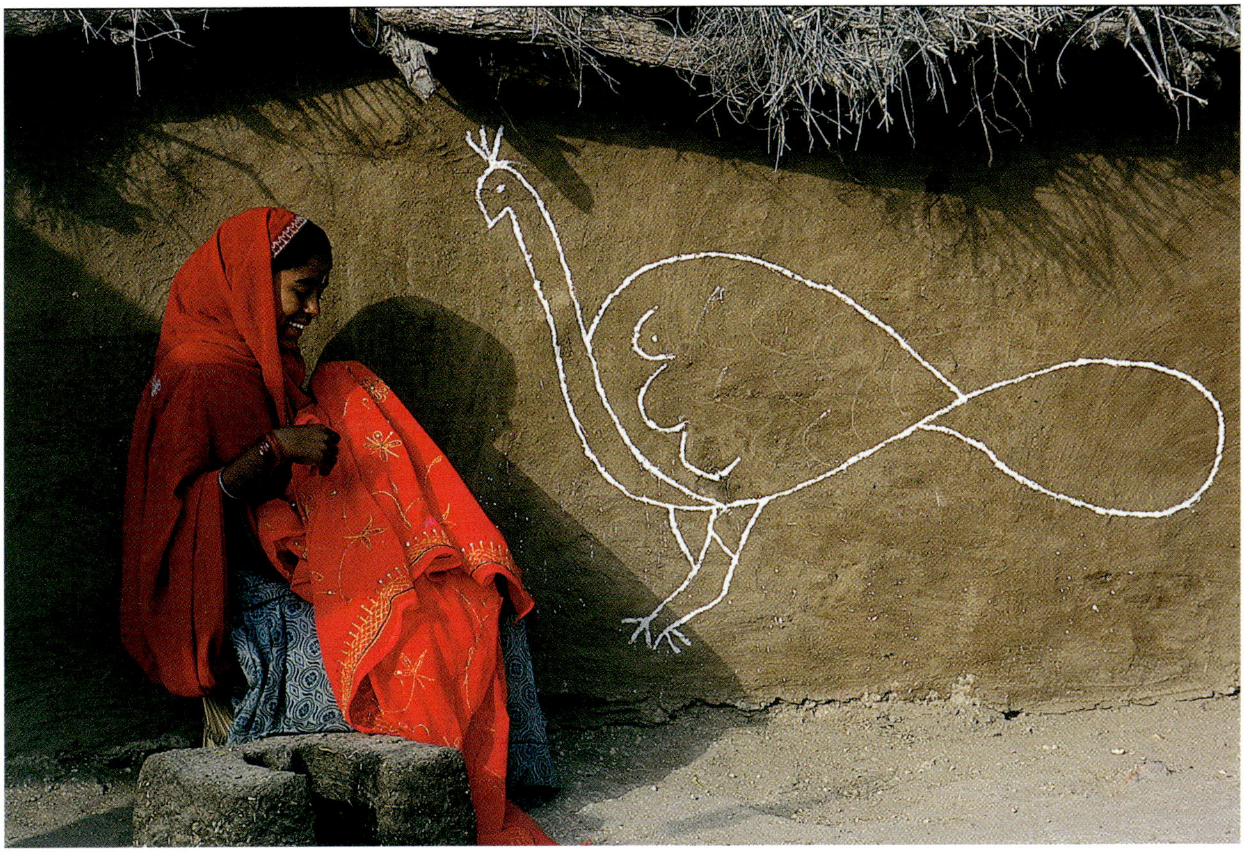

La vie simple et tranquille dans les villages peuplés par les Bishnois est ponctuée de scènes quotidiennes presque banales, mais infiniment authentiques : les hommes qui préparent l'opium, les femmes le foyer. Ce sont elles qui égaieront avec des scènes de la vie rurale les murs des habitations faites d'argile mélangée à de la bouse de vache.

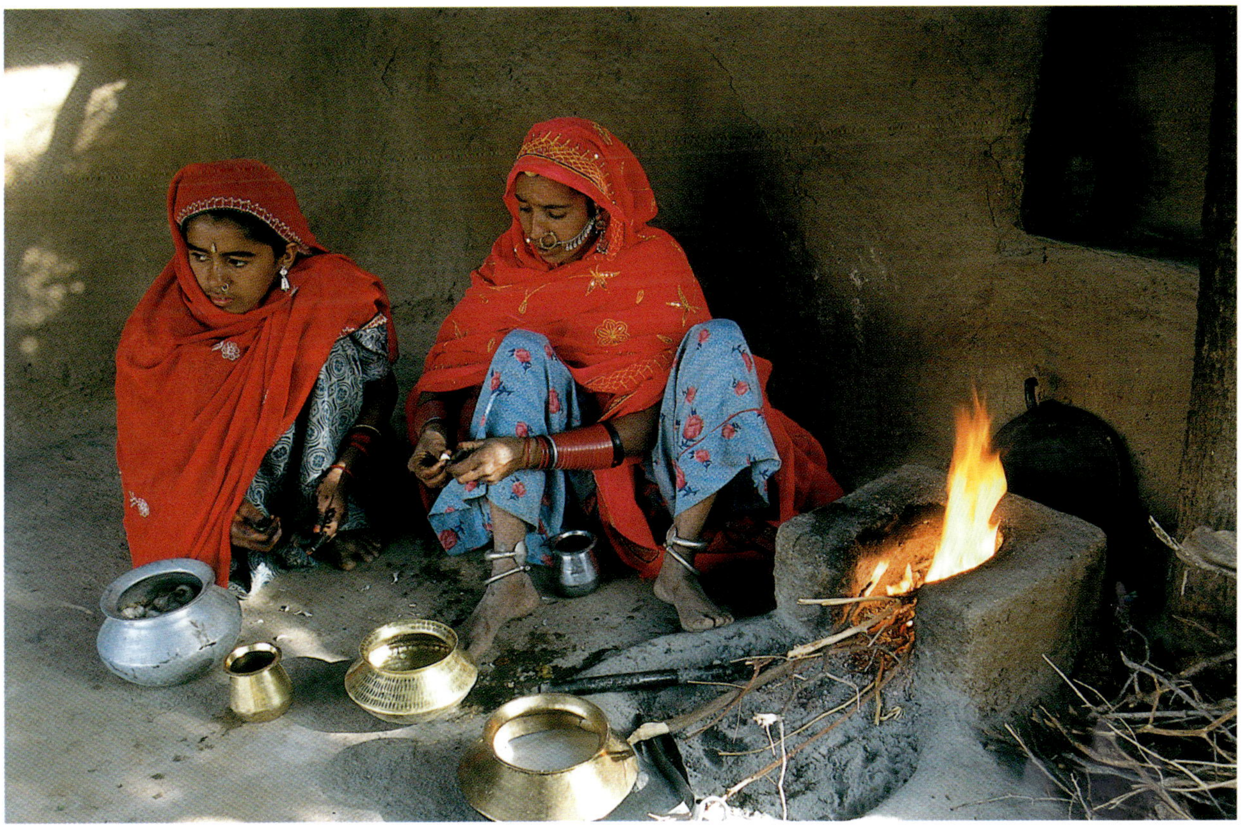

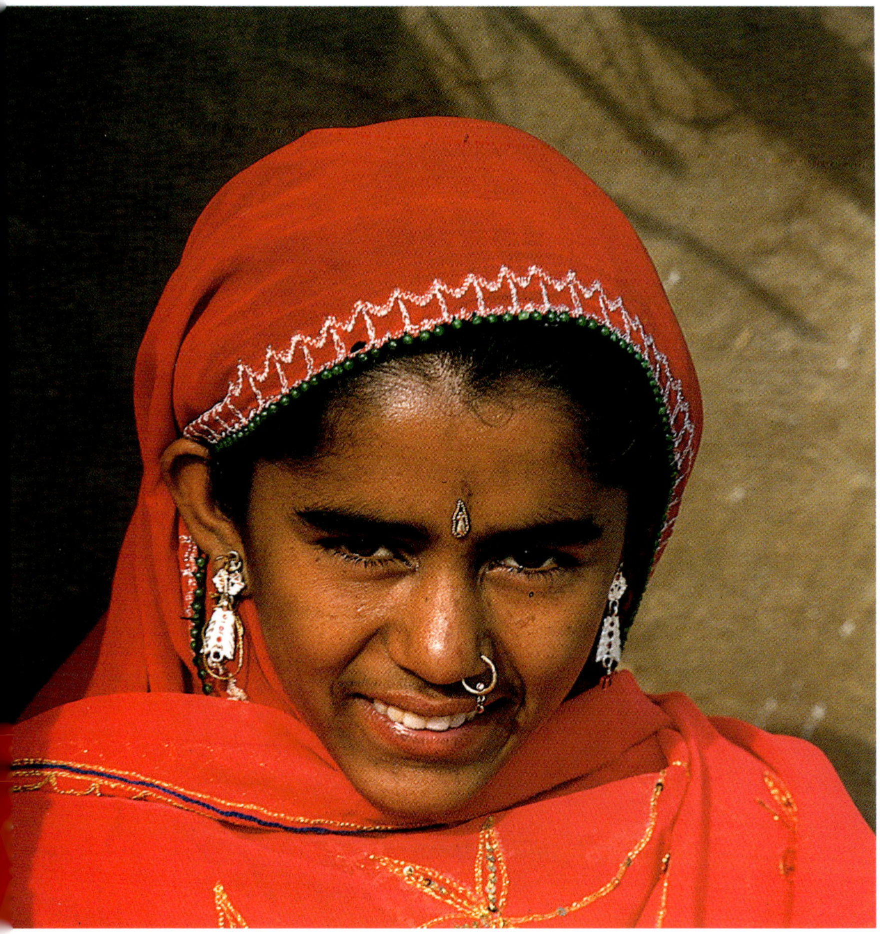

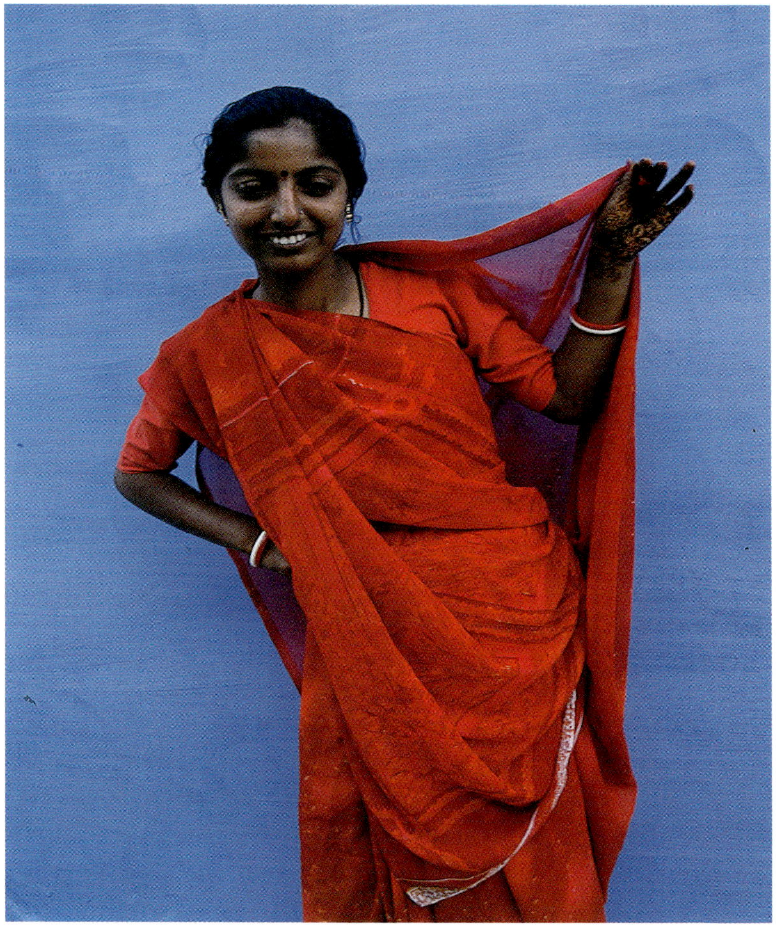

Des villes grignotées par le désert

Le Rajasthan a de quoi séduire, ponctué de villes qui prennent à cœur de cultiver leurs différences. Capitale et vitrine de l'État, Jaipur, « la ville rose », est un carrefour de routes et de paysages. Au nord, la région du Shekhawati est tissée de gros bourgs balayés par le sable et de maisons appelées *haveli* décorées de fresques somptueuses. A l'ouest, le désertique Marwar s'étend jusqu'aux confins du Pakistan. En marge du désert du Thar, des villes qui ont fait fortune avec le passage des caravanes offrent au visiteur leur part de légende : Bikaner, Jodhpur et Jaisalmer. Au sud, le vallonné Mewar adoucit le voyage autour de la romantique cité d'Udaipur, l'orgueil du Rajasthan.

La couleur est partout au Rajasthan, sur les cotonnades, sur les murs, sur les turbans des hommes, sur les voiles des femmes qui parcourent des kilomètres pour aller puiser l'eau des puits, parées de bijoux des pieds à la tête.

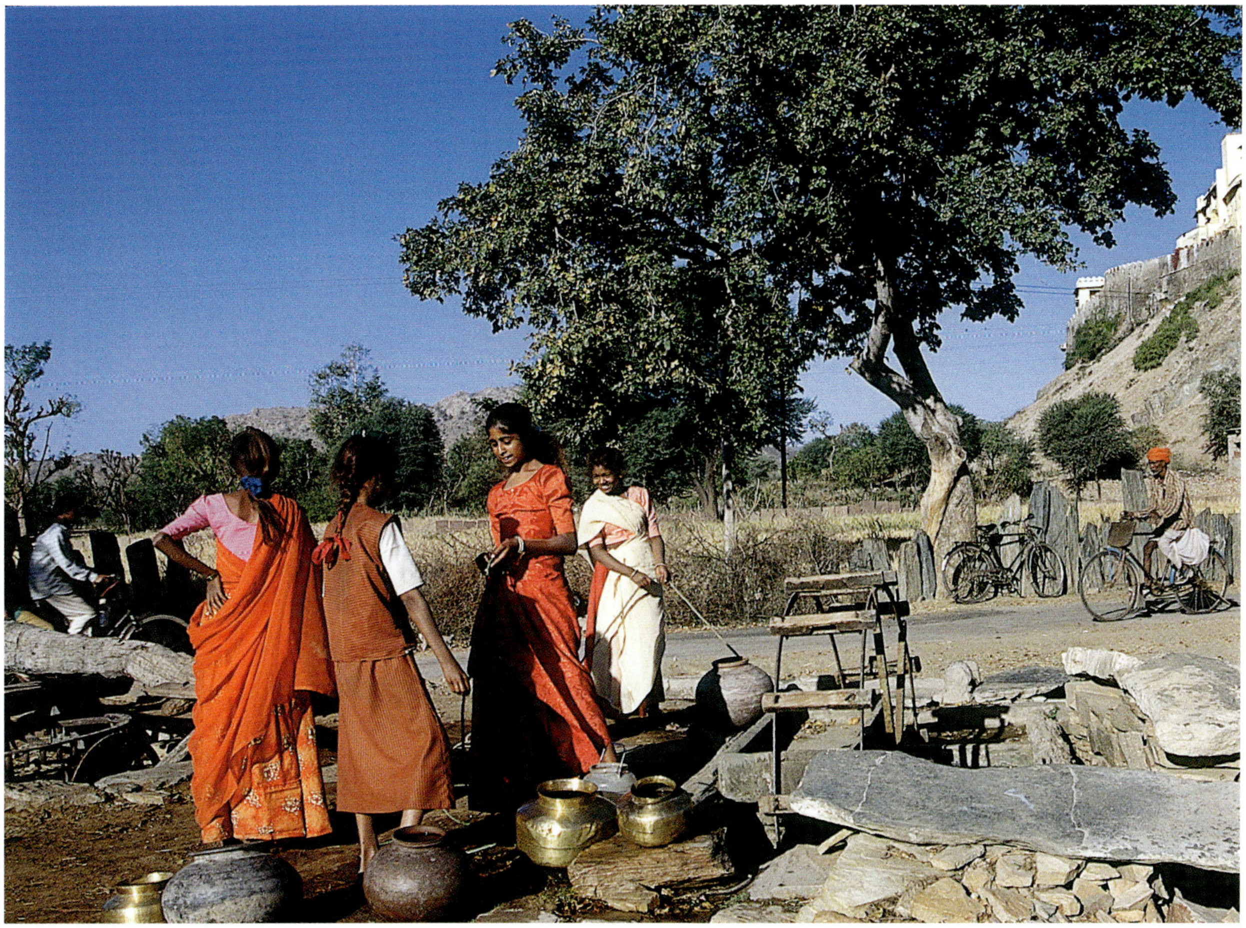

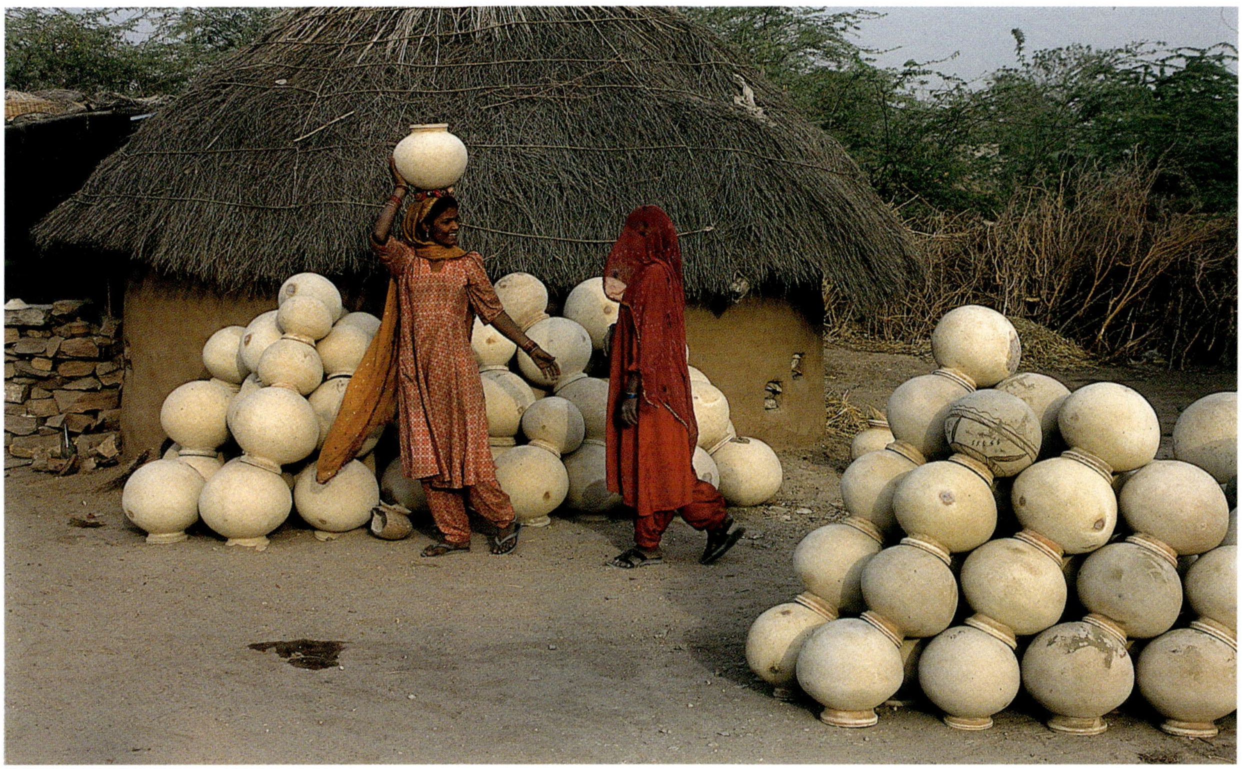

Une nature aujourd'hui préservée

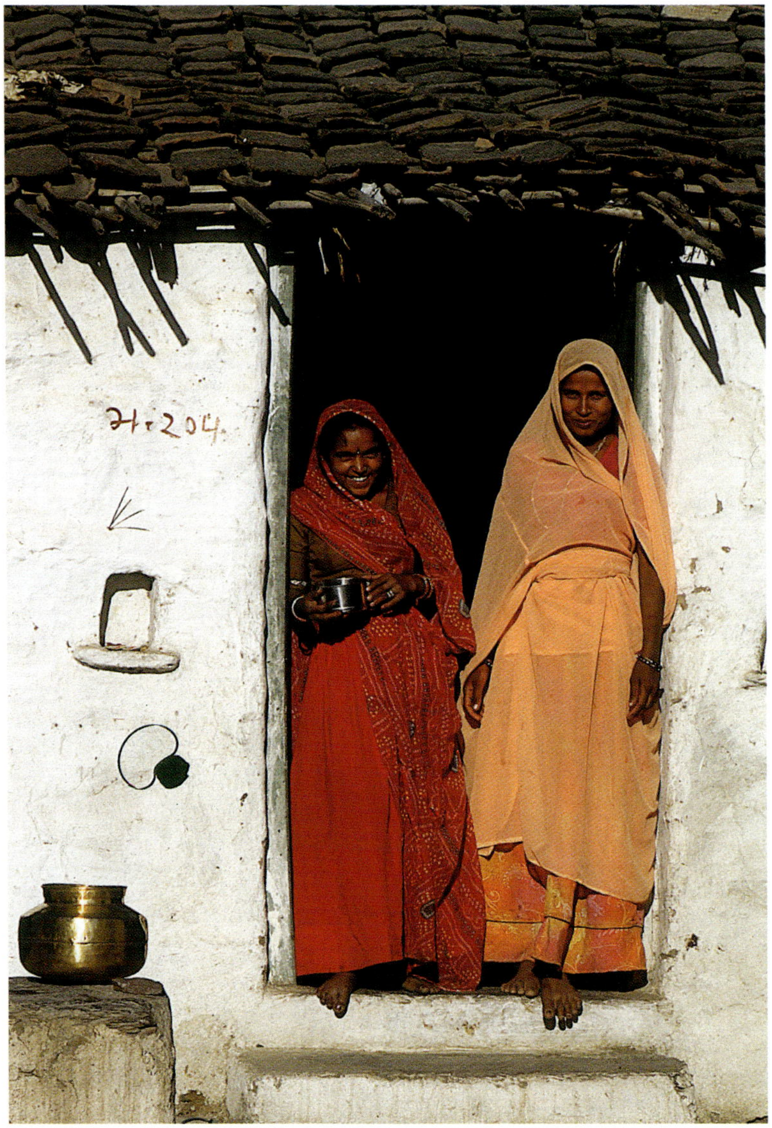

En matière d'écologie, Gaj Singh ne s'en laisse pas compter. Son ancêtre portait le très respectable titre de « ministre de la forêt et des animaux sauvages » sous le règne du colossal maharaja Madho Singh II qui régna sur Jaipur au milieu du XVIIIe siècle. Propriétaire de l'élégant palais-hôtel Alsisar Haveli qui anime le cœur de Jaipur, Gaj Singh est orgueilleux de ses racines rajputes et de son titre aristocratique. Il est *thakur* comme d'autres sont comte ou duc et cultive le sens de l'hospitalité comme personne. Mais quand un client s'en prend aux maharajas, les accusant par exemple d'avoir massacré des milliers d'animaux lors de chasses mémorables, le plus souvent en compagnie d'invités britanniques, ses racines guerrières lui montent au nez. Il court chercher la photo de son ministre d'ancêtre qu'il défend sans détour : « Jusqu'à l'Indépendance, il était interdit de couper un arbre sans l'autorisation du maharaja », explique-t-il. « Les animaux étaient également protégés. Ceux qui étaient tués lors de chasses étaient comptabilisés très scrupuleusement. »

Ce temps est aujourd'hui révolu. Les anciens domaines des maharajas ont été réhabilités en réserves de protection des espèces, en zones protégées et en parcs nationaux. Inscrit au Patrimoine mondial de l'UNESCO, le parc de Keoladeo Ghana, entre Agra et Jaipur, abrite plus de 350 espèces d'oiseaux rares parmi lesquels des grues, marabouts, hérons et sarcelles qui viennent s'y reproduire en toute sécurité. Tigres, panthères, hyènes, chacals sont aussi sous la protection de l'homme. Les cervidés comme le cerf sambar, les élégantes antilopes s'épanouissent tranquillement ici et là comme dans le parc qui entoure le mausolée d'Akbar à Sikandra. Le paon, le symbole de l'Union indienne, peut faire sa roue en toute quiétude : les hommes ont décidé d'aider la nature. Quant à la ville indienne, c'est un vaste cirque où s'ébattent librement vaches, chiens, cochons, singes, écureuils mangeant dans la main et geckos, ces lézards inoffensifs qui animent les soirées de leurs croassements mystérieux.

Travailleuses infatigables, les femmes indiennes conservent une réelle élégance dans leurs gestes et leurs costumes.

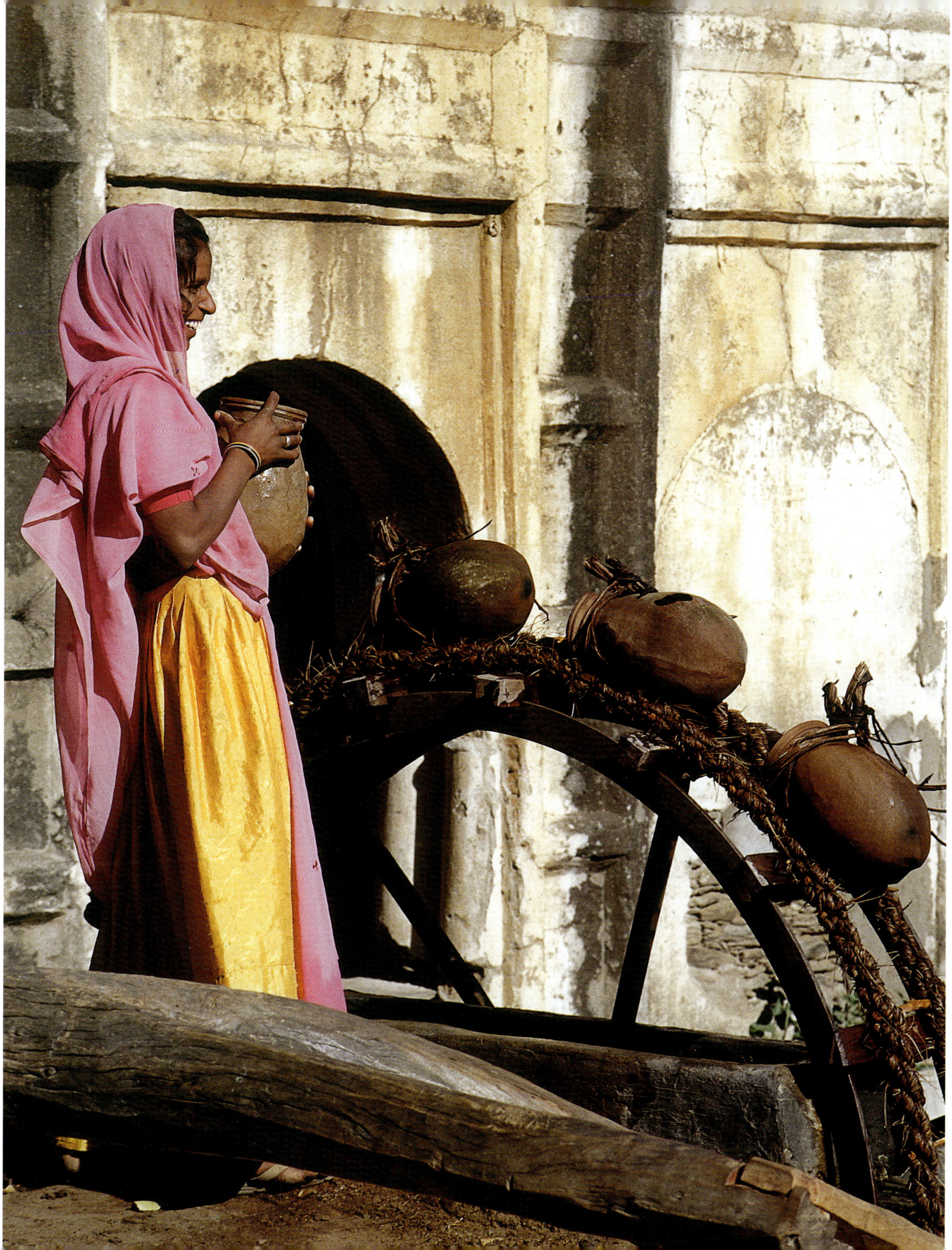

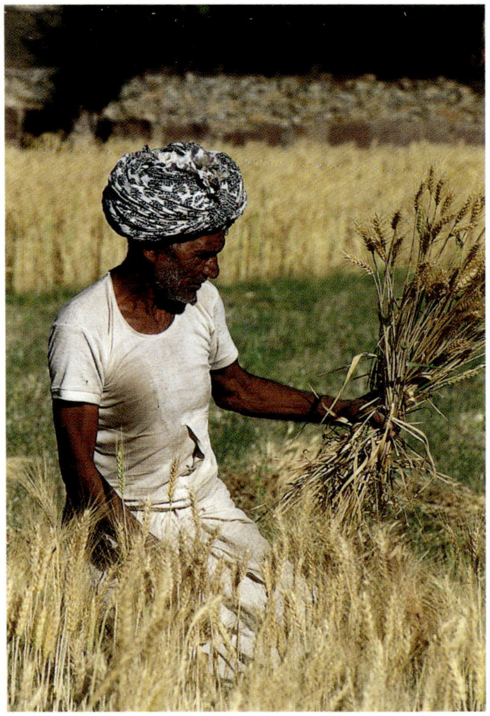

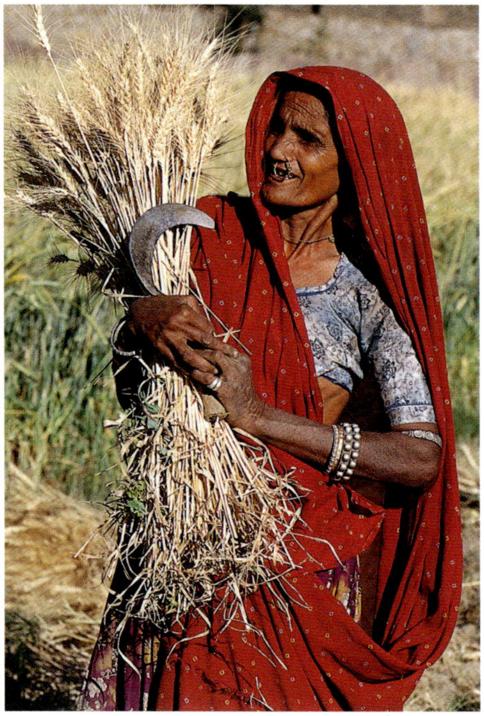

La moisson sera bonne cette année sur les terres de Delwara, dans la région d'Udaipur.

Double page suivante : *Orfèvrerie, peinture, tissage, textile, poterie, sculpture… Héritiers de la fructueuse rencontre de l'hindouisme et de l'islam, des Moghols et des maharajas, les arts traditionnels du Rajasthan sont restés vivaces.*

Page 124 : *Production de poterie bleue de Jaipur.*

Page 125 : *Bouclier et épées de Bhanwar Niwas.*

La campagne indienne

« L'Inde est à la campagne », disait Gandhi. 80 % des habitants du Rajasthan vivent de l'agriculture. De nombreux canaux d'irrigation ont été creusés depuis l'Indépendance, permettant d'irriguer 30 % des terres. Mais ce n'est jamais suffisant.

La vie est simple et tranquille dans ces villages où les mêmes images presque intemporelles se répètent : hommes à turban assis, partageant un thé au lait ; femmes préparant le feu. Les maisons sont basses dans les campagnes, les toits souvent constitués de paille. Les odeurs d'encens, de patchouli et de santal sont omniprésentes et les couleurs sont partout. Les murs de terre sont couverts de fresques de dieux et d'animaux ou ornées de dessins géométriques tracés dans la boue. Le puits est un peu le dernier salon où l'on cause. Les femmes y viennent ou en repartent, sur la route ou sur la piste, cruche sur la tête. Comme elles sont élégantes ces femmes, avec leur *ghagra*, longue jupe froncée aux couleurs éclatantes, rouge vif, violet pourpre, vert acide ; leur petit boléro bien court (*kanchli*), leur chemisier ajusté (*kurti*) et le voile qui couvre les épaules (*orhni*). Inondés par le soleil, les ourlets scintillent de fils d'or, les bracelets entourant leurs poignets et leurs chevilles tintent au même rythme que les cloches des animaux qui labourent le champ voisin. La fatalité adoucit tellement la vie : si la récolte est perdue, si le buffle est mort, le petit propriétaire ne s'en prendra qu'à lui-même, pensant que c'est le prix à payer pour les péchés commis au cours d'une existence précédente. Comme une fatalité.

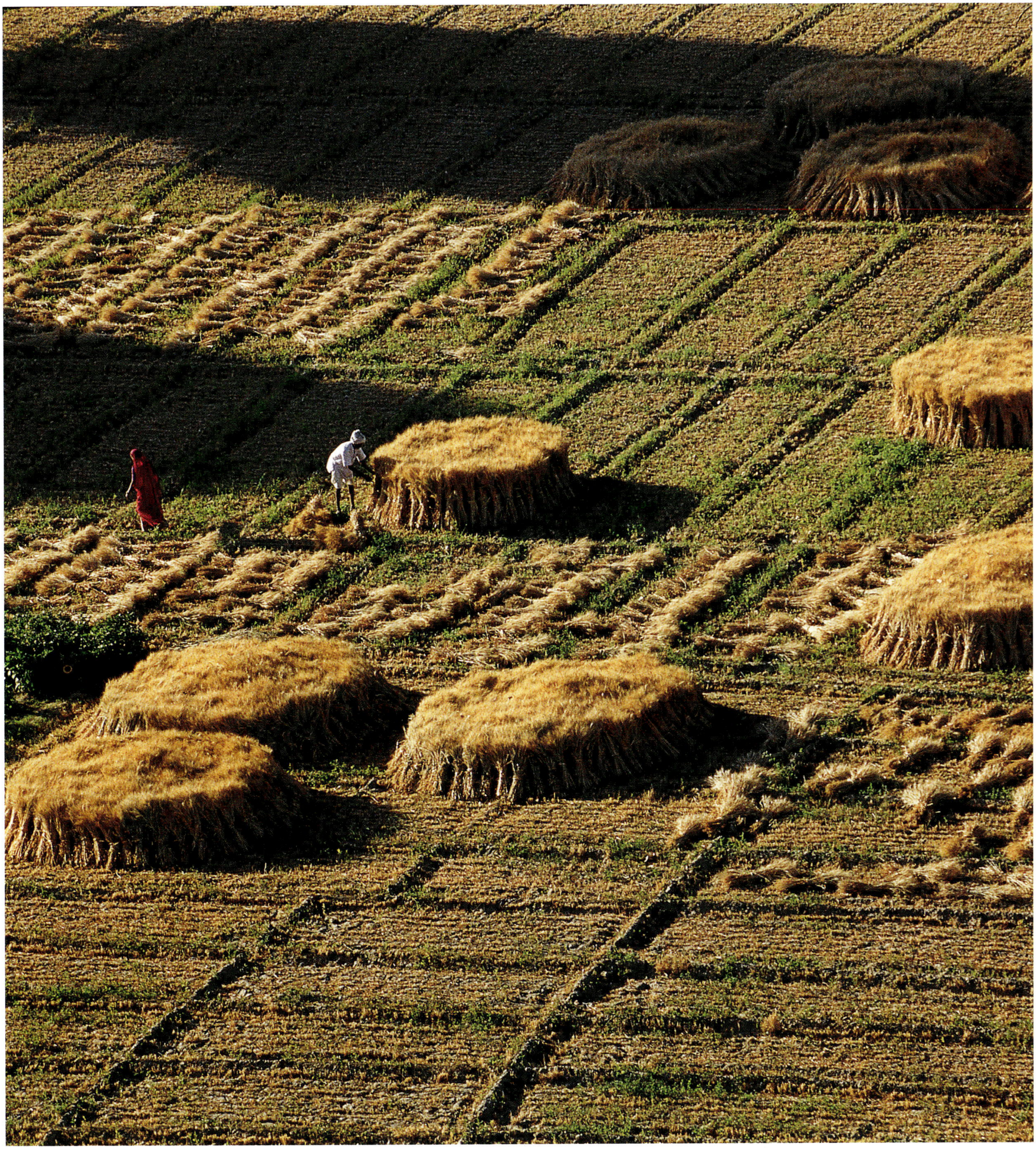

Les arts traditionnels au Rajasthan

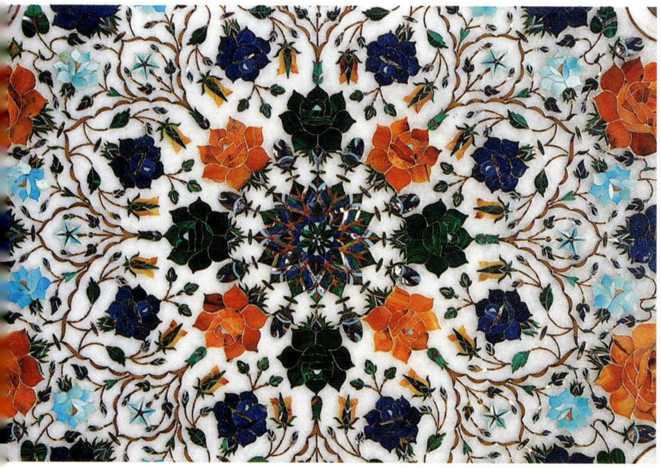

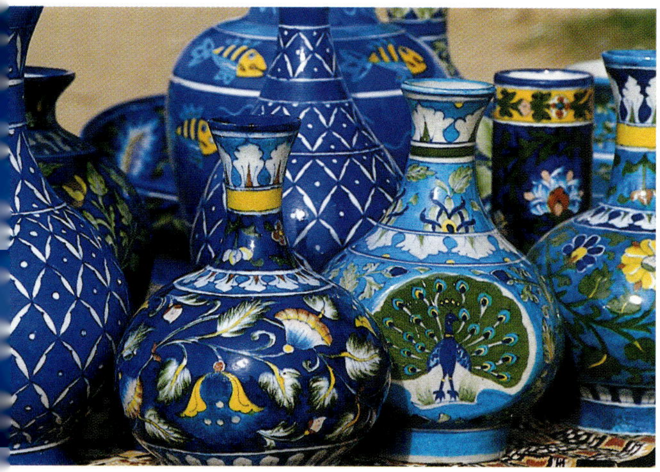

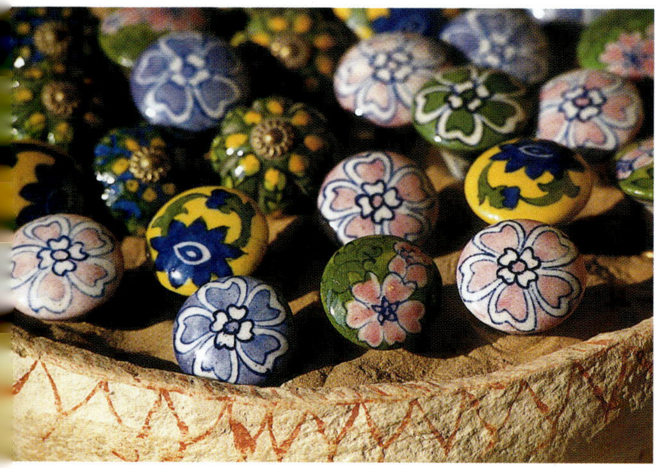

Au fil de l'Histoire, des invasions et des influences, les artisans rajputs et moghols ont entremêlé leur savoir-faire. En période de paix, les arts se sont souvent épanouis, encouragés par les maharajas. Pendant les conflits, les vainqueurs reprenaient à leur service les artistes des vaincus, qui apportaient leur expérience. L'exemple de l'art de la poterie bleue toujours fabriquée à Jaipur est parlant. Originaire de Perse ou de Chine, cet art est d'abord introduit en Inde par les sultans de Delhi, puis encouragé dans sa ville par le maharaja de Jaipur, Man Singh (1590-1615). Une tradition toujours vivace dans « la ville rose ». Réalisés à base de terre et de gomme, sans argile, pétris à la main et cuits une seule fois, les pots sont décorés de motifs persans et d'arabesques se combinant avec le bleu turquoise obtenu à partir de sulfate de cuivre.

Ce qui est le plus fascinant quand on arrive au Rajasthan, c'est la beauté des costumes, des tissus et leurs couleurs. Un vrai feu d'artifice. Rien de surprenant. L'image des petits troupeaux éparpillés dans le désert est aussi répandue que celle des femmes filant la laine dans le village ou que celle du tisserand, le *julaha*, actionnant le métier à tisser. Le teinturier est au bout de la chaîne. Les couleurs choisies, les formes de costumes sont héritées de la tradition. Tout a un sens : symbole de l'amour, le rouge est requis pour les costumes de mariage. Quant à la forme des turbans pouvant mesurer dix mètres, elle indique la caste et l'origine de celui qui le porte.

Autre objet d'étonnement : la quantité des bijoux (souvent en argent) dont se parent les femmes. Une vraie collection : bracelets, colliers, anneaux de bras ou de cheville ; *bhanvatiyo* (anneau nasal lié à la boucle d'oreille), pendentif sur le front appelé *tikka*… C'est bien davantage que de la pure coquetterie. Presque un fait de société. Ces parures sont longtemps restées la seule propriété légale accordée à ces femmes indiennes qui n'ont pu accéder au droit d'hériter qu'en 1955. Si l'argent prédomine, c'est qu'il est toujours monnayable auprès du *saraf*, le bijoutier du village. Les bijoux sont peu anciens car on avait coutume de fondre les vieux bijoux pour faire de nouvelles formes.

Dans beaucoup d'aspects, l'artisanat du Rajasthan a été facilité par la richesse de ses minerais de granit, marbre et grès rouge qui ont encouragé les sculpteurs à réaliser de formidables façades de dentelle et des *jali* (écrans de pierre ajourée) pour décorer les *haveli*. Des gisements de cuivre et de zinc (l'alliage des deux métaux conduit au bronze artistique) ont aussi permis aux habiles ferronniers hindous et musulmans, les *lohar*, de faire parler leur talent sur les lames, poignards, portes…

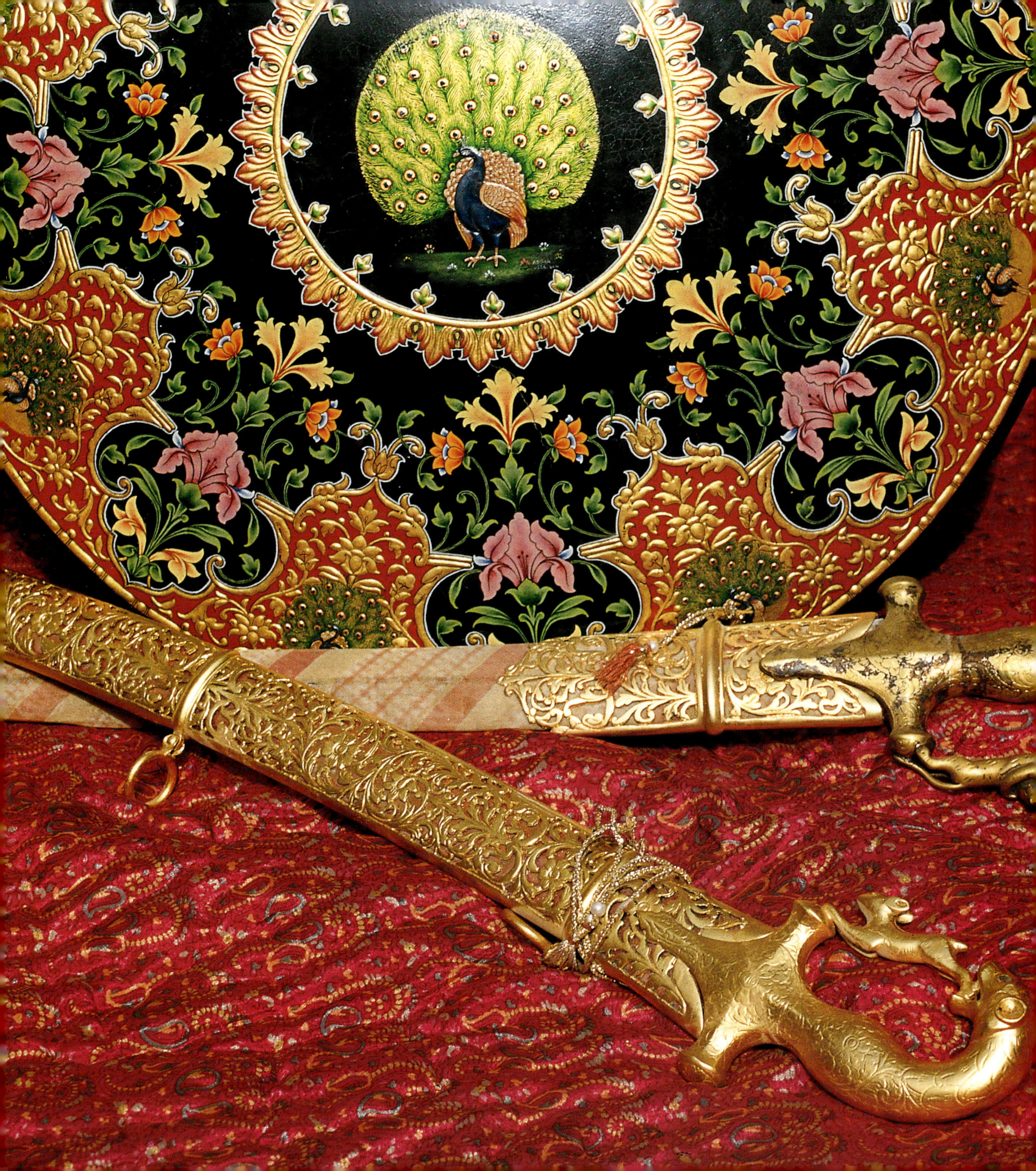

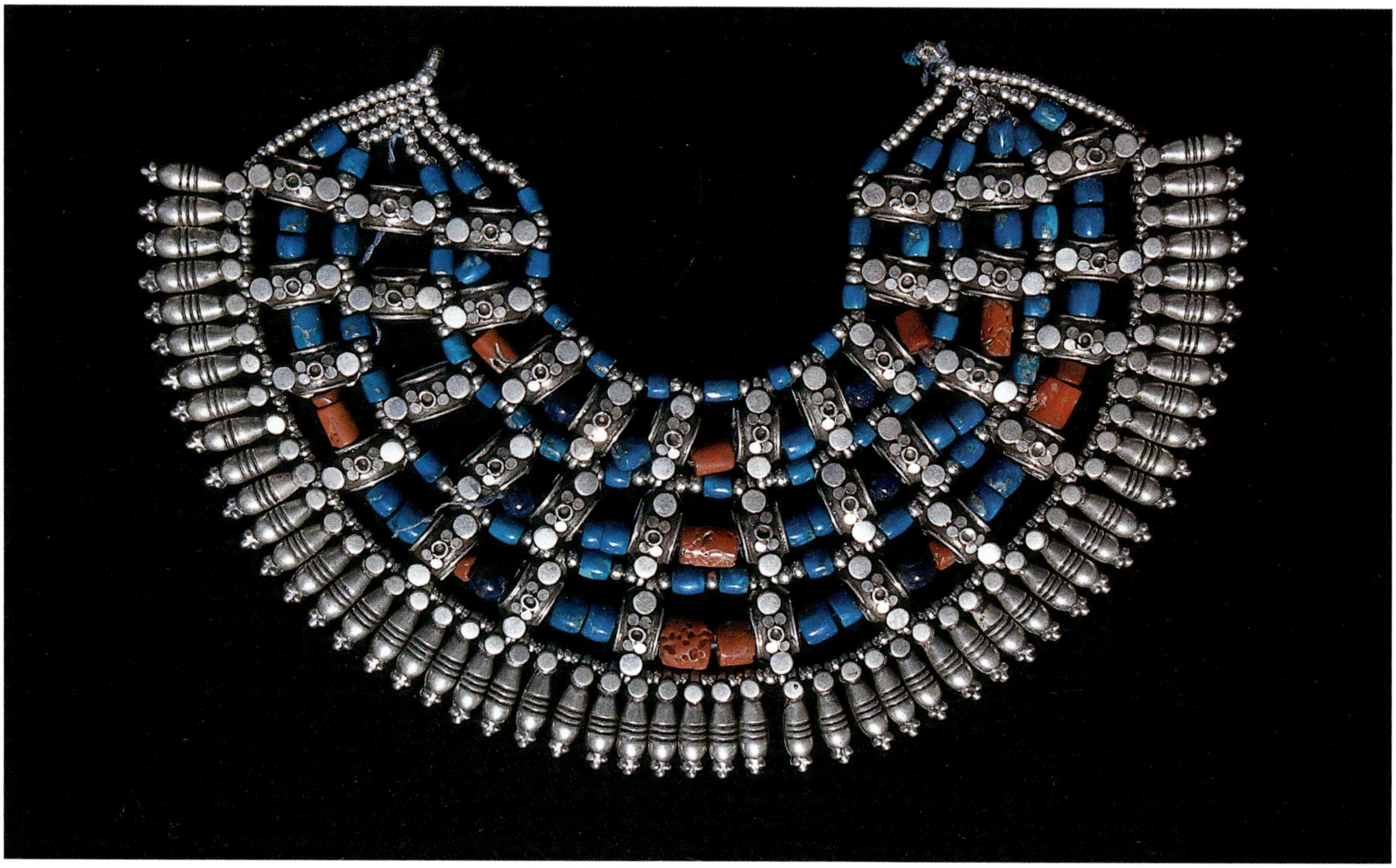

Après avoir passé des lustres à guerroyer en vain, décidant finalement de s'allier avec les Moghols, les Rajputs peuvent enfin exhiber leurs richesses et développer des ateliers dans leurs royaumes à partir du XVIIe siècle. Les maharajas se font mécènes (bijoux et tissus portés lors de mariage dans la région de Jaipur).

Si les empereurs moghols et les maharajas ont croisé le fer avant de s'allier, ils avaient en commun le désir du beau et du raffiné. L'empereur Akbar fait venir en Inde les maîtres tisserands de Perse. Au XVIIe siècle, le maharaja Man Singh invite cinq familles d'émailleurs de Lahore au Punjab, pour développer l'art de l'émail, le *minakari*, qui perdure aujourd'hui à Jaipur. Le XVIIIe siècle est moins guerrier. Les maharajas en profitent. Ils exhibent leur fortune, créent des ateliers royaux où les meilleurs artisans sont requis : à Jaipur, Jodhpur, Jaisalmer et Bikaner. L'art de la broderie se développe aussi, les tailleurs confectionnant de magnifiques costumes de cour ornés de broderies de fils d'or.

L'empereur moghol Jahangir s'était passionné pour les miniatures. Pour immortaliser les fastes, les mariages, les chasses des rois, les écoles de peinture du Mewar, de Bikaner, de Jaipur, du Marwar et de Bundi-Kota voient le jour et affirment leurs différences. Les artistes du Mewar préfèrent les couleurs très vives, s'appliquent aux visages et aux yeux en amande, peaufinent la beauté des animaux ; l'école de Bundi-Kota est quant à elle reconnaissable à la grâce des femmes dessinées, à la droiture de leur nez. Les peintres de Bikaner empruntent souvent le cadre de scènes mogholes, alors que ceux de Jodhpur se spécialisent dans les fresques épiques montrant de puissants Rajputs chevauchant de fiers coursiers. A partir de 1864, le maharaja Sawai Ram Singh II (1835-1880) crée un atelier de tissage spécialisé dans la fabrication de tissus, tapis, kilims. Depuis bien longtemps, le Rajasthan énonce l'art et la culture comme point d'orgue au futur.

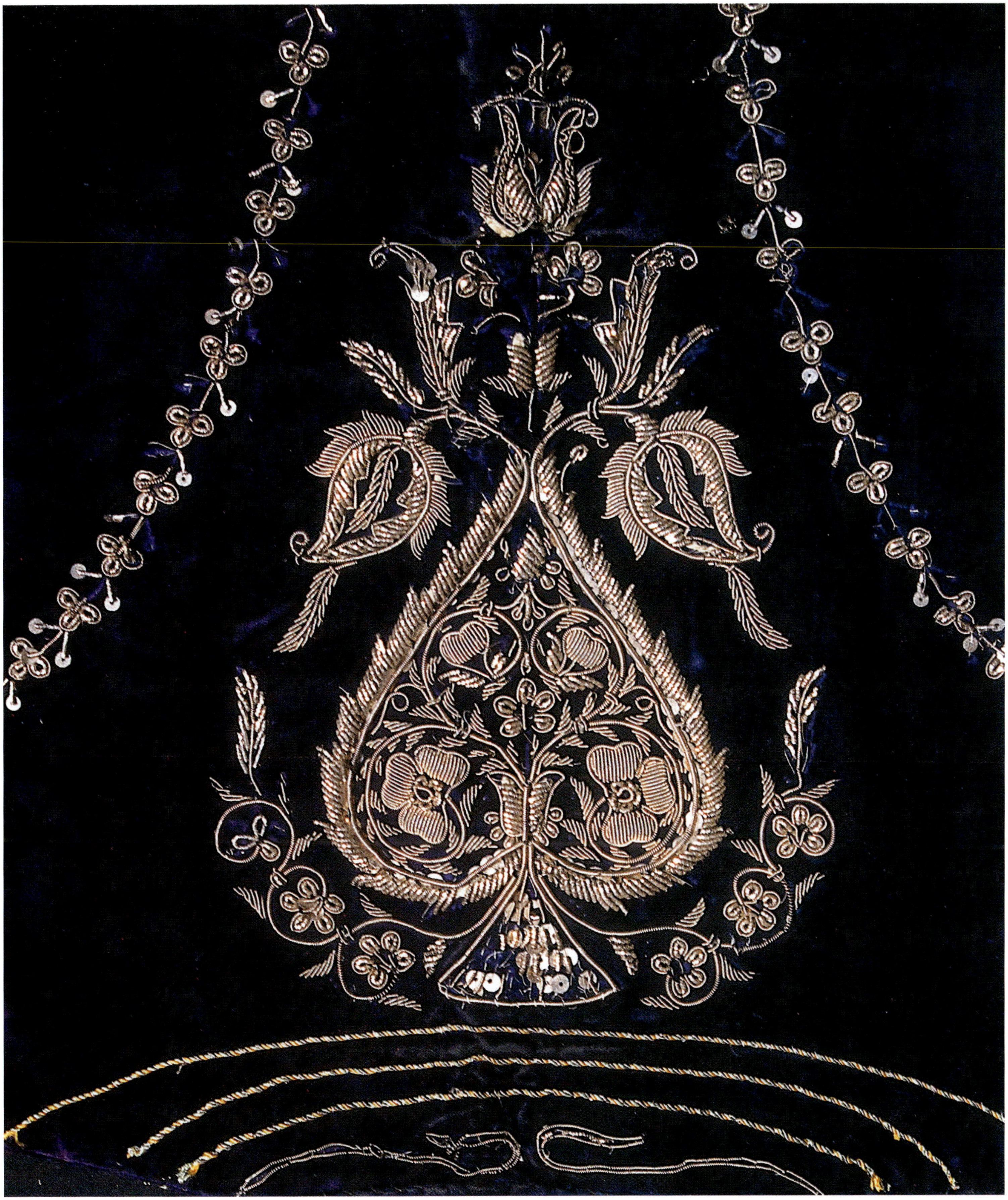

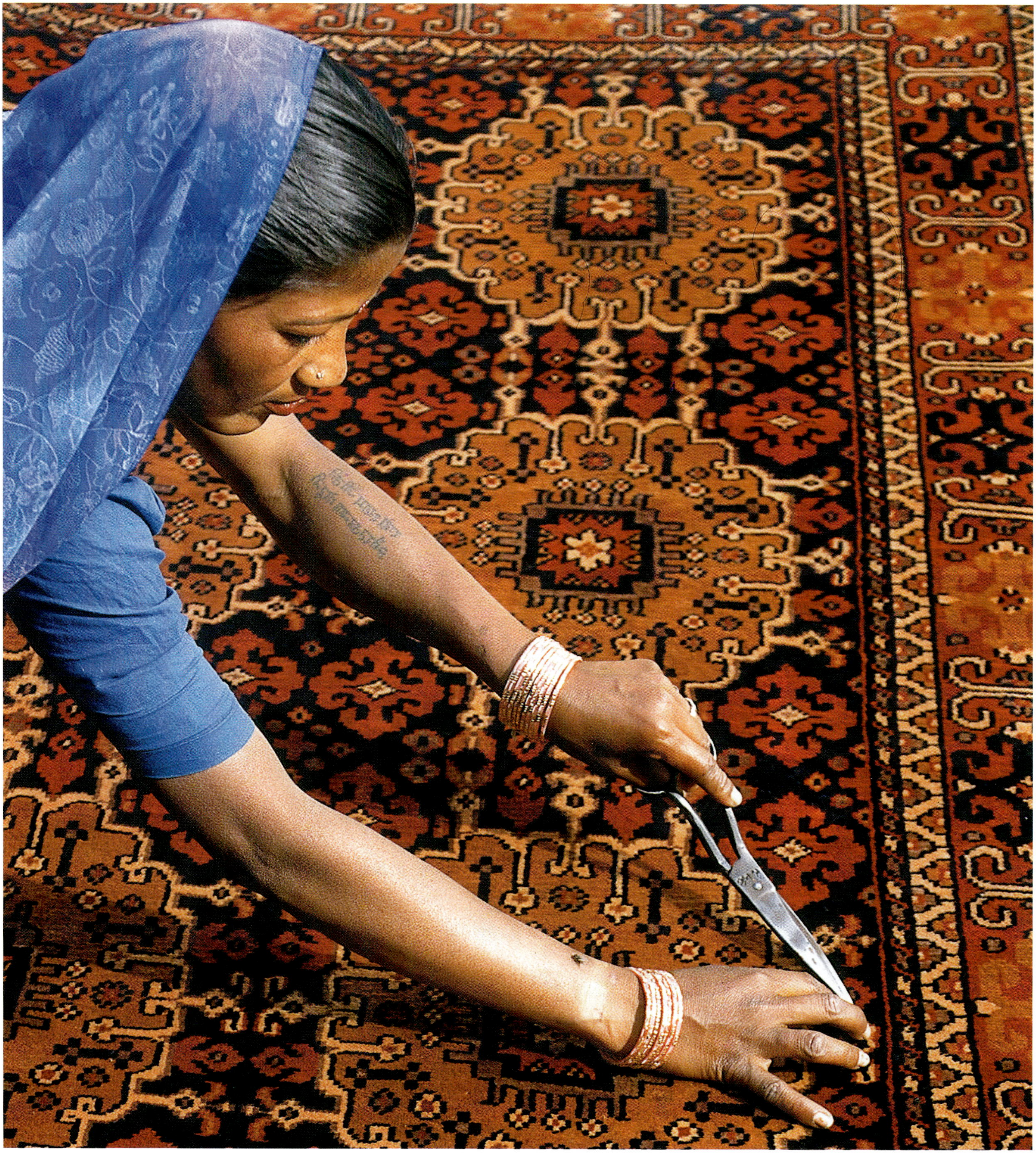

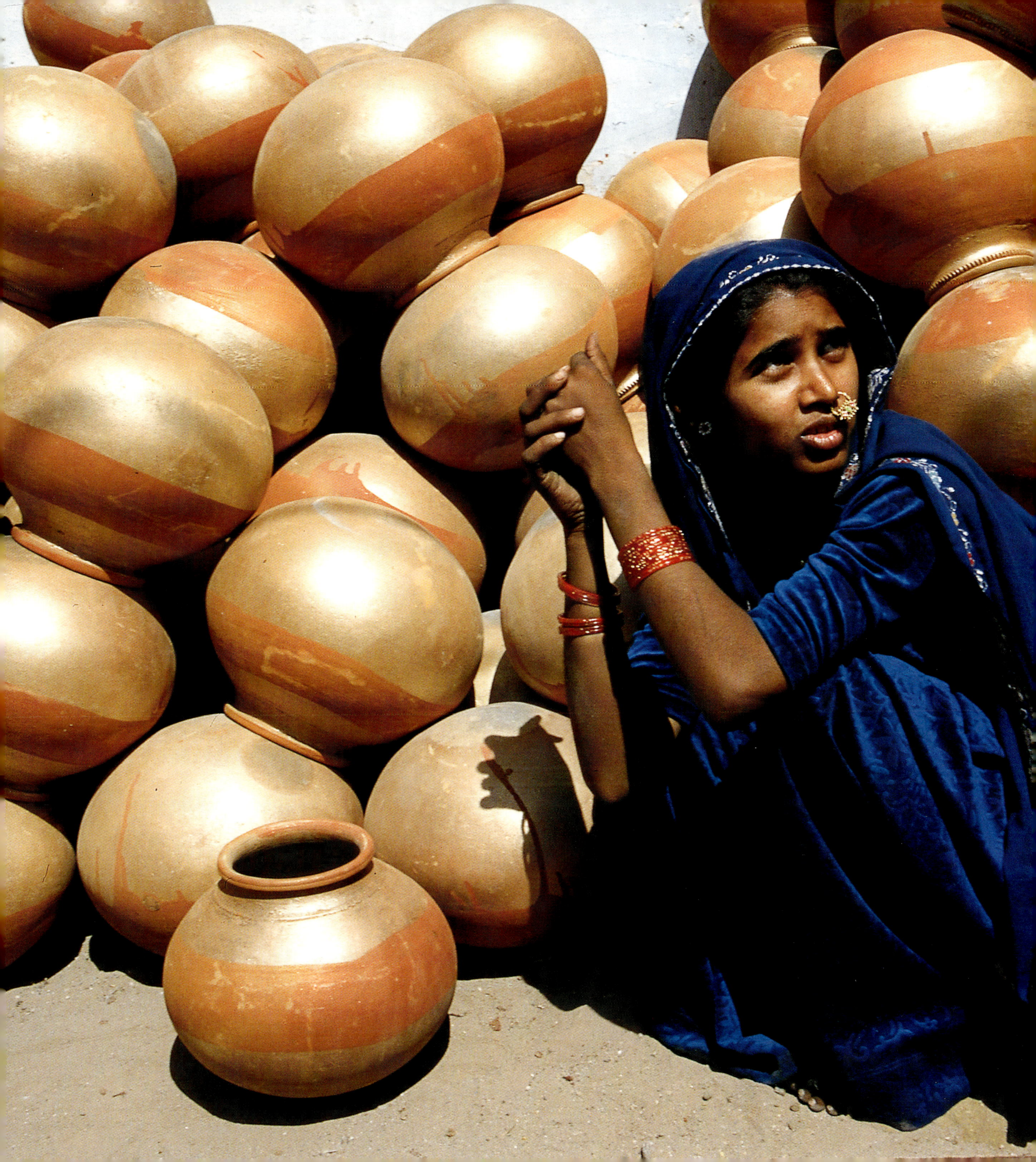

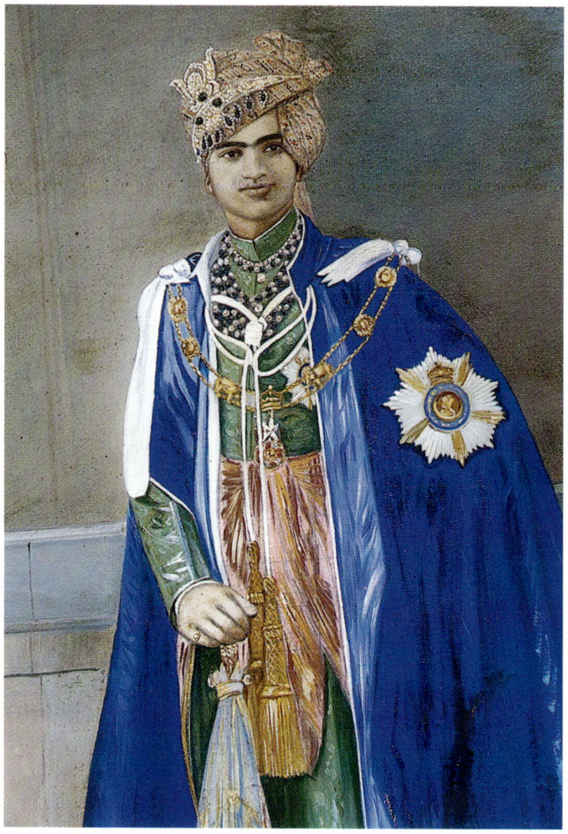

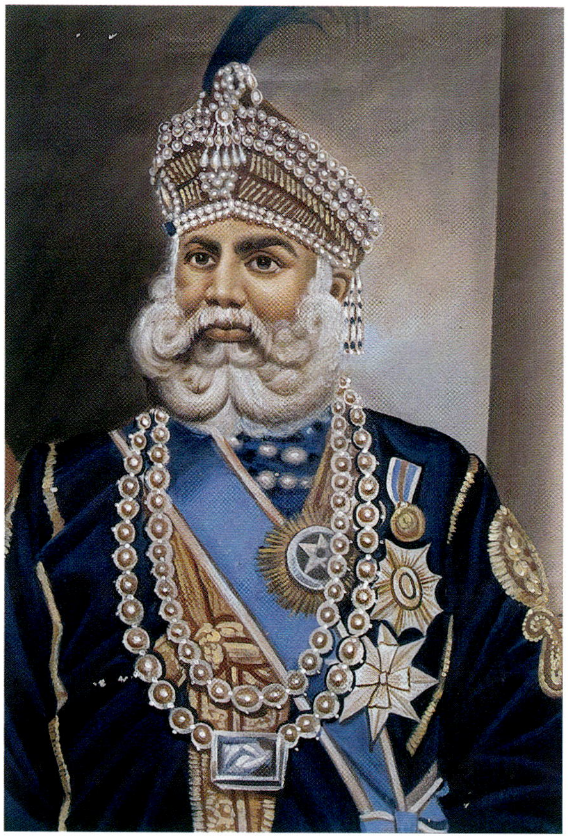

A propos des maharajas, Rudyard Kipling avait dit qu'« ils avaient été créés par la Providence afin de pourvoir le monde en décors pittoresques, en histoires de tigres et en spectacles grandioses ». Régnant sans partage sur leur royaume et leurs sujets, beaucoup furent d'ardents défenseurs des arts et des entrepreneurs courageux. Les maharajas de Jaipur : Man Singh II, dernier maharaja régnant, et Madho Singh II, en bas.

Les États du Rajputana

Dans son ouvrage *The Rulers of India and the Chiefs of Rajputana entre 1550 et 1897*, le lieutenant-colonel Thomas Holbein Hendley comptabilise 21 États formant le Rajputana qui deviendra le Rajasthan à l'Indépendance. 17 d'entre eux sont de tradition rajpute : Bundi, Kotah, Jhalawar, Sirohi, Jaisalmer, Karauli, Jaipur, Alwar, Jodhpur, Bikaner, Kishangarh, Udaipur, Dungarpur, Banswara, Partabgarh, Khetri et Shahpura. Les États de Bhartpur et de Dholpur sont à majorité jat (paysans guerriers) et celui de Tonk est musulman. A leur tête, des *nawabs* (princes musulmans) et des clans rajputs issus de la caste guerrière dont les origines sont souvent associées à des légendes vivaces, certains se réclamant de la lignée solaire ; d'autres, de la lignée lunaire. Un seul devoir ? Protéger leur royaume. Pour cela, ils ont occupé des siècles en luttes internes et guerres contre les Moghols avant d'en être les alliés.

Des différents clans rajputs, celui des Sisodya du Mewar (Udaipur), dont les origines remonteraient au VIIe siècle, passe pour être le plus héroïque. Ayant toujours résisté aux envahisseurs, il fut souvent en rivalité avec le clan du Marwar (Jodhpur). Vers le XVIe siècle, les Kachwaha (originaires d'Amber et de Jaipur) offrent une princesse à l'empereur moghol Akbar et deviennent la force montante. La paix apporte prospérité au royaume de Jaipur. Il faut attendre la fin du XIXe siècle et le début du XXe siècle, pour assister à la percée du maharaja de Bikaner, Ganga Singh, qui vole la vedette aux autres clans, en proposant son armée aux Britanniques, en 1914. Il incarnera l'image du maharaja le plus progressiste, représentant l'Inde à la conférence de la paix de l'après-guerre et signant le traité de Versailles. En 1913, il dote même son État d'un Conseil législatif et, dès 1935, tâche de persuader les autres princes de s'associer à une sorte de fédération avec l'Inde britannique.

Double page précédente :
Invités par Akbar, les maîtres tisserands venus de Perse ont influencé profondément l'art du tapis, surtout à Jaipur, première ville à développer des ateliers royaux de tissage. Le maharaja Ram Singh II avait même décidé d'employer des prisonniers à la confection de tapis qui ornent toujours les musées du palais royal (dans un atelier familial et un atelier de poterie de Jaipur).

Les promesses des Britanniques

Les princes s'étaient mis du côté des Britanniques qui, en échange, leur avaient presque tout promis : « Nous respecterons les droits, la dignité et l'honneur des princes autochtones comme s'il s'agissait des nôtres », avait proclamé en 1858 la reine Victoria. Les maharajas avaient pu conserver leur souveraineté intérieure et le droit de choisir leur héritier. Les frontières de leur État étaient même reconnues par un traité, pouvant aussi profiter d'une monnaie locale et de timbres-poste. Mais pas question de pouvoir déclarer la guerre et d'avoir des représentants diplomatiques. Les princes des Indes devaient en outre assister l'Angleterre en cas de danger. En échange, il y avait la gloire ! La reine Victoria fit établir en 1861 une liste des honneurs qui devaient être rendus aux maharajas par les garnisons anglaises : des coups de canon avec deux sortes de salves : la première pour la reconnaissance de l'État ; la seconde pour saluer le maharaja lui-même. Le nombre de coups des canons variait de 9 à 21. En prime, pour les princes à plus de 11 salves, le titre d'altesse : « his highness ». Mais les fautes étaient punies : l'un des vice-rois, l'orgueilleux Lord Curzon, exaspéré par leurs dépenses somptuaires lors de voyages en Europe, avait même carrément destitué plusieurs maharajas en 1900, en leur imposant des administrateurs-résidents.

Des chasses royales et des honneurs, il y en eut... L'une des plus pompeuses réceptions se déroula à Delhi le 29 décembre 1902, à l'occasion du fastueux rassemblement de maharajas. 430 éléphants caparaçonnés défilèrent au cours de ce grand durbar. Des douzaines d'invités européens, plus de 400 rois faisaient partie de la procession en l'honneur d'Édouard VII qui succédait à la reine Victoria et venait se faire proclamer empereur des Indes. Une gloire bien éphémère.

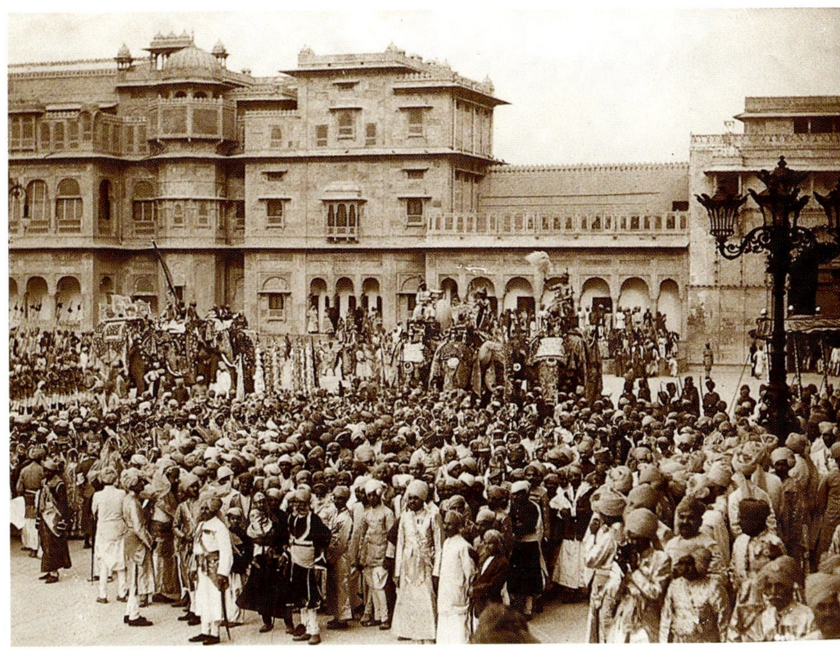

Assemblée de maharajas en grande pompe, avant l'Indépendance.

Les palais-hôtels des maharajas

Gandhi l'avait conseillé aux Britanniques : « Quit India as masters » (quittez l'Inde en tant que maîtres). C'est en touristes qu'ils reviennent accompagnés du monde entier, accueillis à bras ouverts dans ces palais et forteresses aménagés en hôtels de luxe qui font la fierté des Indiens. Pour entretenir leur patrimoine, après l'Indépendance, certains aristocrates eurent ainsi la bonne idée de métamorphoser leur résidence en palace.

Le très glamour maharaja de Jaipur, Sawai Man Singh II, fut le premier. Le Rambagh Palace ouvrit ses portes au tourisme naissant en 1957. Même si l'ambiance manque aujourd'hui d'un peu de chaleur, les suites sont franchement irrésistibles. Coup de cœur des auteurs pour la Prince's Suite avec bassin en marbre placé devant le lit et terrasse donnant dans les jardins…

La famille royale de Bikaner a suivi le mouvement avec le Lalgarh Palace et le Laxmi Niwas Palace, aujourd'hui deux hôtels sans faute. Le maharaja de Jodhpur fit de même avec son immense palais Umaid Bhawan, l'un des hôtels les plus prisés du Rajasthan. Les suites du Shiv Niwas Palace et du Fateh Prakash Palace qui font partie du Royal Palace d'Udaipur ne sont pas mal non plus. Mais pour une lune de miel inoubliable, les plus romantiques vous conseilleront en cœur le Lake Palace qui semble flotter sur le lac Pichola. Le fleuron des palaces !

Les amateurs de romantisme absolu iront faire leurs dévotions au Lake Palace qui semble flotter sur les eaux tranquilles du lac Pichola d'Udaipur. Même s'il a perdu un peu de son âme, quelques suites, comme la Khush Mahal Suite et la Sandhya Suite, vous transporteront dans un monde à part.

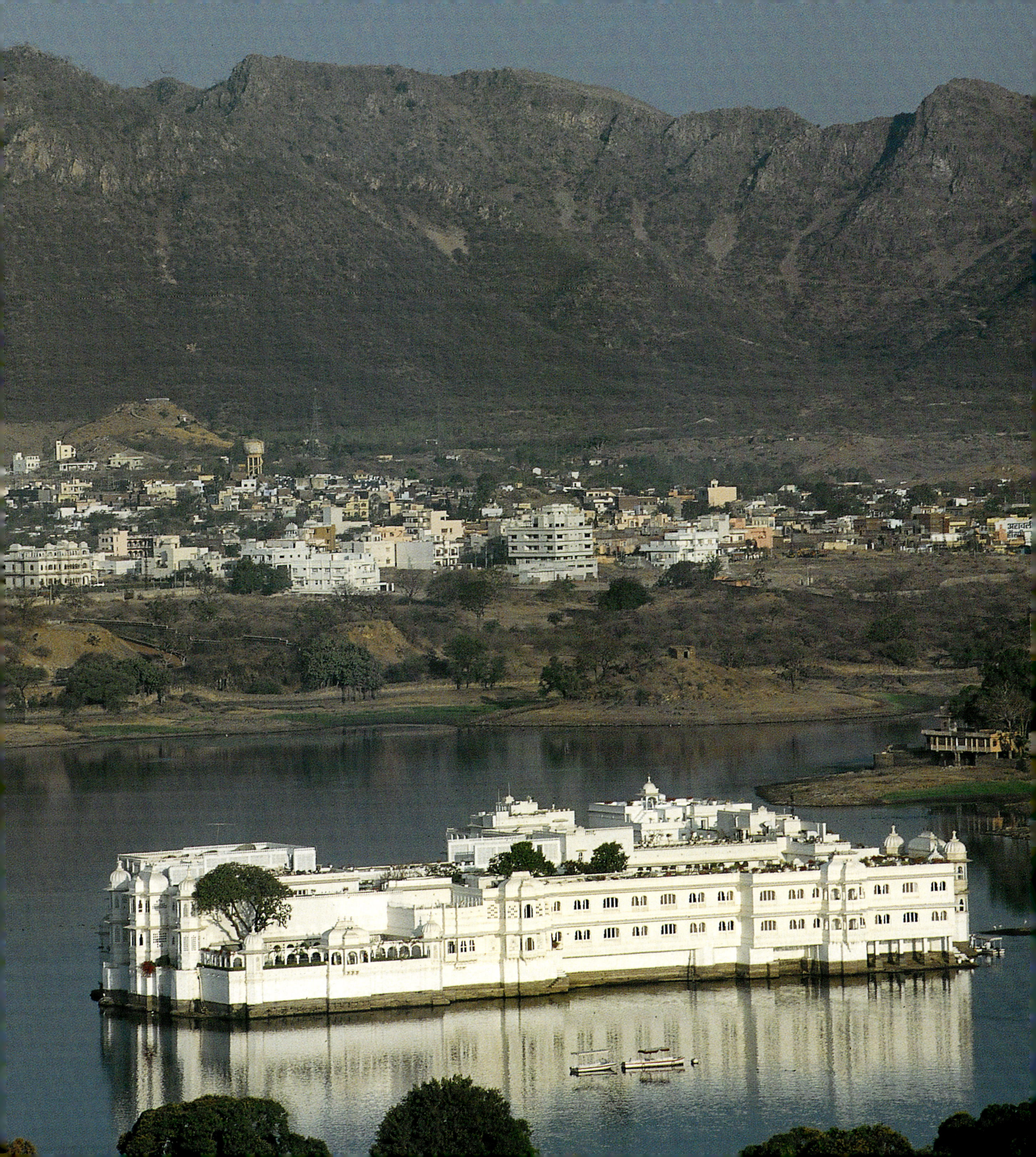

LES ROYAUMES D'ALWAR, DE DEEG ET DE TONK

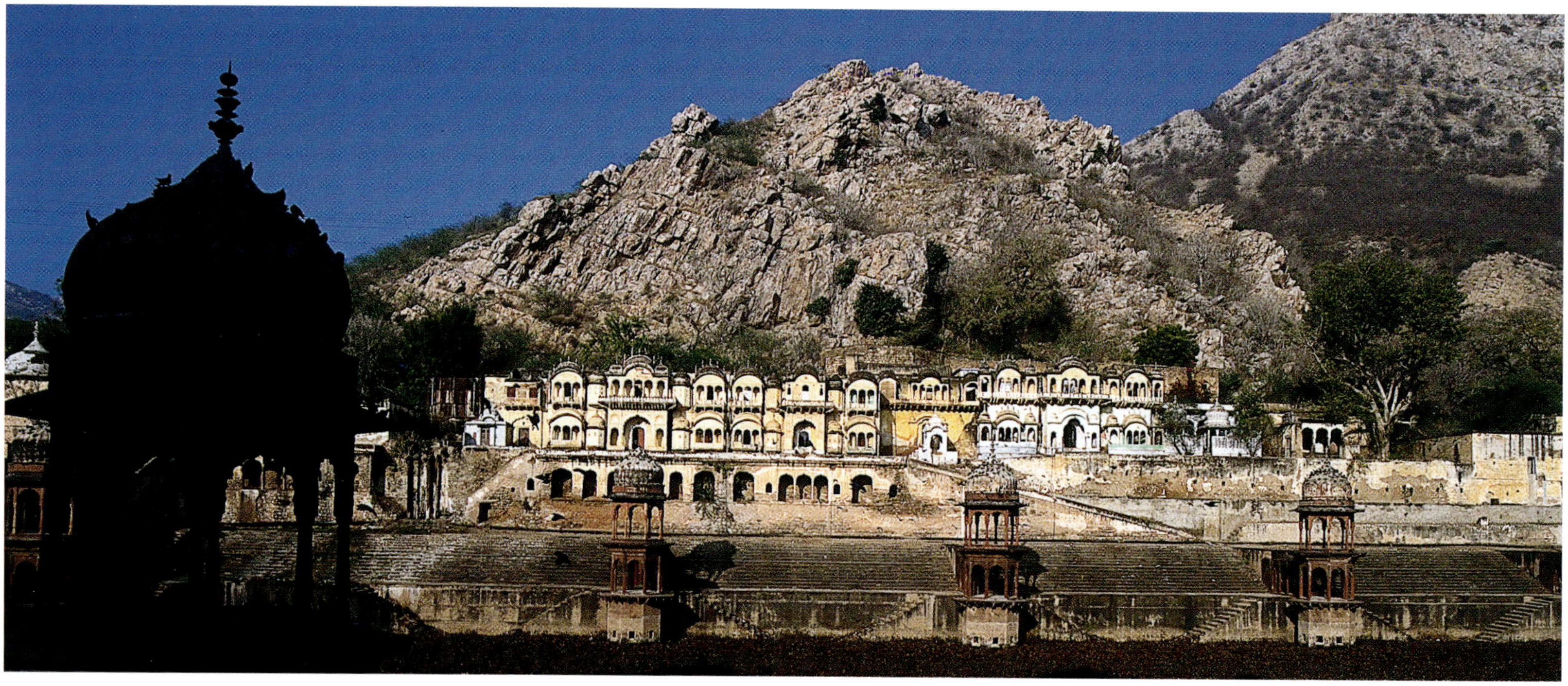

Las du brouhaha de Delhi, avide de partir à la conquête du Rajasthan, le visiteur trouve sur la route de Jaipur l'ancien royaume d'Alwar encerclé par les premiers contreforts des monts Aravalli. Si le bourg est tranquille et sans grand intérêt, le palais appelé le Vinay Vilas est un vrai choc, enserré dans des montagnes piquetées de remparts et de tourelles : une symphonie de pavillons, portiques, façades à stuc miroitant avec grâce dans un bassin bien rempli à la saison des pluies. Les styles moghol et rajput se mélangent avec les toits bangaldar renflés.

Si l'origine de la ville est lointaine, le royaume est fondé par le Rajput Pratap Singh (1740-1791). Édifié en 1793 par le raja Bakhtawar, le palais est occupé aujourd'hui par une armée de fonctionnaires et découpé en bureaux poussiéreux envahis par des machines à écrire d'un autre âge et des dossiers qui s'accumulent. Même défraîchi, parfois délabré, il témoigne encore de la richesse des princes d'Alwar qui ont longtemps affiché leur puissance, obtenue grâce à leur soumission face aux plus forts : Moghols, Jats, Marathes, Britanniques et aujourd'hui fonctionnaires !

Grand amateur de chasse au tigre qu'il organisait dans sa région, Jai Singh fut peut-être le plus fantasque d'entre eux. Celui qui se faisait appeler Sawai, c'est-à-dire un quart de plus qu'un simple humain, avait un petit faible pour les Bugattis bleues (le bleu est la couleur emblématique d'Alwar) qu'il commandait par trois et qu'il faisait enterrer quand il s'en lassait. Finalement les Britanniques, agacés par ses petits travers (il avait brûlé vif son cheval), le congédièrent sans ménagement. Le maharaja mourut à Paris en 1937.

La forteresse d'Alwar (à 125 kilomètres au nord-est de Jaipur) est une halte de choix pour les rêveurs et les promeneurs solitaires. Peu de touristes, beaucoup d'allure ! Si une partie du palais royal est désormais envahie par une armée de fonctionnaires, héros de la démocratie, on déniche d'admirables palais et temples tapis dans la montagne.

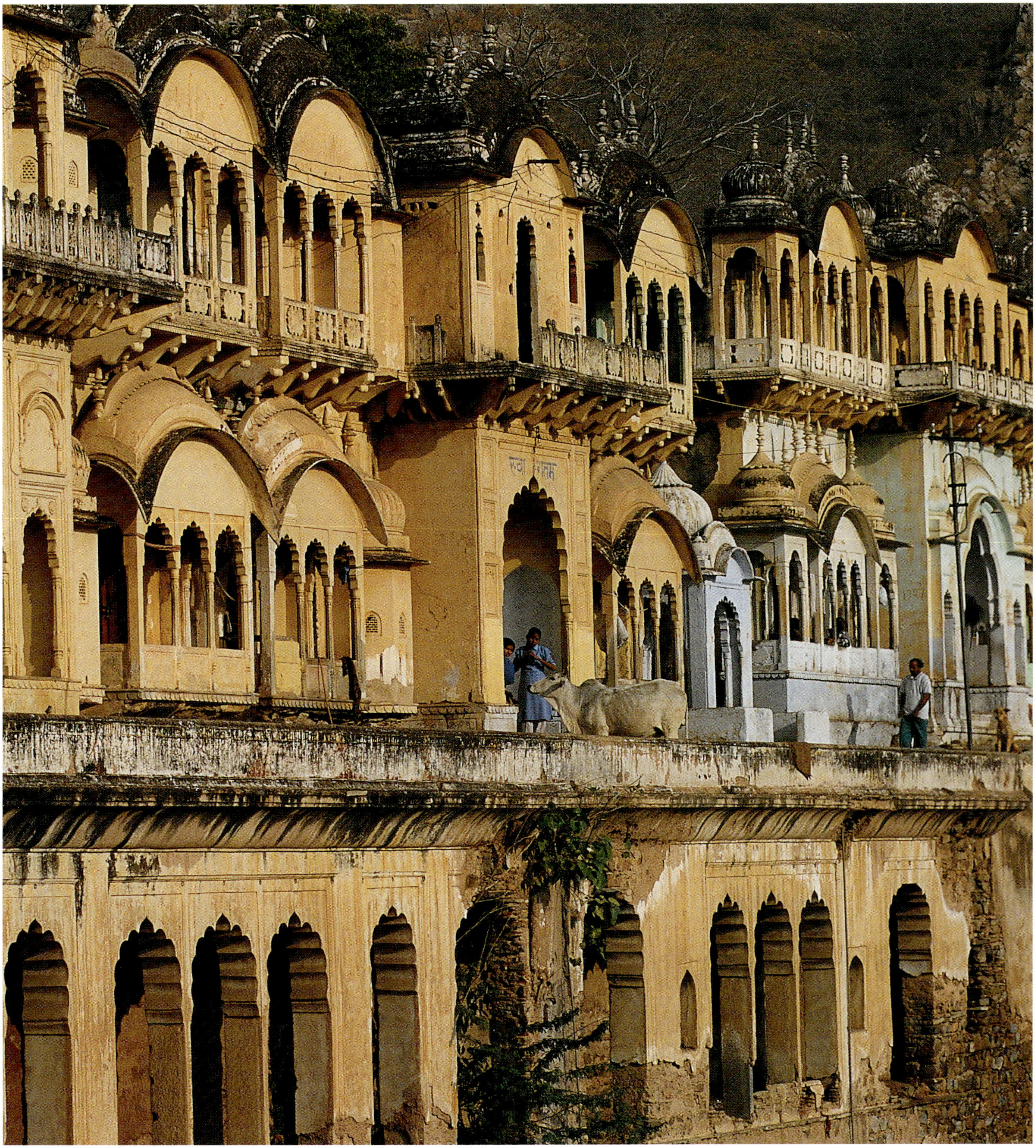

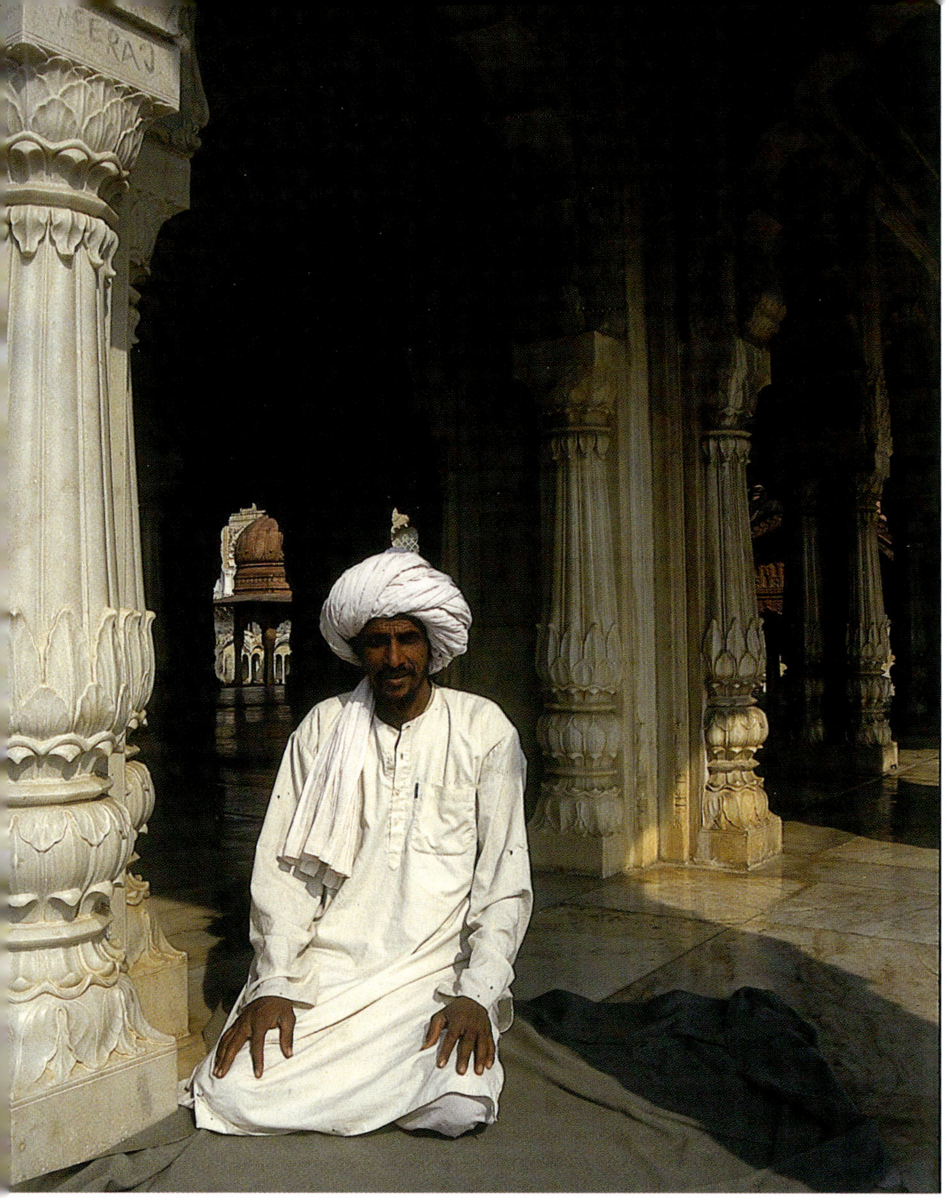

Derrière le palais royal d'Alwar, l'élégant cénotaphe du maharaja Bakhawar Singh est l'objet de toutes les vénérations. L'histoire rapporte que sa veuve se fit « sati » en se sacrifiant sur le bûcher funéraire. L'étage inférieur animé de kiosques est en grès rouge alors que le premier étage en marbre blanc est animé de toits bengalis et coiffé d'une coupole nervée du meilleur effet.

Des objets, costumes et documents qui témoignent de la vie de la Cour ont été rassemblés dans le musée, au dernier étage du palais. On y déniche quelques petites merveilles : des exemplaires du Ramayana datés du XVIIIe siècle, un beau lot de miniatures de l'école d'Alwar, des armes ayant appartenu à Akbar.

A l'extérieur, la terrasse offre un beau panorama sur la cour centrale, bordée de beaux palais de marbre et du durbar, salle des audiences publiques couverte de fresques et d'arabesques. Mais il y a d'autres trésors ! Derrière les façades, on ira s'attendrir devant le cénotaphe du maharaja Bakhtawar Singh bâti en 1815. Il commémore le sacrifice de sa défunte devenue sati en se jetant dans le bûcher funéraire. Ce petit pavillon a beaucoup d'allure avec des colonnes élancées, cet arrangement de grès rouge et marbre blanc, ces sculptures, ces peintures intérieures. L'endroit est aussi plein de sérénité avec profusion de temples et de maisons anciennes, entourant le bassin, jadis réservoir du palais.

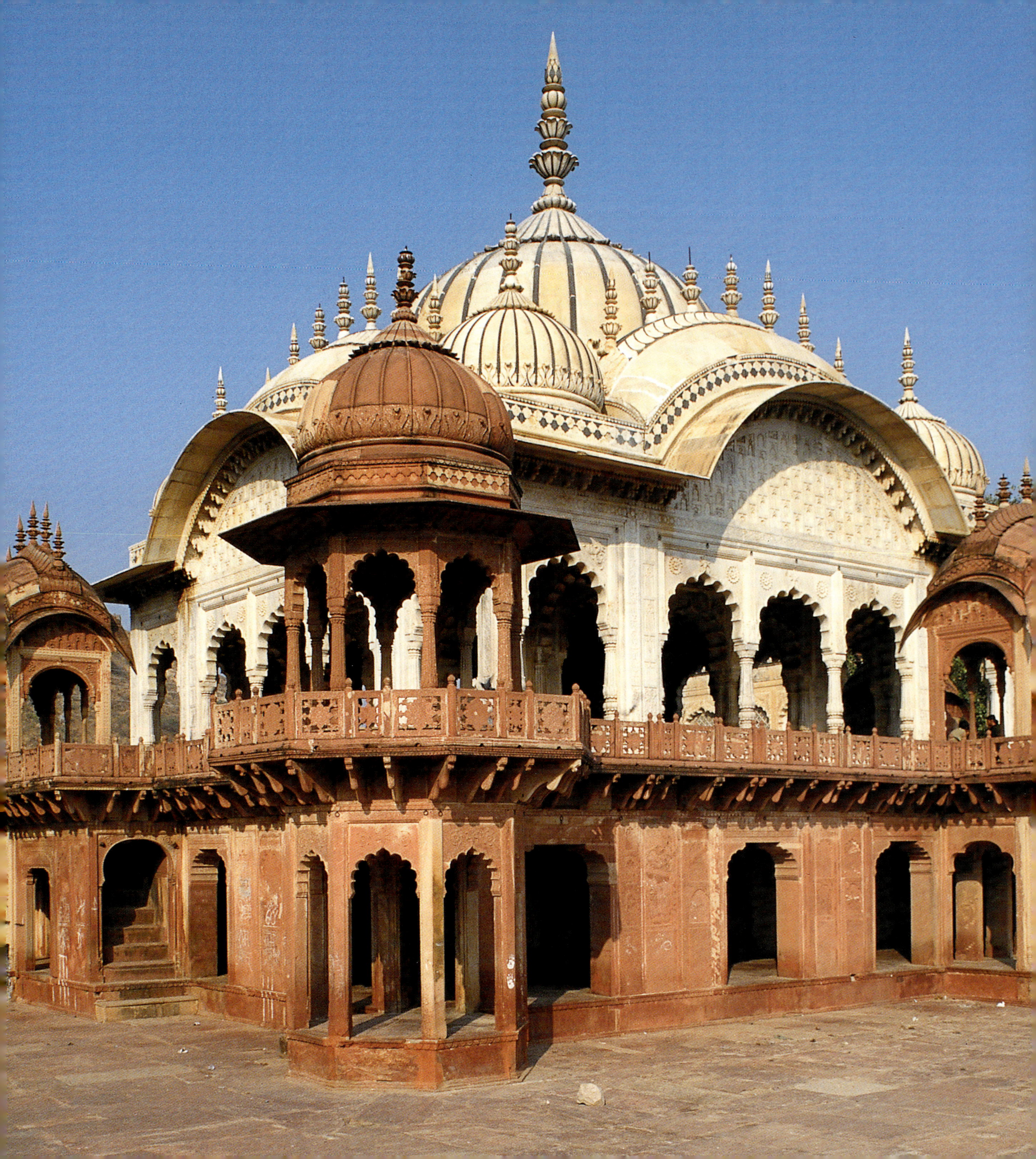

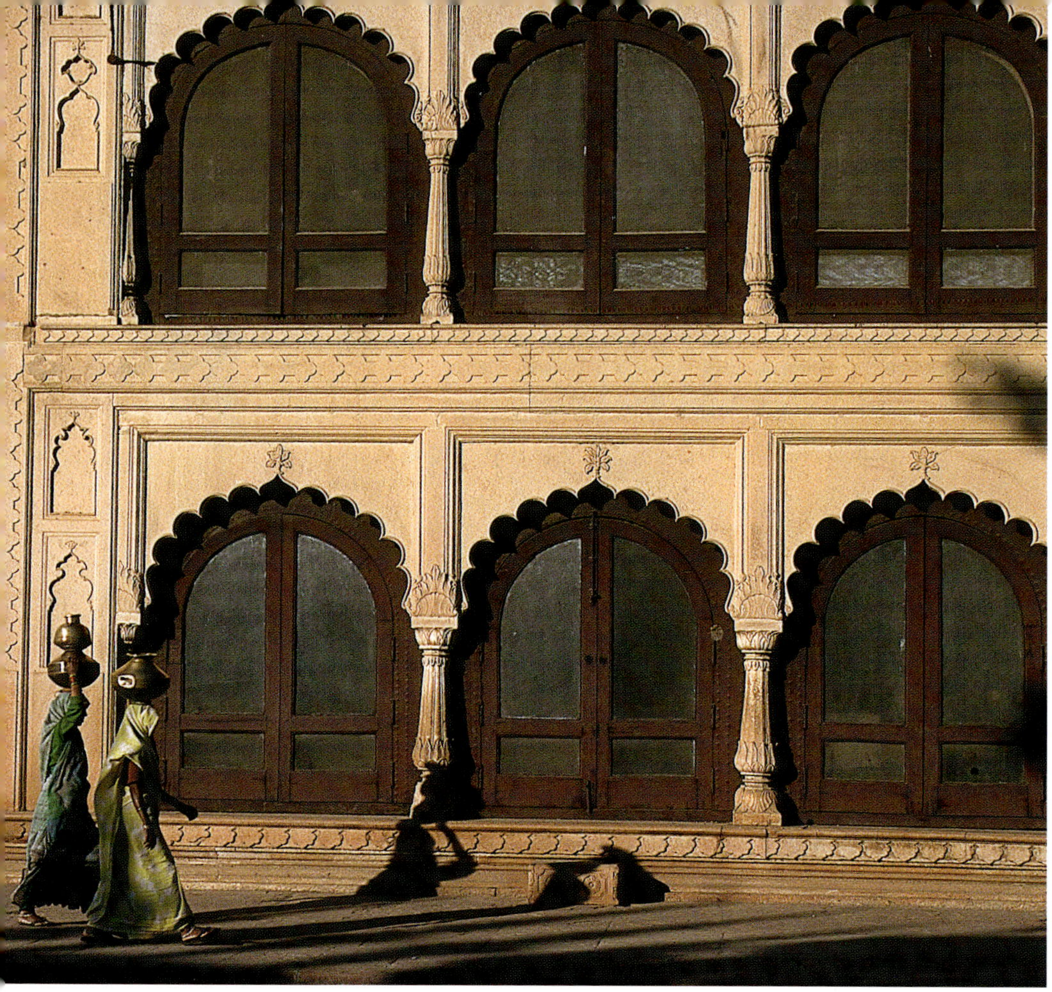

Il règne autour du palais de Deeg une sorte d'indolence qui va tellement bien avec le décor suranné fait de façades « vieux rose » et de toits bengalis suspendus au-dessus de l'eau... Derrière les arcs polylobés du palais élevé en 1763 sur un modèle moghol, sofas défraîchis, tapis mités et gramophones sans voix illustrent les derniers fards de la famille royale de Bharatpur qui quitta les lieux en 1951.

A 90 kilomètres à l'est d'Alwar, on traverse l'ancien royaume de Bharatpur où les forteresses de Lohagarh et de Ranthambhor, ainsi que le palais de Deeg, témoignent encore de la puissance des Jats, ces paysans combattants qui s'imposèrent par la force et le pillage au XVIIIe siècle. Contraints à signer la paix avec les Britanniques en 1818, les maharajas de Bharatpur avaient pris l'habitude de convier tous les généraux et lords que l'Inde comptait à l'époque à de folles parties de chasse au canard. Les invités de marque étaient véhiculés dans des Rolls Royce jusqu'au champ de bataille. La plus marquante de ces parties se déroula en novembre 1938. Organisée en l'honneur du vice-roi des Indes, lord Linlithgow, elle entraîna la tuerie de plus de 4 200 canards et autres oiseaux. De nos jours, la réserve de Keoladeo Ghana est prisée par tous les amoureux de la nature. Plus de 350 espèces d'oiseaux, dont les grues de Sibérie, s'y épanouissent en paix.

Si les Jats passaient pour de redoutables guerriers un peu rustres, le palais de Deeg est là pour apporter un bémol à cette réputation. La résidence d'été voulue par le maharaja Badan Singh vers 1730 est d'un grand raffinement. On peut visiter le bâtiment principal, le Gopal Bhawan, où presque rien ne semble avoir changé depuis le départ de la famille royale de Bharatpur en 1951. Le mobilier est resté là. Les sofas sont juste un peu mités ! En sortant, les jardins moghols agrémentés de bassins et de 500 fontaines un peu « fatiguées » évoquent le temps lointain où jaillissaient des jets d'eau aux couleurs de l'arc en ciel, lors de fêtes royales.

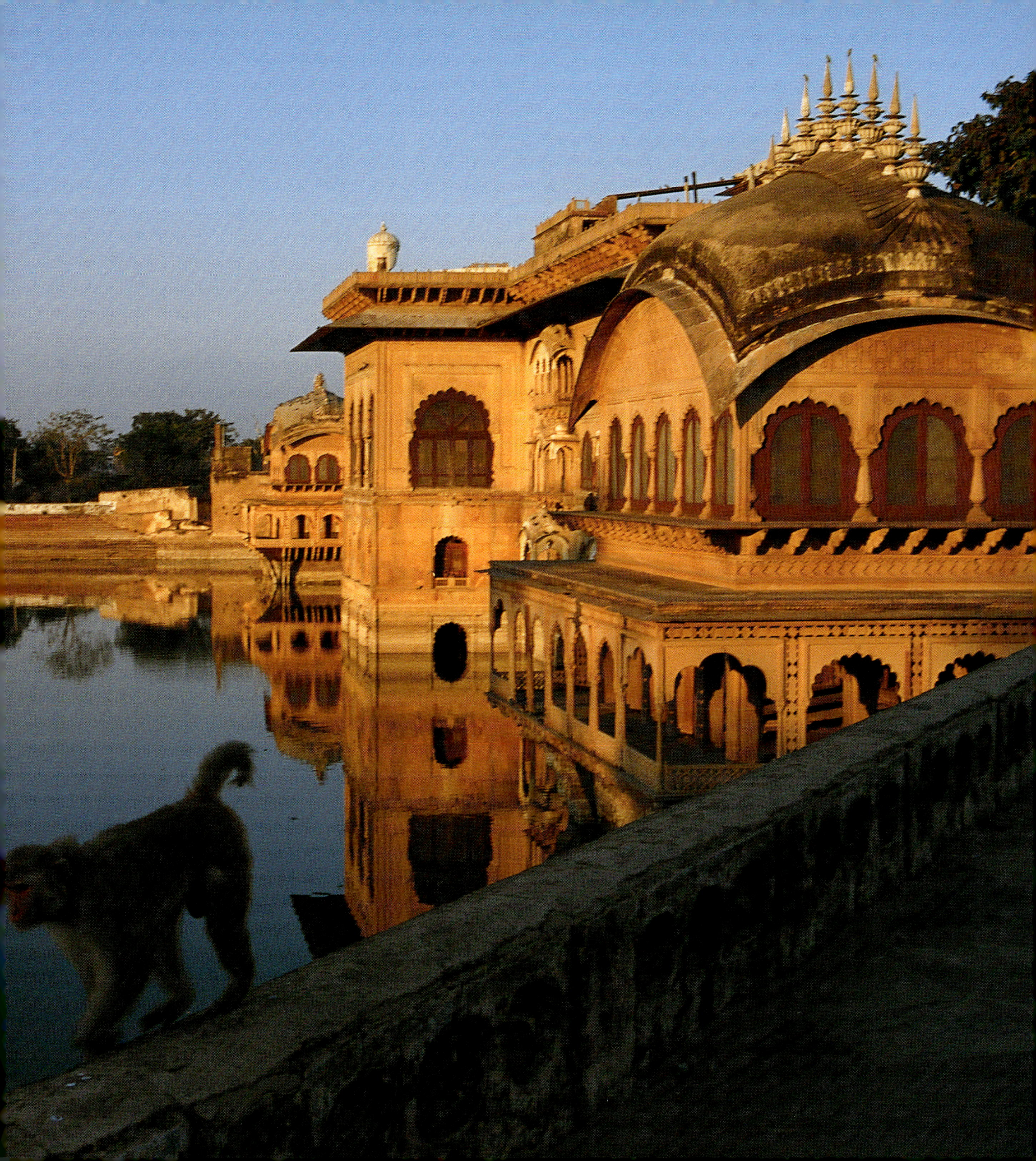

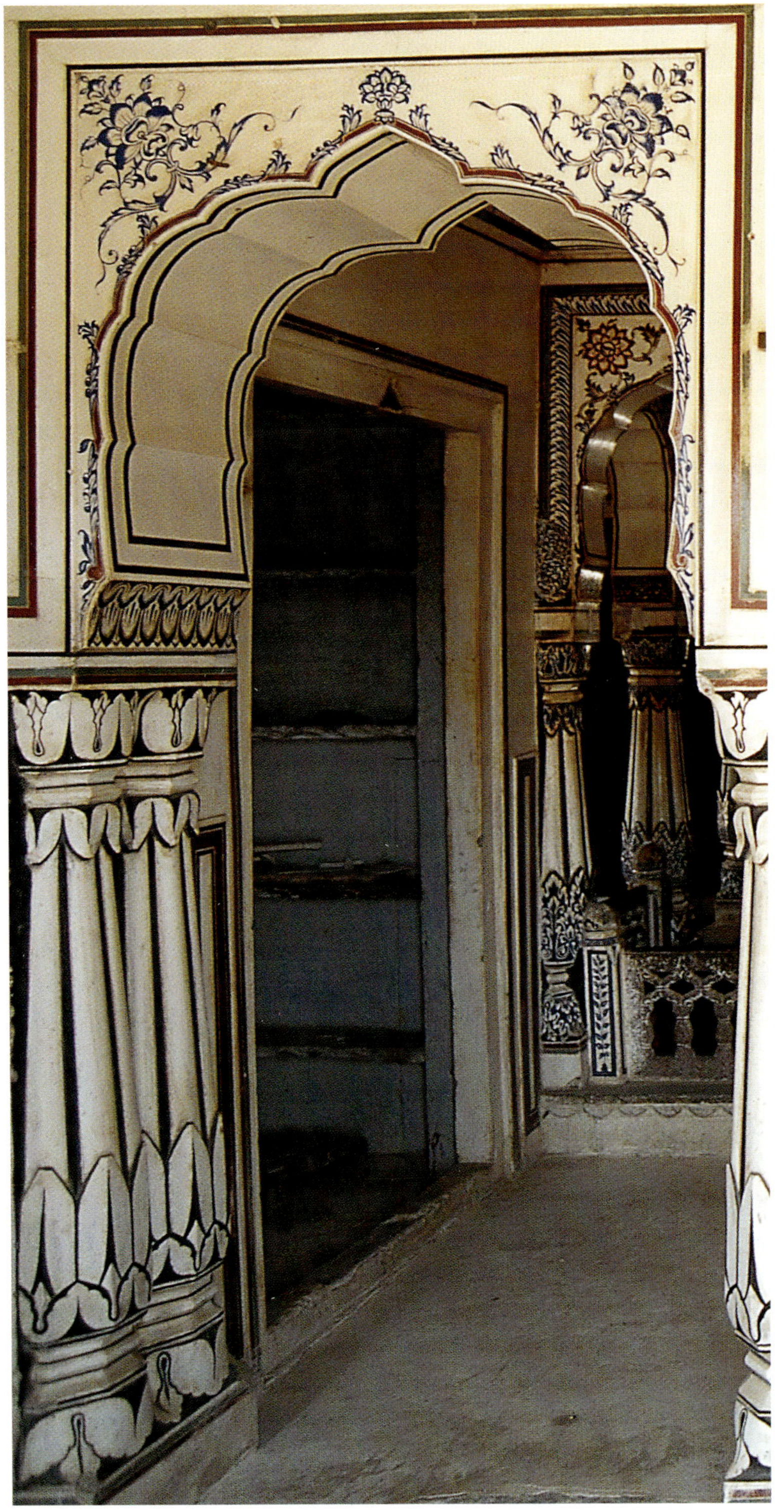

En cours de restauration, l'ancienne demeure royale de Tonk, seul royaume musulman de l'ancien Rajputana, est comme un cadeau tombé du ciel. Au premier étage, la Sunehri Kothi (maison Dorée) dévoile des murs et des plafonds couverts de remarquables mosaïques de miroirs et de fragments de verre peints.

Direction Tonk, à 95 kilomètres au sud-est de Jaipur. Le bus local stoppe en général devant la mosquée. Entouré de gamins, l'imam a pris l'habitude d'accueillir les étrangers avec chaleur et se transforme pour quelques minutes en guide intarissable. L'histoire retient que Tonk était un État musulman dont Ibrahim Khan, issu de la tribu des Pathan, fut le premier *nawab* (seigneur musulman).

Si les chercheurs viennent de très loin pour consulter dans la bibliothèque de la ville de précieux manuscrits arabes et persans décorés d'or et de rubis, les amoureux des vieilles pierres font en général le voyage pour l'ancienne demeure royale, la Sunehri Kothi (maison Dorée) en cours de restauration. Un vrai bijou de petit palais à deux niveaux. Les murs et les plafonds du premier étage sont égayés de parcelles de miroirs et de verre peint de toute beauté. Mais l'âme de Tonk est ailleurs. Au détour d'une venelle, on découvre la demeure simple mais tellement authentique de la famille du dernier *nawab* qui régna jusqu'en 1948 : Ibrahim Khan. Ils sont tous là, jeunes et vieux. Que de souvenirs à raconter !

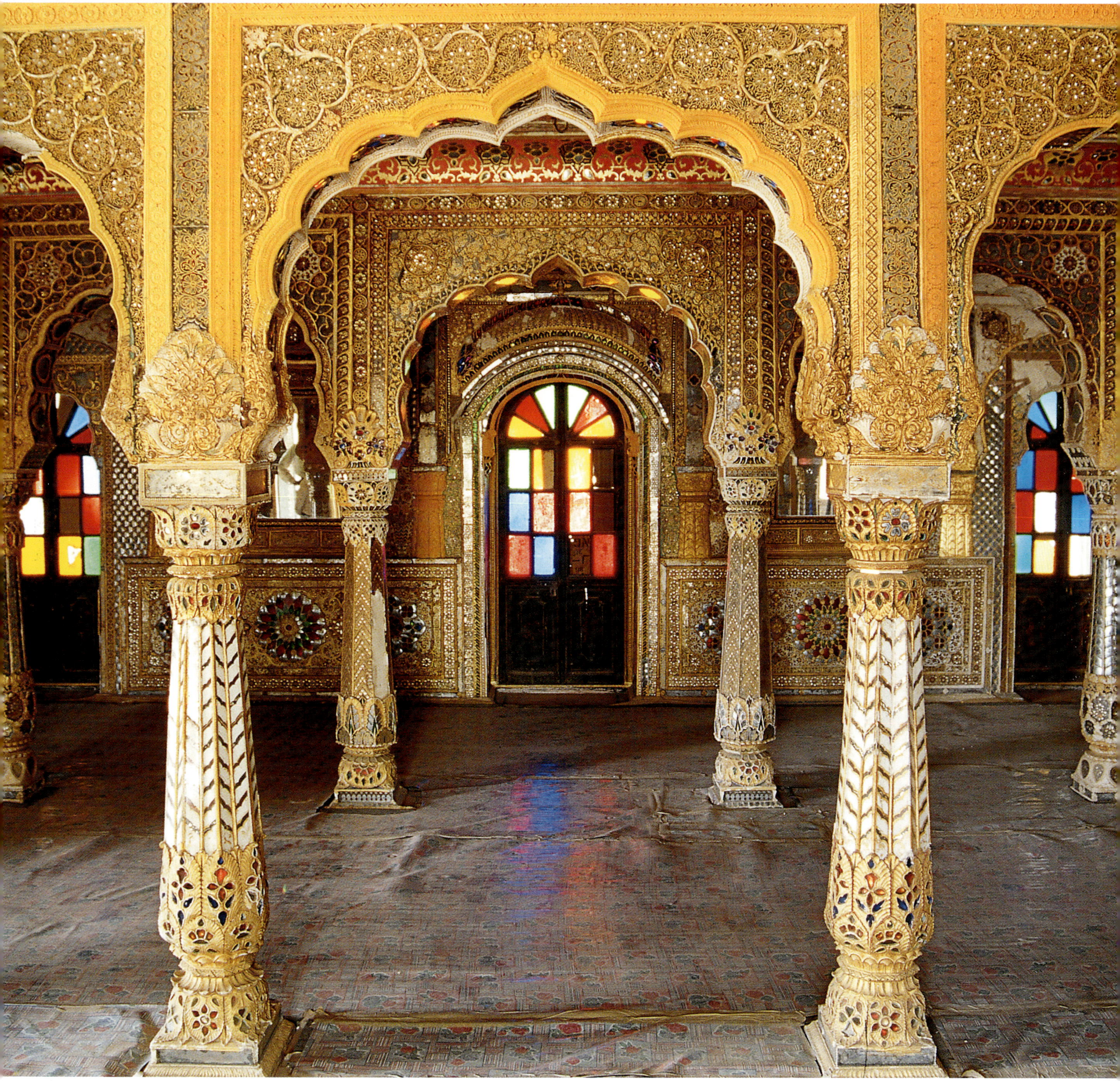

LES FORTERESSES-HÔTELS DE NEEMRANA, KARNI FORT, DEVI GARH ET SAMODE

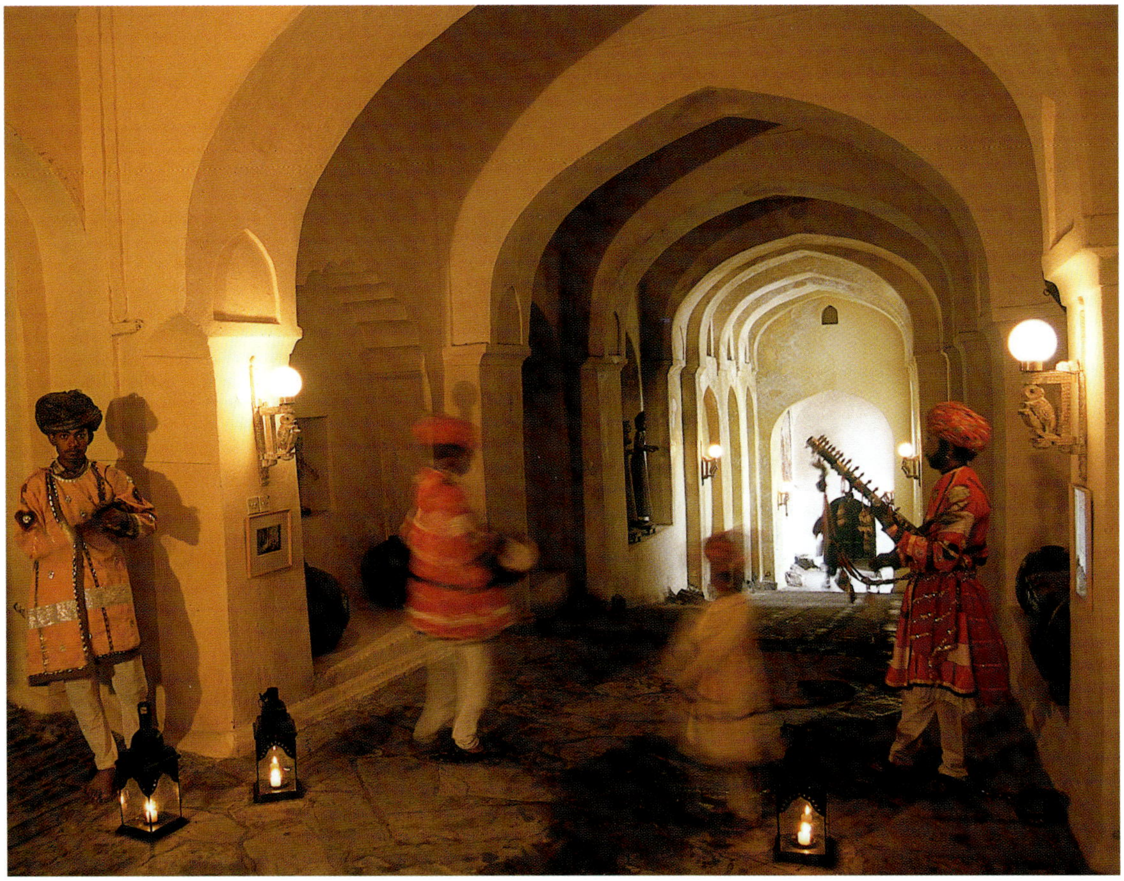

Bienvenue à Neemrana.

Que la fête commence… Feu les éléphants de combat, les chevaux et les dromadaires, l'entrée de cette impressionnante forteresse rajpute du XVe siècle n'accueille plus que des visiteurs en quête de repos. Remise en état, consolidée, aménagée, habitée, Neemrana a retrouvé sa magnificence d'antan avec ses huit étages de balcons ajourés et des toits bengalis.

Usées par tant de combats, de résistance héroïque face à l'ennemi souvent moghol ou marathe, certaines forteresses ont eu des fins de vie heureuses grâce à des mécènes attentifs au patrimoine. En bordure de la route assez pénible reliant Delhi à Jaipur, l'imposante bâtisse de Neemrana, à flanc de montagne, a captivé le regard de l'écrivain français Francis Wacziarg qui passait par-là. Ayant eu pitié pour cette triste ruine pourtant altière du milieu du XVe siècle, celui qui vit en Inde depuis très longtemps a pu l'acquérir en 1986, en s'associant avec un ami indien, Aman Nath. Ils mirent des années à remodeler bastions, tourelles, murailles qui dévalent les rochers sur dix étages, pour en faire une demeure idéale de week-end avec des suites vraiment épatantes meublées d'antiquités indiennes de belle signature. Les ambassadeurs apprécient !

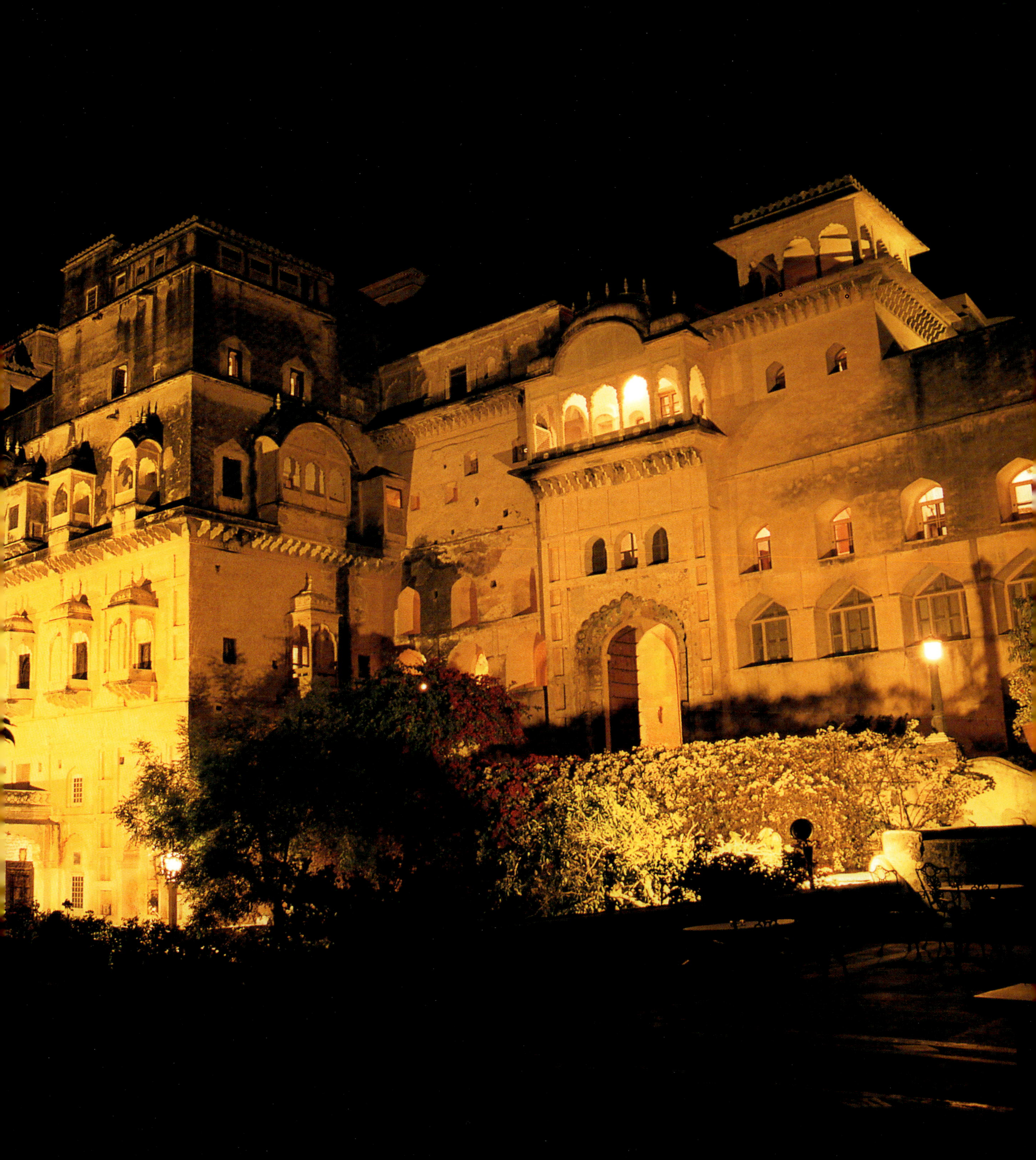

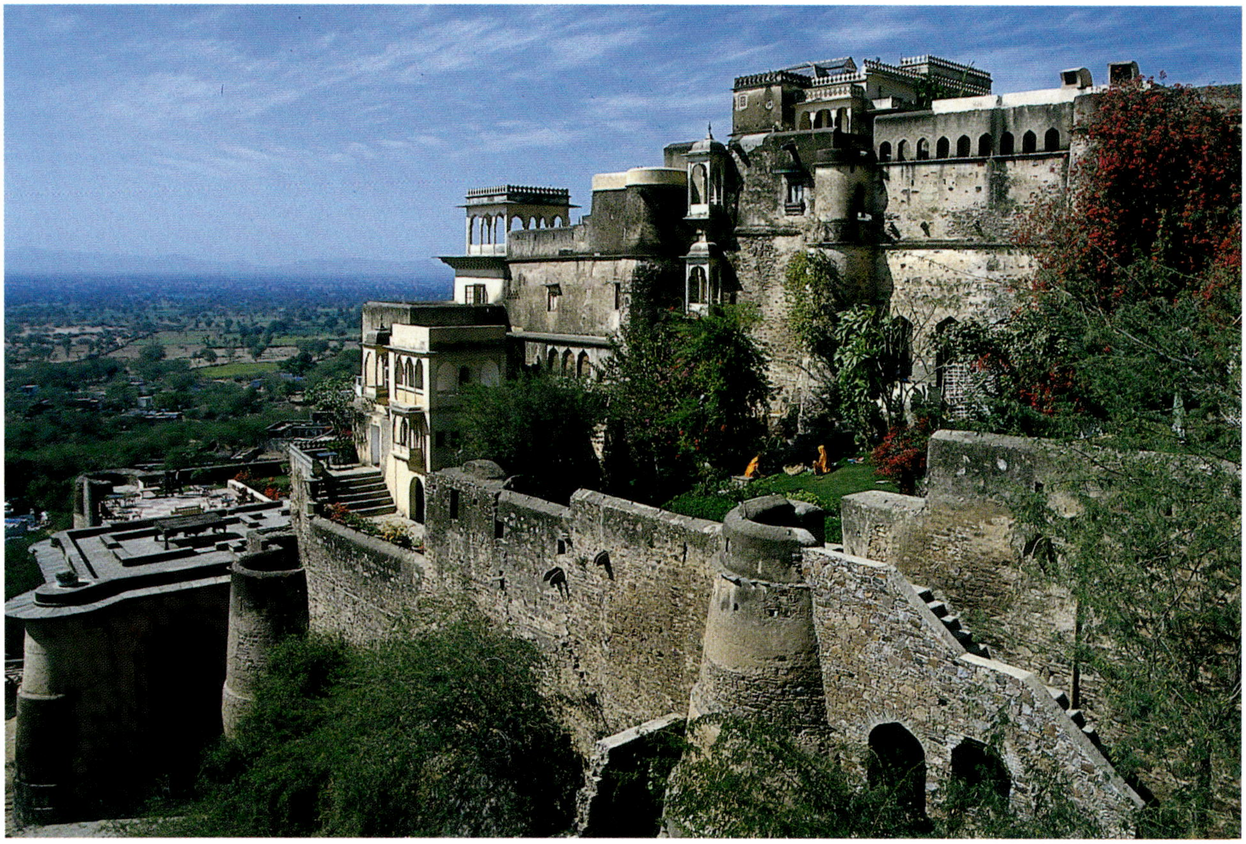

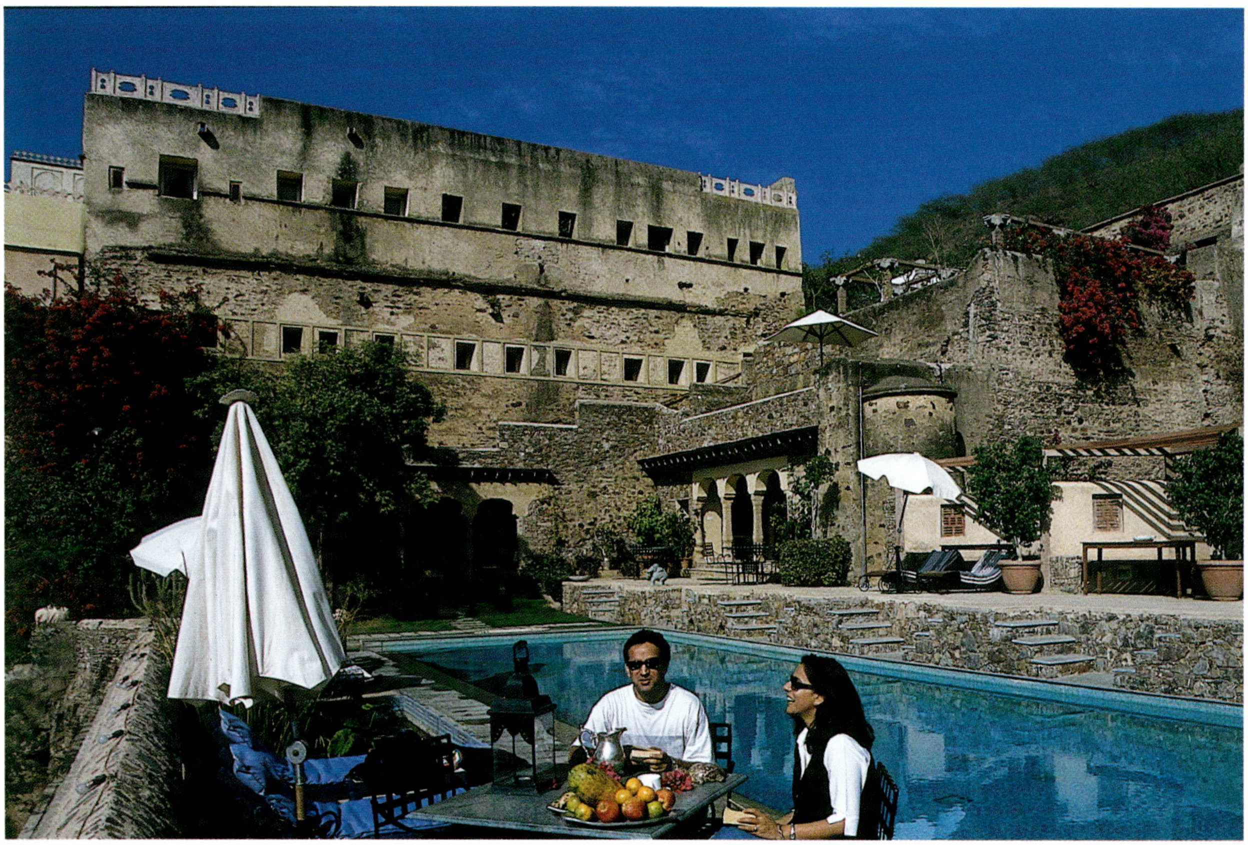

A la fois mécènes et designers, Aman Nath et Francis Wacziarg ont complètement remis sur pied cette forteresse rajpute presque en ruine, plantée dans une région sans grand intérêt. Petit miracle ! Aujourd'hui, Neemrana n'entend plus que des hommages avec sa piscine, ses soins Ayurvedic, ses suites douillettes aux arcs polylobés et au mobilier indien rustique. Bravo !

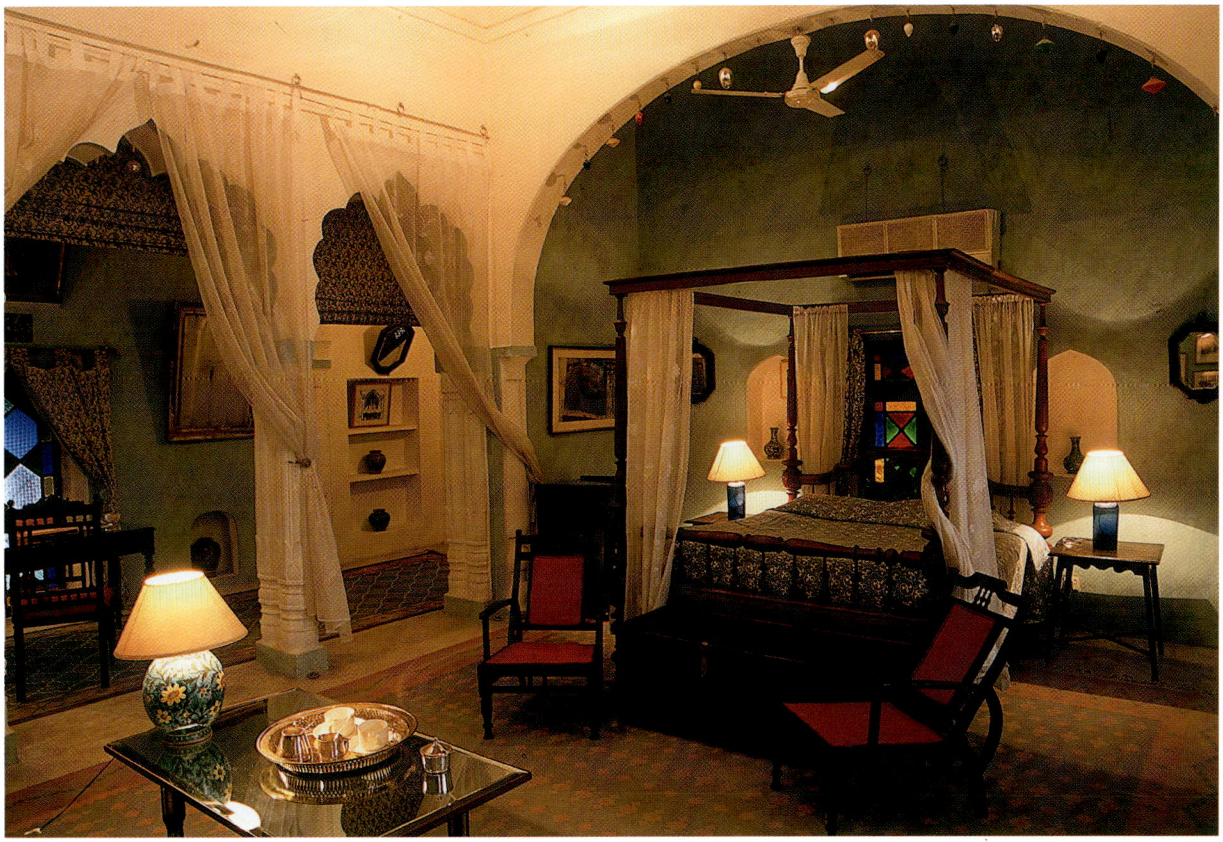

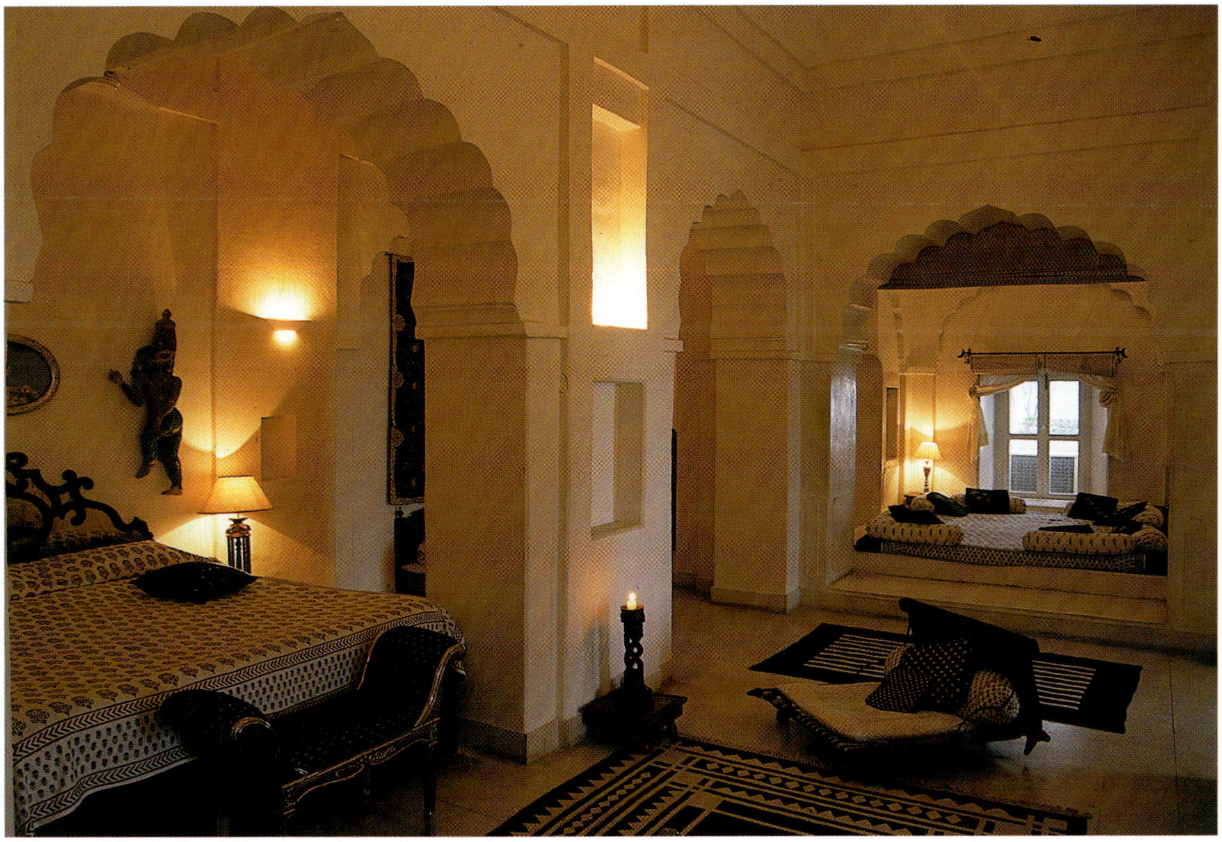

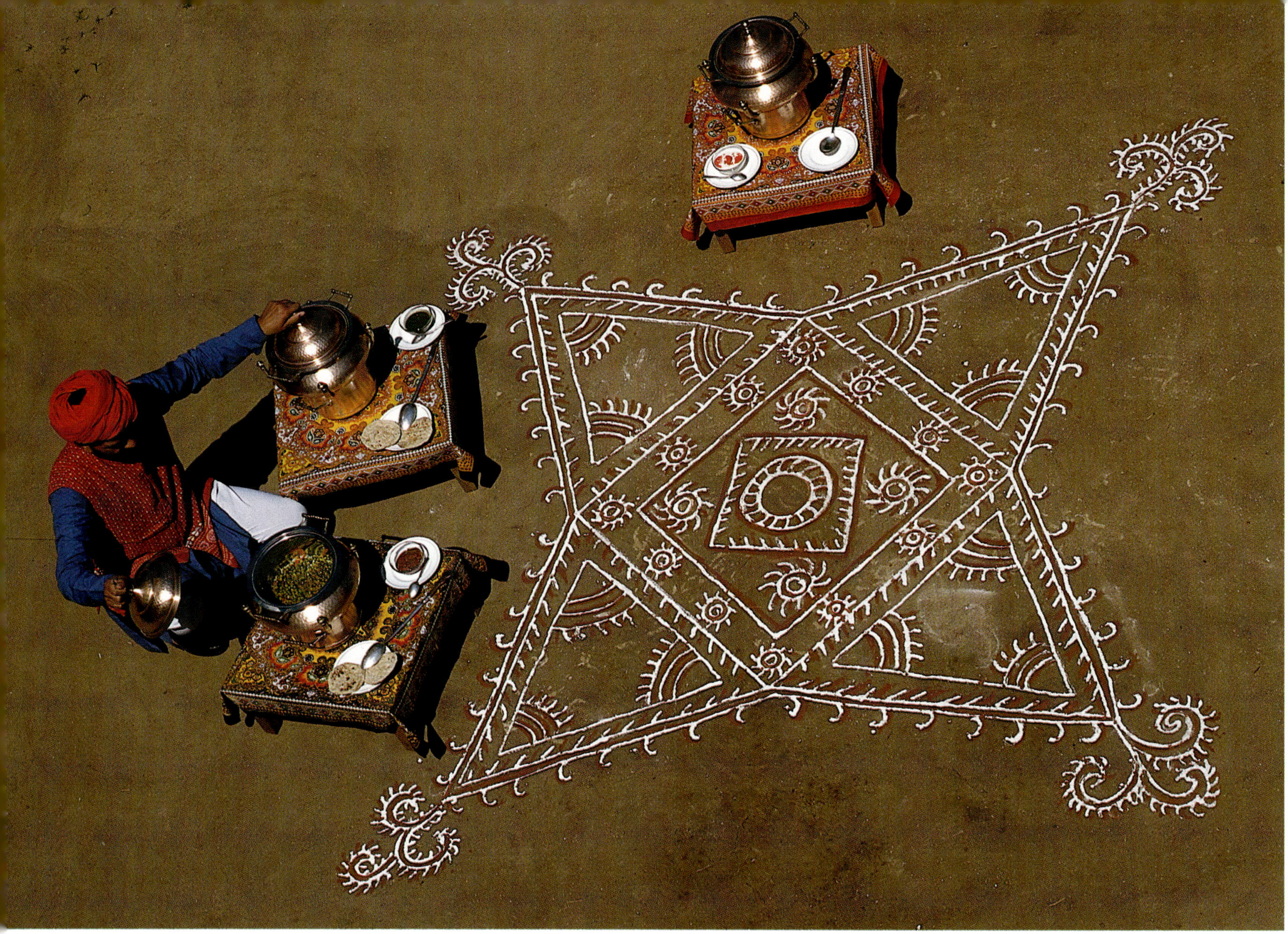

Bambora est une petite bourgade perdue, à une cinquantaine de kilomètres au sud-est d'Udaipur. On tombe pourtant en arrêt à l'approche du fort médiéval, Karni Fort, juché avec panache sur une colline. Nos châteaux de la Loire n'ont qu'à bien se tenir ! La forteresse était en bien piteux état quand le secrétaire particulier et grand ami personnel du maharaja de Jodhpur, le thakur Sunder Singh, décida de le remettre en état à grands frais. Ayant hériter de l'esprit chevaleresque d'un vrai Rajput, il l'offrit en cadeau à son épouse qui avait eu le coup de foudre pour le fort. Celui qui avait tenu en échec les Moghols est aujourd'hui une halte de qualité pour les amateurs d'authenticité, offrant le confort de 30 suites et chambres d'une décoration parfaite. La piscine tout en marbre, au milieu des jardins, est la coqueluche des visiteurs. L'ambiance est familiale : le thakur, son épouse thakurani Chanda Kanwar de Sodawas et leur fils Vicku accueillent les clients avec chaleur et enthousiasme.

Bienvenue à Karni Fort.

Impossible de ne pas tomber sous le charme de Karni Fort qui pointe ses tourelles dans la région d'Udaipur. Ce château du XVIIIe siècle fut donné il y a des lustres au Rana Sanwat Singh de Salumber par les maharajas de Sisodias. Oublié, presque tombé en désuétude, il a été métamorphosé en étape de charme par la volonté du thakur Sunder Singh et de sa femme. Chaque suite est un petit bijou à la gloire de l'art indo-musulman.

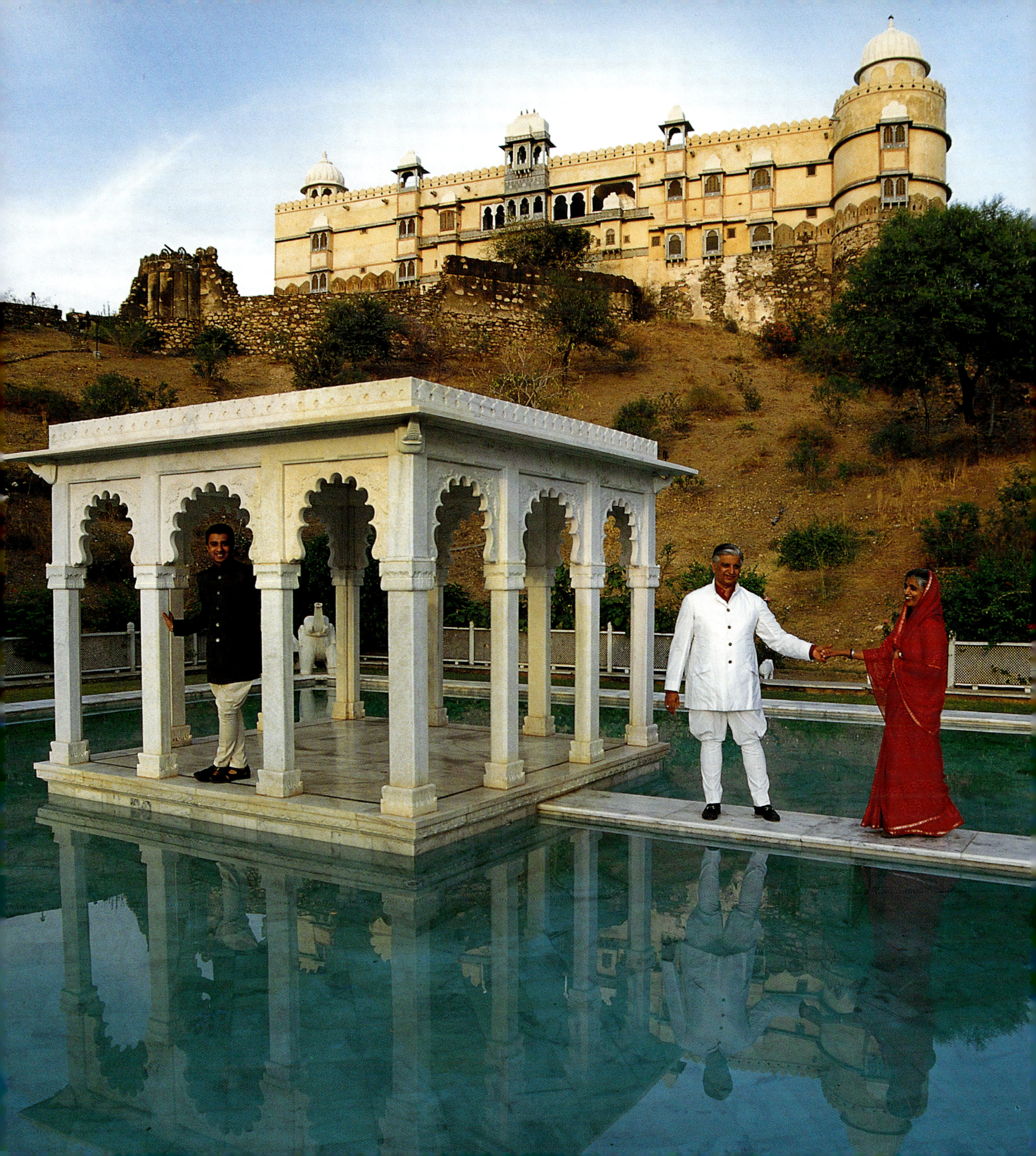

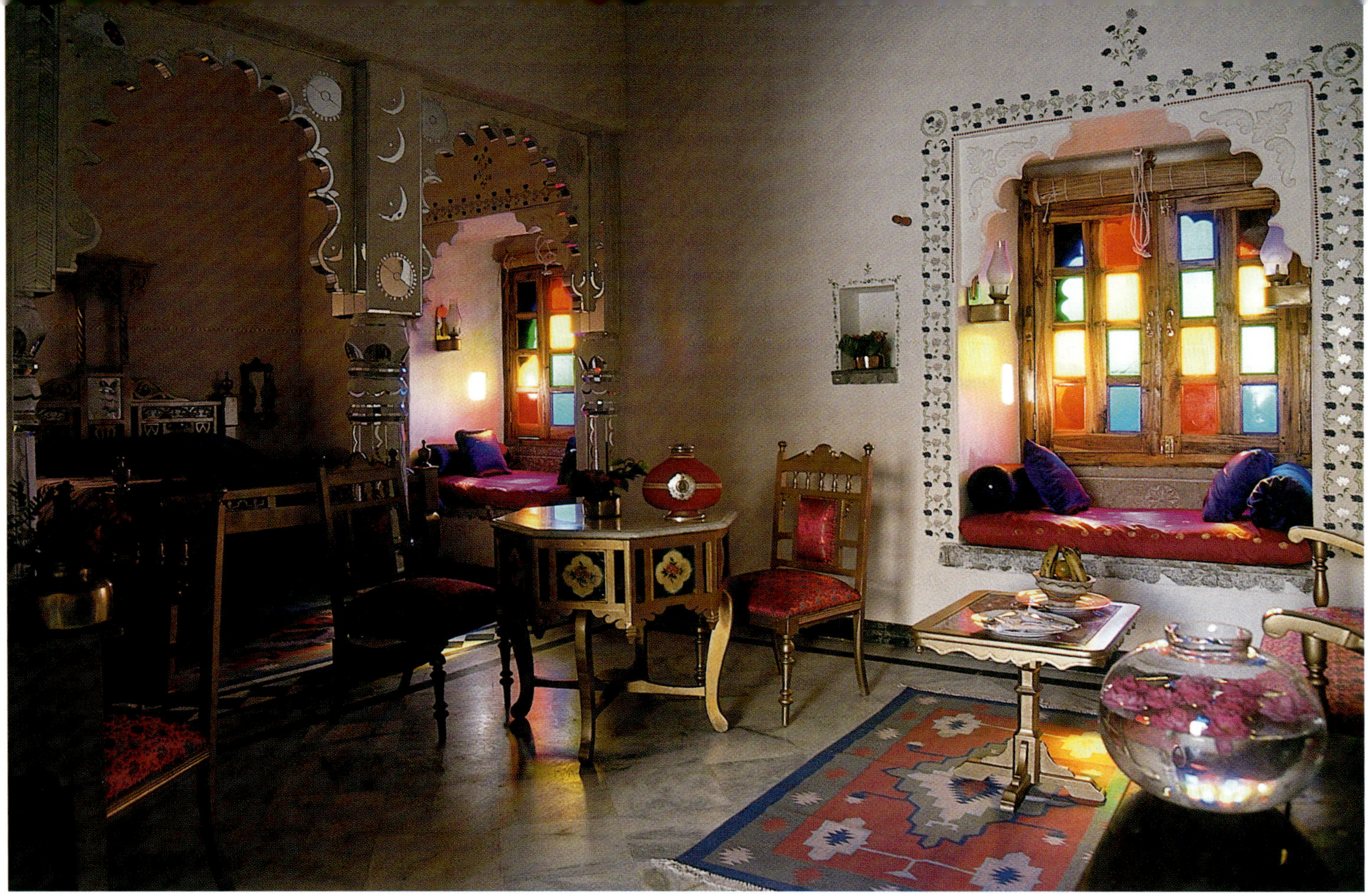

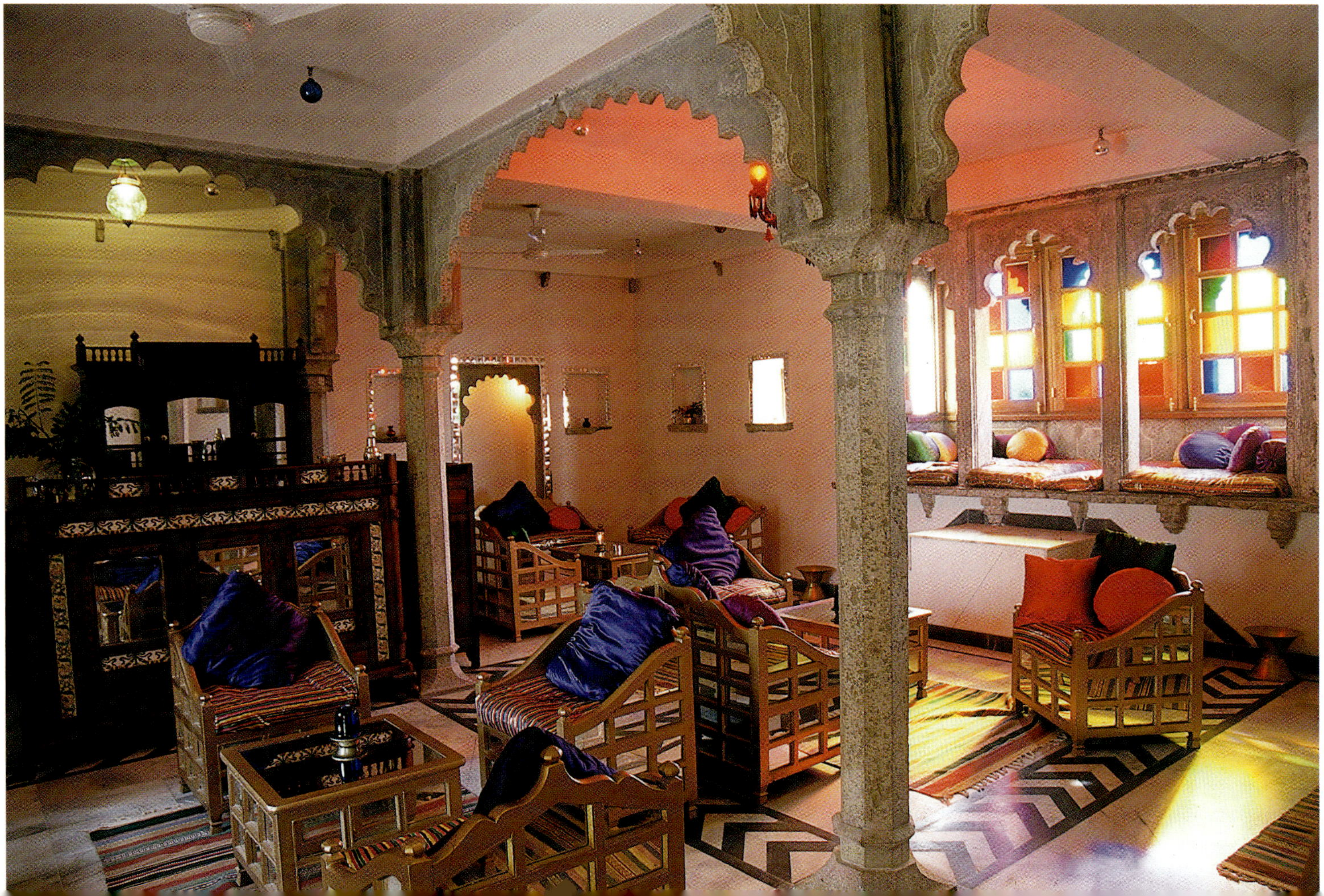

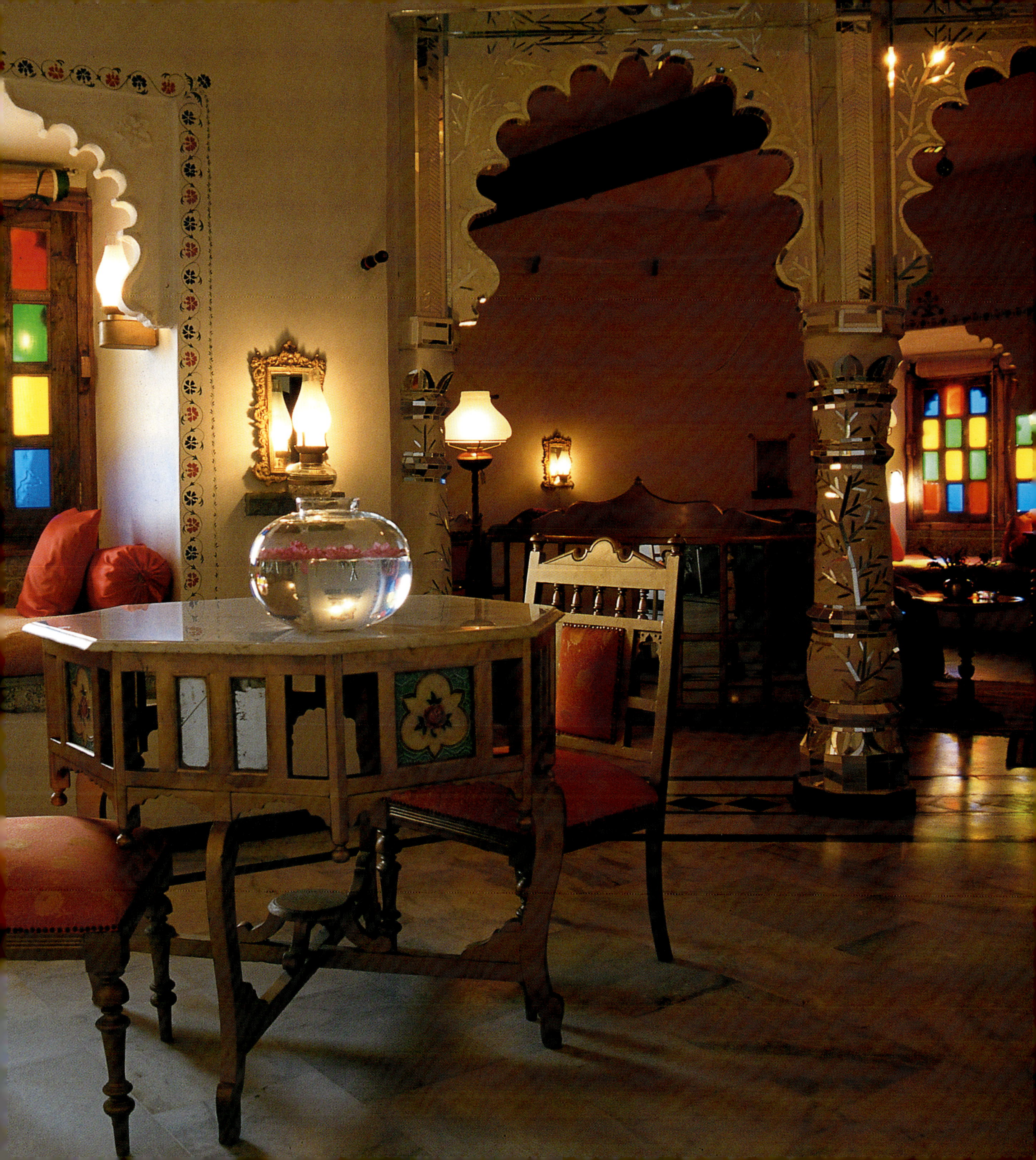

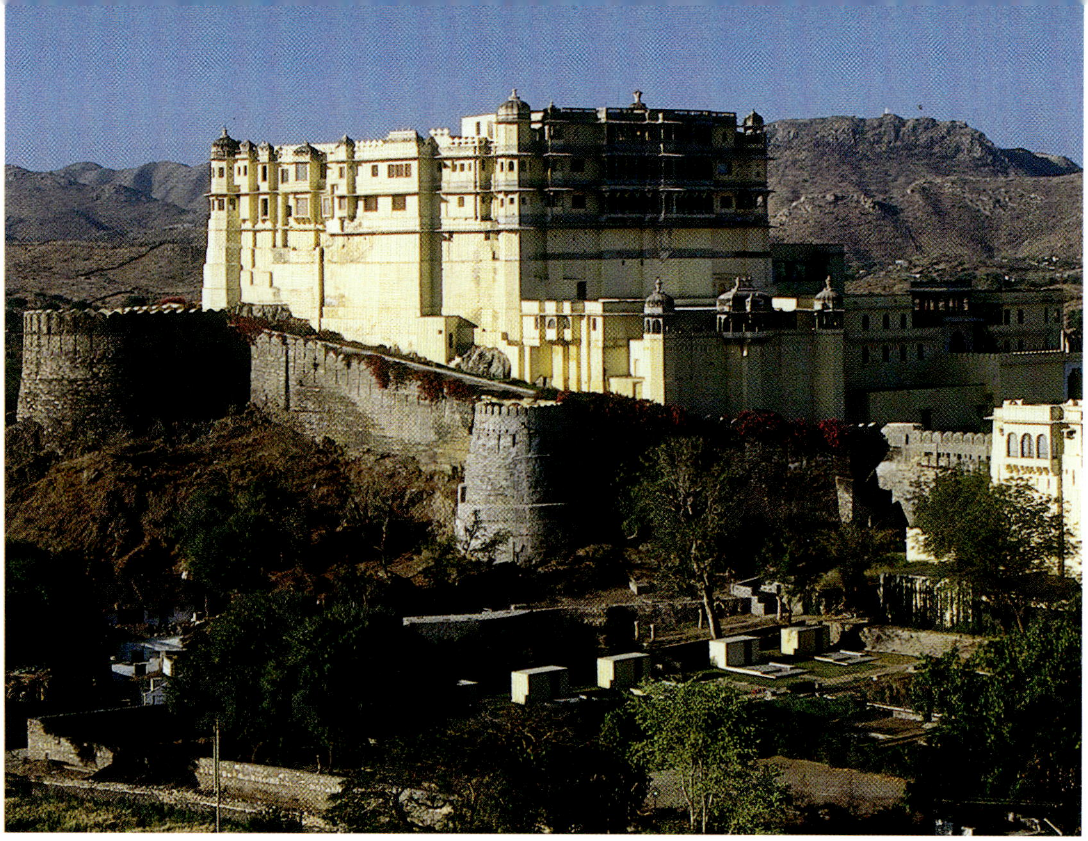

Bienvenue à Devi Garh.

Cette altière forteresse rajpute du XVIe siècle a été reconvertie en palais-hôtel minimaliste grâce au talent de sa propriétaire Lekha Poddar passionnée d'architecture et de décoration. Elle se dit très influencée par l'Asie, plus particulièrement le Japon. Ci-contre, la sobriété du grand salon, ancien durbar hall *où le raja rassemblait sa cour.*

Plus fort encore, le nouveau visage de Devi Garh, seul palais minimaliste de l'Inde. Rien que ça ! C'est une adresse rare qui s'échange dans les soirées branchées de la jet set à Bombay et à Delhi. Quelques familles indiennes triées sur le volet viennent y déguster « religieusement » un café, pour voir cette drôle de forteresse. Hôtel ou palais ? En tout cas, aucune publicité visible. Le seul nom Devi Garh avec le logo de triangles inscrits dans des cercles prévient le visiteur à la sortie d'Udaipur. L'hôtel n'est d'ailleurs connu que de quelques touristes relativement fortunés. Perché au-dessus du gros bourg de Delwara, à 28 kilomètres au nord-est d'Udaipur, cette forteresse rajpute ne semble pas avoir subi les assauts du temps. L'intérieur est pourtant une véritable métamorphose proposant 23 suites au style épuré aux plus chanceux (si vous avez le choix, optez pour la suite 34, un petit duplex bourré de charme !). La décoration est à la fois sobre et très sophistiquée. Côté détente : piscine découverte, massage Ayurvédic, yoga au petit matin... 150 serviteurs bichonnent le séjour. Le rêve ! Abandonné depuis 1960 par la famille d'un certain noble, Rajrana Khuman Singh, ce château du désert, qui avait soutenu le siège contre les Moghols, était comme tombé aux oubliettes. Il y a quelques années, Lekha Poddar passionnée par la décoration (et réellement très douée) tomba pourtant sous le charme et conçut ce formidable palais-hôtel minimaliste, pour le bonheur des hôtes et des habitants du village qui travaillent ici. Elle et son mari firent aménager sept barrages pour apporter de l'eau aux récoltes des paysans de la région désertique et une route nouvelle a été dessinée pour ne pas déranger les habitants.

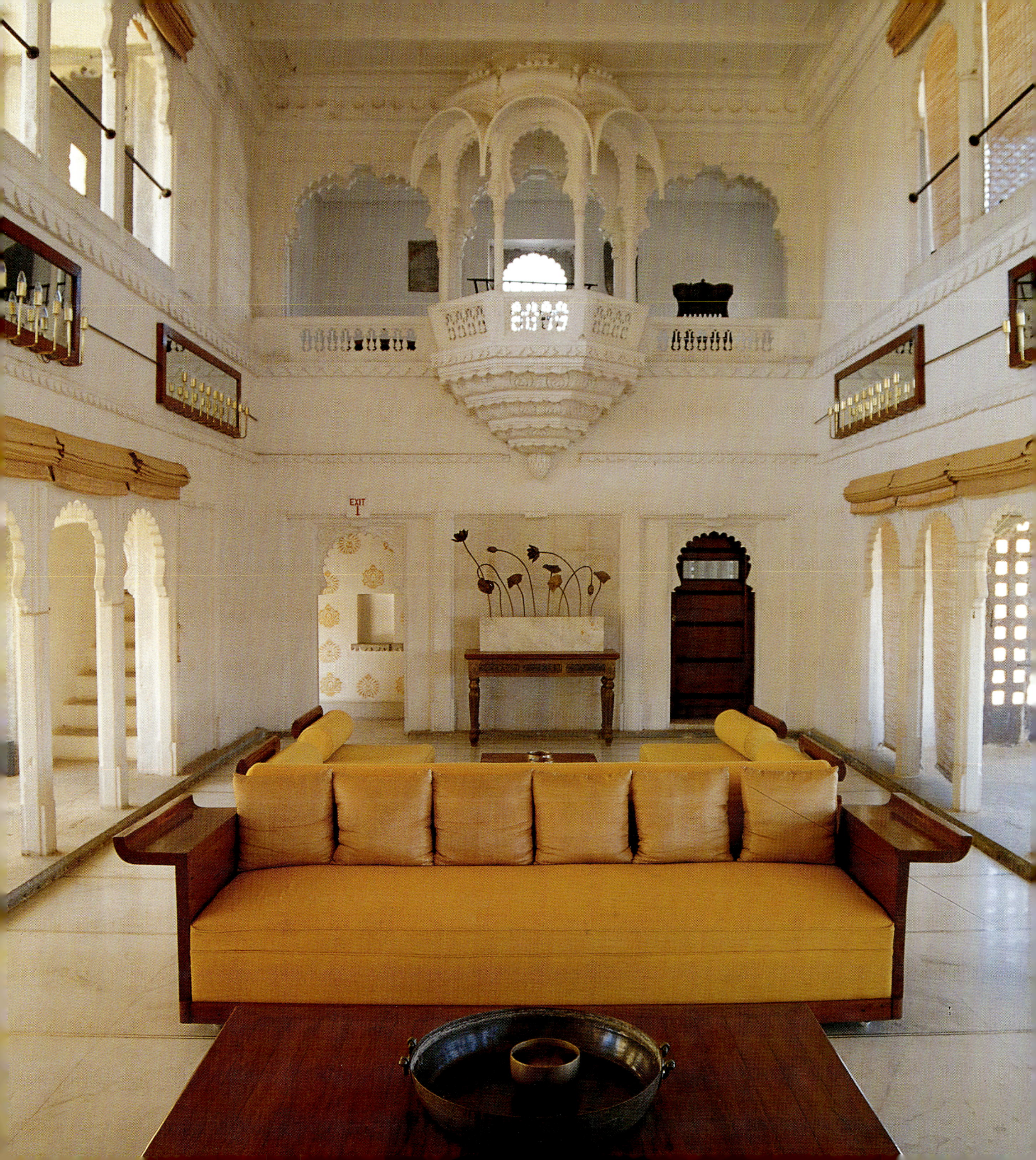
EXIT

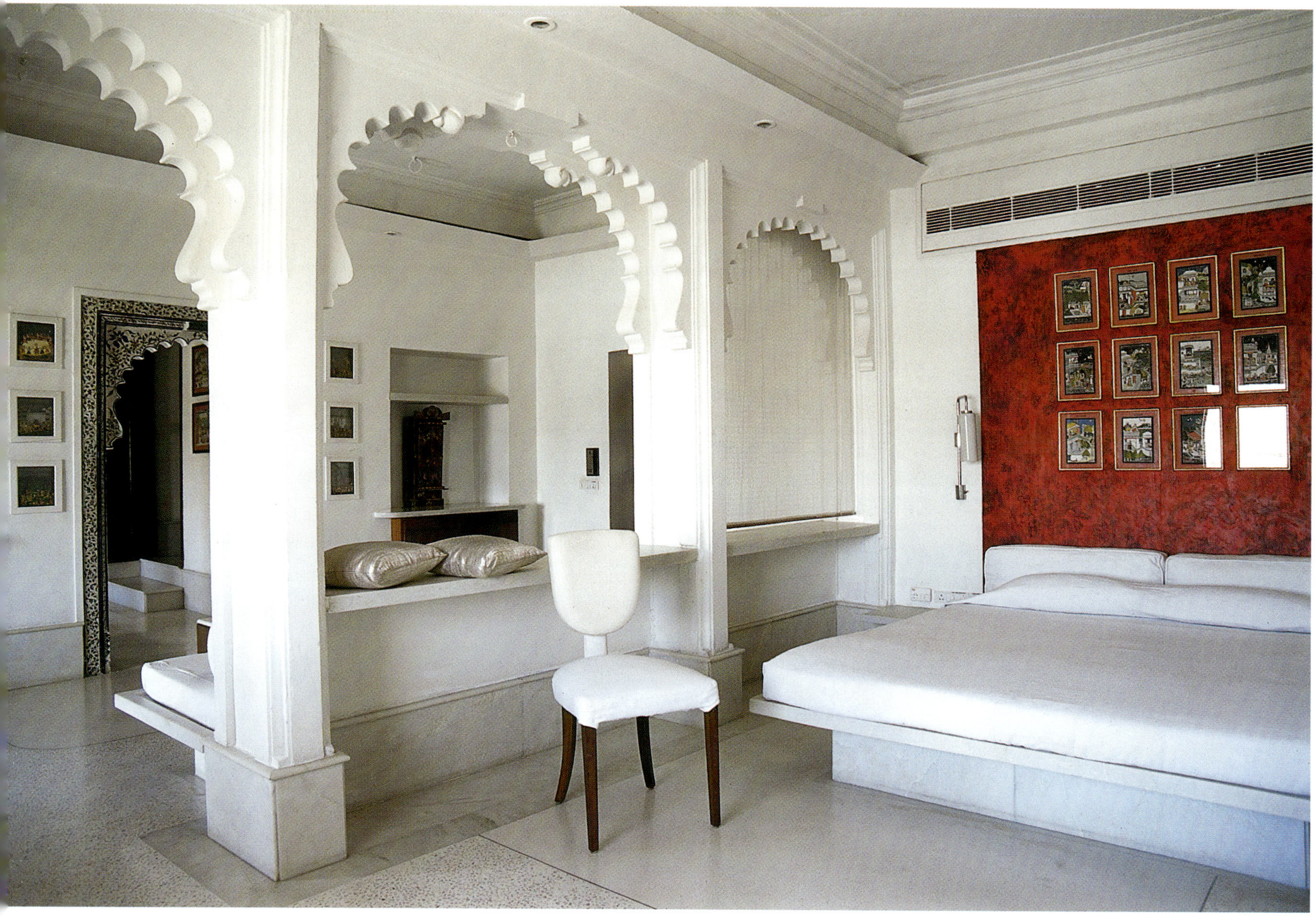

Même si l'on retrouve partout à Devi Garh des murs et des canapés blancs immaculés, chacune des vingt-trois suites possède une forte personnalité. Au-dessus du lit de la Suite 43, on trouve un ensemble de douze miniatures représentant les mois de l'année (ci-dessus). Page 155, *la Suite Aravali 34, avec un mur couvert de fleurs de lotus stylisées.*

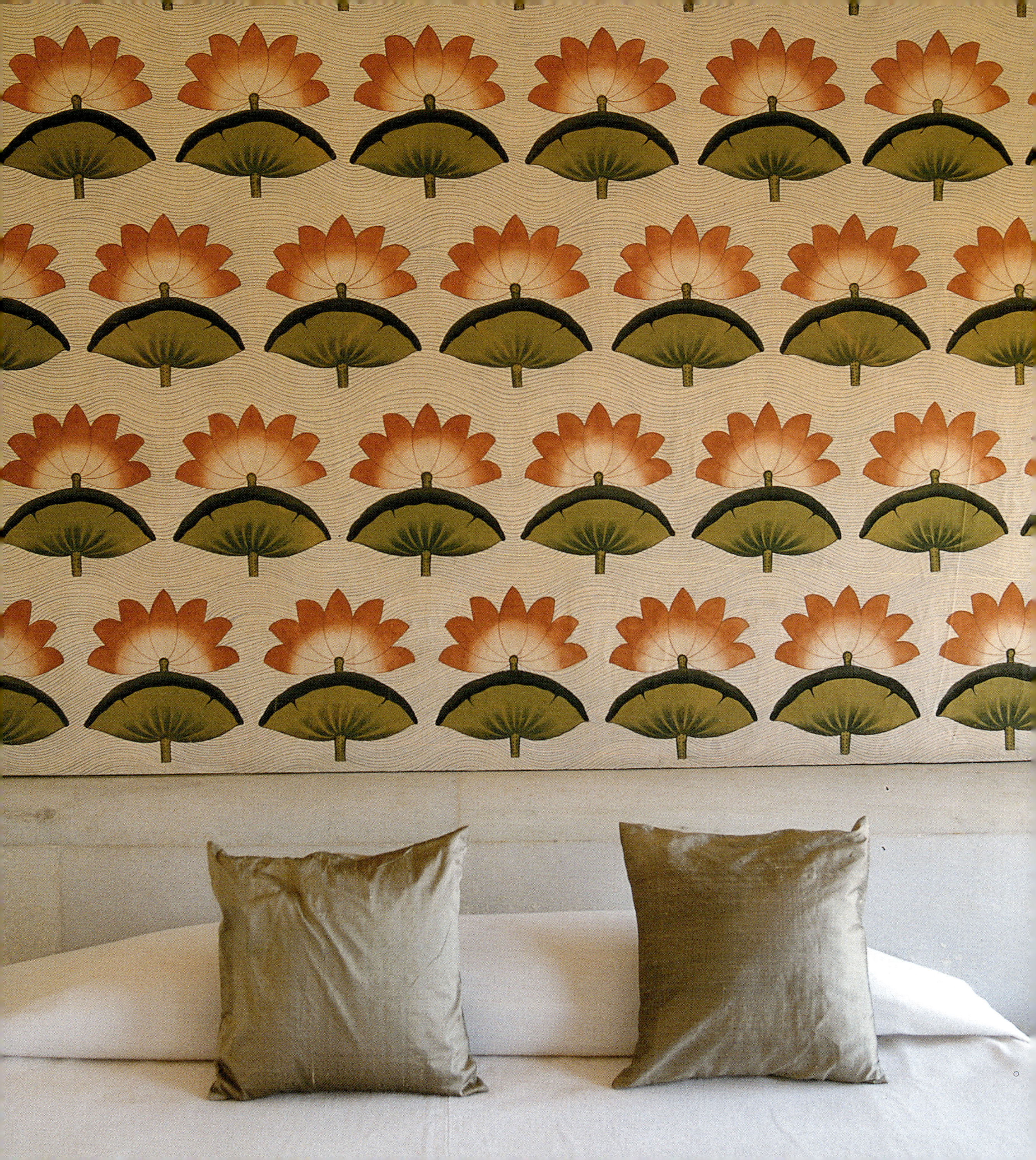

Devi Garh est vite devenue l'une des adresses les plus courues de l'Inde. Désertée en 1960, rachetée et « minimalisée » avec succès par la famille Poddar en 1986, elle offre aujourd'hui un univers contrasté entre tradition et modernité. Ambiance festive dans l'ancien palais aux miroirs, le shish mahal.

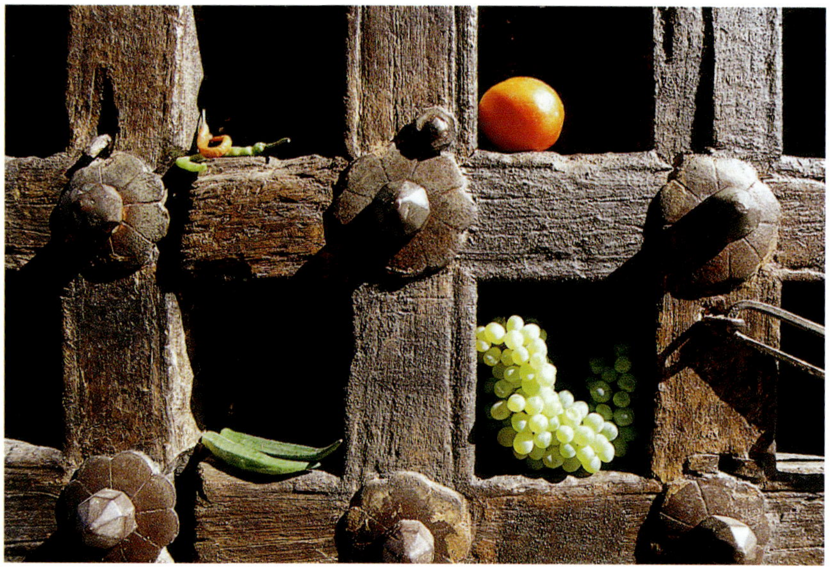

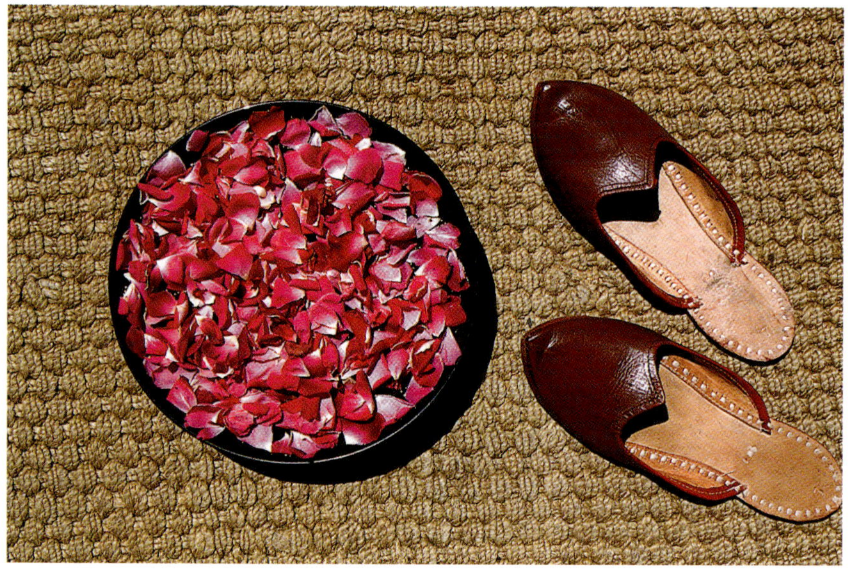

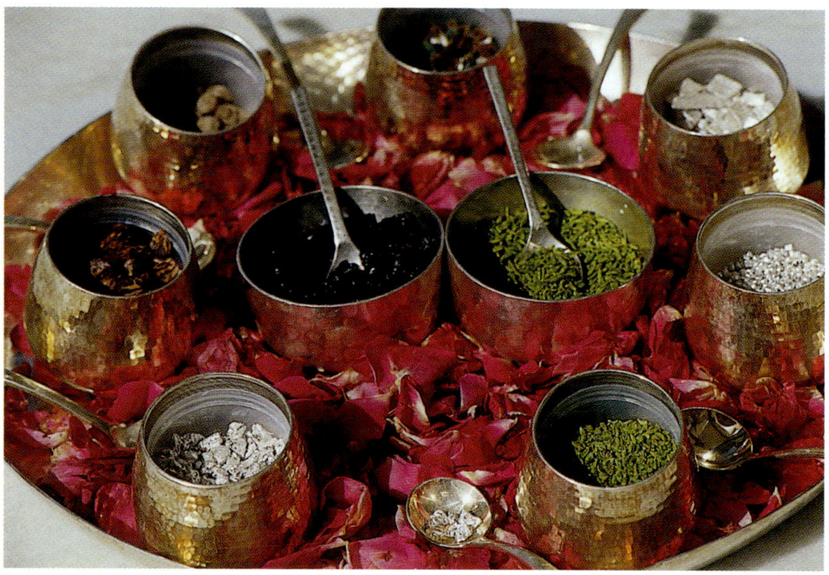

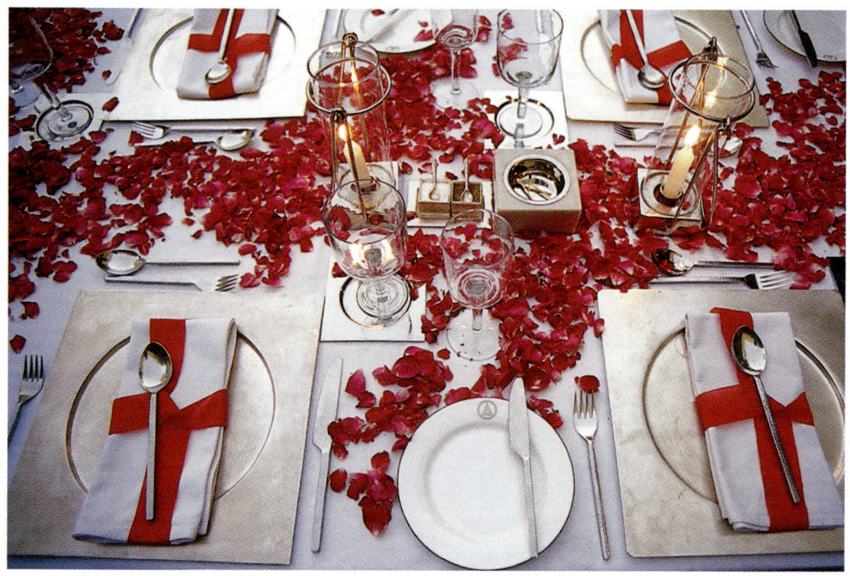

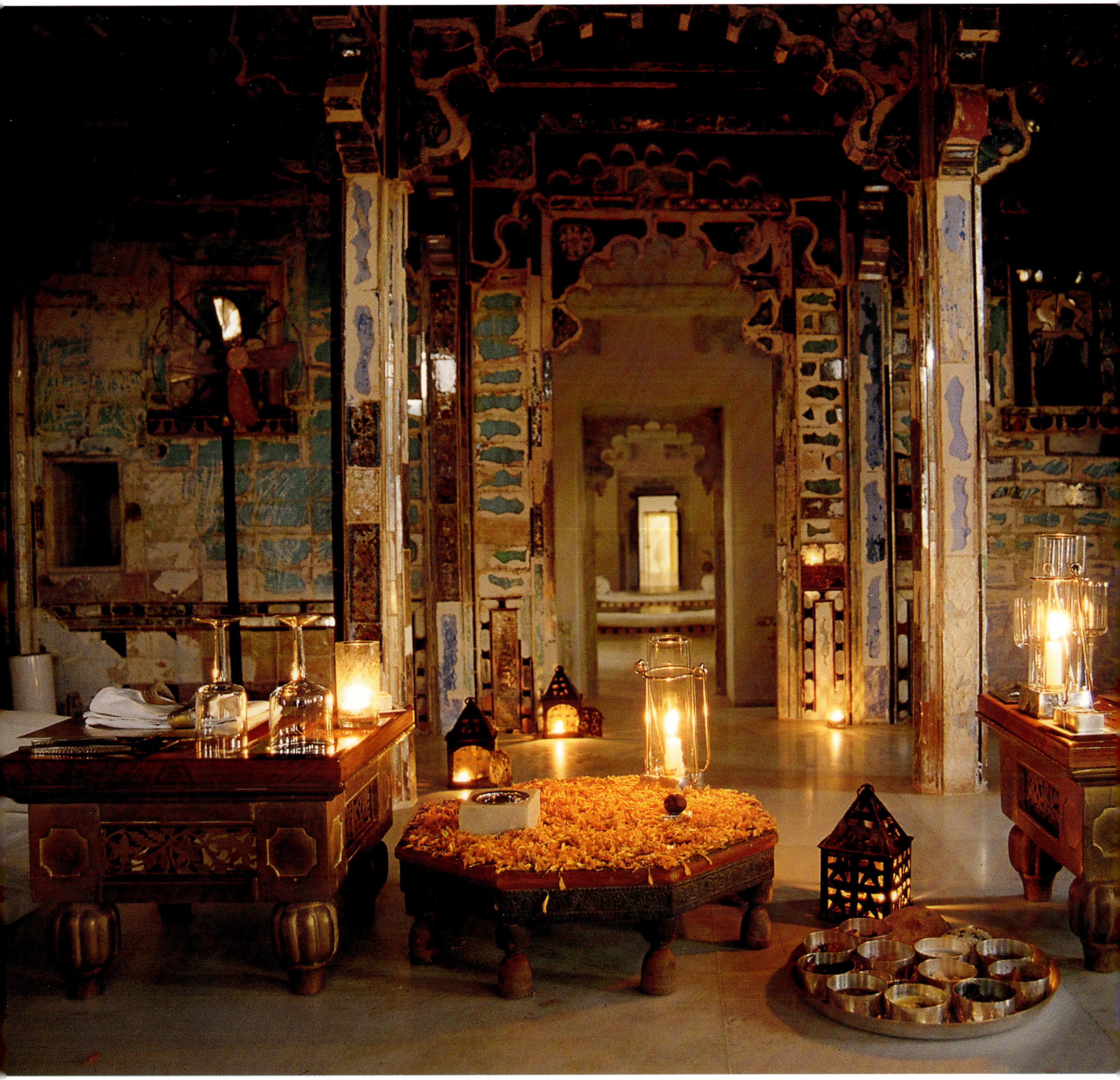

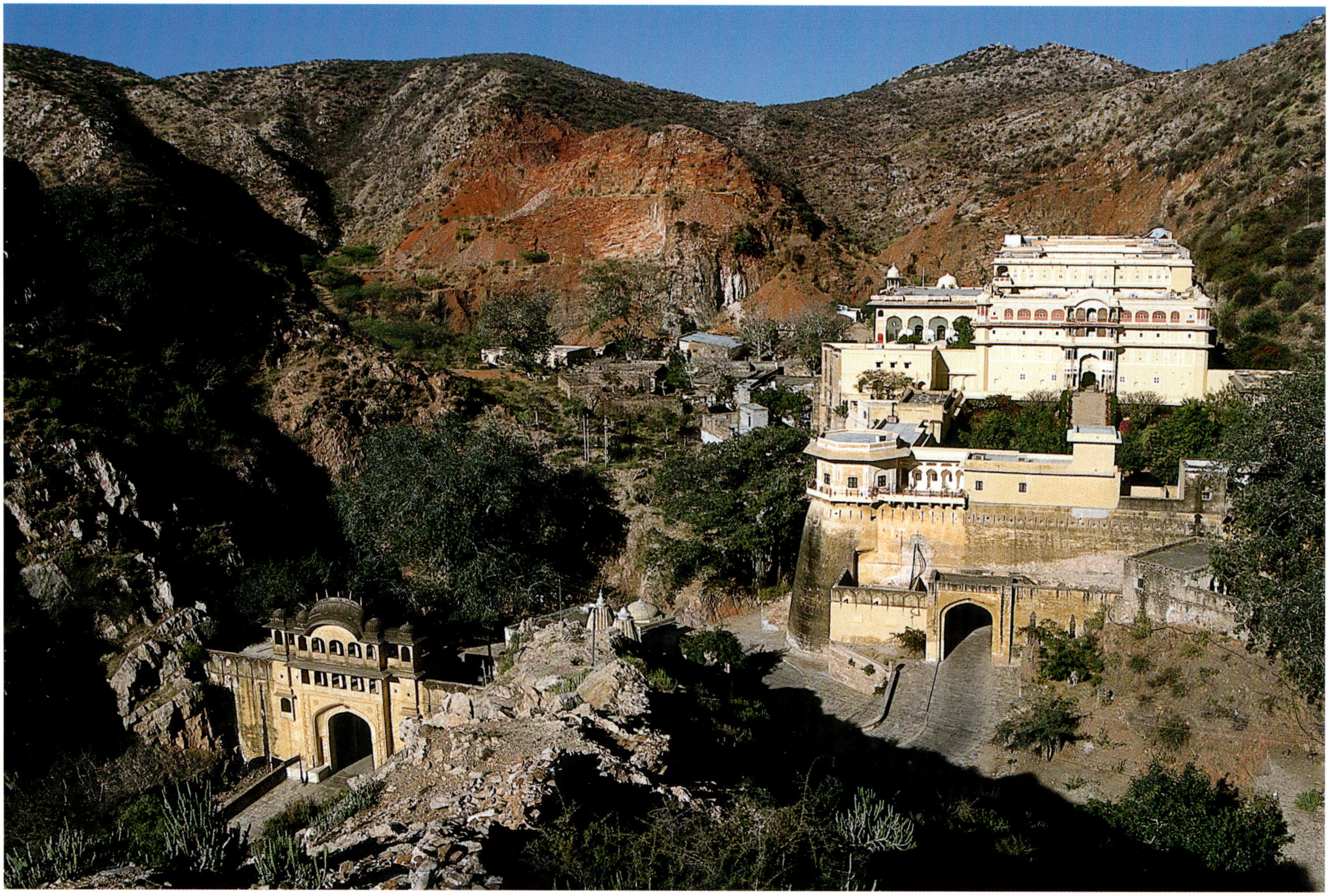

Le Samode Palace est également une adresse incontournable des amoureux de la vie. Autant le dire : il passe pour être le palais-hôtel le plus stylé de tout le Rajasthan. A une quarantaine de kilomètres de Jaipur, loti dans une étroite passe au milieu des rochers des monts Aravalli, ce palais construit il y a 400 ans est vraiment somptueux. Les propriétaires, deux frères aristocrates, Yadavendra Singh et le rawal Raghavendra Singh, ont eu la chance d'hériter du bien de leur ancêtre, Premier ministre du maharaja de Jaipur. Après d'importants travaux, ils ont ouvert l'hôtel en 1986, un compromis idéal liant la patine du temps et un confort modernissime, avec 43 chambres et suites, sans faute de goût. Une piscine extérieure, joliment dessinée, complète l'ensemble. Parfois, lors de banquets donnés dans l'ancien Durbar Hall, les féeriques parcelles de miroir du Shish Mahal se remettent à éclairer, comme au temps lointain, les prodigieuses peintures murales qui parlent de Shiva. Les tambours chauffent, les danseuses tournoient, les brocarts étincellent. On s'écarquille les yeux pour ne rien perdre du spectacle.

Bienvenue à Samode.

Trônant au fond d'une passe des monts Aravalli, le palais-hôtel de Samode est l'essence même de l'élégance rajasthanie combinant la patine du temps et le confort le plus parfait. La meilleure adresse du Rajasthan !

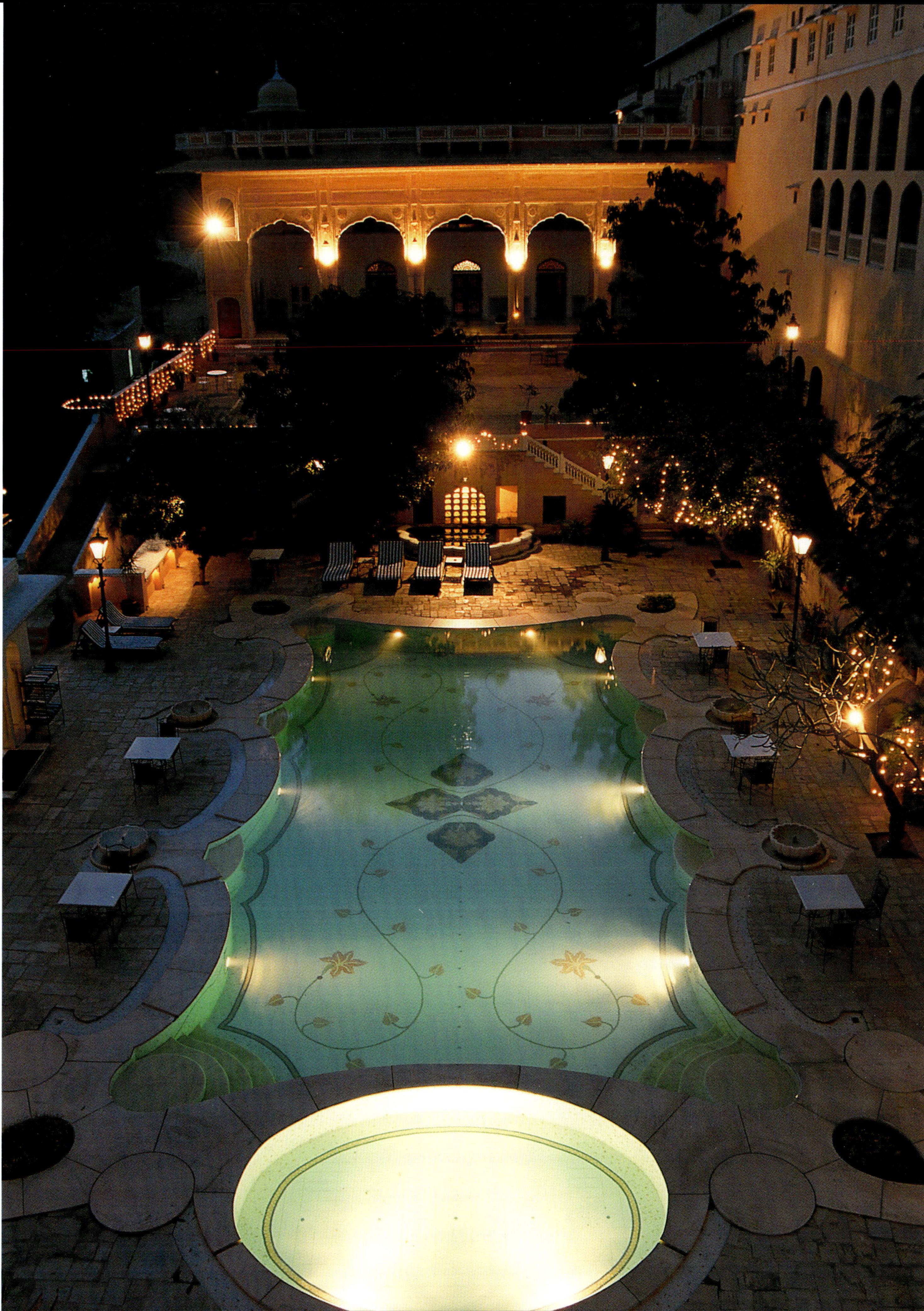

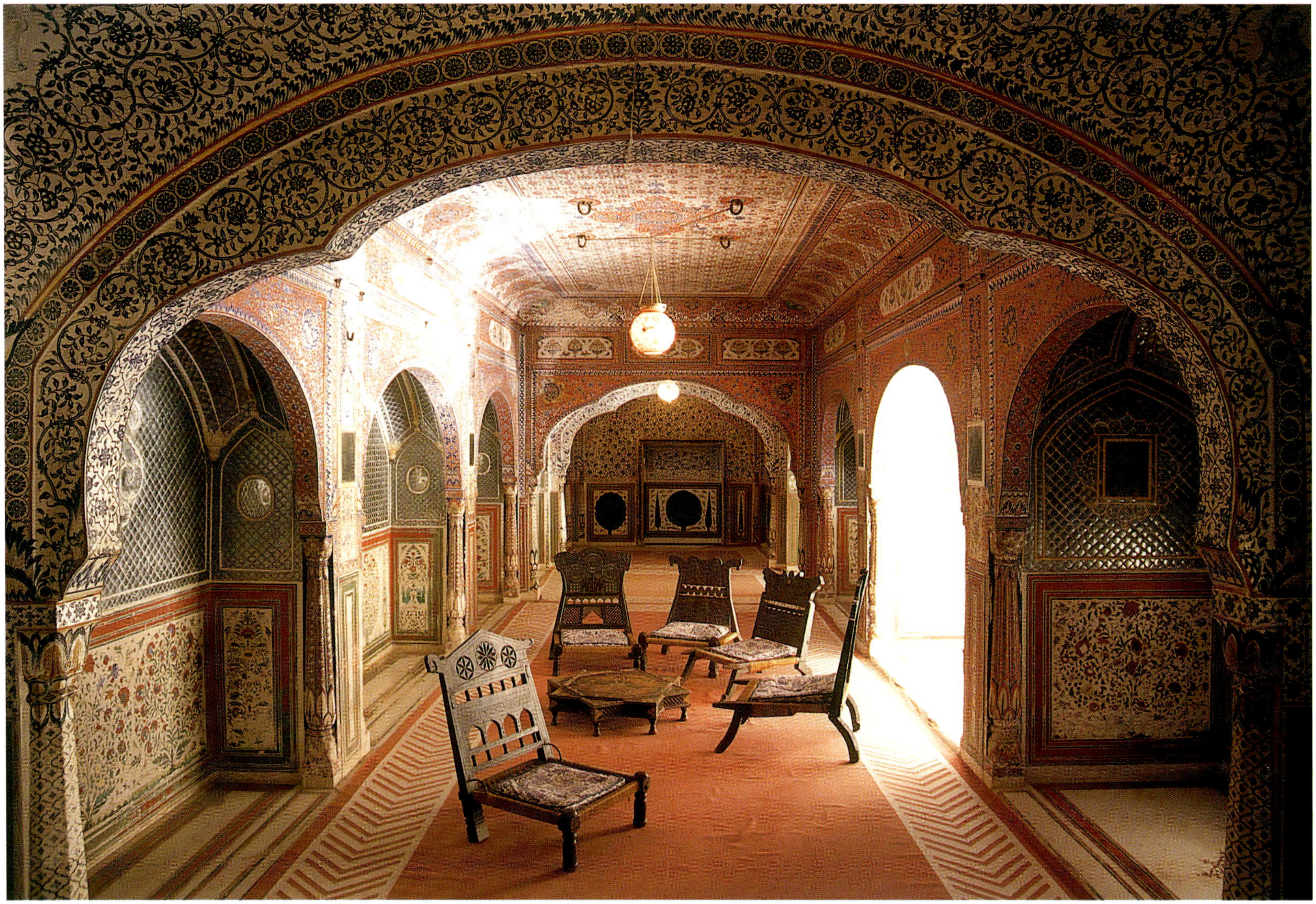

Dorures, peintures, parcelles de miroirs, les salons de Samode sont un incomparable abrégé d'art indo-musulman dans toute sa splendeur.

Double page suivante :
Samode est un bel exemple de restauration réussie. Et d'abord une affaire de famille. Les deux frères rawal (titre aristocratique) Raghavendra et Yadavendra Singh ont hérité de leur ancêtre, Premier ministre du maharaja de Jaipur, cette colossale forteresse vieille de quatre siècles. Ils l'ont remise en état et modernisée sans lui enlever une miette de patine : les meubles en argent massif viennent de leur grand-mère, une princesse népalaise. Samode est aujourd'hui un formidable hôtel de caractère. Thé ou café ?

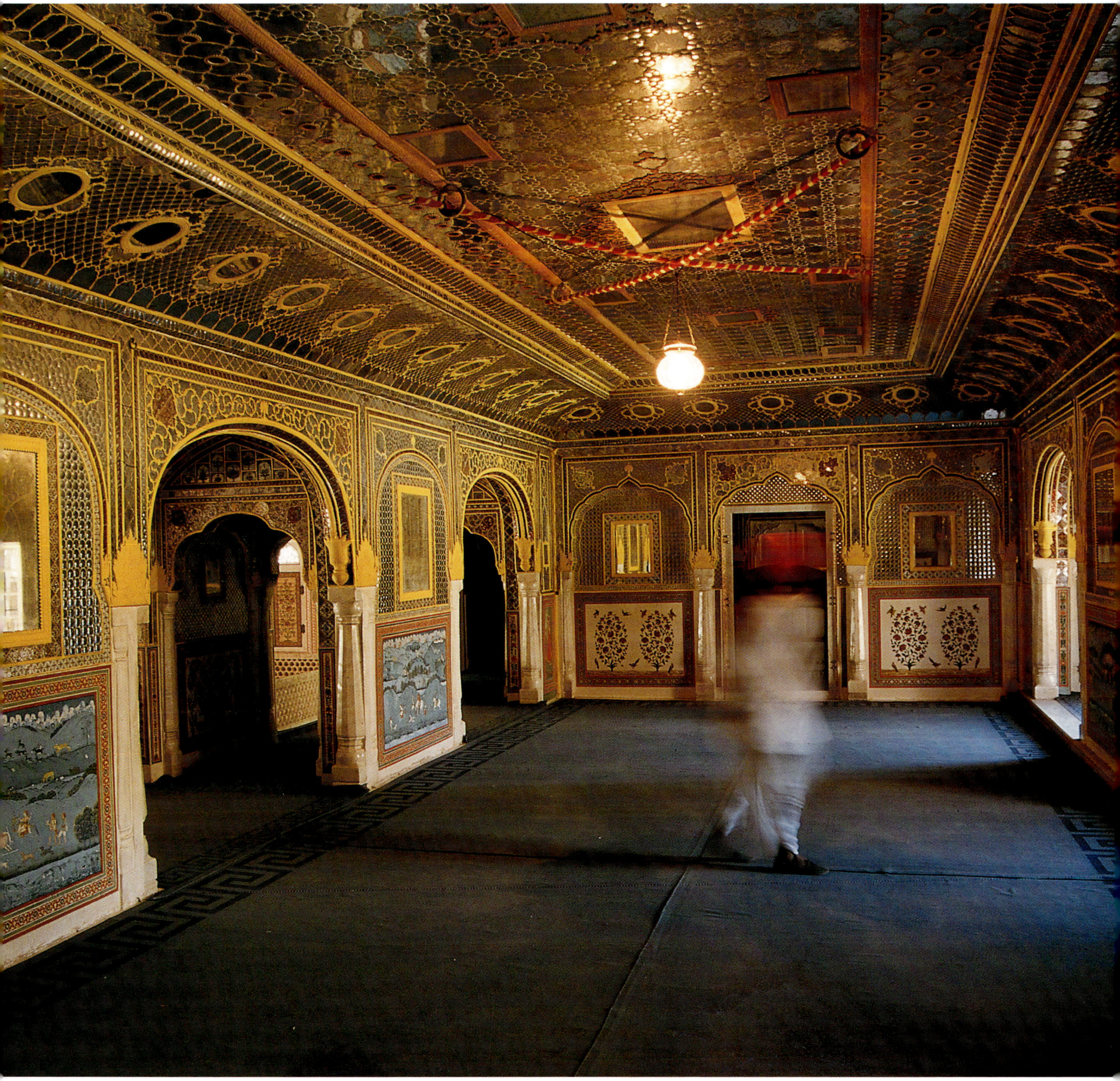

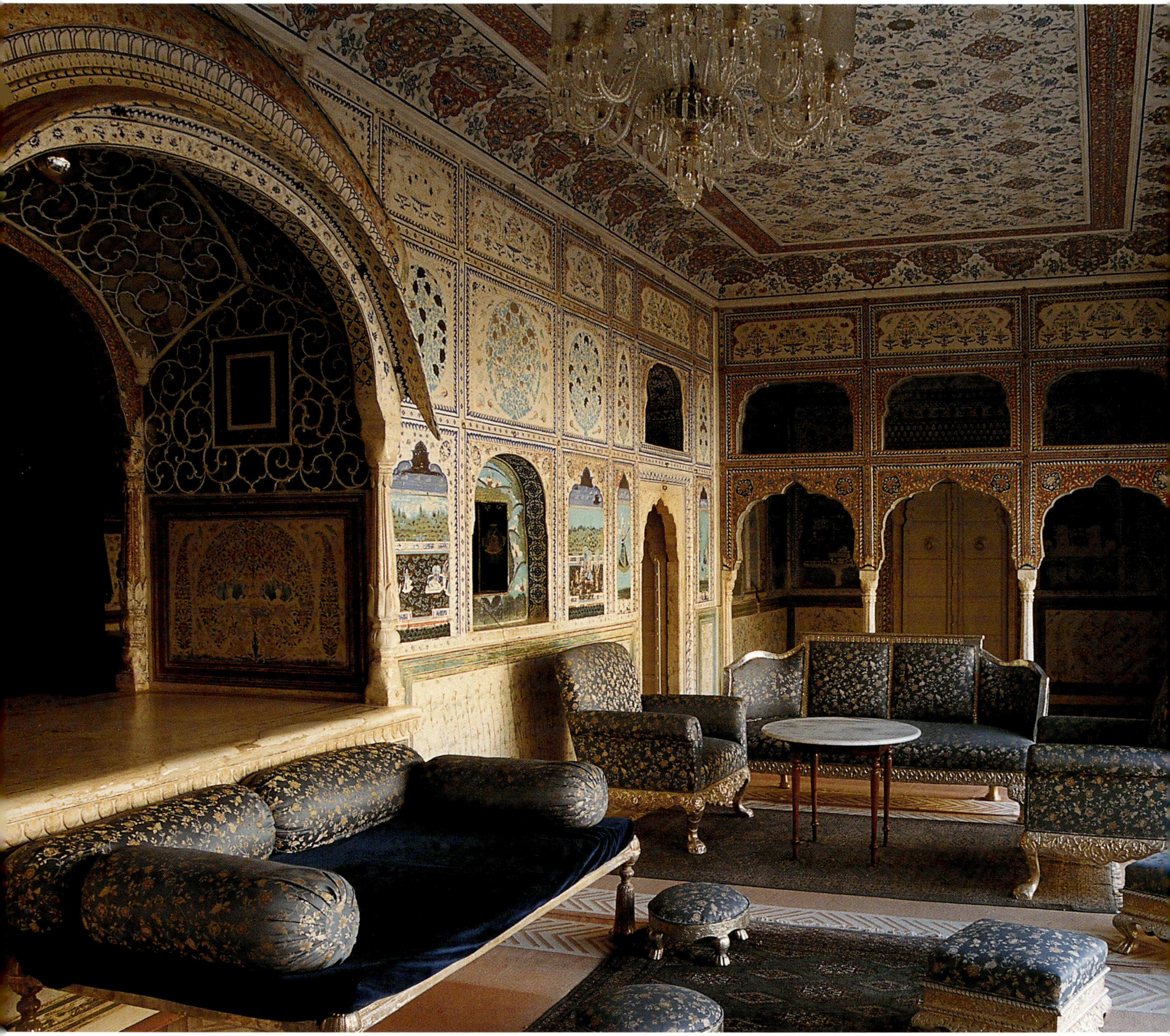

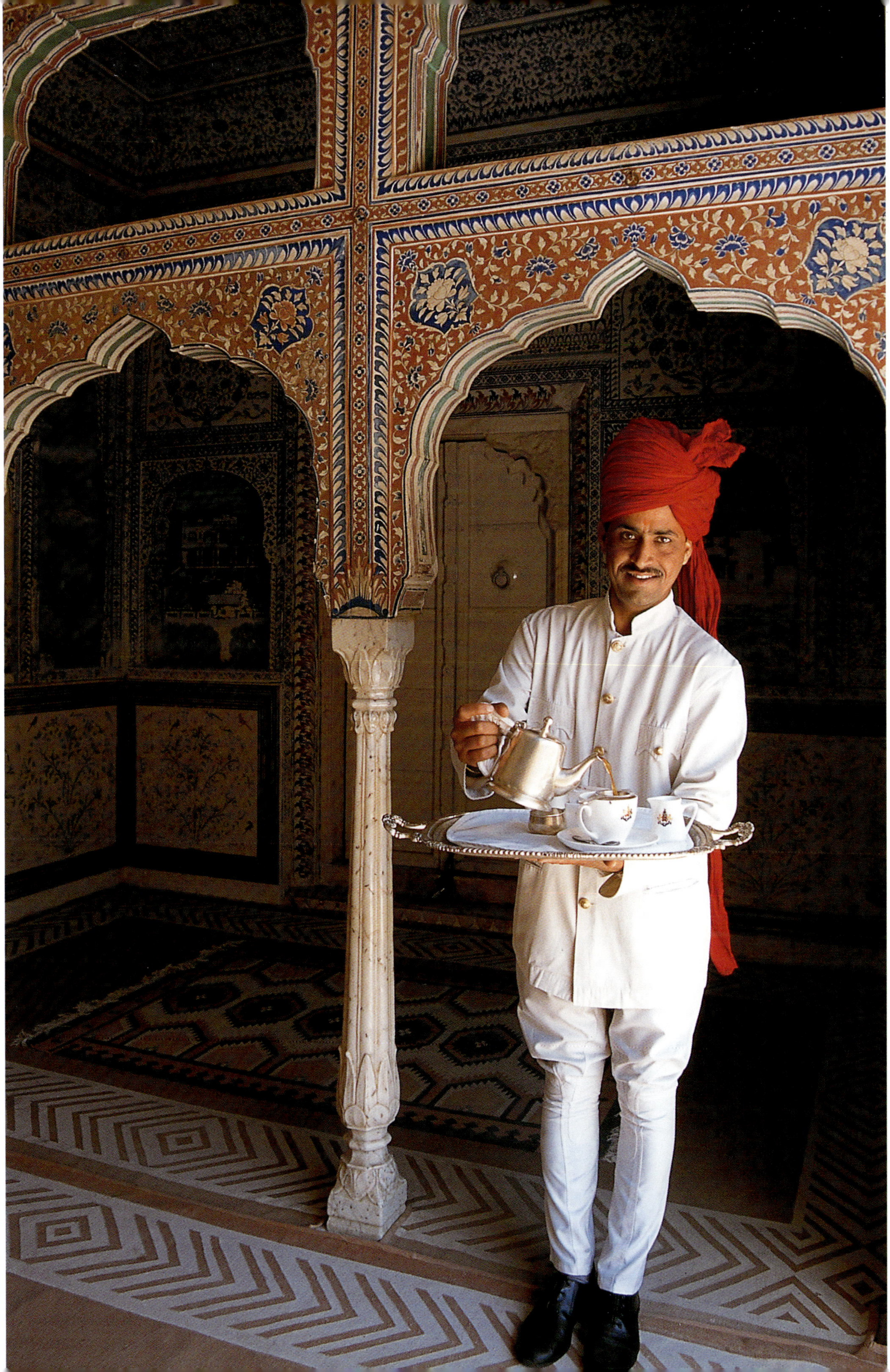

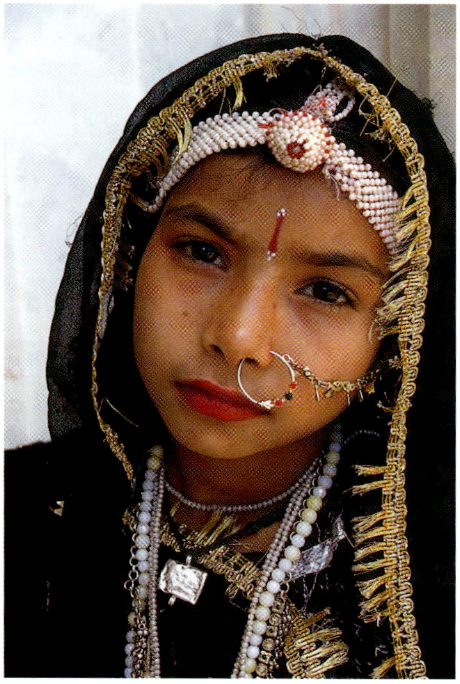

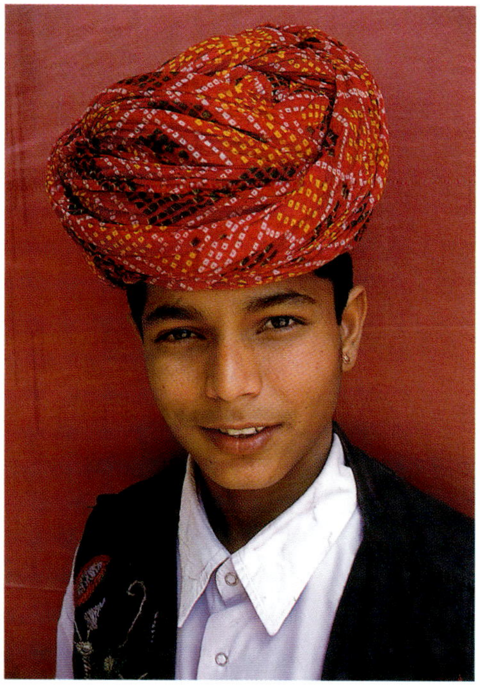

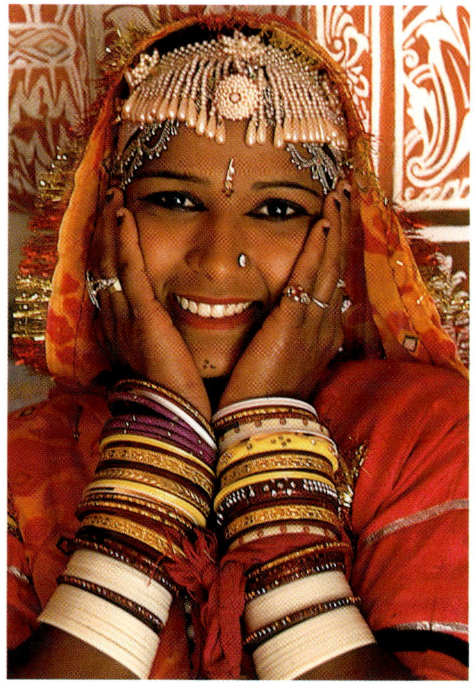

Quand les ménestrels du désert investissent Samode, dévoilant parures et bijoux, quand les tambours ancestraux, les dhols, dholaks *et autres* morchangs, *se mettent à résonner dans le* durbar hall, *quand les femmes entament la danse du* chari, *cruche sur la tête, tout est fête pour les yeux comme au glorieux temps du rawal Barisal.*

Double page suivante :
Des intérieurs féeriques de palais, inspirés le plus souvent de l'art moghol (page 167 : *le* durbar hall *de Samode), aux tentes hyper douillettes de Samode Baghs (à gauche), le Rajasthan distille un incomparable art de vivre. Le raffinement est vraiment partout.*

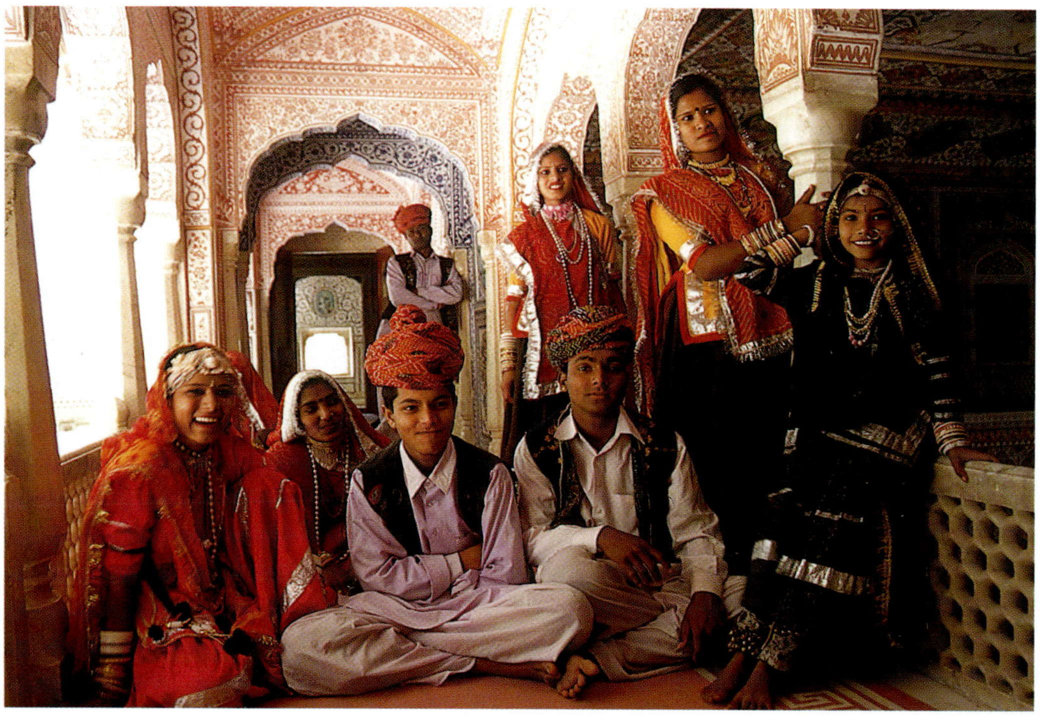

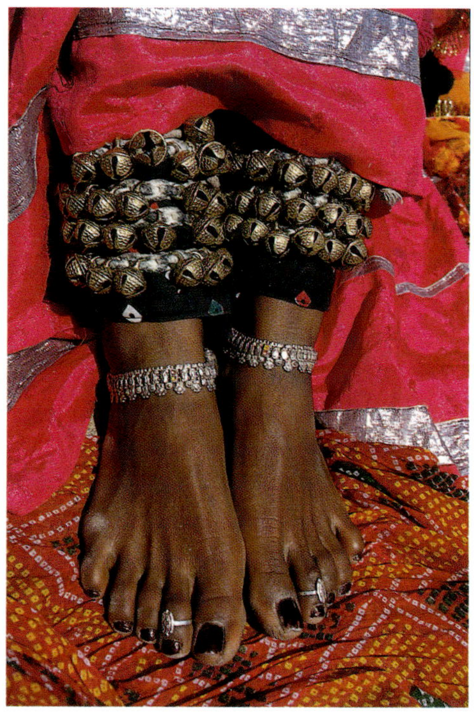

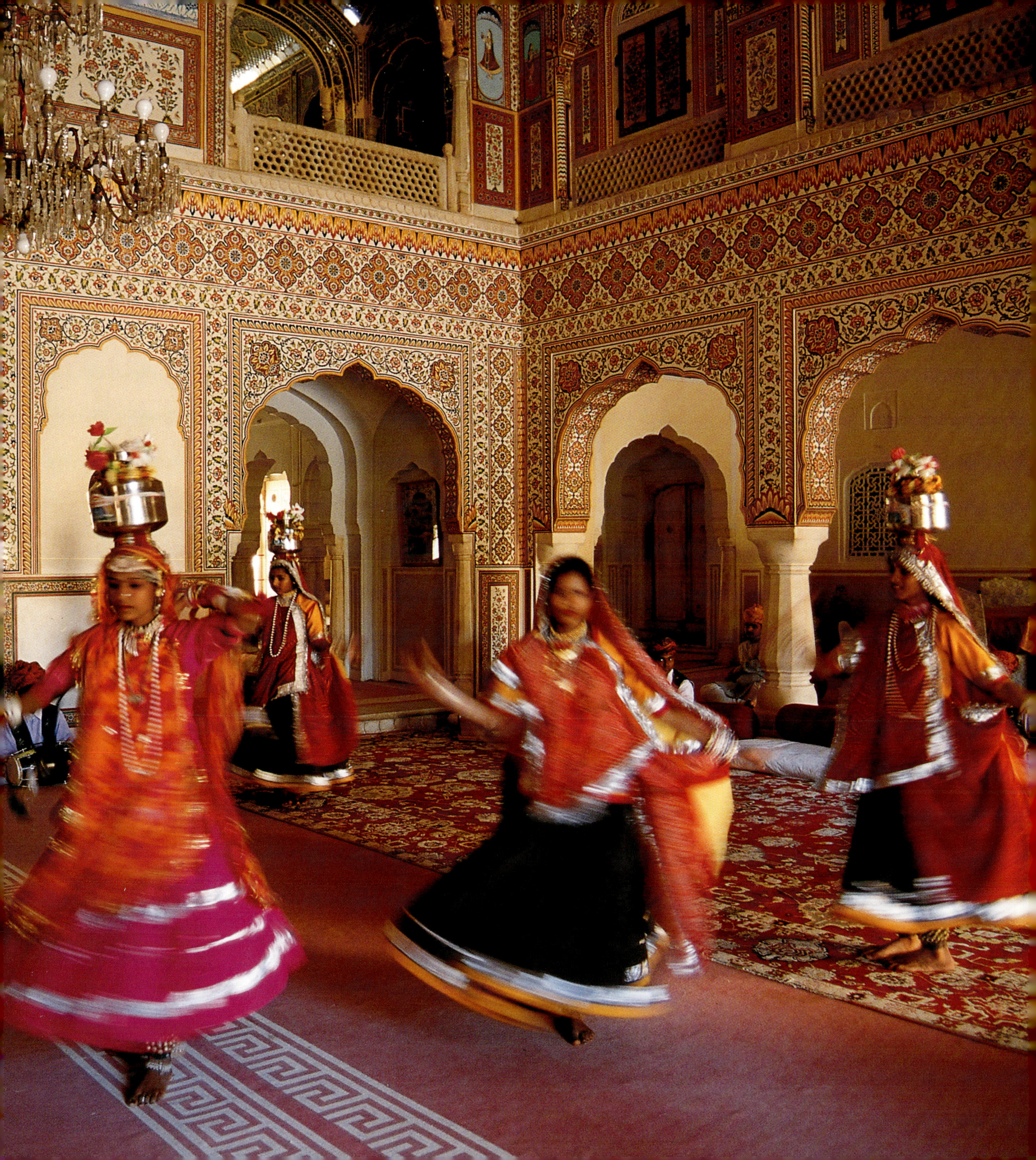

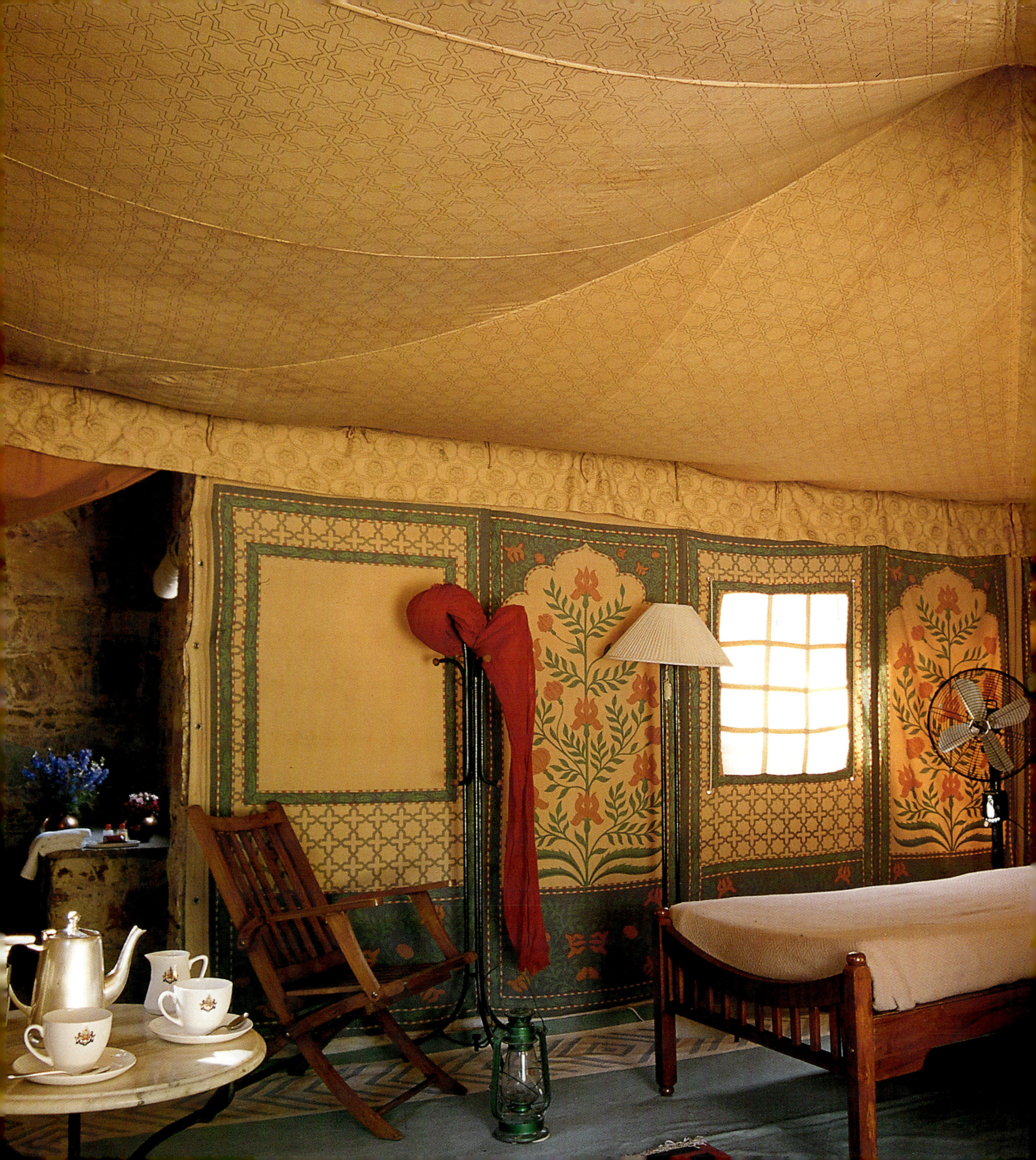

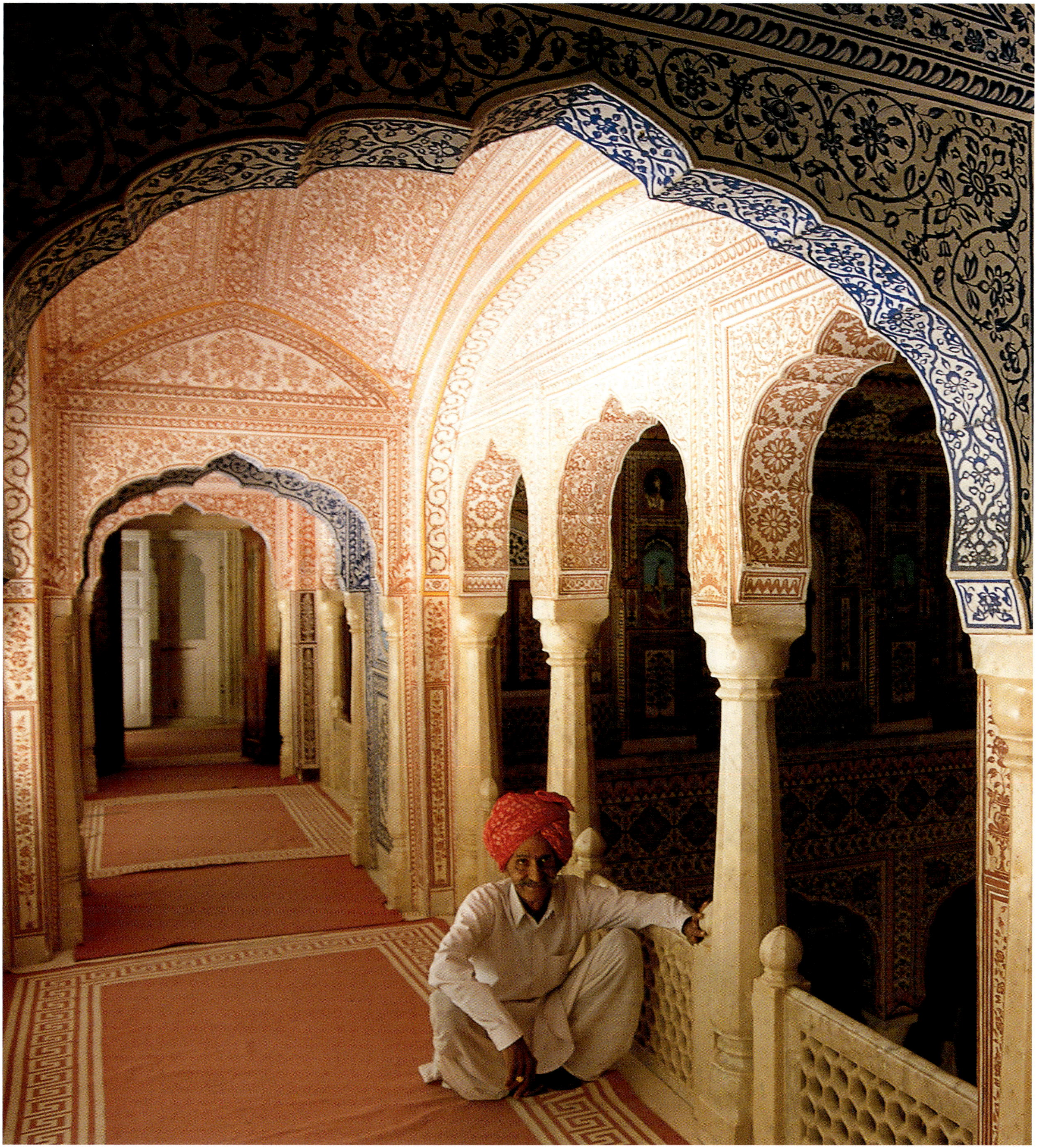

Fière capitale du Rajasthan, Jaipur, « la ville rose », a son icône : le palais royal qui excite vraiment l'imagination : un insensé dédale de cours et de palais qui lui donnent un cachet unique.

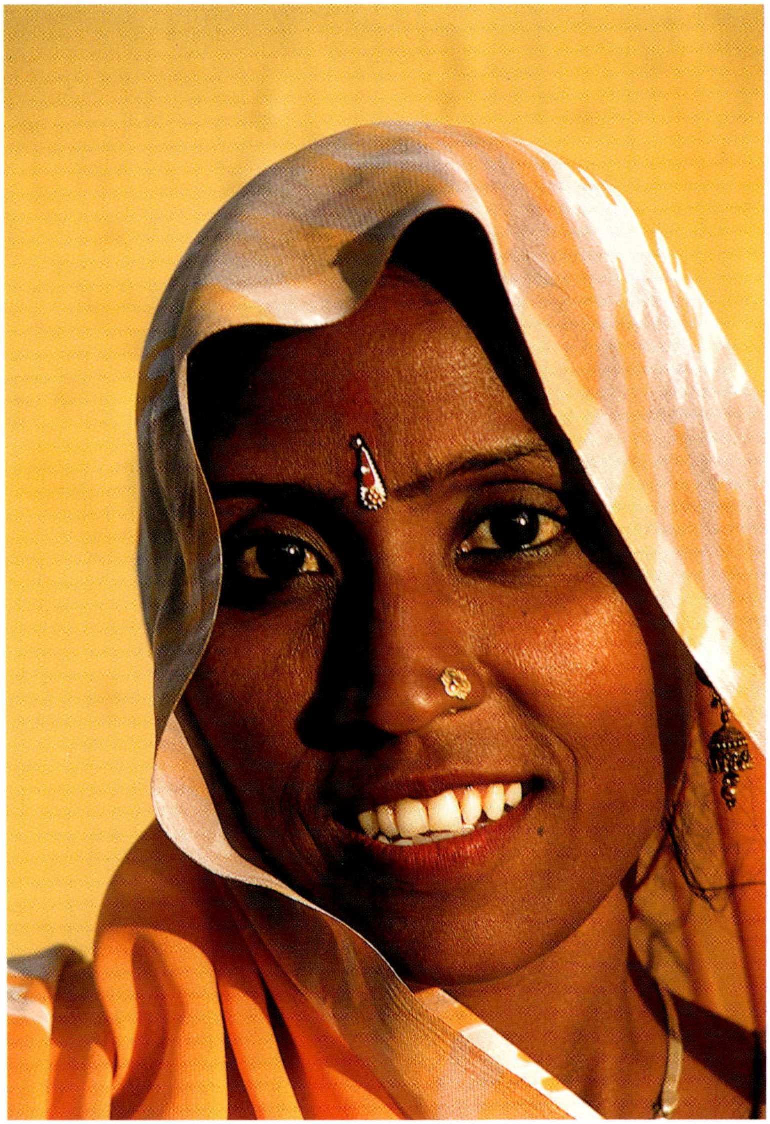

Mystérieuses femmes du zenana

Tentaculaire, le palais royal occupe toute une partie de la ville. Parmi tous ces pavillons, temples, musées qui constituent, autour de cours, ce vaste complexe, les sept étages du Chandra Mahal ne se visitent pas. Ce sont les appartements privés du maharaja actuel, son altesse, his highness, Sawai Man Singh II. Le *zenana*, l'ancien et très secret quartier des épouses et concubines, demeure également impénétrable. Qui étaient ces femmes et comment vivaient-elles ? Dans le livre de ses mémoires, *Une Princesse se souvient,* Gayatri Devi évoque cet endroit fantasmagorique. C'était en 1940. Agée de vingt et un ans, elle venait d'épouser le dernier maharaja régnant, père du maharaja actuel, Man Singh II. Écoutons les souvenirs de Gayatri Devi :

« La partie du palais consacrée au *zenana* comprenait toute une série d'appartements individuels. Le mien, décoré dans des tons de vert et bleu, n'était pas différent des autres, avec sa petite cour carrée et sa salle de durbar éclairée par des lampes de verre bleu sur laquelle ouvraient les autres pièces. L'année de mon mariage, 400 femmes environ vivaient encore dans le *zenana*. Des parentes, veuves, s'y trouvaient avec leurs filles, leurs domestiques et tout leur personnel. Il y avait aussi la maharani douairière et sa suite de dames d'honneur, de servantes et de cuisinières. Des suites nombreuses entouraient aussi chaque épouse de Jai ; il y avait aussi tout le personnel des autres épouses du maharaja défunt, qu'on ne pouvait pas renvoyer après la mort de leurs maîtresses et qui restaient donc à la charge de la famille régnante. L'unique épouse survivante de l'ancien maharaja présidait toute cette société. Nous l'appelions Maji Sahiba ou mère respectée. Bien qu'épouse de Jai, je gardais presque toujours le visage couvert en sa présence, et ma place attitrée était à quelques pas sur sa gauche. »

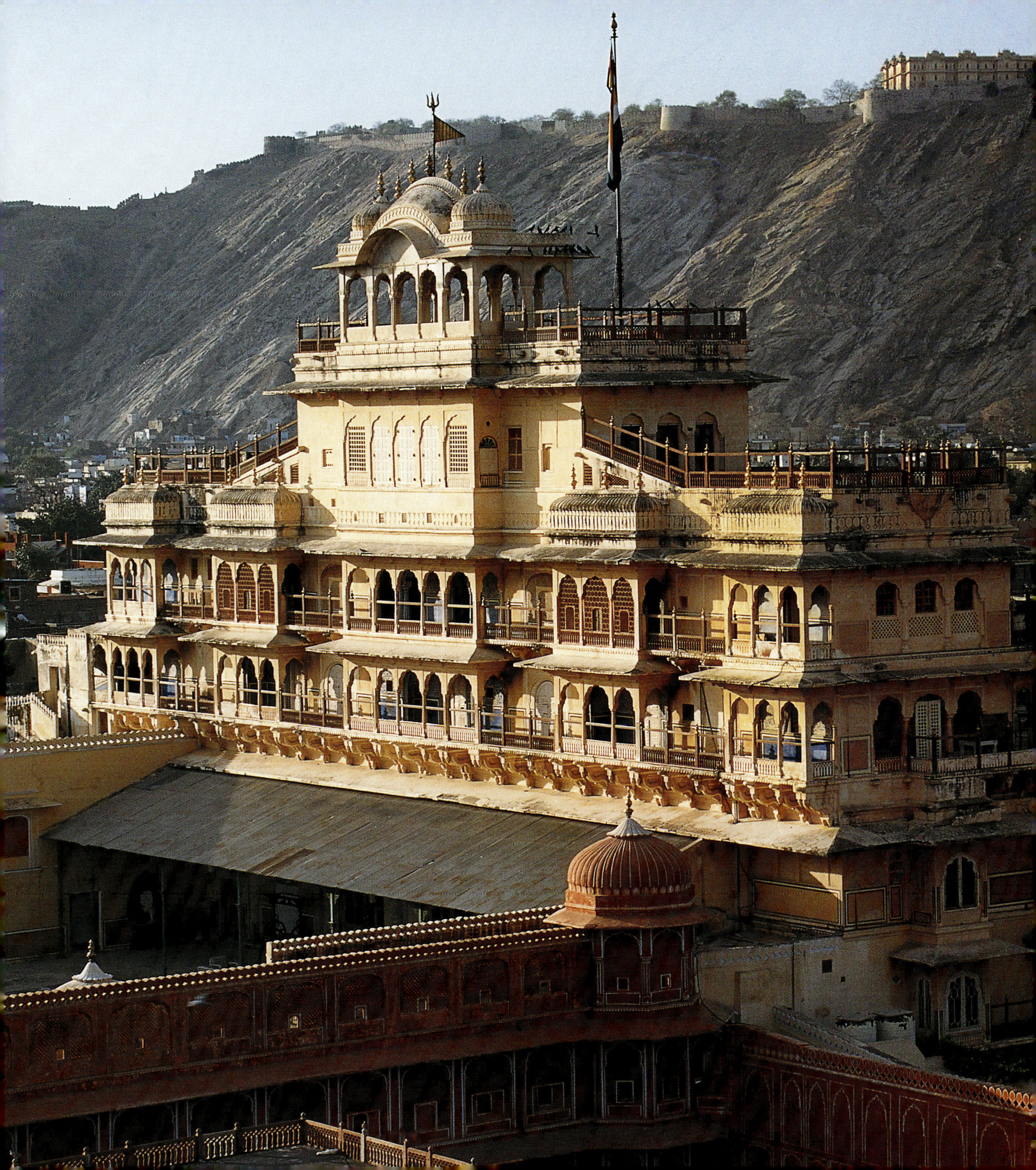

Les survivantes

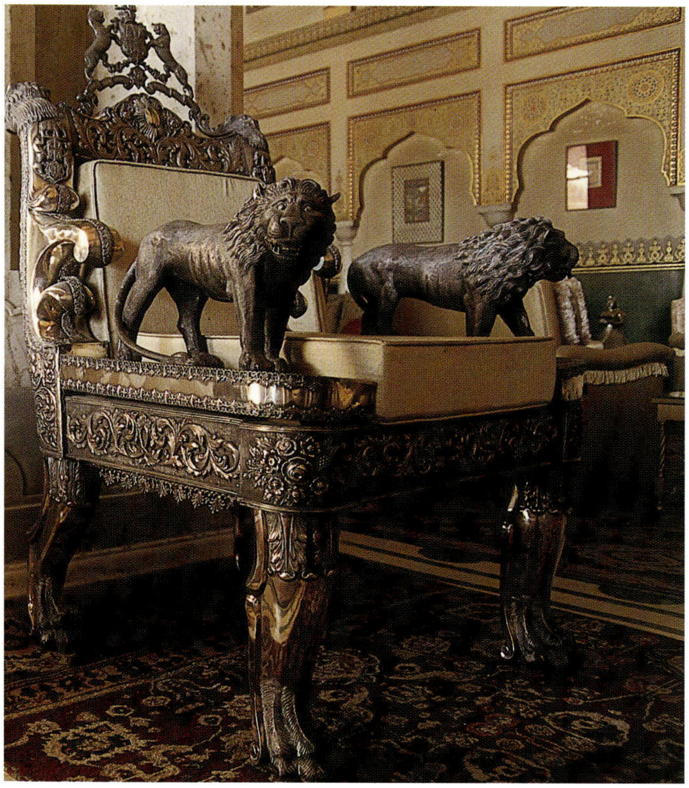

Monument majeur de l'histoire de Jaipur, dominant le palais royal, le Chandra Mahal, ou palais de la Lune, abrite les appartements privés du maharaja. Les ornements moghols et rajputs s'y côtoient, créant un décor contrasté. Le Sukh Mahal, ou salon de Repos, recèle de belles pièces d'orfèvrerie, des meubles en argent et une table signée René Lalique.

Elles ne sont plus que deux. Deux femmes âgées, très âgées, qui règnent seules en ce début de XXIe siècle, sur ce *zenana* royal d'un autre temps, à l'écart des circuits touristiques, à l'écart des commentaires, seules survivantes de ces 400 femmes, maharanis, concubines et servantes. Les autres sont mortes, décimées par le temps qui a glissé, simplement glissé.

On a tout dit sur ces « femmes » condamnées à l'isolement appelé *purdah*. Que des envoyés « très spéciaux » parcouraient les villes et les campagnes, pour rabattre les plus belles. Que les élues étaient enlevées à leur mari ou à leur famille avant d'être enfermées de force dans le *zenana*. Que c'est par peur d'être choisies que les femmes avaient pris l'habitude de cacher leur visage sous le voile... Légende ou réalité ?

A l'Indépendance, des représentants de la nouvelle démocratie sont venus dire solennellement aux femmes recluses du *zenana* de Jaipur qu'elles étaient désormais libres. Enfin libres ! Et qu'elles pouvaient sortir et vivre comme elles l'entendaient... Et puis, non. Elles ont choisi de rester dans leur prison dorée. Elles ne sont plus que deux aujourd'hui, à vivre dans ce réseau de cours, d'appartements et de jardins royaux. Elles le savent : à leur mort, leur *zenana* sera transformé en musée. Mais pour l'heure, le maharaja Sawai Man Singh II s'occupe d'elles avec plein d'attention. Un vrai gentleman !

Son altesse est devant nous. Comme tous les matins, descendant de ses appartements privés, il a traversé la cour basse du palais, salué les touristes qui passaient en joignant les mains et s'est installé à ses bureaux relookés récemment dans un style égyptien un peu pompeux. Ses secrétaires lui ont fait signer des notes, il s'est entretenu avec son gendre Kunwar Shri Narendra Singh qui dirige l'administration du palais. Il s'est aussi plié avec gentillesse à quelques séances photo. De simples familles venues de Bénarès, de Bombay et d'ailleurs lui demandant de poser au milieu des leurs. Son altesse ne sait pas refuser. Élégance et panache ! Nous sommes dans son bureau. Des photos de famille, de son père, de ses ancêtres, ont leur place. Comme celle de Lady Di dont il conserve un souvenir ému lors d'une visite. Cet élégant grand-père qui passe les après-midi dans les jardins du palais à jouer avec ses petits-enfants et qui ne raterait pour rien au monde un bon match de polo, fut autrefois un grand soldat et un ambassadeur.

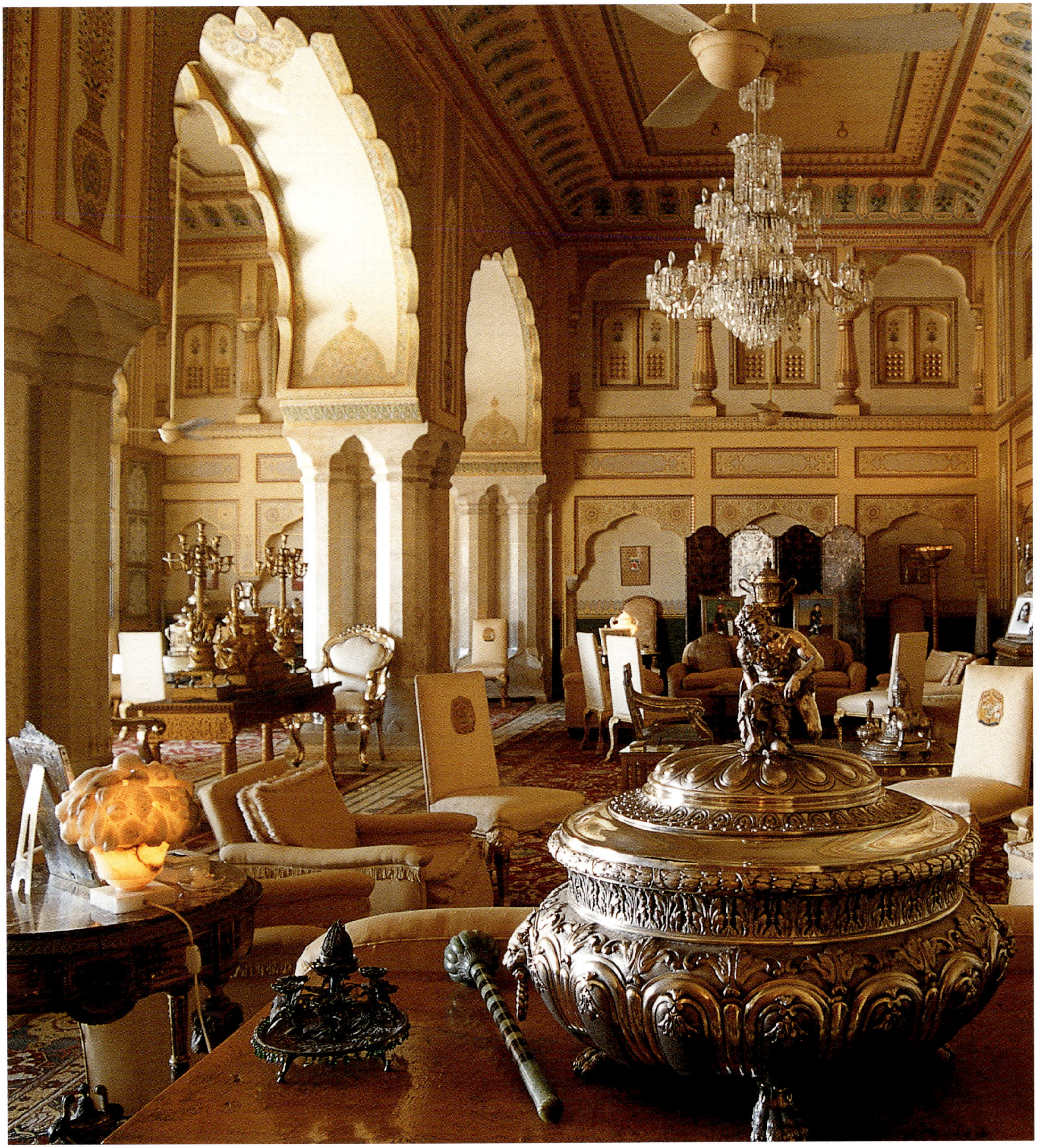

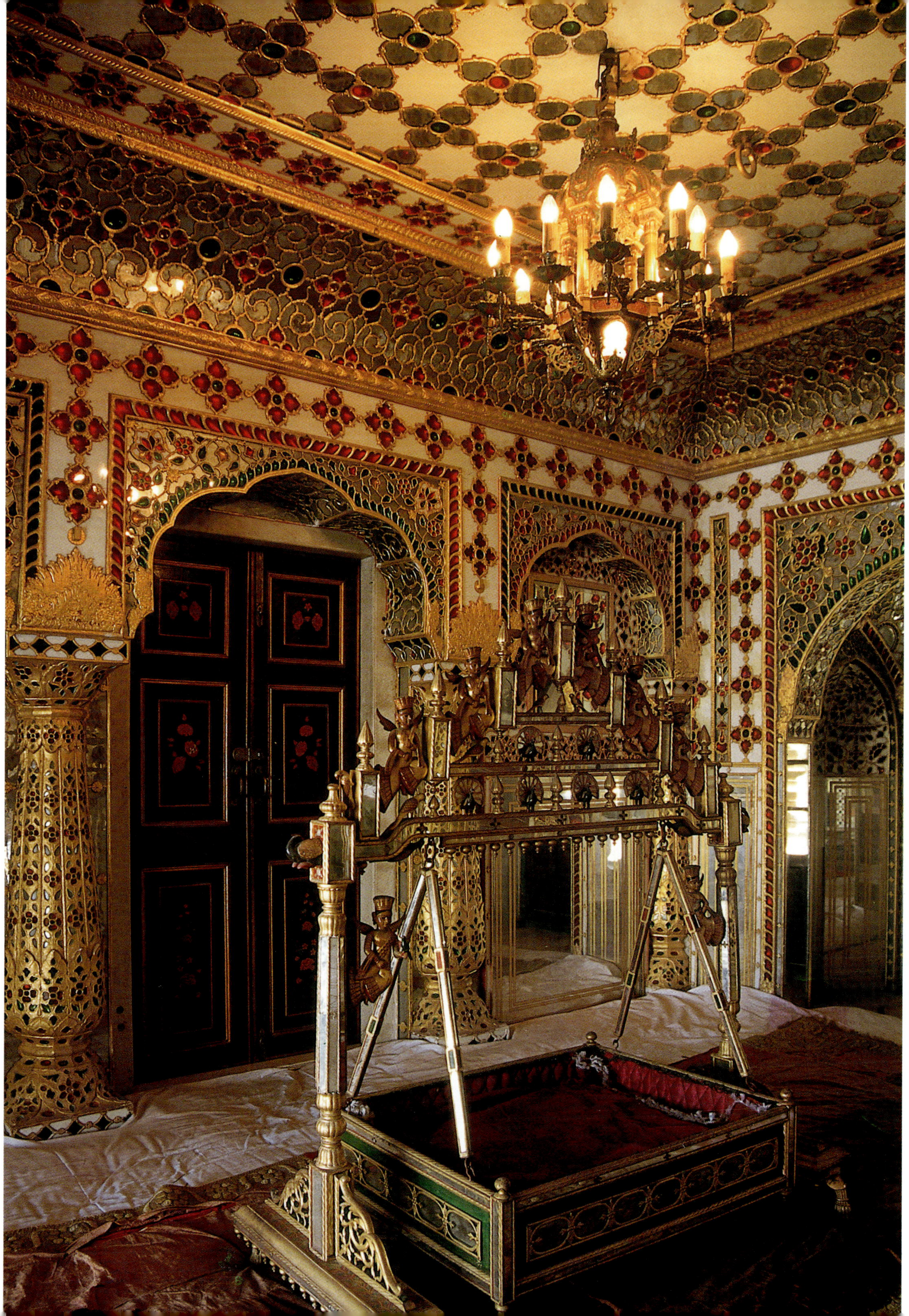

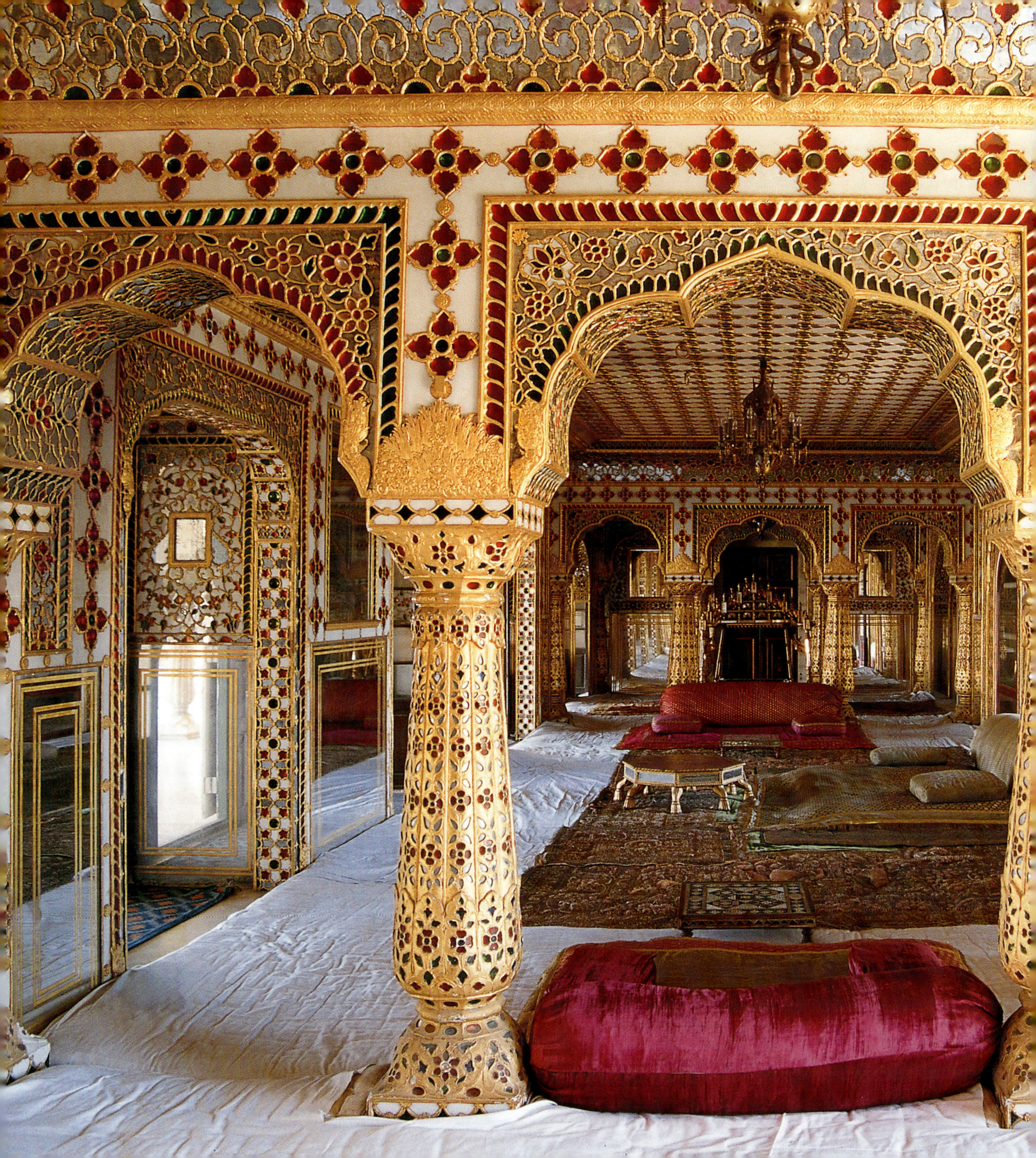

Double page précédente :
Le quatrième étage du Chandra Mahal est tout occupé par le fascinant Shobha Niwas, ou salon de la Beauté, qui porte bien son nom. Les murs sont couverts de fleurs stylisées en gypse, dorées à la feuille, réalisées au milieu du XIXe siècle. Bien avant que les Britanniques importent en Inde la notion même de mobilier, les maharajas vivaient sur des tapis persans, coussins et tissus. Le soir, quand les chandelles et lampes à huile étaient allumées et posées sur le sol, l'ambiance devenait encore plus captivante, chaque point lumineux se reflétant à l'infini dans les parcelles de miroirs.

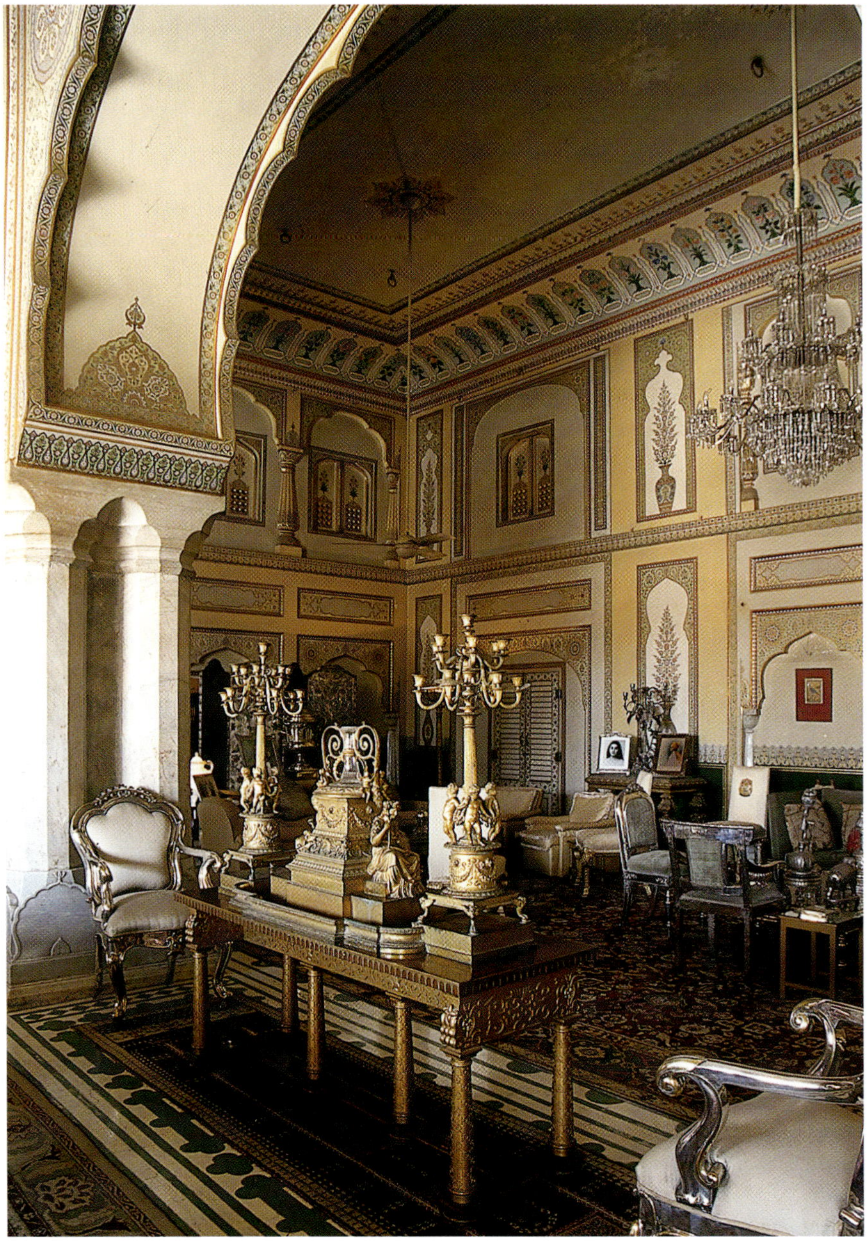

Dans les appartements privés du maharaja de Jaipur, les époques et les styles se mélangent avec élégance. Parfois, dans les salons de la Verandah largement ouverts sur les jardins royaux, un fin dîner est donné pour des invités de marque (page 175). *Service stylé, cuisine succulente. Le champagne vient de France !*

Le Chandra Mahal

Seuls quelques privilégiés peuvent pénétrer au Chandra Mahal, palais privé de la famille royale. Au premier niveau, ouvrant sur des jardins moghols, la verandah, dont les murs sont embellis des portraits des maharajas de Jaipur et d'Amber réalisés par le peintre allemand A.H. Mueller, se transforme parfois en salon de réception lors de mariage ou pour des dîners chics. Par un long couloir qui tournoie en pente douce, on accède au premier étage. Une terrasse ouvre sur un vaste appartement, le Sukh Niwas, salon d'agrément du maharaja, re-stylé en victorien au XIXe siècle. Des photos sur les meubles parlent de ses coups de cœur : on voit par exemple Bill Clinton et sa fille, en villégiature en 2001. Le corridor qui tournoie dessert encore les deux plus belles salles du Chandra Mahal : le Shobha Niwas tellement éclatant avec ses miroirs incrustés dans le plâtre et ses tapis anciens, et le Chhabi Niwas (palais de la Lune) au sol de chaux poli et aux murs peints d'arabesques blanches sur fond bleu. Du grand art. Encore un effort ! Depuis la terrasse du dernier étage, la vue embrasse tout Jaipur ceinte par les monts Aravalli. Cette paisible rumeur vient de la ville.

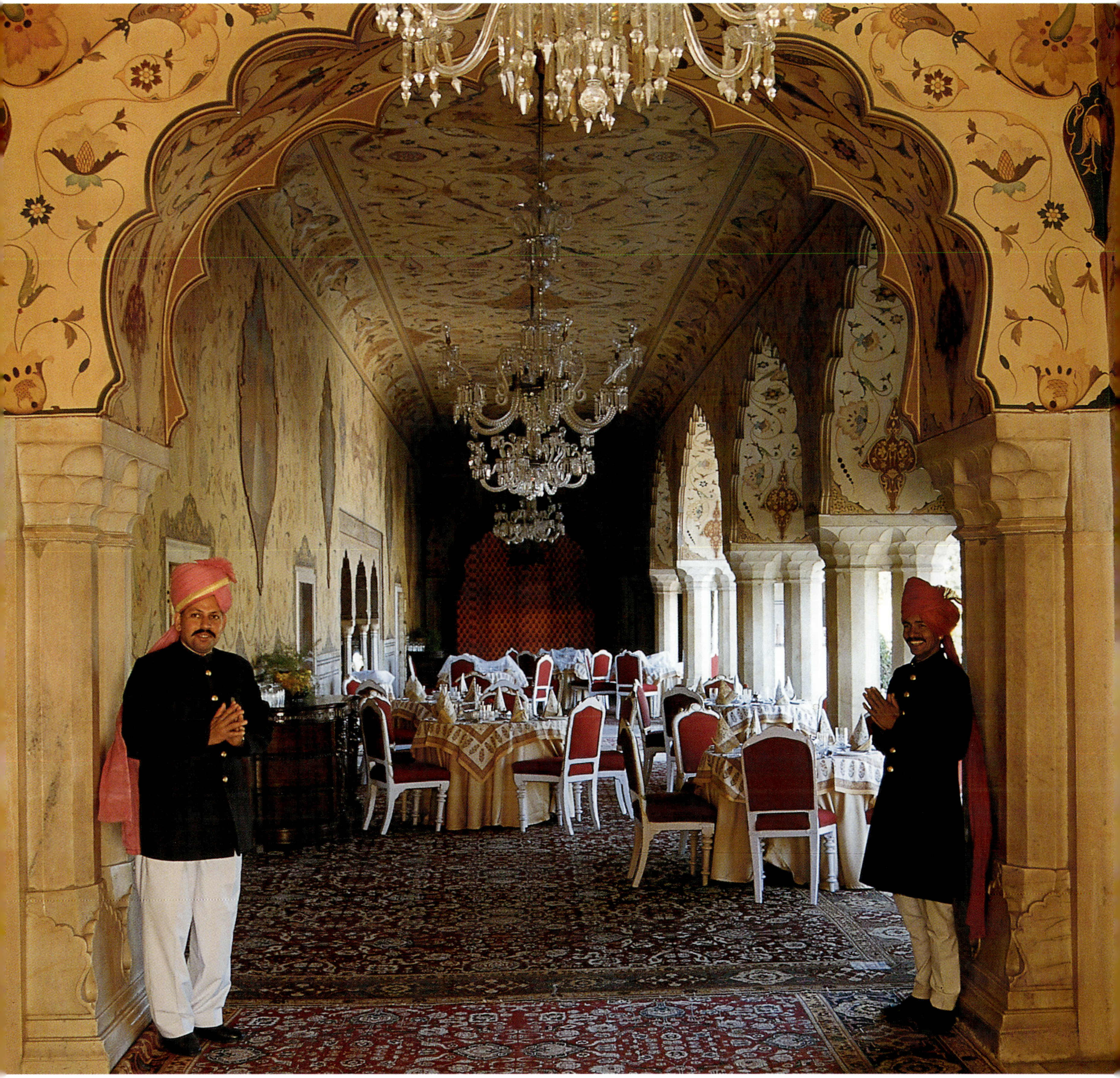

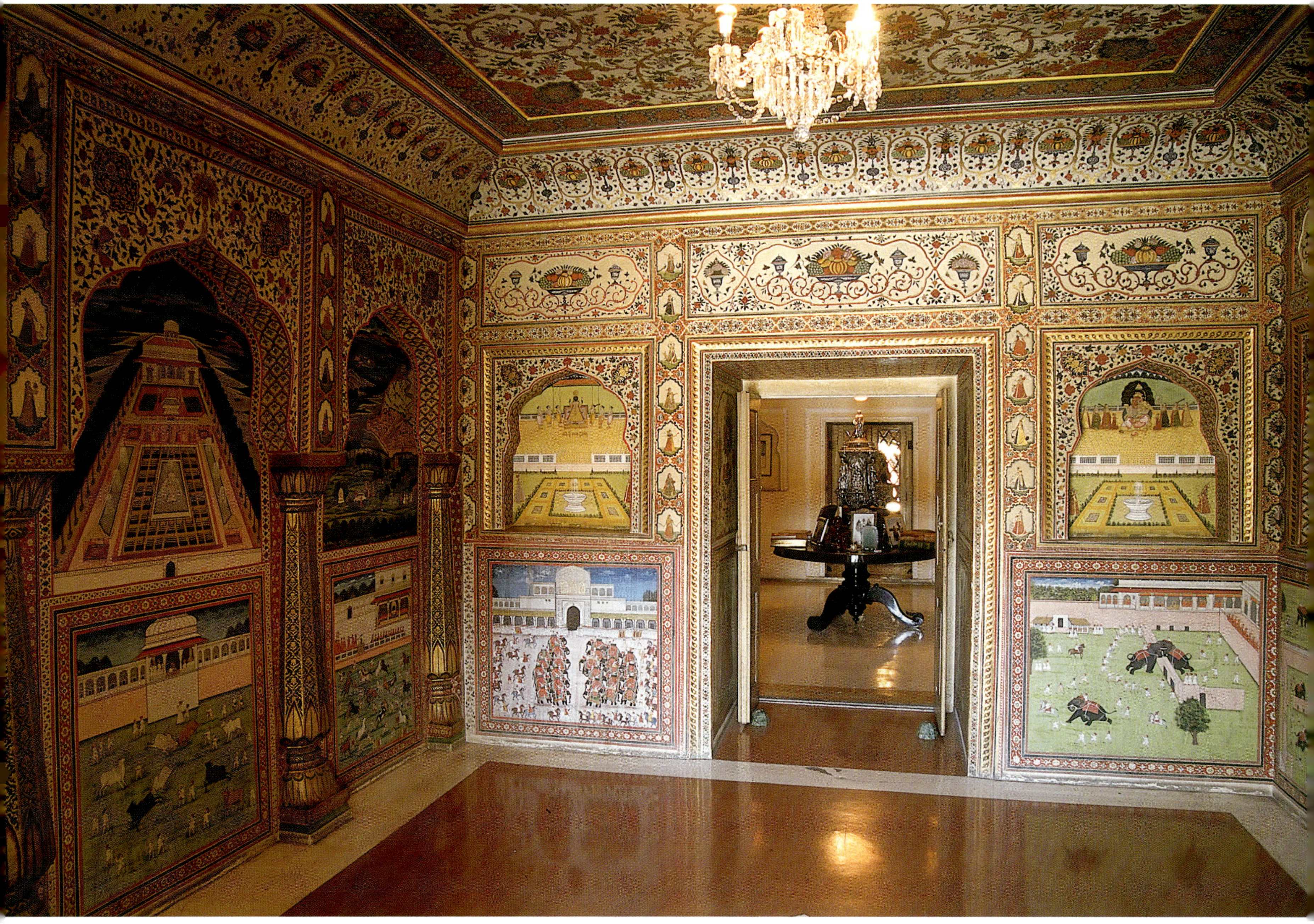

Arabesques et scènes de la mythologie indienne font bon ménage avec les lustres en cristal de Bohême.

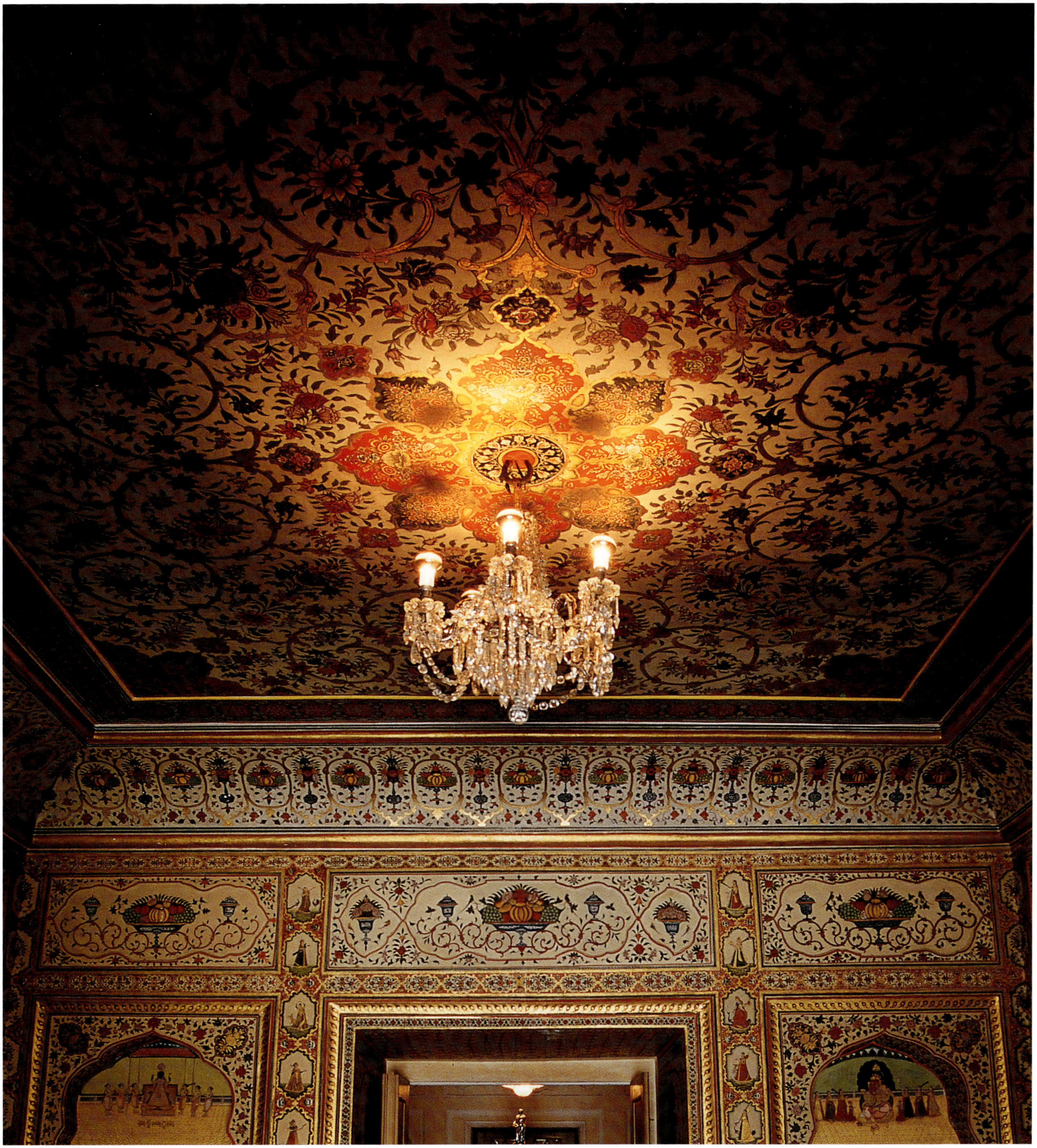

Pendant les grandes chaleurs, la famille royale devait se réfugier au Chhabi Niwas, le palais de la Lune, au sol peaufiné à la coquille d'œuf. Généreusement ouvert sur les jardins royaux, la moindre brise pouvait s'y engouffrer. Les motifs bleus et blancs s'avéraient alors très « rafraîchissants ».

L'alliance avec les Moghols

Vibrante de nostalgie, la capitale des maharajas Kachhvahas ne ressemble à aucune autre. Conçue en 1727 tel un damier géant avec des rues se coupant à angle droit et des immeubles aux façades alignées au cordeau, la ville évoque le souvenir du maharaja Jai Singh II (1699-1743) qui en traça les axes. Il abandonna ainsi la forteresse d'Amber nichée dans les collines, qui avait vu tant d'événements quand les Moghols étaient les maîtres du pays. A l'époque, le choix des Rajputs avait été simple : faire allégeance et ainsi sauver leur royaume ou refuser la domination et entraîner leurs sujets dans une guerre perdue d'avance. Le raja Bhar Mal (1548-1574) opta pour la première solution. Il devint l'allié fidèle de l'empereur moghol Humayun, mit son fils au service de l'empire et donna sa fille à marier au fils de l'empereur, celui-là même qui deviendra Akbar. Quelle aubaine pour les Moghols ! Sur la route de Delhi à Ajmer, lieu de pèlerinage pour les musulmans, le site d'Amber était stratégique. Pour le remercier, Akbar donna au raja soumis le titre de gouverneur des provinces, lui concédant une troupe armée. L'alliance allait perdurer avec les maharajas Man Singh I (1589-1614) et Jai Singh (1621-1667) qui remportèrent victoire sur victoire pour le compte des Moghols.

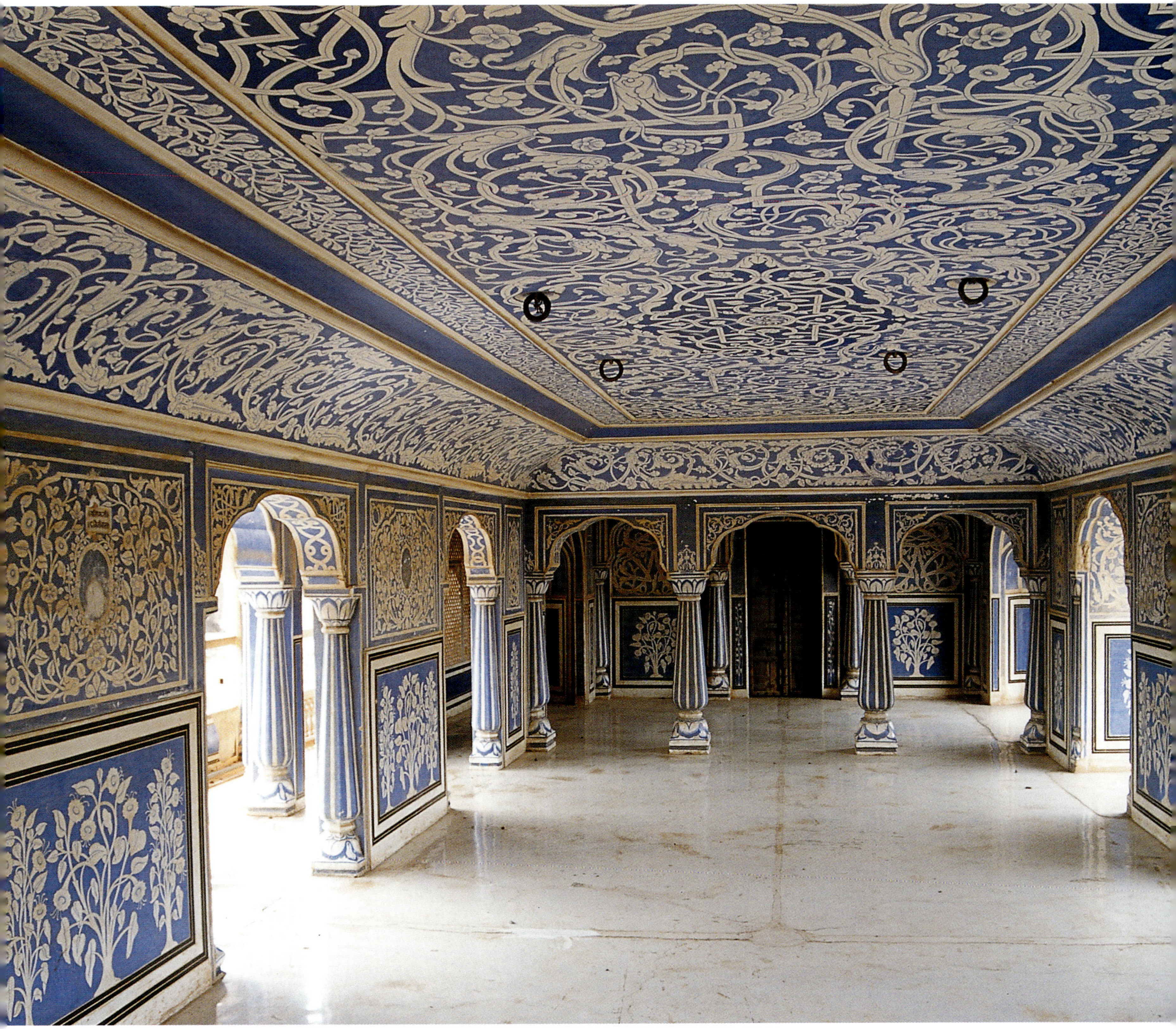

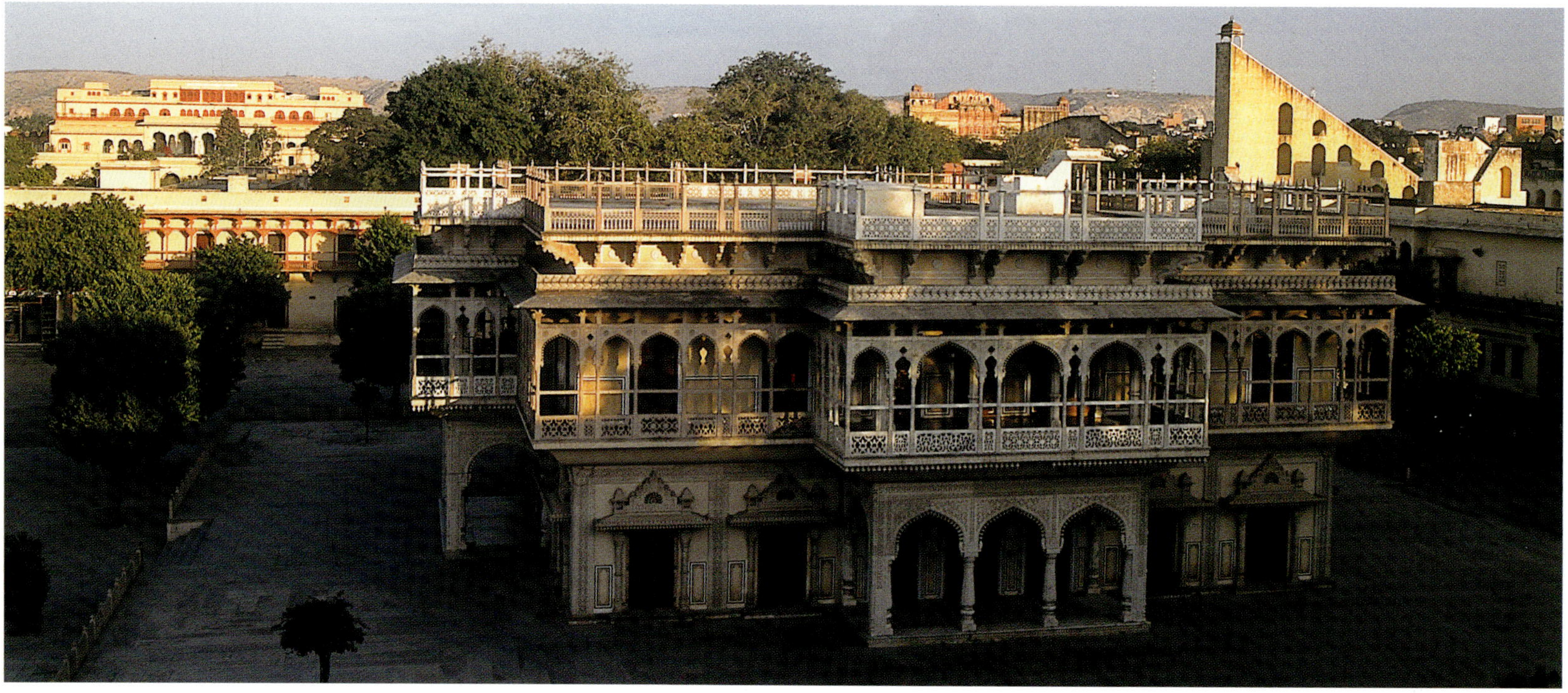

La ville de Jai

Fin stratège, mécène, érudit, le maharaja Jai Singh II était aussi passionné d'astronomie, comme en témoignent les cinq observatoires qu'il fit ériger en Inde, révolutionnaires. Quant à sa ville, il la voulait idéale, s'attachant les compétences de l'architecte bengali Vidyadhar Bhattacharya entouré des artisans de la contrée les plus primés. Les travaux commencèrent le 17 novembre 1727, conformément à de savants calculs astrologiques. Le découpage en quartiers reprenait des traités d'architecture hindous, respectant un plan à damier avec des rues à angle droit. Neuf arrondissements correspondant aux neuf divisions de l'univers furent délimités. Les maisons donnant sur la rue étaient faites plus basses et intelligemment décalées en avant, par rapport à celles qui étaient derrière, ce qui engendrait de belles terrasses. On planta des arbres, on fit un aqueduc avec des puits d'eau potable ici et là. Les rues et venelles étaient concédées à différents corps de métier, bijoutiers, tisserands, orfèvres, ce qui facilitait le commerce. Restait un nom à donner à la cité, vite trouvé : le maharaja prêta une partie du sien.

Jaipur, « la ville de la Victoire », demeura très prospère jusqu'à la menace des Marathes. Pour s'en protéger, on choisit l'alliance avec des Britanniques signée en 1818, ce qui représentait un moindre mal. Un résident s'installa à Jaipur qui allait se moderniser très vite. En 1876, le maharaja Ram Singh II (1835-1880) fit repeindre toutes les façades en rose pour recevoir dignement le prince de Galles et futur Édouard VII. Cette couleur rose, délicieusement rétro et finalement très moderne, est restée la couleur fétiche de Jaipur, qui lui va si bien.

Conçue en 1727, tel un damier géant, la ville de Jaipur fut découpée selon des concepts hindous en neuf arrondissements dont deux étaient réservés au City Palace (palais royal). Au premier plan, le Mubarak Mahal, palais de Bienvenue. On aperçoit sur la droite l'une des tours du Jantar Mantar, observatoire astronomique.

Ci-contre, le palais des Vents, Hawa Mahal, domaine réservé des femmes du zenana.

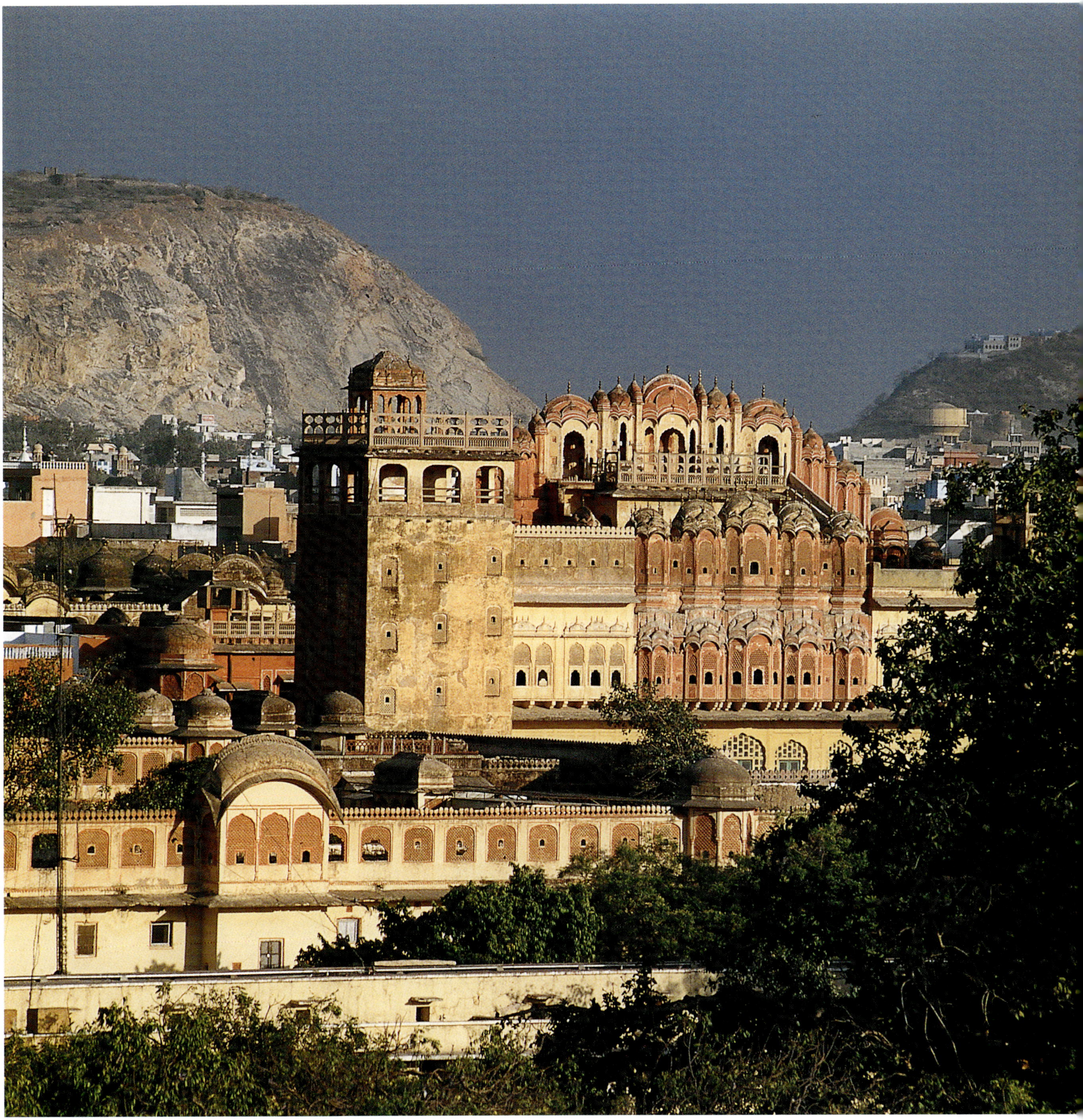

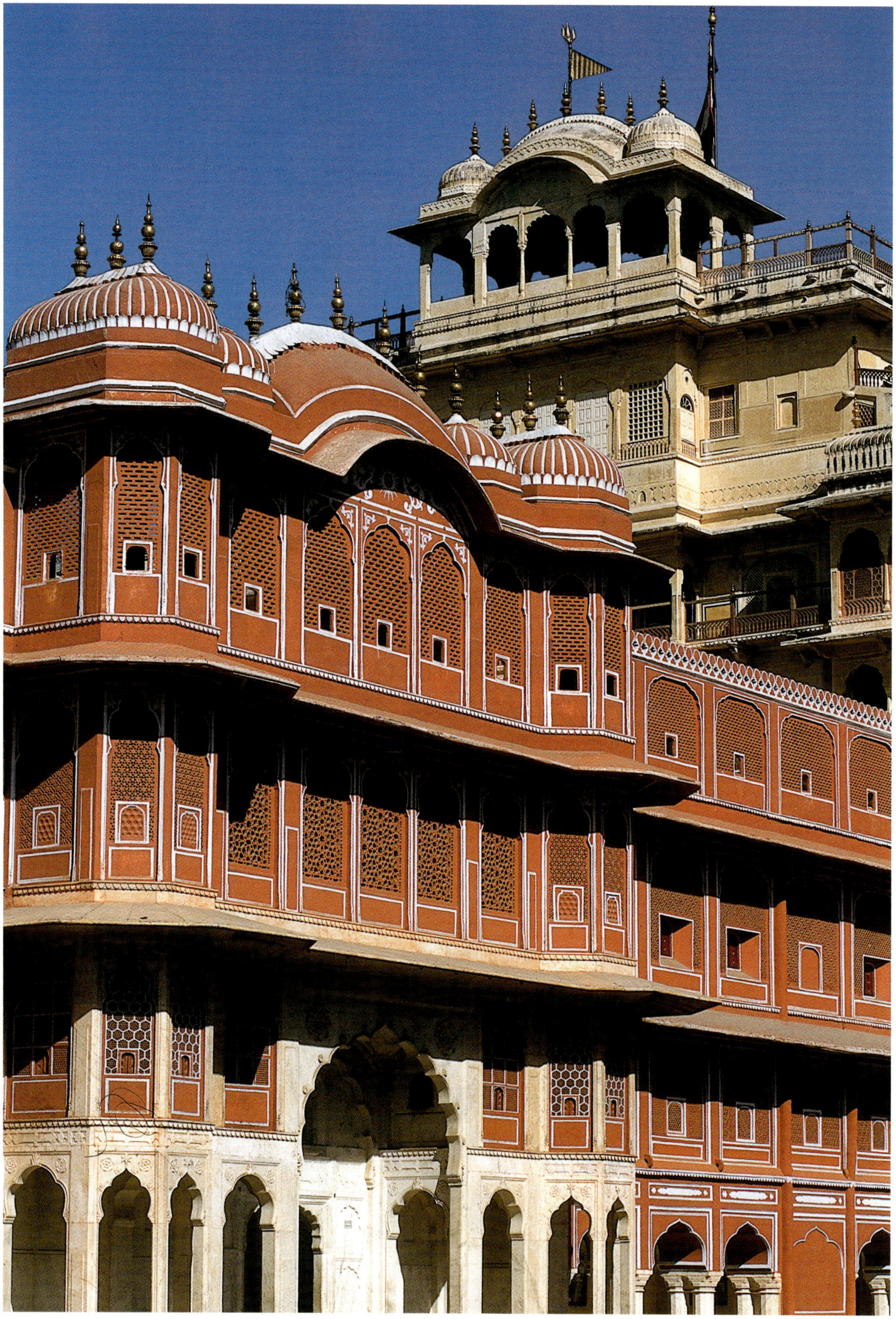

En pénétrant dans le palais royal de Jaipur, voici mille et une histoires princières qui nous sont comptées. A droite, les étranges monuments astronomiques du Jantar Mantar.

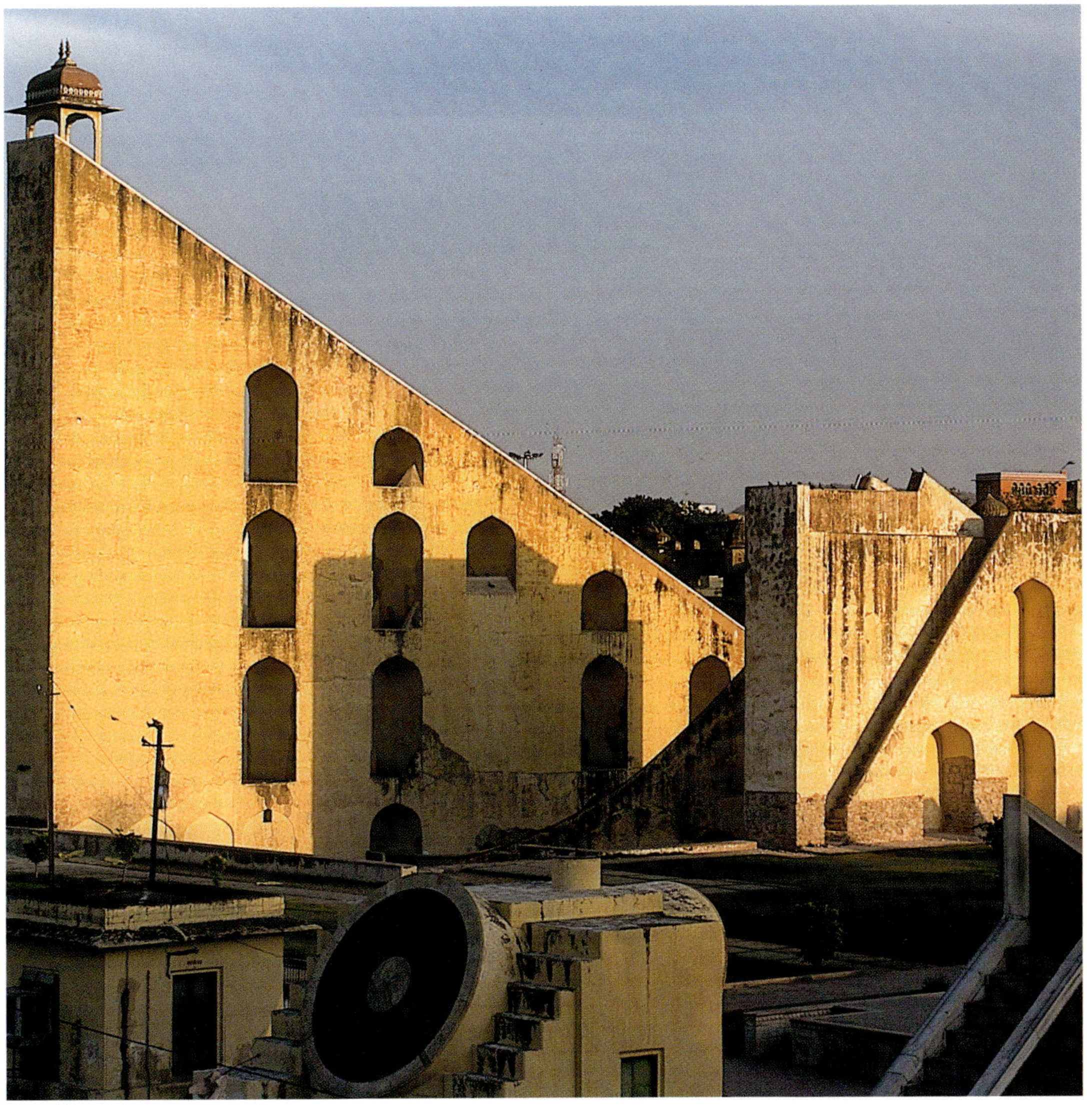

Une histoire glamour

Cette ville rose allait être le décor de l'une des histoires les plus glamour que l'Inde ait connue. Tout commence comme un conte de fées : sans descendance, le maharaja Madho Singh II (1880-1922) choisit comme héritier le jeune fils d'un noble local et lointain cousin.

Le nouveau maharaja Man Singh est beau, immensément riche, champion de polo et raffole des mondanités. Il va régner entre 1922 et 1949 quand il décide de joindre son royaume à l'État du Rajasthan, Jaipur devenant la capitale du nouvel État. Mais c'est son mariage en troisième noce avec une princesse indienne Gayatri Devi, qui va alimenter les chroniques mondaines de l'Europe entière. Le magazine *Vogue* classera la princesse parmi les dix plus belles femmes du monde. Très populaire, elle deviendra en 1962 membre du Parlement indien avec une majorité historique. Quant à Man Singh II, il trouvera la mort en 1970 dans un accident sur un terrain de polo, en Grande-Bretagne.

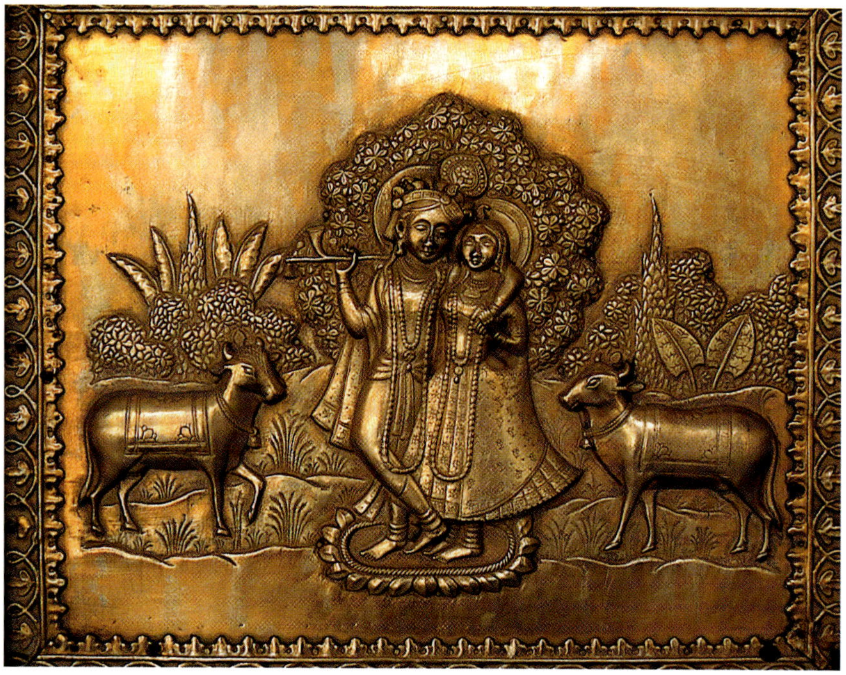

Le City Palace

Au milieu de cette « ville rose » en proie à une surpopulation assourdissante, le City Palace (Palais Royal) fait figure de havre de paix. On s'y repose, on y reprend ses esprits, on recommence à rêver. Car ce palais, que Rudyard Kipling n'hésitait pas à qualifier de « Versailles indien », a conservé un cachet indiscutable et réserve de belles surprises aux accros d'art indo-musulman. Monument emblématique de la ville, le palais des Vents, ou Hawa Mahal, est le plus poignant témoignage de l'époque des maharajas qu'on puisse trouver au Rajasthan. A l'extrémité du palais royal, ce sont cinq étages de façade rose percée de fentes et de petites fenêtres donnant sur la rue. Tout en trompe-l'œil. L'intérieur est creux. Ce paravent géant ajouré, construit en 1799, permettait aux femmes du *zenana* de profiter des processions qui passaient dans la rue. On peut imaginer des dizaines, des centaines de femmes, alanguies par une chaude après-midi, gravir les escaliers intérieurs donnant accès à ces 61 balcons couverts, ces *jharokha*, clos par de fines *jali* (claustra) pour s'amuser de la poésie du quotidien.

Originalement, le City Palace occupait deux des neuf quartiers ou arrondissements de la cité parfaite conçue par Jai Singh II au XVIIIe siècle. Cet arrangement de palais, cours, passages, pavillons est ceinturé de remparts creusés de portes monumentales et finement décorées. Il n'y a pas si longtemps, la porte de la Lune (Chand Pol), par laquelle on pénètre dans le palais, était fermée chaque soir. Défenseurs des arts, souvent très cultivés, les maharajas étaient également à l'affût du progrès. Pour s'en persuader, il faut rejoindre le Jantar Mantar, observatoire astronomique riche de 17 instruments en maçonnerie que Jai Singh II fit élever entre 1728 et 1733 pour préciser certaines données de calendrier.

Dominant la petite cour Pritam Niwas Chowk dont les portes majestueuses sont décorées de scénettes attachantes (ci-dessus)*, le Chandra Mahal, ou palais de la Lune* (page 185)*, abrite les appartements privés du maharaja de Jaipur, Sawai Man Singh II.*

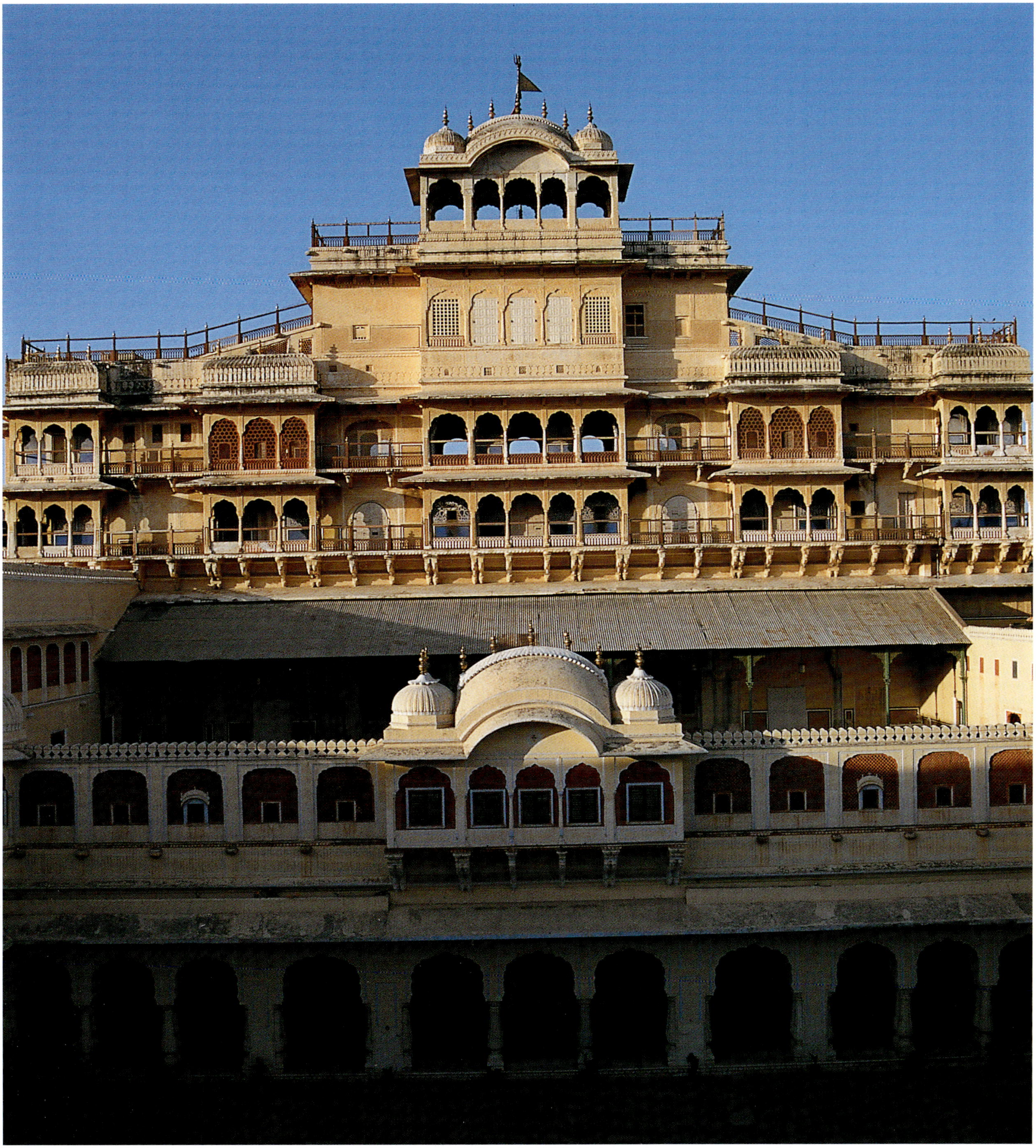

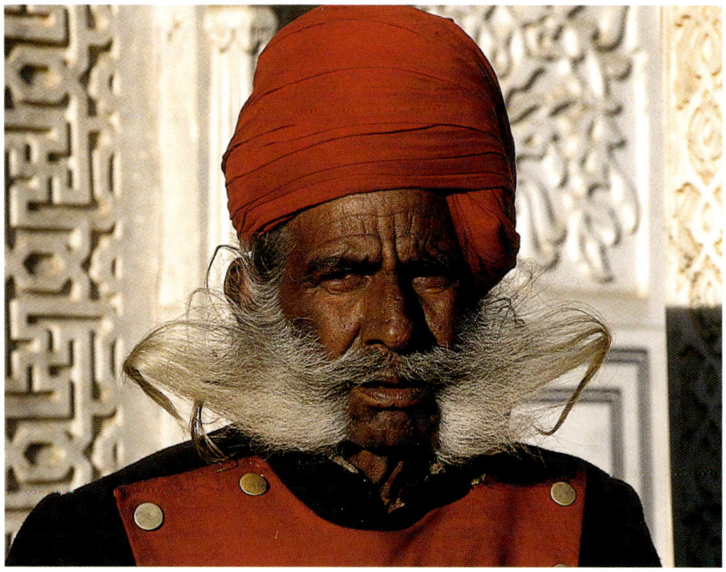

Constamment surveillée par une escouade de gardes au turban éclatant de couleur et aux moustaches bien lissées, la Singh Pol, la porte du Lion, est encadrée par deux statues d'éléphant en marbre. Elles commémorent la naissance du dernier maharaja, héritier mâle très attendu. Le champagne coula à flots, d'où le surnom du prince « bubble » (bulle).

Mais il est temps de s'engager dans l'enceinte du palais proprement dit. Au centre de la première cour, le Mubarak Mahal, le « palais de Bienvenue », est vraiment digne d'émerveillement. Ce pavillon carré en marbre, construit en 1900, était destiné à recevoir les invités officiels. Il abrite aujourd'hui au premier étage un musée de costumes royaux qui donnent la mesure des fastes d'antan. La plus impressionnante parure est peut-être la robe en soie de Bénarès du maharaja Madho Singh I, géant à la barbe bien fournie, qui mesurait deux mètres. A deux pas, un autre pavillon autrefois réservé à la maharani (Maharani Palace) est bien garni par des collections vraiment remarquables d'armes hindoues et mogholes. Que les âmes sensibles oublient quelques minutes ce déluge de poignards en tous genres, pour s'attarder sur le travail exquis de décoration des manches incrustés de jade et des lames ornées d'arabesques d'une réelle finesse.

On s'infiltre encore davantage au firmament du City Palace en empruntant le Singh Pol, la Porte du Lion, gardée par des statues d'éléphants. On débouche sur une deuxième cour, close de trois étages de galeries ajourées derrière lesquelles les maharanis pouvaient observer la vie dans le palais. Au centre, le pavillon de style moghol à toit plat est le *diwan-i khas*, hall des audiences privées. Sur la gauche, un passage conduit à une délicieuse autre cour, Pritam Niwas Chowk, où se situent les bureaux du maharaja. Attardez-vous sur les vantaux des portes animés de décors de majestueux paons faisant la roue. Et levez les yeux sur les sept étages de cet étrange et élégant Chandra Mahal, palais de la Lune. Ce sont les appartements privés du maharaja.

Pour replonger dans la nostalgie, il faut filer vers le vaste *diwan-i am* (hall des audiences publiques) où les maharajas réunissaient leur *durbar* (assemblée) de nobles. Les influences persanes et mogholes se déclinent avec magnificence sur les murs de marbre décorés de motifs floraux. On y a reconstitué une sorte de musée à la gloire du passé rassemblant de beaux *howdah* (nacelles pour éléphants), des palanquins, tapis de Lahore, manuscrits, miniatures, sans oublier de gigantesques lustres en cristal de Bohême. L'une des plus belles salles anciennes de réception qui existent au Rajasthan.

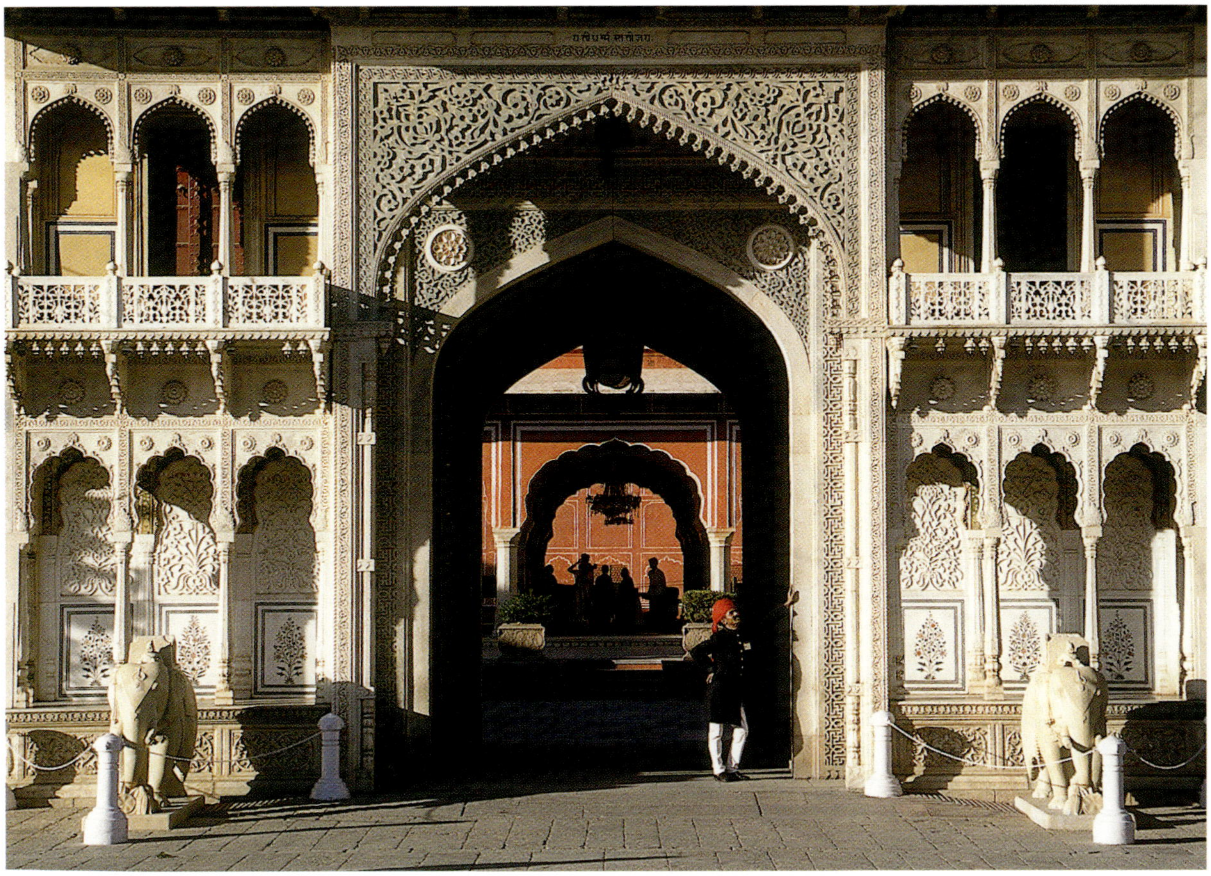

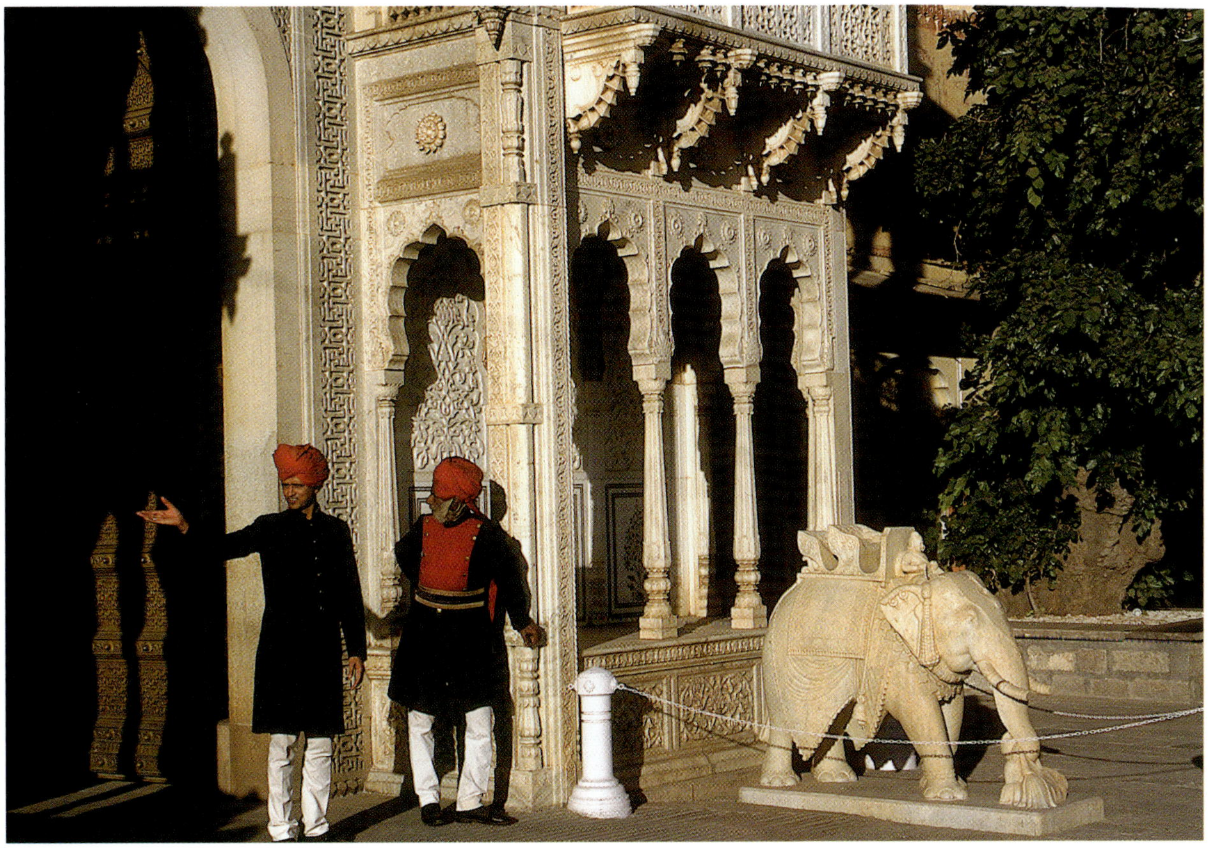

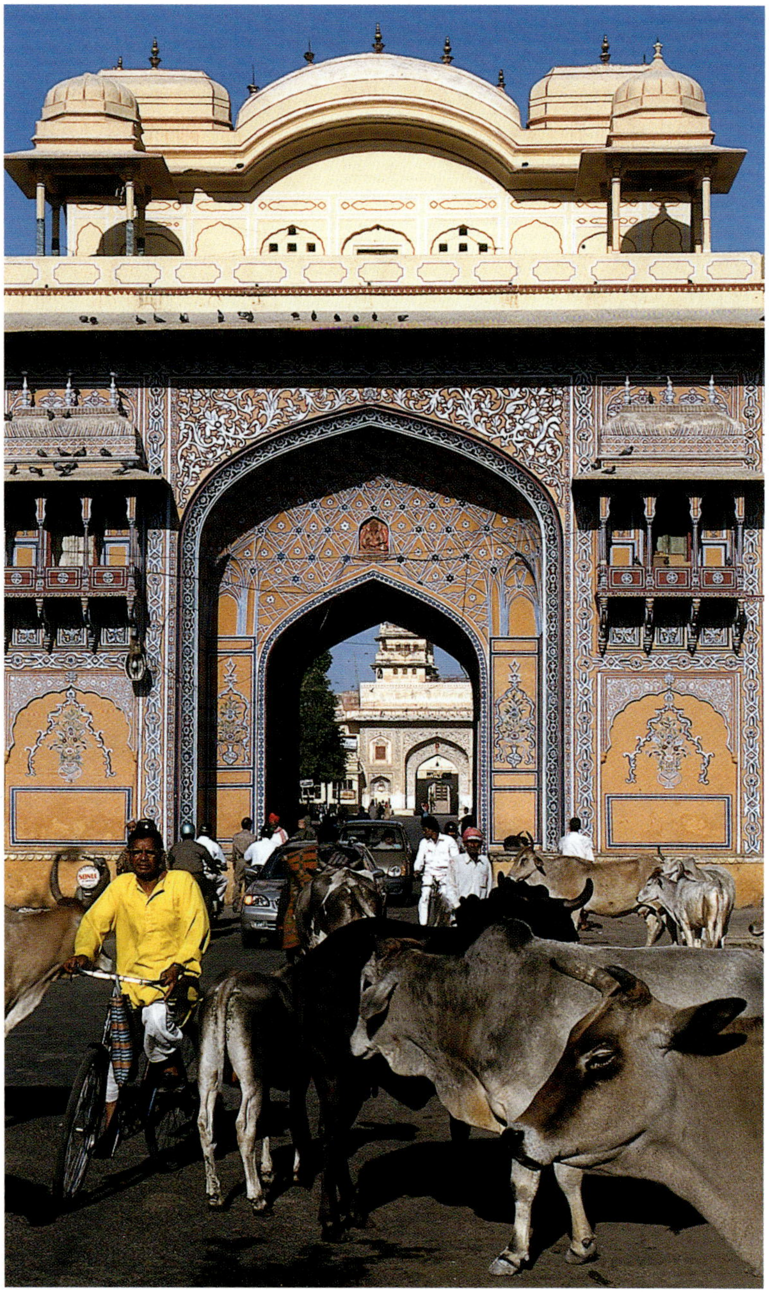

Devant les hautes portes qui commandent l'accès au palais royal, les amateurs de poésie urbaine trouveront leur bonheur en parcourant les ruelles et les marchés de Jaipur.

Les bazars de Jaipur

Si la surpopulation et les encombrements rendent la traversée de Jaipur assez fatigante, la ville en elle-même n'a pas vraiment changé depuis sa création : même couleur vieux rose délicieusement rétro sur les façades et bazars rangés par corps de métiers comme au XVIIIe siècle. On y croise quelques Européens venus faire le plein de bijoux, gemmes et émaux. Côté shopping, on craquera pour de drôles de chaussures de maharaja à bout pointu et relevé, dans les allées du Ramganj Bazar ou en face du palais des Vents. Toutes ces ruelles regorgent de boutiques. Allez surprendre les riches Indiennes en train de choisir un *minakari*, bijou en or émaillé, chez les bijoutiers du Jauhari Bazar. Un conseil : c'est à la sortie de la ville, en direction d'Amber, que vous ferez les meilleures affaires dans les ateliers de fabrication de tapis, objets en marbre, poterie bleue, chaussures. Attention ! Il faut marchander ferme.

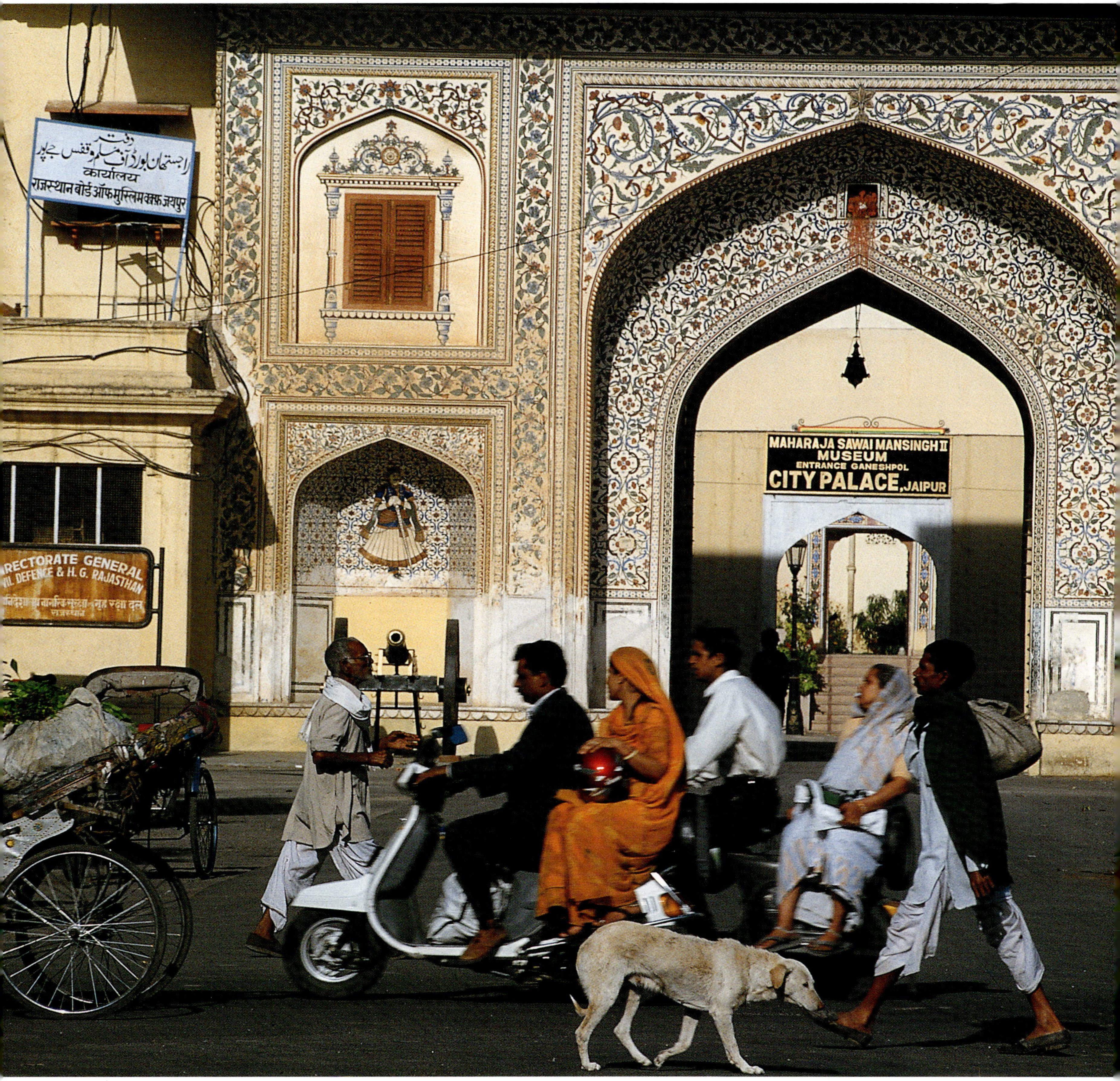
कार्यालय
राजस्थान बोर्ड ऑफ मुस्लिम वक्फ़ जयपुर
RECTORATE GENERAL
VIL DEFENCE & H.G. RAJASTHAN
MAHARAJA SAWAI MANSINGH II
MUSEUM
ENTRANCE GANESHPOL
CITY PALACE, JAIPUR

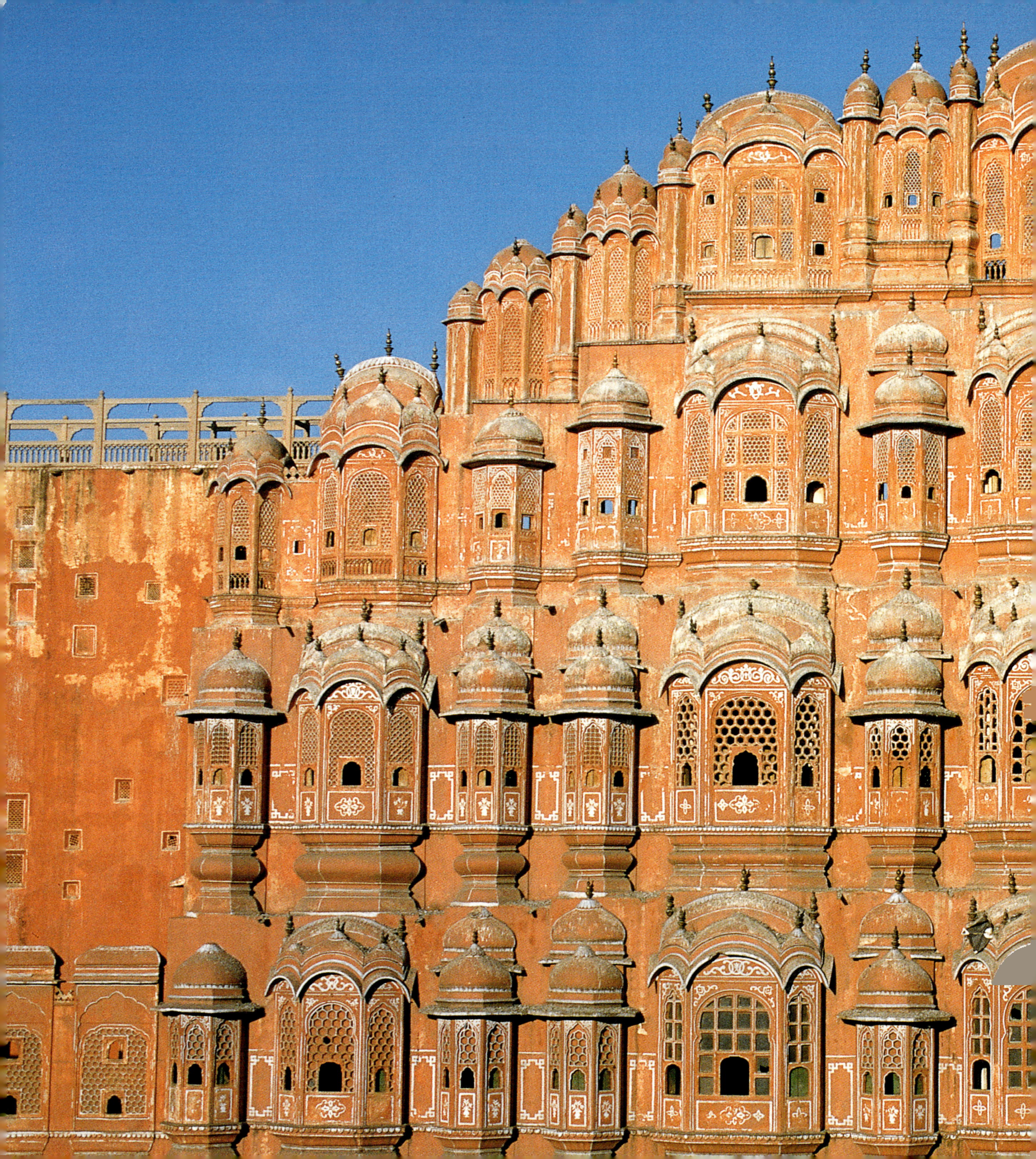

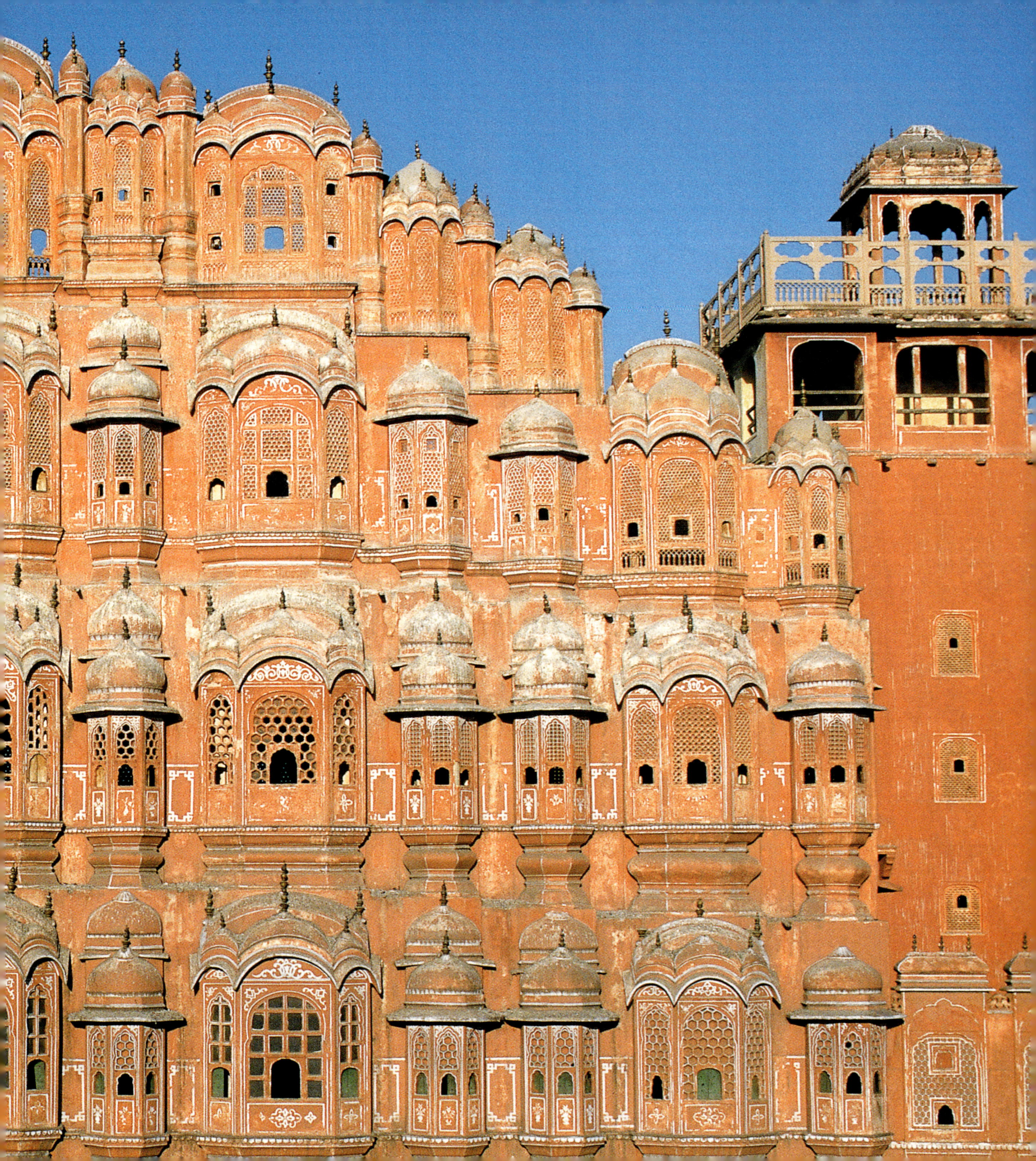

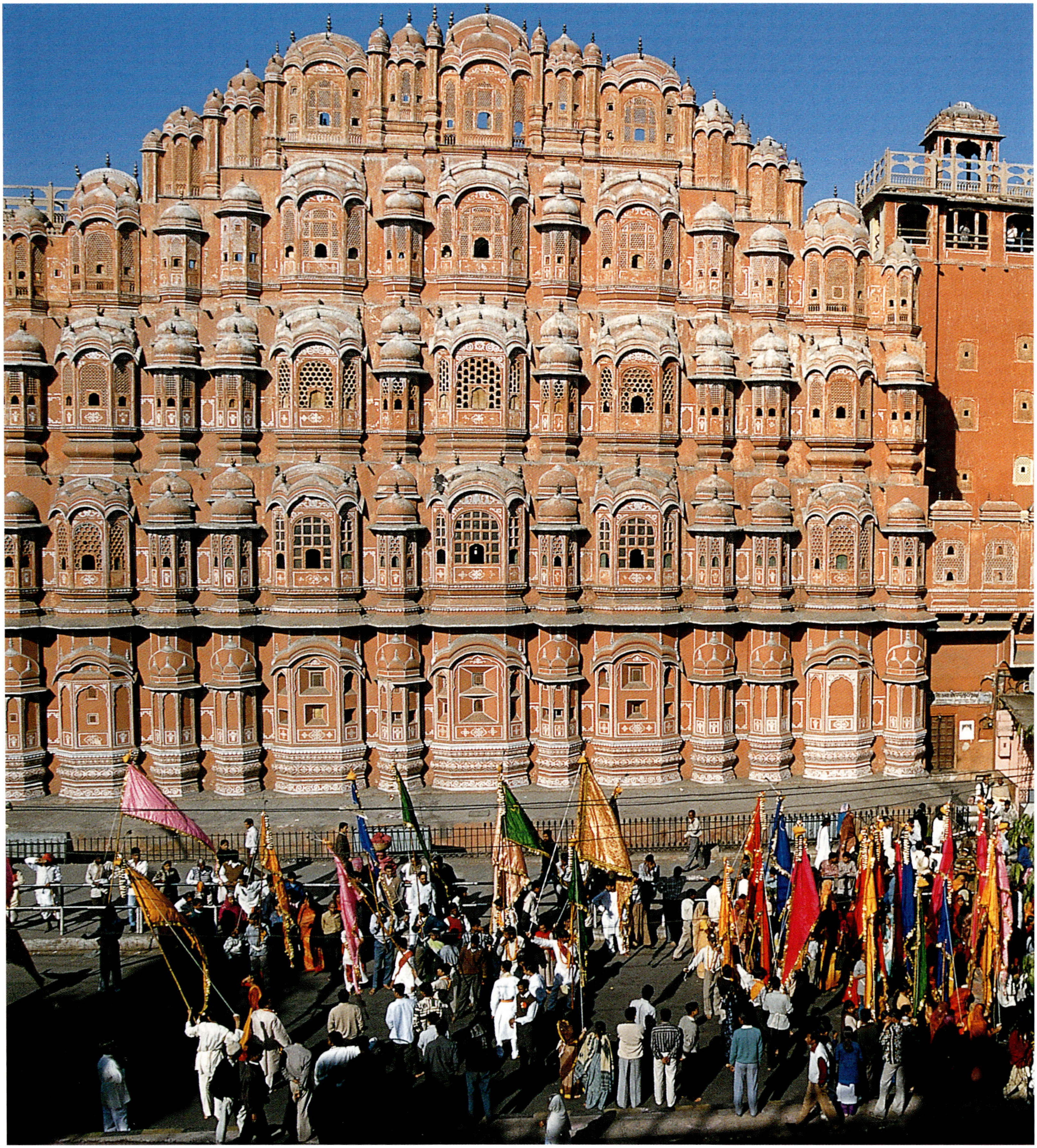

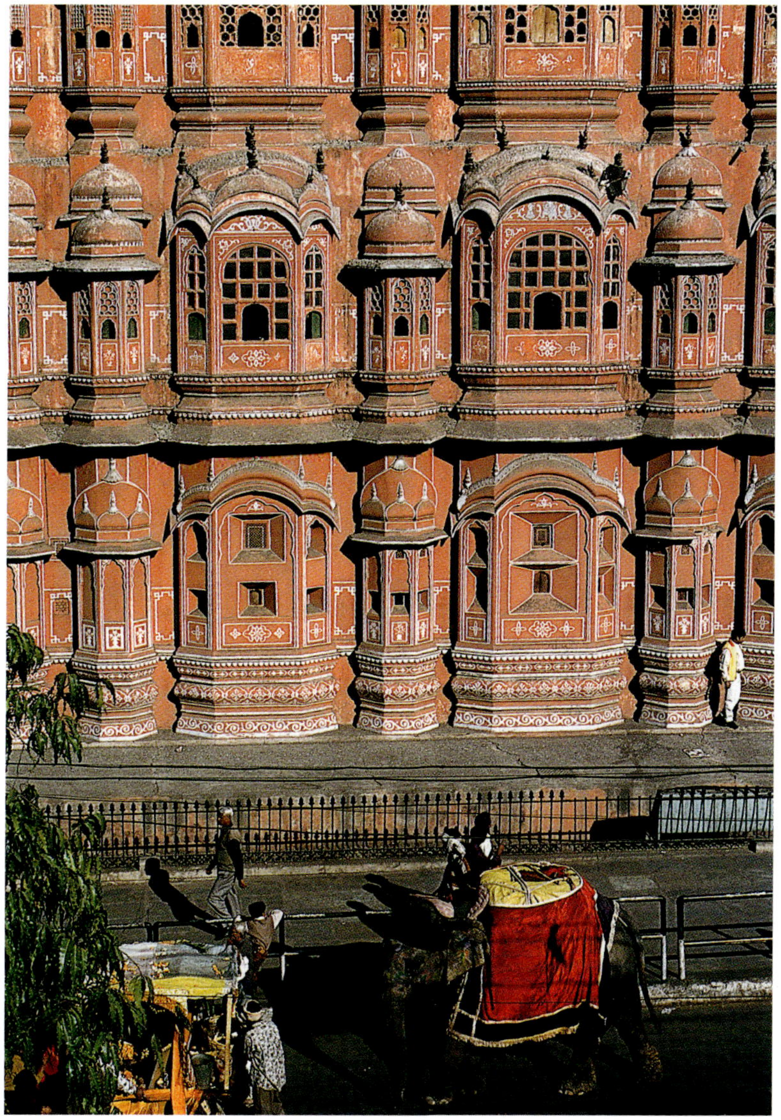

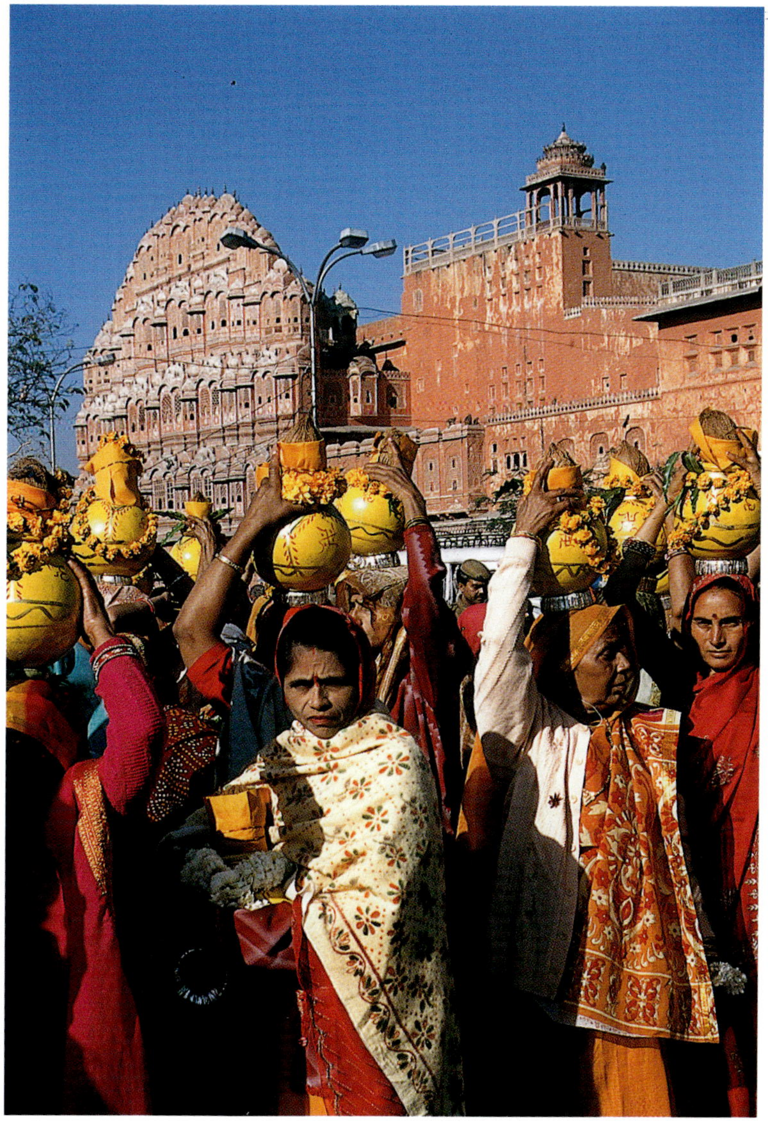

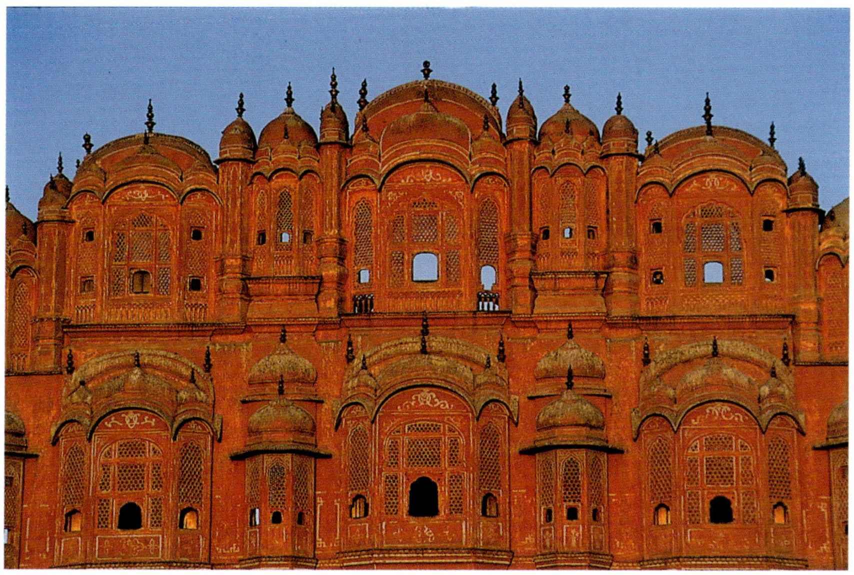

Monument emblématique de Jaipur et du Rajasthan, le palais des Vents, Hawa Mahal, dessiné en 1799, exhibe son insensée façade rougeâtre, percée de 61 balcons appelés jharokha. *Par de mystérieux souterrains, les femmes du* zenana *(nom de leur domaine réservé) rejoignaient ce fantastique paravent géant (l'intérieur est vide) où elles pouvaient se distraire du spectacle de la rue. Pour s'assurer que le palais royal de Jaipur n'a pas perdu une miette de son âme et de son mystère, il suffit de gravir les escaliers intérieurs de ce bien étrange palais.*

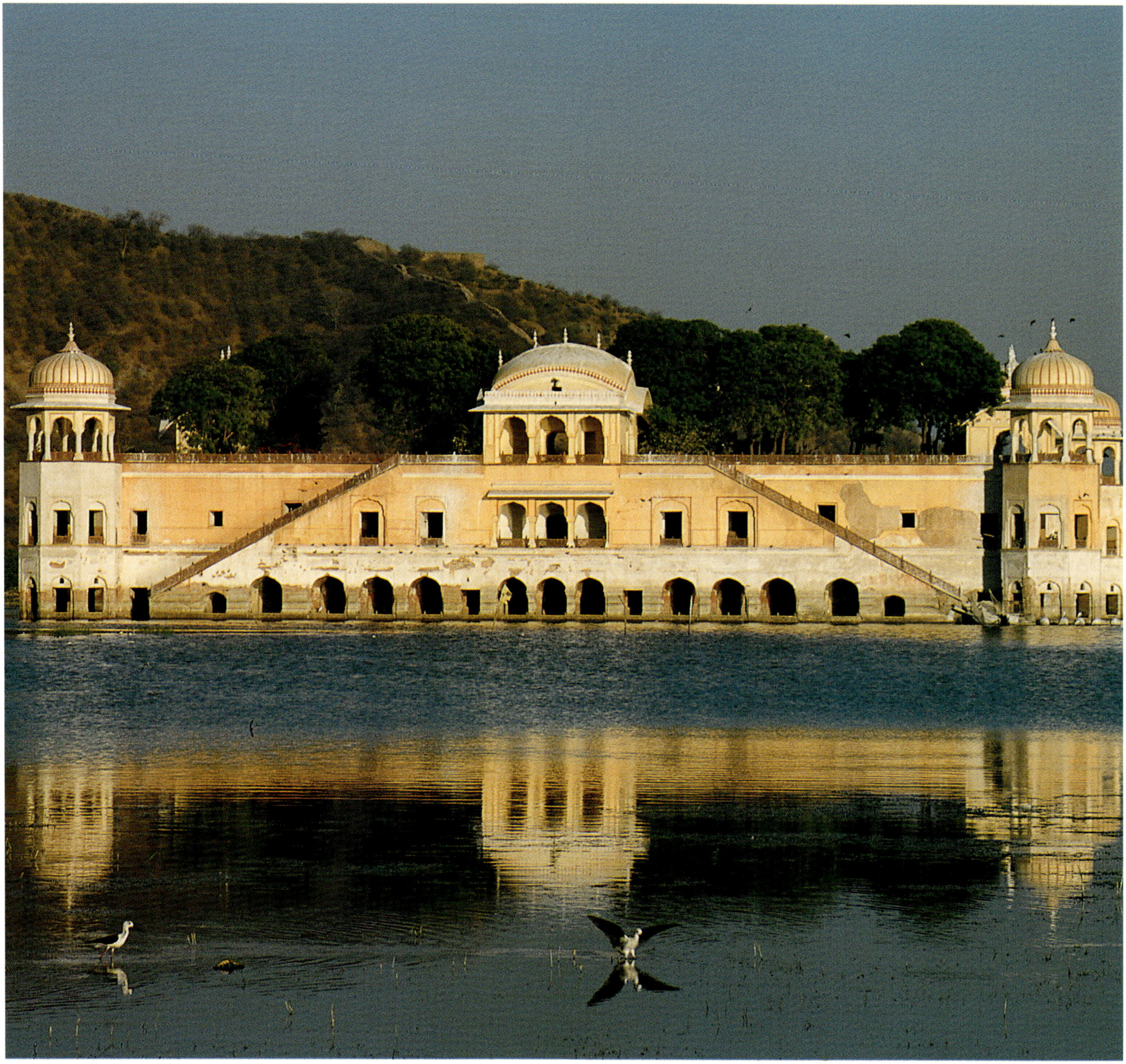

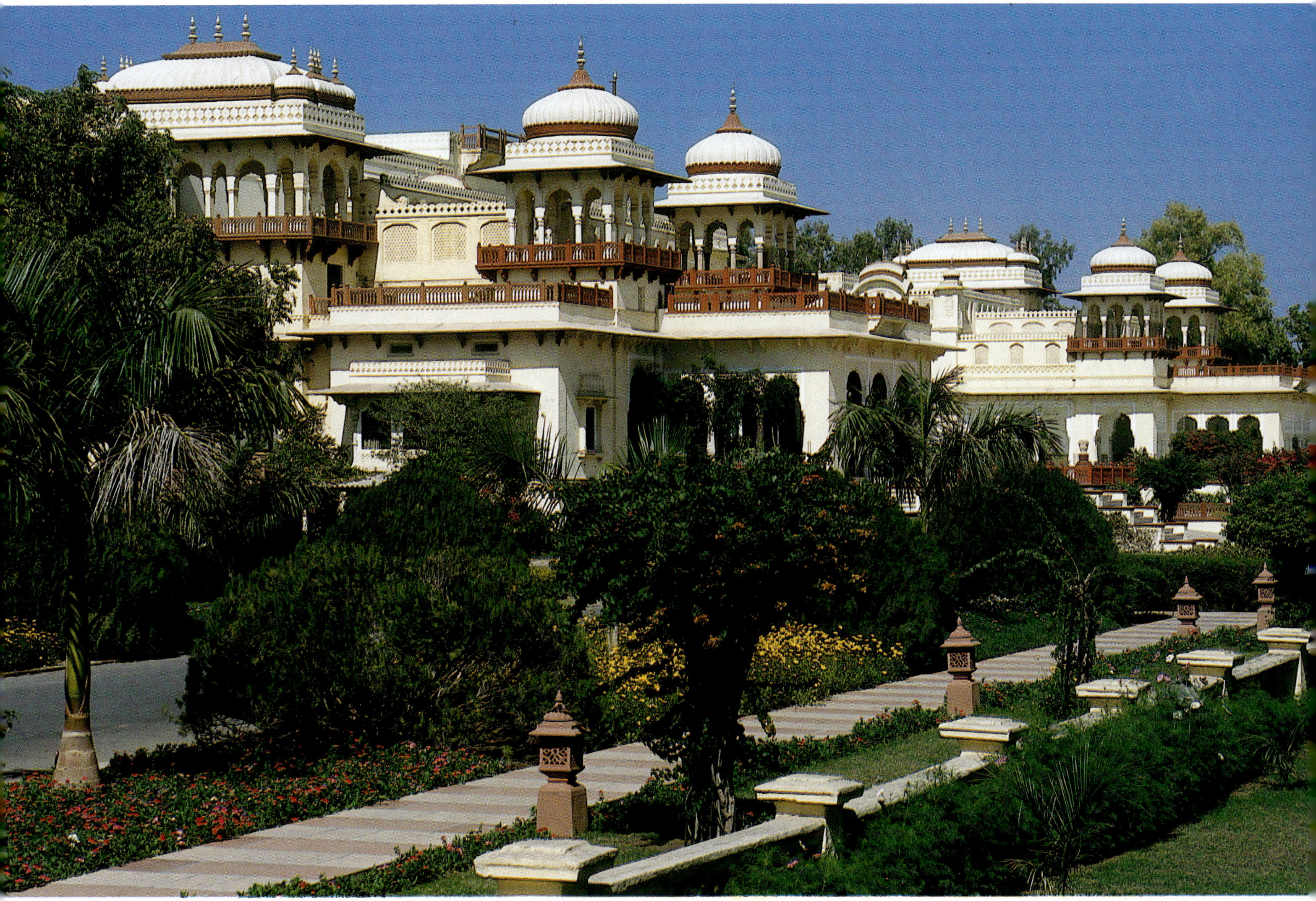

Chaque palais, chaque forteresse ravive le souvenir de l'époque où le Rajasthan portait le nom de Rajputana. Grands amateurs de chasse, les maharajas se retrouvaient au Jal Mahal (palais de l'Eau) pour chasser le canard au milieu du lac Man Sagar (à gauche). Ci-dessus, le Rambagh Palace, ancien rendez-vous de chasse des maharajas de Jaipur, fut le premier palais du Rajasthan transformé en hôtel en 1957 par Man Singh II.

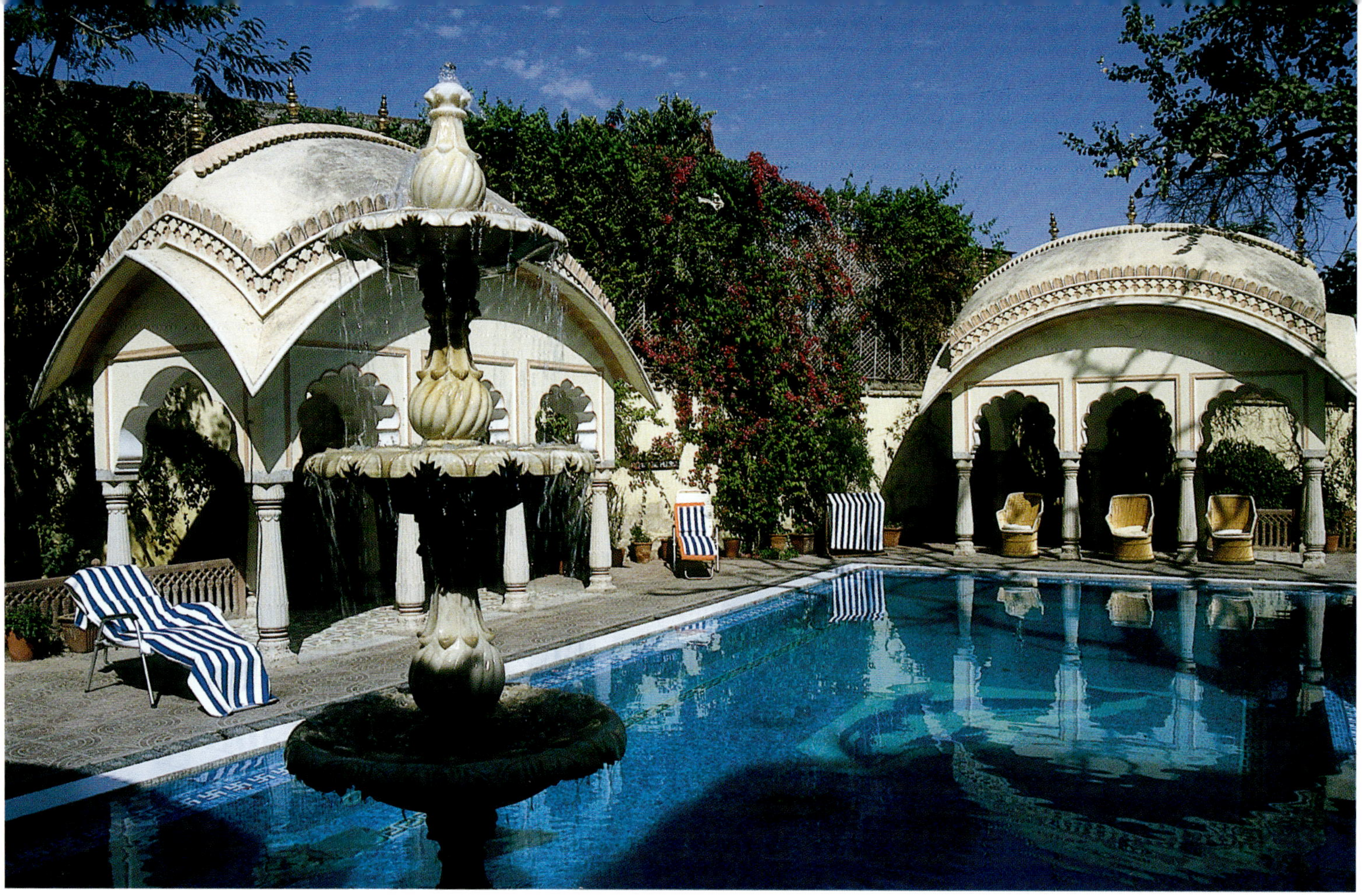

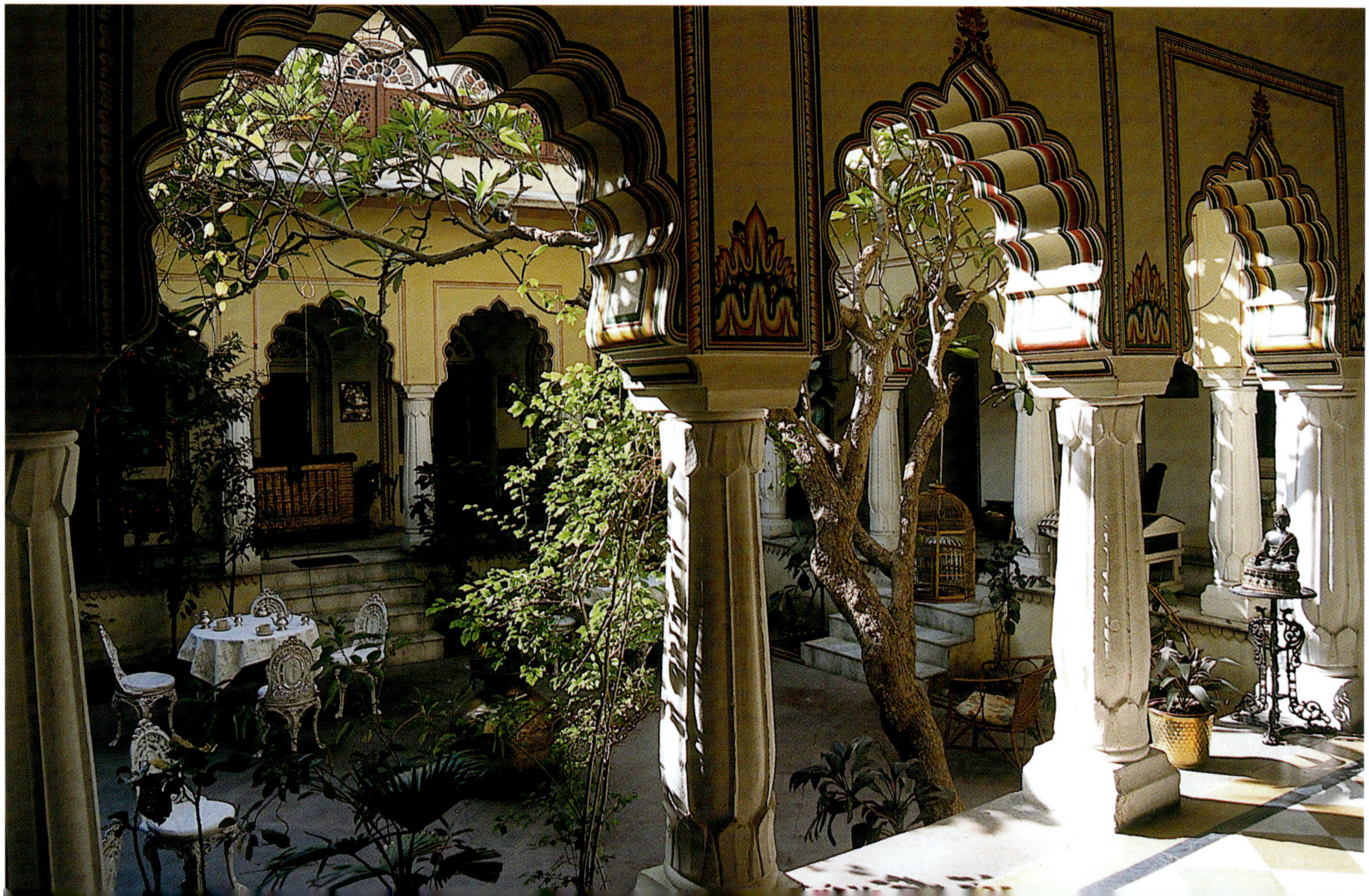

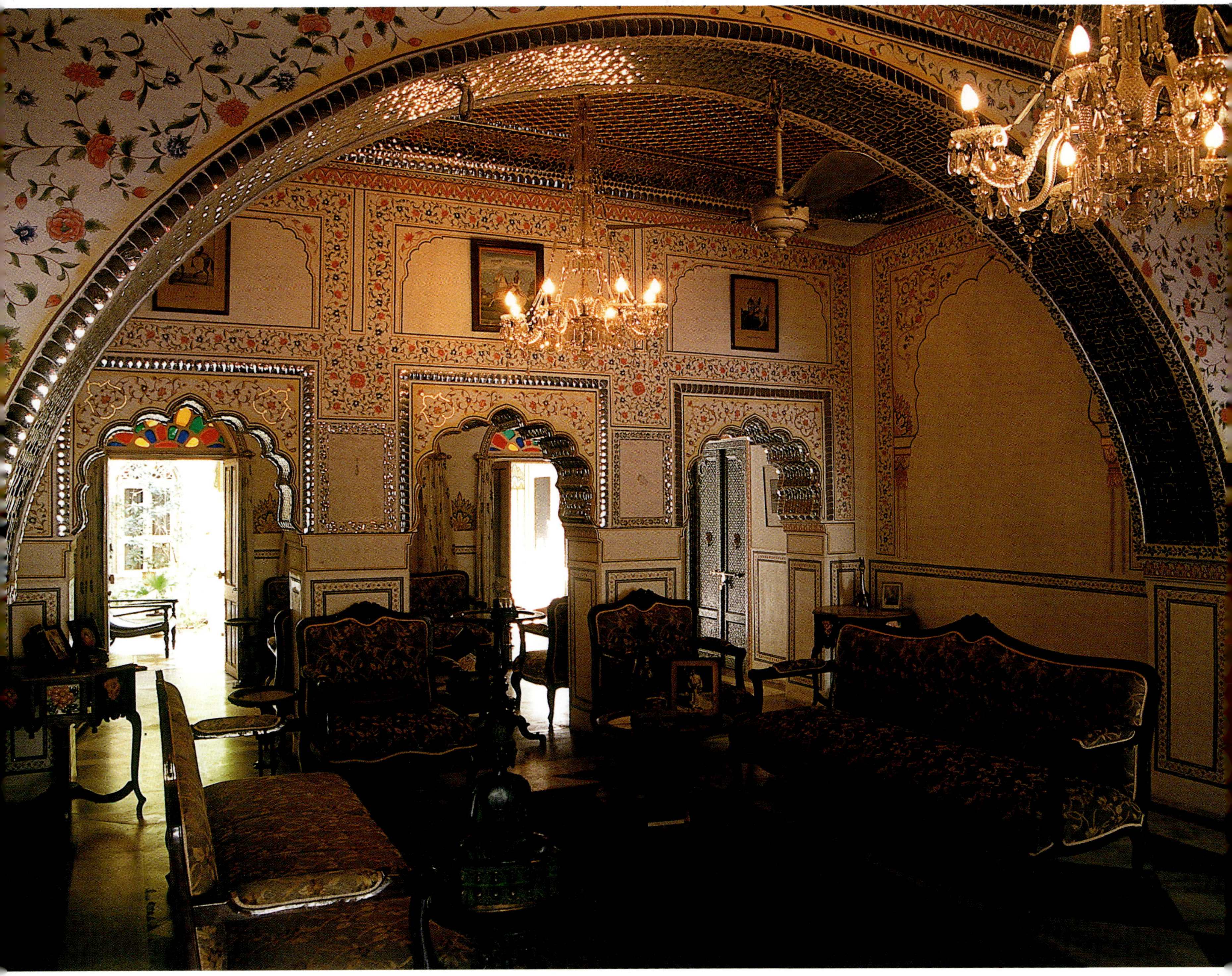

En plein cœur de Jaipur, Alsisar Haveli est une adresse secrète. Descendant du glorieux clan des Kachhawa Rajputs, le thakur *(titre aristocratique) Gaj Singh a transformé son* haveli *familial, bâti en 1892, en hôtel plein de poésie.*

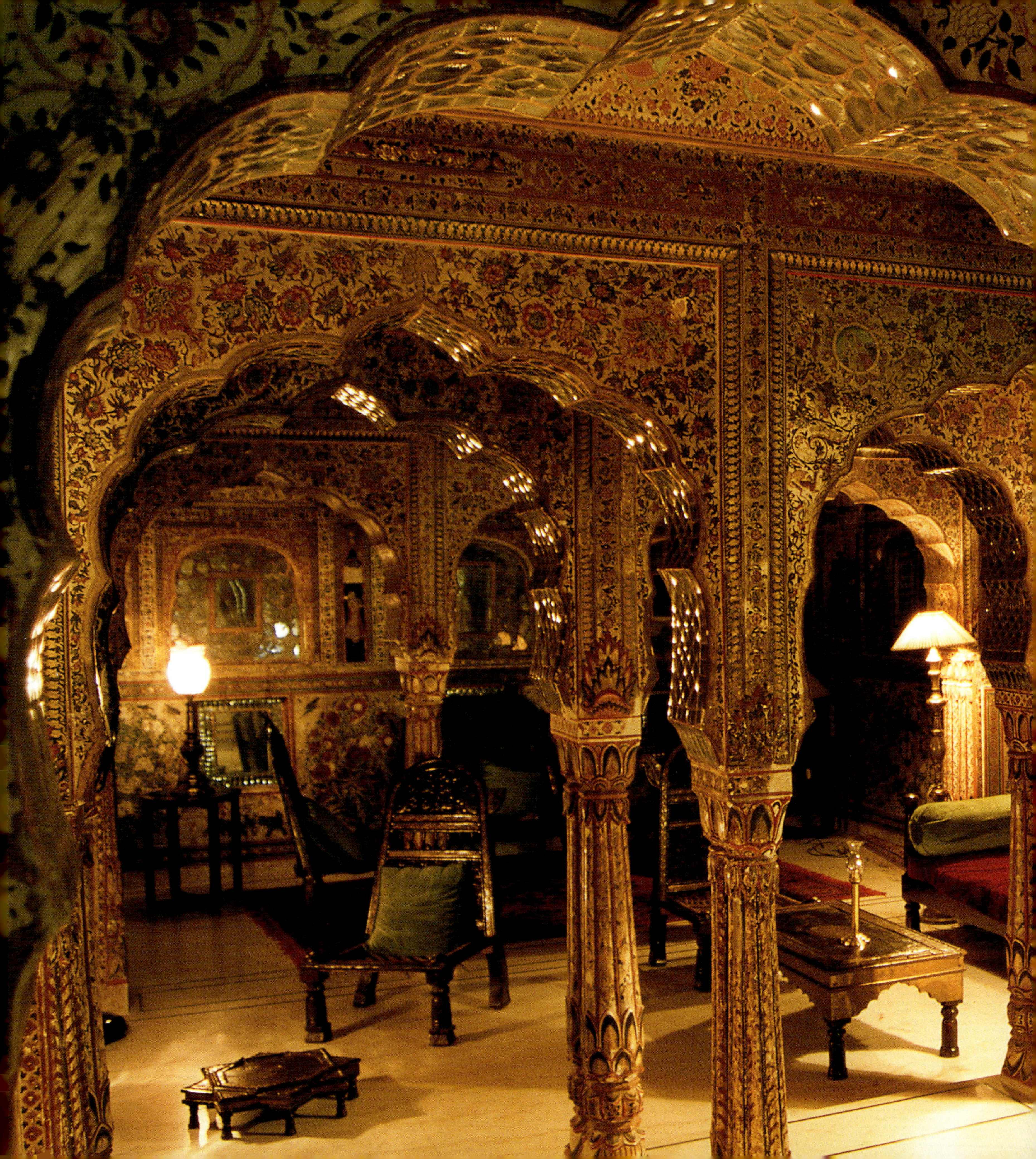

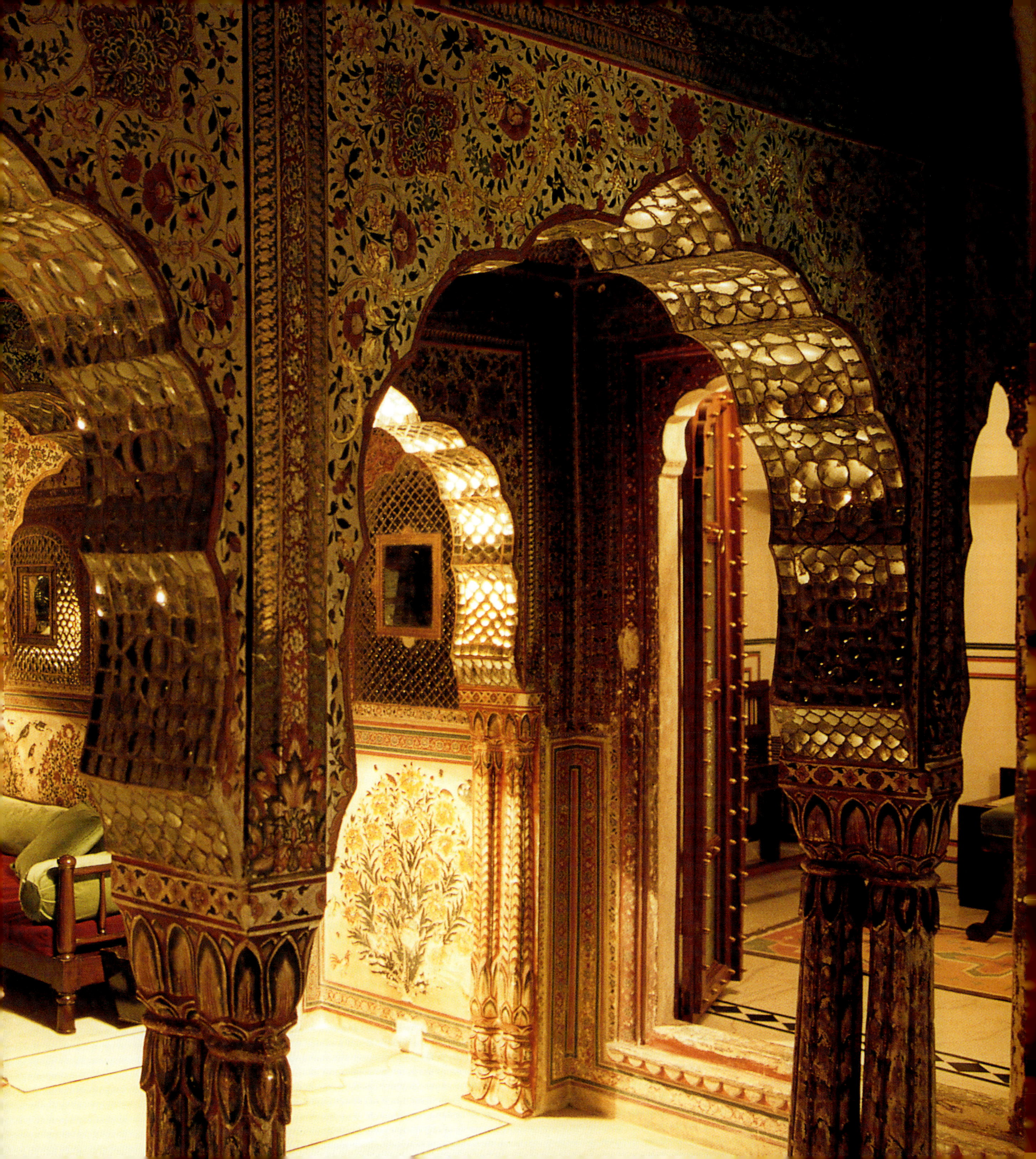

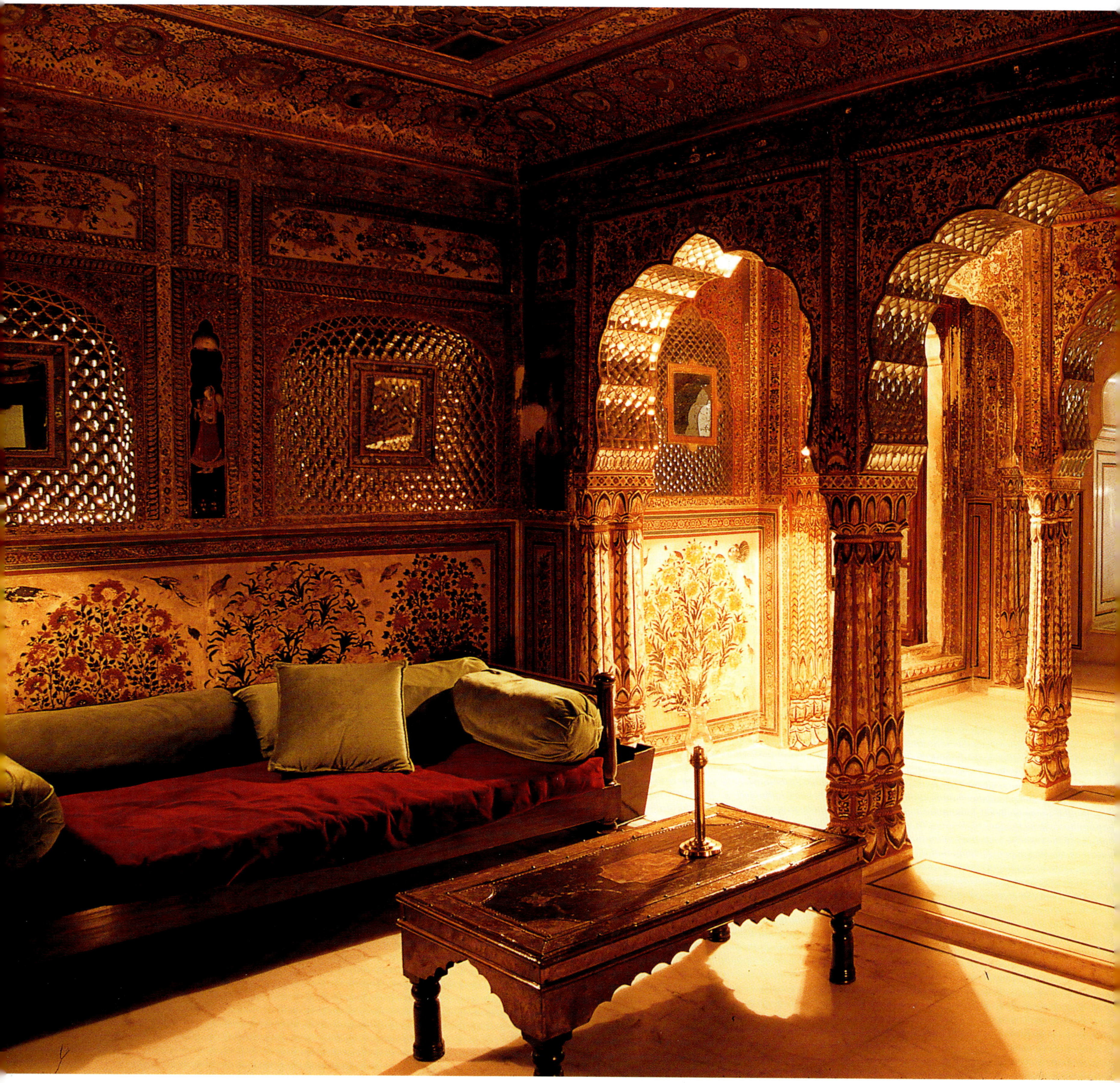

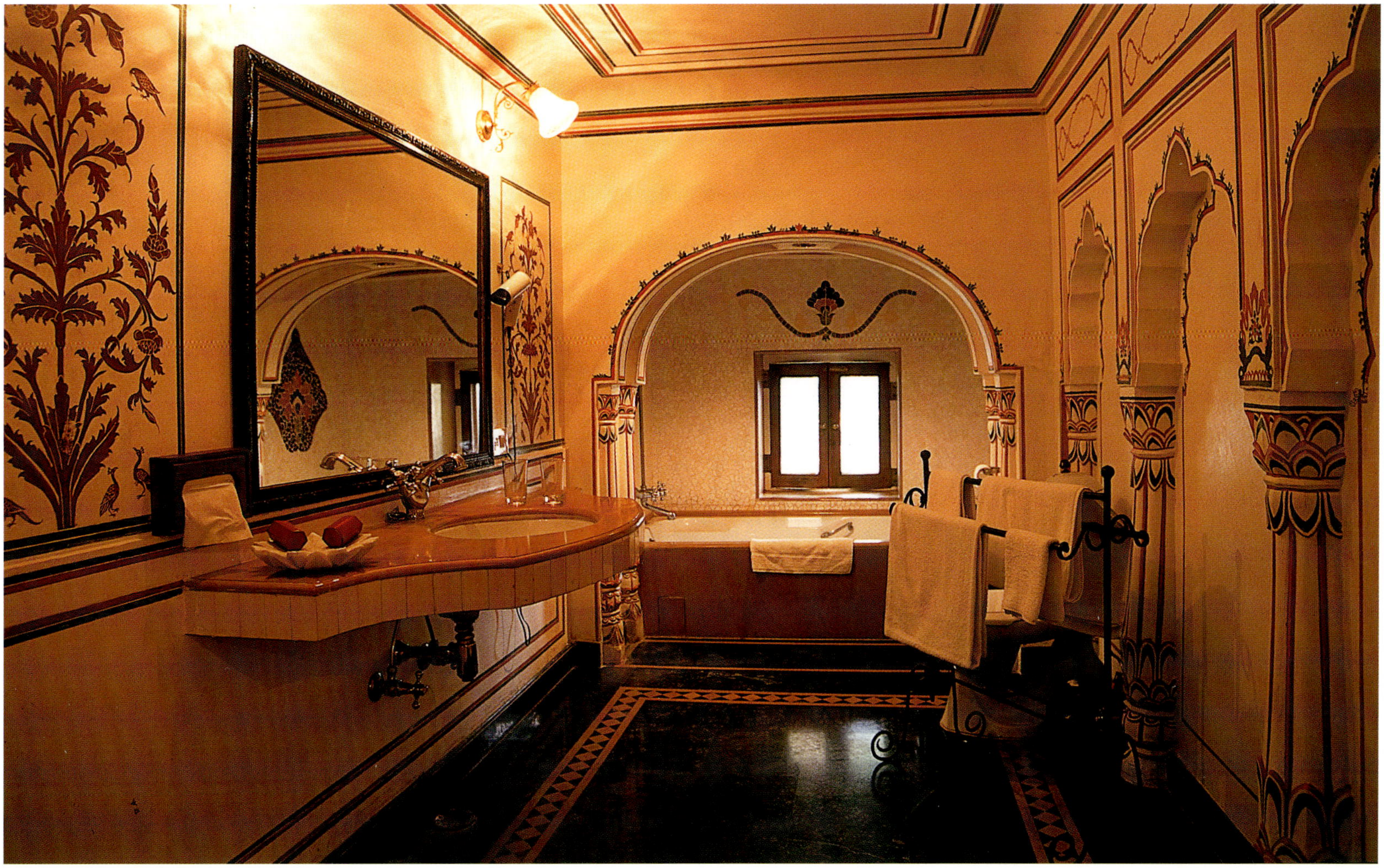

Pages 198 à 201 :
Pari gagné pour Raghavendra et Yadavendra, deux jeunes frères aux allures aristocratiques qui ont décidé d'ouvrir au monde la demeure de leur ancêtre, Premier ministre du maharaja de Jaipur. Passer une nuit, même une seule, dans la « Suite aux petits miroirs » de Samode Haveli relève de la pure magie et a de quoi fasciner les visiteurs les plus exigeants. L'art indo-musulman dans toute sa splendeur…

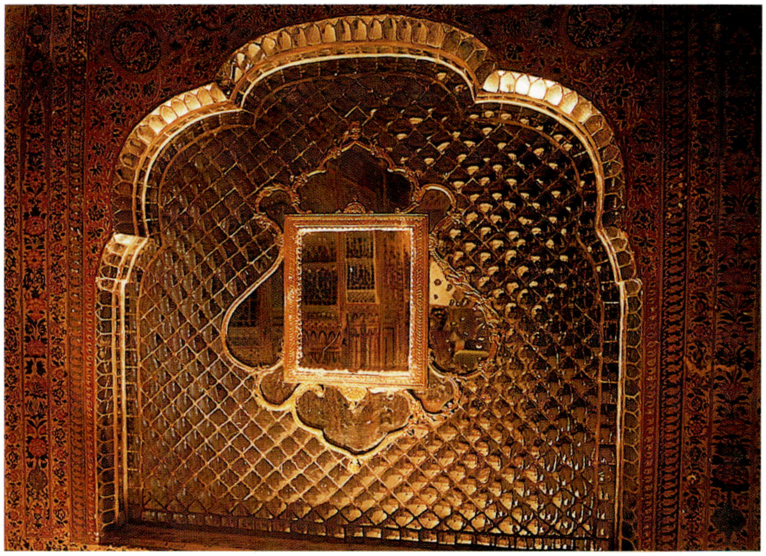

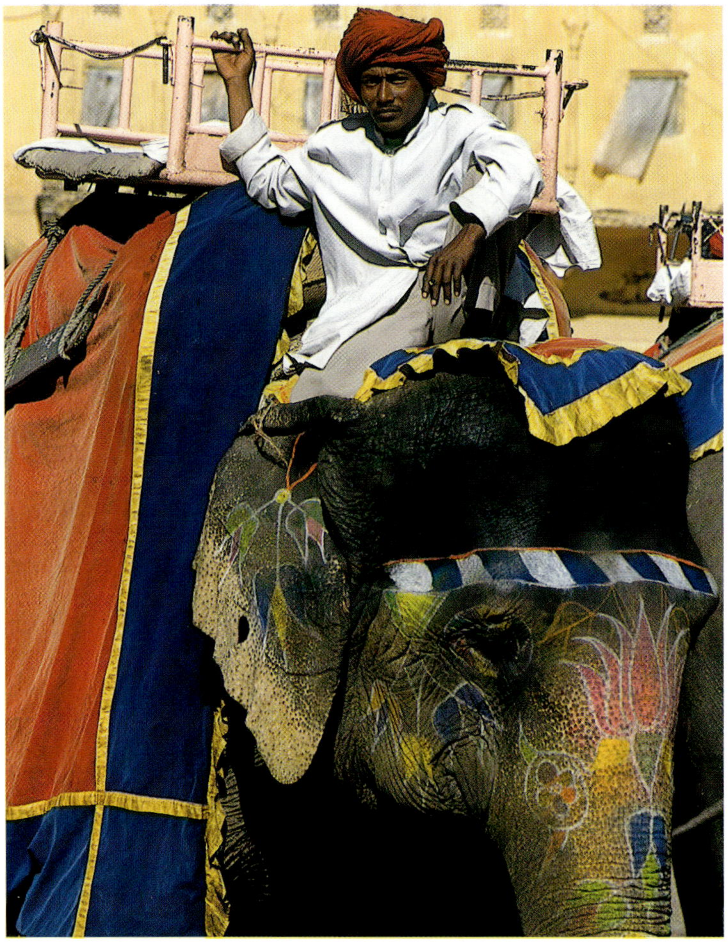

LES FORTERESSES D'AMBER, DE JAIGARH ET DE NAHARGARH

Berceau de la dynastie des Kachhvahas, la forteresse d'Amber est nichée dans les montagnes escarpées situées à 8 kilomètres de Jaipur. La route longe d'abord le lac Man Sagar où semble flotter à sa surface le palais Jal Mahal. Les maharajas venaient y chasser le canard. Un peu plus loin, à flanc de rocher, apparaît Amber entourée de remparts, bastions et tours de guet érigés sur les collines alentour. Imprenable en son temps, elle cède aujourd'hui sous la pression touristique. Ce site permettant de contrôler la route de Delhi en faisait un intérêt stratégique majeur dans un lointain passé.

Au XIIe siècle, le prince Duleh Rai en fit la capitale de son royaume, le Dhundhar. La citadelle elle-même remonte au XVIe siècle sous le règne de Man Singh I. Elle fut consolidée et agrandie au XVIIe siècle par Jai Singh qui l'abandonnera vers 1733 pour fonder Jaipur. Plusieurs chemins escarpés conduisent à une enfilade de portes massives qui commandent l'entrée du Fort.

Une balade à dos d'éléphant, ça vous dit ? Ils vous attendent. En contrebas, l'œil est attiré par de beaux jardins moghols aménagés en 1588 sur un îlot. La dernière porte, Suraj Pol (porte du Soleil), ouvre sur Jaleb Chowk, une vaste esplanade fermée par des bâtiments autrefois réservés au corps de garde. Les pauvres éléphants qui ont véhi-

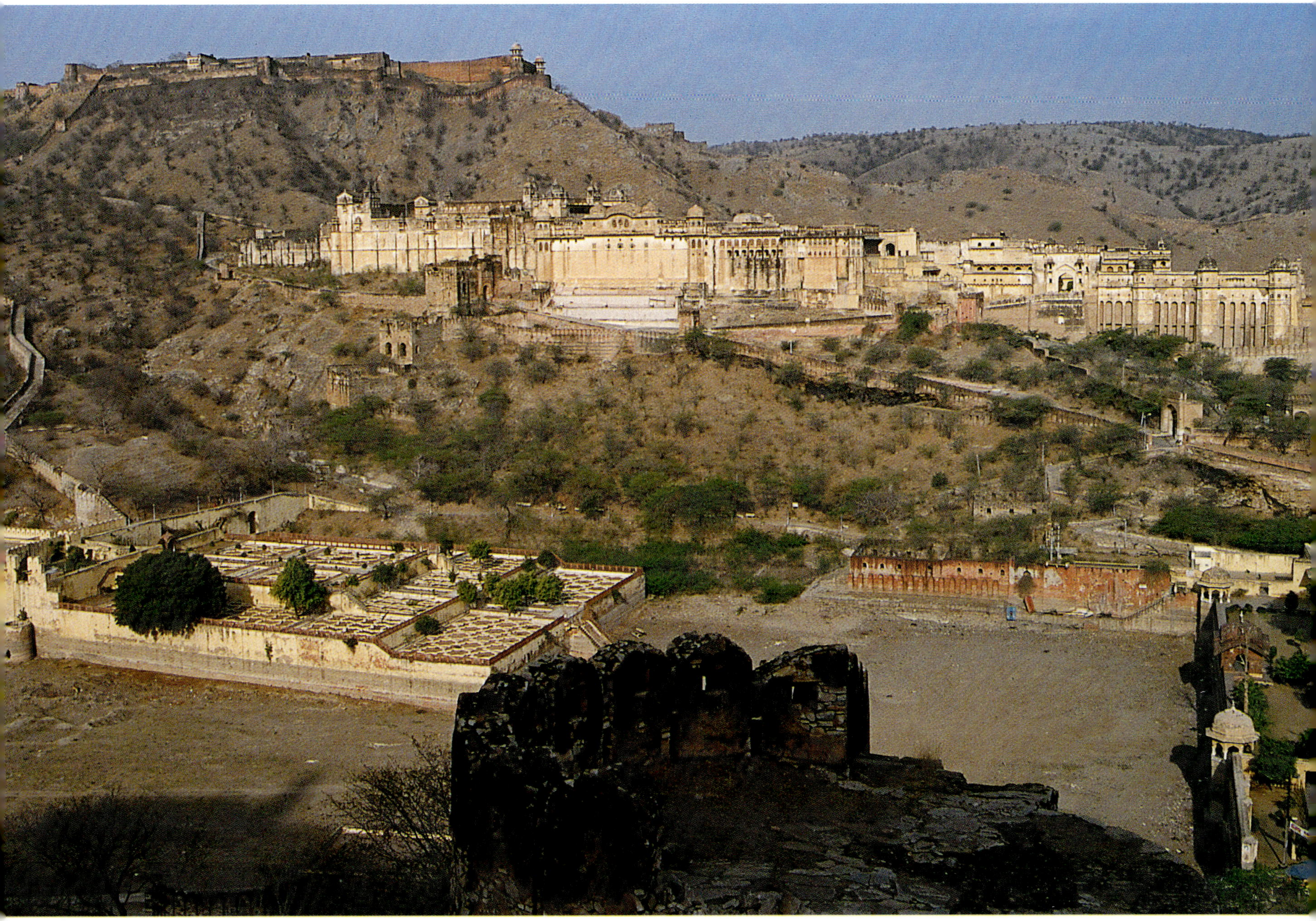

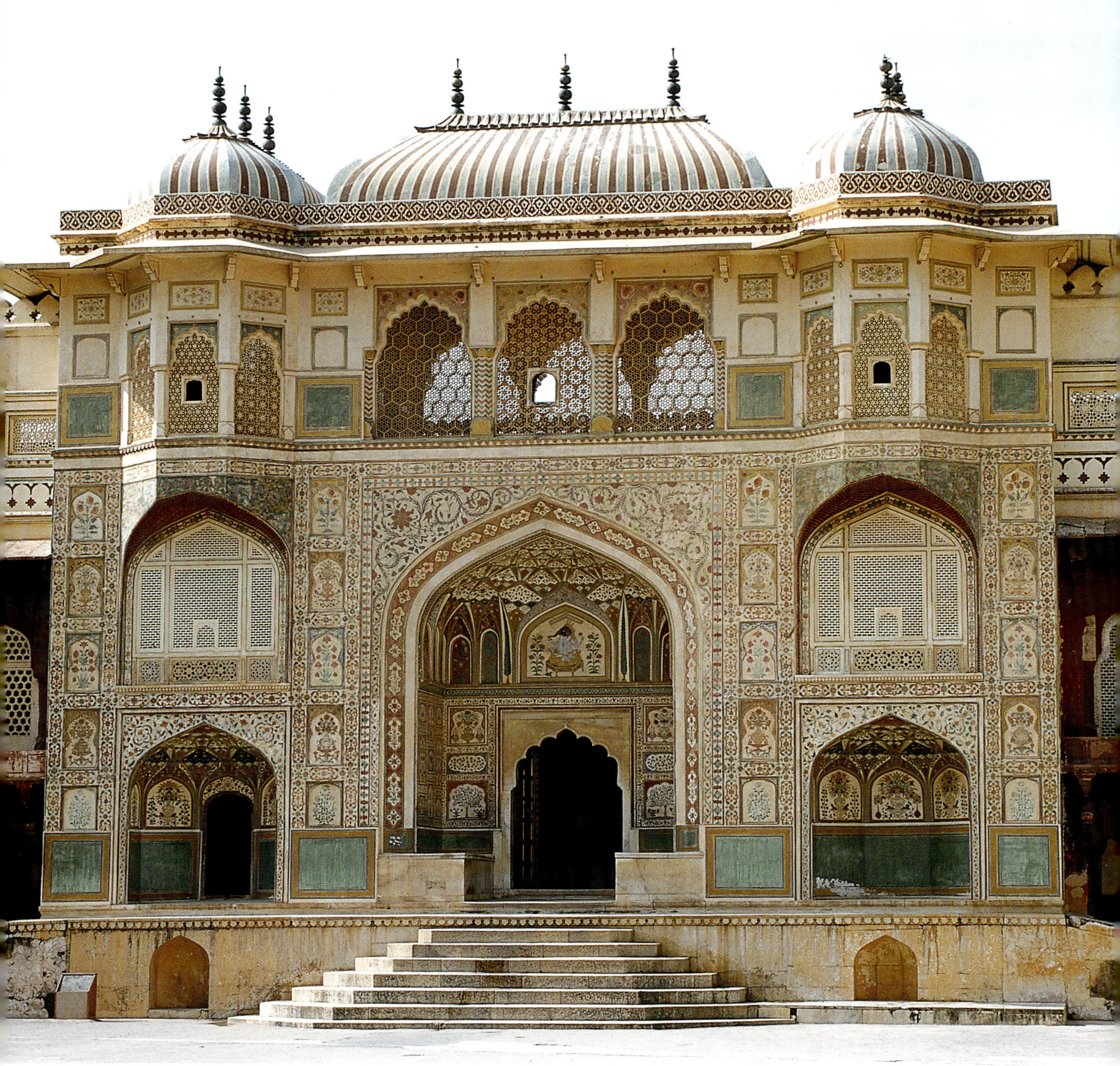

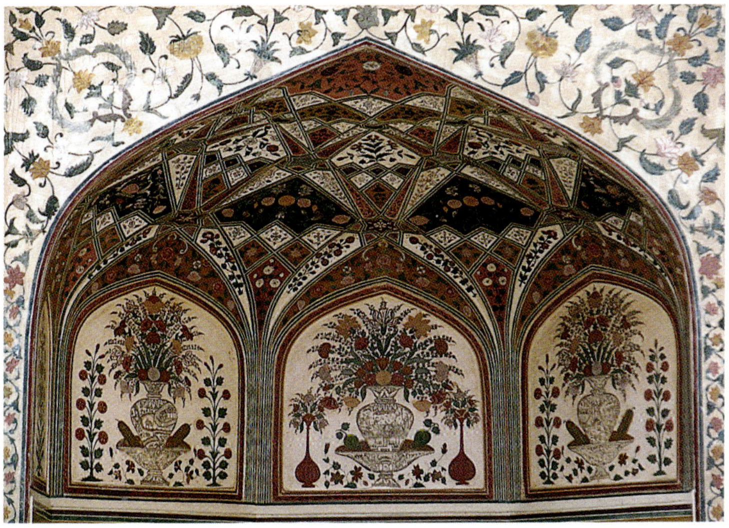

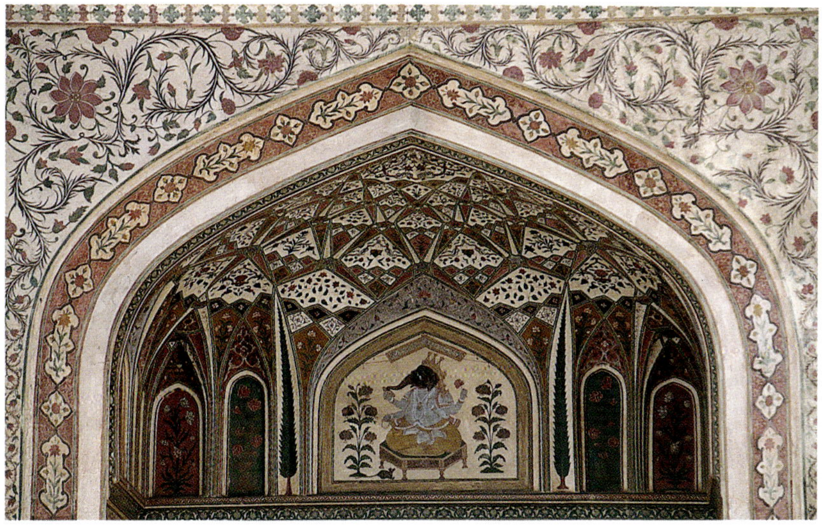

Pages 202 à 205 :
*La forteresse d'Amber. Quand les rajas d'Amber décidèrent de s'allier avec les Moghols plutôt que de leur résister, ils eurent le bon goût d'embellir leur forteresse de somptueux palais ponctués de jardins dessinés à la mode moghole, à la fin du XVI*e *siècle et au début du XVII*e*. On est bien récompensé de partir à l'assaut de la citadelle. Des merveilles d'architecture balisent une promenade d'exception depuis la porte de Ganesh* (pages 204 et 205) *ornée de peintures à motifs d'inspiration moghole.*

culé les touristes trop heureux s'y reposent enfin. L'air frais est propice à l'exploration des lieux. Un escalier aboutit à une placette devant le *diwan-i am* (hall des audiences publiques) reconnaissable à sa double rangée de colonnes en grès rouge et marbre soutenant un plafond voûté. C'est le pur style moghol du début du XVIIe siècle. D'un côté, une vue vertigineuse embrasse la vallée en contrebas ; de l'autre, la somptueuse porte Ganesh Pol, apposée en 1639, étincelle de ses peintures et miroirs incrustés. Un passage aboutit à de sages jardins moghols entourés des appartements privés aménagés pendant la période de Jai Singh I.

On ne sait plus où donner de la tête au milieu de ce *mardana*, quartier des hommes. Les trésors de l'art indo-moghol sont là : le Sukh Mahal (palais des Plaisirs) et le Jai Mandir, sorte de petit palais aux murs recouverts de miroirs incrustés dans le plâtre. Le ravissant Shish Mahal (palais des Miroirs) est vraiment féerique. Dans le *diwan-i khas* central (hall des audiences privées), on se délecte de ces petits miroirs mélangés à des mosaïques en verre polychrome et à des arabesques peintes. On retrouve les subli-

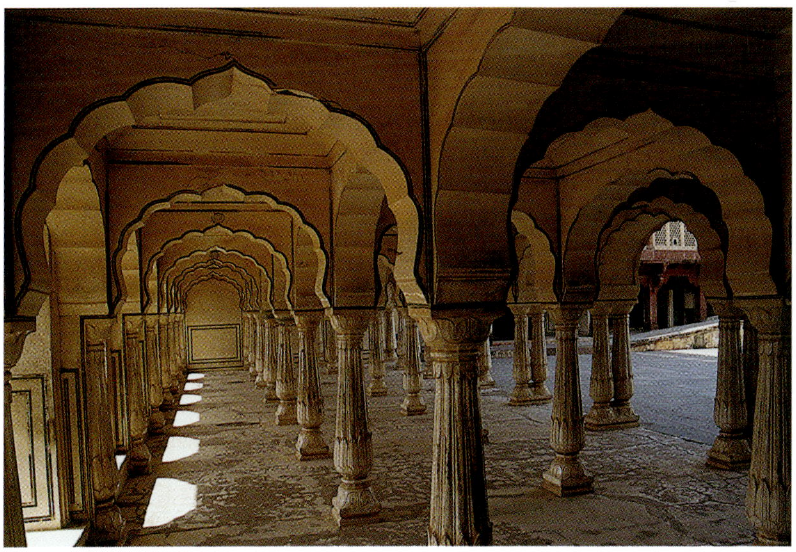

Le diwan-i khas, *hall des audiences privées, est reconnaissable à ses arcs polylobés et à ses colonnes élancées.*

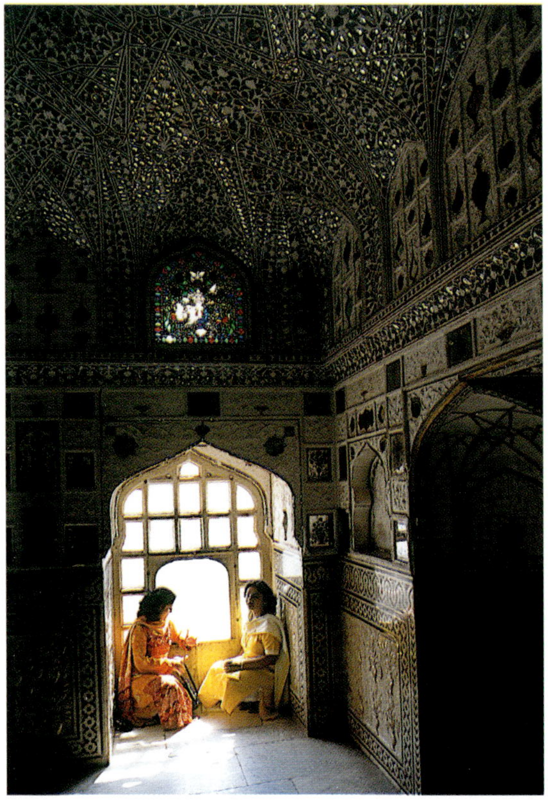

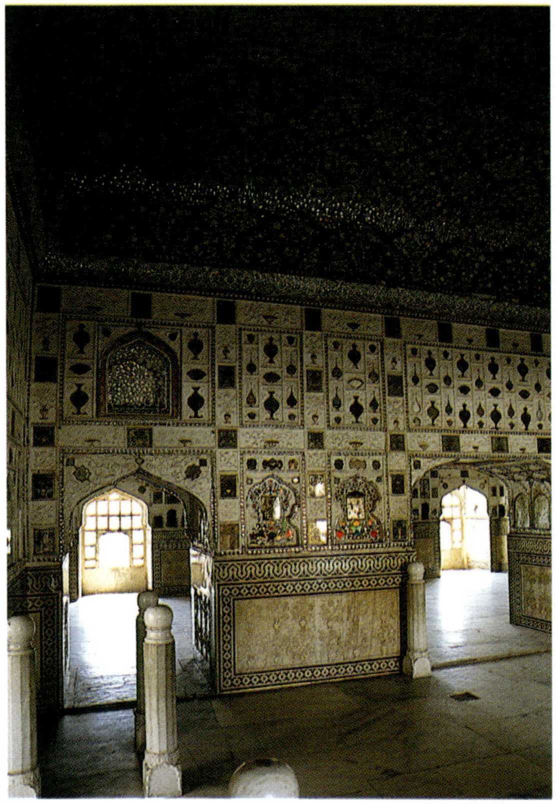

Pages 206 à 208 : *Séduits par le raffinement de la cour d'Akbar et de Shah Jahan, les Rajas d'Amber ont enjolivé leur palais des plus beaux artifices moghols, comme dans le Jai Mandir et le* shish mahal *où de grandioses réceptions étaient données : plafonds enluminés de décors floraux et piquetés de petits miroirs, tympans couverts d'ouvertures en forme de flacons, sol de chaux poli, élégantes frises de marbre, voûtes à encorbellement…*

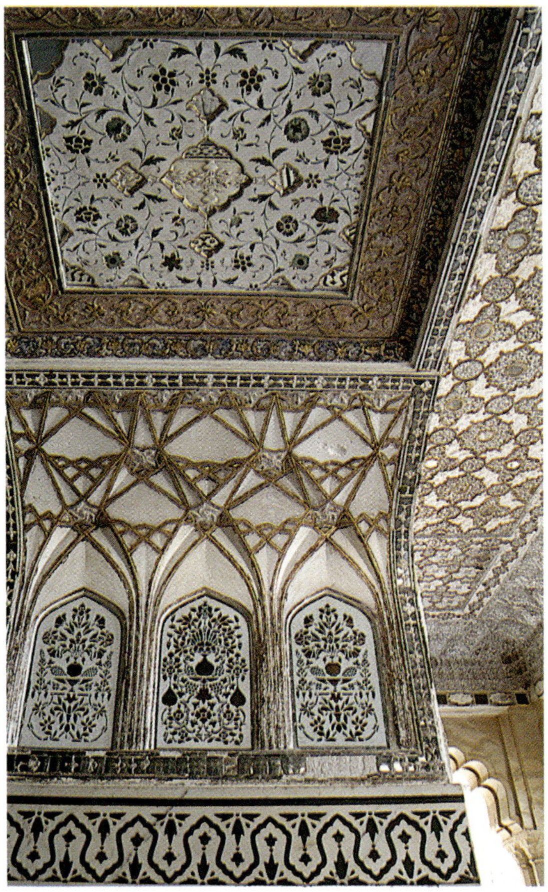

mes détails moghols empruntés au style iranien : bouteilles et flacons, coupes de fruits, bouquets, cyprès… En comparaison, le *zenana* fait bien pâle figure : des galeries sombres sans fenêtres alternent avec des palais austères. Même si chaque épouse avait son appartement, son hammam et ses servantes. Tout ça manque un peu de couleur !

Les puissants guerriers rajputs Kachhvahas avaient tout prévu. Dans les hauteurs, la forteresse de Jaigarh, dont la fondation date du XIIe siècle, faisait office de coffre-fort, d'armurerie et d'observatoire. Quant au fort du Lion, Nahargarh, qui domine Jaipur, Jai Singh II le fit édifier en 1734 pour protéger sa nouvelle ville. Qui n'en a plus besoin. Les étrangers ne veulent plus désormais conquérir que dépaysement et rêve.

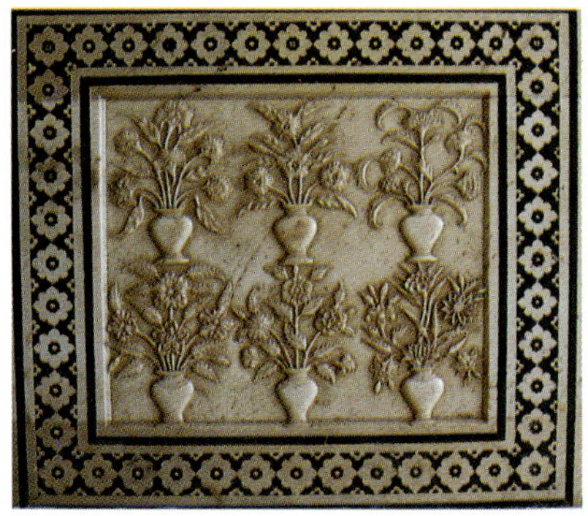

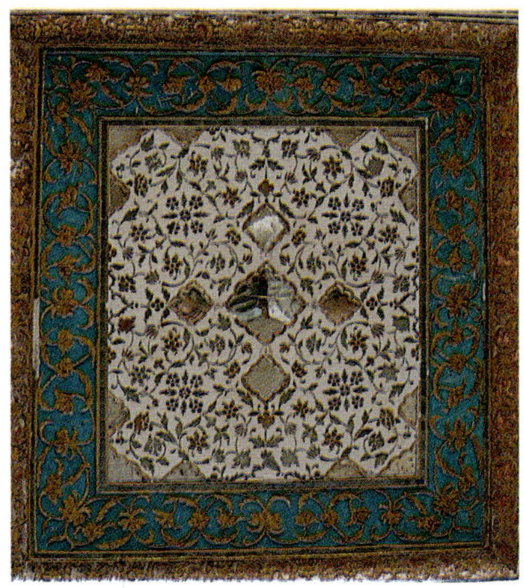

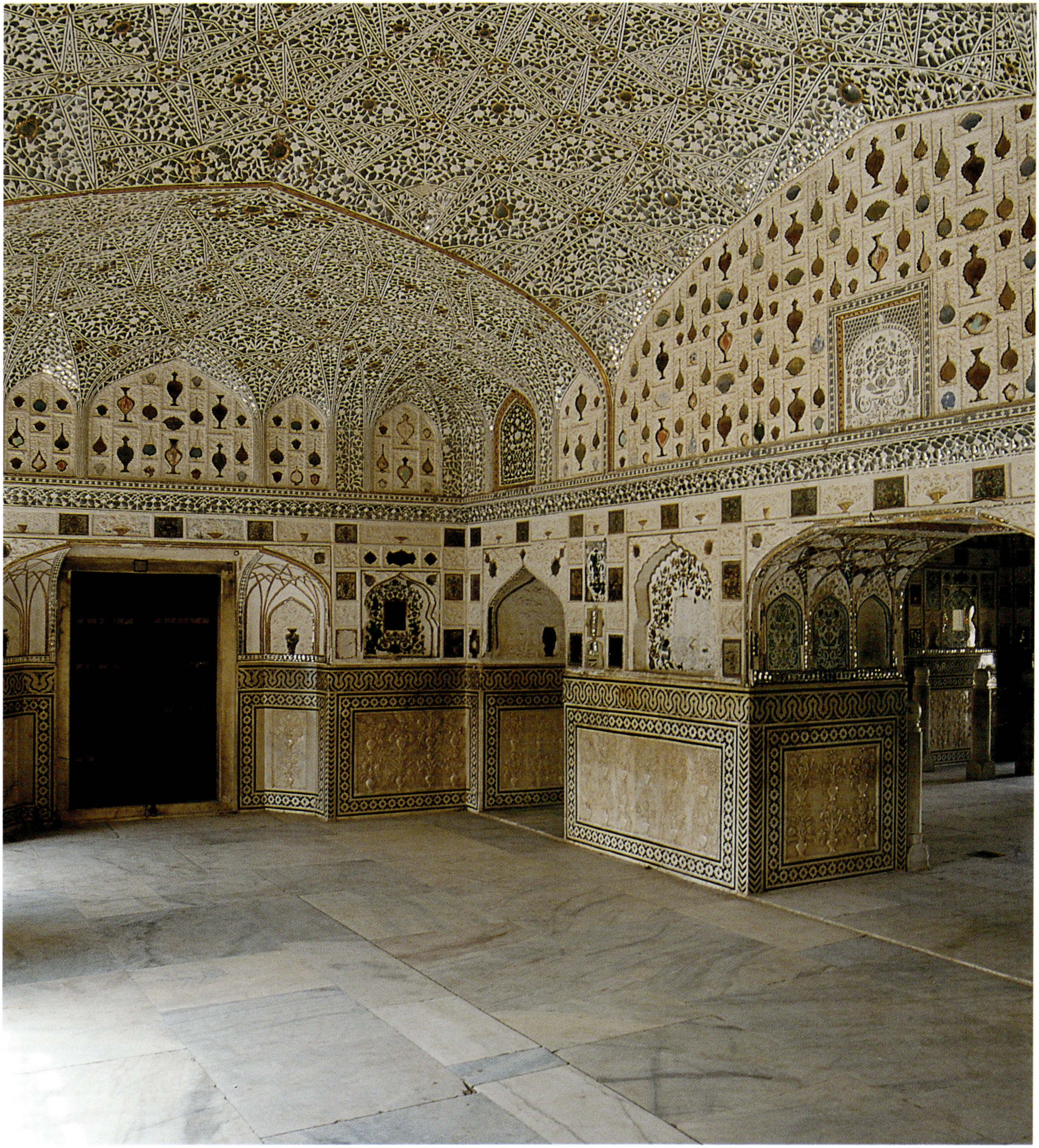

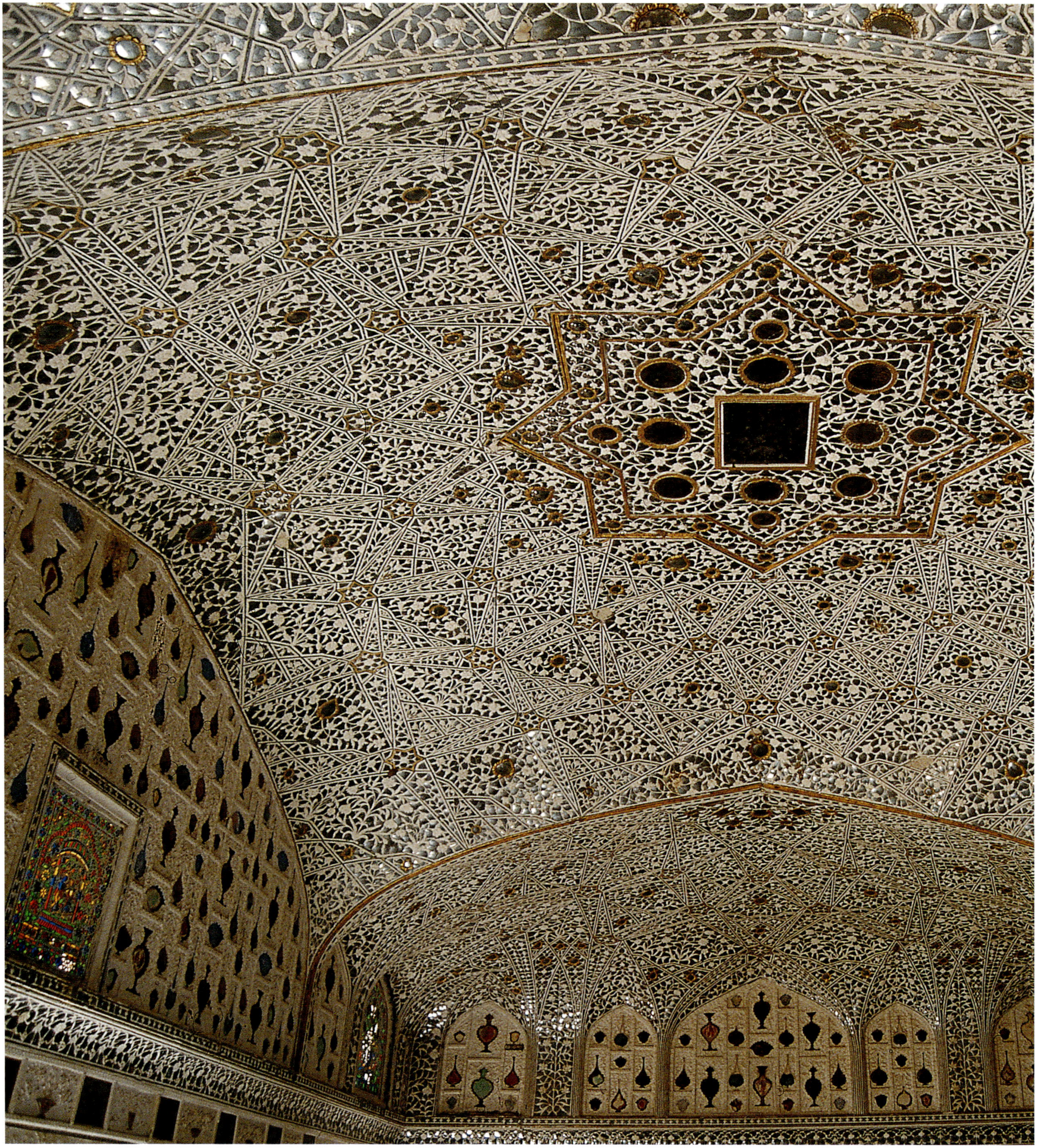

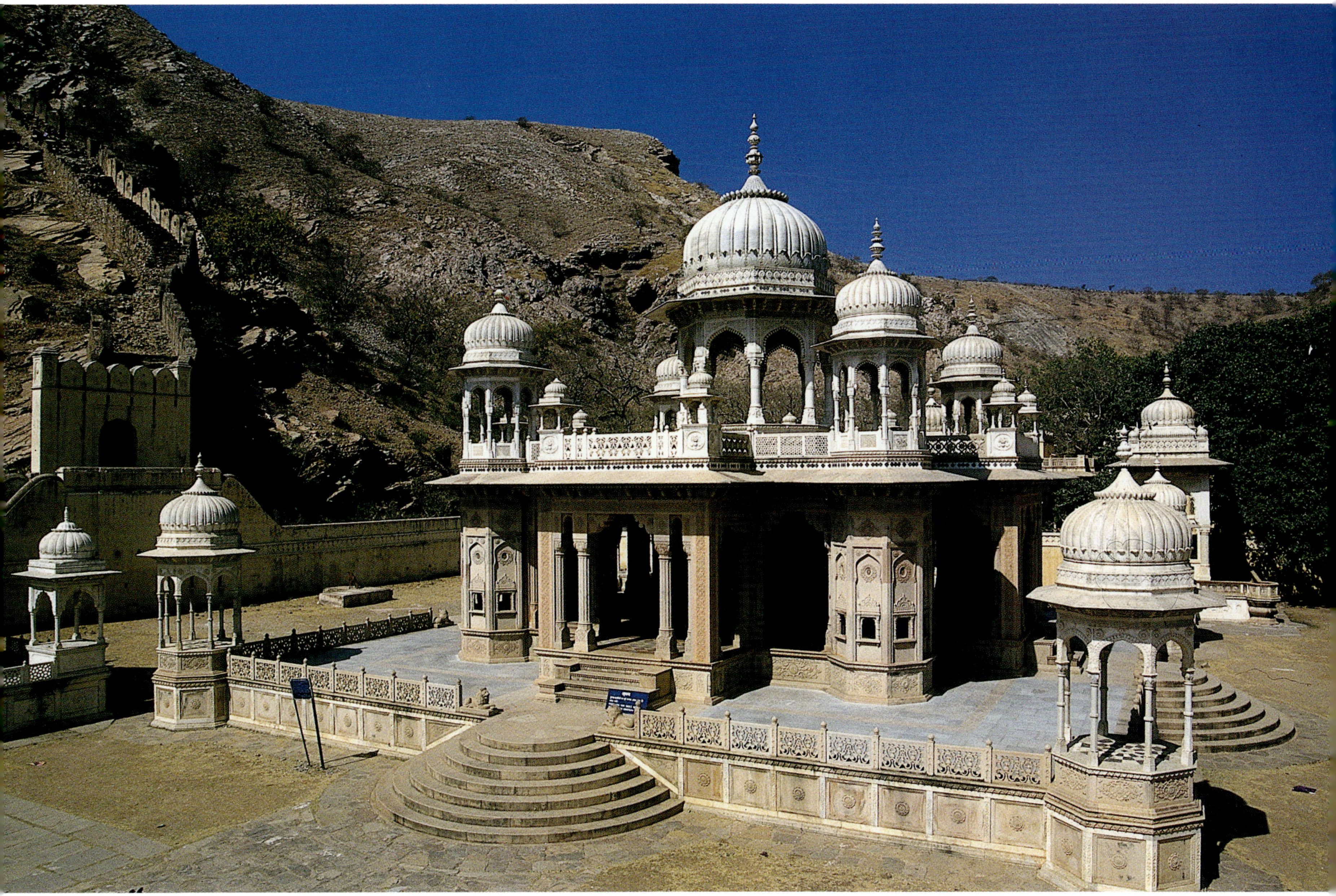

Les cénotaphes des princes Kachhvahas étaient en général dressés sur les lieux de leur crémation.

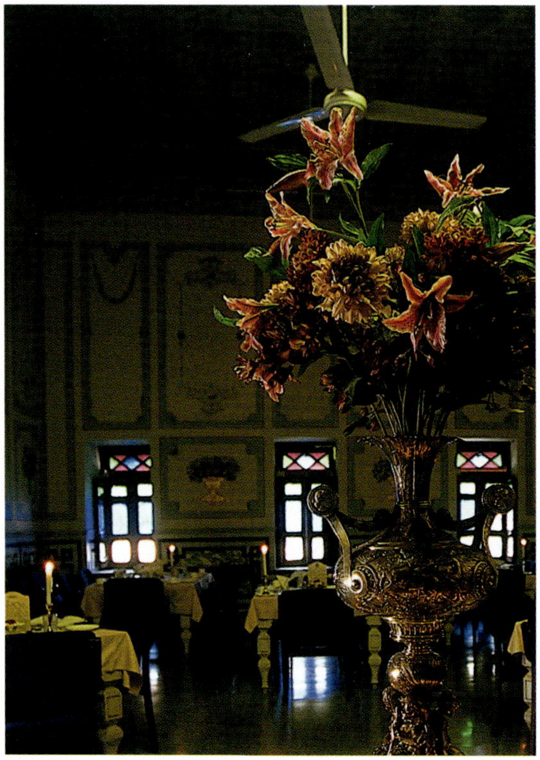

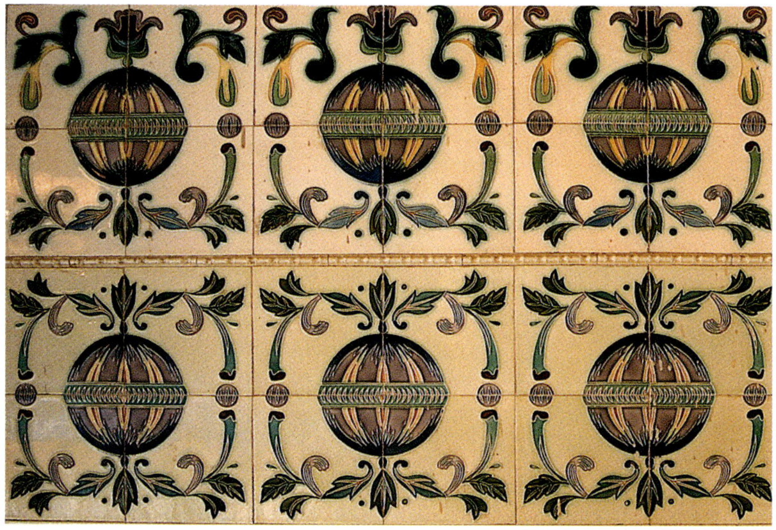

BIKANER

Les fins connaisseurs affirment que la ville renfermerait cinq trésors : de succulentes sucreries, les dromadaires les plus robustes, des bijoux d'une rare finesse, les marchands les plus malins et les plus jolies femmes de la région. Difficile de tout vérifier ! Quant aux plus férus d'architecture, ils tombent d'accord sur une évidence : le fort de Junagarh est le plus beau fleuron et le mieux conservé de tout le Rajasthan.

Autrefois surnommée « Perle du désert » en raison de la proximité du désert du Thar, ou « ville rouge » car domaine du grès rouge, Bikaner est étymologiquement la ville de Rao Bika. Fils du souverain rathor fondateur de Jodhpur, celui-ci décide en 1488 d'élever un nouveau royaume en ces lieux. Akbar passe par-là et les souverains, faisant allégeance, prennent le commandement des armées mogholes. La paix permet à la ville de se développer, devenant une halte paisible et marchande pour les caravanes après la traversée du désert. Le talent de ses artisans, tapissiers et orfèvres dépasse alors très largement les frontières de l'État. Mais les nouvelles routes commerciales mises en place par les Anglais à Calcutta et à Bombay marginalisent finalement la contrée. A la fin du XIXe siècle, Bikaner relève pourtant la tête. L'élevage de dromadaires s'avère d'une utilité capitale pour les armées britanniques dans leur combat contre les Afghans. Et puis il y a la personnalité du maharaja Ganga Singh, modèle de souverain éclairé qui insuffla pendant son règne, entre 1898 et 1934, un dynamisme sans pareille à sa ville, lançant un conséquent plan d'irrigation pour aider la population et endiguer la famine. Sa bravoure est restée dans toutes les mémoires, fondant le prestigieux « Bikaner Camel Corps », combattant en Chine et en Somalie, s'illustrant pendant la Première Guerre mondiale en France et en Égypte.

En plein cœur de Bikaner, mais retranché de son effervescence, le haveli *de Bhanwar Niwas propose un univers ouaté plein de douceur.*

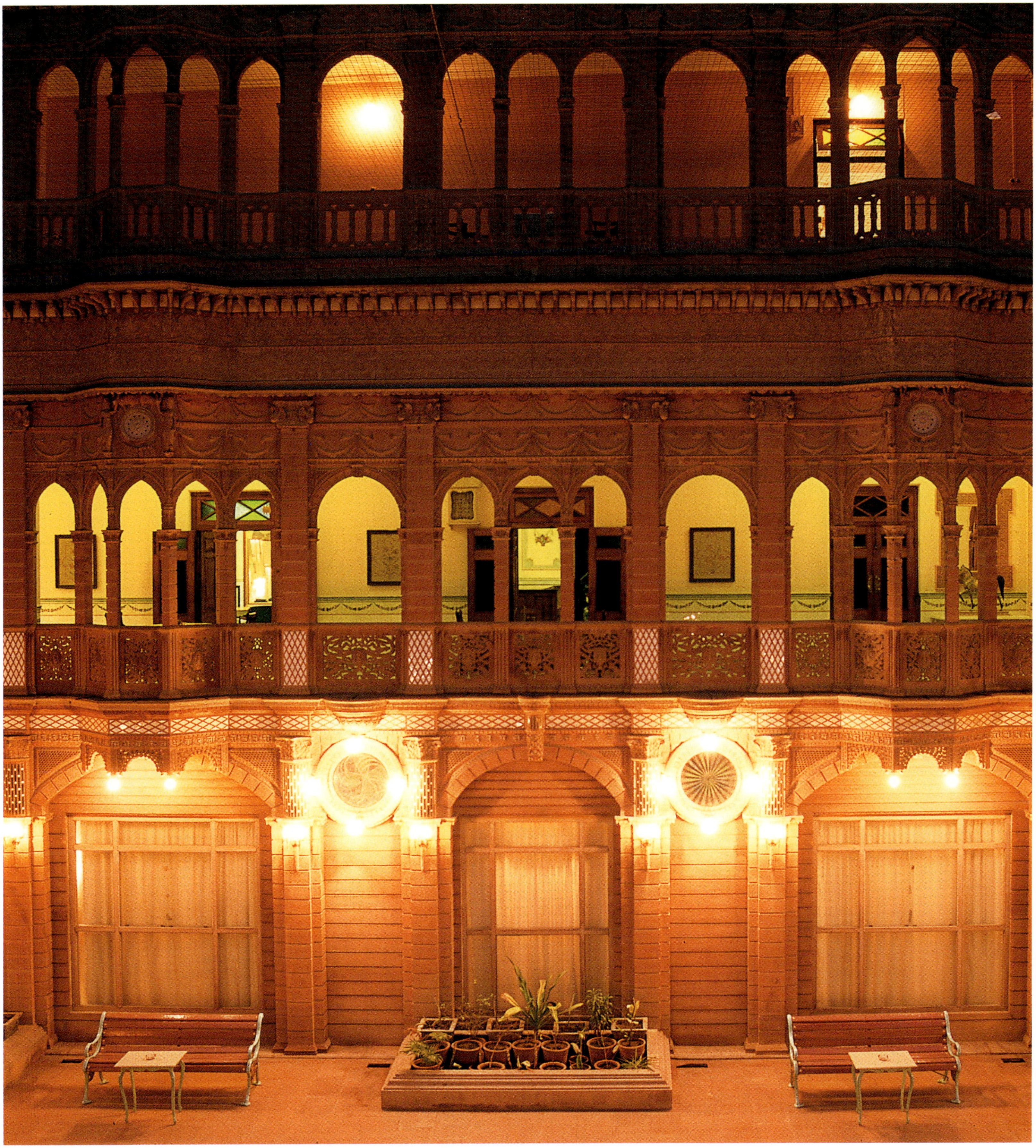

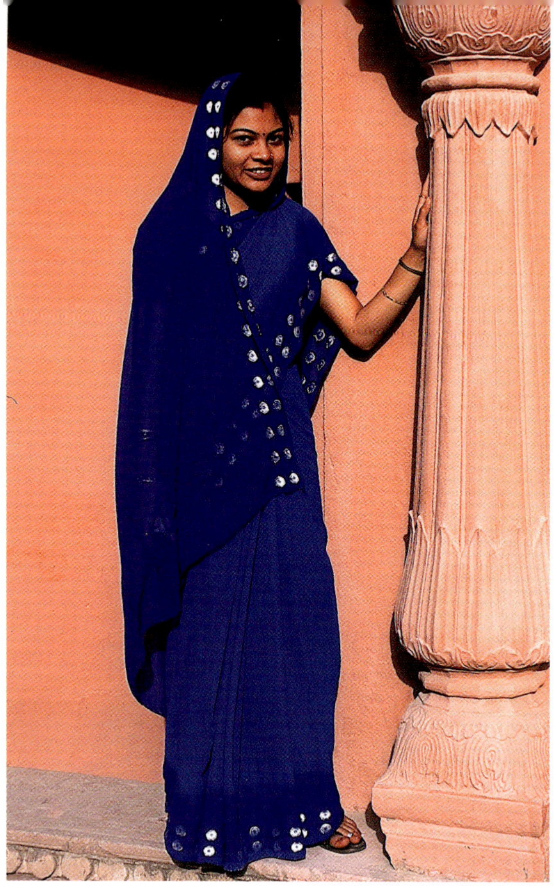

Les femmes de Bikaner, affirment les connaisseurs, sont les plus belles du Rajasthan.

Sunil Rampuria a merveilleusement remis en état le haveli *familial que les meilleurs tailleurs de pierre de la contrée avaient fait surgir en 1927.*

Le haveli de Bhanwar Niwas

Bikaner est restée moyenâgeuse dans l'âme. Elle a conservé son tracé médiéval et l'ambiance délicieusement mercantile de ses bazars. Laissez-vous emporter par la foule dans ce dédale de rues. Au détour de l'étroite Rampuria street, on découvre avec fascination la façade incroyablement creusée d'un *haveli* qui a tout d'un palais. Son nom : Bhanwar Niwas. La curiosité est un beau défaut souvent récompensé. Hasardez-vous à y pénétrer : ce sera le choc de votre séjour à Bikaner. En début de soirée, une captivante musique indienne envahit les corridors éclairés par des jeux de torchères dorées. Des odeurs exquises de *pakoras* et de *samosas* (sortes de beignets pimentés chauds) invitent à l'exploration. Tout ici se conjugue au superlatif pour exprimer richesse et passion. Tout y distille charme et mystère. Le dynamique propriétaire, Sunil Rampuria, sera trop heureux de vous raconter l'histoire de ce *haveli*, qui est aussi celle de sa famille, les Rampuria, une lignée de commerçants de religion jaïn. Édifié en 1927 par son grand-père, le *haveli* fut déserté à la mort de ce dernier en 1947.

Les Rampuria ont décidé de déménager à Calcutta. Pourtant, il y a quelques années, l'un d'entre eux est revenu à Bikaner avec sa nombreuse famille et a transformé une partie de la demeure familiale en hôtel de grand charme. Avec beaucoup de réussite ! Aujourd'hui, 24 suites toutes différentes sont logées dans les anciens appartements familiaux : stuc, marbre, décors d'arabesques, marqueterie, mosaïques entourent de très beaux meubles tous originaux. Chaque matin, au premier étage du *haveli*, c'est le même cérémonial tellement pur et tellement mystérieux : quand Sunil et son fils, en robe blanche immaculée, pénètrent dans le petit autel familial jaïn pour accomplir avec ferveur le rituel sacré. Sous le regard médusé des clients.

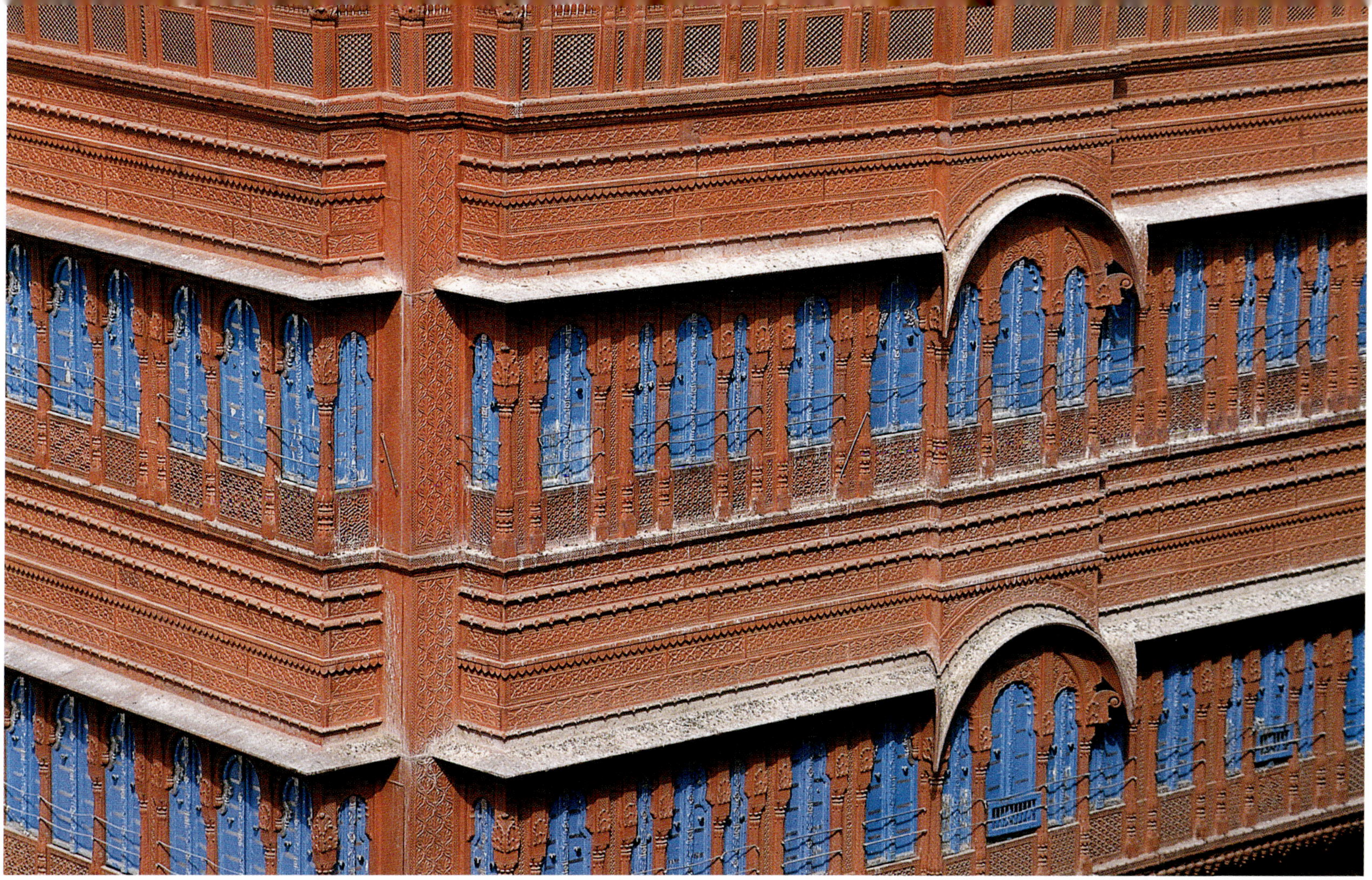

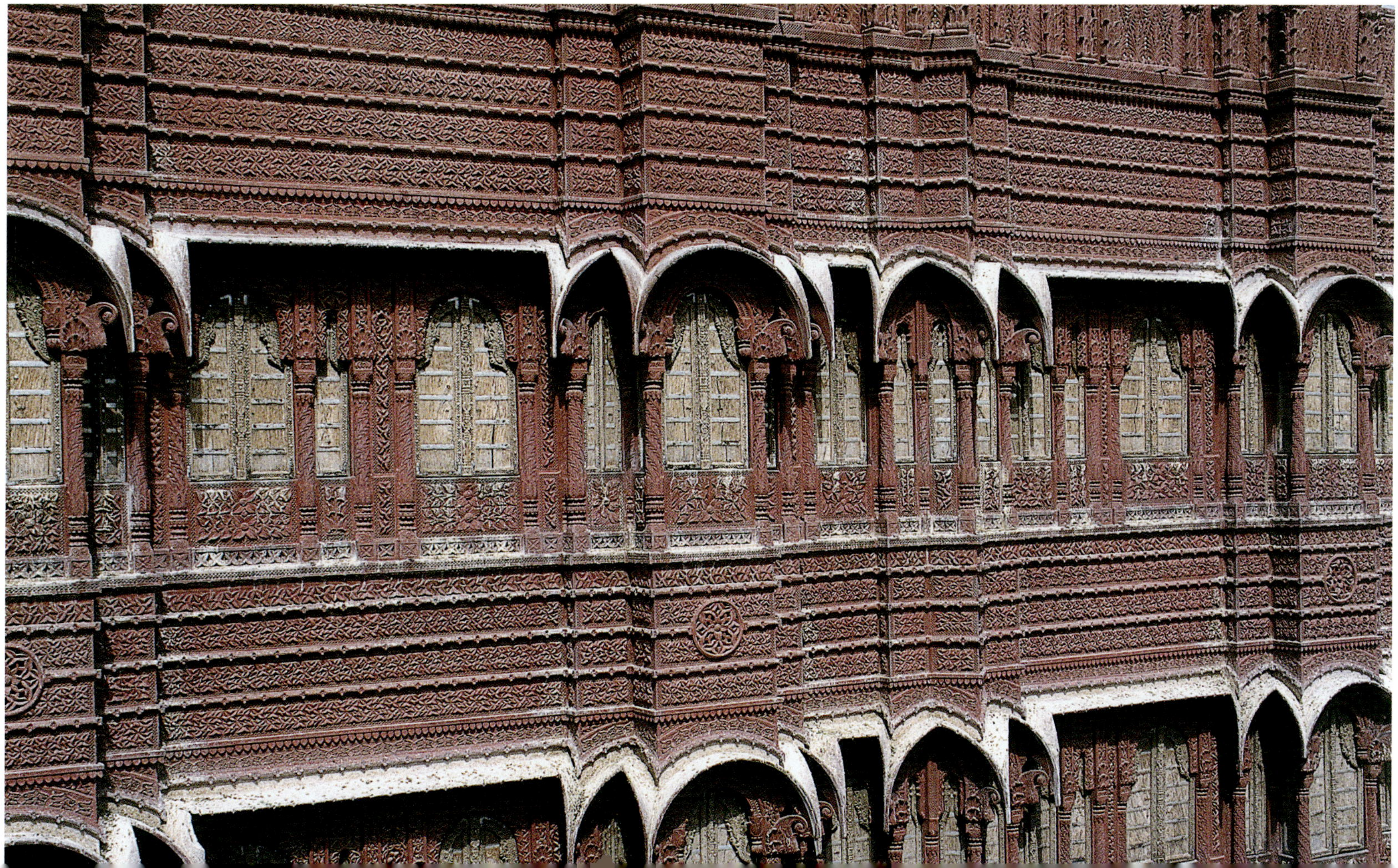

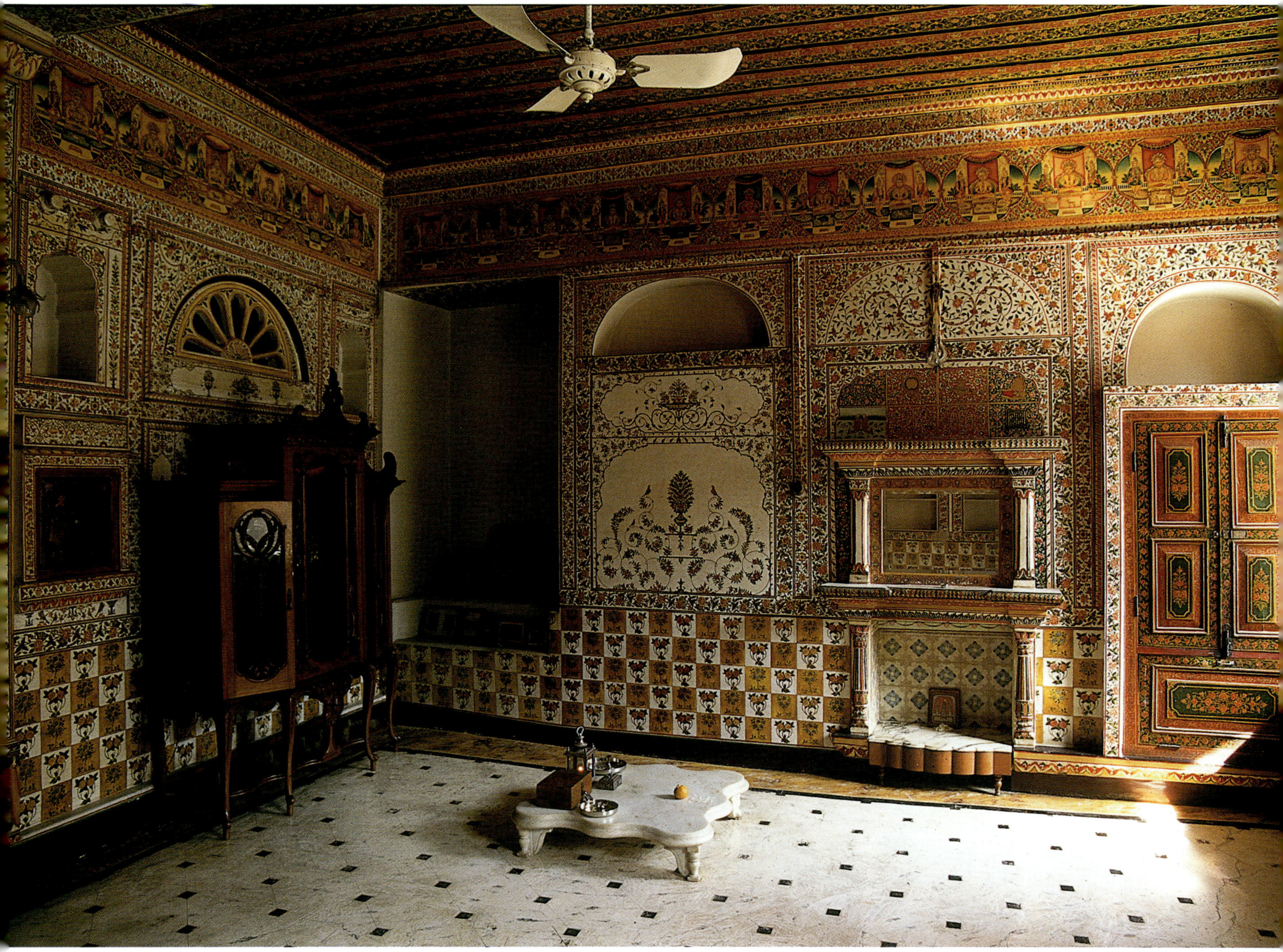

L'âme du haveli *est sans aucun conteste nichée dans le petit autel jaïn fréquenté avec ferveur chaque matin par la famille. Les meubles d'époque, de style colonial, réalisés à Calcutta ont été conservés dans les suites.*

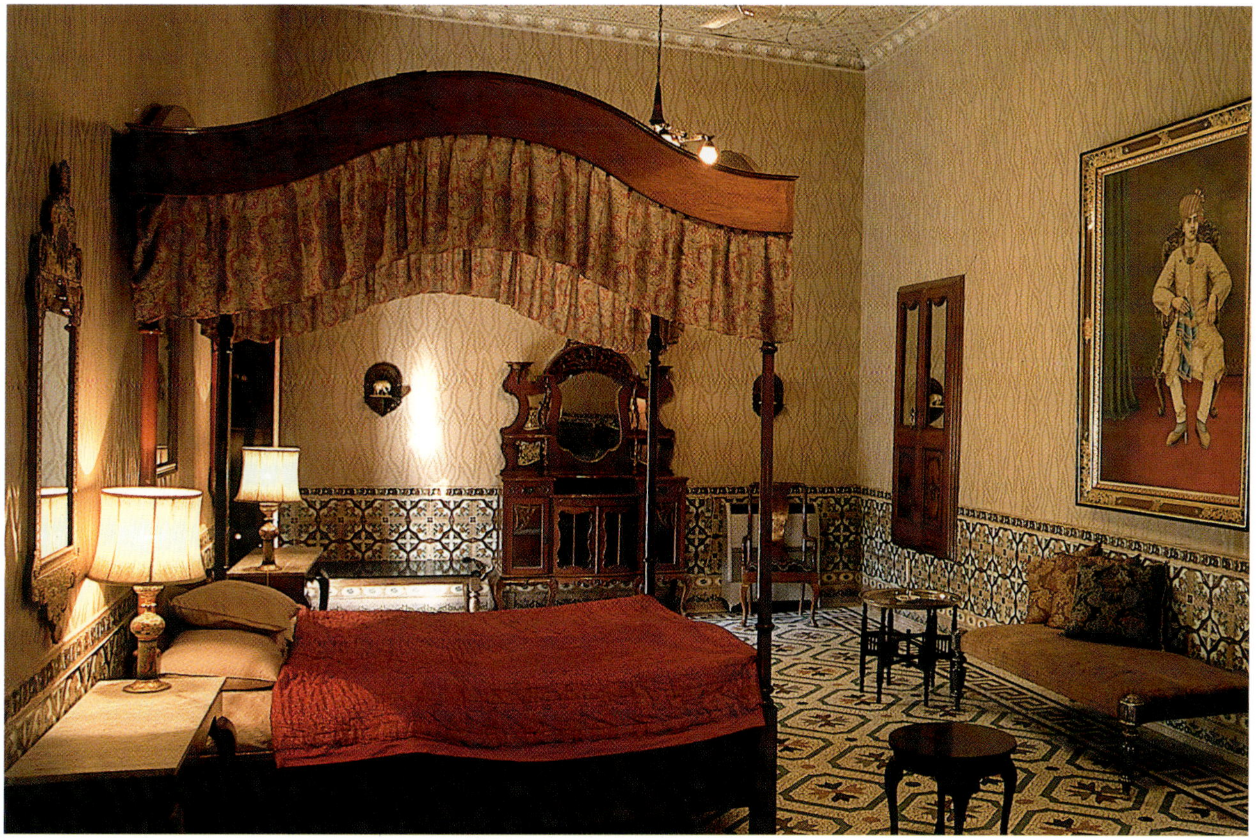

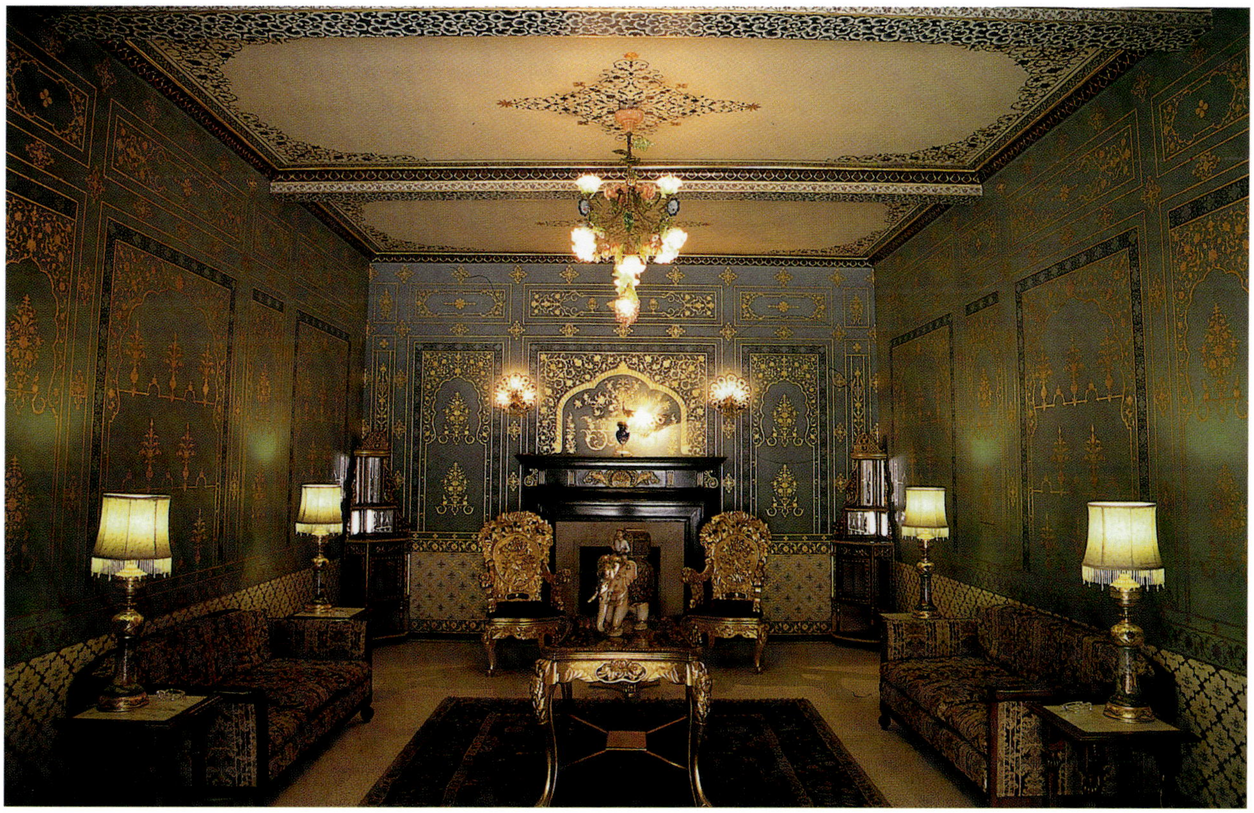

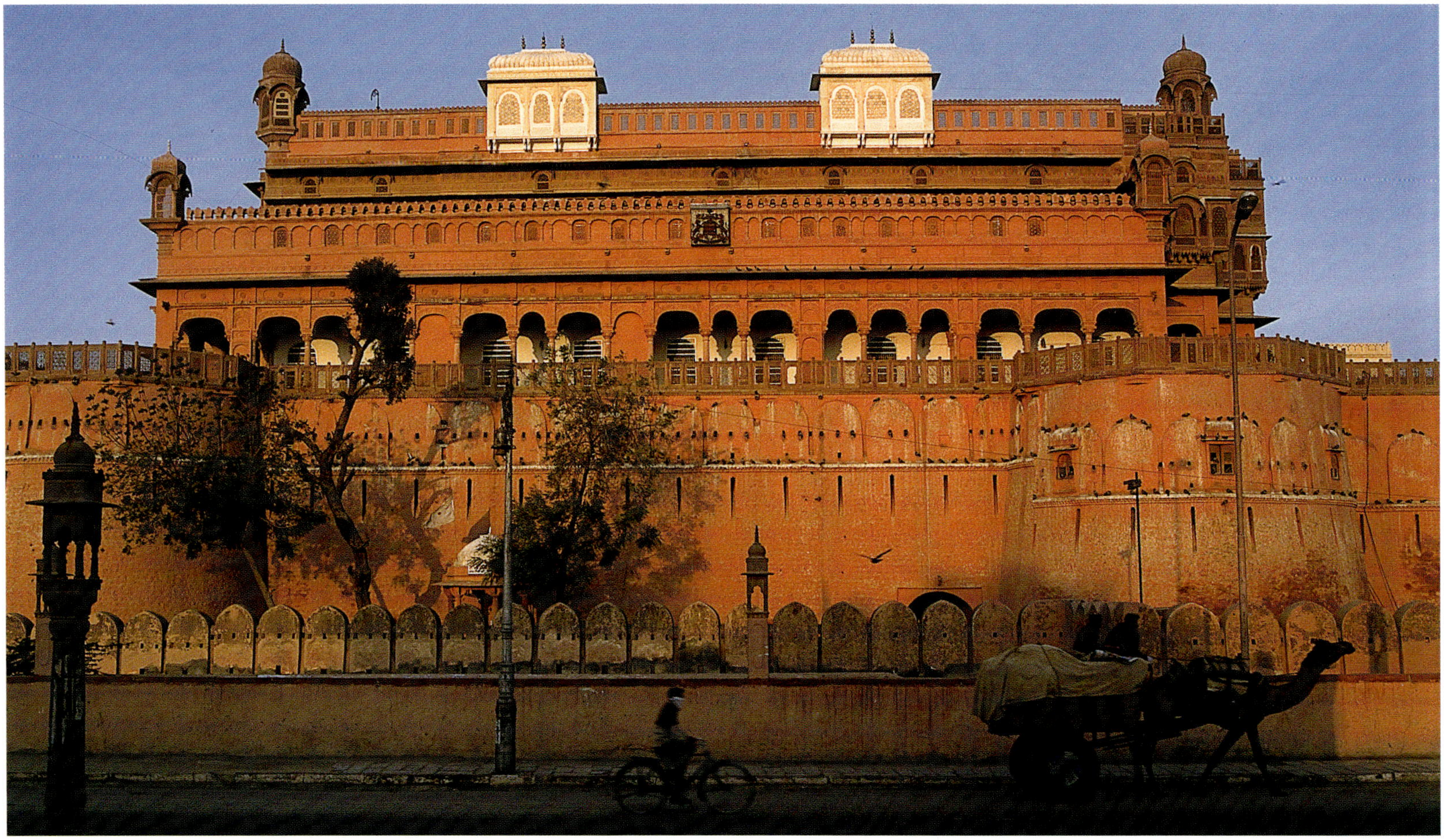

Le fort de Junagarh

Les étals se serrent les coudes autour des cinq portes qui fermaient autrefois la ville. Bâti sous le raja Rai Singh (1571-1611), le fort de Junagarh est peut-être le plus intéressant de tous les autres. Défendu par une impressionnante muraille de grès rouge d'un kilomètre de long, ponctuée de 37 bastions, il ne fut jamais pris à défaut par l'ennemi. Trois portes massives avec des défenses anti éléphants commandent son accès. La première cour est bordée par un remarquable ensemble de palais et de cours pavées de faïences italiennes. On ne sait plus ou donner de la tête : ici, le *diwan-i am* (hall des audiences publiques), bâti en 1631 par Karan Singh, avec les plafonds et ses colonnes recouvertes de dorures et de peintures. Là, l'Anup Mahal riche de ses décorations, peintures, mosaïques, tuiles colorées, servait au couronnement des maharajas. Le Phul Mahal (palais des Fleurs) et le Chandra Mahal (palais de la Lune), en forme de croissant de lune, sont souvent fermés au public. Dommage ! Leurs murs parsemés de petits miroirs sont du meilleur effet. Plus loin, on est carrément hypnotisé par la magnificence du *diwan-i khas* (hall des audiences privées), une vraie symphonie de dorures et de fresques, éclairée de miroirs de Belgique. A deux pas, on s'attendrit dans le petit Badal Mahal (palais des Nuages) qui porte bien son nom. Les nuages bleus et blancs peints sur les murs sont autant de prières pour réclamer la pluie.

Symbole solennel de la grandeur des maharajas de Bikaner, le fort de Junagarh ne tomba jamais aux mains des Moghols, en partie grâce à sa colossale muraille de grès rouge, ses douves et ses 37 bastions.

Contrairement à la plupart des autres forts du Rajasthan élevés au sommet d'un rocher ou d'une colline pour les protéger, Junagarh fut construit dans la plaine. Le désert, aux portes de la ville, suffisait à dissuader les assaillants potentiels.

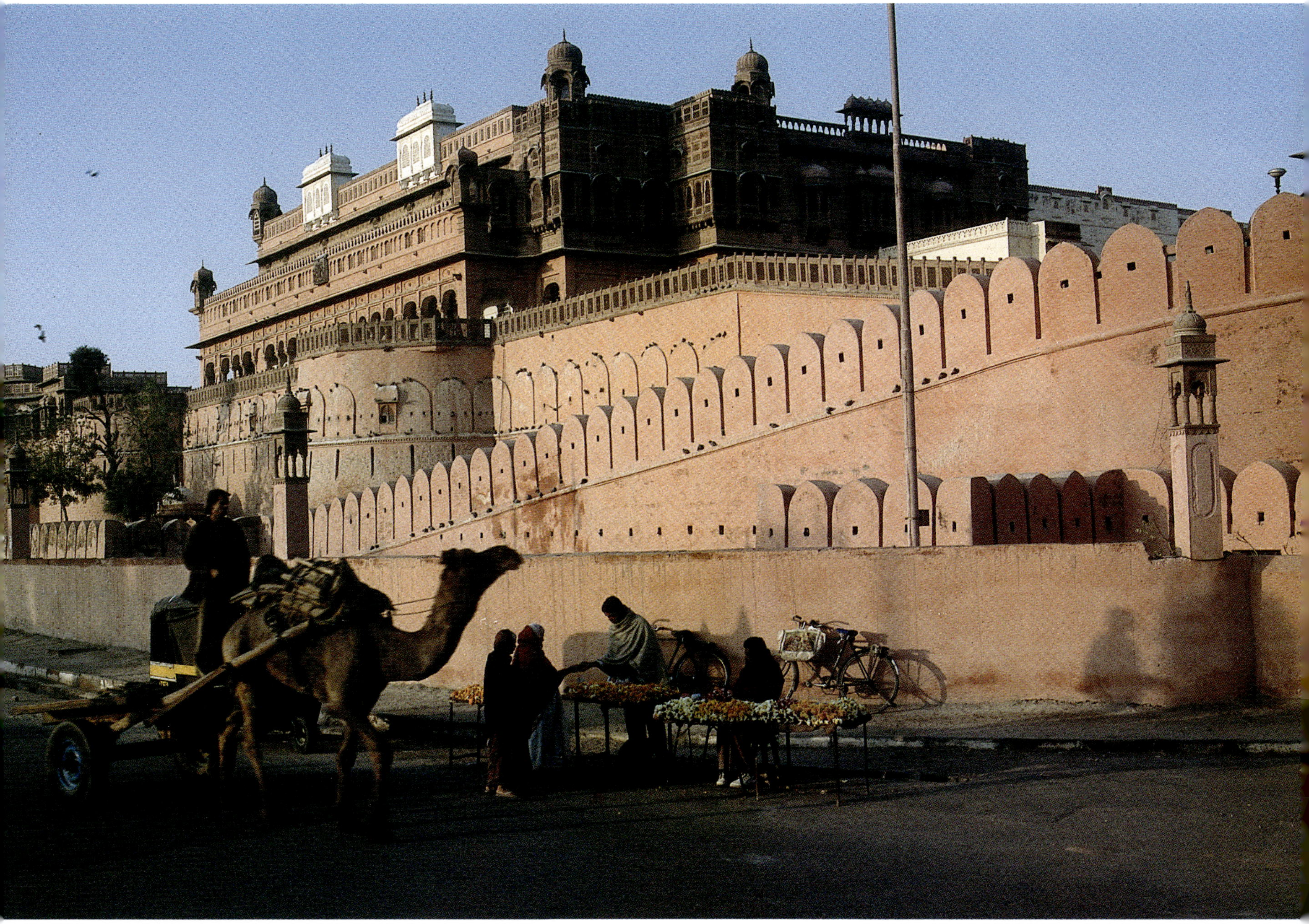

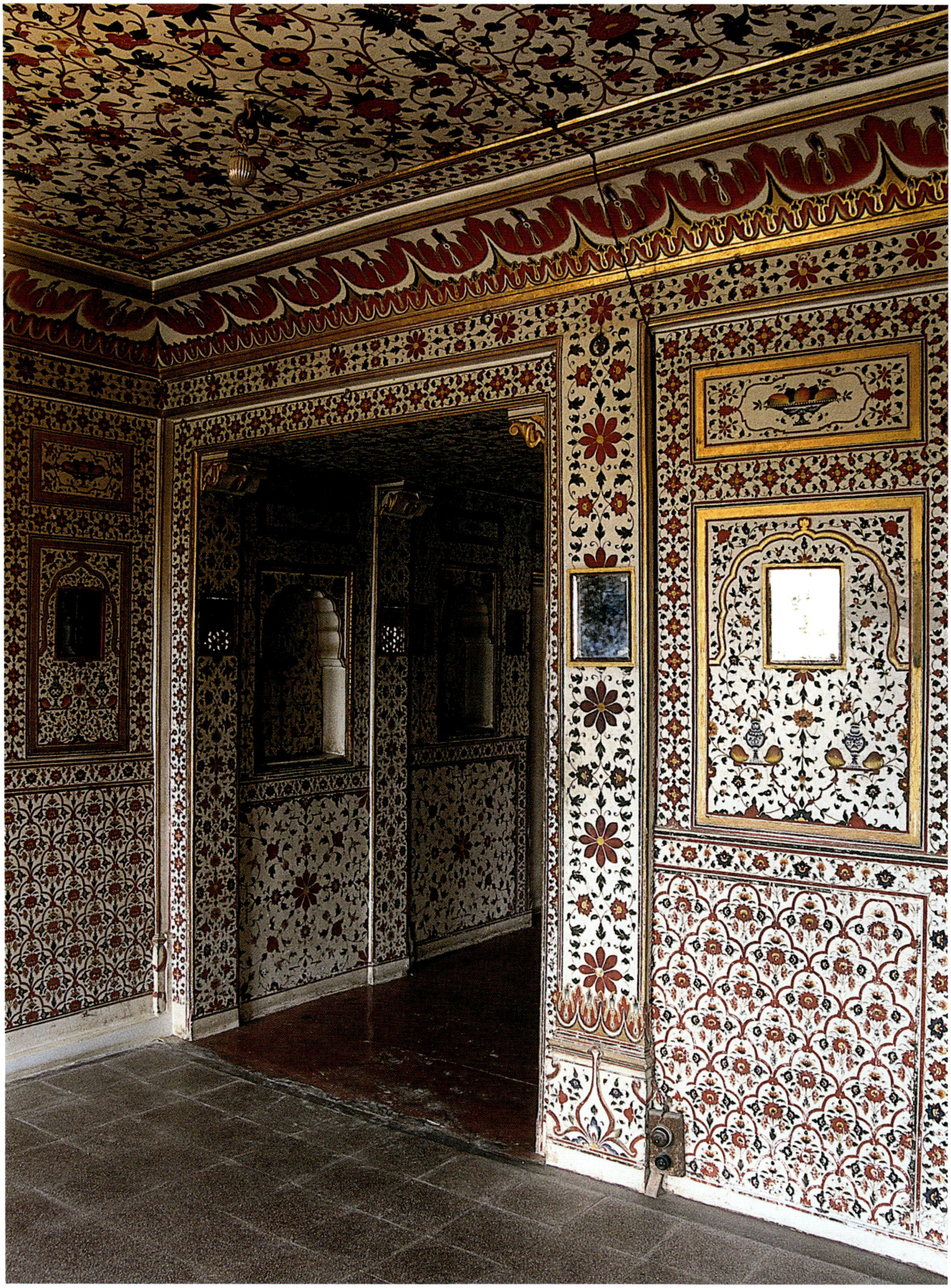

Les murailles de grès rouge protègent du regard de sublimes salles et palais, comme le Lal Niwas, drôle de pièce colorée de fresques rouge et or (page 218) et l'Anup Mahal dessiné en 1669 (à droite), le joyau du fort. Avec son trône, ses dorures et ses mosaïques de miroirs, il servait au couronnement des maharajas.

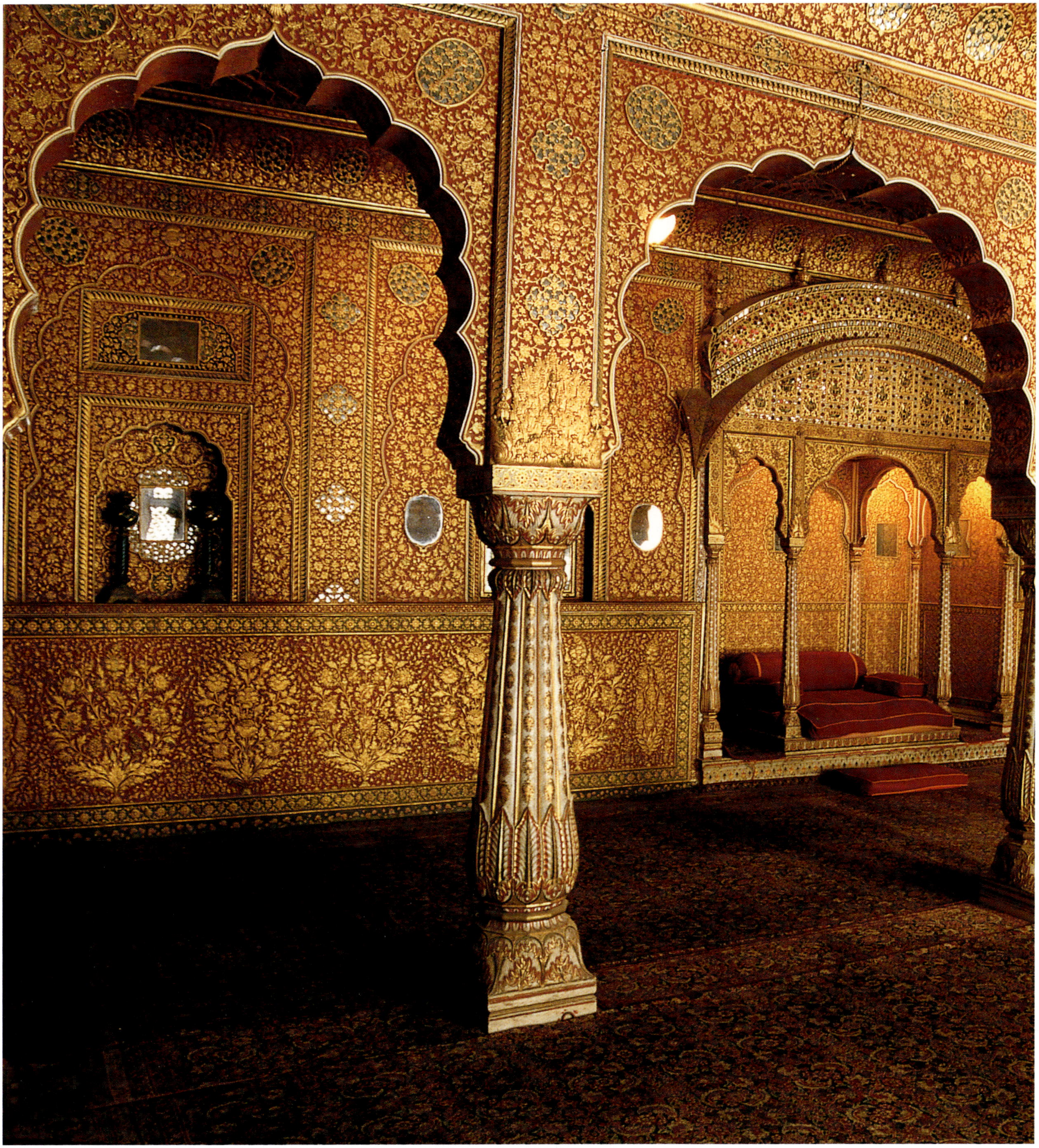

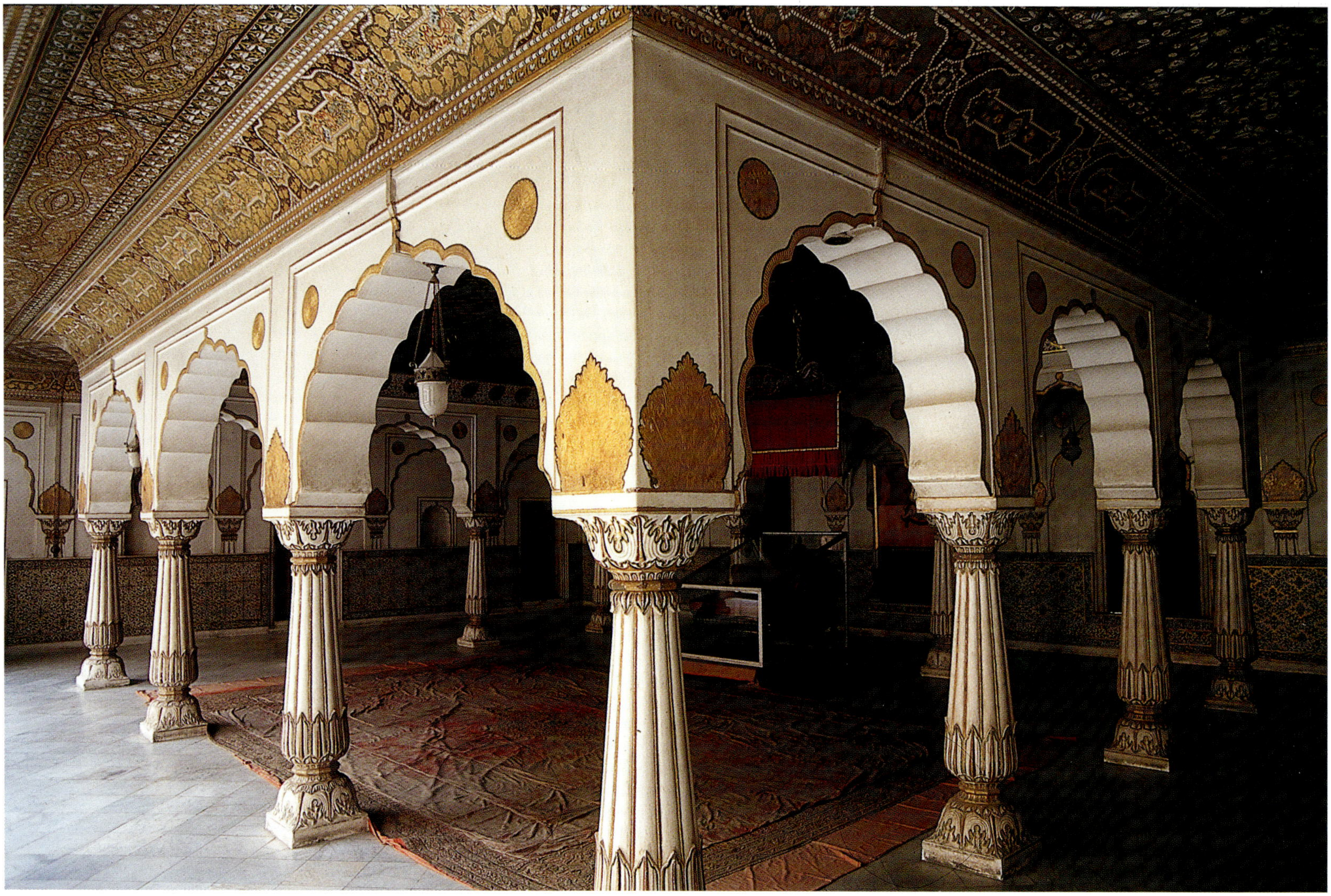

C'est dans la salle des audiences aux murs de stuc qu'Anup Singh recevait en grande pompe.

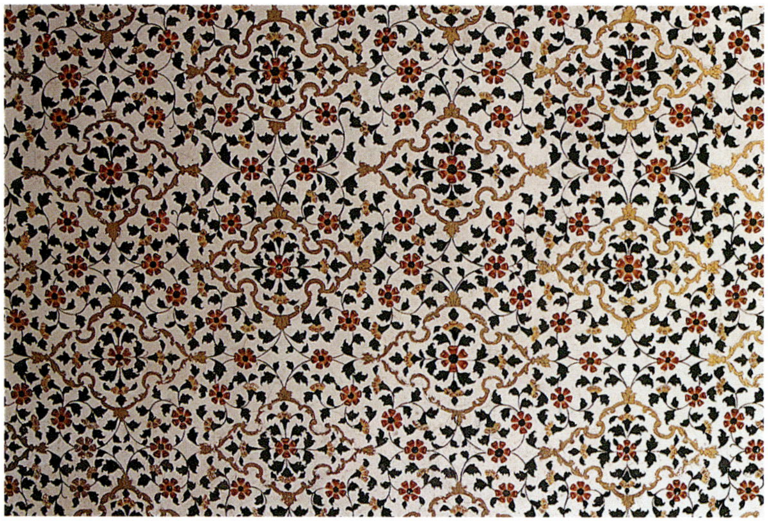

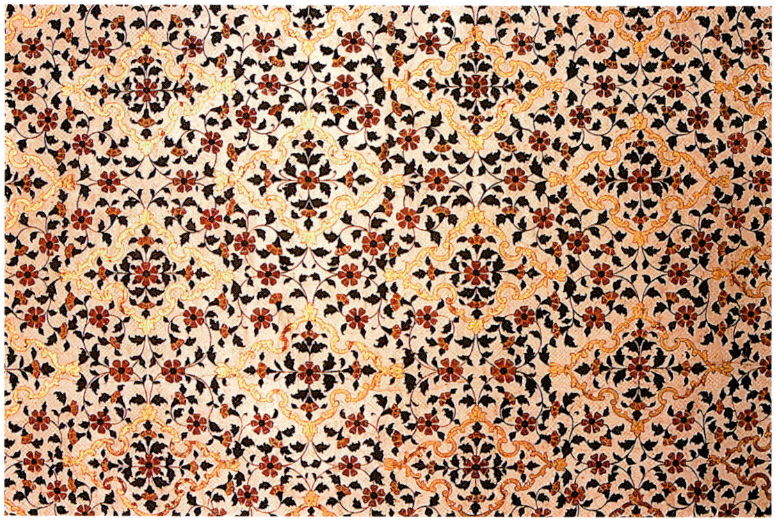

Au premier étage du fort de Junagarh, on est fasciné en pénétrant dans le Gaj Mandir, la salle des miroirs, qui abritait les appartements privés du roi, non loin de la chambre de la reine.

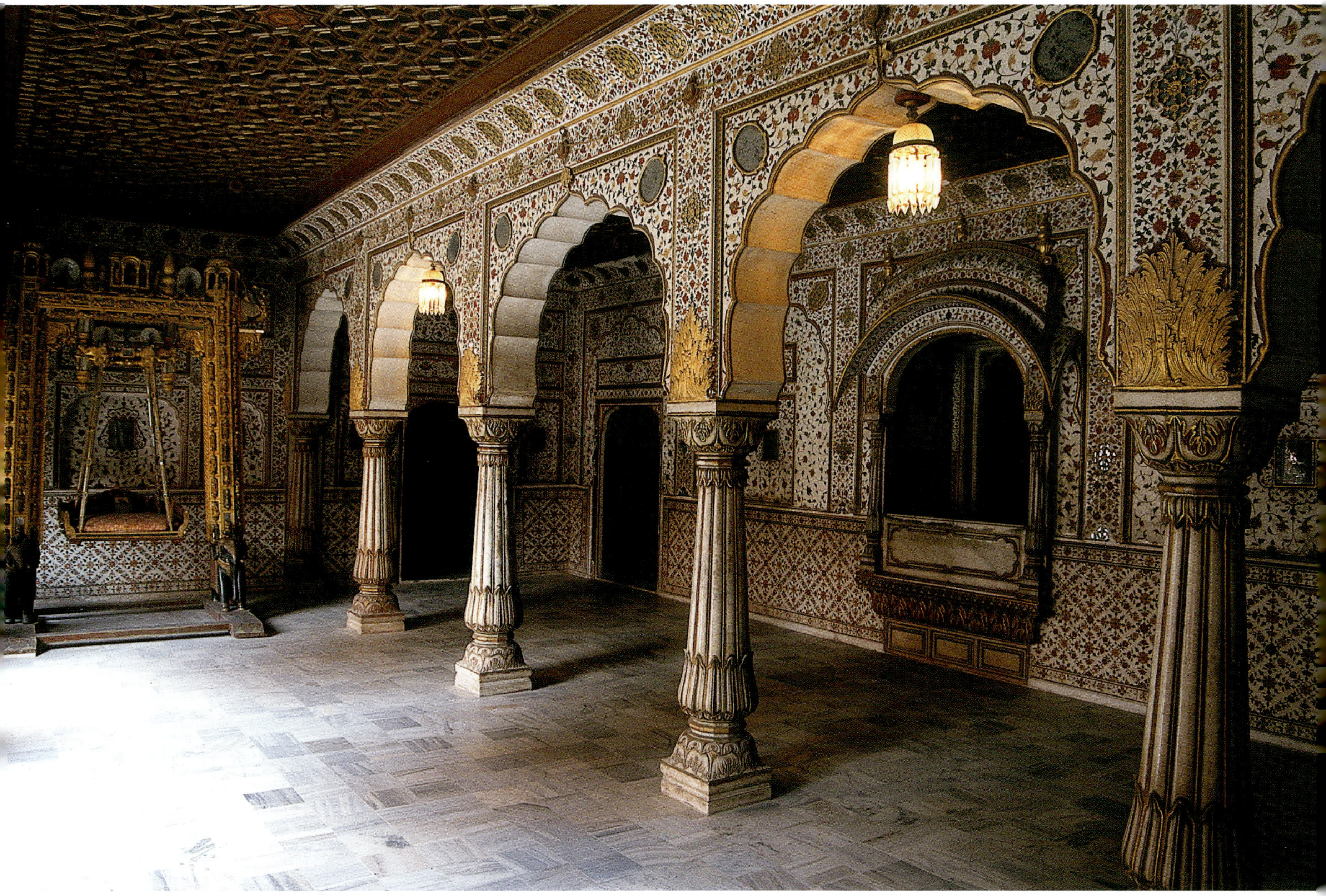

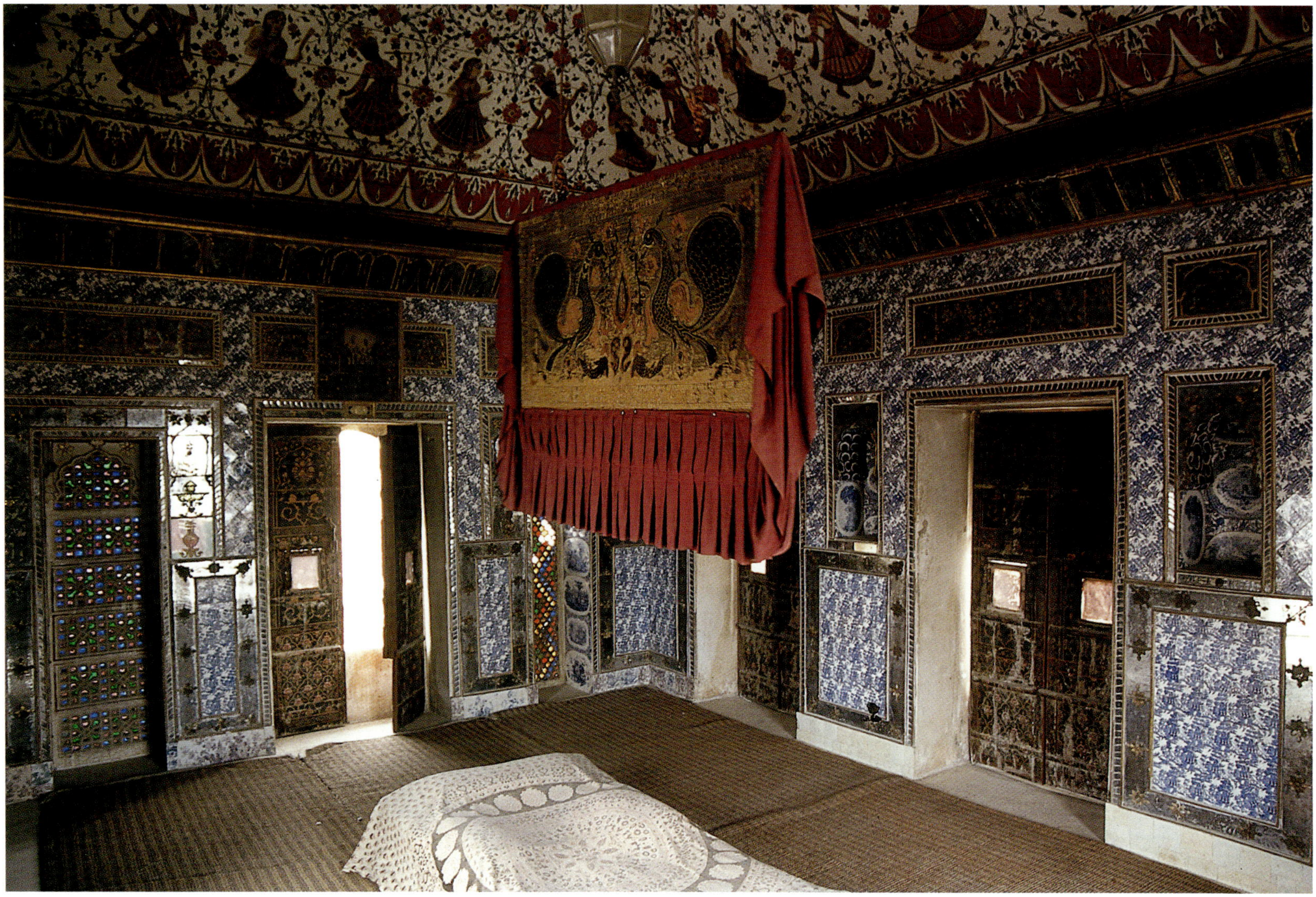

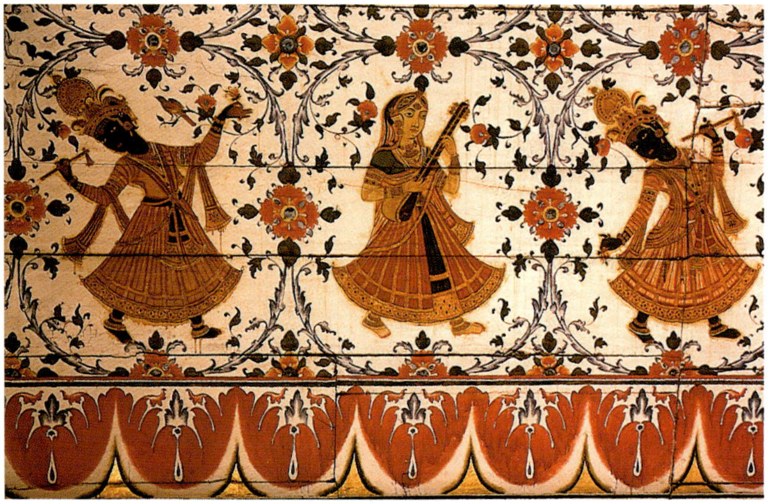

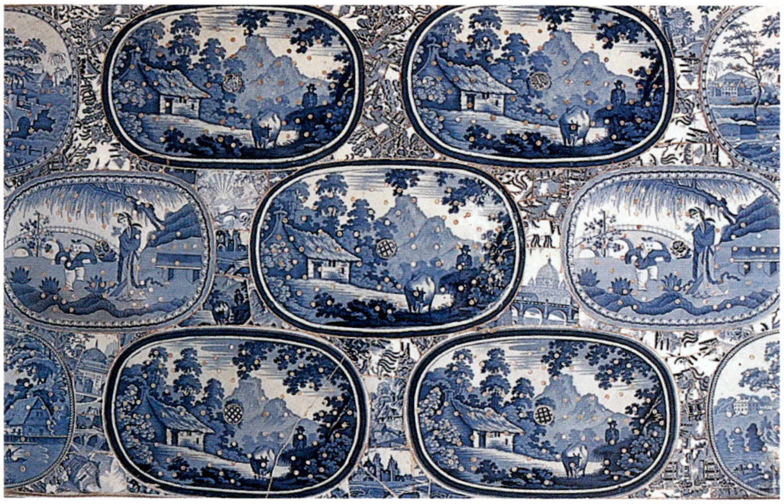

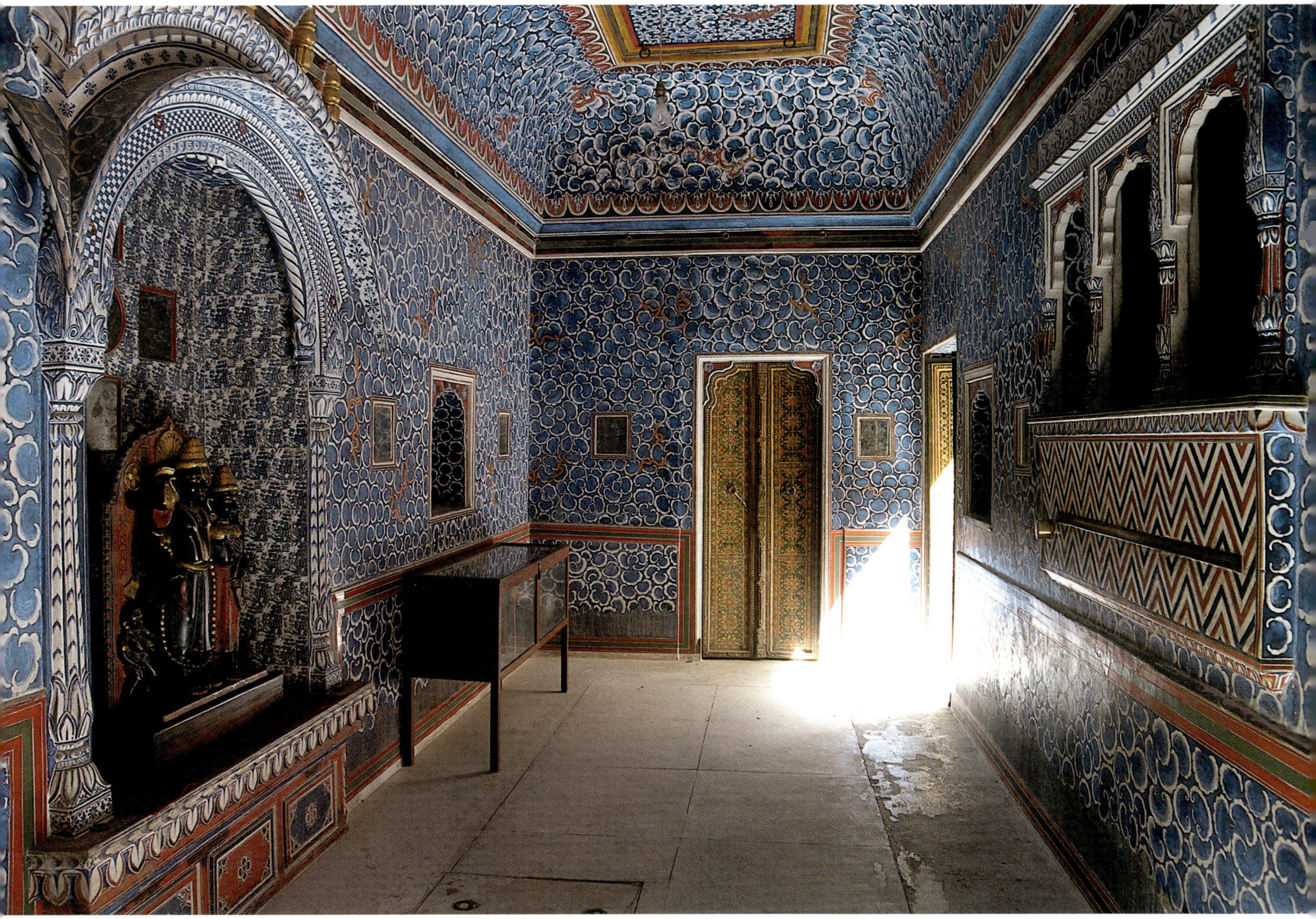

Le précieux palais des Nuages, Badal Mahal, couvert de peintures représentant les nuages blancs et bleus, était réservé aux enfants. Peut-être pour leur montrer d'où devait venir la pluie, grande rareté dans le désert !

Le désert est aux portes de Bikaner. Les jours de grande chaleur, le maharaja se retranchait dans le petit palais des Vents, Hawa Mahal, qui donne sur les terrasses du fort de Junagarh, élégamment tapissé de carreaux de faïence bleue de Chine et de fresques dansantes de Krishna.

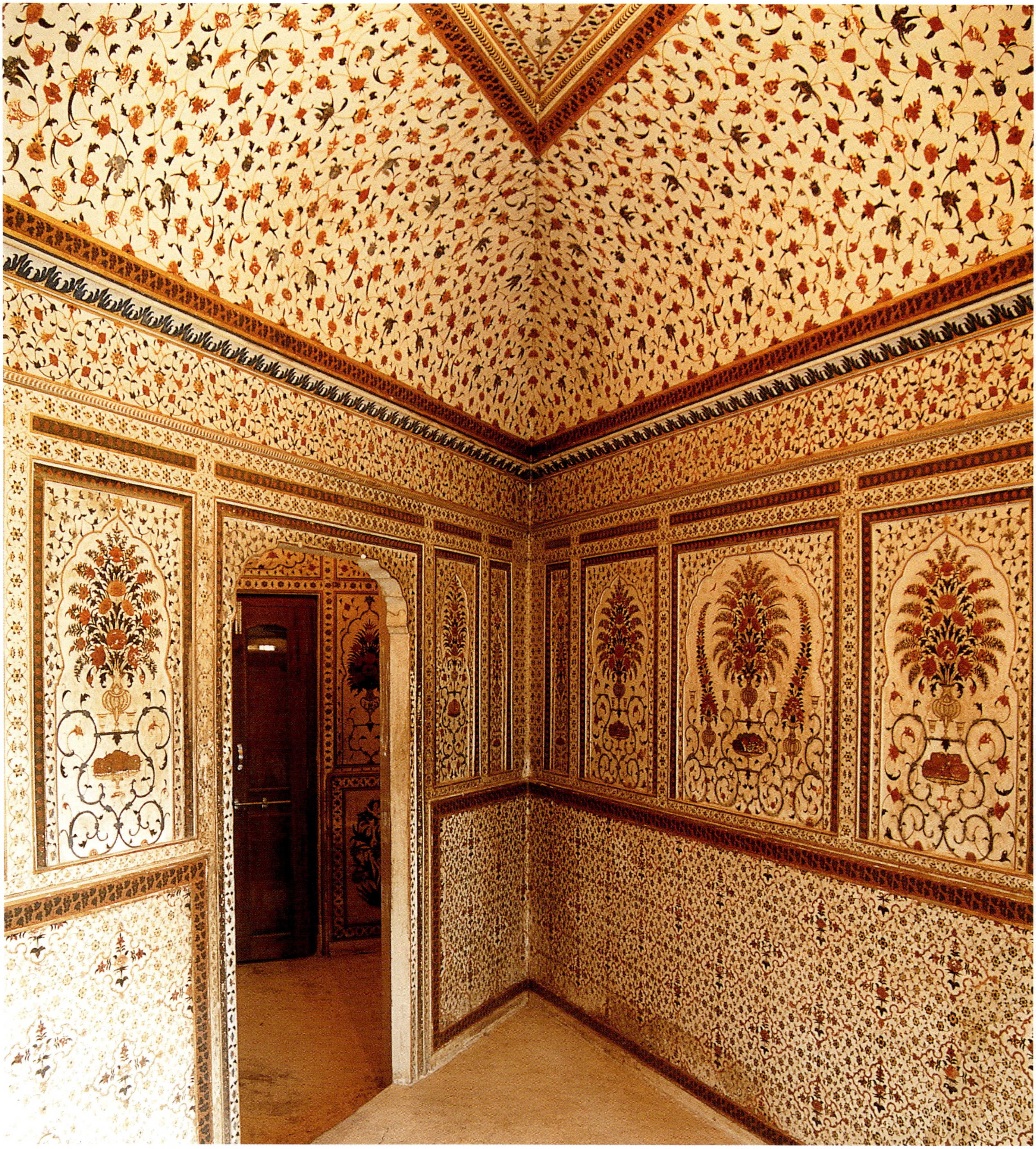

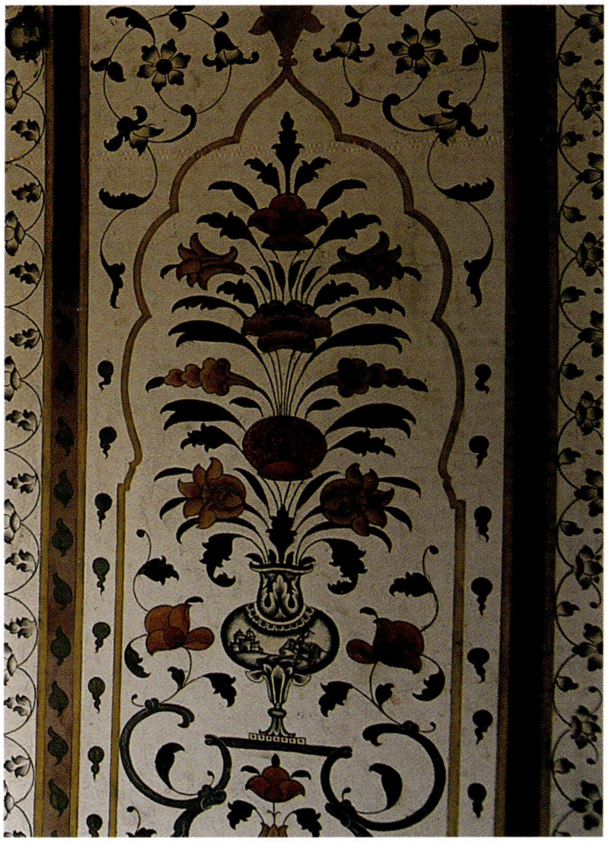

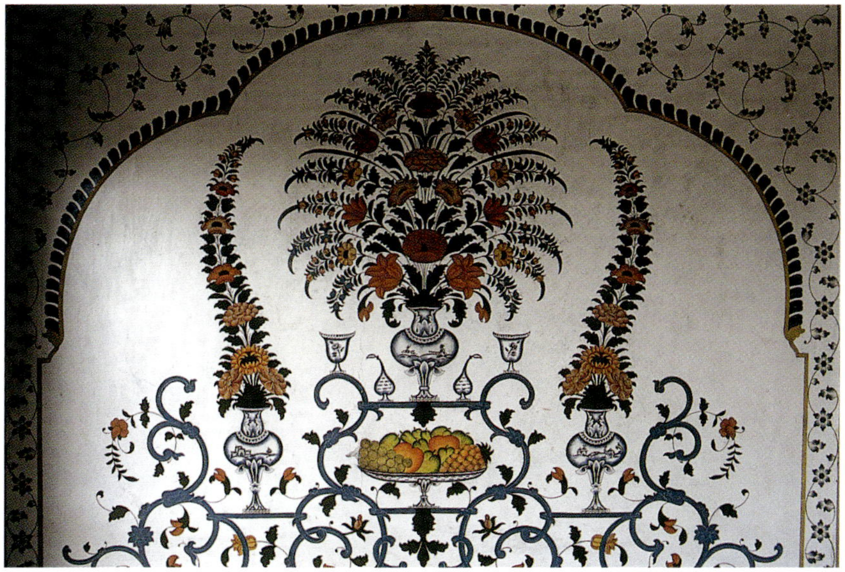

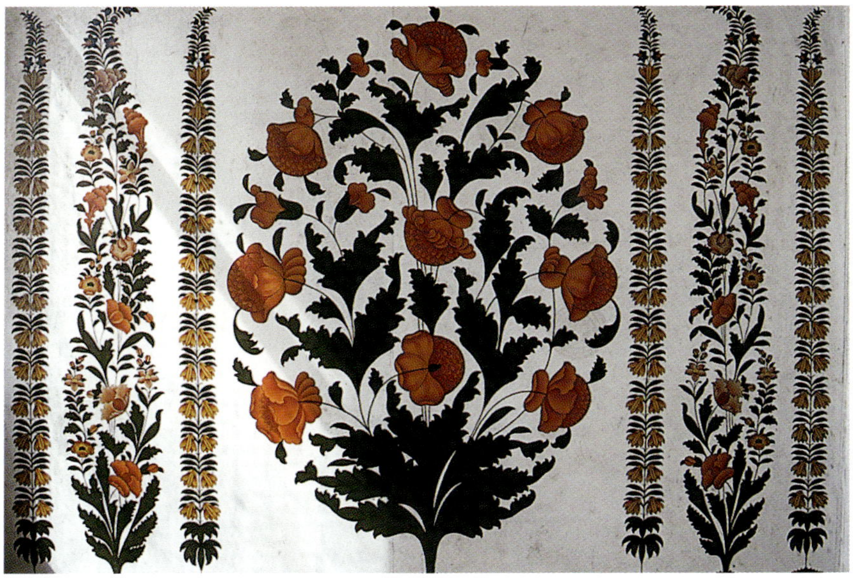

Quelle étrange petite salle ! Le palais des Fleurs, ou Phul Mahal, vient d'être restauré par de jeunes artistes persans. Ce sont leurs ancêtres, appelés à la cour des Rajputs de Bikaner, qui avaient orné cette salle de motifs floraux, à la mode persane.

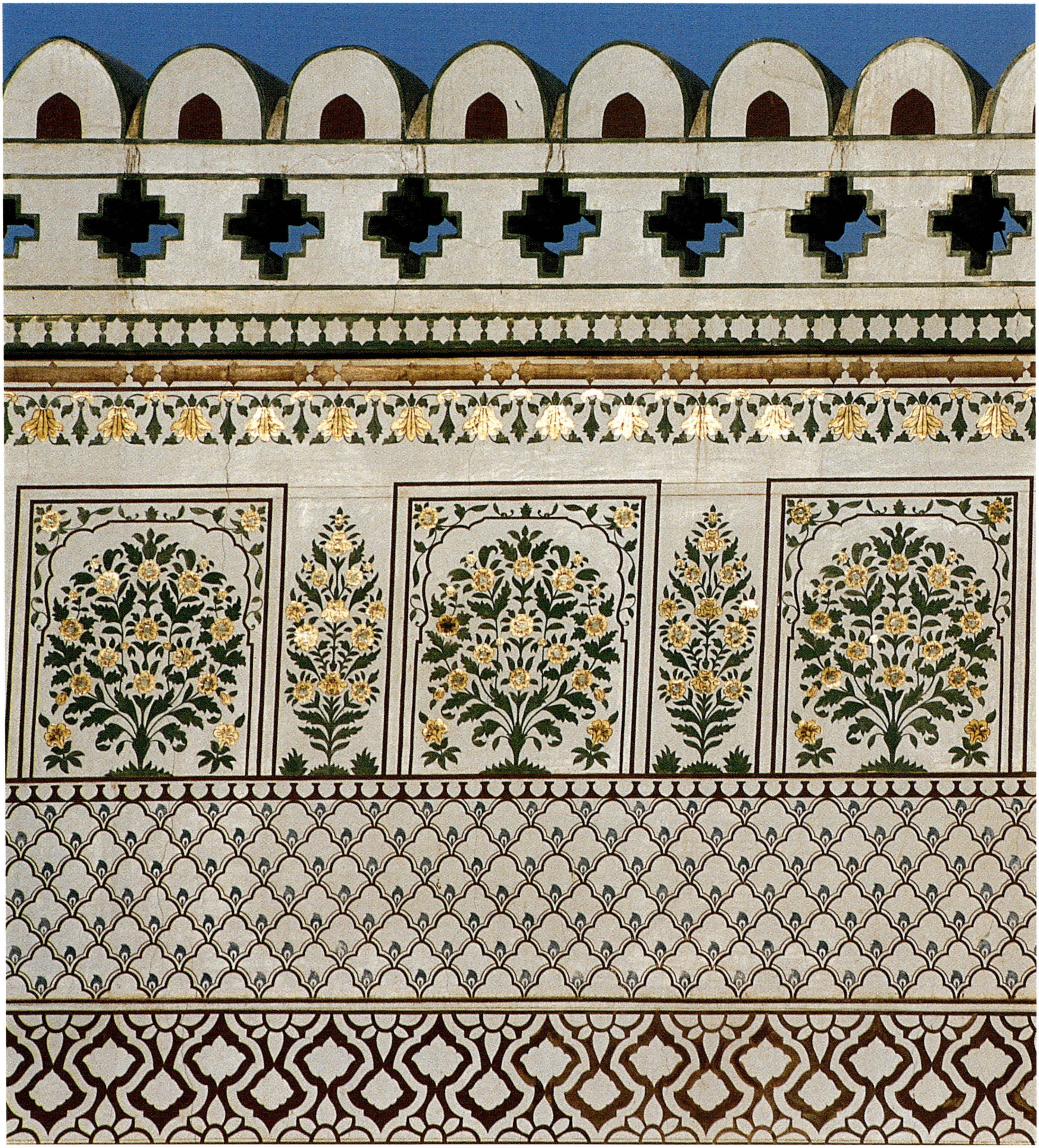

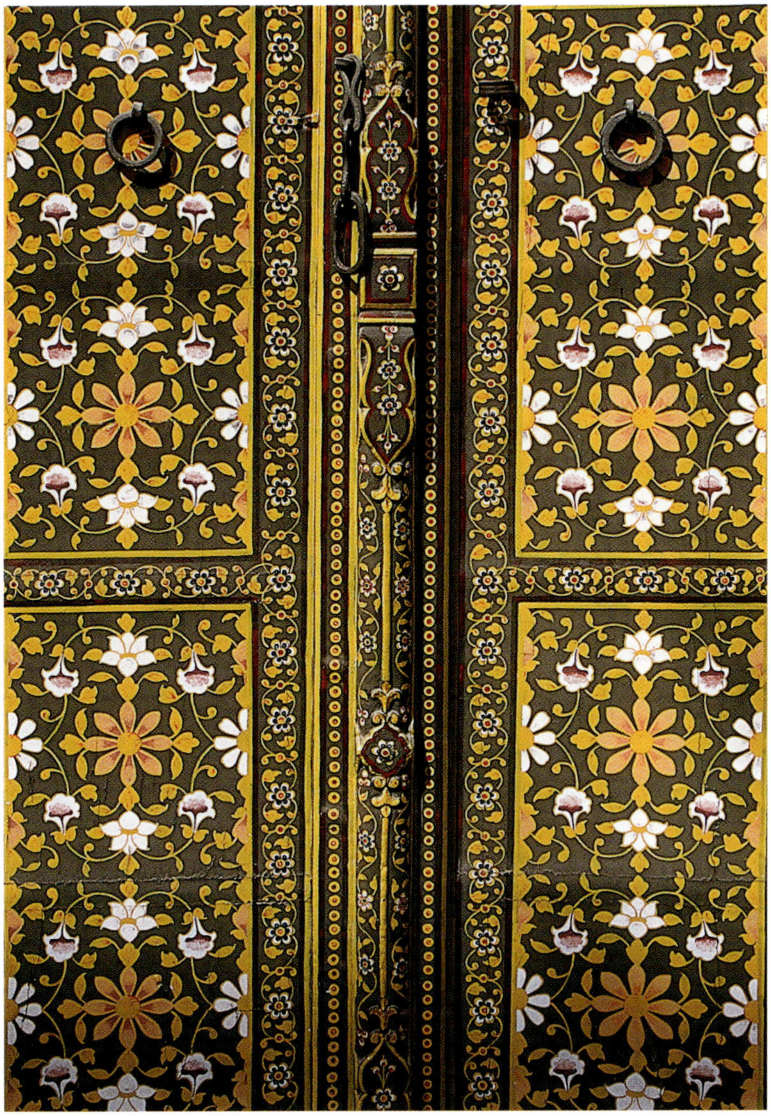

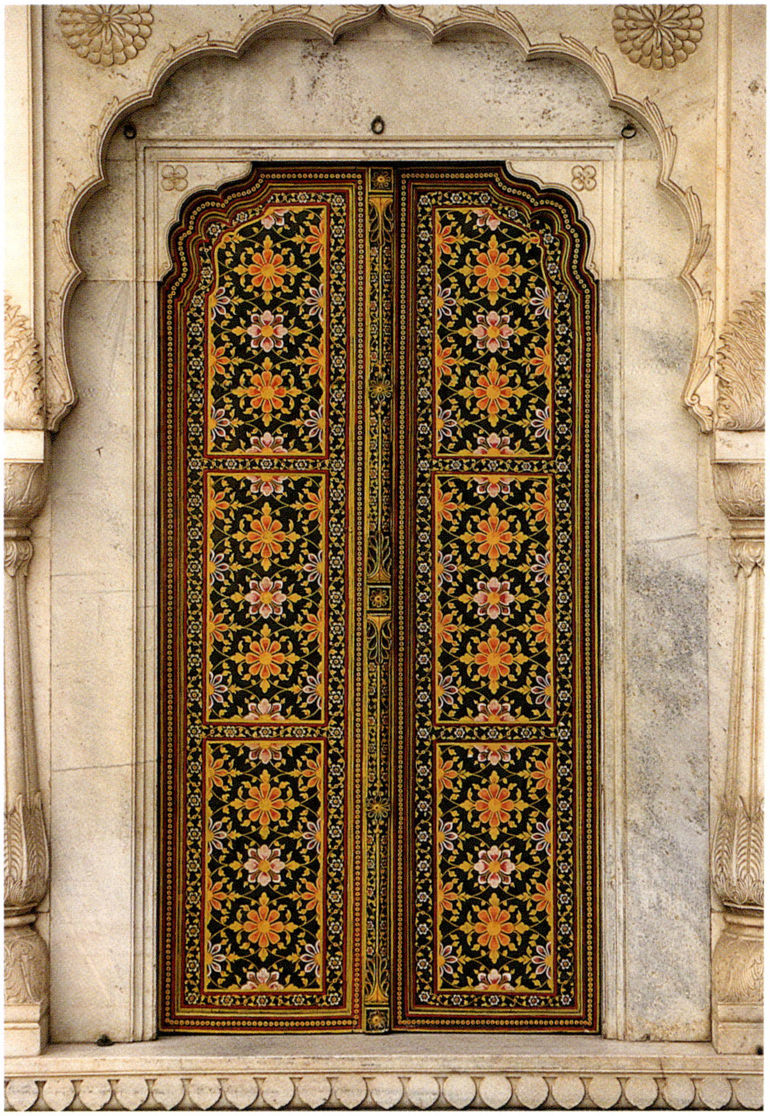

Bouquets, dessins géométriques, l'art décoratif indo-musulman se conjugue à l'infini sur toutes les façades et toutes les portes.

Après avoir salué le temple dédié à Hanuman, au premier étage, on franchit en enfilade le Gaj Mandir aux murs incrustés de miroirs (on ne s'en lasse pas !), la chambre de la Reine, reconnaissable à ses très belles incrustations en ivoire, et la chambre du Roi. Aux terrasses supérieures, le Hawa Mahal (palais des Vents) réserve de belles surprises avec de remarquables carreaux de faïence bleue de Chine représentant des scènes bucoliques intéressantes. Les maharajas avaient très bon goût ! Pendant les grandes chaleurs, certains devaient s'y retirer en galante compagnie !

Point d'orgue à cet insensé dédale d'escaliers et de passages, l'immense Durbar Hall, que l'on visite ensuite, tranche avec la douceur du palais des Vents. Le dernier maharaja régnant, Ganga Singh, y recevait en grande pompe. On raconte qu'il fit venir spécialement des artisans d'Afghanistan pour ciseler les murs de grès rouge de cette vaste salle et que sept années de travail furent nécessaires. Mais quel résultat ! De la vraie dentelle de pierre… Aujourd'hui, le Durbar Hall est devenu musée où sont exposés des objets et documents ayant appartenu au maharaja. Les amateurs de nostalgie se régaleront.

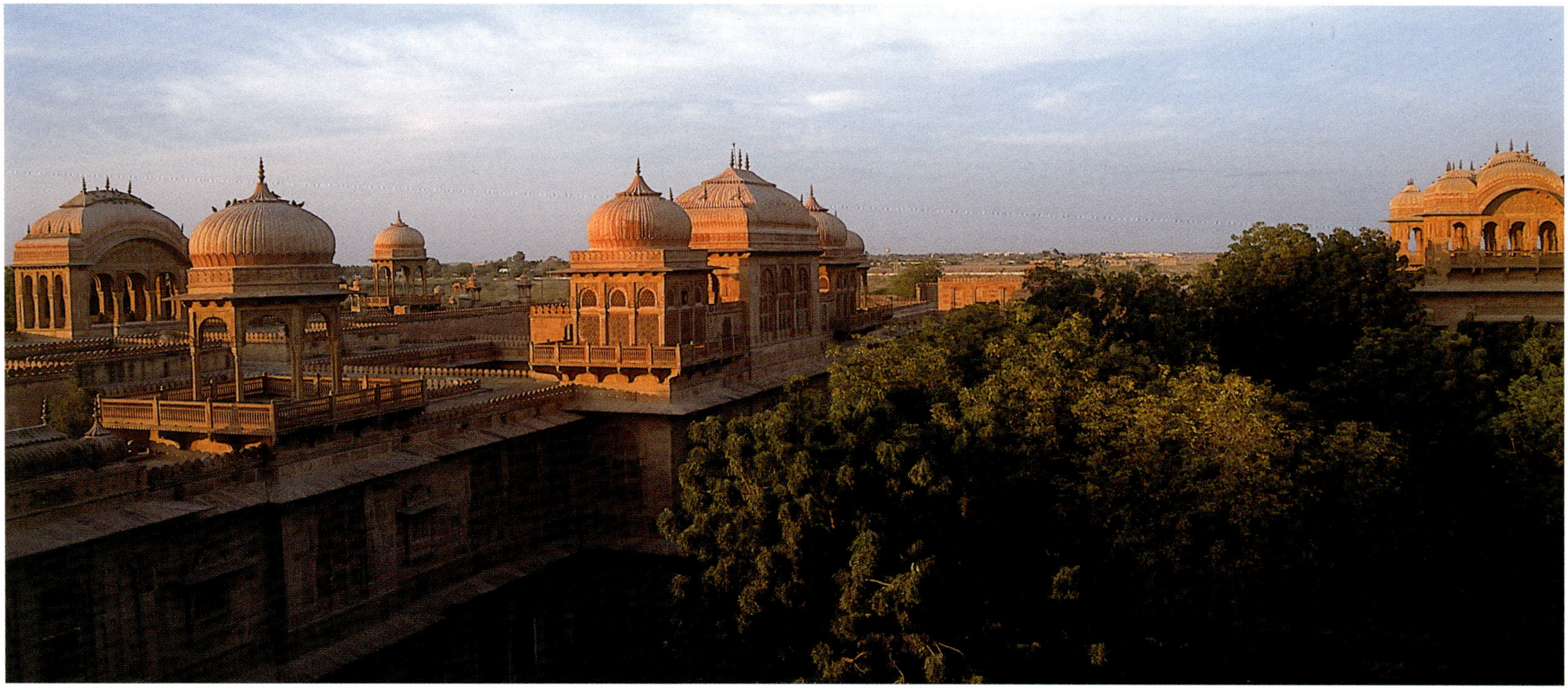

Le Lalgarh Palace

A partir de 1900, Ganga Singh décida de quitter le fort et fit construire, à quelques encablures de là, le palais de Lalgarh. Il fit appel au célèbre architecte britannique sir Swinton Jacob. L'œuvre fut achevée en 24 ans. C'est une vraie symphonie de grès rouge inspirée du style rajput qui sert en partie de résidence à certains membres de la famille royale. Le reste a été découpé en deux hôtels : le « Laxmi Niwas Palace » et le « Lalgarh Palace ». Les chambres, qui semblent vastes comme des halls de gare, sont ordonnées autour de plusieurs cours où les clients peuvent rêvasser à ces « étranges » temps coloniaux. Après quelques brasses dans la piscine Art déco, on ira explorer la salle des trophées, celle des billards ou le fumoir pour humer un peu de cette « british atmosphère ».

Si vous croisez dans les jardins, entourée d'un cortège de secrétaires prenant des notes, l'élégante princesse Rajyashree Kumari, arrière-petite-fille du dernier maharaja régnant Ganga Singh, n'hésitez pas à la saluer. La princesse, qui partage son temps entre la Grande-Bretagne qu'elle définit comme sa « patrie d'adoption » et son pays, nous reçoit dans son salon très « cosy » : « Je suis née après l'Indépendance », nous explique-t-elle. « Il n'est donc pas question pour moi d'un quelconque regret du passé. La vie a

A Bikaner, la famille du dernier maharaja régnant, Ganga Singh, a transformé une partie du vaste palais de Lalgarh en hôtel de charme, tout en gardant des appartements privés où réside, lors de ses visites, la princesse Rajyashree Kumari. Qui partage son temps entre la Grande-Bretagne et l'Inde.

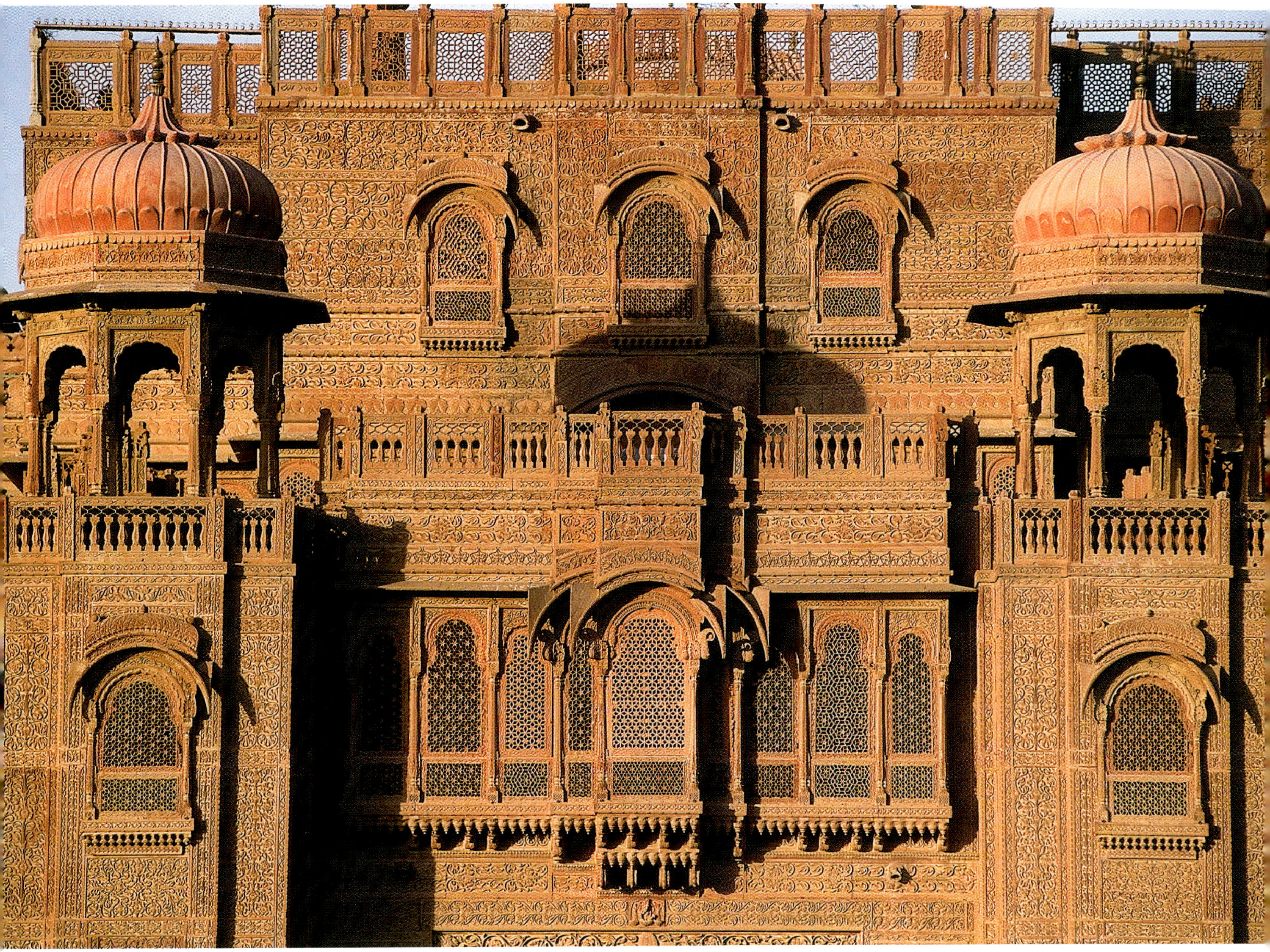

Avec ses tours, tourelles, balcons, chhatri *et toits bengalis en grès rose sombre dessinés par l'architecte britannique sir Swinton Jacob, le palais de Lalgarh focalise le regard du visiteur.*

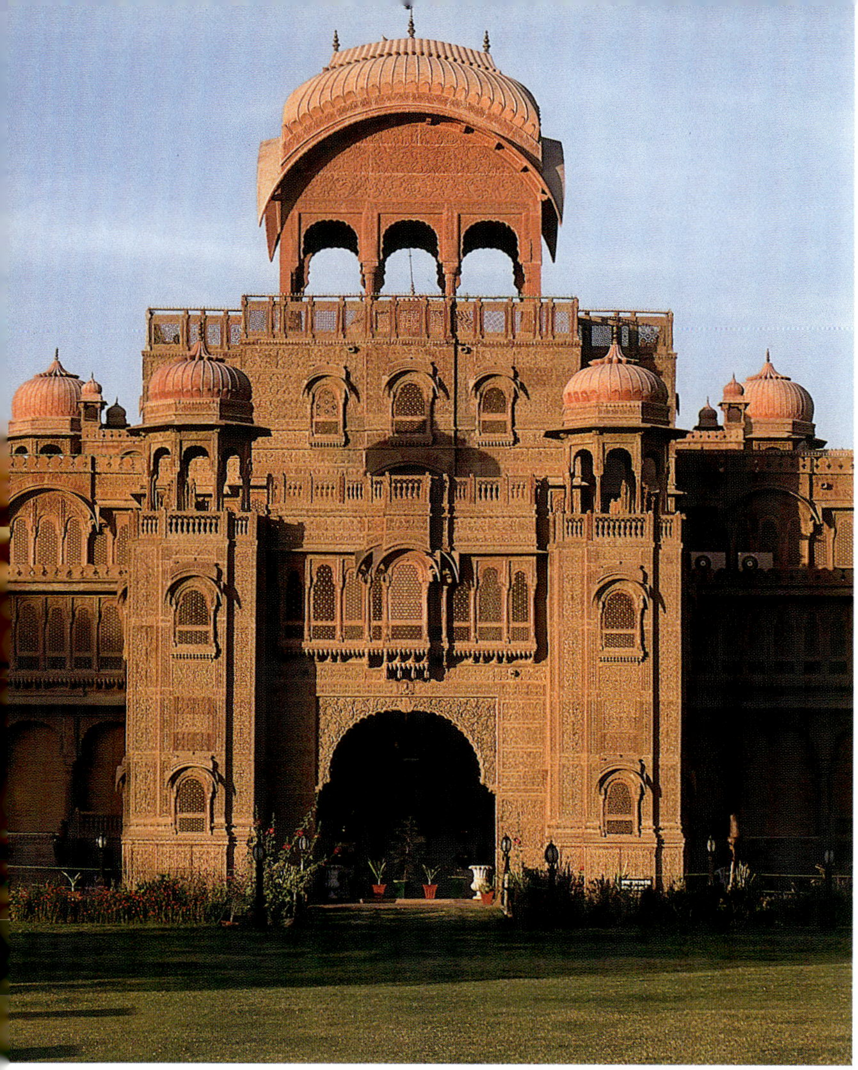

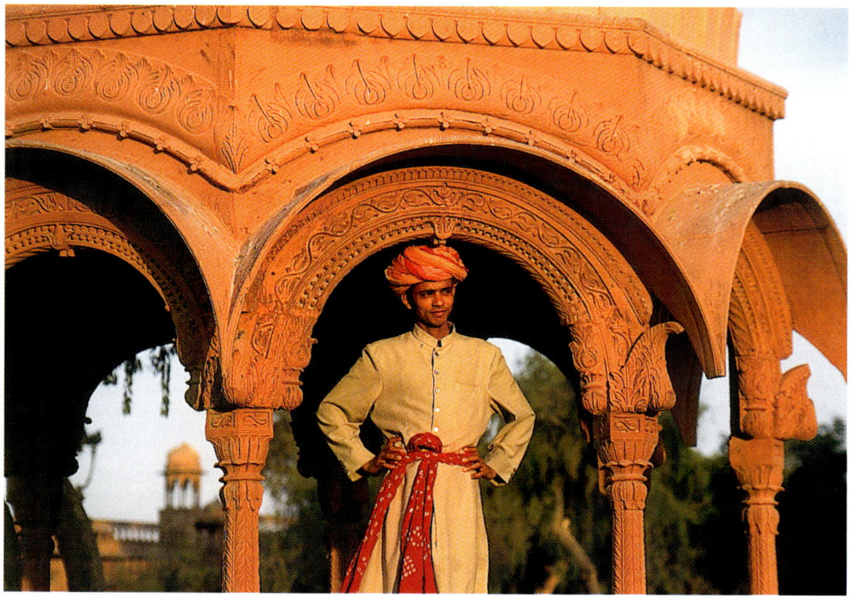

Réchauffée par les derniers rayons du soleil, l'imposante entrée du Lalgarh Palace est une chatoyante symphonie architecturale.

changé et c'est bien pour notre pays. Pour ma part, j'ai reçu une éducation moderne et j'étais prête au bouleversement. De tous mes ancêtres, Ganga Singh était certainement le plus dynamique. Il offrit un chemin de fer à sa contrée ainsi qu'un canal d'irrigation permettant de développer de belles cultures et des zones de verdure. Pendant leur règne, souvent assez long, les maharajas devaient s'engager vis-à-vis de leur peuple, bien davantage que les politiciens qui, de nos jours, font des promesses qu'ils oublient le plus souvent quand ils sont élus. Et de toutes les manières, ils sont remplacés avant de pouvoir changer quoi que ce soit. »

La princesse parfait l'œuvre de son père, membre du Parlement, le docteur Karni Singh qui fonda plusieurs entreprises de charité. Elle sponsorise plusieurs fondations qui viennent en aide aux familles les plus pauvres : dons pour les dots des filles à marier et pour les cérémonies de mariage, dons pour les orphelins, achat d'équipements pour les hôpitaux, participation financière à la banque des yeux, à la scolarité des enfants les plus pauvres, aux femmes âgées. Avec profusion de photos, de documents, d'objets parfois amusants, souvent émouvants, le musée du Maharaja Sadul Singh, niché dans le palais, reconstitue en abrégé l'histoire glorieuse et un peu pathétique des princes. Les inconditionnels de belles petites histoires s'y précipiteront.

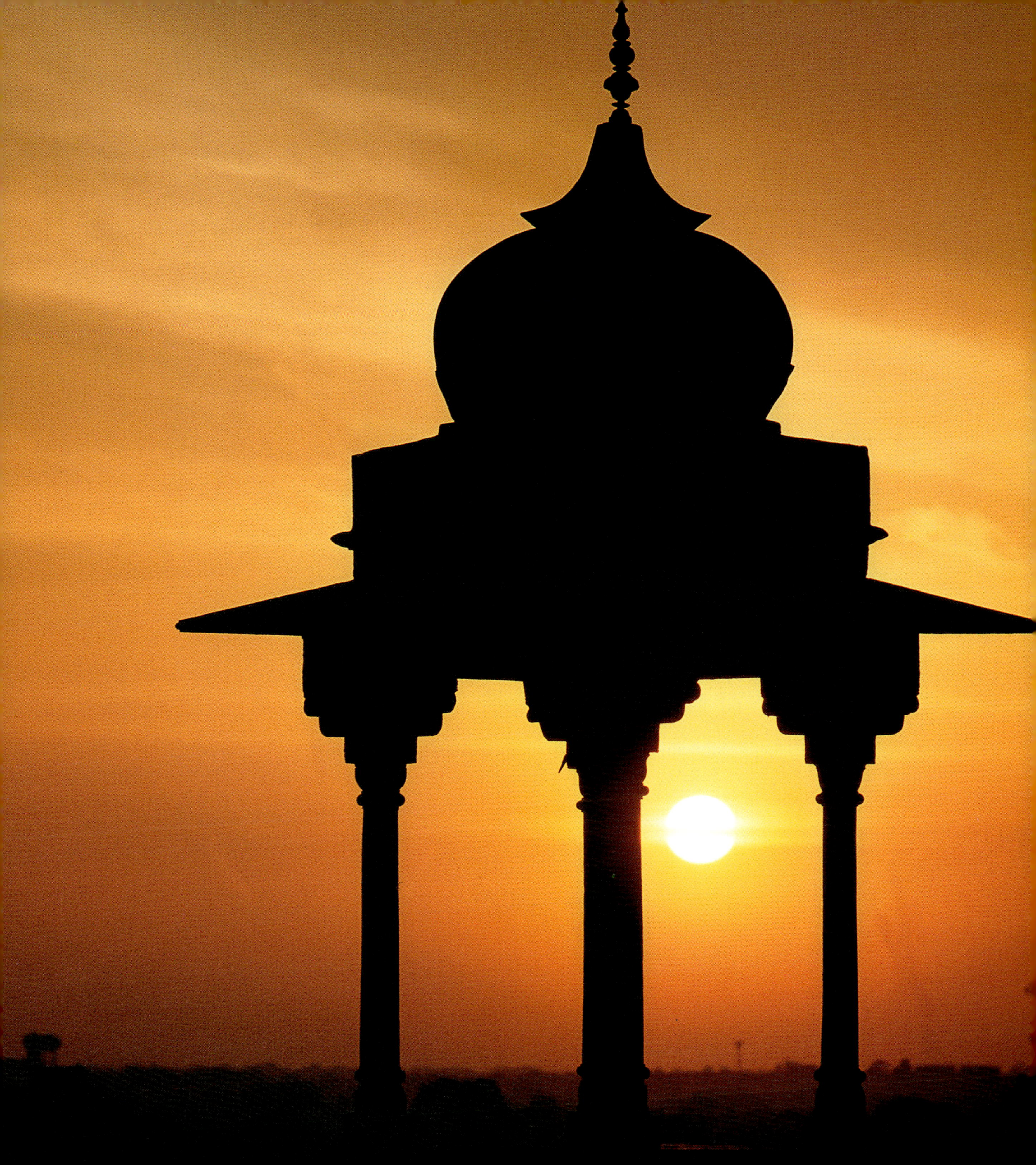

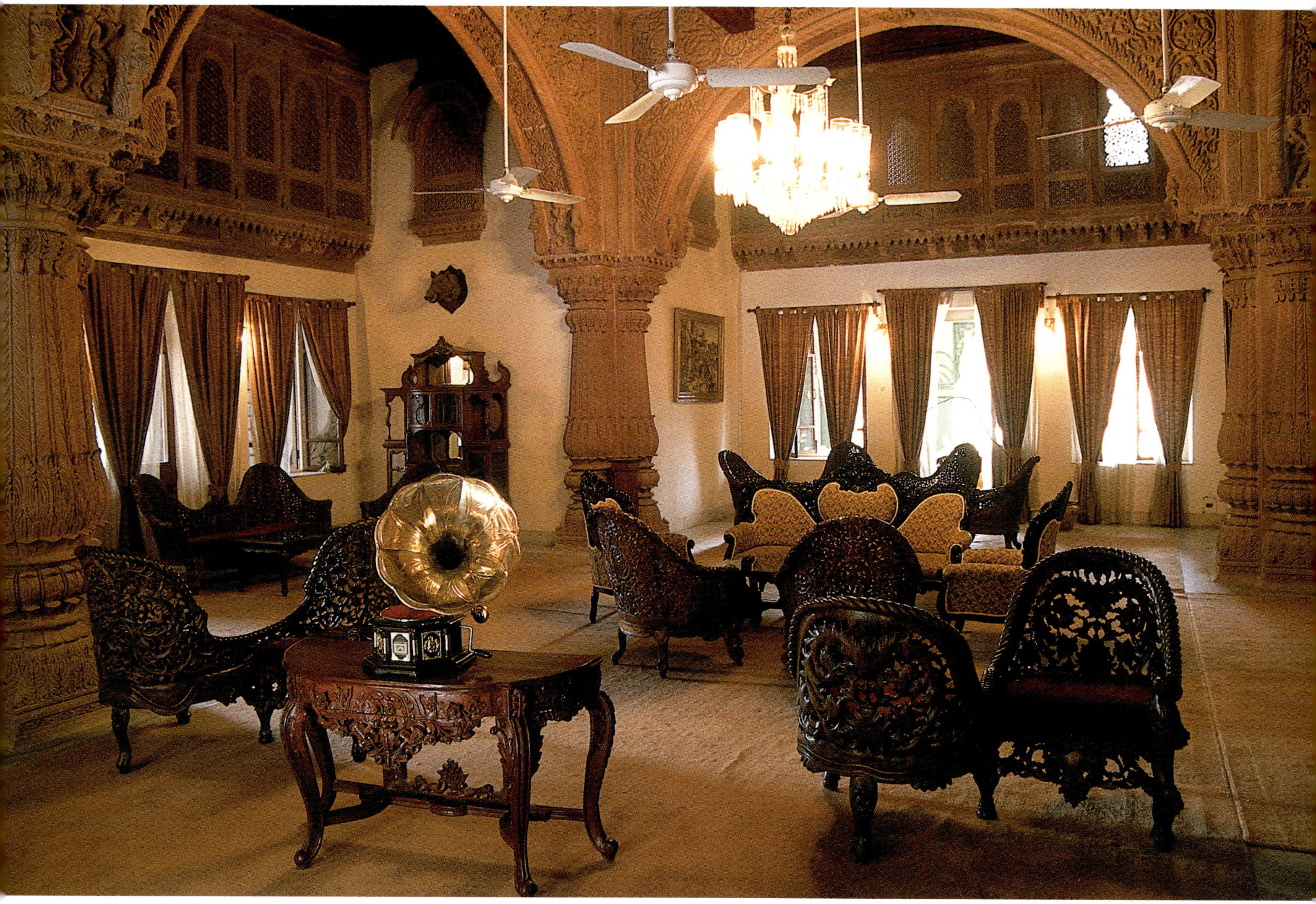

Lustres en cristal de Bohême, gramophone à pavillon, photos couleur sépia… Du fumoir à la salle des trophées, du durbar *à la piscine Art déco, le palais de Lalgarh comblera les amateurs de nostalgie. Cadre des brillantes réceptions données par Ganga Singh, il sert aujourd'hui de décor à des mariages bien cossus. Tradition qui perdure au Rajasthan comme dans toute l'Inde : dans la majorité des cas, ce sont toujours les parents qui arrangent le mariage de leurs enfants.*

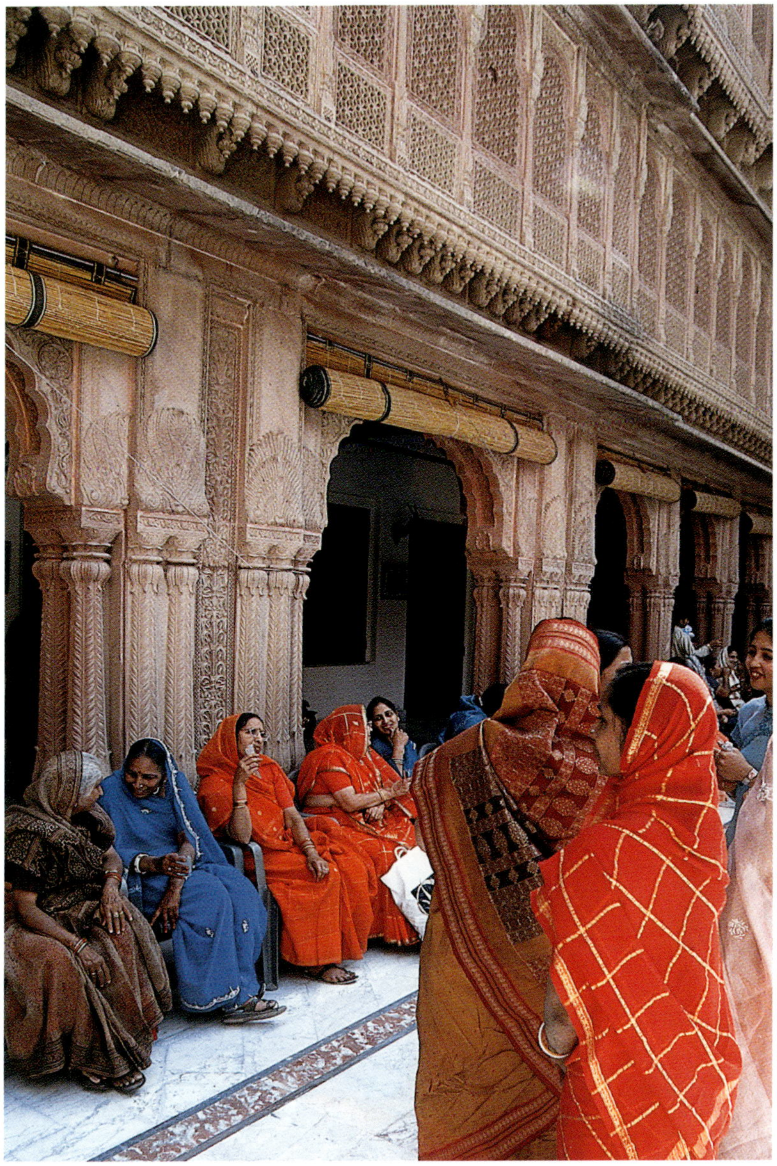
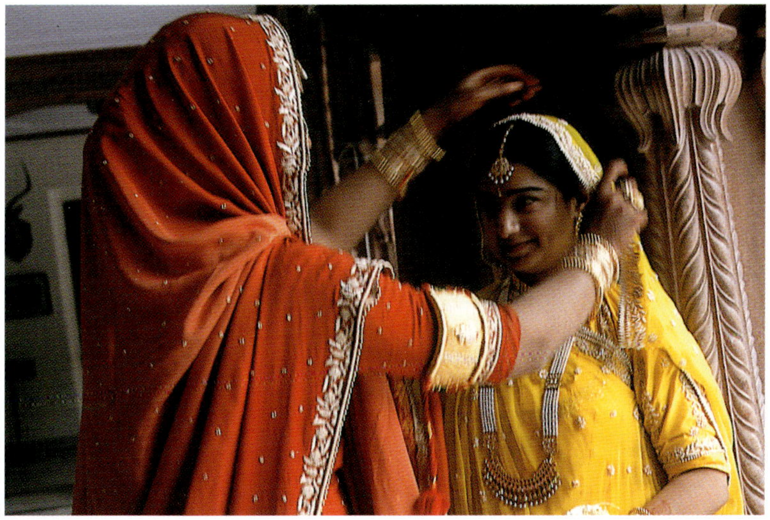
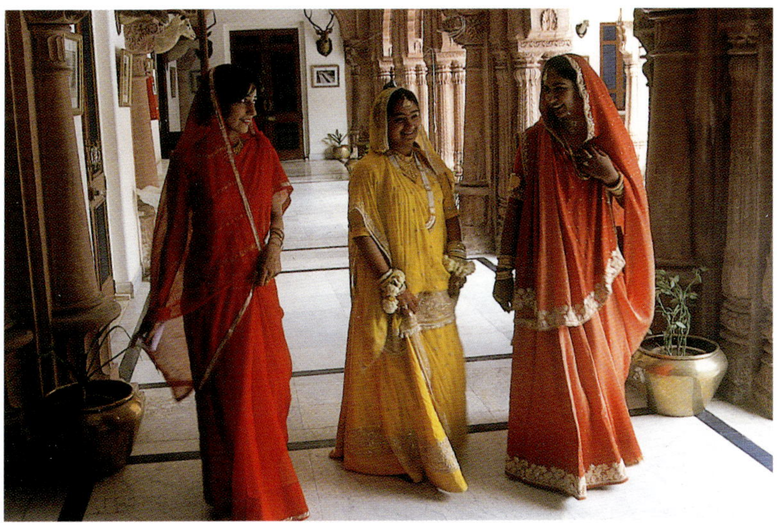
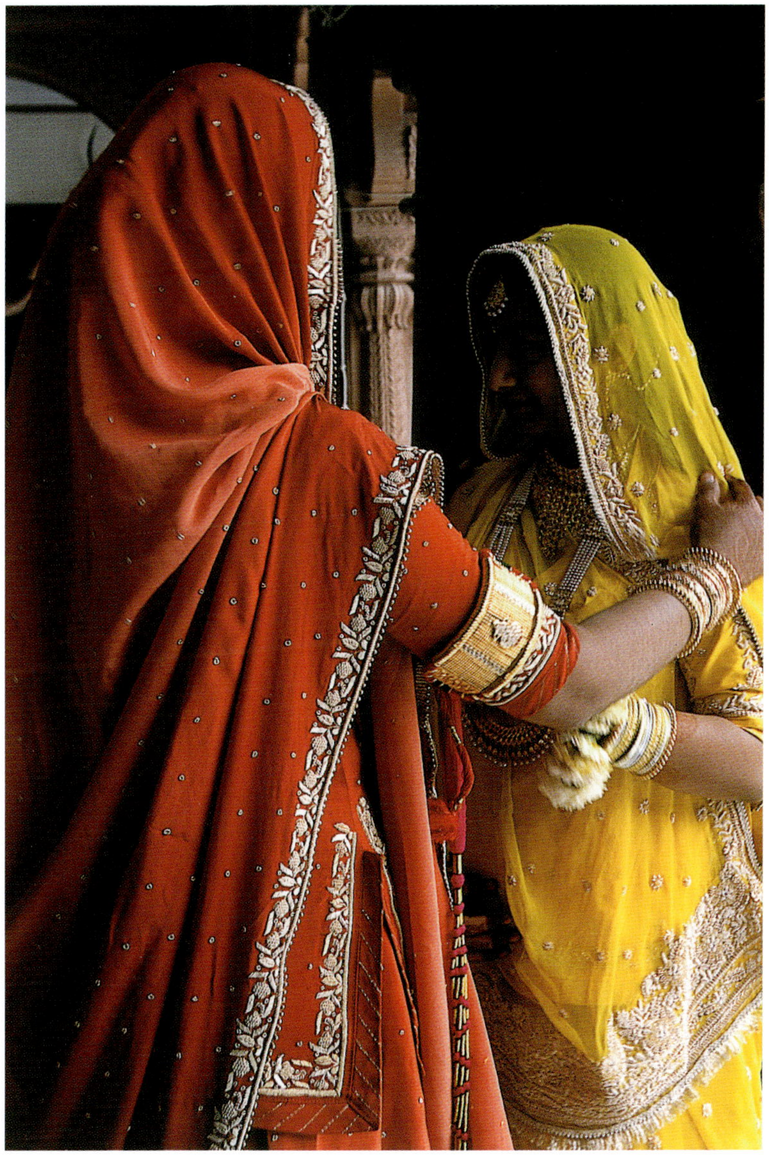

JODHPUR

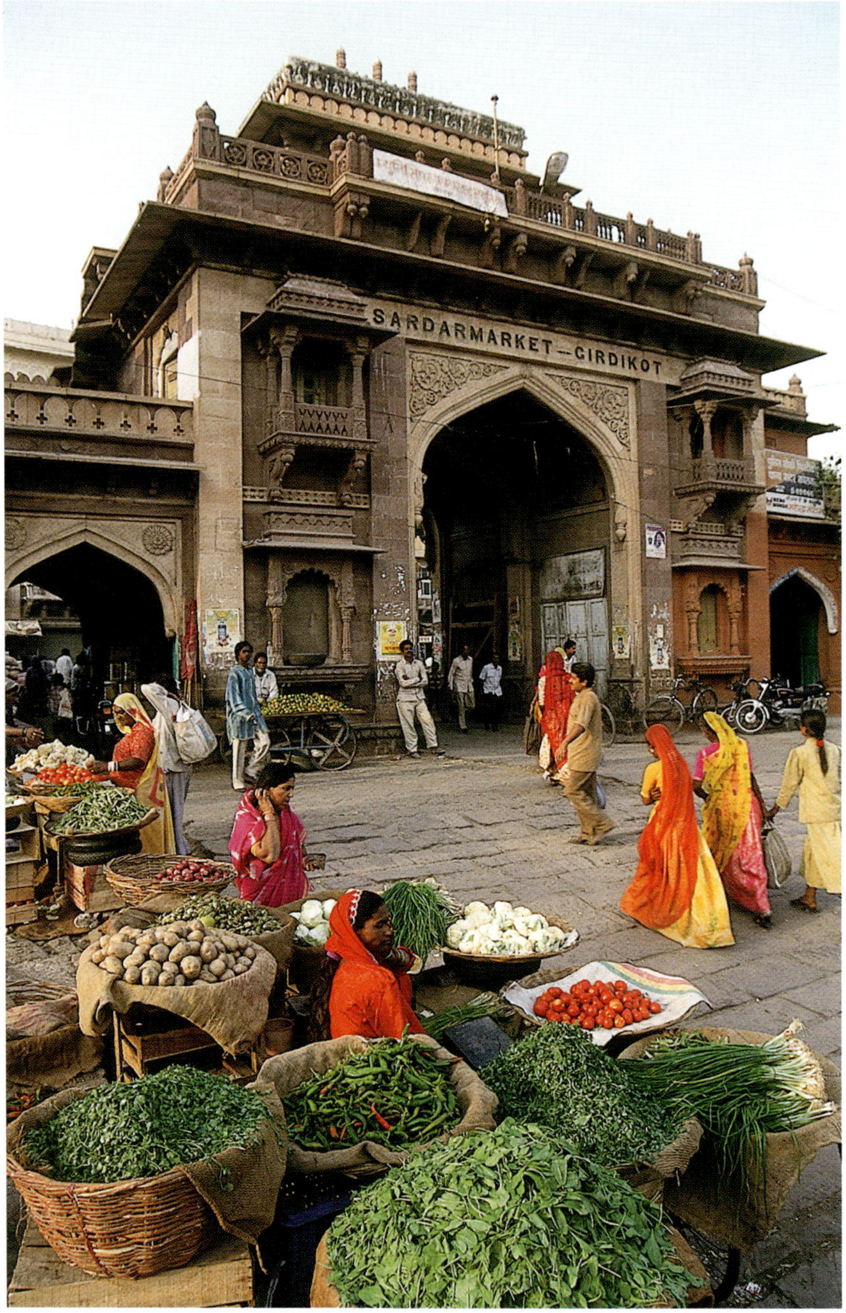

Depuis le lever du jour, le marché aux fruits et légumes de Sardar est investi par les petites marchandes. Tomates, épinards, racines de gingembre copinent sans état d'âme avec les piments les plus rouges.

Pour ceux qui ont le privilège de survoler la ville en fin d'après-midi, Jodhpur est comme un cadeau tombé du ciel. Le soleil se fait douceur sur un formidable patchwork de maisonnettes bleutées qui gravissent les pentes de l'impressionnante forteresse de Mehrangarh. Cette tradition des brahmanes de peindre leur logis en bleu a été reprise par la majorité des habitants quand ils se sont rendus compte que cette couleur en éloignait les moustiques.

En face de Mehrangarh, une autre icône focalise le regard : le palais Umaid Bhawan qui passe pour être le plus grand palais privé du monde. Nous y sommes attendus par le fringuant maharaja Gaj Singh II qui vit avec sa famille dans l'une des ailes du palais qu'il a transformé en hôtel. Quel hôtel et quelle destinée ! Monté sur le trône à l'âge de quatre ans, en 1952, Gaj Singh II a fêté fastueusement son jubilé en 2002. Héritier du fameux clan des Rathors qui descend, selon la légende, en droite ligne de Rama, il appartiendrait à la « lignée solaire ». Ce sont ses ancêtres qui ont ordonné la construction de cette forteresse altière de Mehrangarh qui, selon Kipling, « n'avait pu être construite que par des géants ». Son nom signifie « fort de sa majesté ». Une ville dans la ville.

Demeure des maharajas rathors jusqu'au XVIe siècle, elle est aujourd'hui livrée aux touristes et offre une vue saisissante sur la ville. Chaque tourelle, chaque couloir, chaque bastion raconte l'histoire de la résistance aux Moghols. Visionnaire et résolument moderne, le maharaja Umaid Singh, qui désirait offrir un peu plus d'aisance à sa descendance, fit édifier un palais plus confortable dans le pur style Art déco, Umaid Bhawan.

Entre les deux propriétés, la ville est attrayante pour son marché aux légumes campé au pied de la tour de l'Horloge, très « british ». Mais c'est dans les ruelles tarabiscotées qui escaladent la forteresse qu'on trouvera le quartier le plus authentique, fait de maisons basses qui ont conservé le charme poignant et la nostalgie d'autrefois. Explorez les cours intérieures, les passages, les patios bleutés. Des familles complices vous attendent.

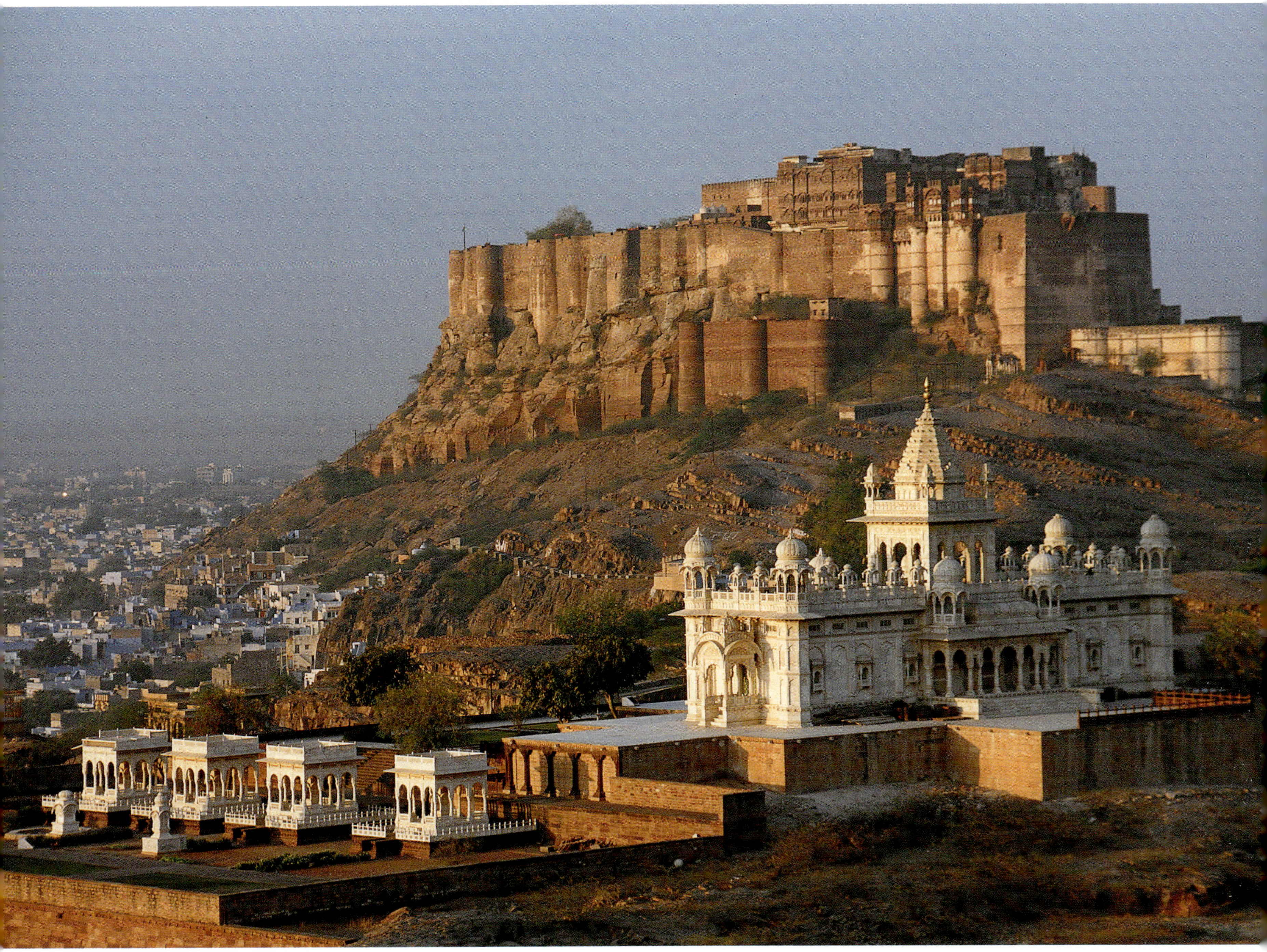

Submergeant le regard, le fort de Mehrangarh domine la ville bleue qui dévoile, 120 m plus bas, son étrange labyrinthe de ruelles étroites (pages suivantes).

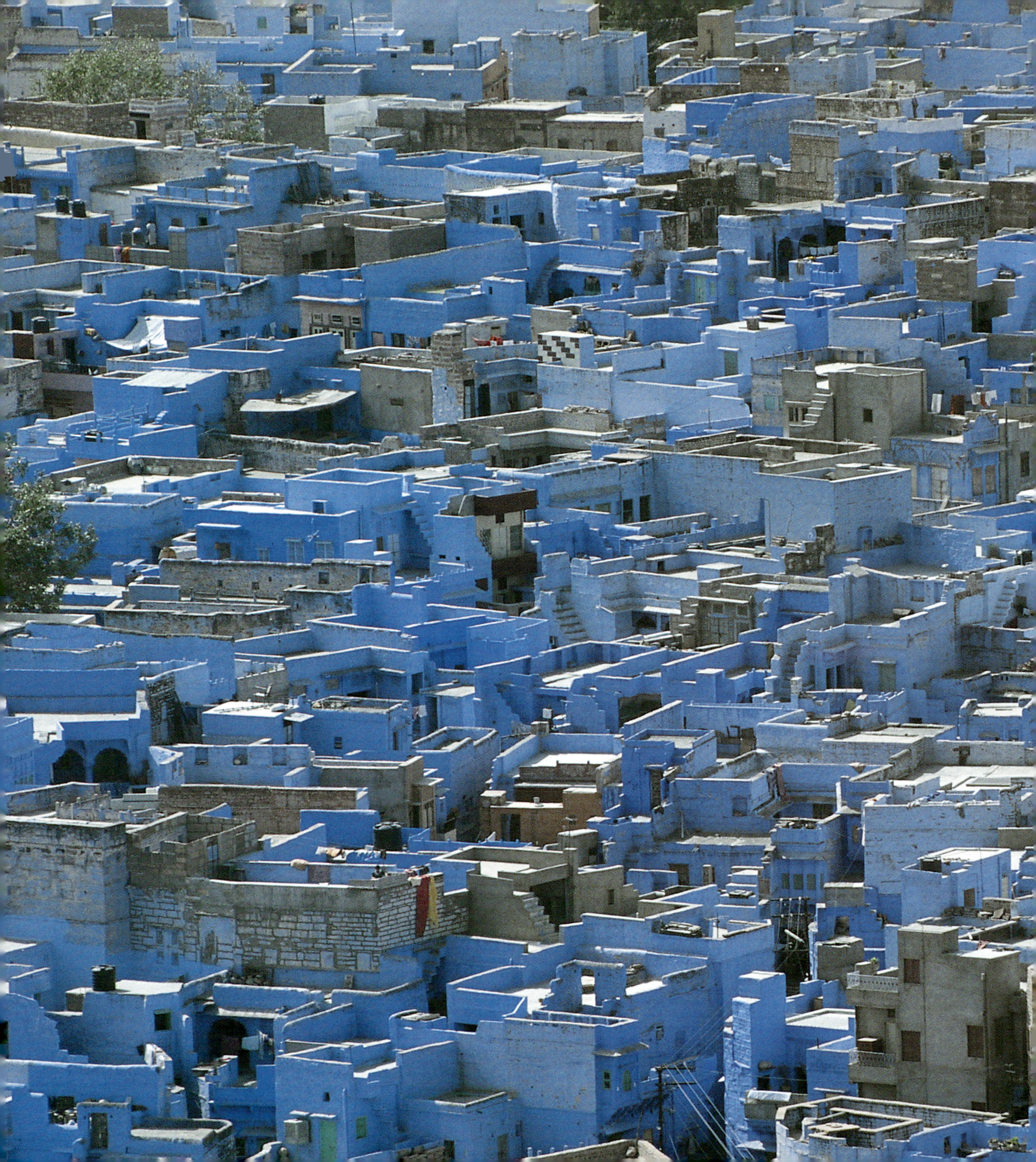

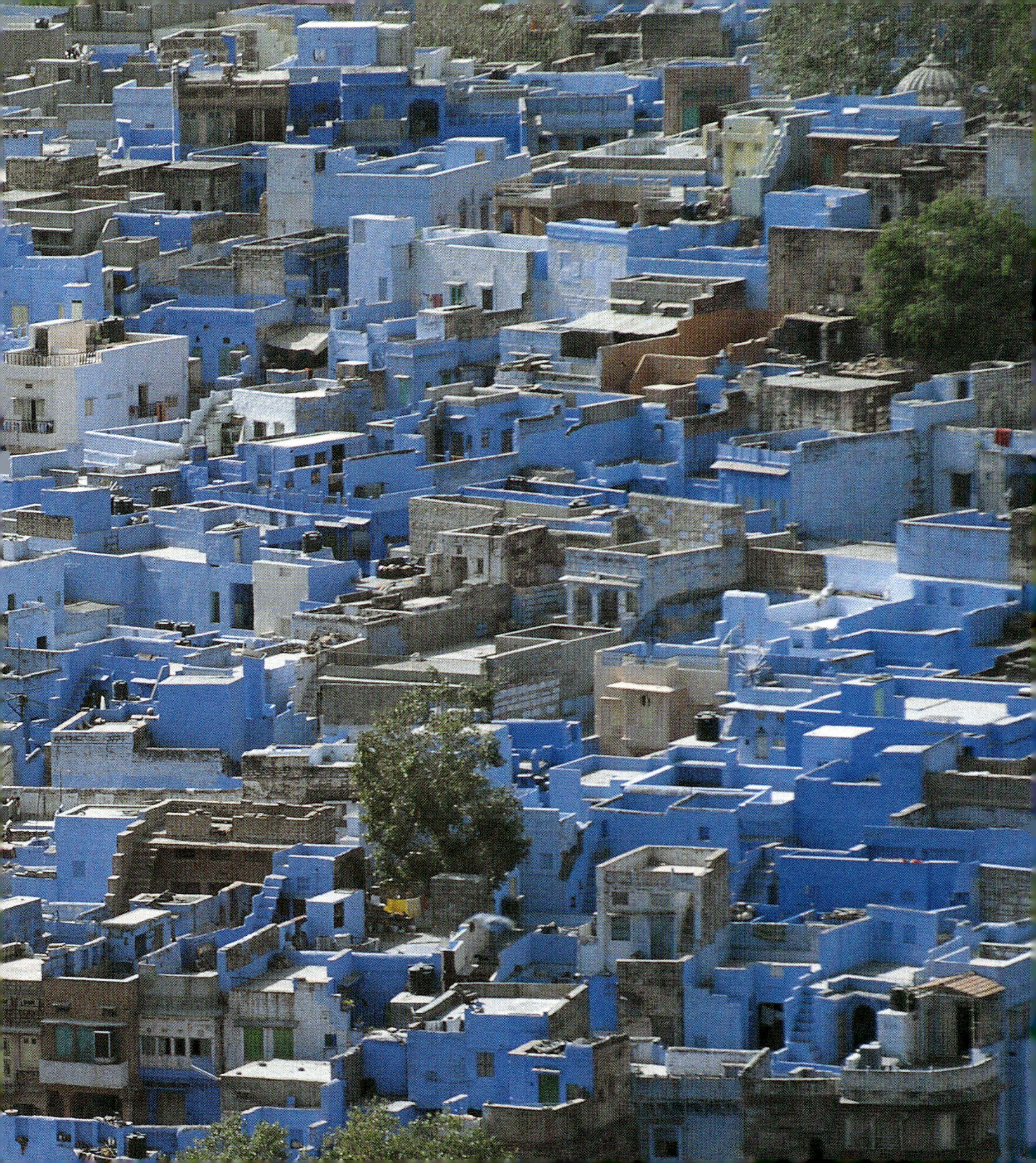

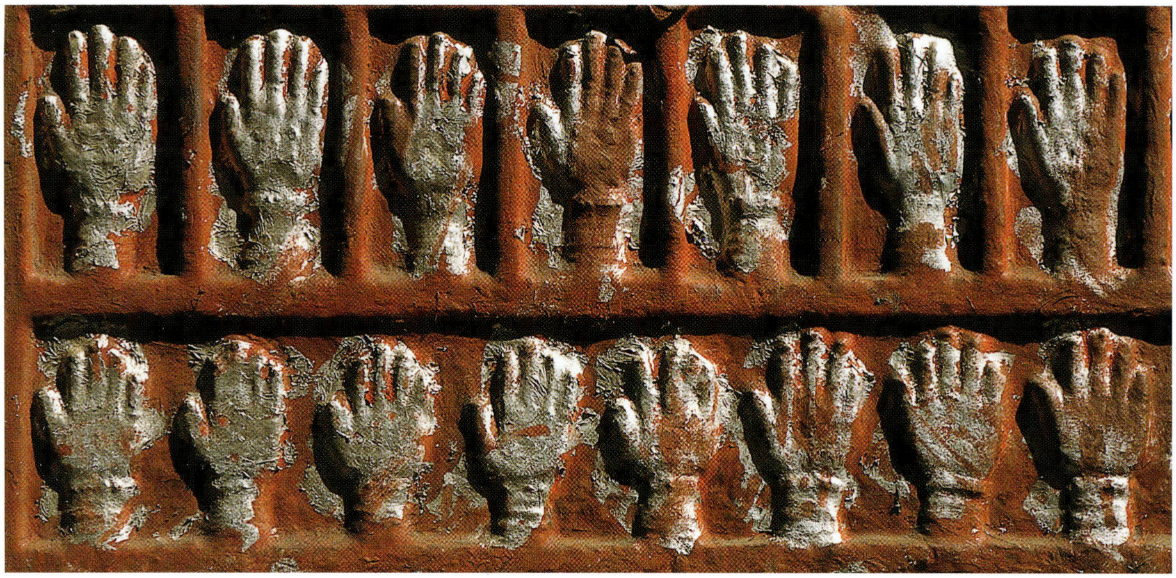

A l'entrée du fort, ces empreintes de mains rappellent le sacrifice des maharani devenues sati en choisissant de s'immoler sur le bûcher lors de la crémation du maharaja.

Histoire

Les manuels retiennent que c'est Rao Jodha qui fonda Jodhpur en 1459. Son clan, celui des Rathors, descendrait de Rama, célèbre héros du Ramayana. Originaires de la vallée du Gange, les ancêtres de la famille régnante seraient venus dans cette région peu hospitalière qui portait le nom de Mewar, « vallée de la mort », afin d'échapper aux guerriers de Mohammed de Ghor. En 1527, Babur le Moghol bat l'armée des Rathors contraints de s'allier ensuite avec Akbar (1556-1605) qui prendra comme épouse une princesse rathor. Cette entente historique est entretenue par le Rao Gaj Singh qui aide Jahangir le Moghol à pacifier la région. Plus tard, l'empereur Shah Jahan (celui qui fit édifier le Taj Mahal) reconnaîtra à Jaswant Singh, qui accède au trône en 1638, le titre de maharaja.

Juché sur un rocher, symbole et orgueil de Jodhpur, le fort est visible de chaque maison, de chaque terrasse.

La paix favorise l'épanouissement de la cité et des arts. Au XVIIe siècle, Jodhpur est une ville prospère. Mais les débordements de l'empereur moghol Aurangzeb conduirent les Rajputs de différents États à s'unir pour lutter. L'histoire bégaie : la tutelle anglaise est prononcée en 1818. Les maharajas n'ont d'autre choix que de s'unir. A la tête de son régiment de fiers lanciers de Jodhpur, Pratap Singh (1845-1922) s'illustrera par sa bravoure pendant la Première Guerre mondiale en Afghanistan, en Égypte et en Chine au côté des Britanniques. En France également. En 1917, à soixante-dix ans, il repousse les positions allemandes près de Cambrai. A l'armistice, après un défilé triomphal sur les Champs-Élysées, il confiera à ses hommes : « C'est notre dernière campagne, mes enfants. Il est temps de rentrer chez nous. » Il s'éteindra quatre ans plus tard, à Jodhpur. Mais à Cambrai, on ne l'a pas oublié, ni ses bacchantes, ni son turban, ni ses élégantes culottes de cheval, ni son courage.

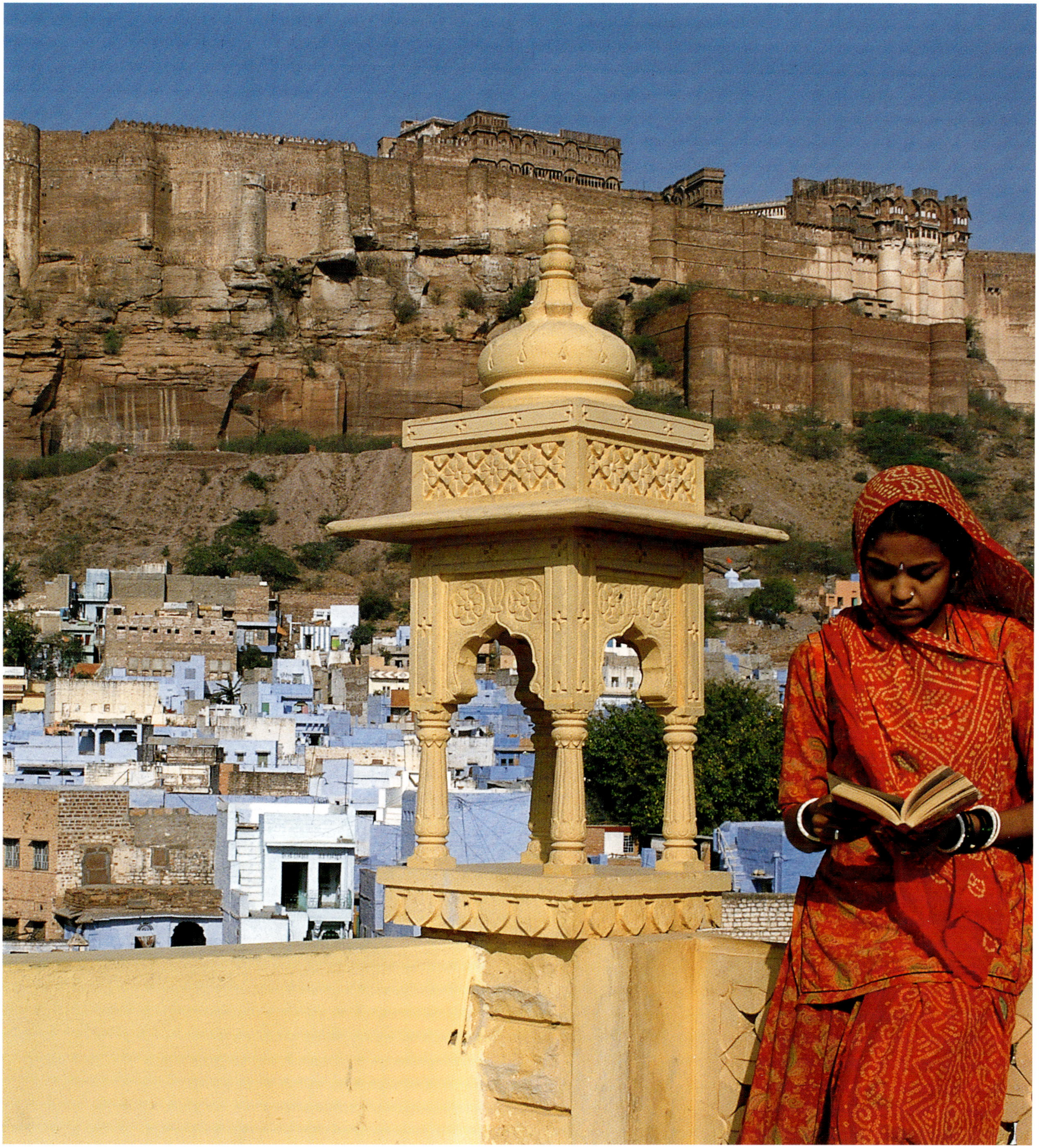

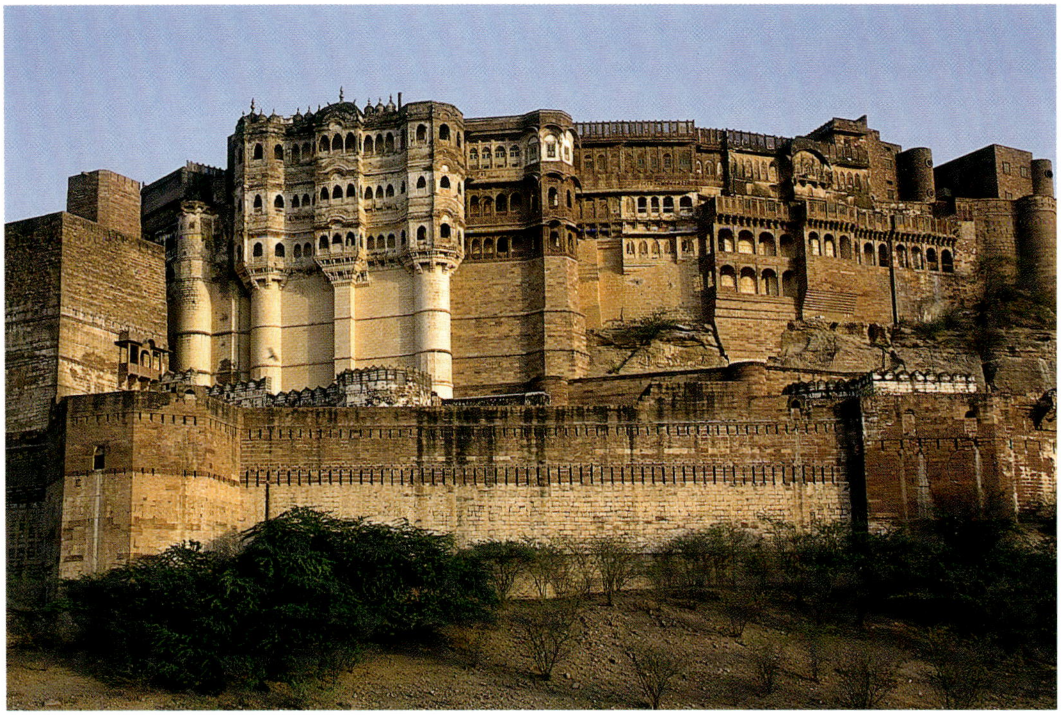

La forteresse de Mehrangarh

Pour repousser les assauts des Moghols, les puissants Rajputs du clan des Rathors décident en 1459 d'établir leur forteresse dans la région du Marwar, le pays de la mort, sur ce promontoire rocheux. Et lui donnent le nom de Mehrangarh, « le fort de la majesté ».

Perchée sur une éminence rocheuse, cette gardienne impassible offre un point de vue saisissant sur la ville qui déferle à ses pieds, à 120 mètres en contrebas, en une lente vague de toits bleutés. Pas moins de sept portes successives permettent l'entrée dans la forteresse. Que de combats acharnés pour y pénétrer, que de sacrifices vains ! Près de celle qu'on surnomme la porte de Fer ou Loha Pol, des empreintes de mains témoignent du renoncement des « sati », ces épouses de maharajas qui suivirent leur héros défunt dans les flammes du bûcher. Malgré l'allure défensive du fort, on est surpris lors de sa visite par le raffinement des salles dont les plus intéressantes sont occupées par un musée qui recèle une riche collection de nacelles en argent pour éléphants appelées *howdah* et des palanquins de fête. Au premier étage, il faut s'attarder dans l'Umaid Mahal où sont rassemblées des miniatures colorées illustrant merveilleusement la vie des maharajas. L'une d'entre elles montre le maharaja Takhat Singh en train de jouer au polo avec les femmes de la Cour. C'est tellement drôle ! Les petits miroirs un peu partout, vous adorez ? Engagez-vous alors dans le vaste Takhat Mahal dont les murs sont piquetés de ravissantes miniatures de scènes de chasse et de miroirs rendant l'endroit magique.

Au deuxième étage, le Phul Mahal propose un bel aperçu des fastes « maharajesques » ! Cette salle servait en effet de durbar hall (grande salle de réception) au maharaja Abhai Singh qui vécut au milieu du XVIIIe siècle. On est totalement séduit aussi bien par les plafonds dorés à l'or fin que par un très beau lot de peintures murales réalisées au XIXe siècle.

Sitôt franchies les sept portes défensives, Mehrangarh dévoile ses merveilles. Tout se conjugue au superlatif pour exprimer richesse et passion des Rathors, comme le Takhat Mahal décoré de scènes de chasse et de mythologie, de miroirs et de peintures, de boules de verre pendues au plafond.

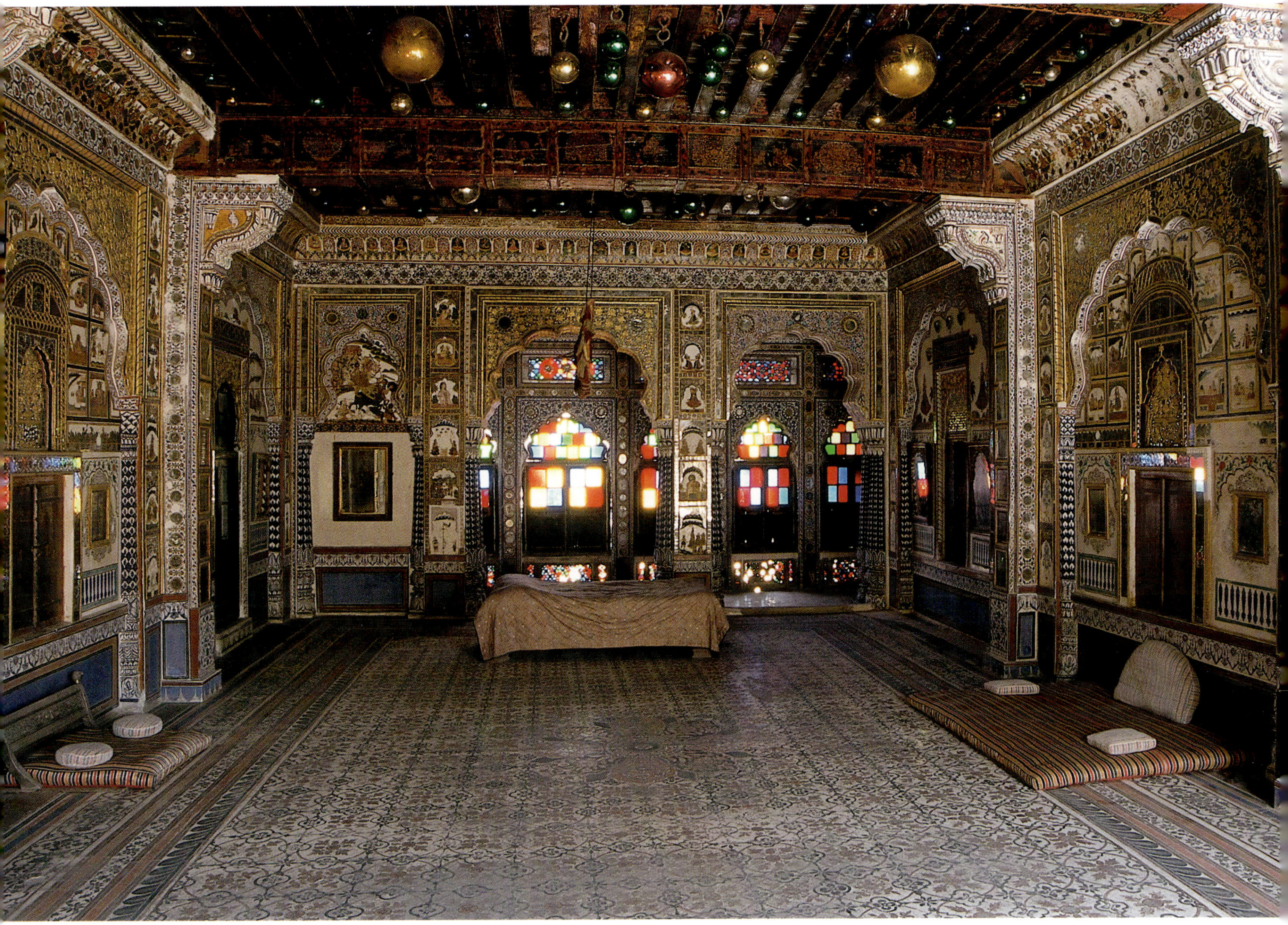

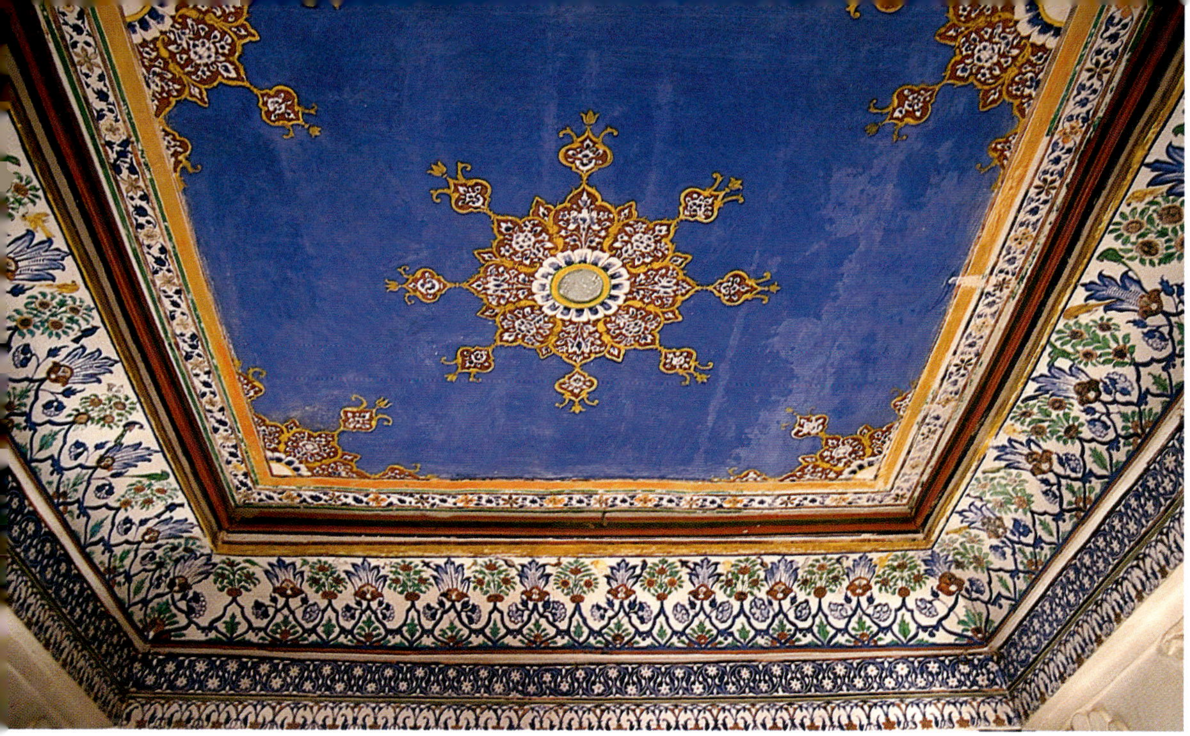

Plafond du Zhanki Mahal à Mehrangarh.

Avec ses plafonds dorés à la feuille, le Phul Mahal (palais des Fleurs) servait de durbar hall, *salle de réception, au maharaja Abhai Singh (1724-1750).*

Étant donné la taille de la forteresse, chaque maharaja avait le choix d'installer ses appartements où il le souhaitait. Ainsi au XIXe siècle, Takhat Singh décida que sa chambre serait dans le Takhat Vilas, au troisième étage. Les meilleurs artisans sculptèrent les plafonds en marqueterie et les peintres ornèrent de leur génie les murs de la chambre. Quant aux femmes, elles attendaient sagement dans l'autre aile du fort. Leur distraction préférée ? Regarder sans qu'on les voit. Depuis le bien nommé Jankhi Mahal, « palais des Coups d'œil », elles pouvaient scruter les passants à travers les écrans de grés ajouré ou *jali*, aux multiples motifs.

La visite s'achève en splendeur avec le Moti Mahal ou « palais de la Perle », un vrai bijou dessiné au XVIe siècle qui devait servir de *diwan-i am*, salle des audiences publiques. On peut contempler à loisir cet univers insensé de miroirs sertis d'or qui couvre les plafonds. Dans les niches, des lampes à huile garantissaient un éclairage suffisant lors des réceptions. Rien ne manque au décor : trône en argent pour le grand « manitou » et écrans ajourés par lesquels les belles princesses pouvaient tranquillement se pâmer en voyant leur héros de maharaja gérer les affaires de l'État.

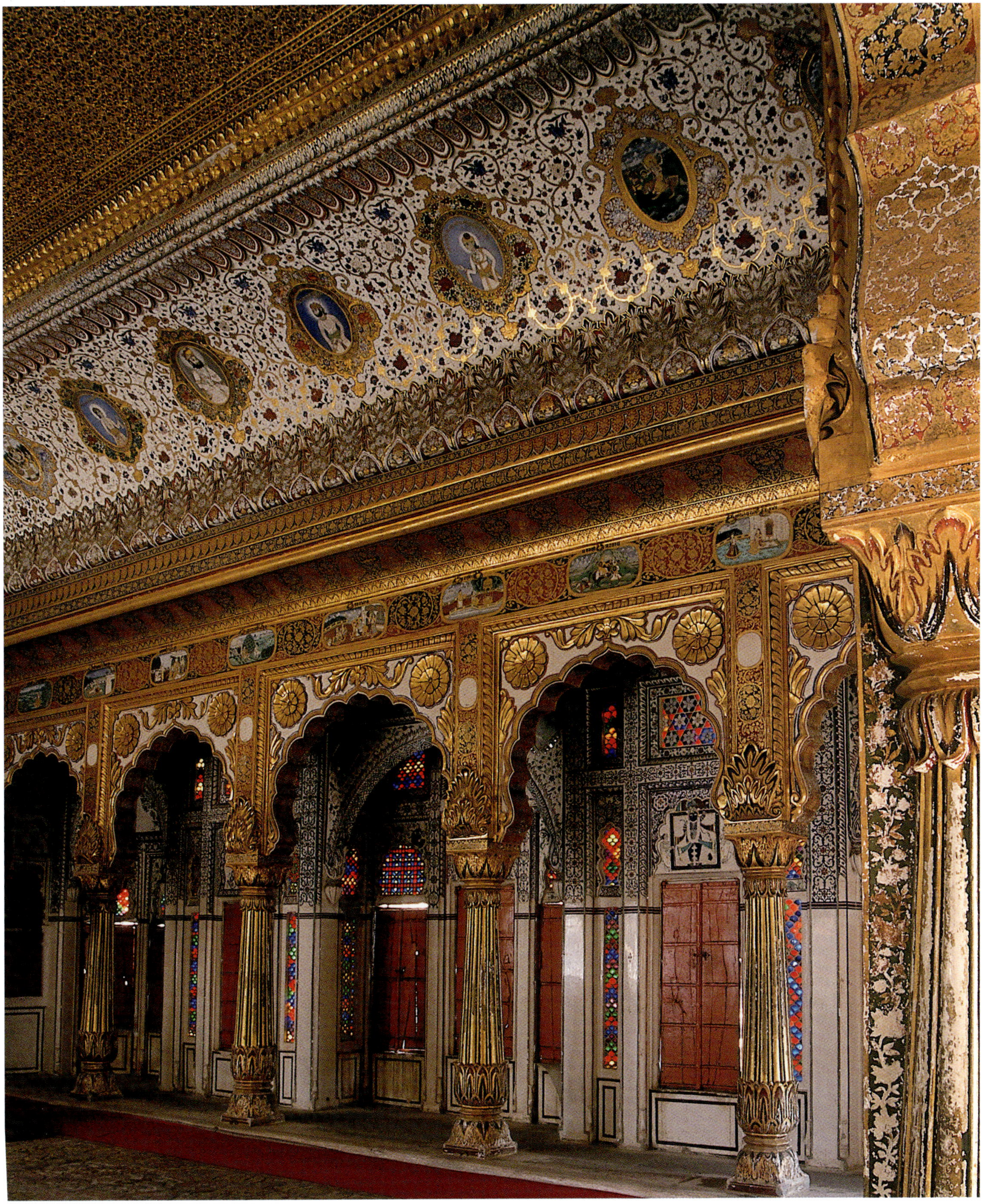

Visite guidée du plus grand palais privé du monde

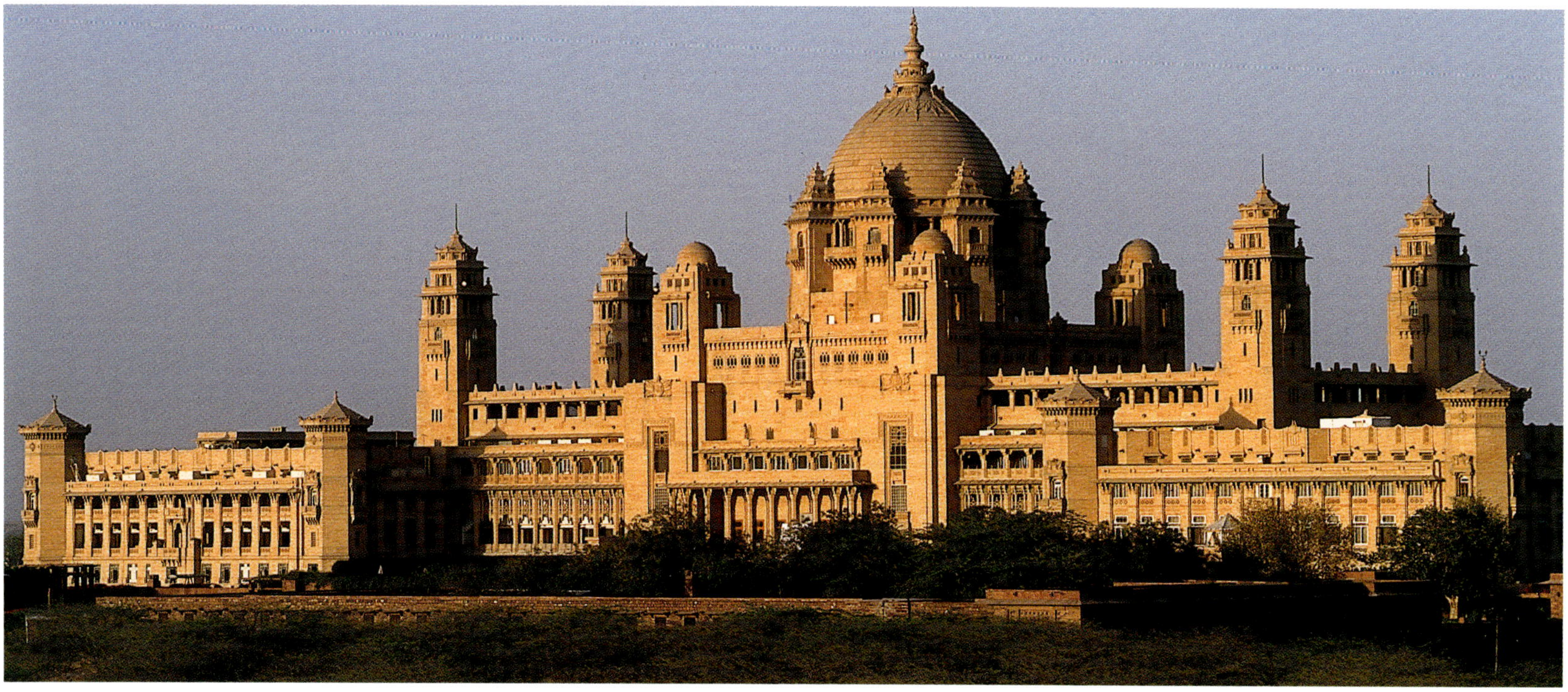

Séjourner à l'Umaid Bhawan est une vraie fête qui marque l'existence. Son imposante façade, faite de dômes, de tourelles, de pierres ciselées, domine le paysage de Jodhpur, de jour comme de nuit. Dernier grand palais à avoir été érigé en Inde, il devint un hôtel en 1977 sous le présent maharaja Gaj Singh II. Il aura fallu quatorze ans au génial architecte britannique Henri Vaughan Lanchester et le savoir-faire de plus de 3 000 artisans pour venir à bout en 1943 de ce colosse de pierre aux dimensions impressionnantes : 195 mètres de long sur 103 mètres de large, un dôme qui s'élève à près de 60 mètres de hauteur ; un projet pharaonique avec pas moins de 8 salles à manger, une salle de banquet pouvant contenir 300 personnes, une piscine au sous-sol décorée de motifs 1930 ; 394 pièces dont 98 chambres et suites parmi lesquelles deux suites Art déco du meilleur goût : les maharani et maharaja Suites décorées des peintures d'un artiste polonais de renom : Stefan Norblin.

Alors, un palais trop grand, trop pompeux, trop impersonnel ? Bien au contraire ! Après quelques jours passés à l'Umaid Bhawan, on se sent curieusement presque comme à la maison. Les quelque 250 serviteurs du maharaja sont tellement attentifs et discrets qu'on finit par se sentir en famille. Et puis, on a vite ses repères : le petit déjeuner et le tea time sur la terrasse qui domine les jardins fleuris ; la promenade dans l'immense vestibule, véritable cathédrale de pierre. Côté distractions, il y a le musée,

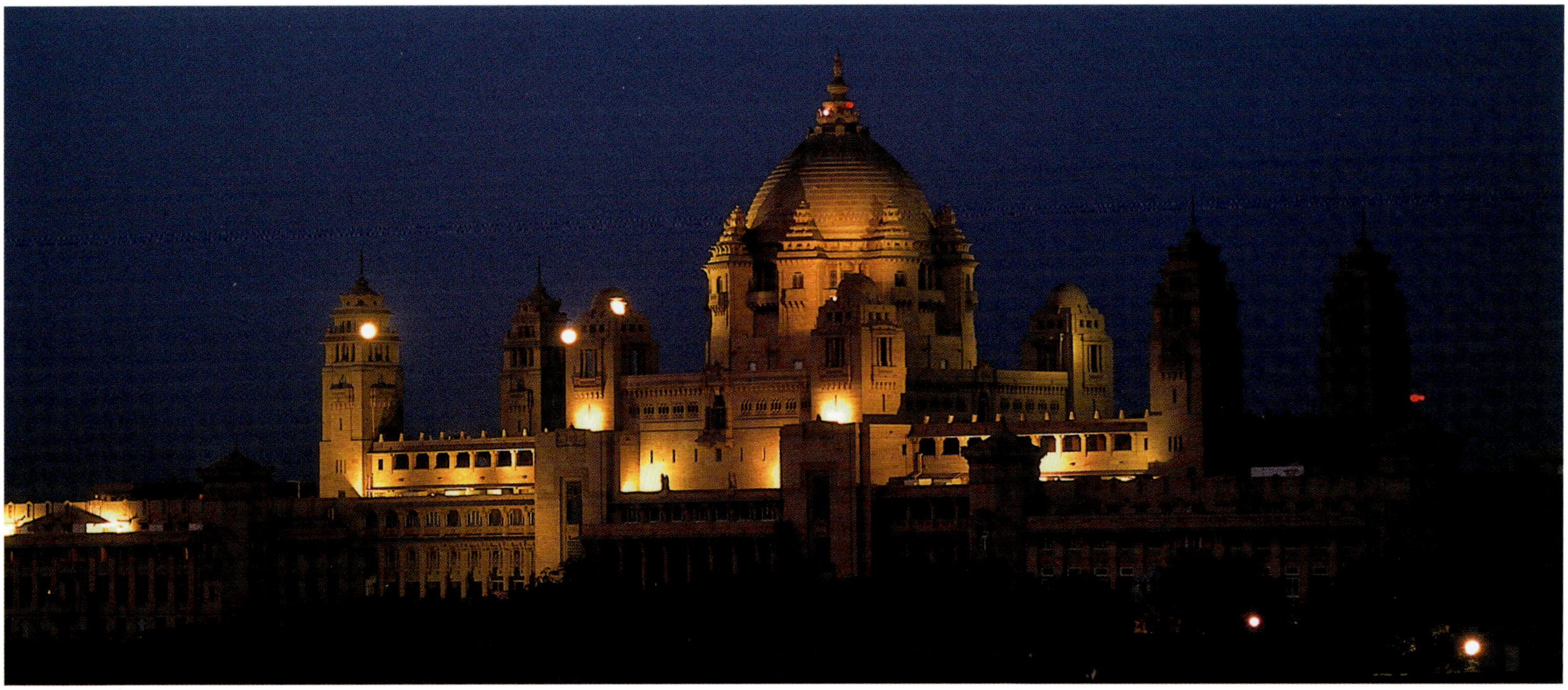

Trois cent quatre-vingt-quatorze pièces… C'est l'œuvre un peu folle que l'architecte britannique Henry Vaughan Lanchester acheva en 1943. La construction du palais Umaid Bhawan, qui a pris quatorze ans, donna du travail à des milliers d'habitants de la région, en proie à la famine.

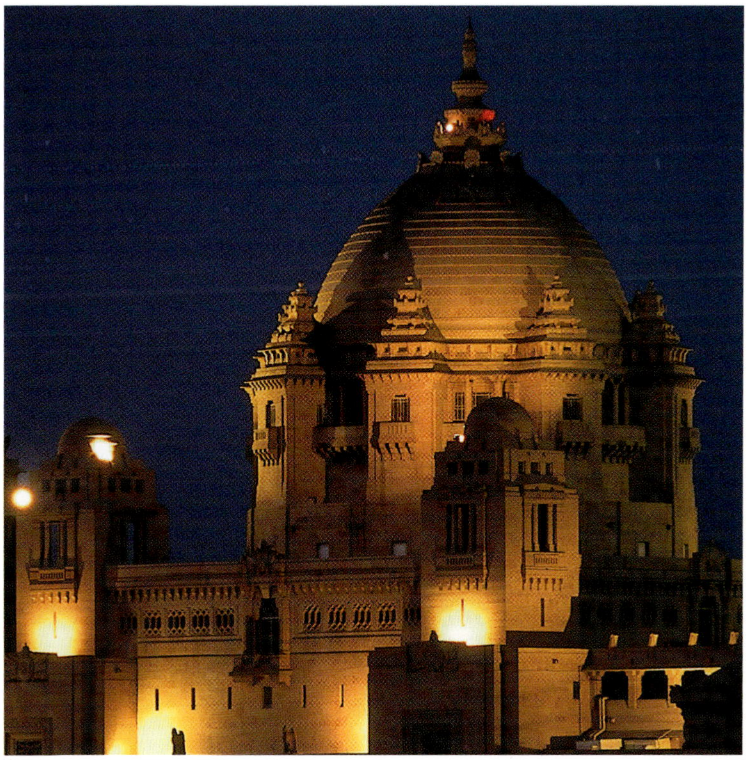

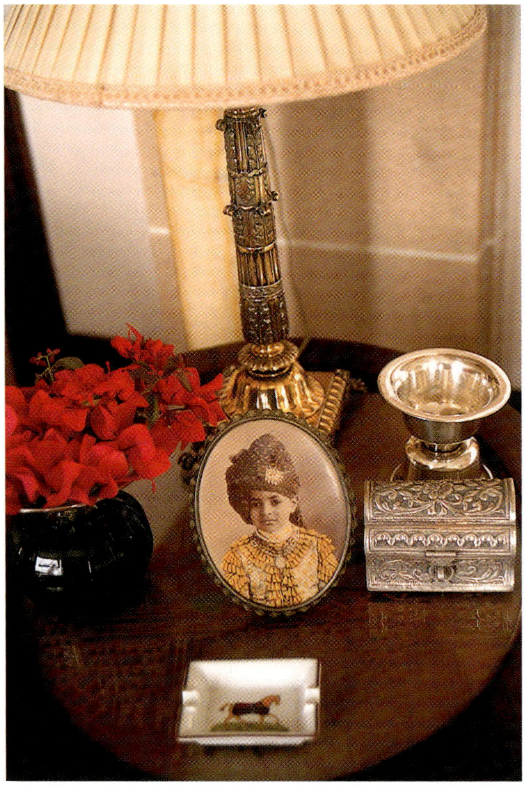

la salle des trophées, la piscine dans les entrailles du mastodonte et les dîners aux chandelles devant les portraits des anciens princes.

Il y a un supplément d'âme à l'Umaid Bhawan. Si vous interrogez les proches du maharaja, ils vous diront que c'est Gaj Singh II qui a saupoudré de son charme tous les recoins de son palais. Avec son épouse et leurs deux enfants, il réside dans l'une des ailes de l'édifice. Ils nous reçoivent dans leur confortable salon. Les maharajas du XXIe siècle ne sont-ils devenus que des hommes d'affaires ? « Je ne le pense pas », nous répond clairement Gaj Singh II. « Nous tâchons simplement de mettre en valeur les biens de nos prédécesseurs. Vous savez, en matière d'enrichissement, je ne connais pas de maharaja qui se soit enrichi depuis l'indépendance. Quant à nos ancêtres, ils ont souvent apporté la prospérité dans leur région. Aujourd'hui, les hommes politiques font des promesses qu'ils ne tiennent qu'à moitié. »

A vingt-cinq ans, son fils, le prince Yuvraj Shivraj Singh, incarne l'Inde de demain. Une Inde généreuse et tournée vers le progrès. Après avoir passé sa jeunesse à l'internat du Mayo College d'Ajmer, puis au Eton College et à Oxford, il a engrangé de l'expérience en travaillant dans des banques, en Suisse, en Grande-Bretagne et à Hong Kong. Depuis deux ans, il seconde son père pour gérer l'hôtel, avec bonheur. « Après des années d'internat à l'étranger où je ne rentrais que pour les vacances, je suis heureux de vivre à Jodhpur. J'ai un peu voyagé dans le monde, j'aime la France, j'adore skier dans les Alpes. Mais en Europe, je trouve que les gens sont trop pressés. Ils courent après un bonheur souvent trop matérialiste. Dans nos villages, les gens sont fiers de ce qu'ils ont, même s'ils ont peu, parfois simplement une vache. C'est ce bonheur, d'être ce que l'on est, que j'apprécie le plus chez mon peuple. Pour ma part, je suis heureux et fier d'être le fils du maharaja de Jodhpur, en restant conscient d'avoir des privilèges mais aussi des devoirs. Ma famille est très ouverte et nous pouvons parler de tout, même du mariage. Et j'approuve cette coutume indienne qui donne aux parents le droit de choisir l'épouse de leur fils. » Les prétendantes sont légion !

A droite :
Le maharaja Gaj Singh II en compagnie de la maharani Hemlata Rajya, dans leurs appartements privés. Monté sur le trône à l'âge de quatre ans, Gaj Singh, maharaja de Jodhpur, a fêté son jubilé en 2002. L'un des plus populaires maharajas du Rajasthan a transformé avec grand succès une partie de son palais en hôtel.

Double page suivante :
Dernier grand (gigantesque !) palais à avoir été construit en Inde, l'Umaid Bhawan, qui croule sous les superlatifs, s'enorgueillit d'être ou d'avoir été le plus grand palais privé du monde. La rotonde centrale s'élève à 32 m du sol.

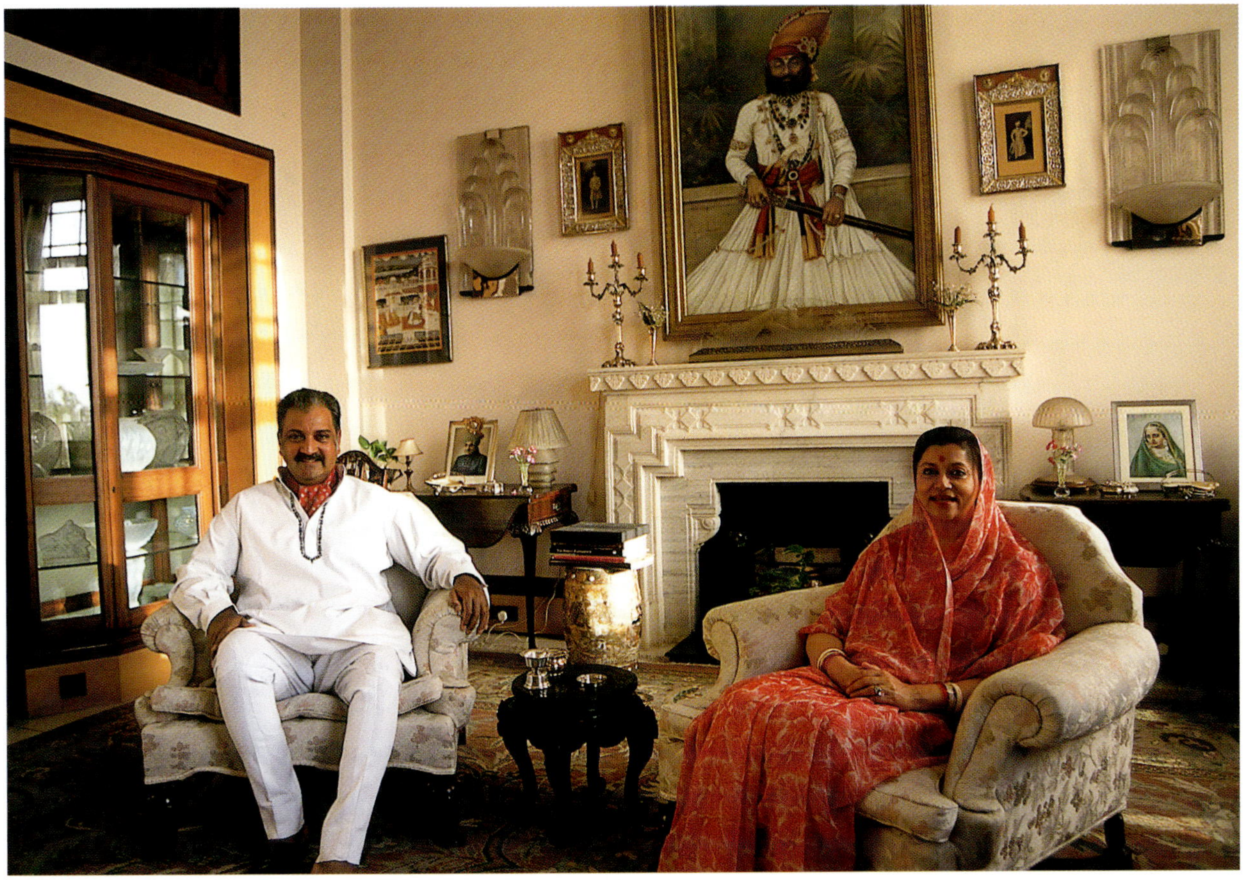

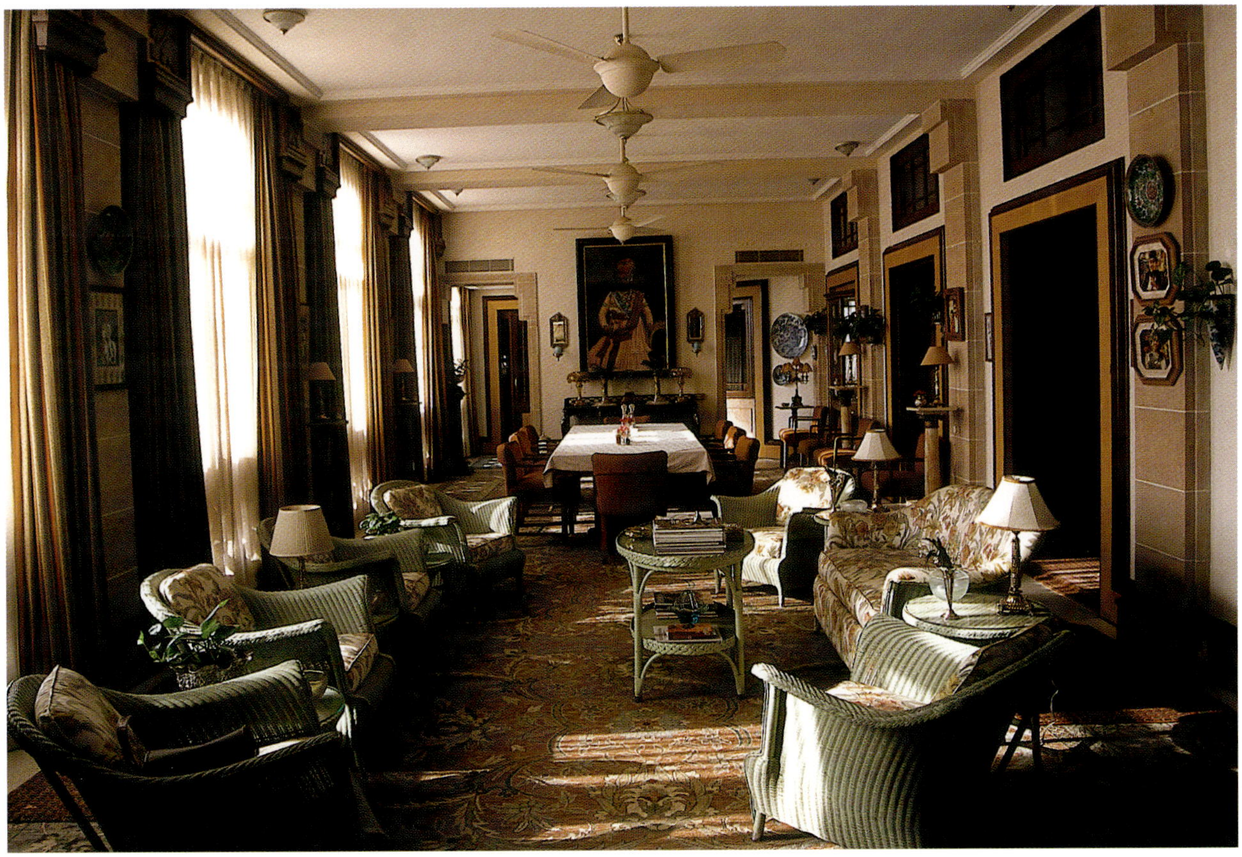

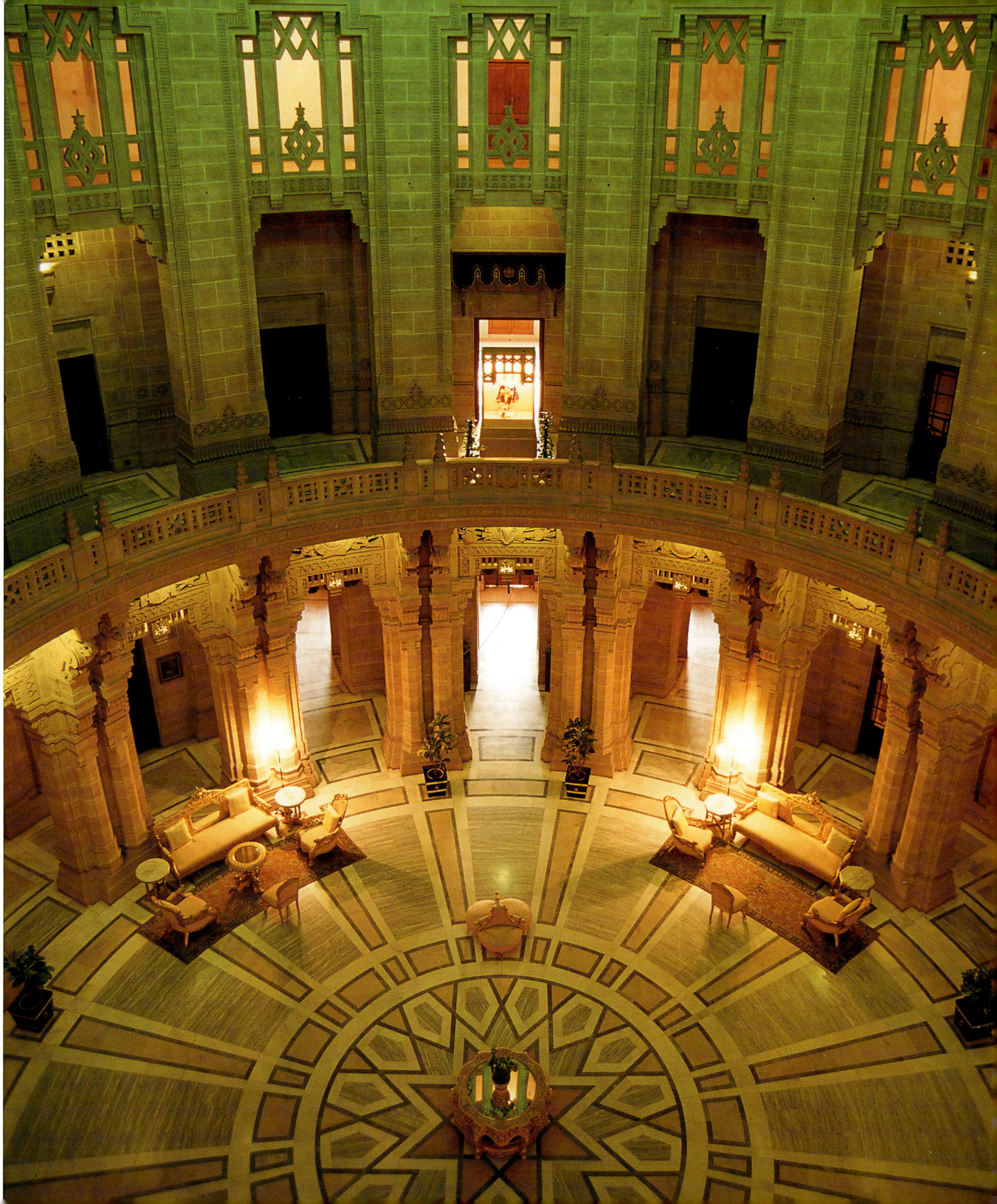

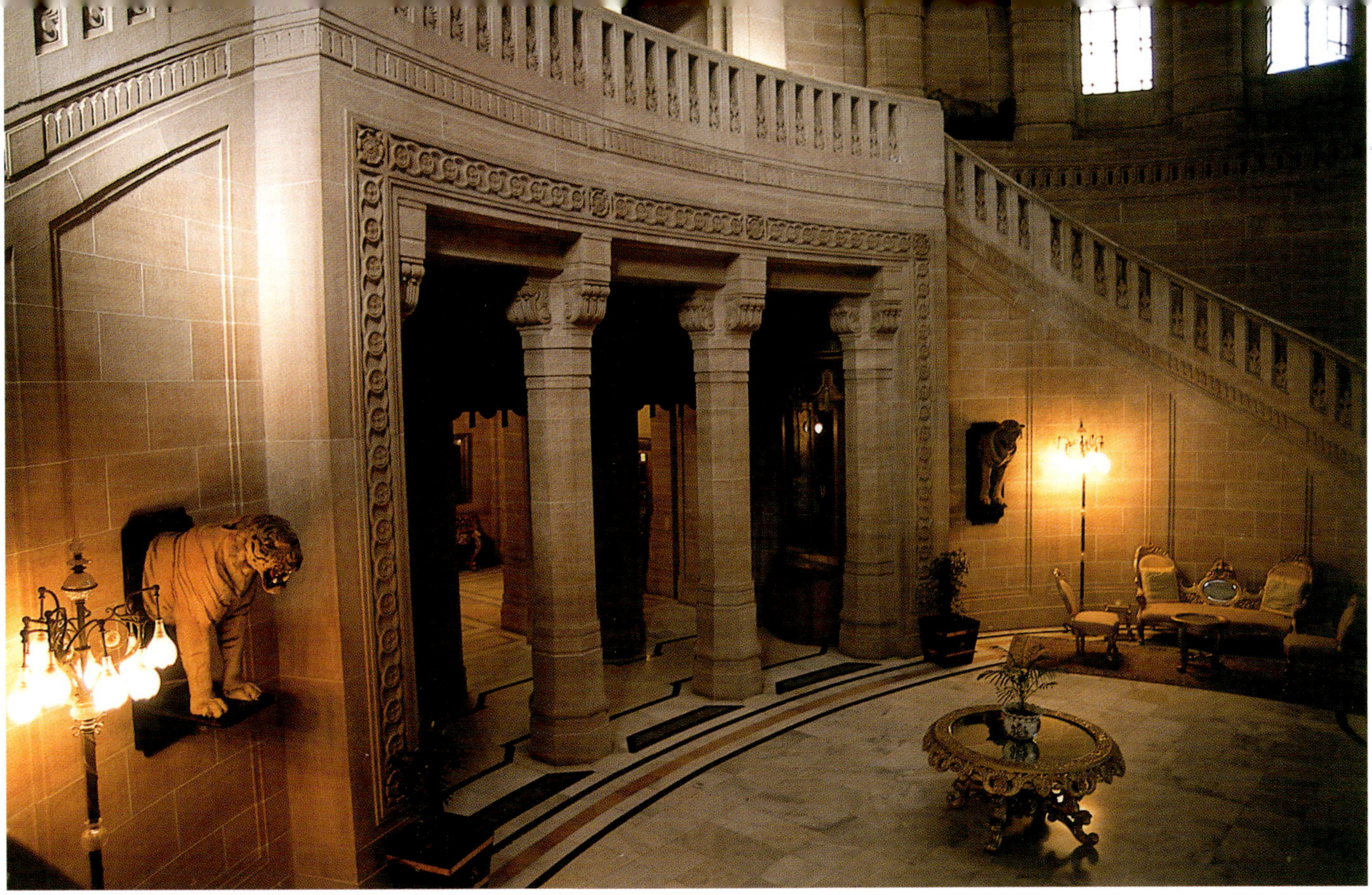

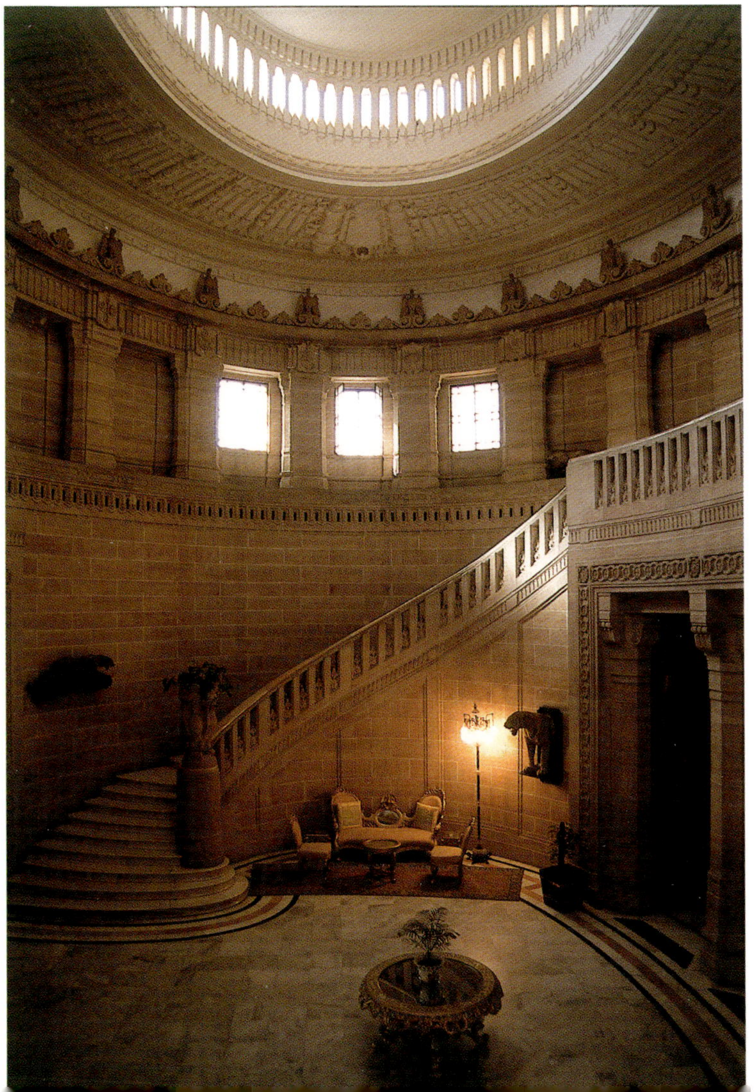

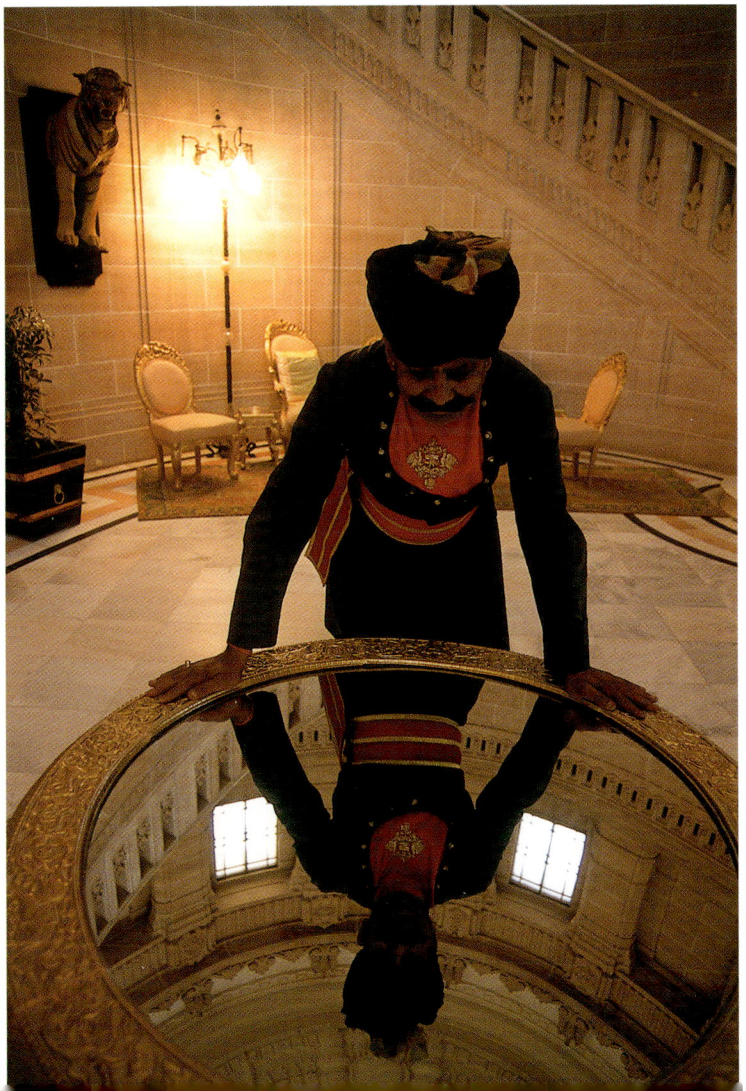

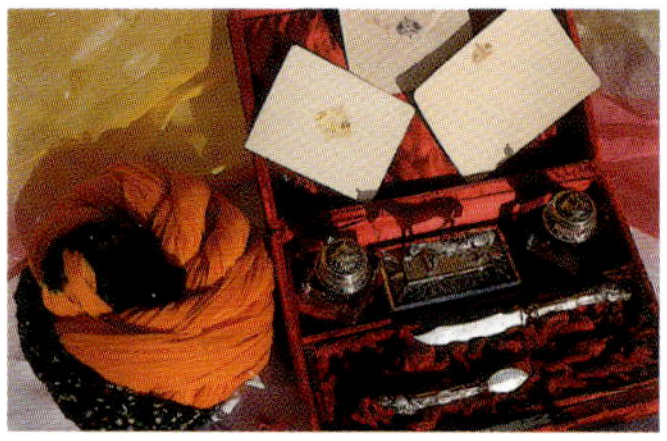

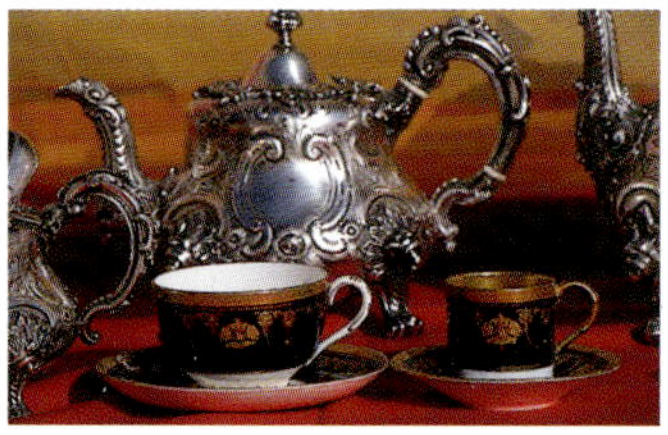

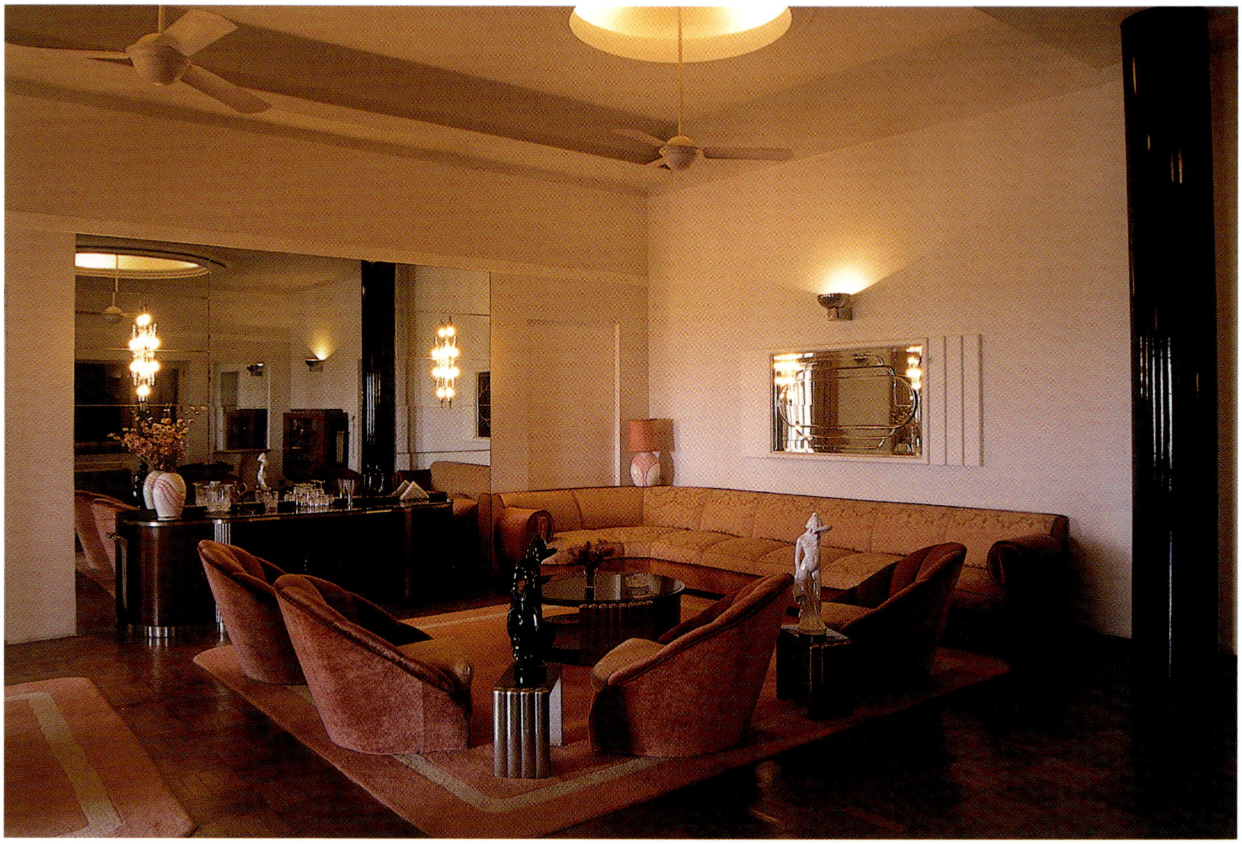

Parmi les innombrables suites que compte le palais, la Maharani Suite, avec ses canapés vieux rose, est redevenue terriblement « tendance », décorée autrefois par un designer de talent, le Polonais Stefan Norblin.

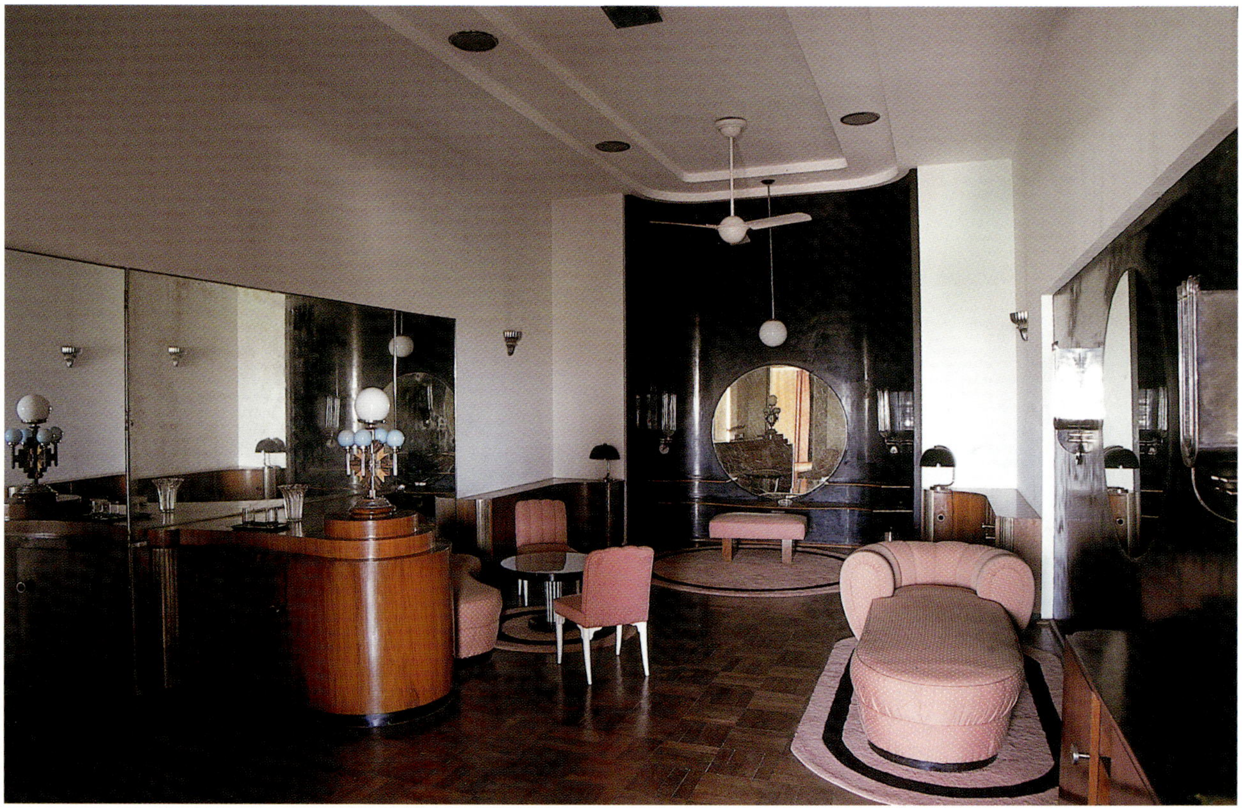

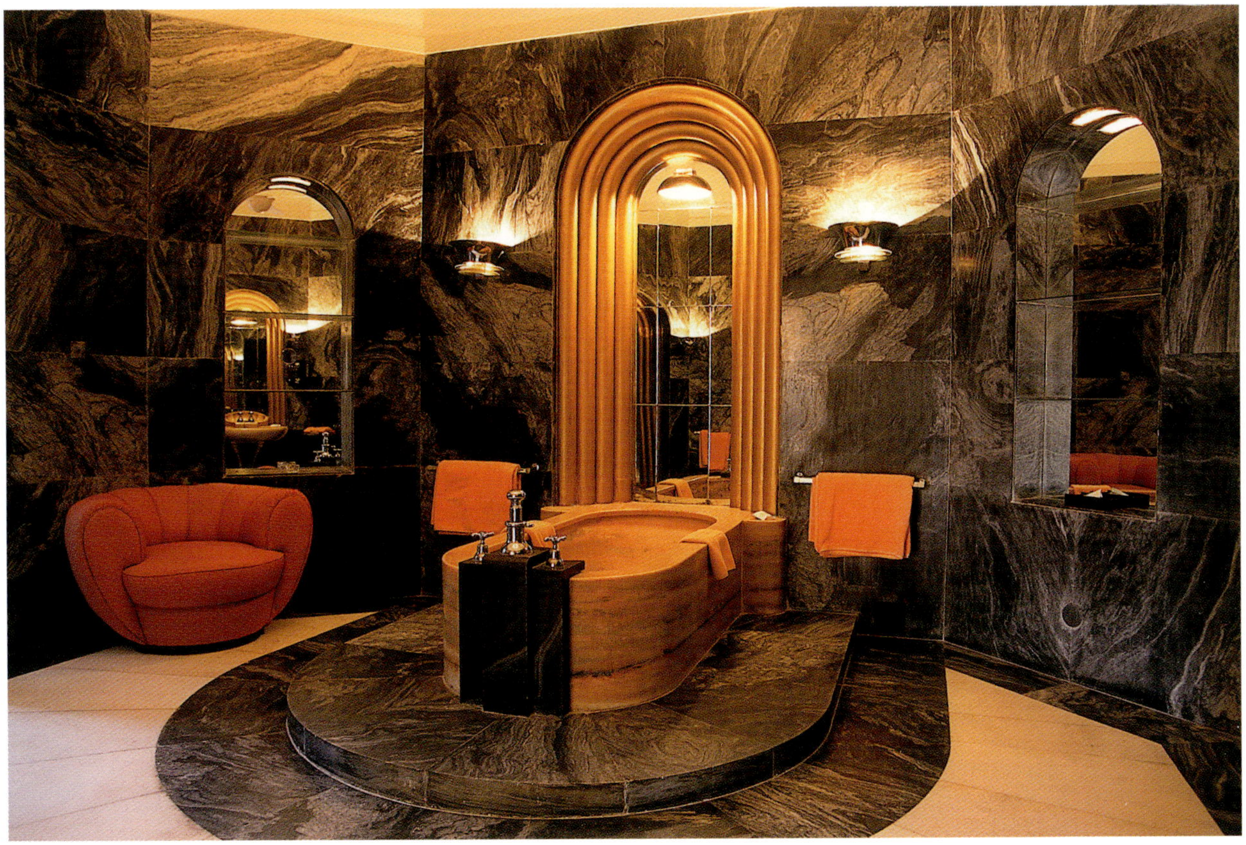

La baignoire de la salle de bains de la Maharani Suite est une superbe pièce, en marbre rose d'Italie.

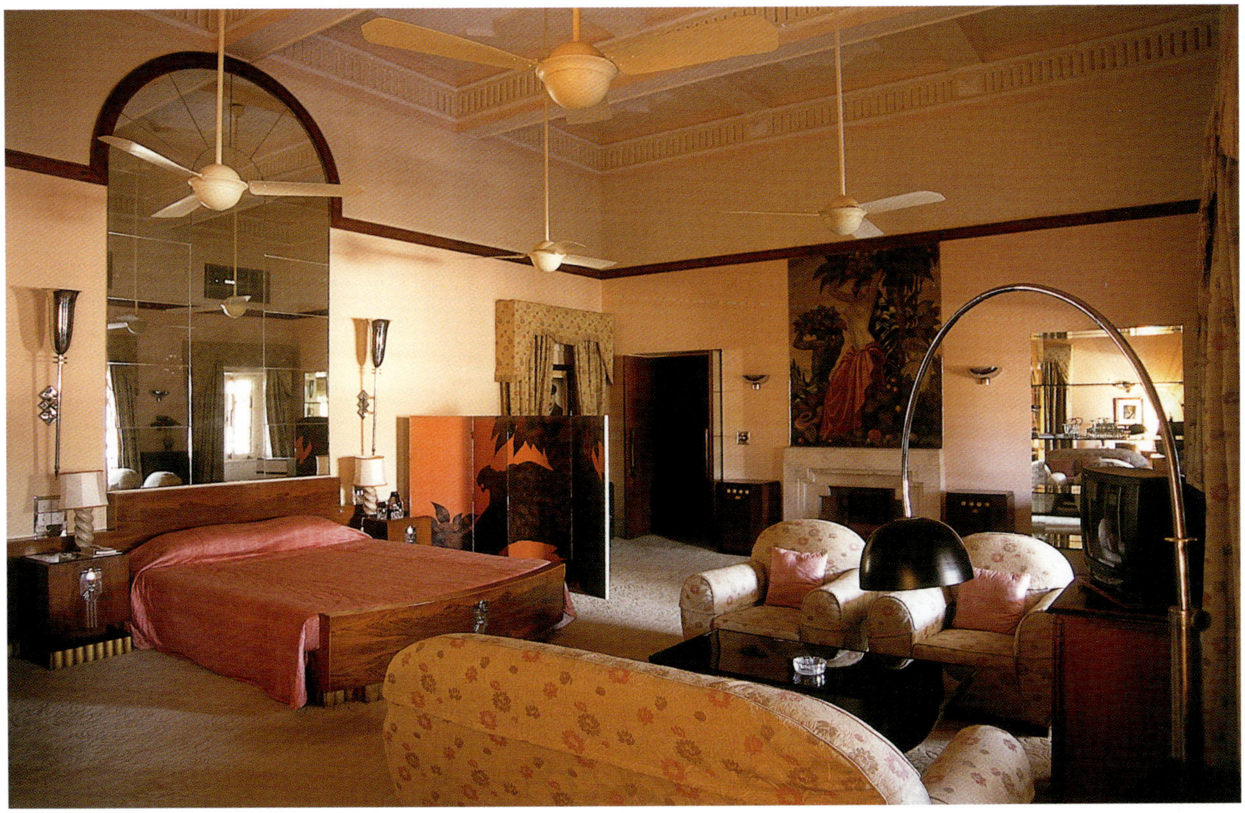

La Maharana Suite, signée par Stefan Norblin.

RANAKPUR

Beaux et mystérieux temples jaïns de Ranakpur

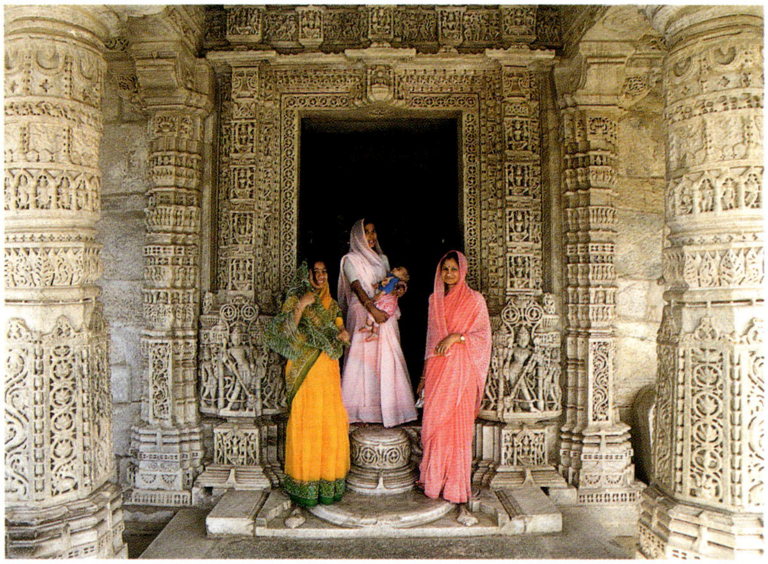

Le temple de Ranakpur dédié à Adinatha est le plus vaste sanctuaire jaïn de tout le pays. Exubérants et audacieux démiurges, les tailleurs de pierre ont essaimé leur talent sur les 1 400 piliers du temple, tous différents. Le regard chavire devant les volutes, motifs floraux, belles apsaras *(déesses danseuses ou musiciennes) qui s'entrecroisent ici et là, badigeonnés de lumière par le soleil.*

Les concepts du jaïnisme sont d'une infinie complexité. Qu'importe ! Adeptes du respect absolu de la vie et de la non-violence, les membres de la communauté jaïne sont aussi secrets que raffinés, aussi élitistes que généreux. Et leurs temples, aussi beaux que mystérieux, invitent à la paix et au recueillement. Celui d'Adinatha est le plus vaste du pays et l'un des plus sacrés. Construit au XVe siècle par Dharnak Shah, il fut ensuite profané et laissé à l'abandon avant d'être restauré à la fin du XIXe siècle.

Adoptant un plan cruciforme, le temple apparaît pour le néophyte comme un formidable dédale de cours, de passages, de salles et de chapelles organisés autour du sanctuaire central. 1 400 piliers en marbre blanc, sculptés avec une infinie diversité, soutiennent l'édifice. Drapés en blanc en signe d'ascétisme, portant parfois même un tissu blanc devant la bouche, pour ne pas risquer d'avaler d'insecte, les jaïns s'approchent avec un infini respect de la cella centrale où sont figées les quatre mystérieuses statues d'Adinatha, pour exécuter le rituel sacré.

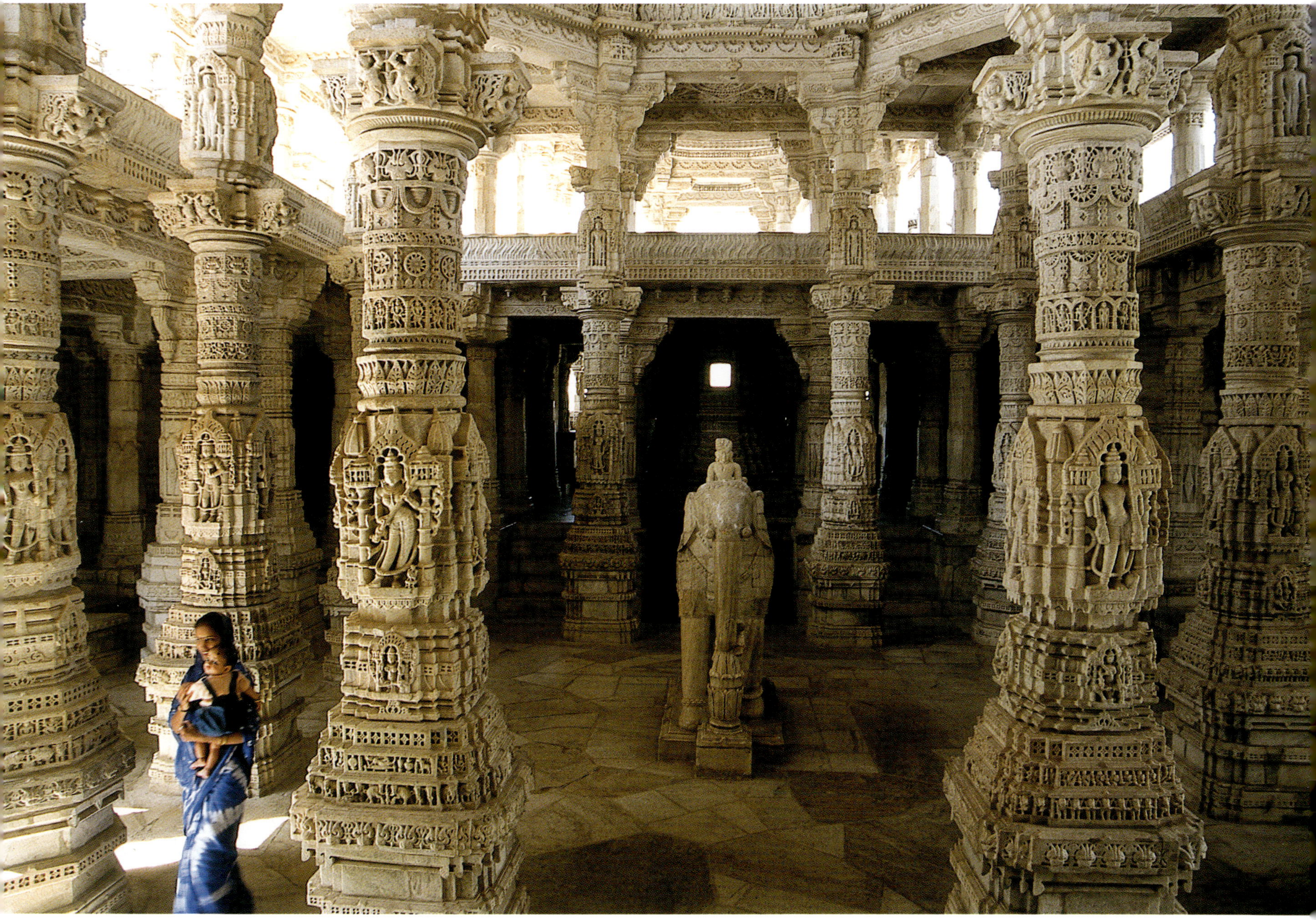

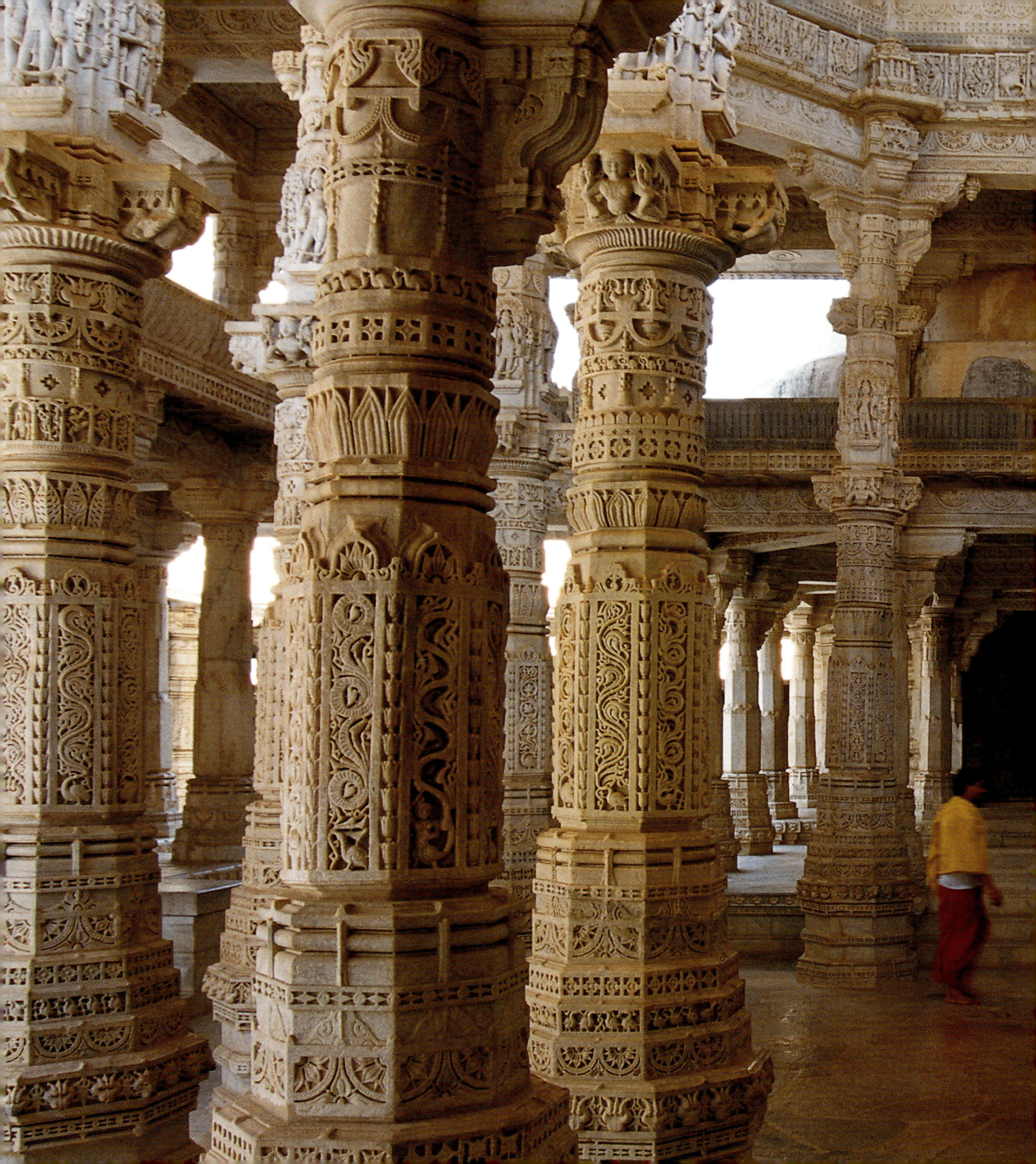

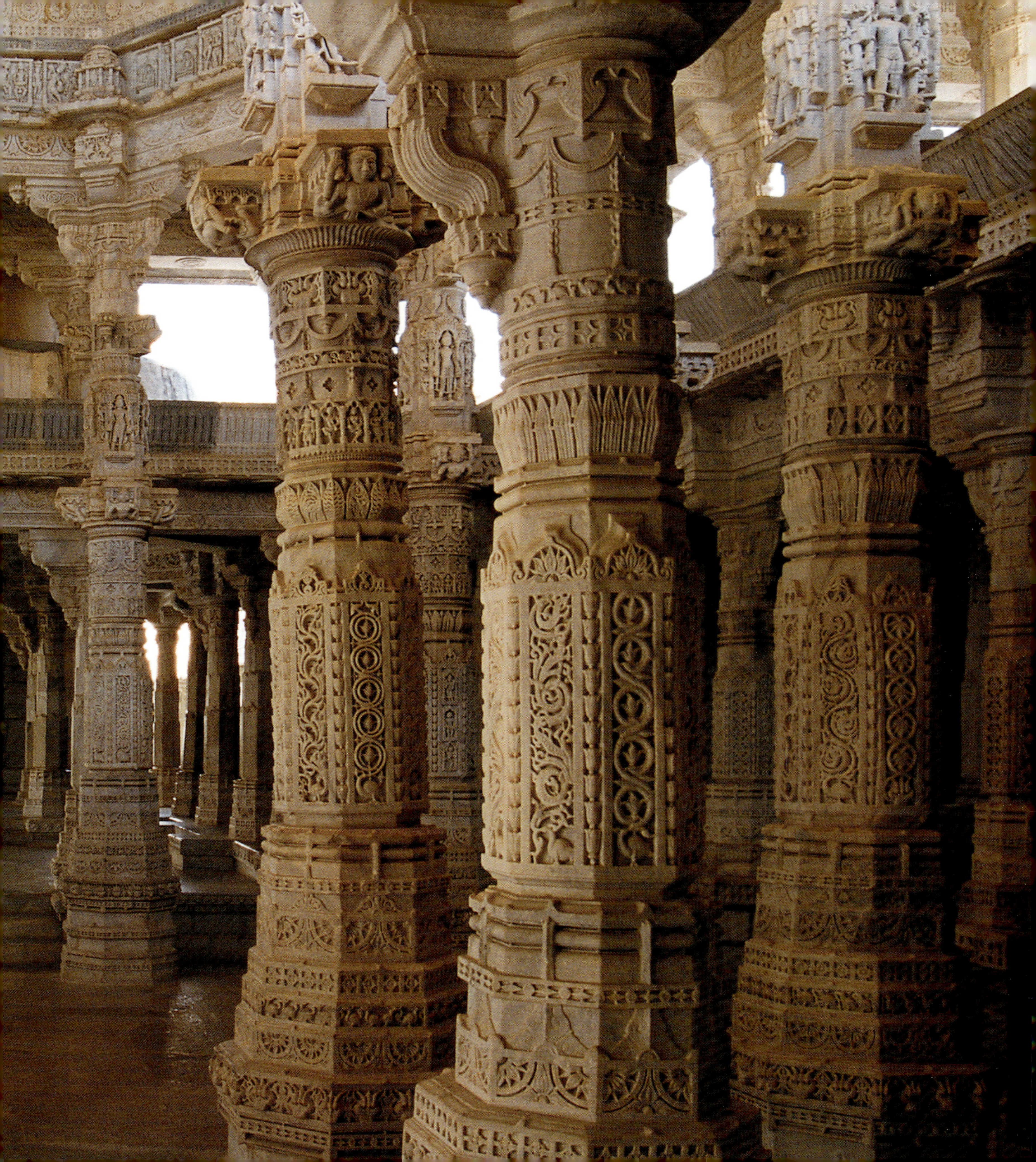

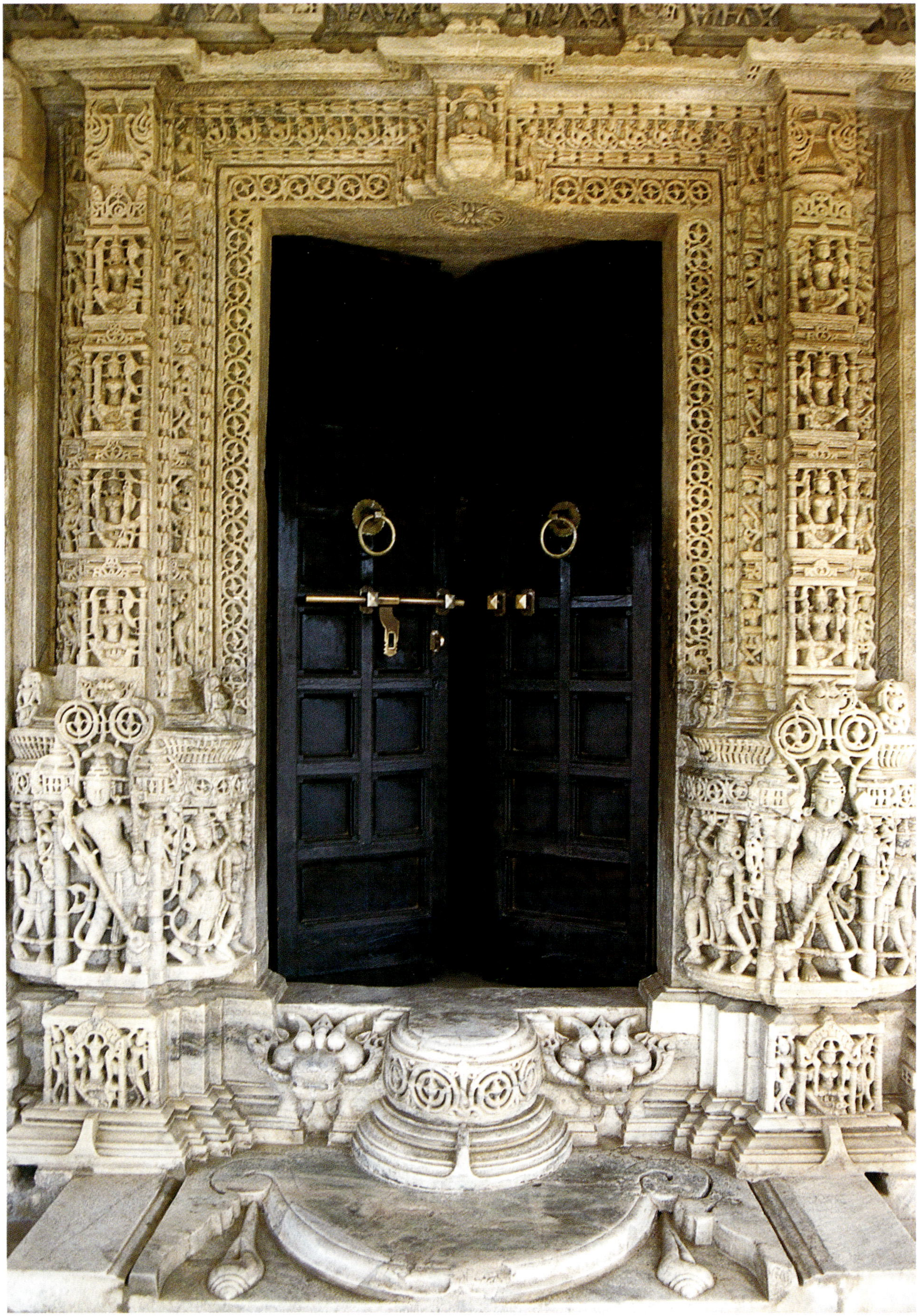

*Tout est fête pour les yeux dans ce joyau de marbre qu'est le temple d'Adinatha, depuis la porte d'accès, où volutes et motifs géométriques sont pleinement révélés par la lumière, à l'imposante coupole égayée de sculptures de musiciens et d'*apsaras.

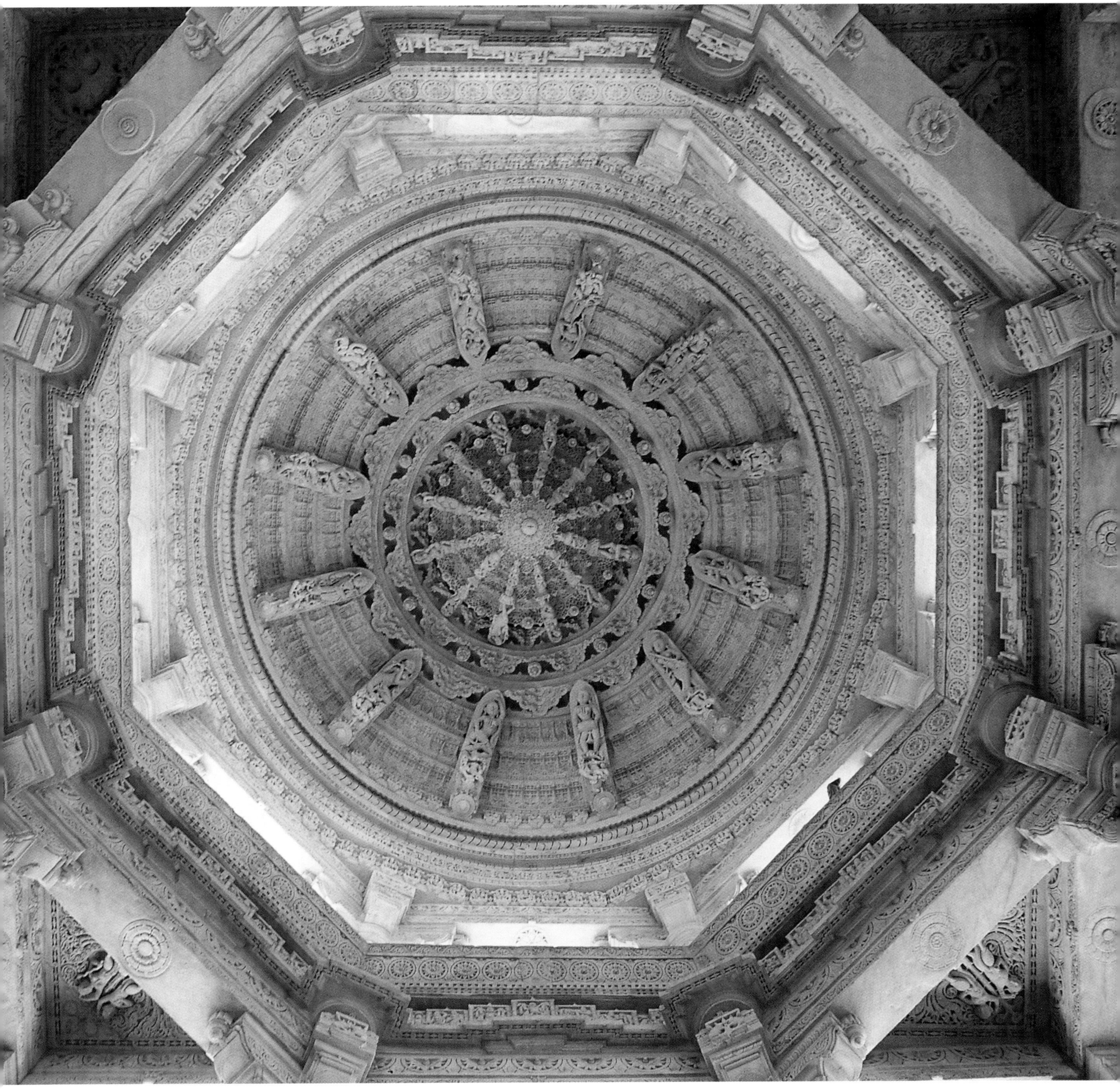

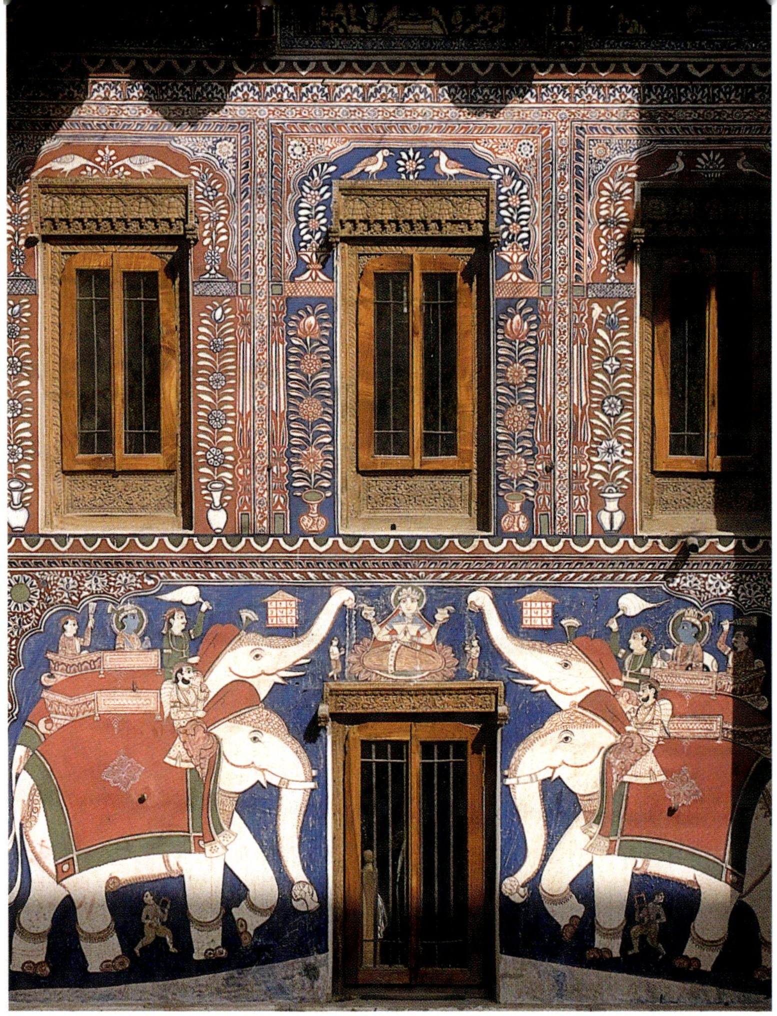

Les venelles parfumées des bourgs du Shekhawati s'ornent de fresques colorées, peintes sur les façades de maisons appelées haveli, *qui signifie « endroit clos » en persan. Hélas ! aujourd'hui beaucoup d'entre eux sont presque à l'abandon. Nadine Le Prince a choisi de redonner vie à l'un d'eux, dans la localité de Fatehpur (*ci-contre et ci-après*). Visite privée dans son* haveli *: si la première cour était accessible aux visiteurs, la deuxième était le domaine réservé des femmes. Entre les deux, une chicane percée d'une fenêtre les protégeait et leur permettait de voir sans être vues.*

LE SHEKHAWATI

Peintre parisienne reconnue, Nadine Le Prince a posé palette et pinceaux dans cette région semi-aride de broussailles et de steppes, bien désolée au nord-ouest de Jaipur. Les routes ressemblent à des pistes où alternent de modestes bourgs grignotés par le sable du proche désert du Thar. A priori sans grand intérêt. Ils sont pourtant truffés de très charmantes demeures appelées *haveli*, décorées de fresques naïves qui n'auraient pas déplu au facteur Cheval, lui-même. Hélas ! tout semble à l'abandon. Nadine Le Prince, qui parcourt l'Inde depuis les années 1970, a eu le coup de foudre pour l'un d'entre eux, niché dans la petite bourgade de Fatehpur, ancienne capitale de la dynastie musulmane des *nawab* Qaimkhani avant qu'elle ne passe sous le contrôle des Rao hindous. Après bien des péripéties, notre peintre parisienne a pu acquérir en 1998, sous son propre nom (trop fière d'avoir été la première étrangère à pouvoir acheter en Inde !), l'ancienne demeure d'un *thakur* (noble) du sultan, aménagée en 1802. Elle a engagé les meilleurs artisans locaux afin de redonner de l'allure aux peintures murales qui racontent l'histoire de la maison et de la région. Après des années d'efforts, Nadine Le Prince a pu enfin réaliser son rêve en ouvrant, dans son *haveli*, un centre culturel où les artistes indiens et étrangers sont invités à mêler leurs inspirations.

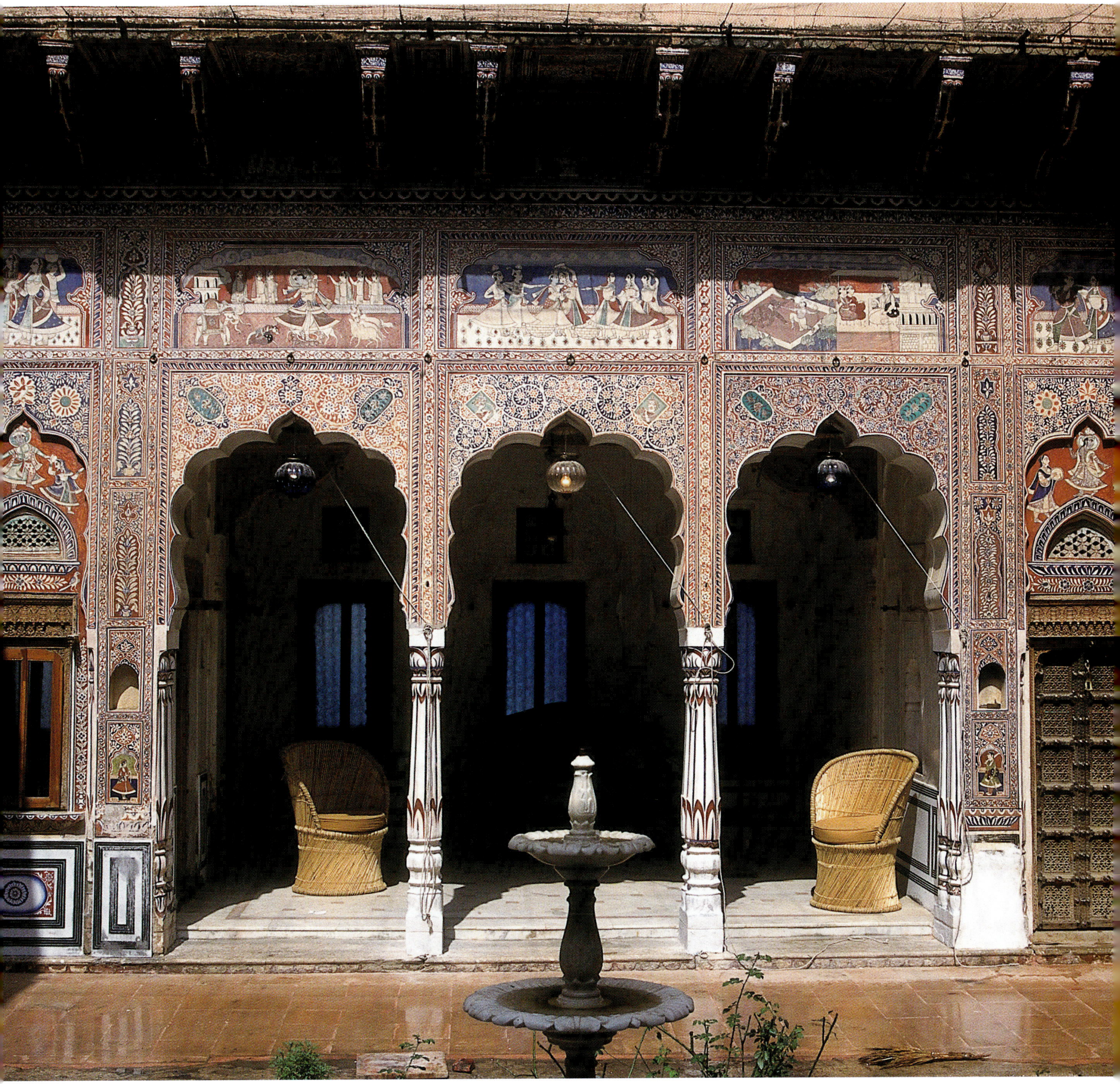

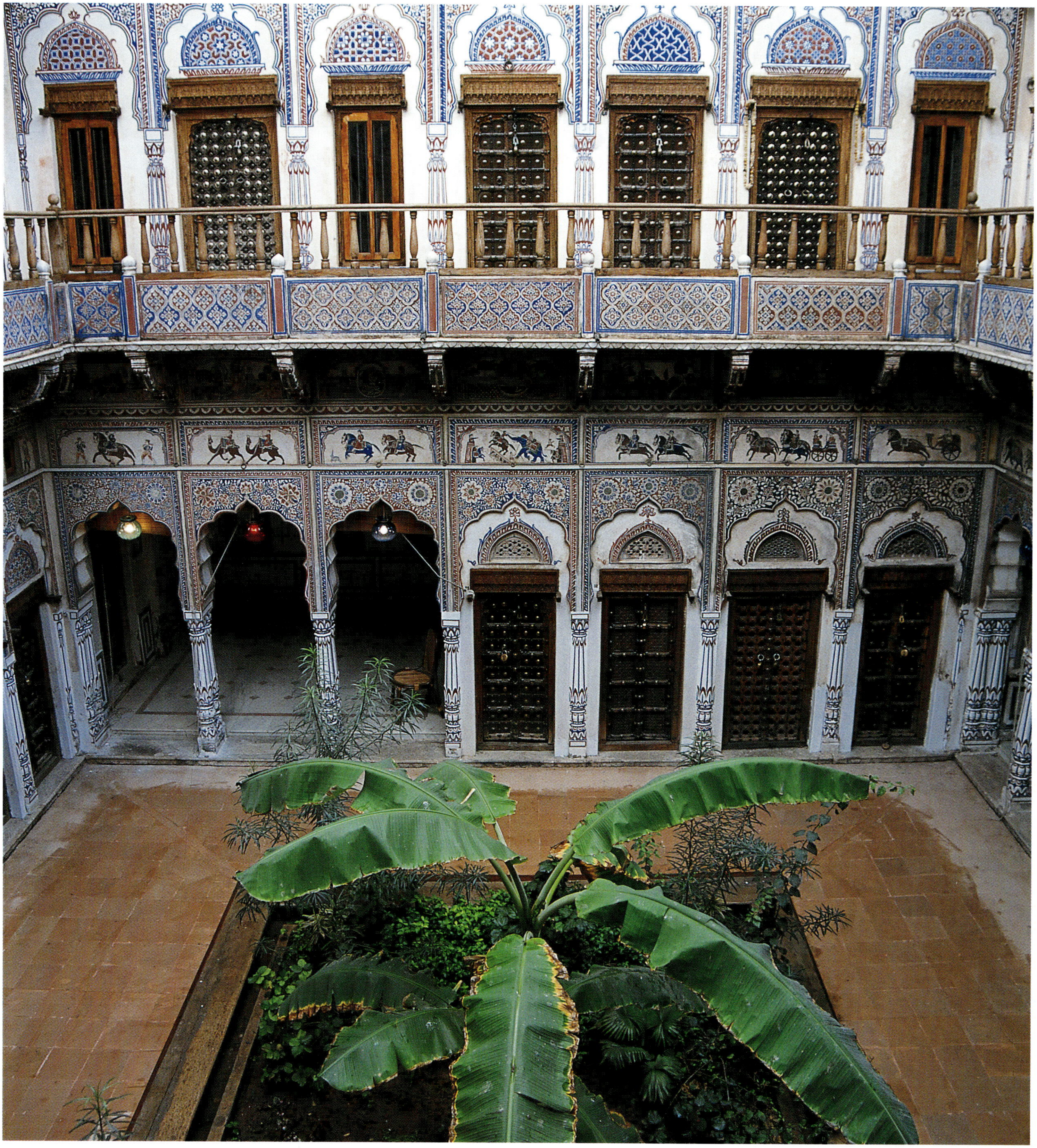

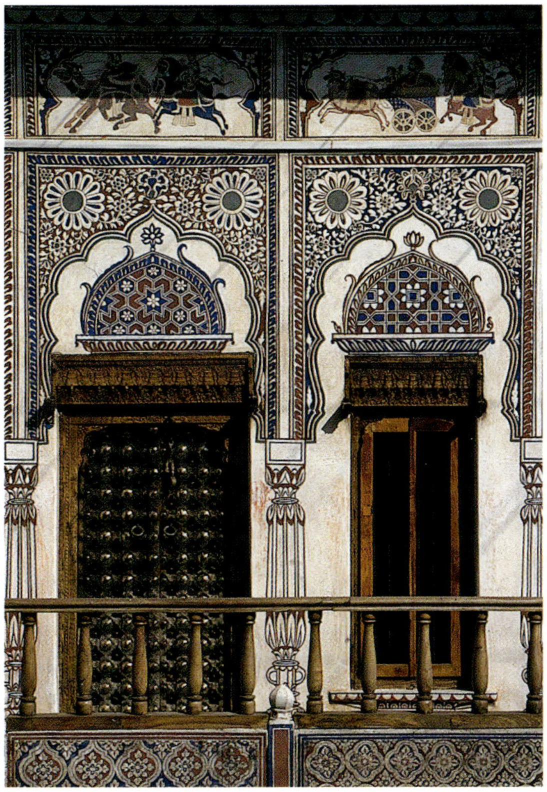
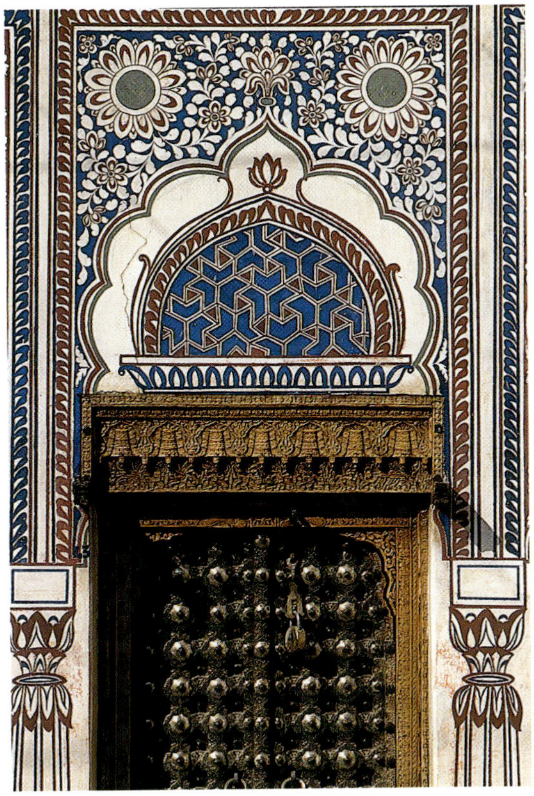
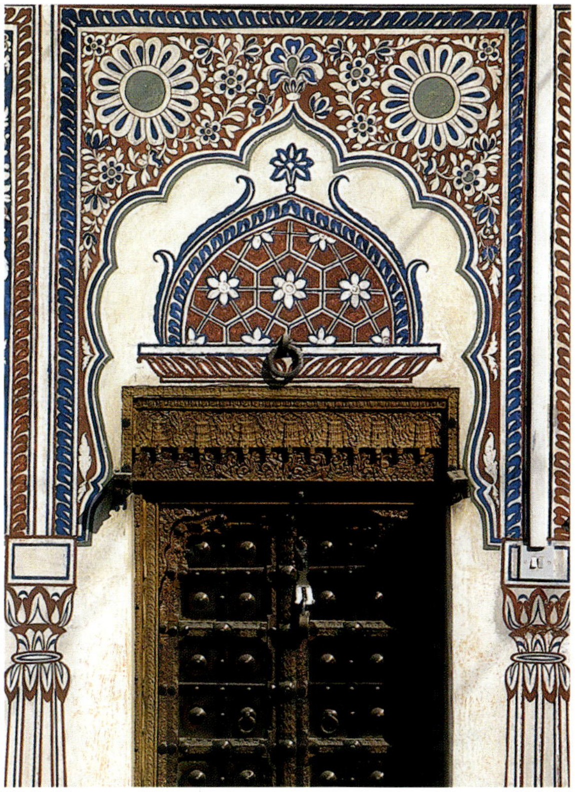
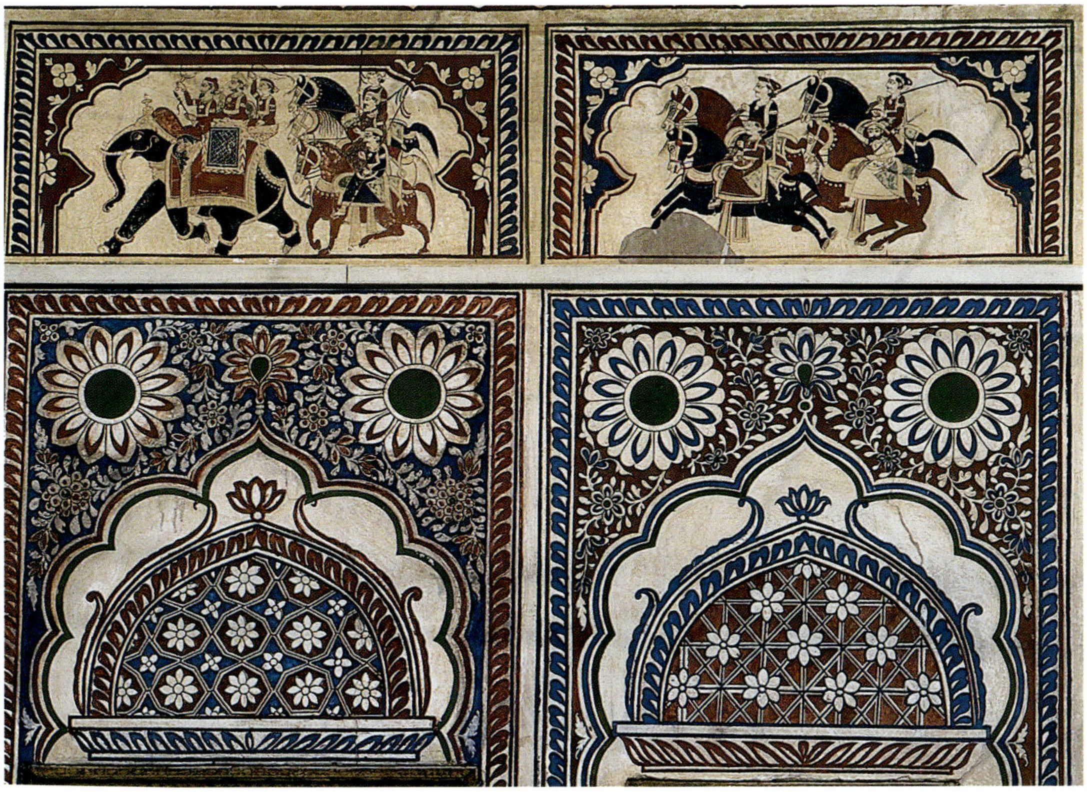
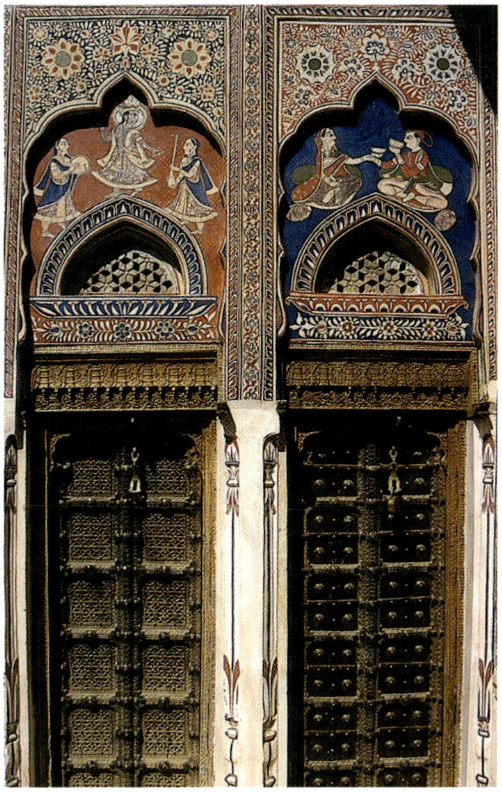

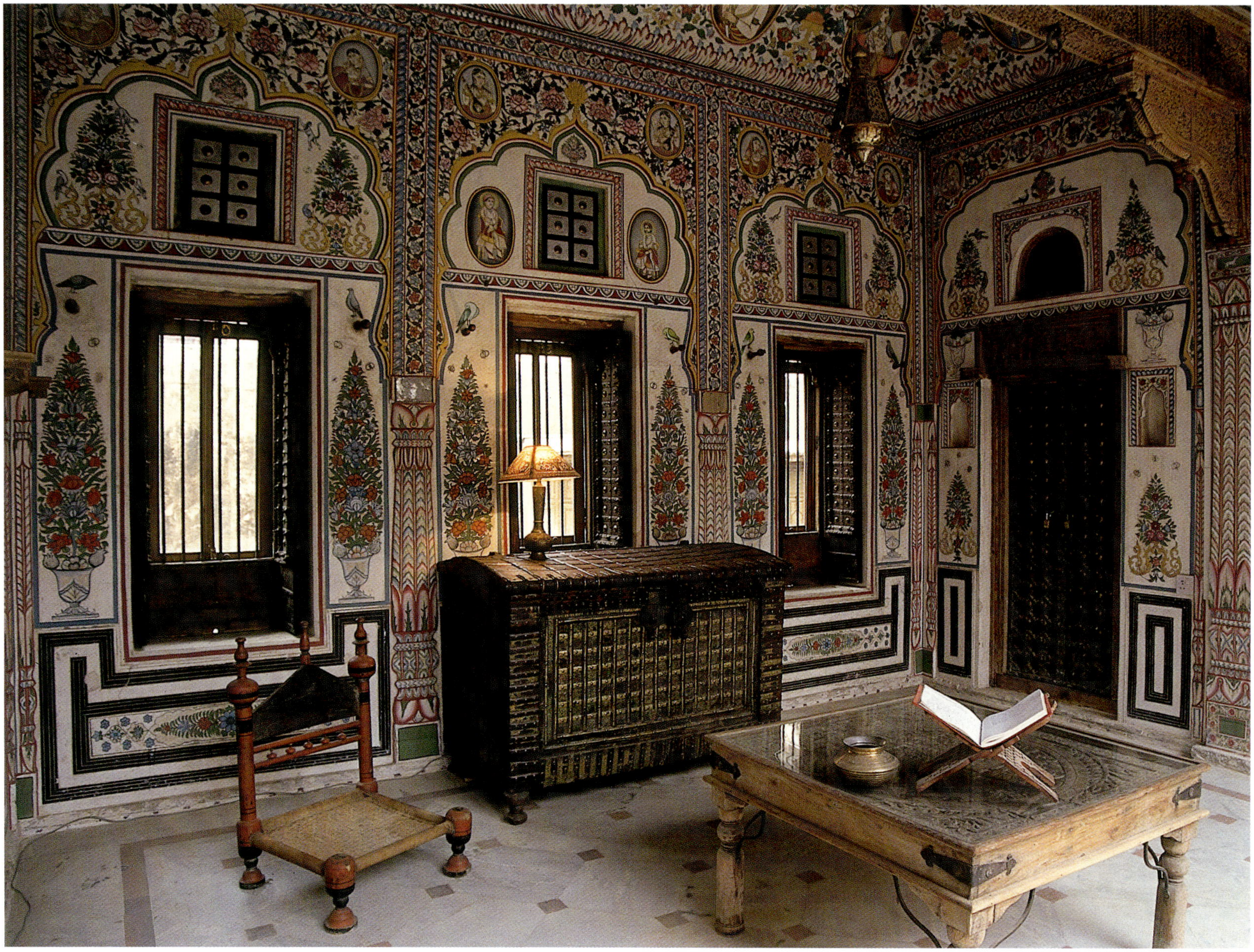

Le haveli *de Nadine Le Prince présente des scènes peintes évoquant l'histoire de la maison et de la région. Poussière de marbre, huile de palme... La restauration fut longue pour redonner de l'allure aux pièces et à la cour de réception percée de niches où les musiciens jouaient pour l'assistance, toutes les trois heures. Le résultat est grandiose : les plafonds ressemblent à des tapis persans.*

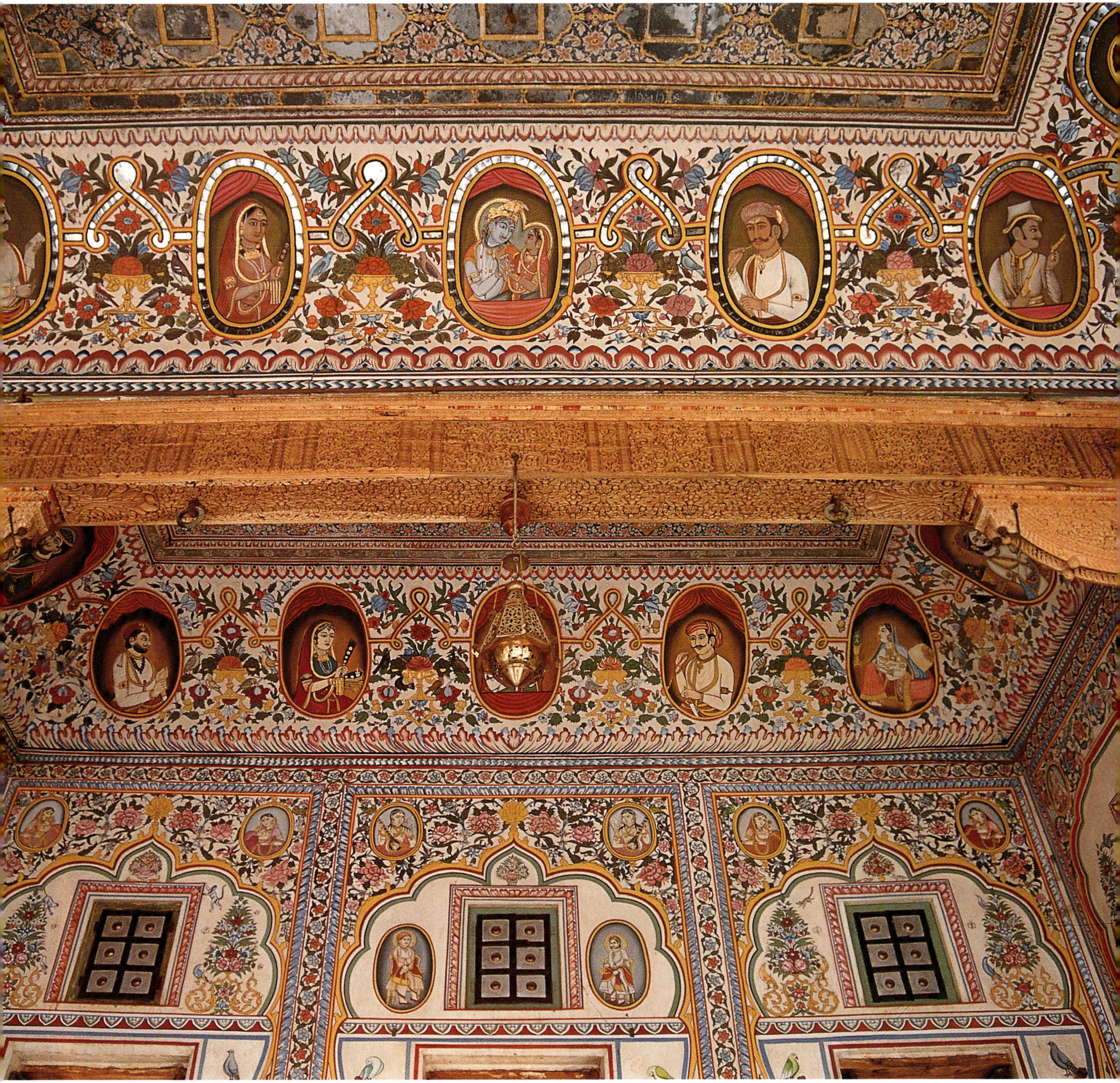

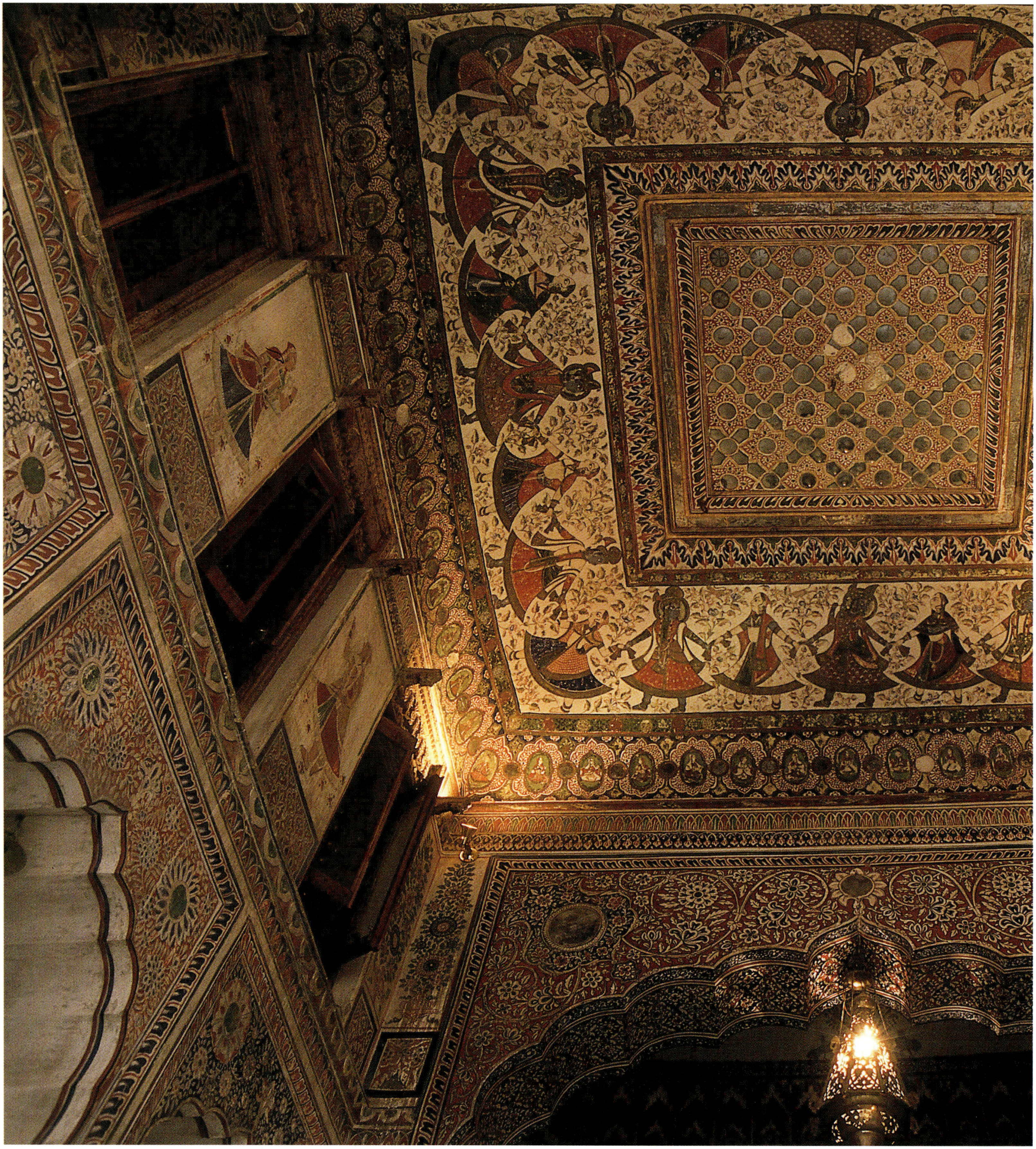

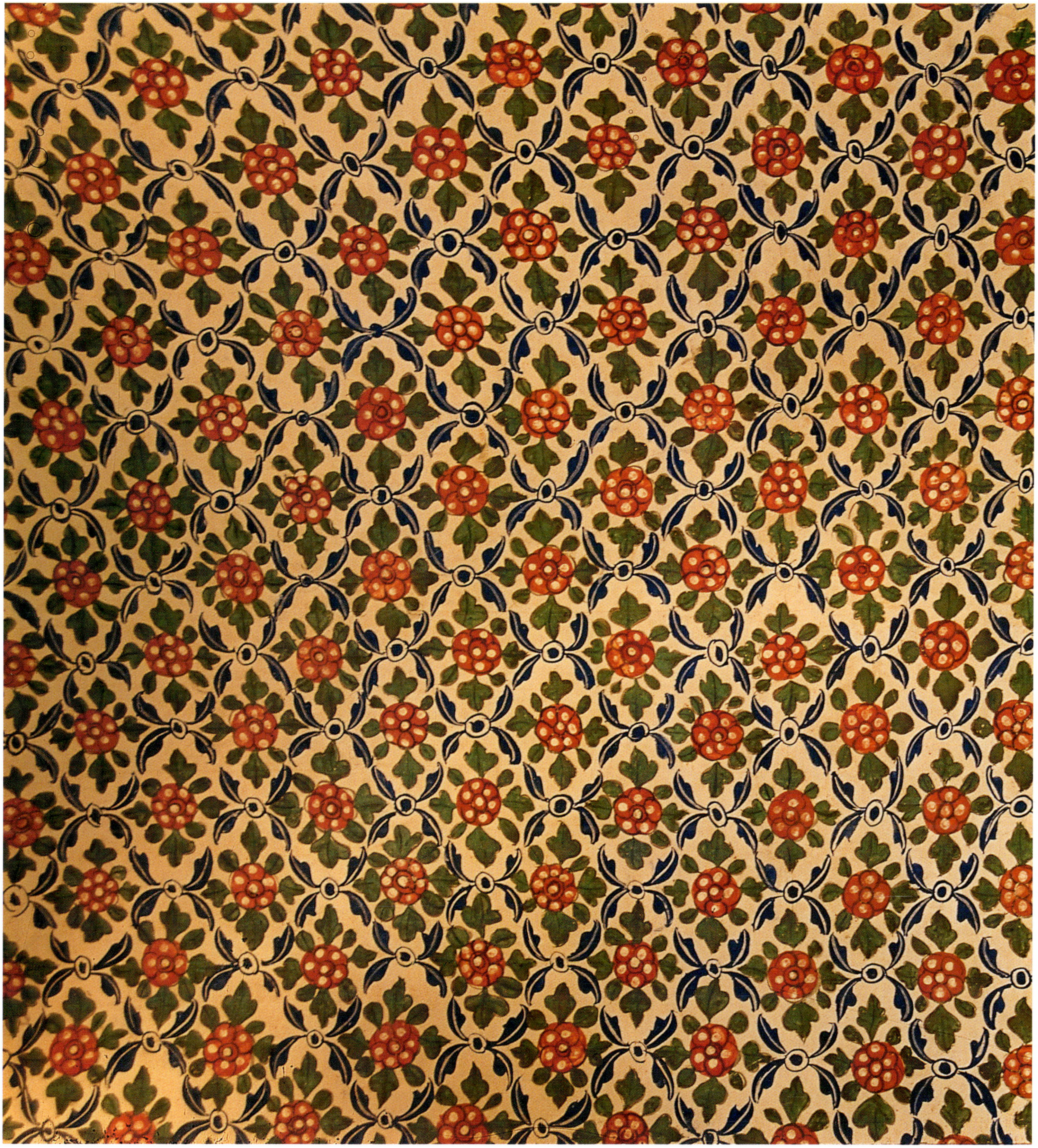

Les riches marchands

Dans cette Inde du XXIe siècle, les familles les plus riches descendent souvent d'illustres marchands du Shekhawati. C'est le cas des Tata qui fabriquent depuis des lustres ces bus qui inondent le paysage des villes et des campagnes. L'histoire de cette contrée commence par une légende. Au XVe siècle, un aristocrate local, Mokul Singh, lointain membre de la famille des puissants rajas d'Amber, se désespérait de ne pas avoir de descendance, malgré ses trois femmes. Se rendant en pèlerinage dans le site de Vrindavan dédié au dieu hindou Krishna, un sadhu (sage) qu'il rencontre lui prédit un fils s'il se met à recueillir les vaches sacrées. Ce qu'il fait. Plus tard, il croise un saint musulman qui lui promet également un fils, à condition qu'il le baignât dans du sang de vache. Ses vœux sont exaucés en 1433 et l'enfant sera finalement baigné dans le sang d'une… chèvre. C'est Rao Shekha qui règnera sur la région à laquelle il donnera son nom. Akbar pointe ses puissantes armées à la fin du XVIe siècle. Les rao n'ont pas d'autre choix que de courber le dos et d'attendre leur heure. Au XVIIIe siècle, le maharaja de Jaipur reprend le contrôle du Shekhawati alors dirigé par Rao Sardul Singh dont les fils se partageront les villes et les terres.

La peinture des haveli *mobilisa tout ce que le Shekhawati comptait de talents. Quand les* baniya*, ces marchands qui s'étaient enrichis avec le passage des caravanes les firent édifier, ils s'adressèrent aux meilleurs artistes qui donnèrent libre cours à leur imagination, entre mythologie indienne et influence moghole. Les fresques les plus précieuses ont été dessinées entre 1830 et 1930. Au détour des ruelles tortueuses des bourgs, quelques* haveli *restaurés peignent la gloire souvenue de ces commerçants passionnés d'art. Le* haveli *d'Ananda Lal Poddar à Nawalgarh, bâti en 1920, fut remis en beauté dans les années 1980, grâce au concours de la famille Poddar.*

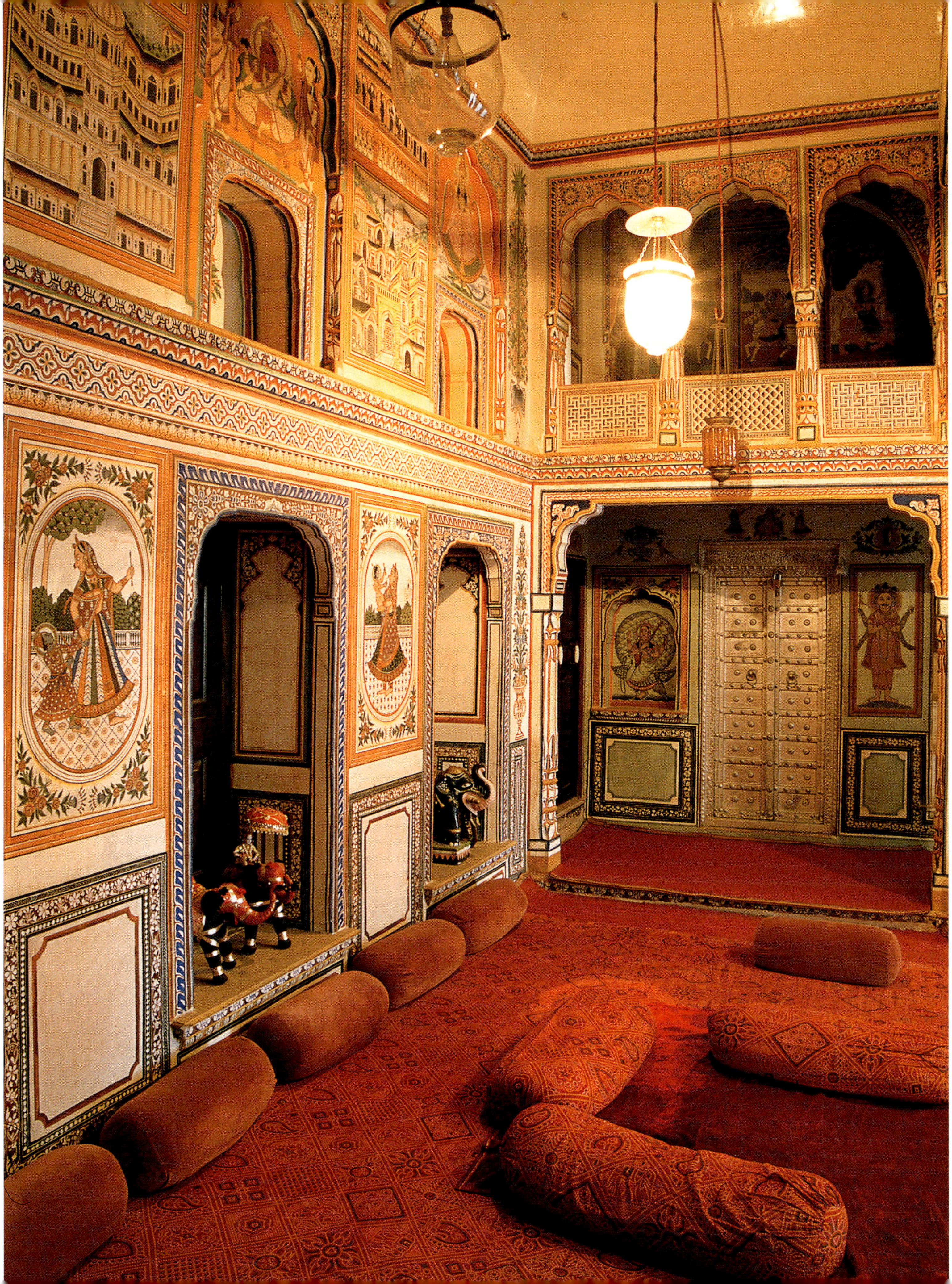

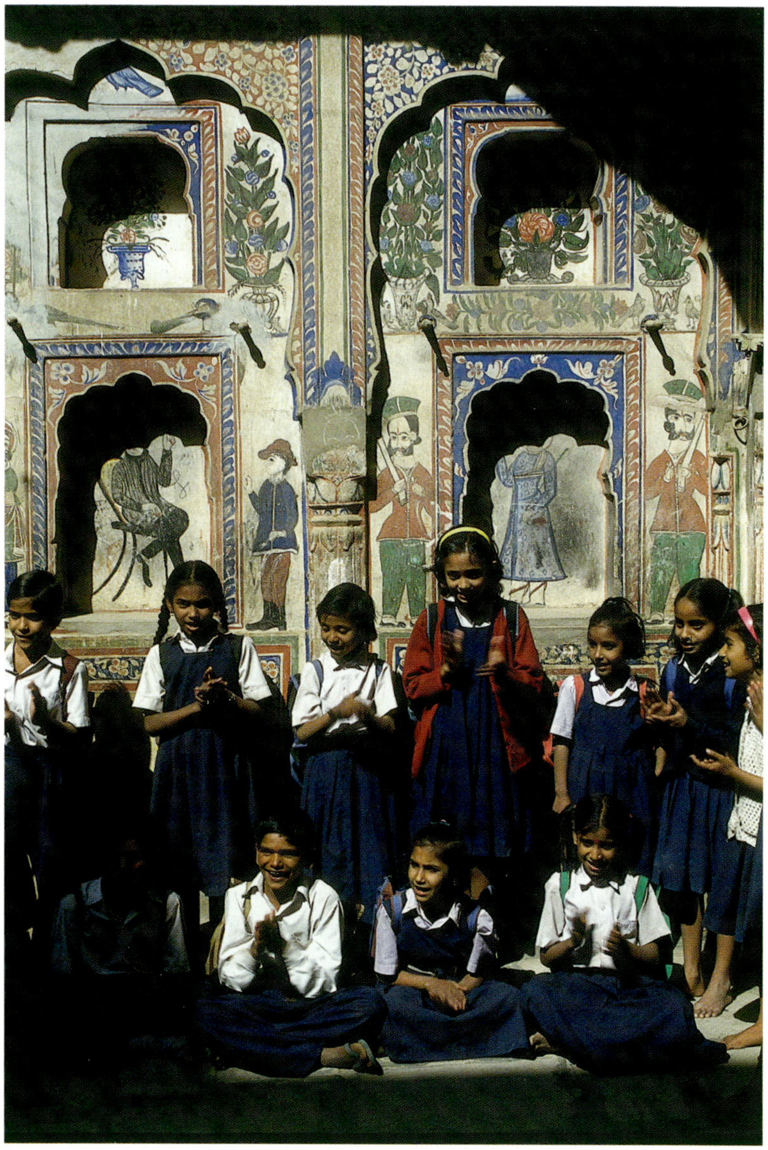

Une école installée dans un haveli.

C'est à cette époque que les marchands qu'on nomme *baniya* vont faire fortune grâce aux caravanes qui serpentent jusqu'à Delhi, passant par ce carrefour stratégique entre l'Inde, le Moyen-Orient et la Chine. Les *baniya*, qui excellent dans le commerce de la laine, des épices et du sucre, amassent de véritables fortunes jusqu'au XIXe siècle, quand la Compagnie des Indes et le chemin de fer stoppent net la filière caravane. Habiles et travailleurs, les marchands décident de quitter le Shekhawati pour refaire leur vie et tenter l'aventure à Bombay et Calcutta. Vraiment doués pour les affaires, ils se tournent vers les Britanniques et s'enrichissent une nouvelle fois.

Mais la nostalgie est plus forte, ils parsèment leur Shekhawati natal de *haveli*, palais avec deux cours appelées *chowk* ; la première ouverte aux visiteurs, la seconde étant réservée à la famille. Ils abandonnent la décoration à des artistes locaux à l'imagination débridée, souvent influencée par la peinture rajpute et l'art anglo-indien. Ces derniers immortalisent sur les murs aussi bien le chemin de fer britannique que les héros de la mythologue indienne selon la technique de la peinture sur plâtre frais. Les marchands se veulent aussi mécènes en faisant décorer temples, réservoirs, puits et écoles.

Et le temps a fui. Les *haveli* semblent aujourd'hui délaissés, souvent loués à de modestes familles qui logent ici contre un loyer d'environ mille roupies par mois, soit une vingtaine d'euros. Quelques chambres cadenassées sont réservées aux propriétaires qui reviennent une ou deux fois par an ou lors d'un mariage. Parfois, un gamin de la famille ou un voisin bien âgé, en échange de quelques roupies, ouvre les portes du palais au regard incrédule des étrangers conquis. Une envie d'acheter ? Engagez d'abord un bon détective. Car personne, non vraiment personne ici, n'aura envie de vous renseigner sur le mystérieux propriétaire. Tout un palais contre mille roupies par mois, cela ne s'abandonne pas comme ça au premier venu !

Une vive émotion saisit le visiteur qui pousse les porches de ces haveli *d'un autre temps où l'on s'extasie devant d'admirables intérieurs couverts de fresques naïves. Ici, le Khedwal Bhavan Haveli à Nawalgarh.*

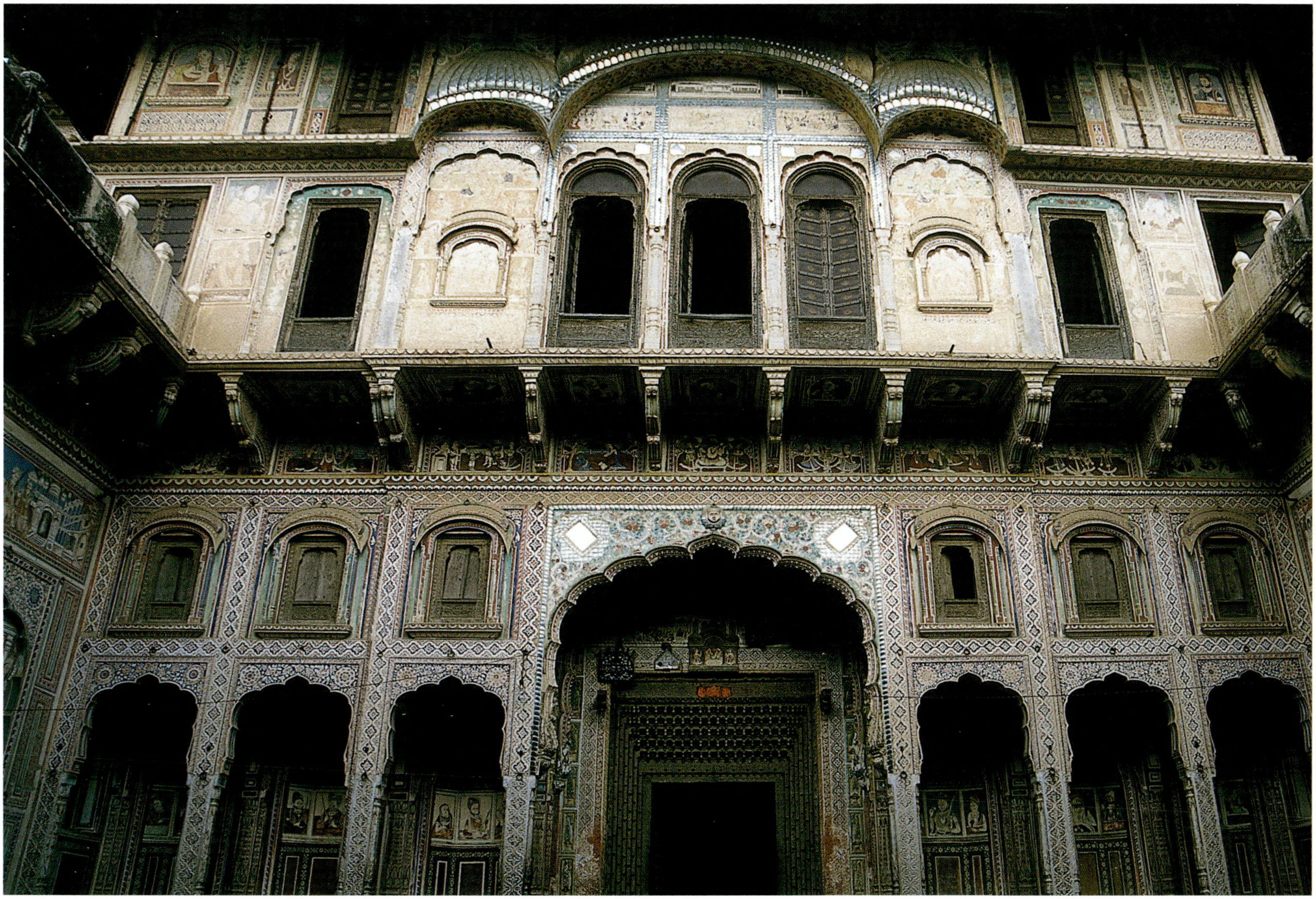

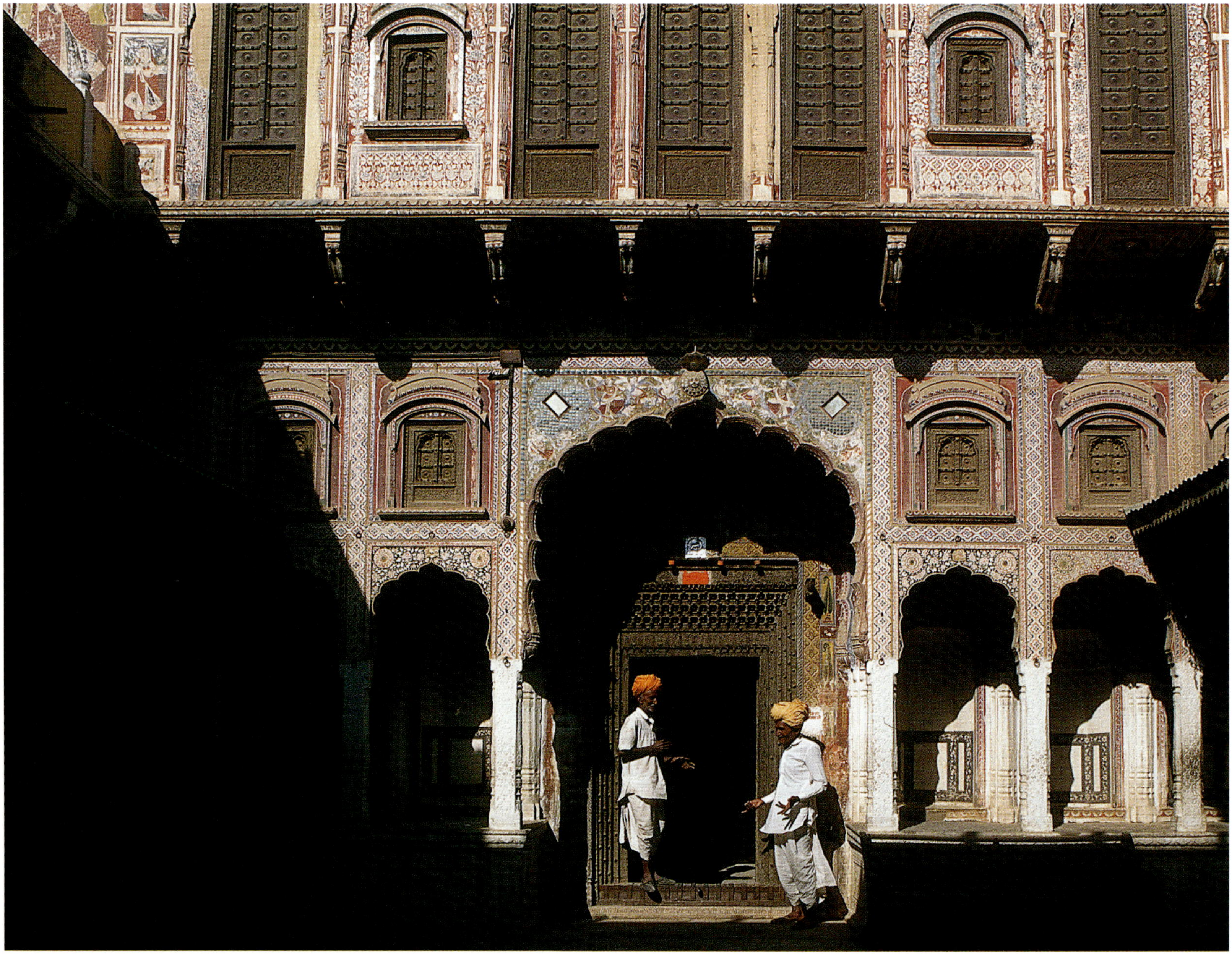

Nawalgarh, Mandawa Jhunjhunu et Fatehpur proposent des trésors aux amateurs d'art. Pour quelques roupies, les gardiens de ces demeures au décor de théâtre vous révéleront un monde fascinant qui excite vraiment l'imagination : Bhagton ki Haveli, à Nawalgarh.

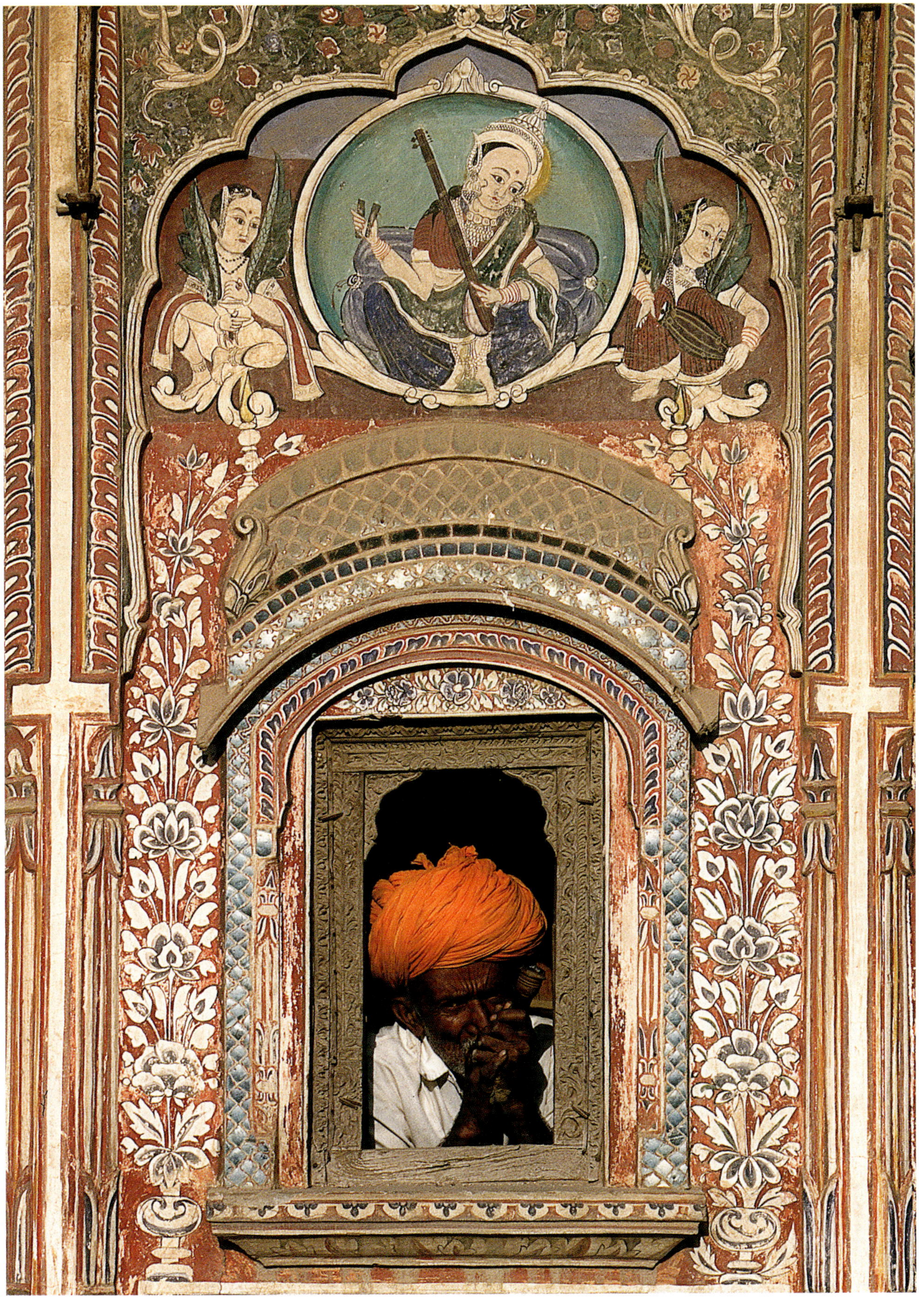

A la découverte des haveli

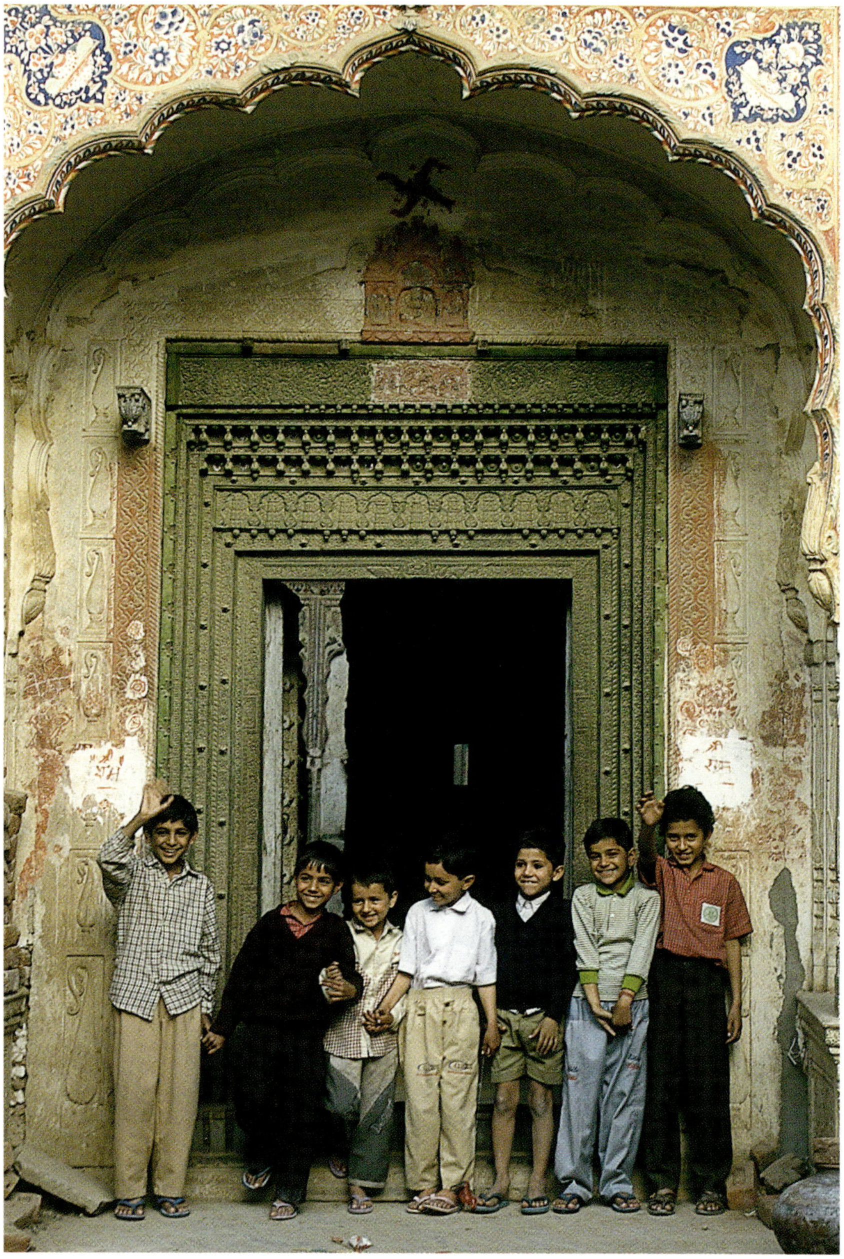

Parcourir les ruelles de ces petits bourgs oubliés pour dénicher ces palais abandonnés est un formidable jeu de pistes. Parfois aidé par un gamin des rues, qui se dit étudiant en tourisme, on s'aventure dans ces villages égayés d'étroites venelles. Outre ses *haveli* Murarka, Jhunjhunuwala et Darni Dharka, la localité de Nawalgarh est surtout connue pour le *haveli* d'Ananda Lal Poddar, qui sert à présent d'école. Construit en 1920, il fut entièrement restauré dans les années 1980, grâce à l'aide de la famille Poddar, installée à Delhi et Bombay et originaire du Shekhawati. Si les puristes trouveront les fresques extérieures un peu trop clinquantes, il faut tout de même saluer une telle initiative. Car les Indiens qui prennent conscience de la beauté de ces fresques sont fort peu nombreux.

Né dans la bourgade de Mandawa, Dinesh Dhabhai fait figure d'exception. Il vient de terminer la remise sur pieds d'un *haveli* qu'il a pu racheter dans sa ville natale. Des artistes talentueux ont rénové la maison, métamorphosée en hôtel vraiment bourré de charme, à deux pas de la forteresse-hôtel Castle Mandawa qui appartient aux descendants de Rao Shekha. Deux adresses idéales pour servir de base douillette à l'exploration de la région.

A 25 kilomètres au nord-est de Mandawa, un bus brinquebalant vous déposera à Jhunjhunu qui a conservé un certain caractère musulman du fait de la domination des *nawab* Qaimkhani pendant plus de 300 ans. Après une halte attentive devant les fresques du *dargah* (tombe) de Qamr ud-Din Shah, un saint musulman vénéré par les souverains hindous, on partira à l'assaut du palais Khatri Mahal bâti au XVIIIe siècle et des *haveli* Modi et Tibrewala. Juste après s'être abandonné sans résistance à un délicieux *korma* (morceaux de mouton revenus dans une sauce au yaourt, noix de cajou et amandes) ou à un succulent poulet *tikka*, bien mariné dans du yaourt pimenté, servi dans un petit restaurant du bazar... Hum ! C'est bon. Encore une petite cuillerée ?

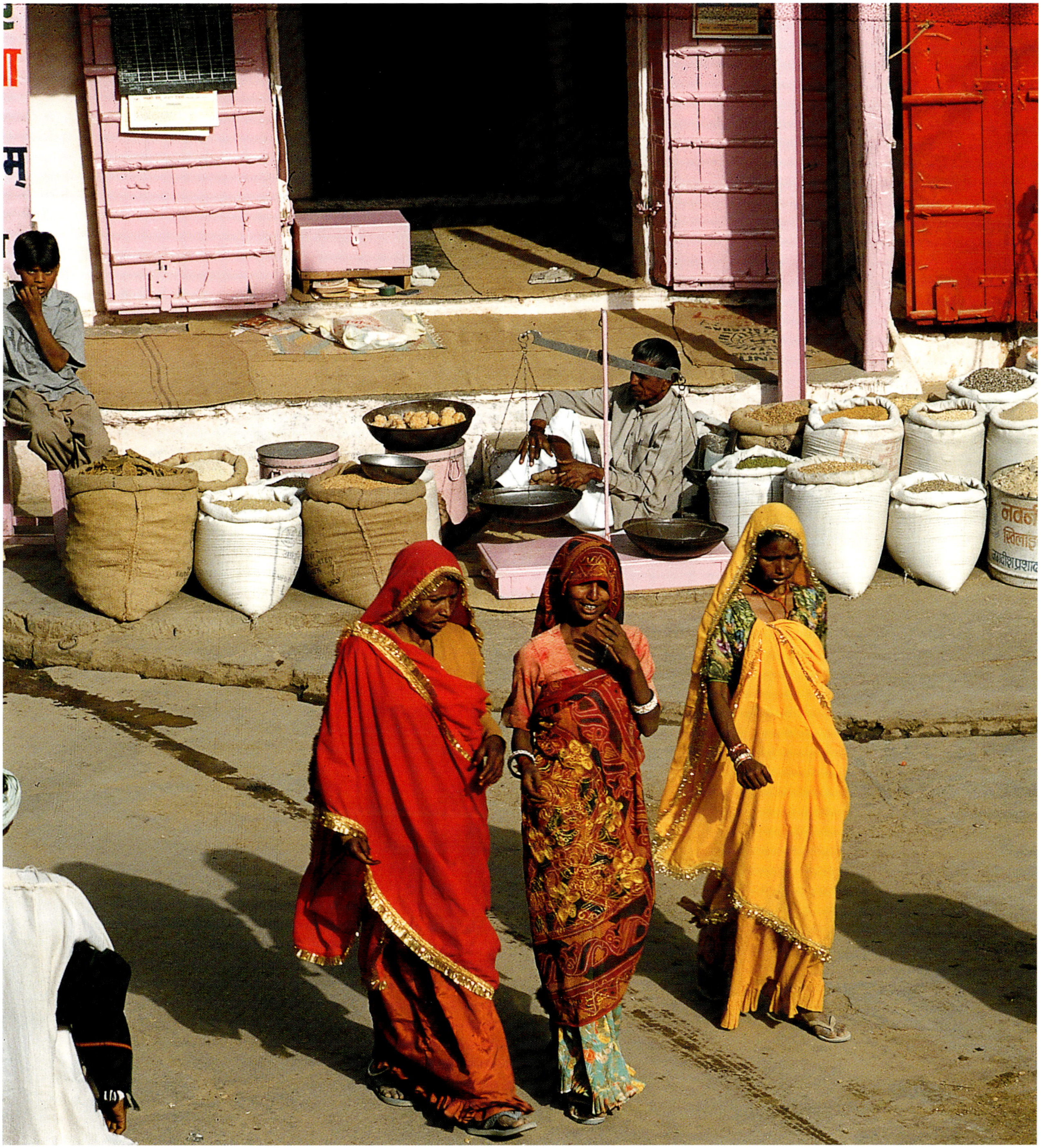

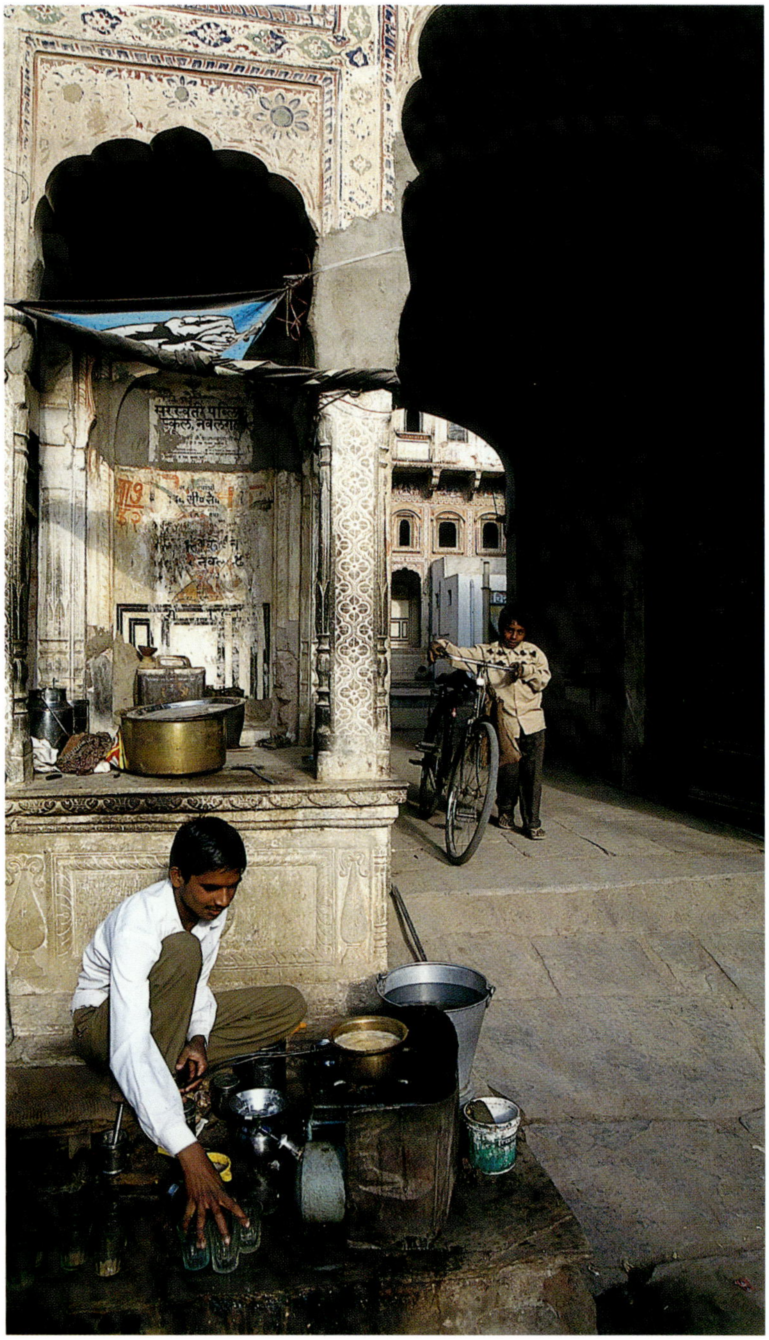

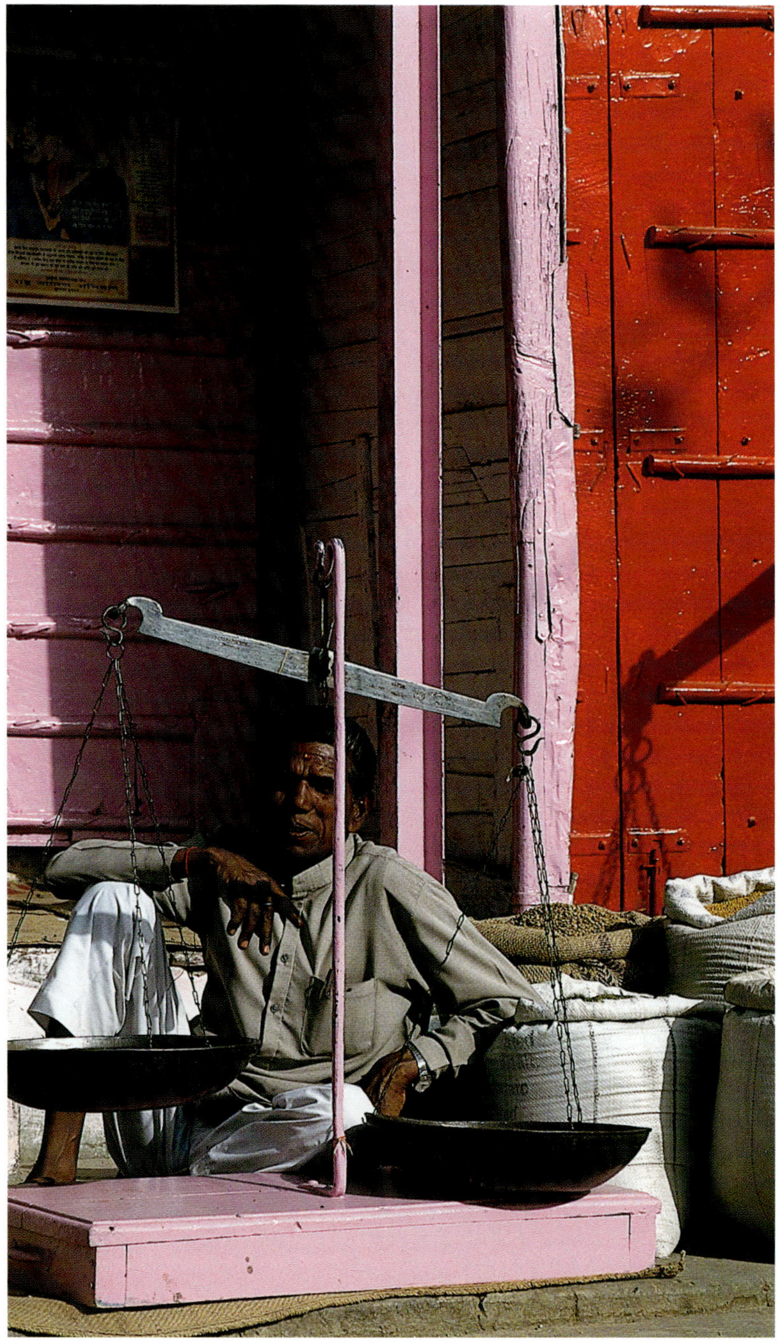

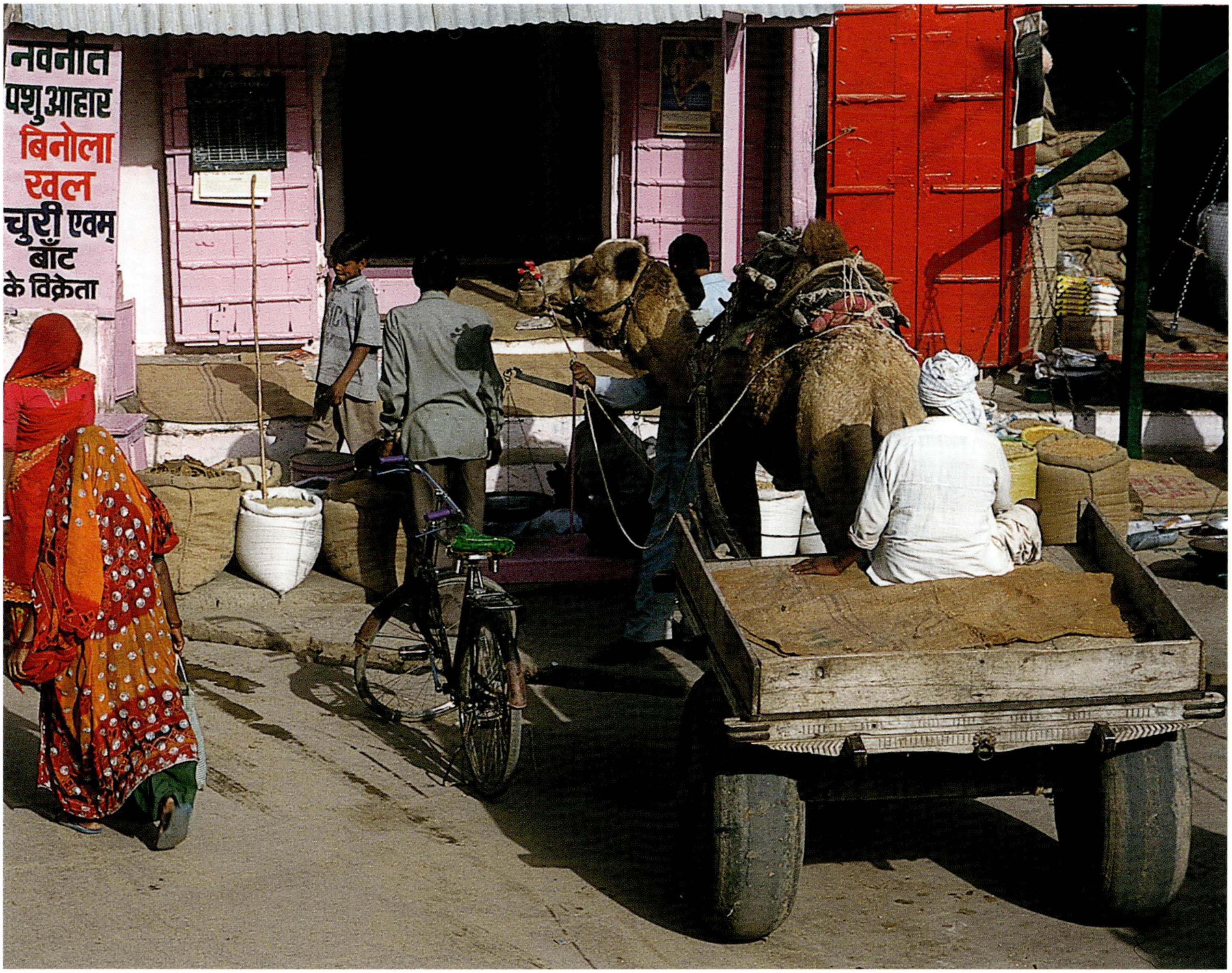

Le Shekhawati a accueilli au fil des siècles toute une population d'hommes et de femmes venus nourrir l'imaginaire de cette région et s'y enraciner.

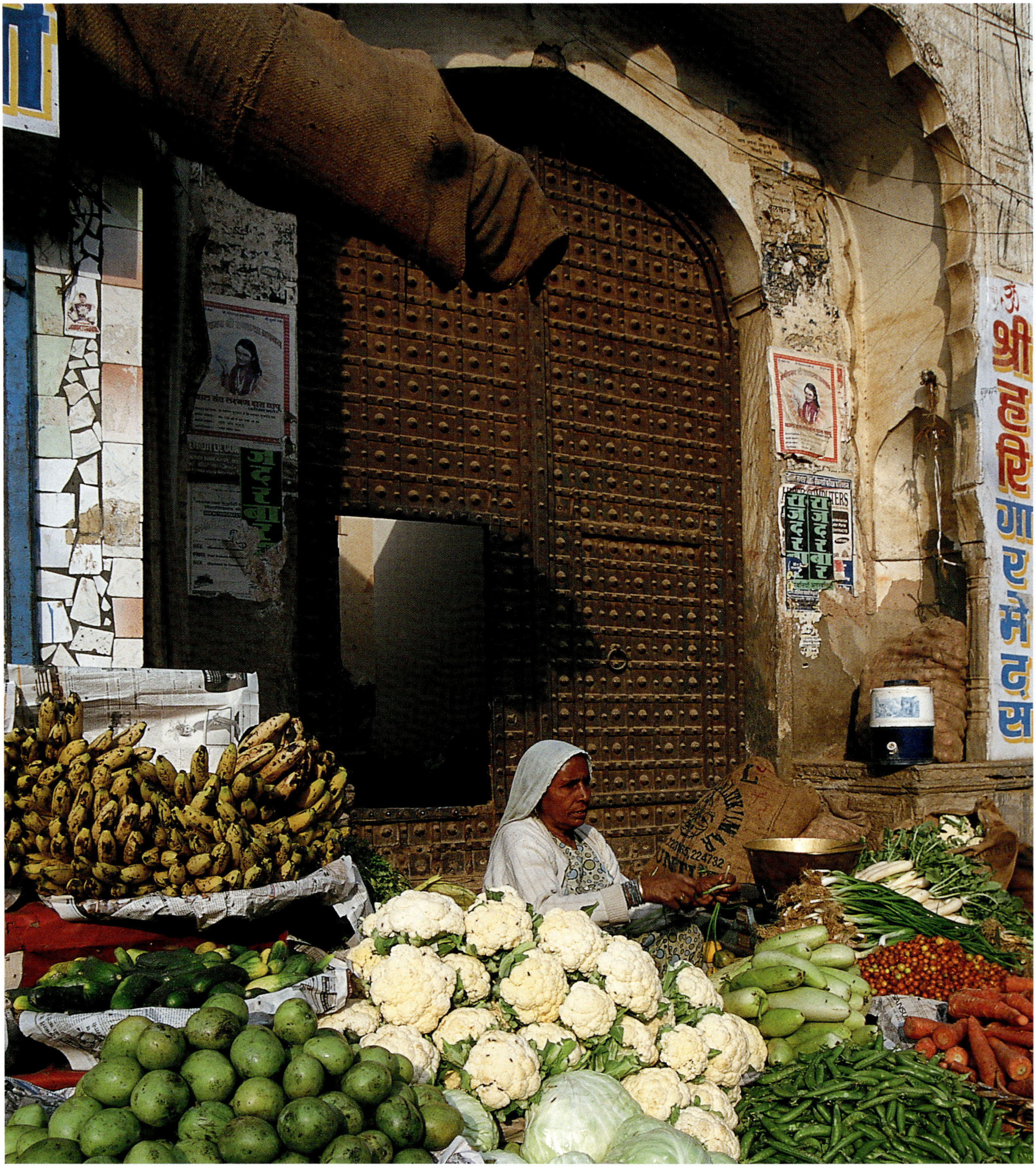

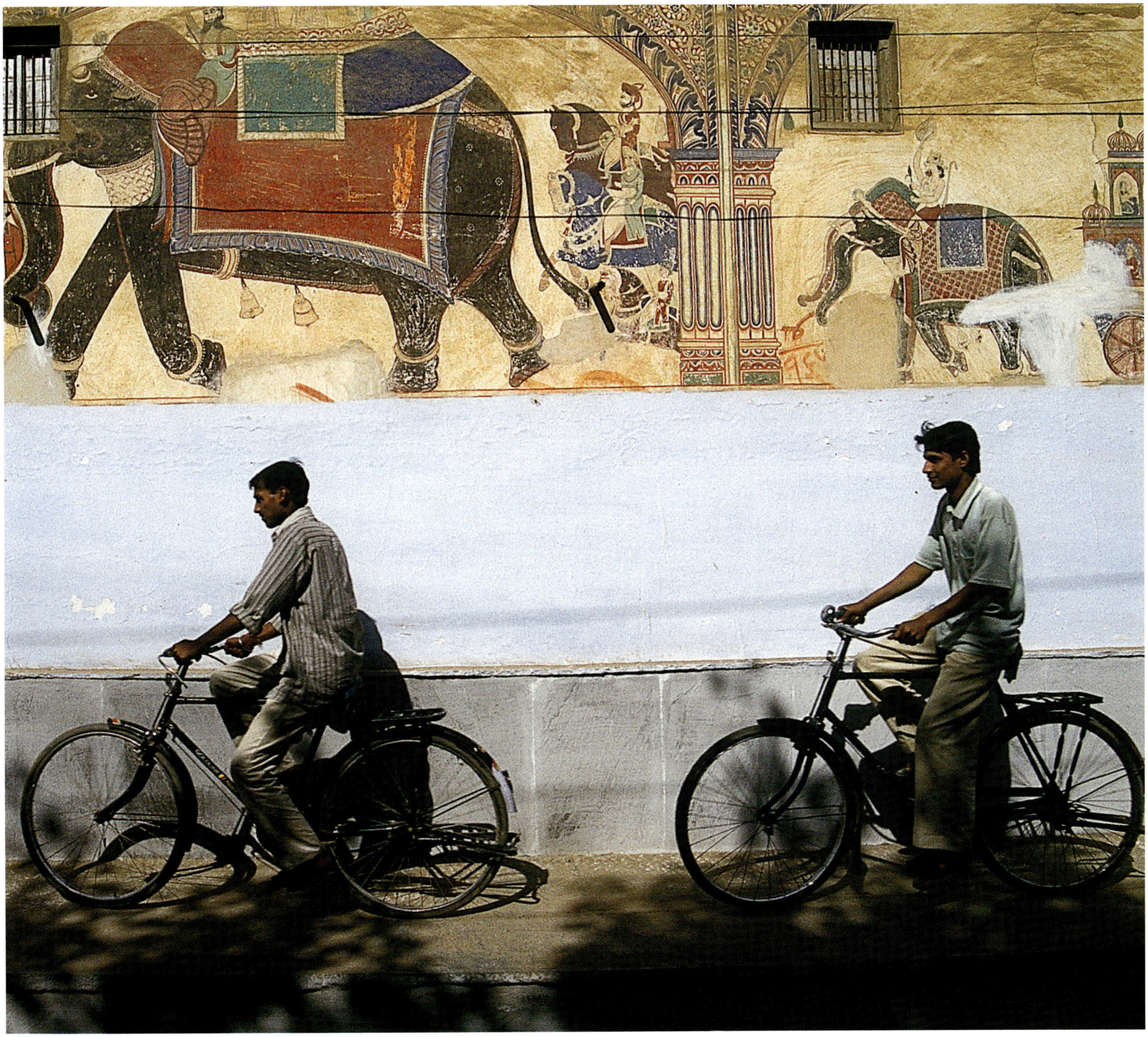

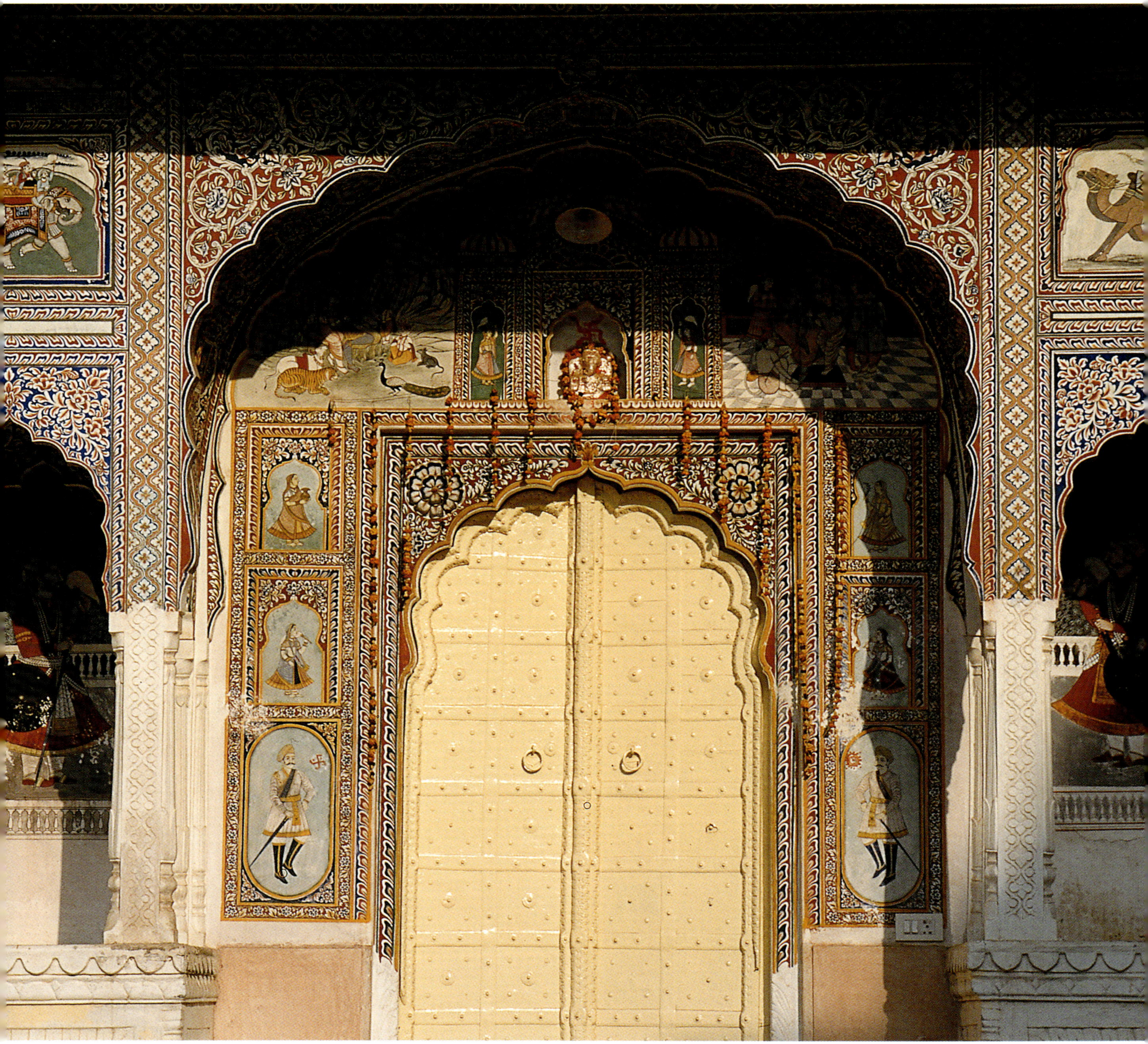

La localité de Mandawa, très riche en haveli, *est à jamais associée à sa forteresse rajpute du XVIIIe siècle. Son propriétaire aristocrate, Kesri Singh, en a fait une sorte de « relais-forteresse » bourré de caractère et gardé par une escouade de lanciers bien moustachus.*

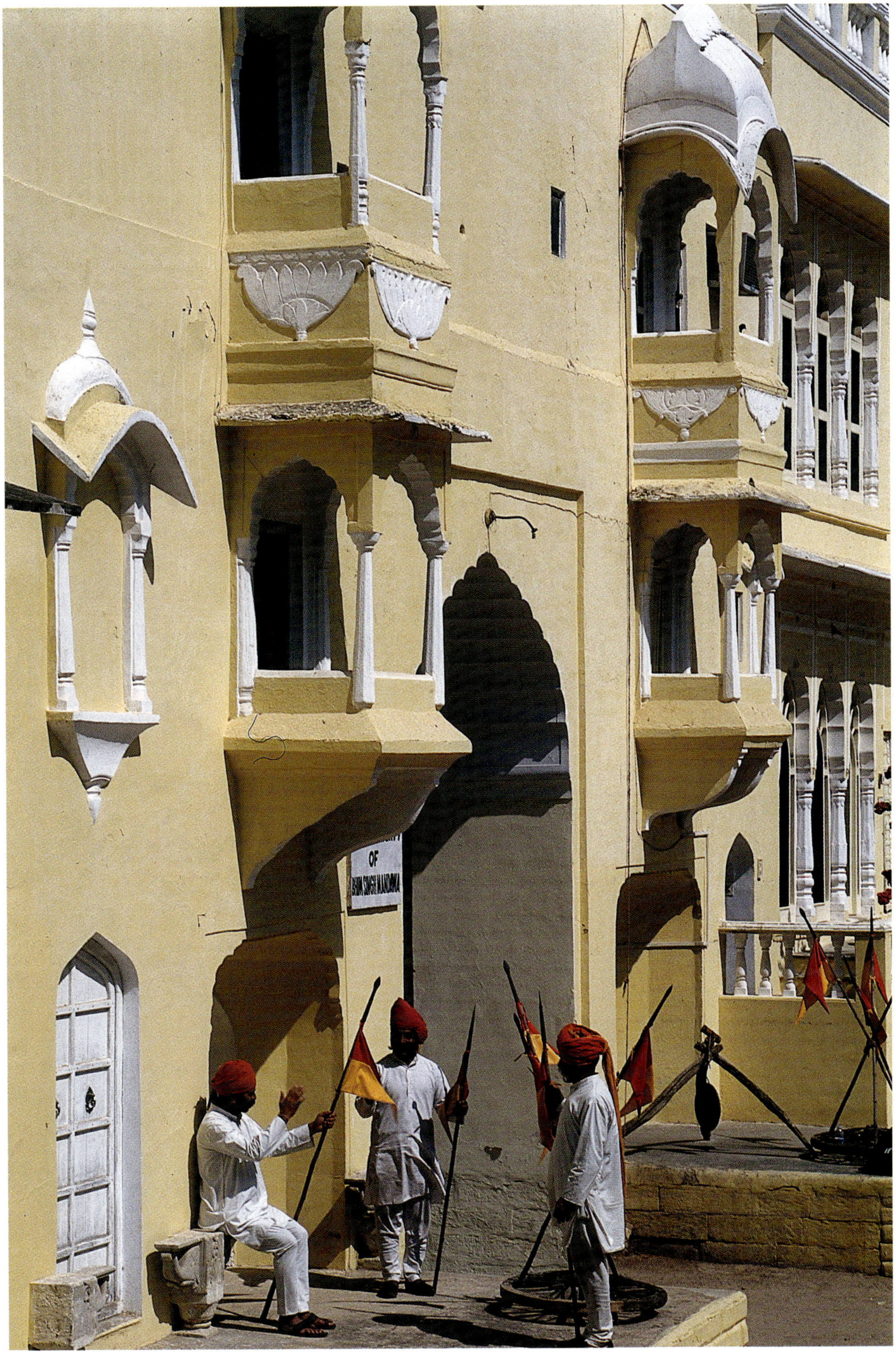

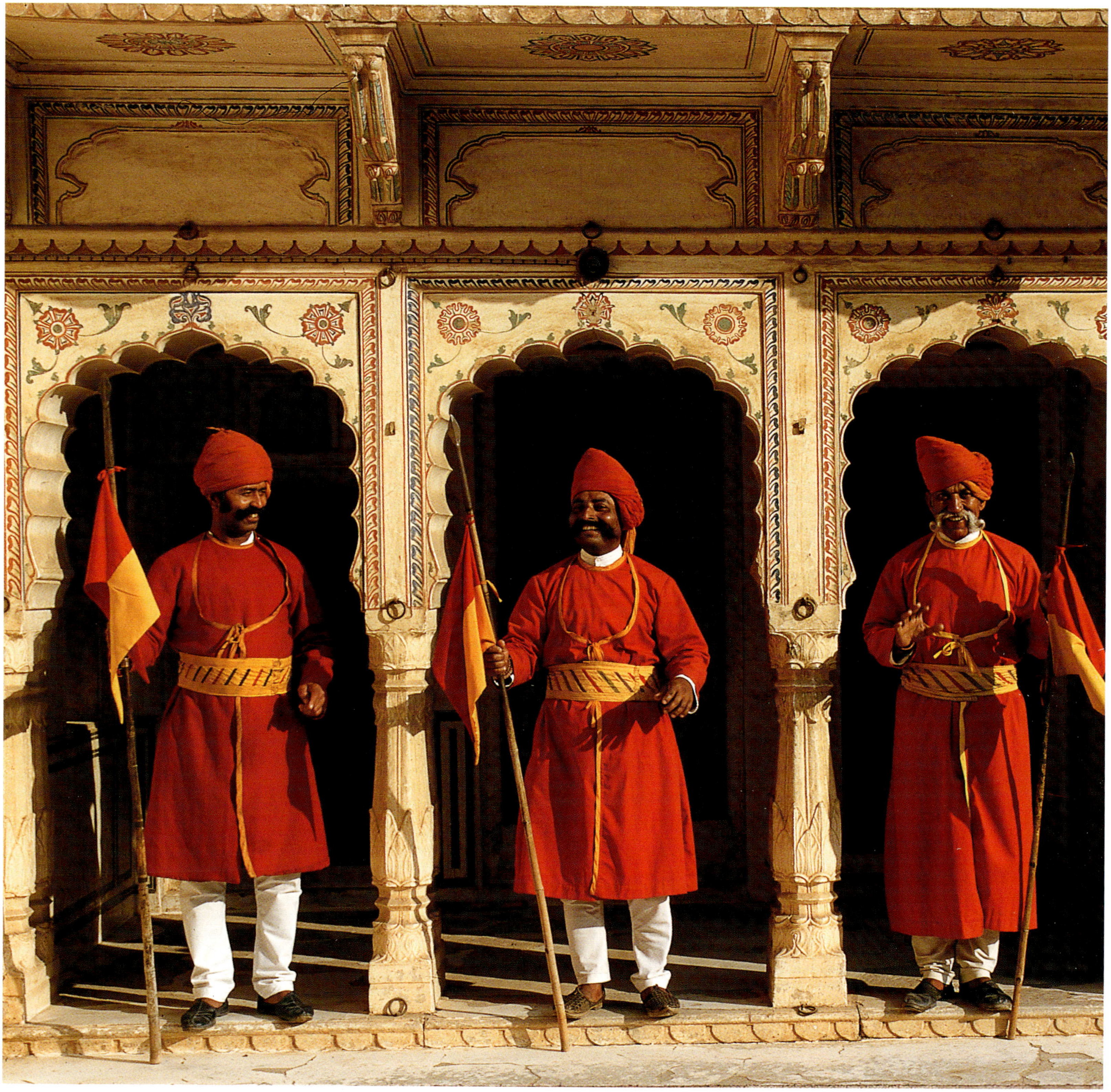

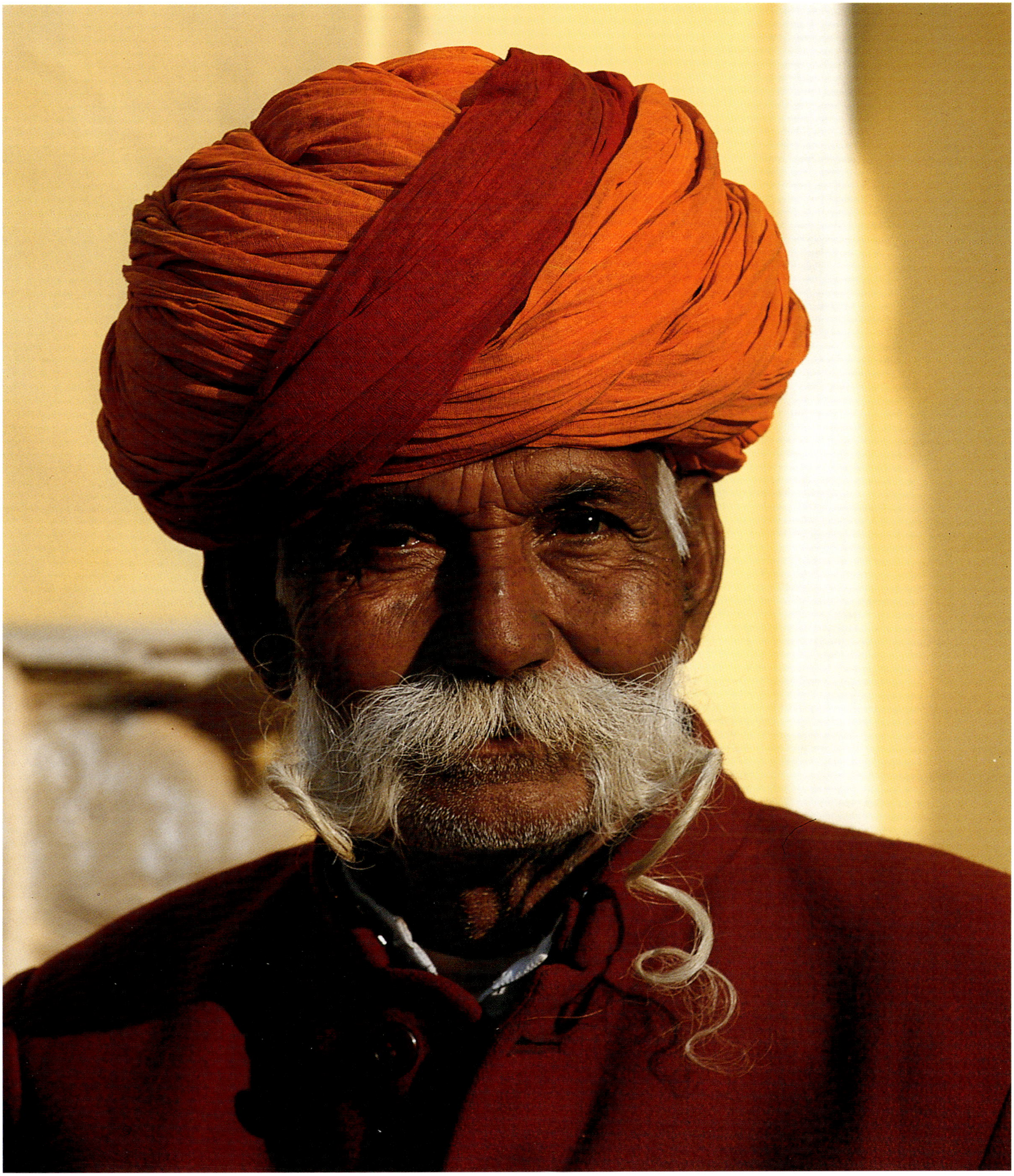

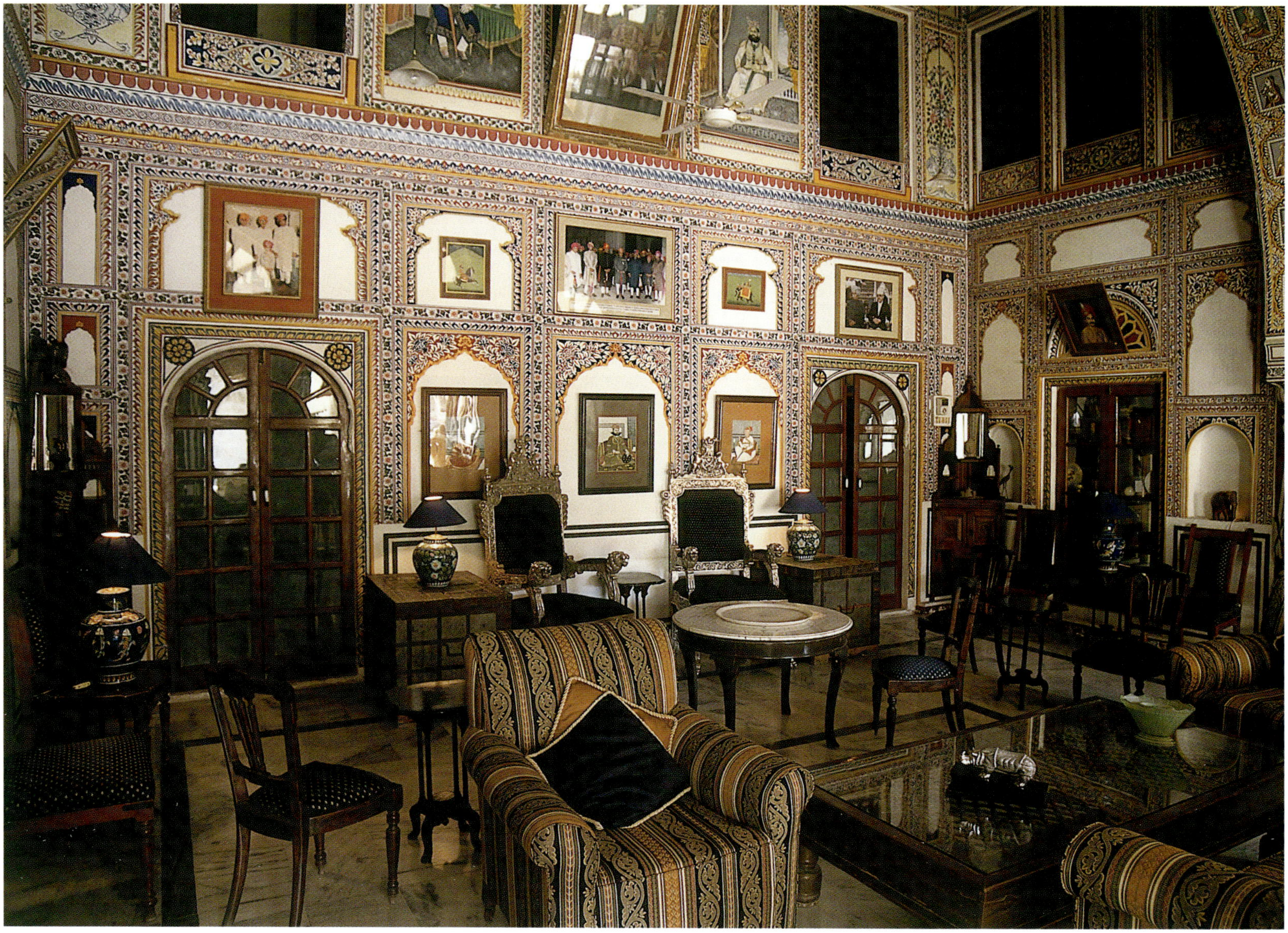

Les fresques des salons du château de Mandawa donnent une idée de la virtuosité des décorateurs qui affichaient pleinement leur talent et leur inspiration.

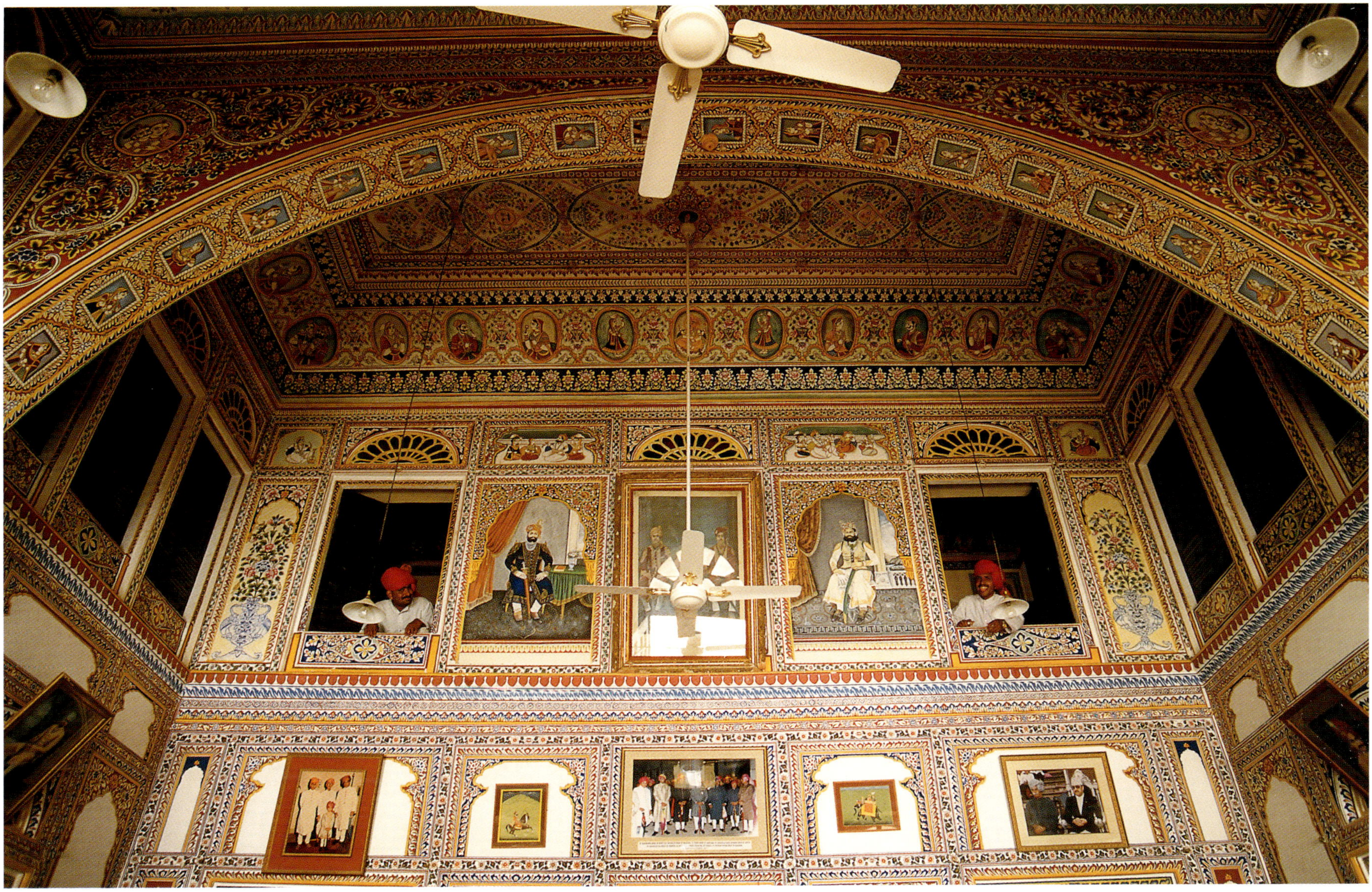

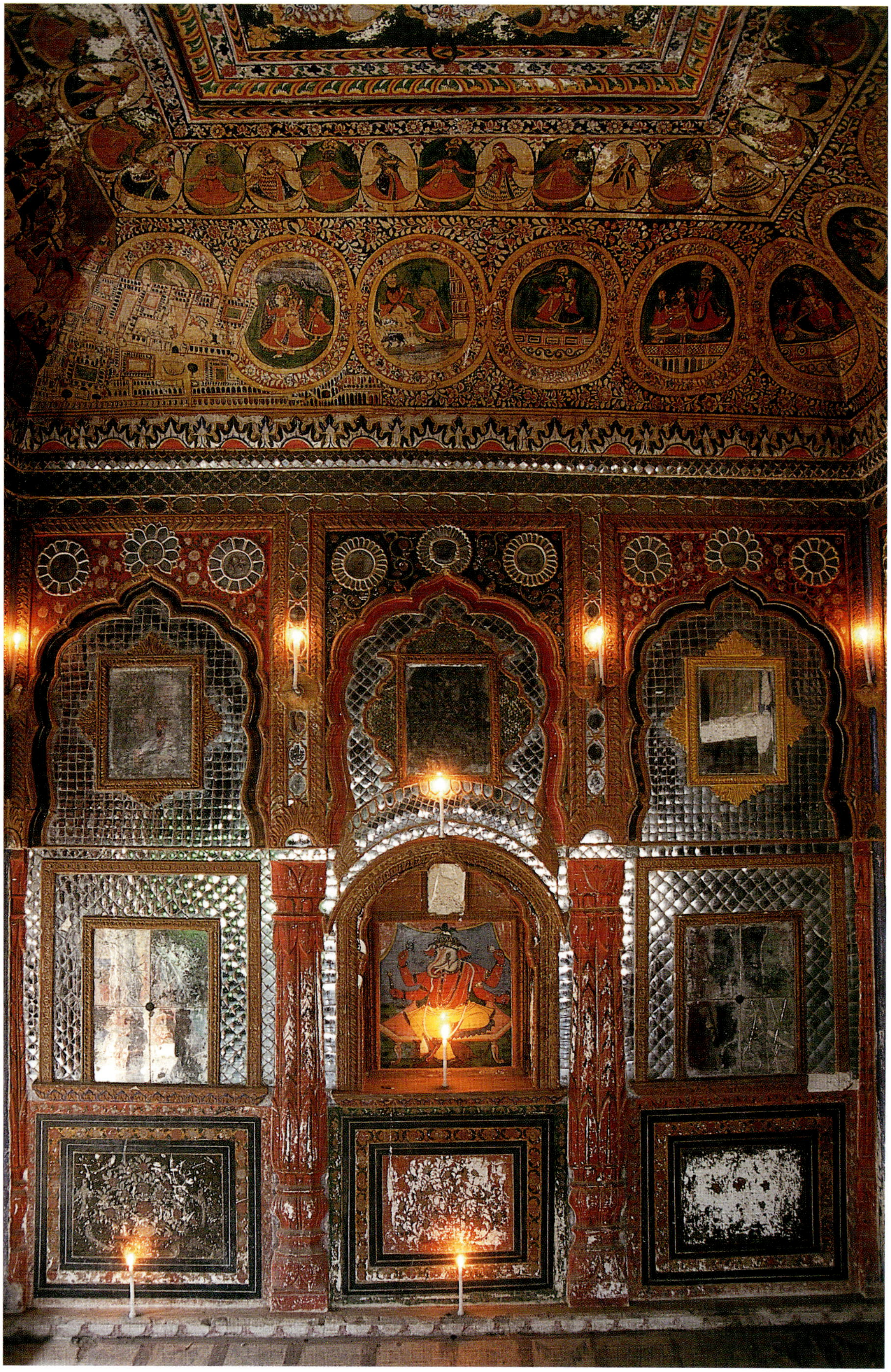

Avec ses murs couverts de parcelles de miroirs, ses arcs polylobés, ses dorures et ses plafonds peints, le palais des miroirs, ou shish mahal, *du château de Mandawa affirme son style indo-musulman.*

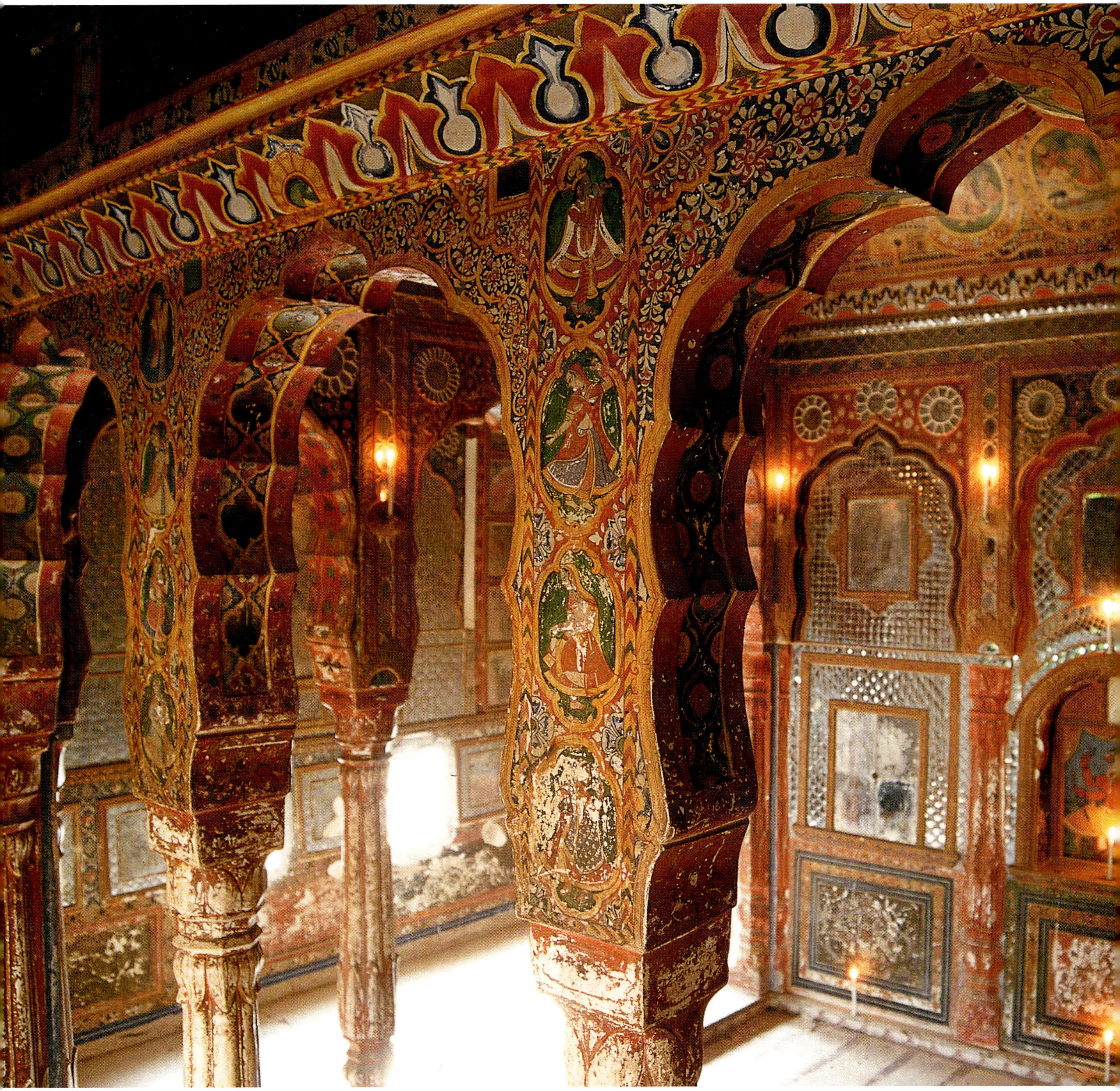

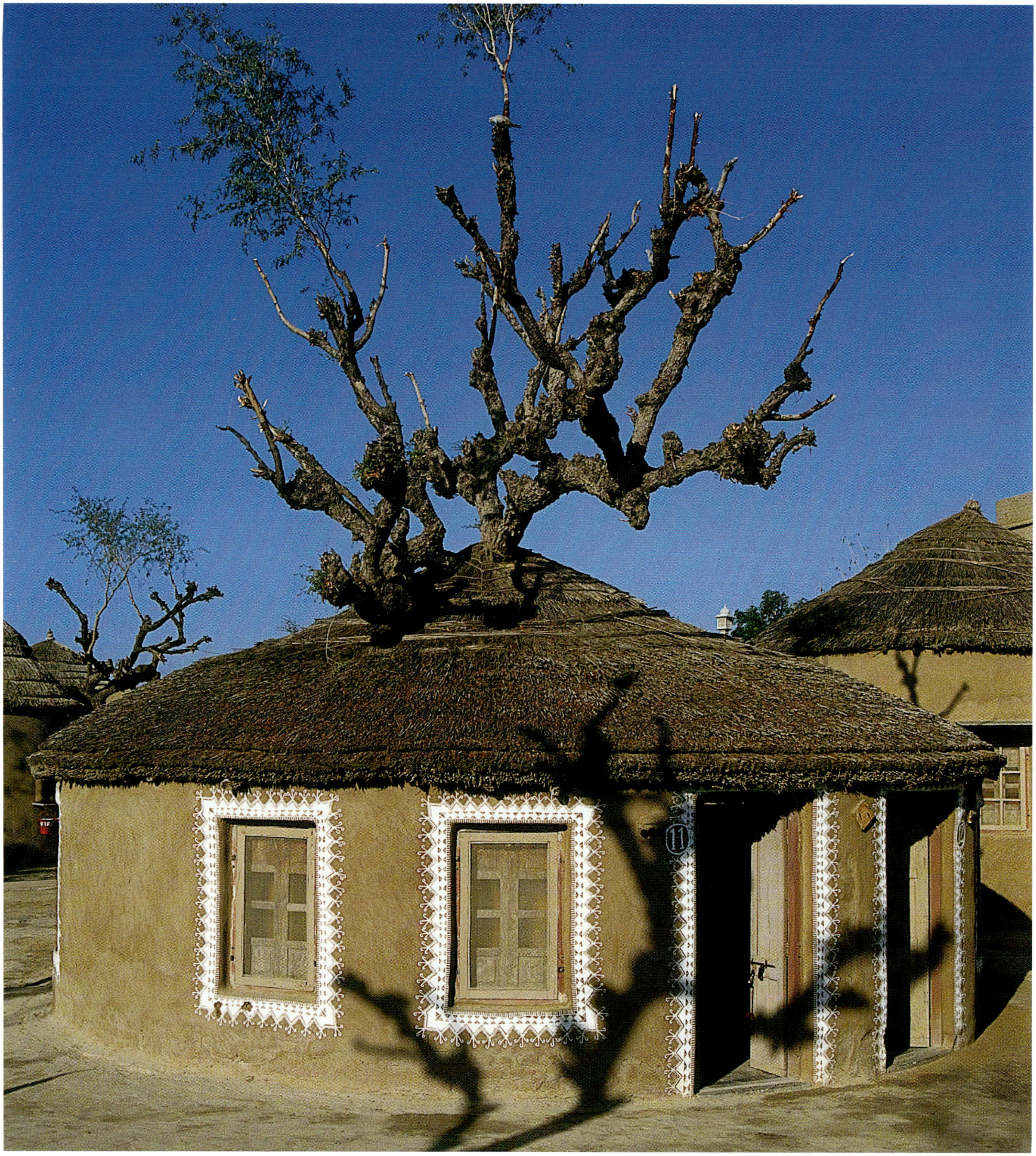
11

A la sortie de Mandawa, Desert Resort est devenu la coqueluche des accrocs de l'écotourisme et de l'architecture en terre. L'idée du concept a traversé la tête du propriétaire du château de Mandawa, Kesri Singh : pourquoi ne pas copier les huttes en terre des peuplades du désert, pour les offrir aux voyageurs en quête d'authenticité ? Génial ! Les architectes Vasant et Revathi Kamath ont conçu des habitations très originales qui ont poussé en bordure du désert.

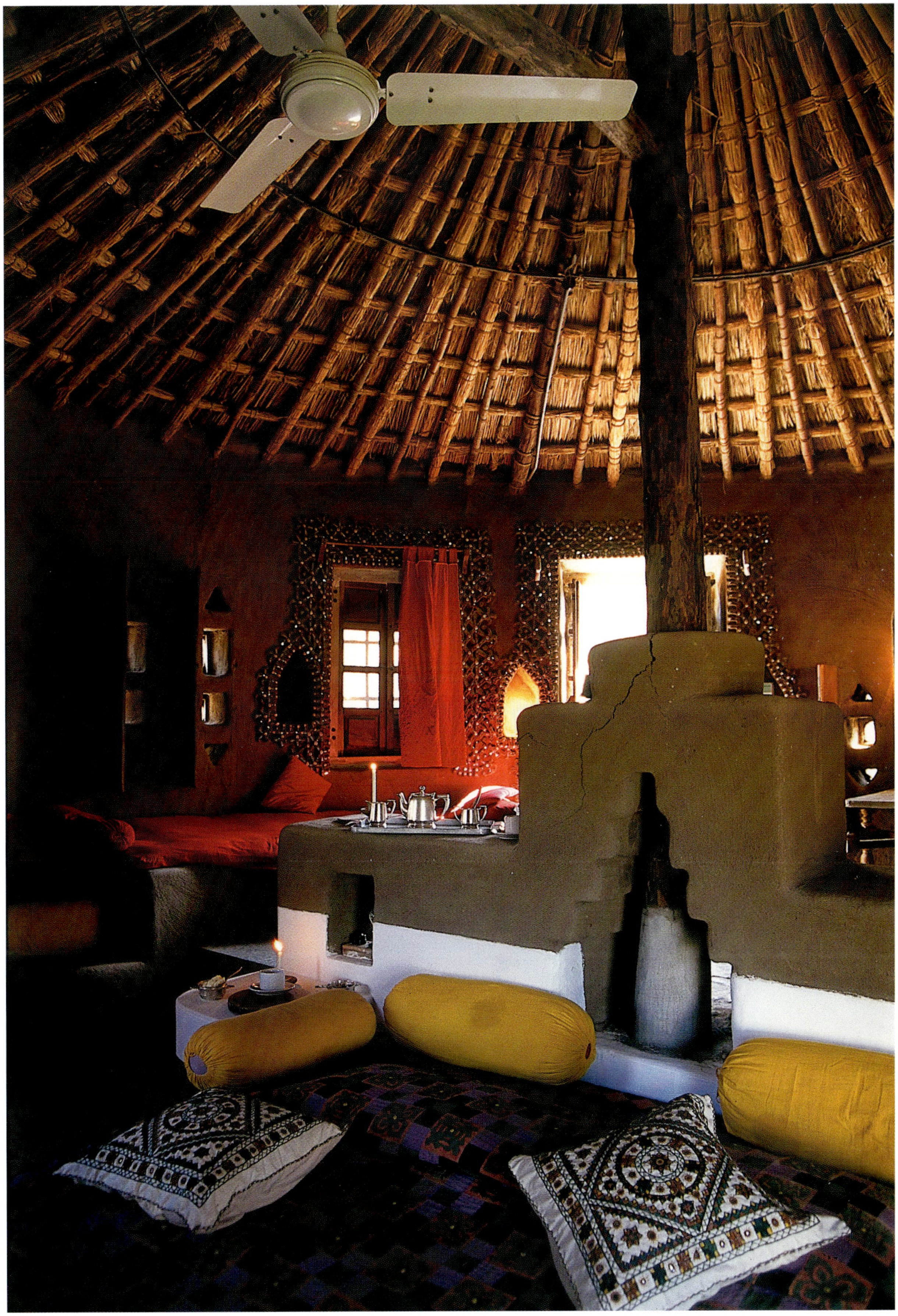

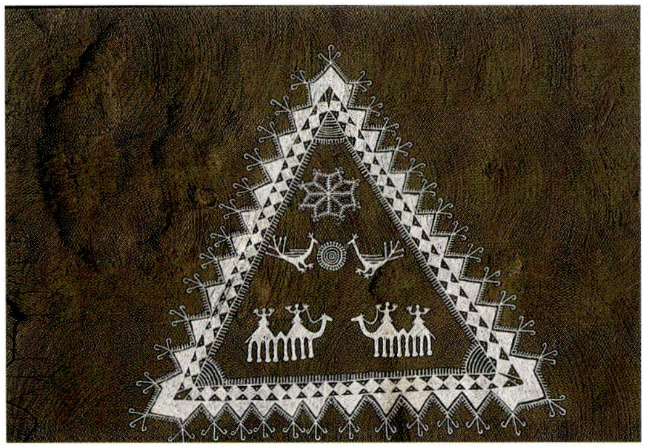

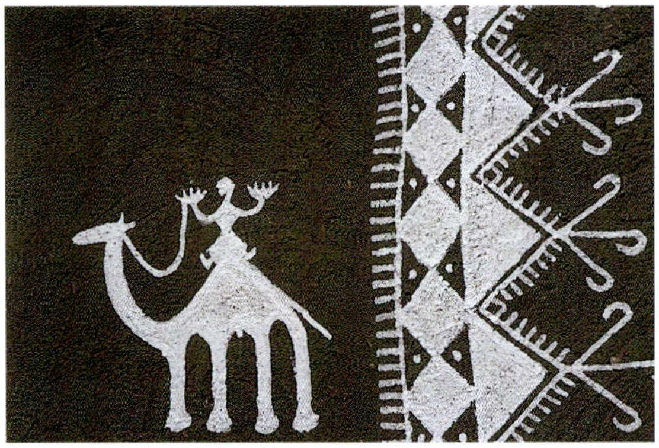

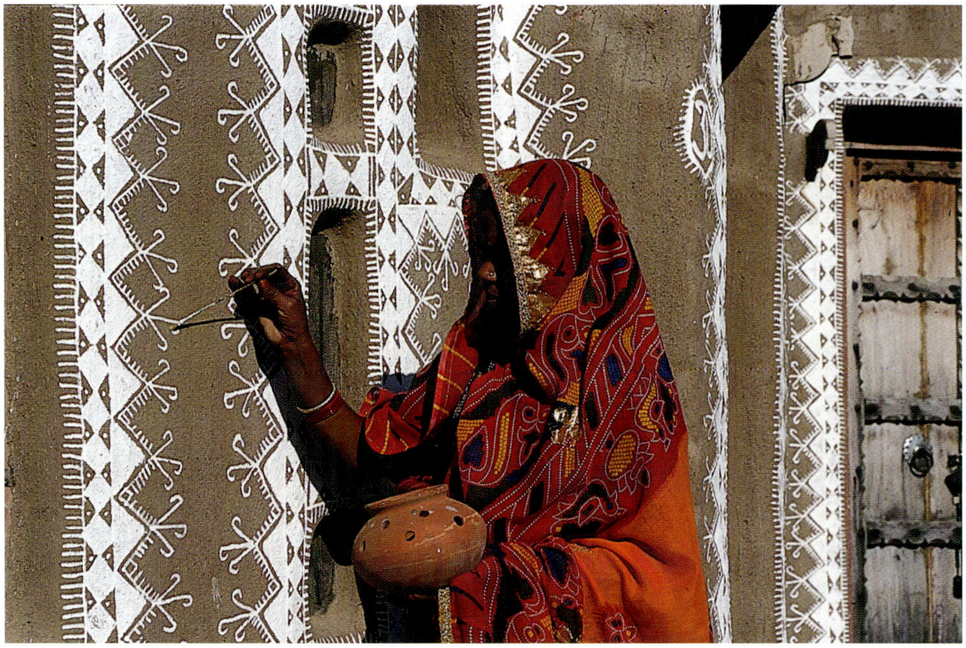

La « déco » de Desert Resort est signée par les villageoises. Bravo !

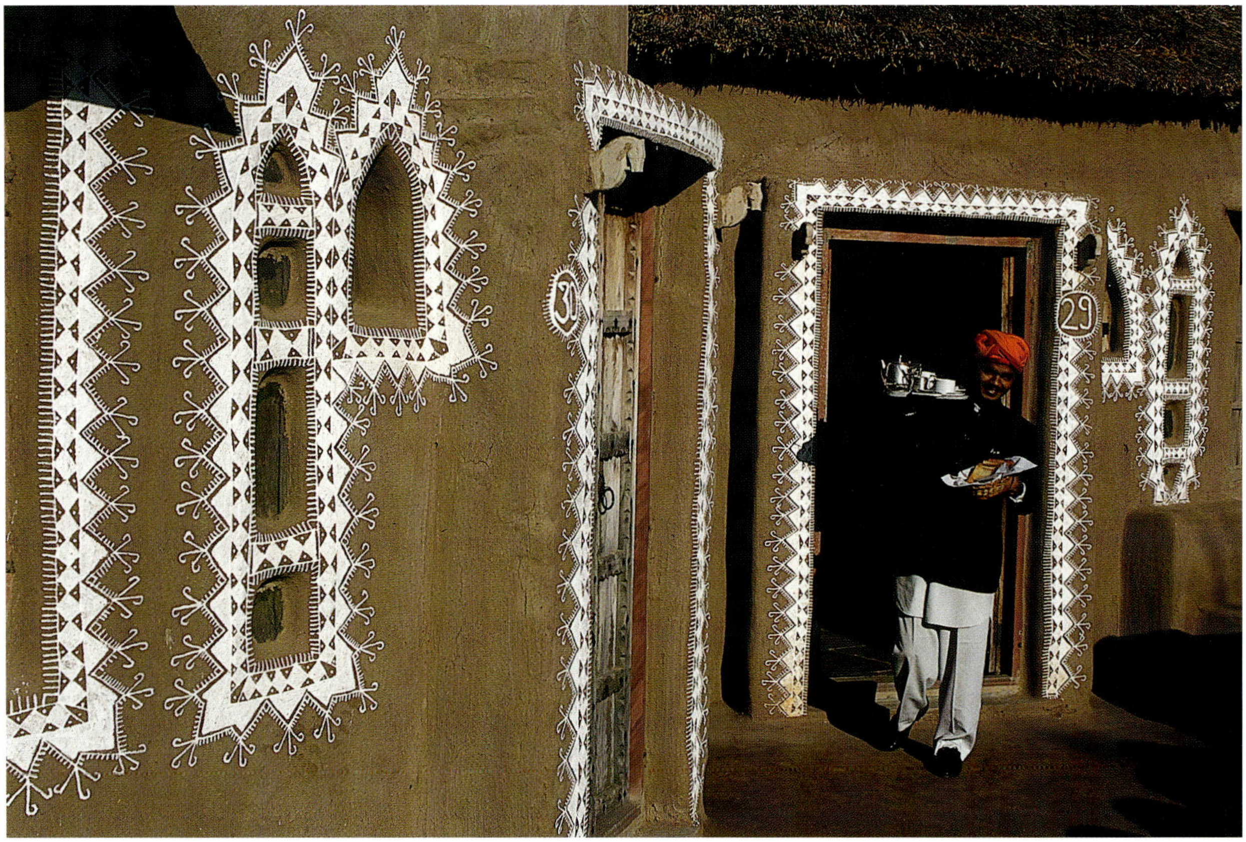

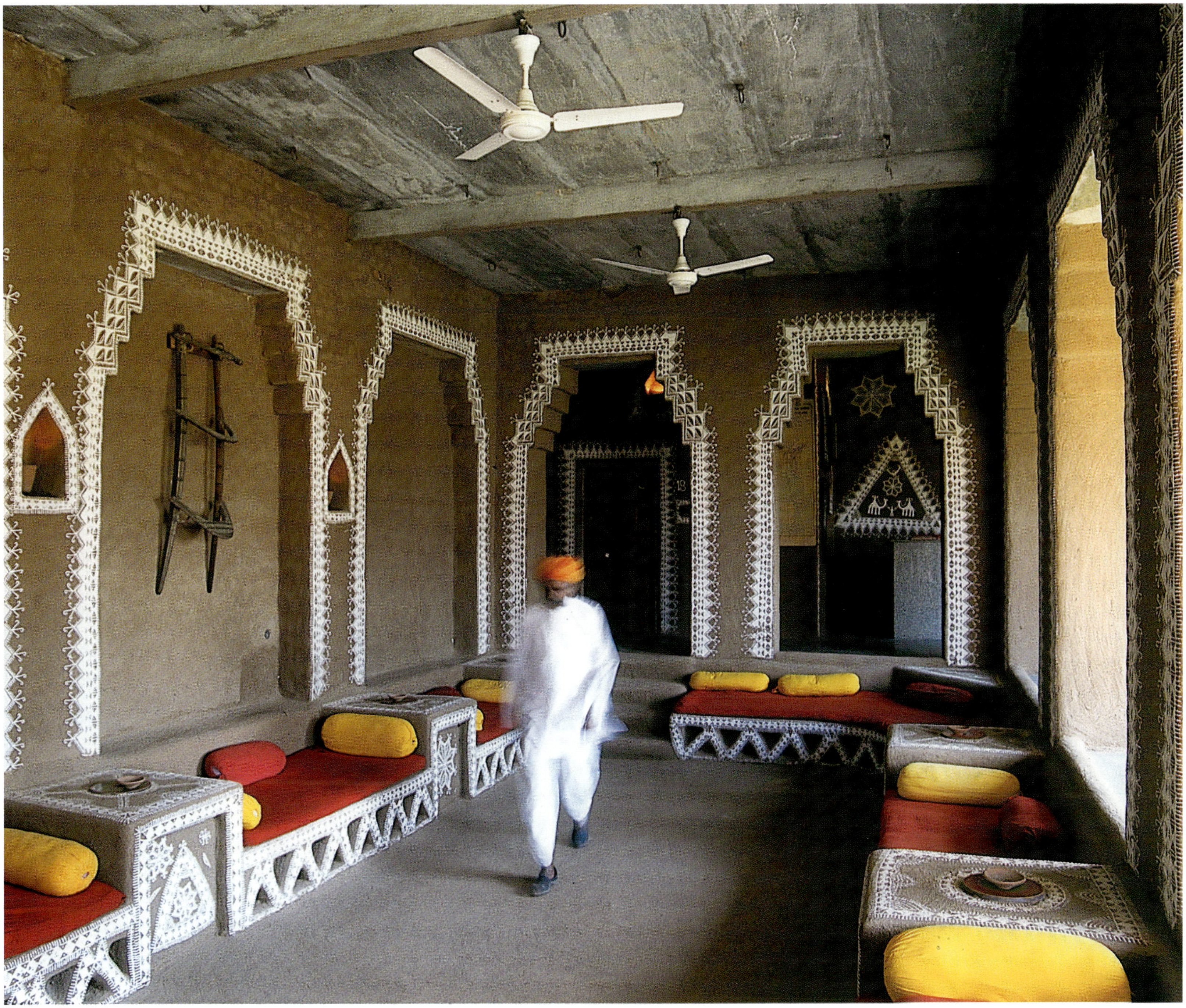

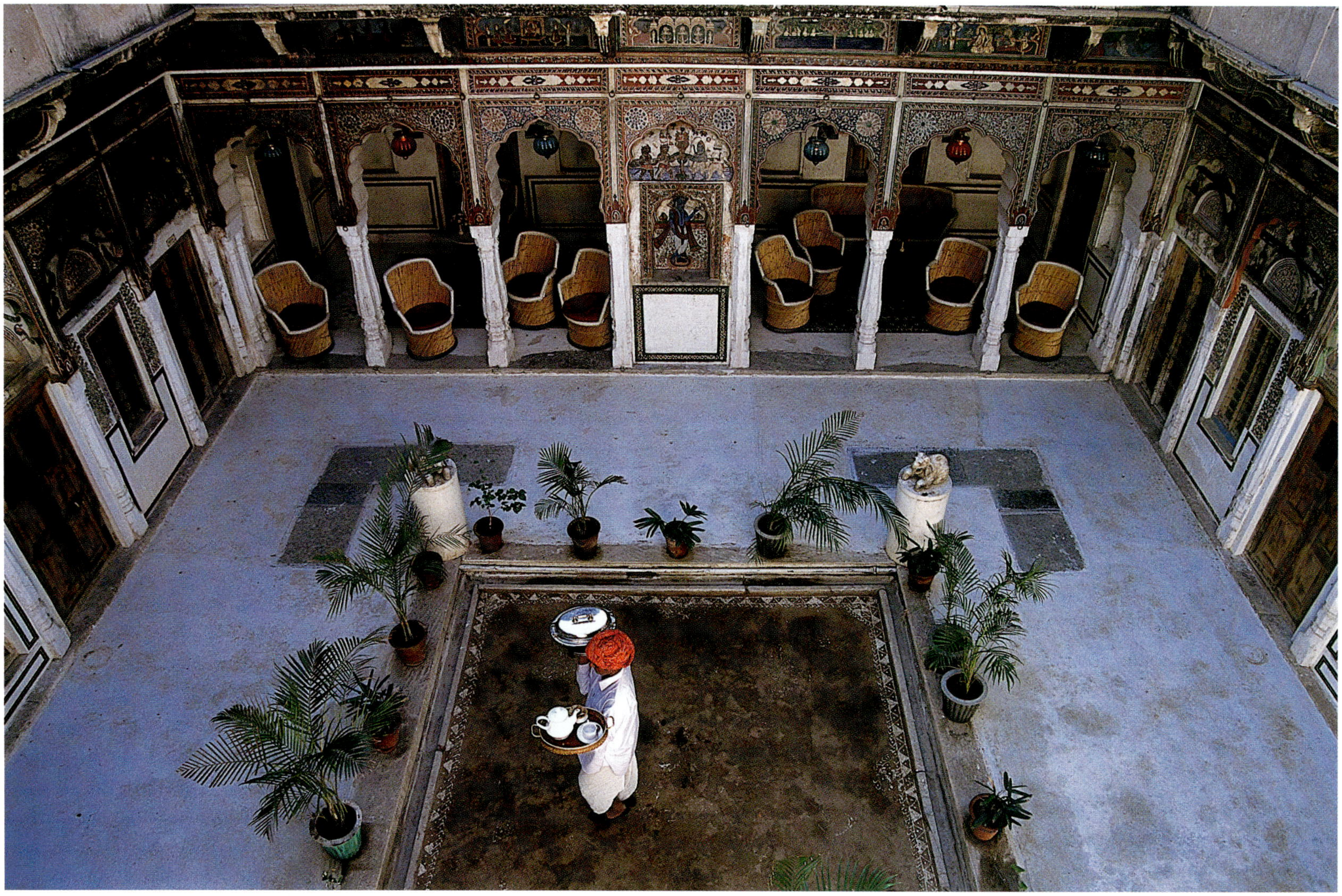

Né à Mandawa, localité pleine de caractère du Shekhawati, Dinesh Dhabhai a eu le coup de cœur pour un haveli *construit il y a deux cents ans, pratiquement en ruine. Après l'avoir acheté, il s'est attelé à sa restauration avec passion et patience, morceau par morceau, et ouvert un hôtel bien nommé Mandawa Haveli, une adresse au charme fou. Les suites* (page 293), *qui portent chacune un nom différent de lord Khrisna, sont très coquettes.*

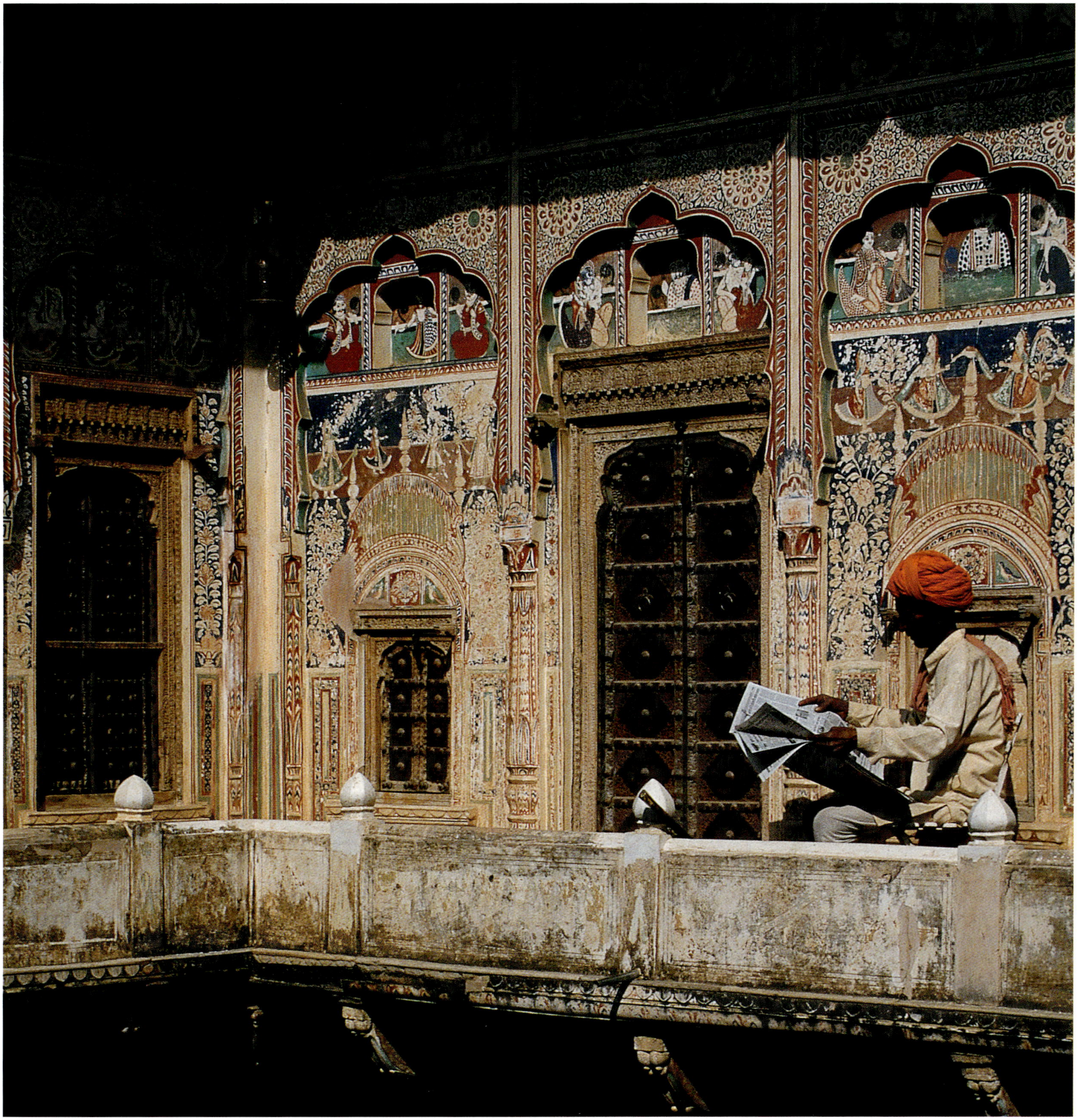

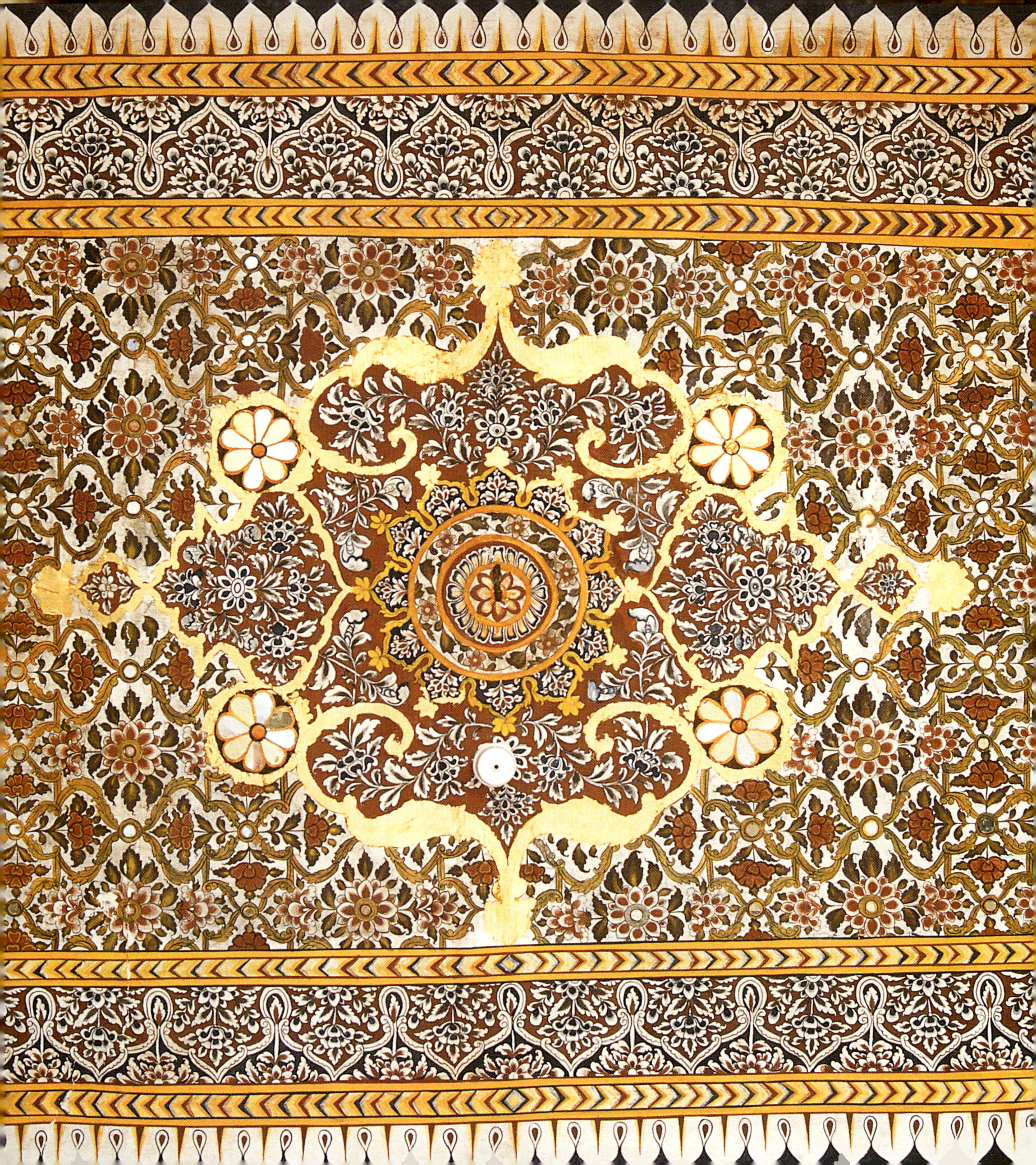

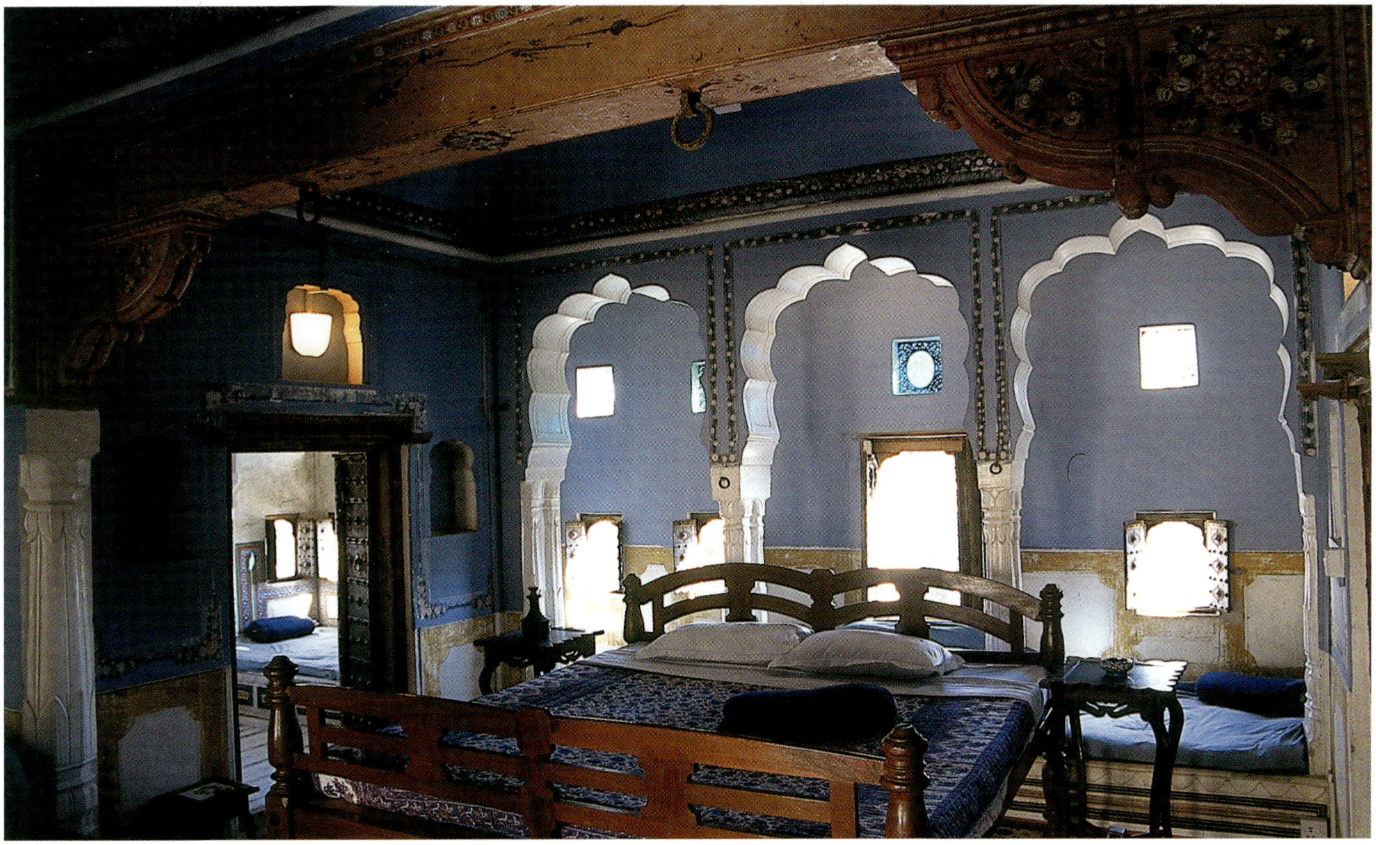

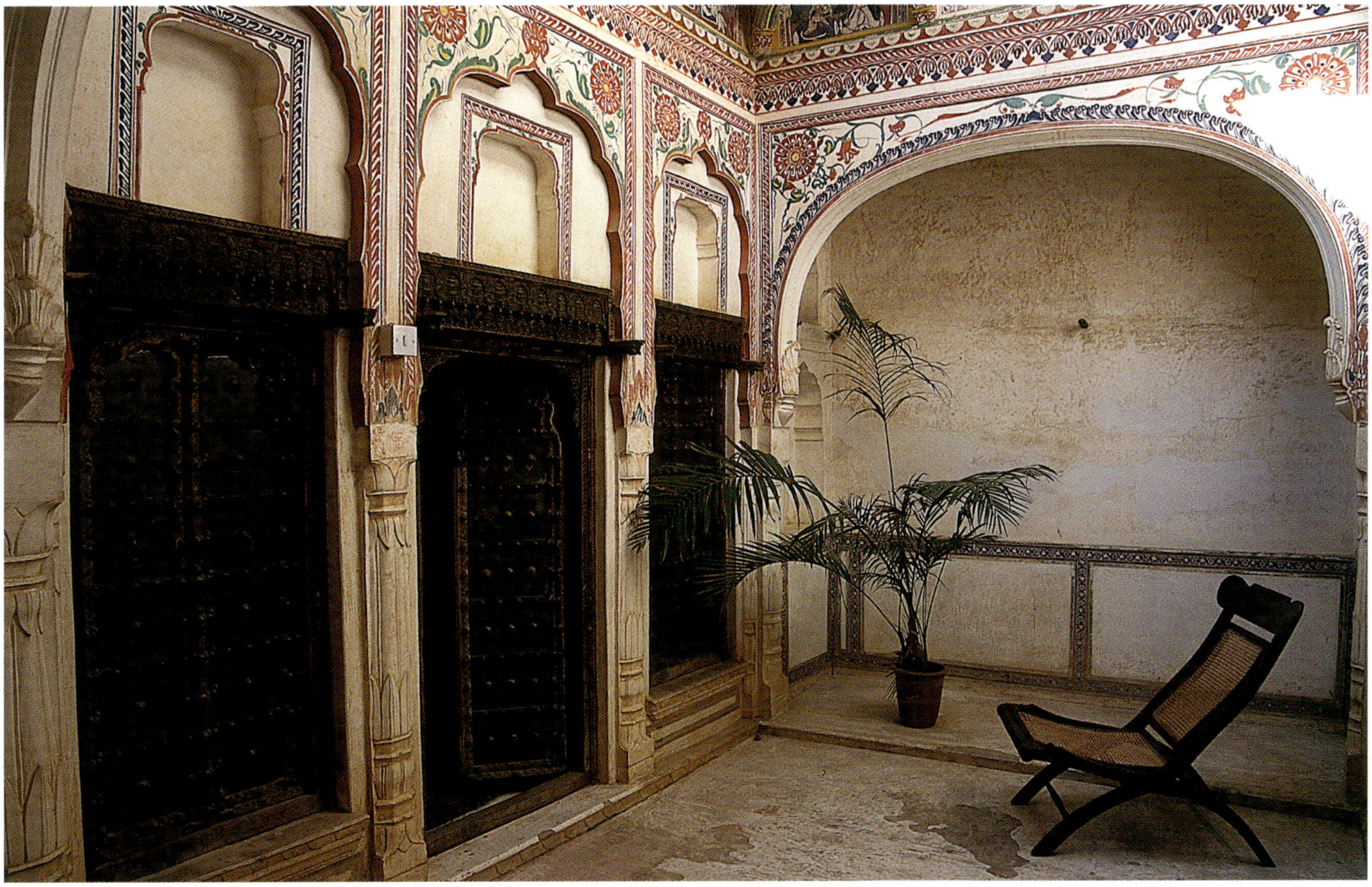

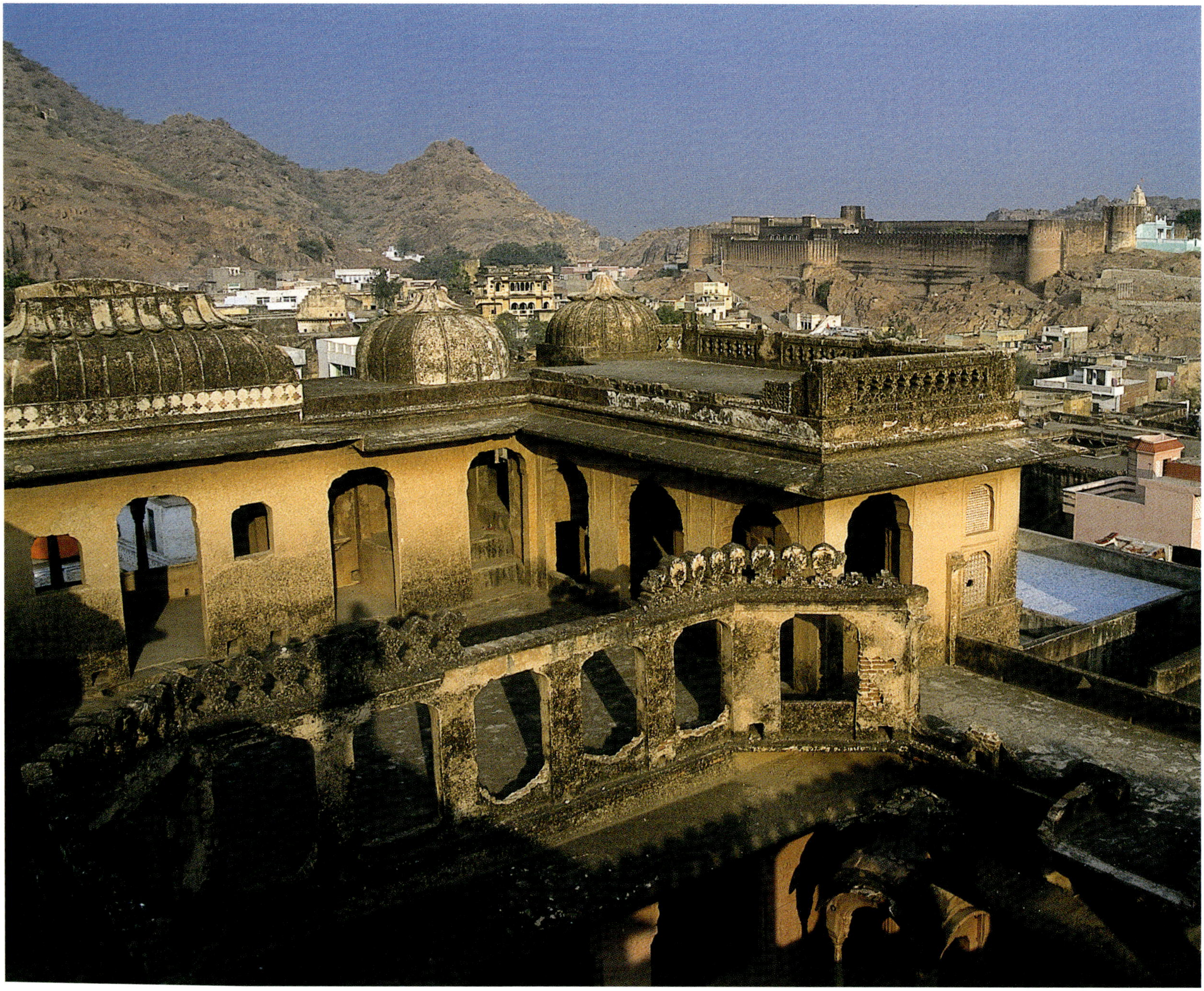

Les terrasses du palais de Khetri Mahal construit en 1770 à Jhunjhunu, bourgade dominée pendant plus de trois cents ans par les nawabs (musulmans) Qaimkhani, permettent d'embrasser d'un coup d'œil toute la région. Le dargah *(sanctuaire) de Qamr ud-Din Shah* (page 295), *un saint musulman vénéré par les hindous, vaut le détour.*

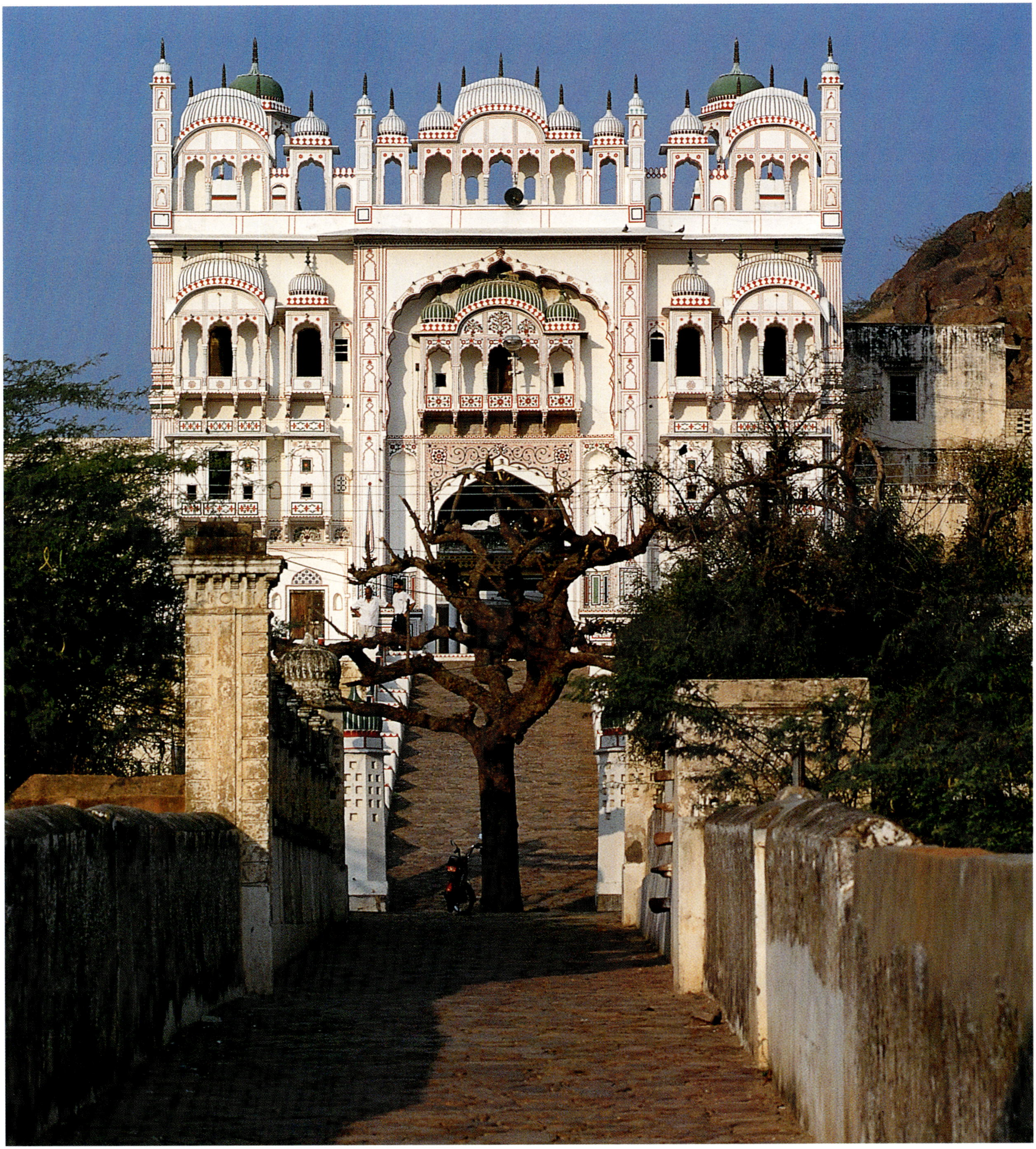

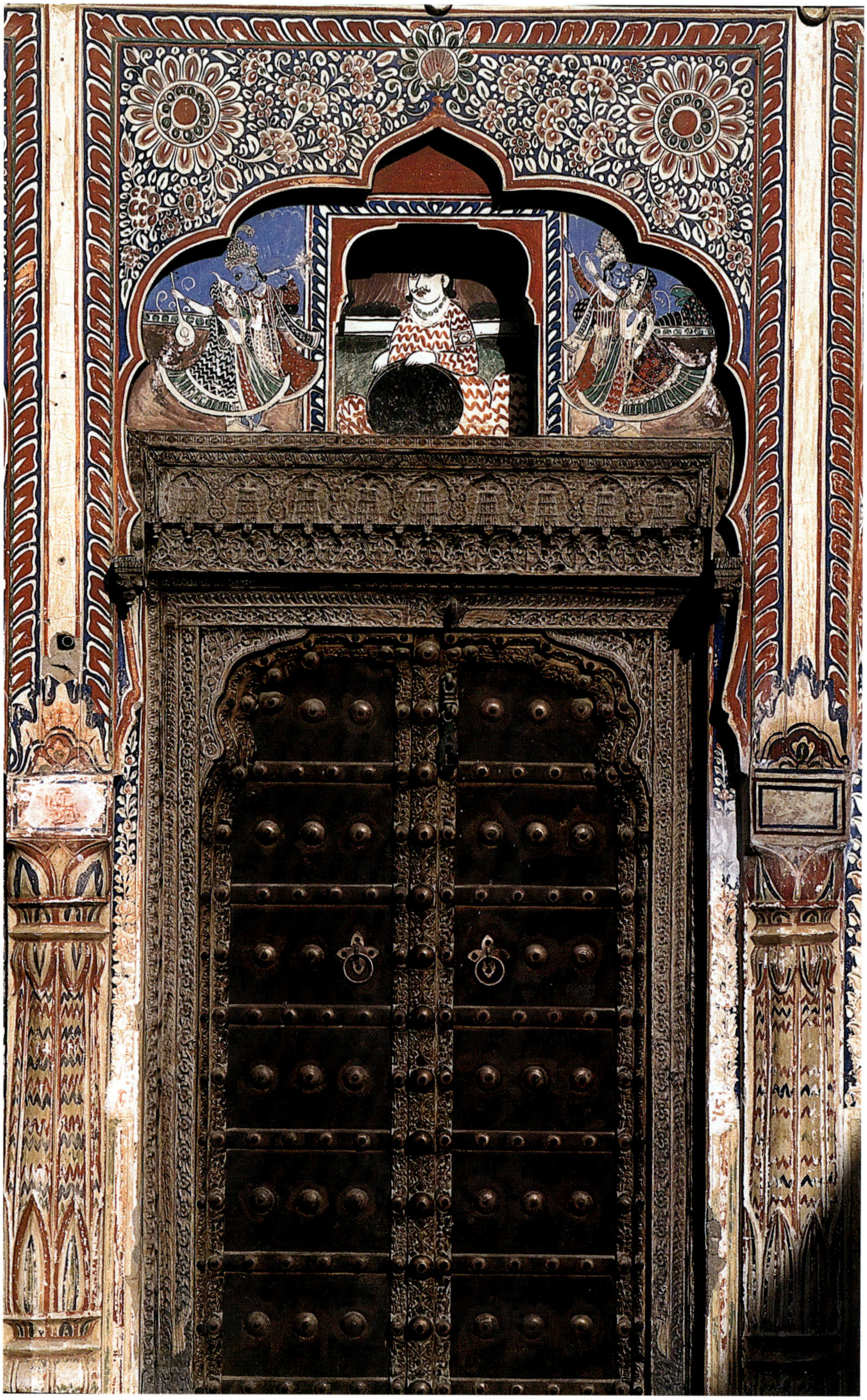

Les propriétaires des haveli*, qui ont fait fortune à Calcutta ou à Bombay, confient en général leur demeure à des familles locales qui les entretiennent pendant leur absence. Ils y reviennent une ou deux fois par an ou à l'occasion d'un mariage.*
Page 297 : *Le* haveli *Modi à Jhunjhunu, bâti en 1896.*

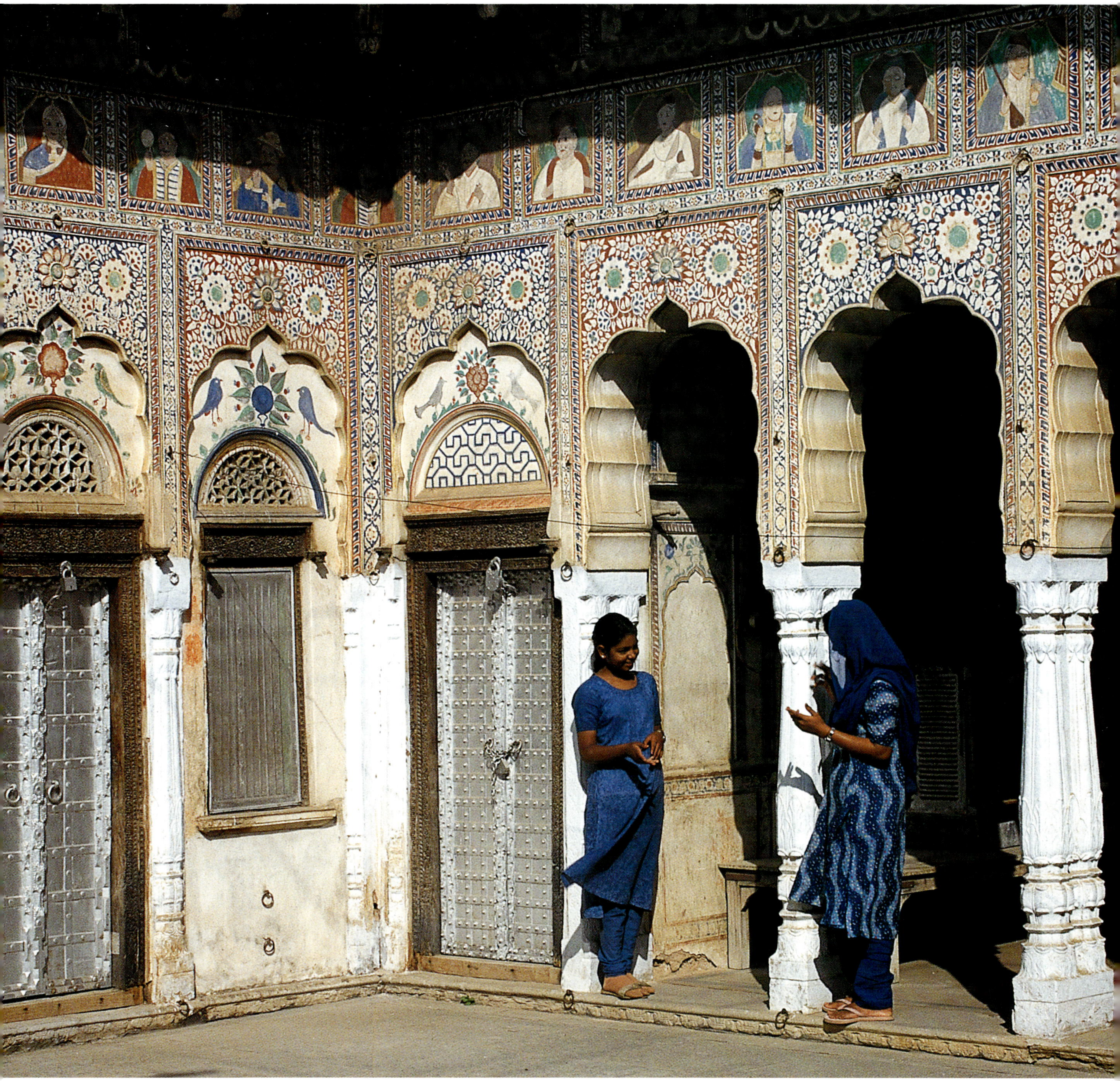

PUSHKAR, L'HINDOUE

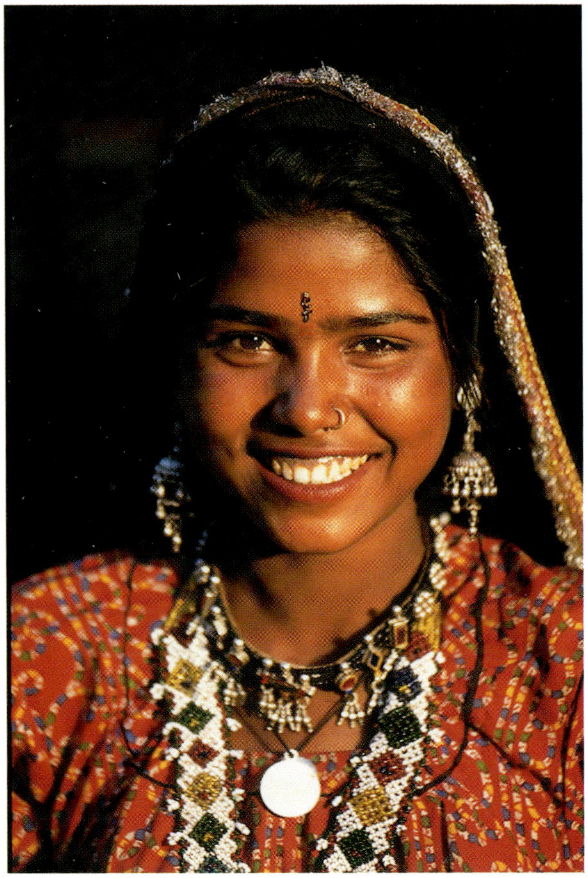

Lors de la traditionnelle foire aux chameaux de Pushkar, ville sacrée pour tous les hindous, les filles du désert se parent de tous leurs bijoux et se font plus enjôleuses que jamais : longue jupe froncée à la taille (ghagra), *boléro court* (kanchli), *chemisier large* (kurti) *et voile coloré* (orhni).

Si le temps des caravanes est bien révolu, le célèbre marché aux chameaux de Pushkar reconstitue chaque année l'un des derniers grands rassemblements du désert. Pendant la première lune du mois de Kartik, entre octobre et novembre, venues de tout le pays, de longues colonnes de dromadaires convergent pour ce grand rendez-vous qui anime la région pendant quelques jours. L'hiver est souvent l'invité surprise. Le campement est installé en marge de la ville qui passe de 11 000 habitants à 200 000 visiteurs. C'est la foire du Trône en plein désert avec courses de chameaux, fanfares, jeux, grande roue.

Mais pour tous les hindous qui se respectent, Pushkar est bien davantage qu'une simple foire aux bestiaux. C'est un lieu sacré. Toute l'année, des familles entières viennent passer quelques jours autour du lac le plus vénéré de toute l'Inde. Encerclé de palais et de temples, il est surnommé Tirtha Raj (le roi des lieux saints). La légende avance que c'est un pétale de lotus tombant des mains de Brahma, créateur de tout, qui aurait dessiné son contour.

Même si les temples les plus anciens ont été rasés par l'empereur moghol Aurangzeb à la fin du XVIIe siècle, la ville est demeurée un sanctuaire incontournable pour les hindous, un peu comme Bénarès. Du matin au soir, hommes et femmes accomplissent leur bain rituel le long des marches appelées *ghat* et font leurs dévotions avec l'aide des brahmanes. Un spectacle qui ne manque pas de poésie, surtout à la tombée de la nuit quand les processions serpentent jusqu'au temple de Brahma, seul sanctuaire du pays dédié à cette divinité hindoue. Eclairées par une lune insolente, les lueurs du lac se font plus bleutées, les montagnes plus rougissantes, les poussières du désert plus dorées. Certains soirs de novembre, les étranges tintements de cloches et de cymbales des temples, les gémissements rauques des chameaux et les tambours sacrés entretiennent la pulsation enivrante de la plus grande fête du chameau. La religion n'est jamais triste en Inde.

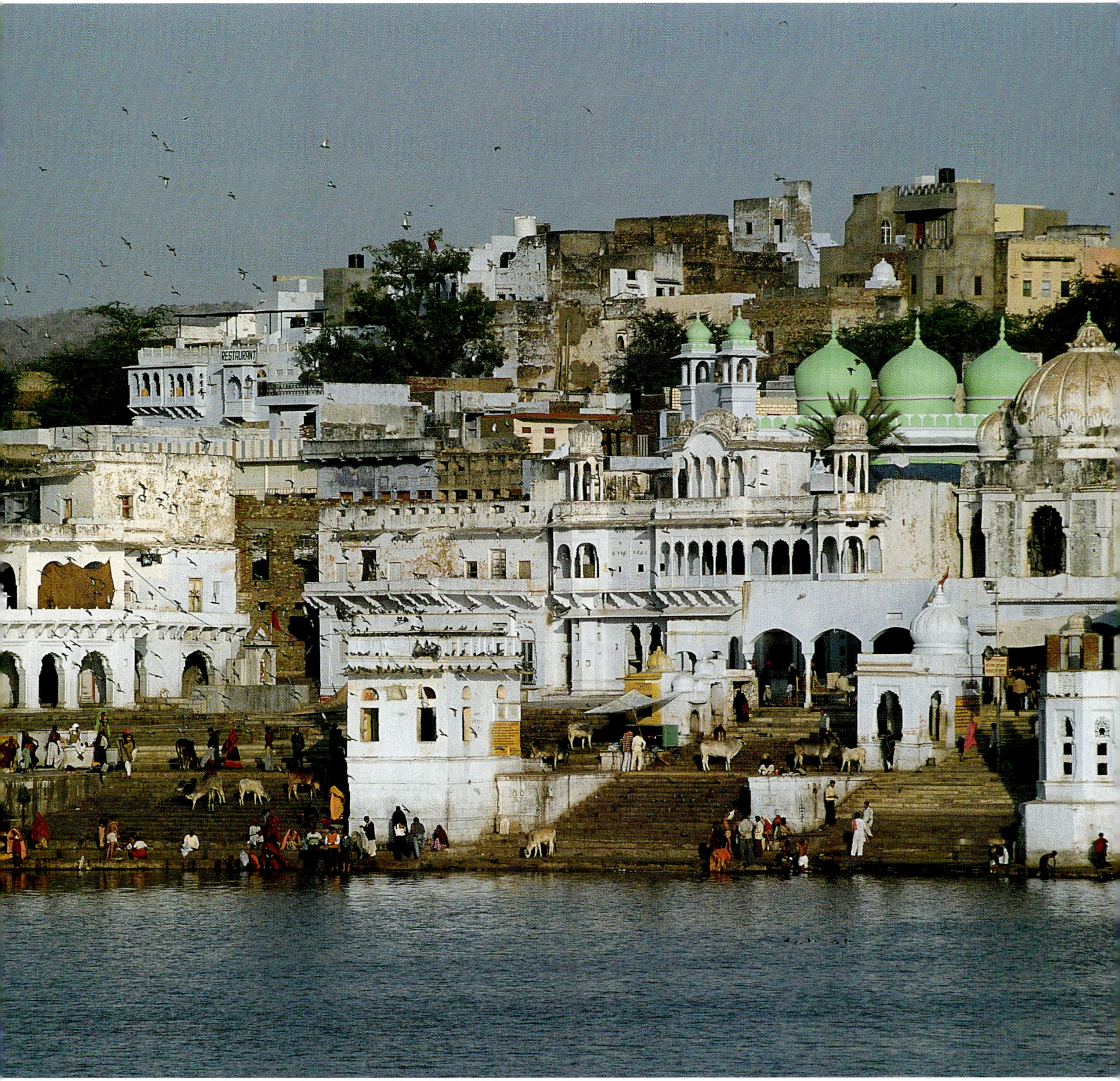
RESTAURANT

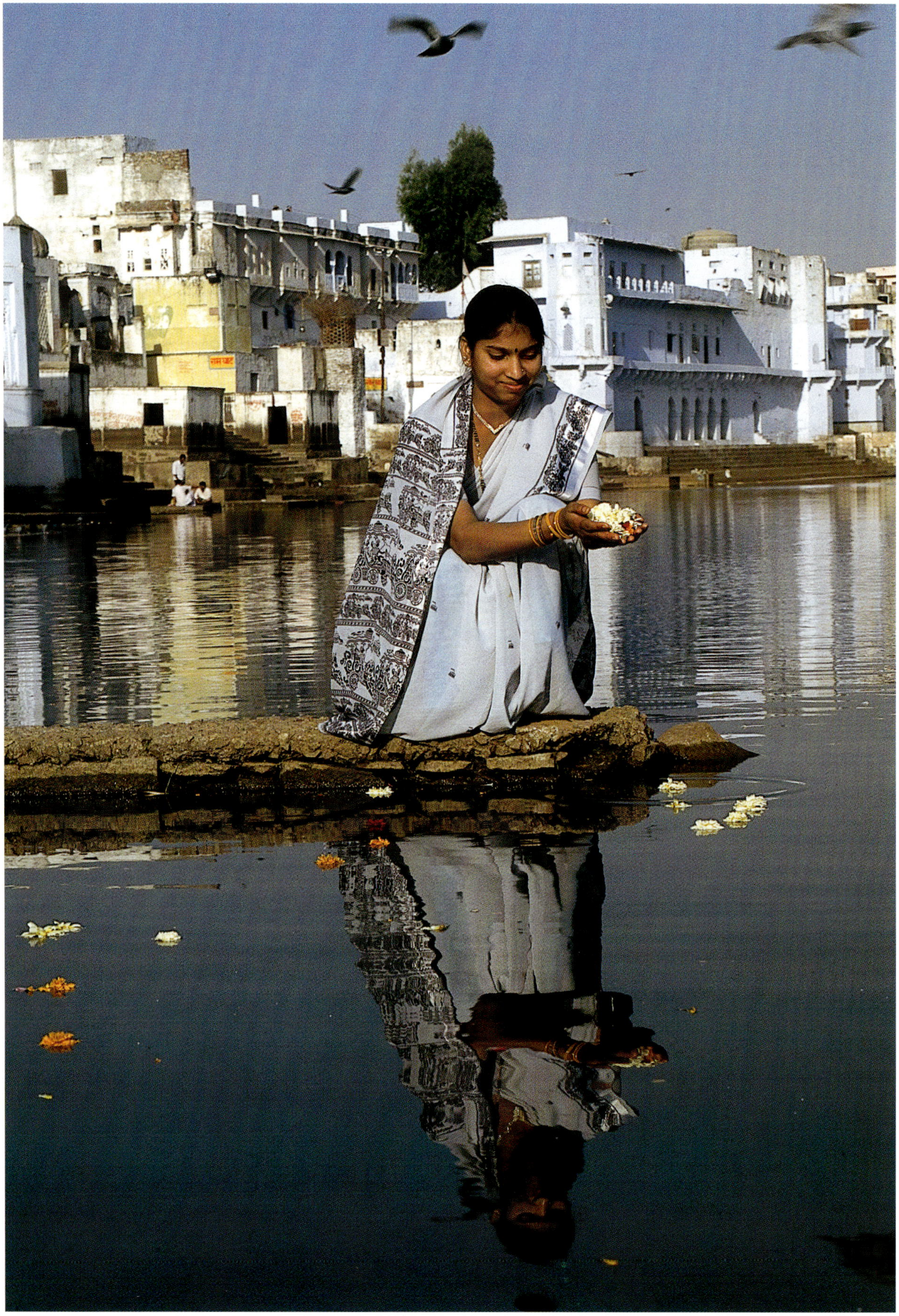

Pour tous les hindous, Pushkar demeure l'une des villes les plus vénérées qui soient. Son lac aurait été dessiné à l'endroit où un pétale de lotus serait tombé des mains de Brahma. Si elle intrigue par les mélanges de styles des palais et demeures qui bordent son lac, elle a conservé une âme et une atmosphère uniques quand les pèlerins viennent y faire leurs dévotions et s'y baigner.

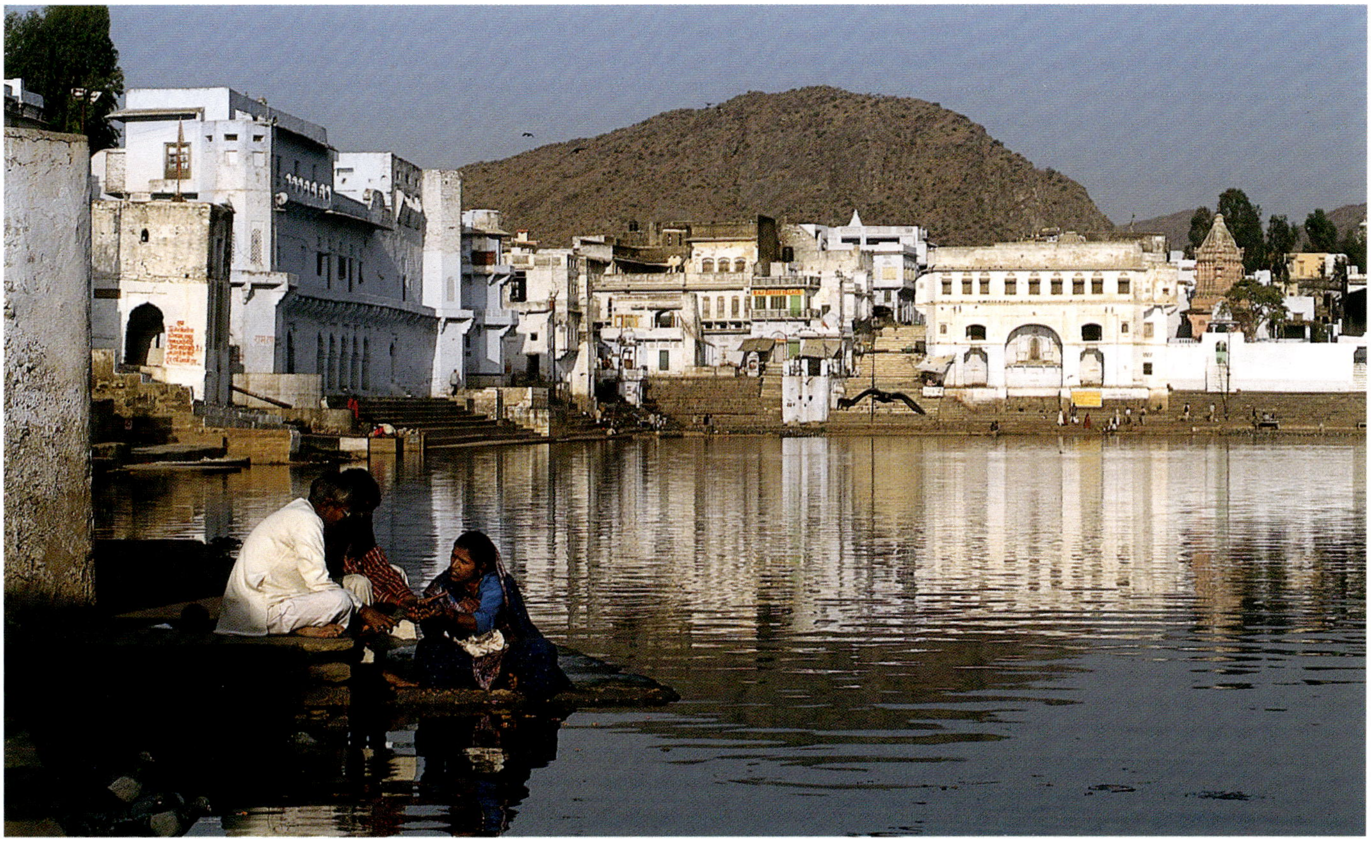

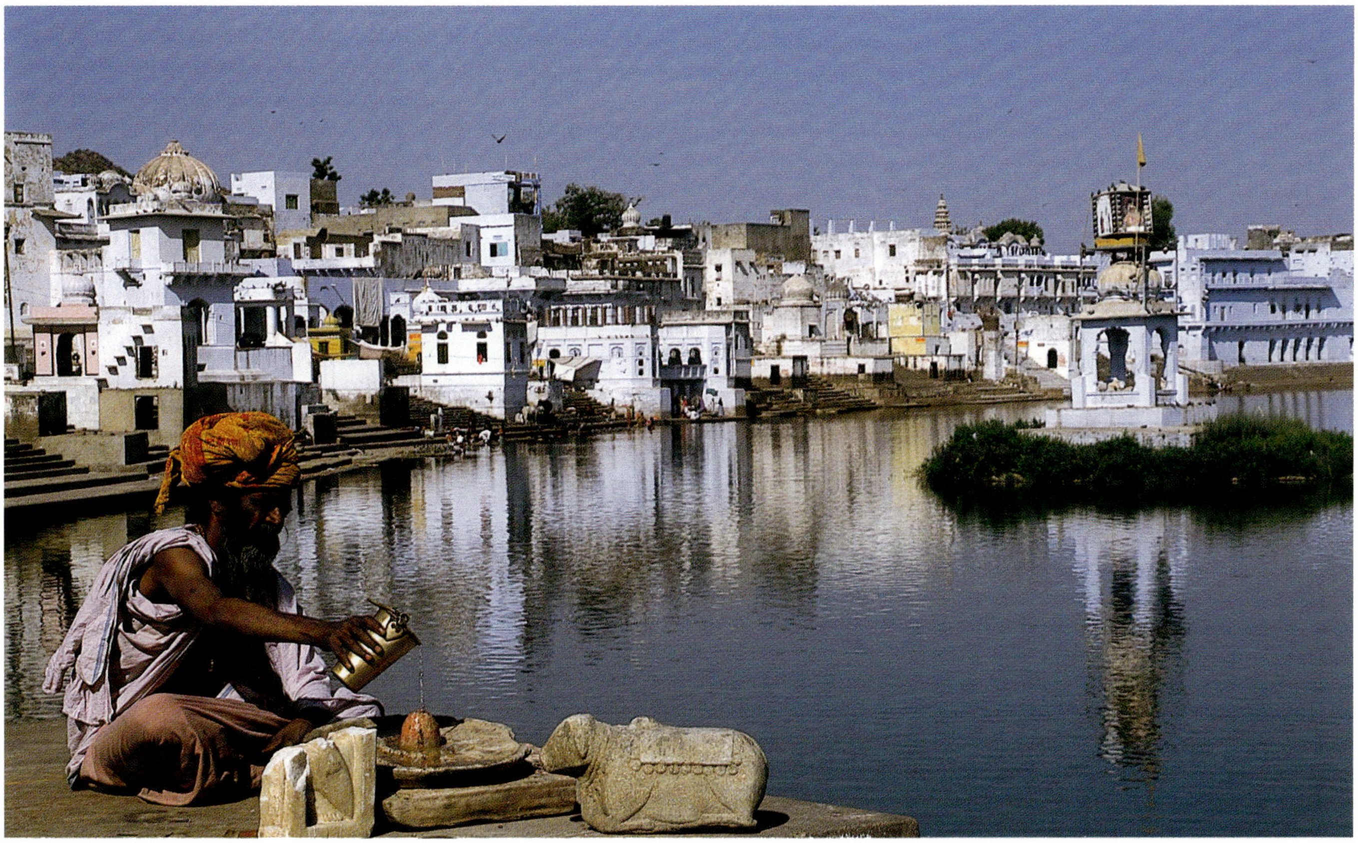

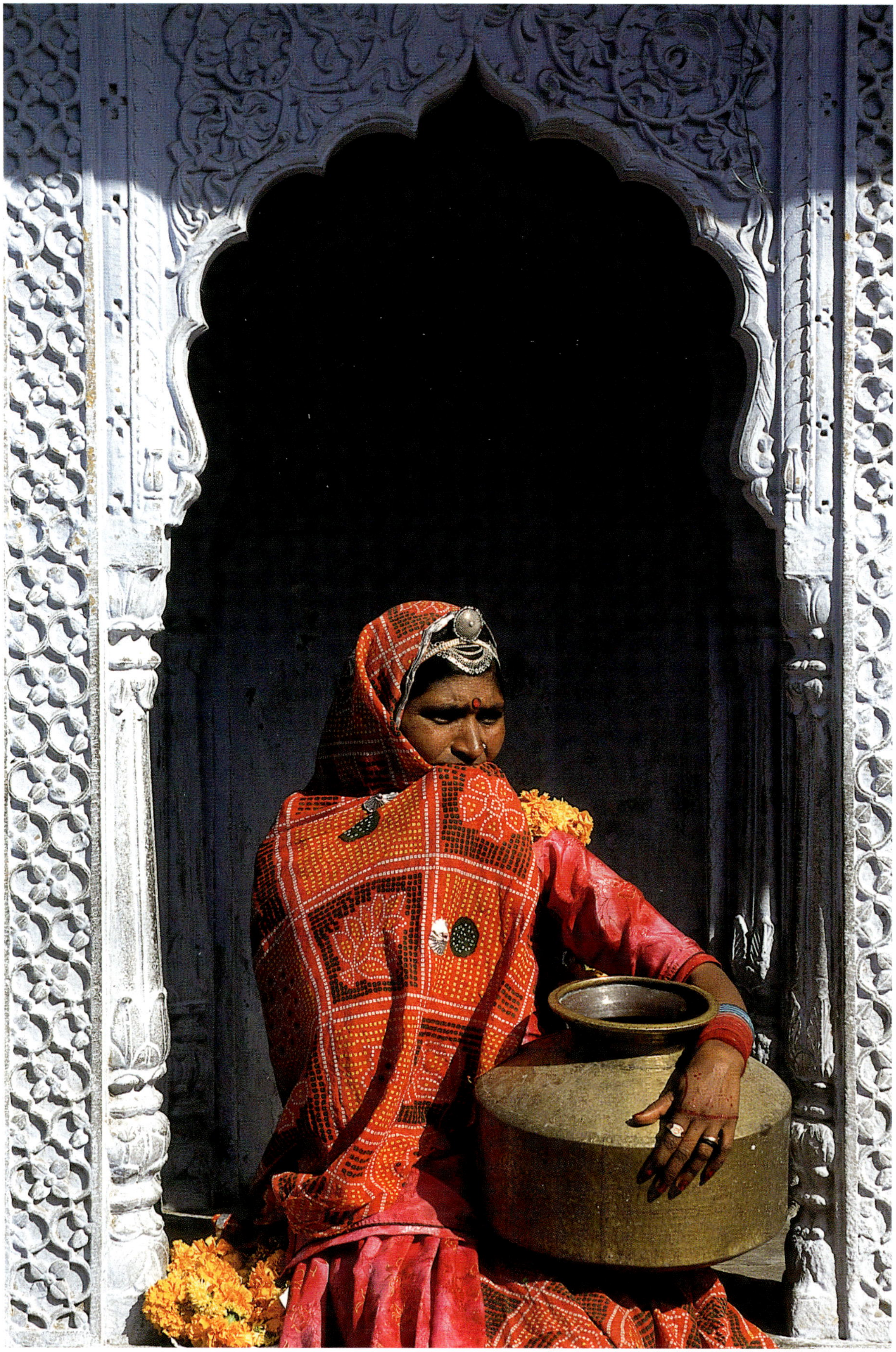

En matière d'habillement, la couleur et l'impression des tissus permet de distinguer l'appartenance des femmes et des hommes à différentes communautés. Pour l'homme, le turban (pagdi) *et les moustaches sont des attributs incontournables du panache et de la fierté rajputes. « Celui qui veille s'enfuit avec le* pagdi *de celui qui dort », dit un fameux proverbe du Thar.*

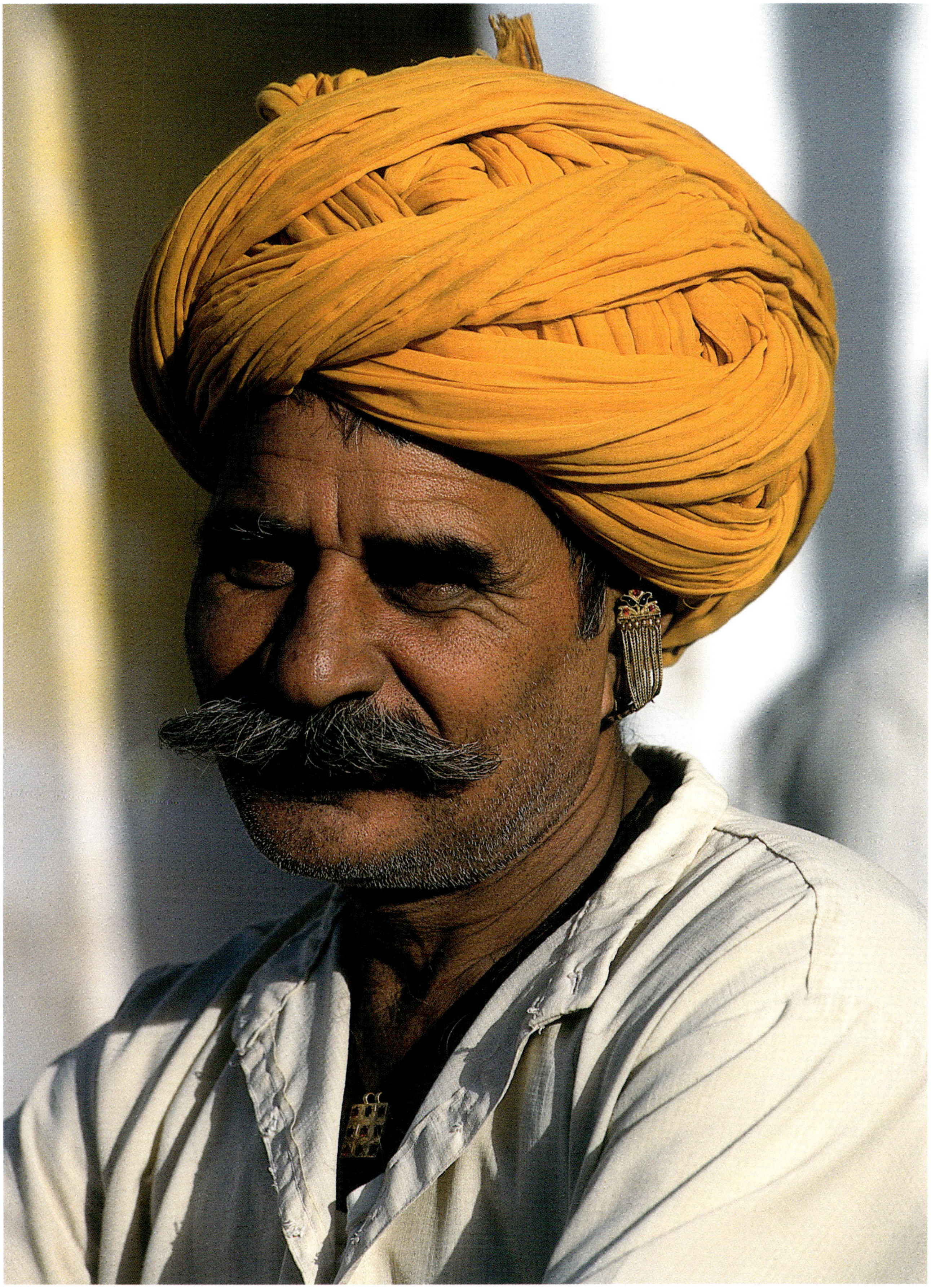

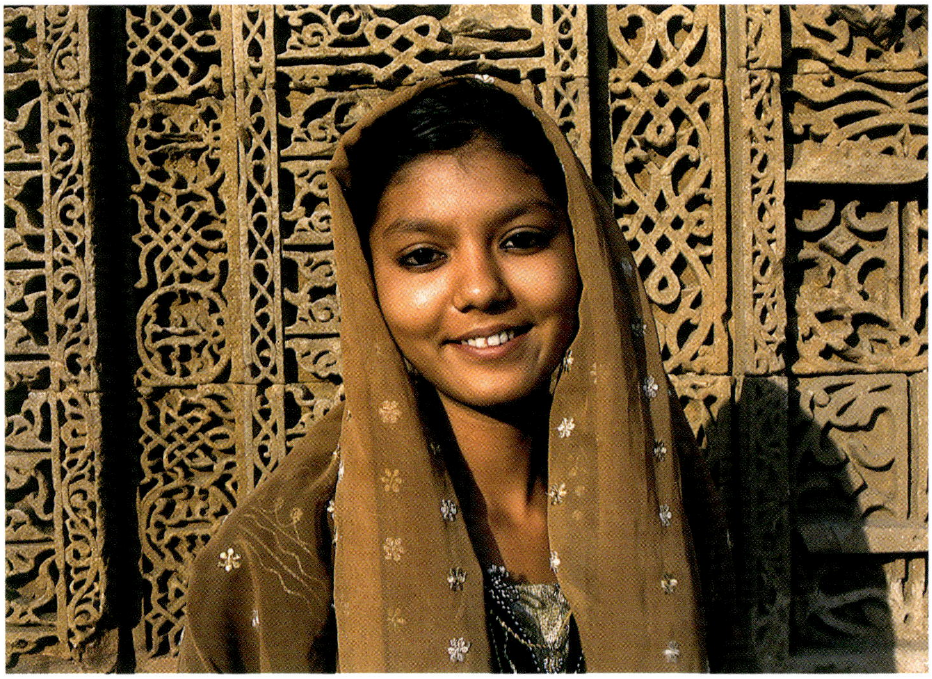

Il n'y a vraiment pas d'âge pour se laisser séduire par la finesse de la mosquée Adhai-din ka Jhonpra d'Ajmer, réalisée au début du XIIIe siècle, l'un des plus anciens vestiges de l'Inde islamique.

AJMER, LA MUSULMANE

Haut lieu religieux pour tous les musulmans de l'Inde, le dargah *(sanctuaire) du saint soufi Main ud-Din Chisti constitue le cœur de la ville. Certains affirment que sept pèlerinages à Ajmer sont équivalents à un seul à La Mecque. D'autres avancent qu'un vœu énoncé devant le célèbre* dargah *sera exaucé dans l'année.*

L'hôtel Burraq Manzil est le mieux placé de la ville. Juste en face de la monumentale porte blanche et verte qui commande l'accès au fameux mausolée ou *dargah* du soufi Khwaja Main ud-din Chishti. Il fait le plein presque toute l'année. « La sépulture du Saint attire des milliers de musulmans de tout le pays et même du Pakistan », affirme le sympathique Rahman Burraqui qui nous reçoit au premier étage de son hôtel. Il porte avec fierté le titre de Haji depuis qu'il a accompli le voyage sacré à La Mecque. « Ma famille a décidé de rejoindre le Pakistan, en 1947. Moi, j'ai choisi de demeurer ici. Je reste loyal à mon pays, l'Inde. »

Chaque année, lors de la fête de l'Urs qui commémore la mort du saint, les pèlerins envahissent dans la bonne humeur les ruelles d'Ajmer pour venir se recueillir devant le sanctuaire musulman le plus vénéré de l'Inde.

Il ne reste rien de la forteresse dressée par le roi rajput Ajai Pal au VIIe siècle. L'Afghan Mohammed de Ghor dévaste la ville à la fin du XIIe siècle. Sur ses traces, un pieux musulman Main ud-din Chishti (1142-1236), investi de la mission de développer l'Islam en Inde du Nord, se pose à Ajmer qui devient centre de pèlerinage. En 1556, l'empereur moghol Akbar en fait un noyau musulman en terre rajpute, qu'il orne d'un palais où son petit-fils Shah Jahan résidera parfois.

La vieille ville conserve un charme très poignant lors des pèlerinages. Dépassant la porte médiévale (Delhi Gate), le flot des pèlerins remonte la rue principale, Dargah Bazar, qui

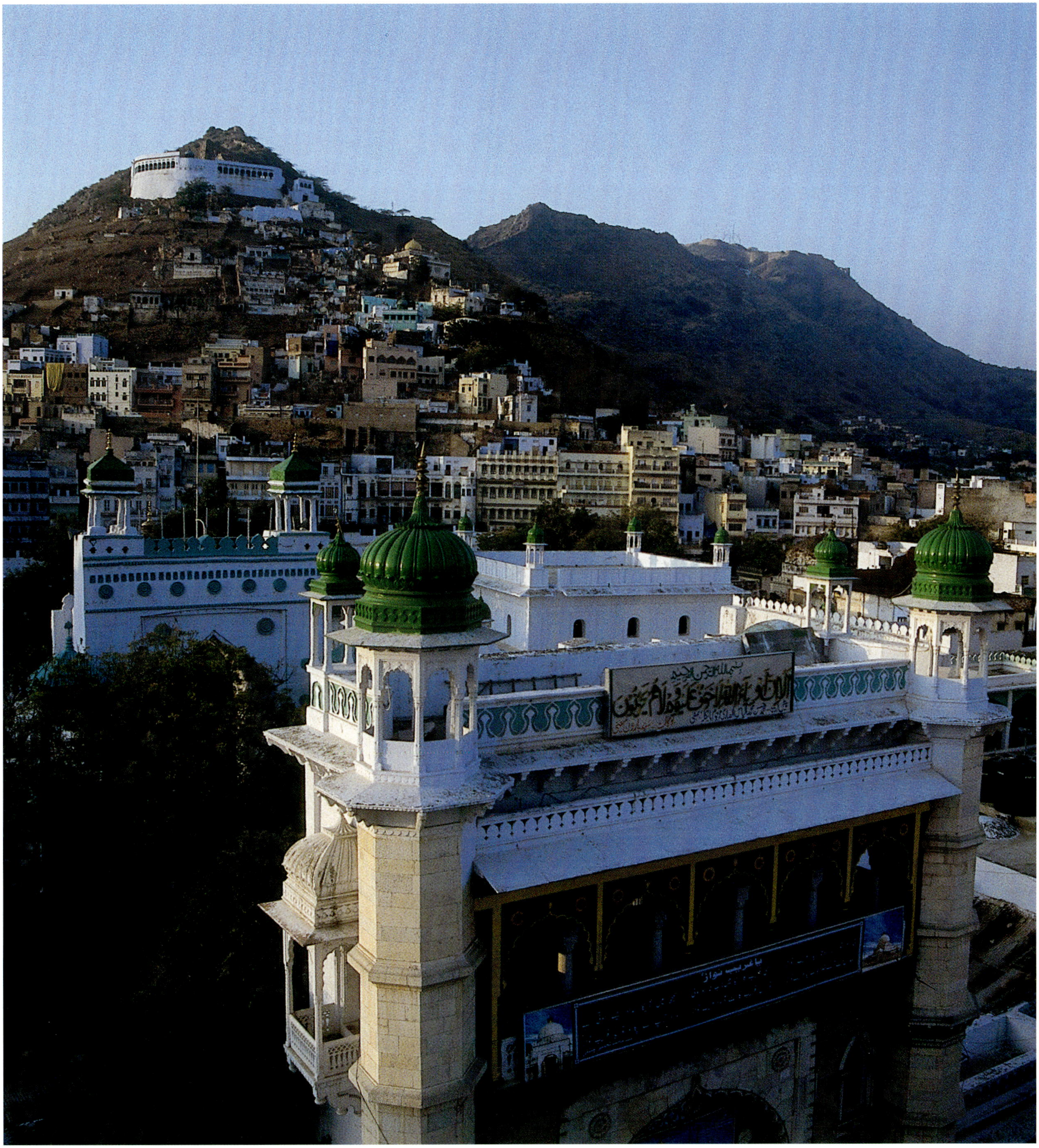

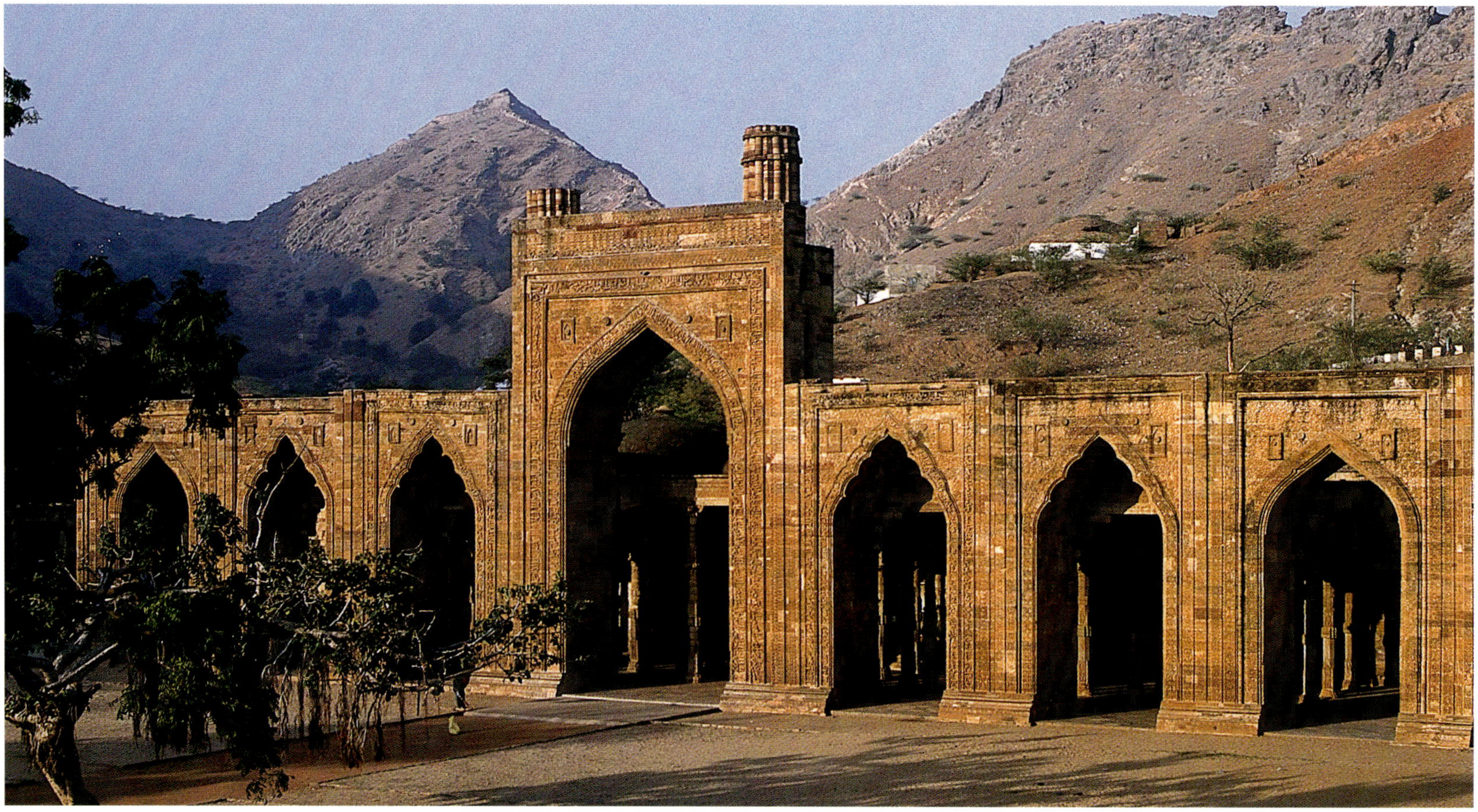

égrène ses boutiques de souvenirs et ses étals fournis en pétales de roses. Après avoir franchi une très haute porte verte et blanche piquée de deux minarets, la foule converge sur une vaste esplanade. Reconnaissable à son dôme de marbre blanc, le fameux *dargah* se trouve au milieu d'une cour envahie par les fidèles qui prient et y déposent des pétales de roses. L'ambiance est bon enfant.

Mais pour les plus âgés, le pèlerinage ne serait pas complet sans une visite à la très pure mosquée Adhai-din ka Jhonpra (traduisez « la hutte de deux jours et demi »), un peu en retrait du *dargah*. L'une des mosquées les plus anciennes du pays, puisqu'elle remonterait au XIIe siècle. La similitude avec la mosquée Quwwat ul-Islam du Qutab Minar de Delhi, commencée en 1193, est d'ailleurs frappante. La façade de la salle de prière, rajoutée au XIIIe siècle, comprend sept arches en arc de carène, parsemées d'inscriptions coraniques et d'arabesques vraiment remarquables. La salle de prière a hérité de piliers faits de trois colonnes superposées provenant de temples hindous et jaïns du XIIe siècle. Il y a aussi ces inscriptions finement creusées dans la pierre. Qu'est ce que cela veut dire ? Personne ne sait. Du persan peut-être... En fin d'après-midi, quand le muezzin appelle à la prière, les derniers fidèles et le soleil quittent définitivement la mosquée. Qui garde ses mystères !

Ajmer est fière de la mosquée Adhai-din ka Jhonpra (la hutte de deux jours et demi), dressée au XIIIe siècle dans un sublime décor de montagnes. Elle marque l'apogée de l'islam en Inde et du règne du sultan afghan Mohammed de Ghor. Qui entame pleinement l'histoire de l'art islamique. Si les deux minarets qui pointaient sur l'arche centrale ont pratiquement disparu, les sept arches en arc de carène de la salle de prière forment un ensemble unique. Les façades sont admirablement recouvertes d'inscriptions coraniques et d'arabesques sculptées avec génie. Les piliers sculptés de la salle de prière ont été « empruntés » à des temples hindous et jaïns de la région.

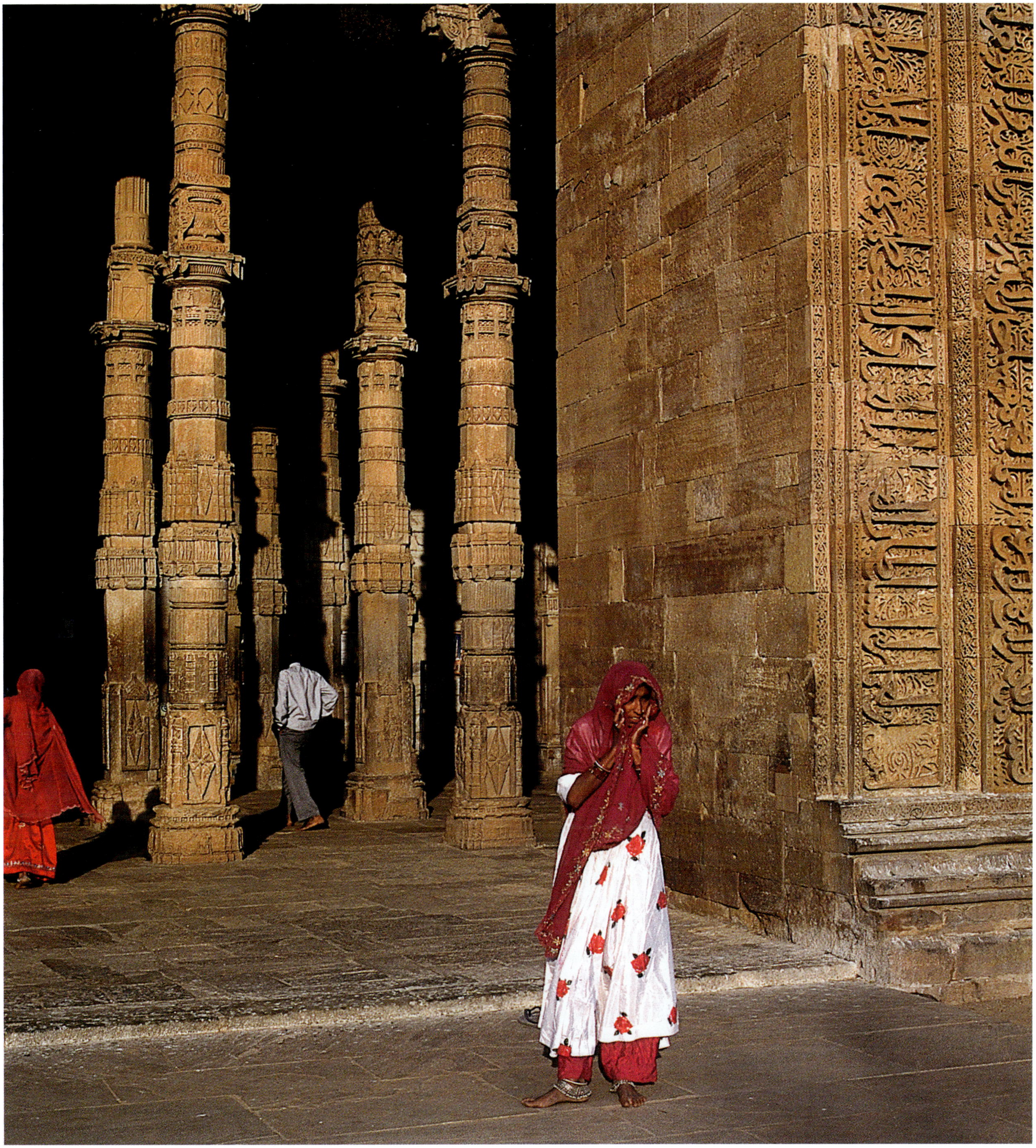

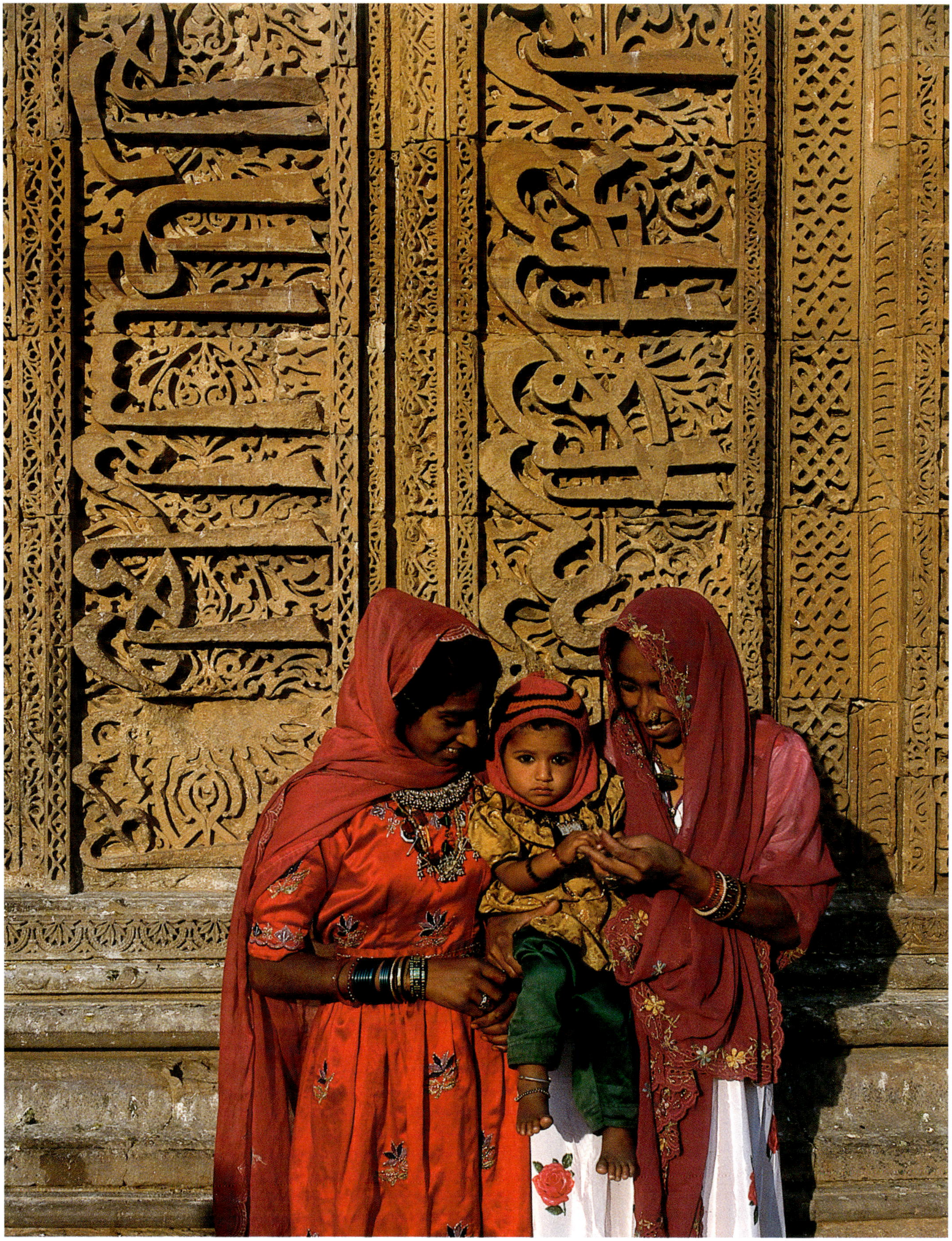

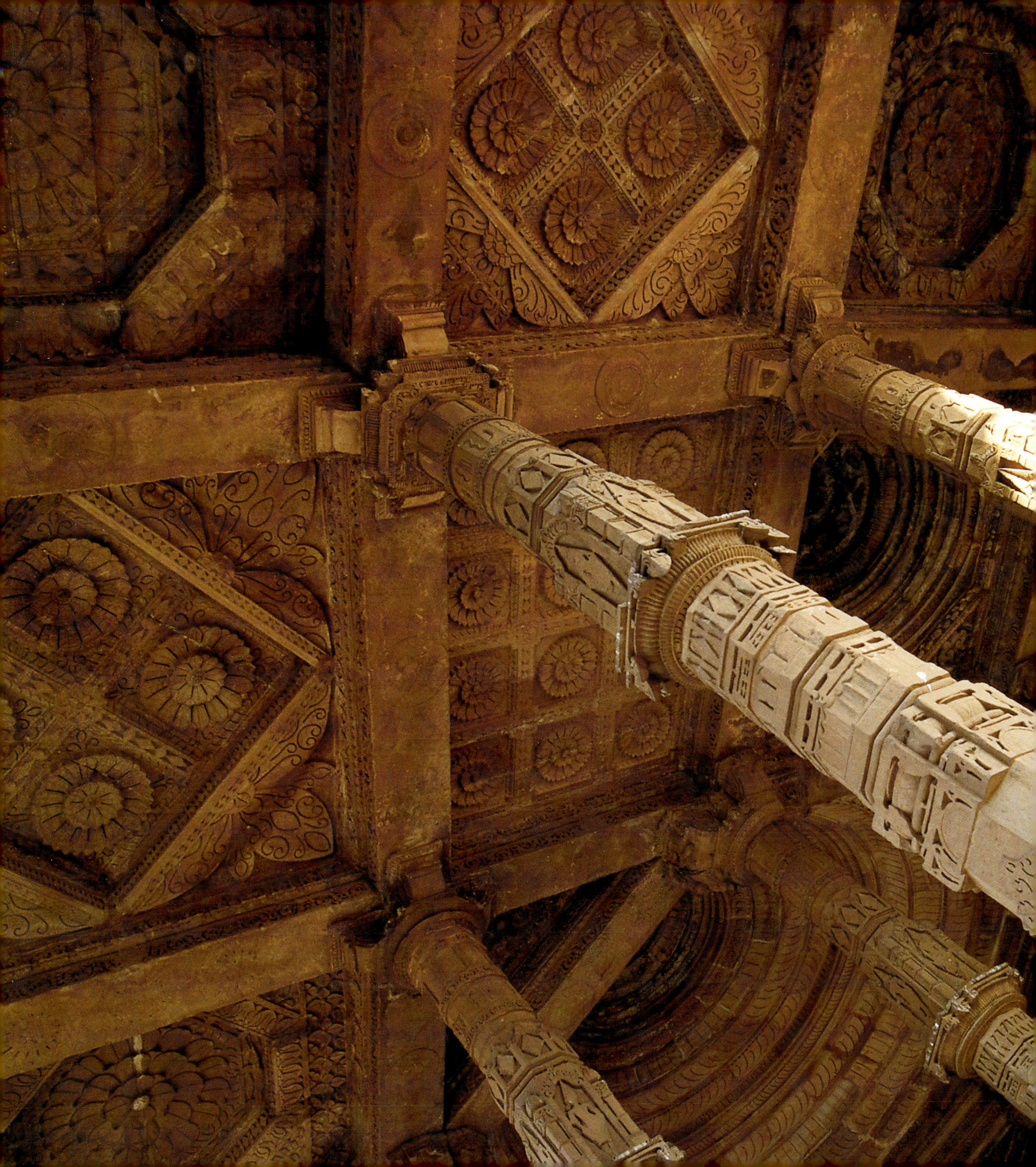

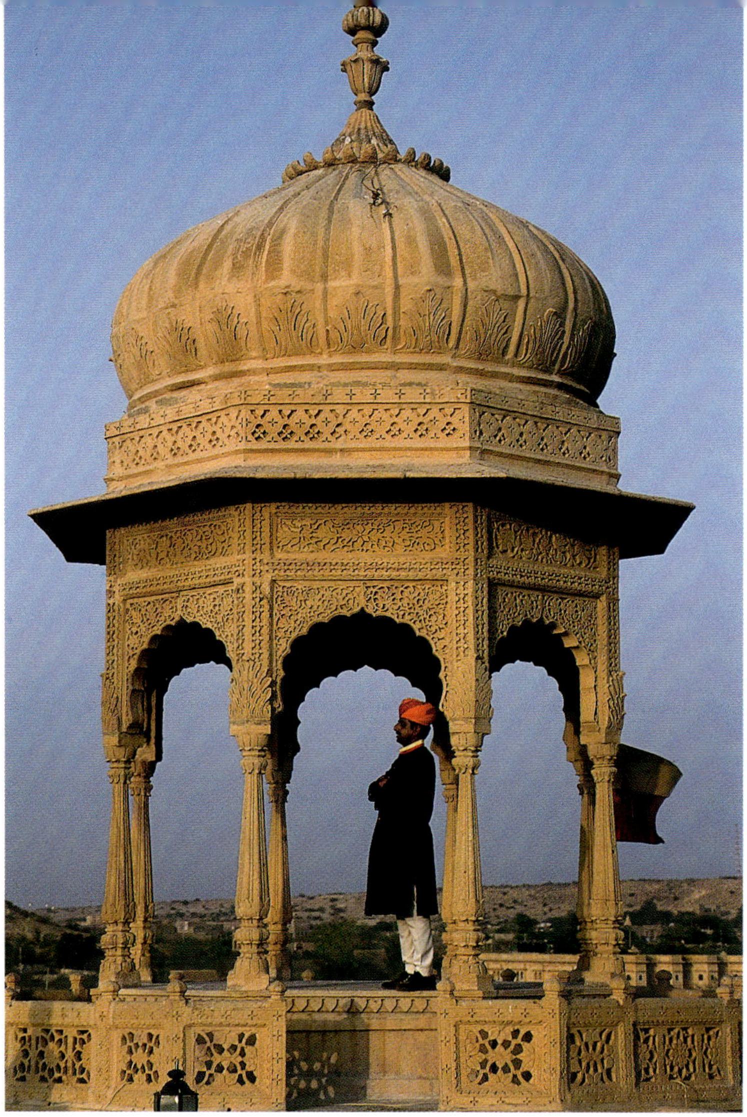

Au bout du désert, aux confins du Rajasthan, surgit tel un mirage la citadelle de Jaisalmer qui a conservé son incomparable tracé médiéval.

JAISALMER, LA CITADELLE COULEUR DE MIEL

En partance pour la Chine, Marco Polo y aurait déposé ses lourdes malles. Première route en 1958, premier chemin de fer en 1968... Au bout du voyage, au bout du désert, au bout du Rajasthan et de l'Inde, presque à la frontière avec le Pakistan, une impressionnante forteresse apparaît comme une récompense à celui qui cherche. Avec Jaisalmer, le désert a son pays et le voyageur, son refuge. Le temps est différent. Il ne passe pas. Il s'offre et se laisse déguster. Vivre quelques jours dans la citadelle, interdite à tous les moteurs et ouverte à toutes les rêveries, vivre quelques nuits étoilées dans un vieux palais dont les étroites fenêtres embrassent à perte de vue le désert, tout ça tient de la pure extase. On peut y passer des jours et des jours sans se lasser. Sous ces remparts, la ville basse se décline sous les aspects les plus attachants : un insensé dédale de ruelles tailladées par le soleil, parsemées ici et là de splendides maisons appelées *haveli* où les tailleurs de pierre, les Silavats, virtuoses du ciseau, ont usé de leur génie pour façonner des façades de dentelle.

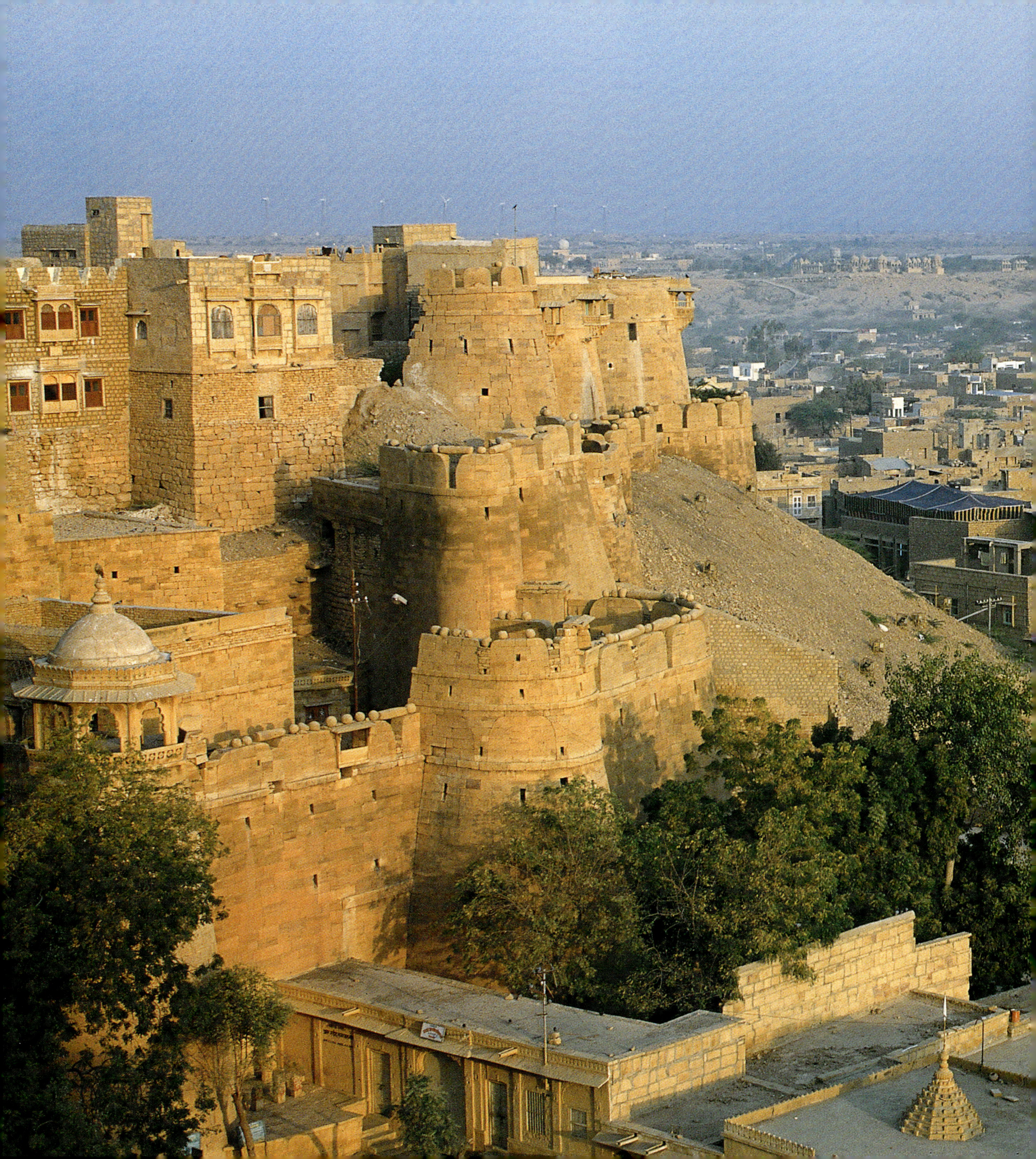

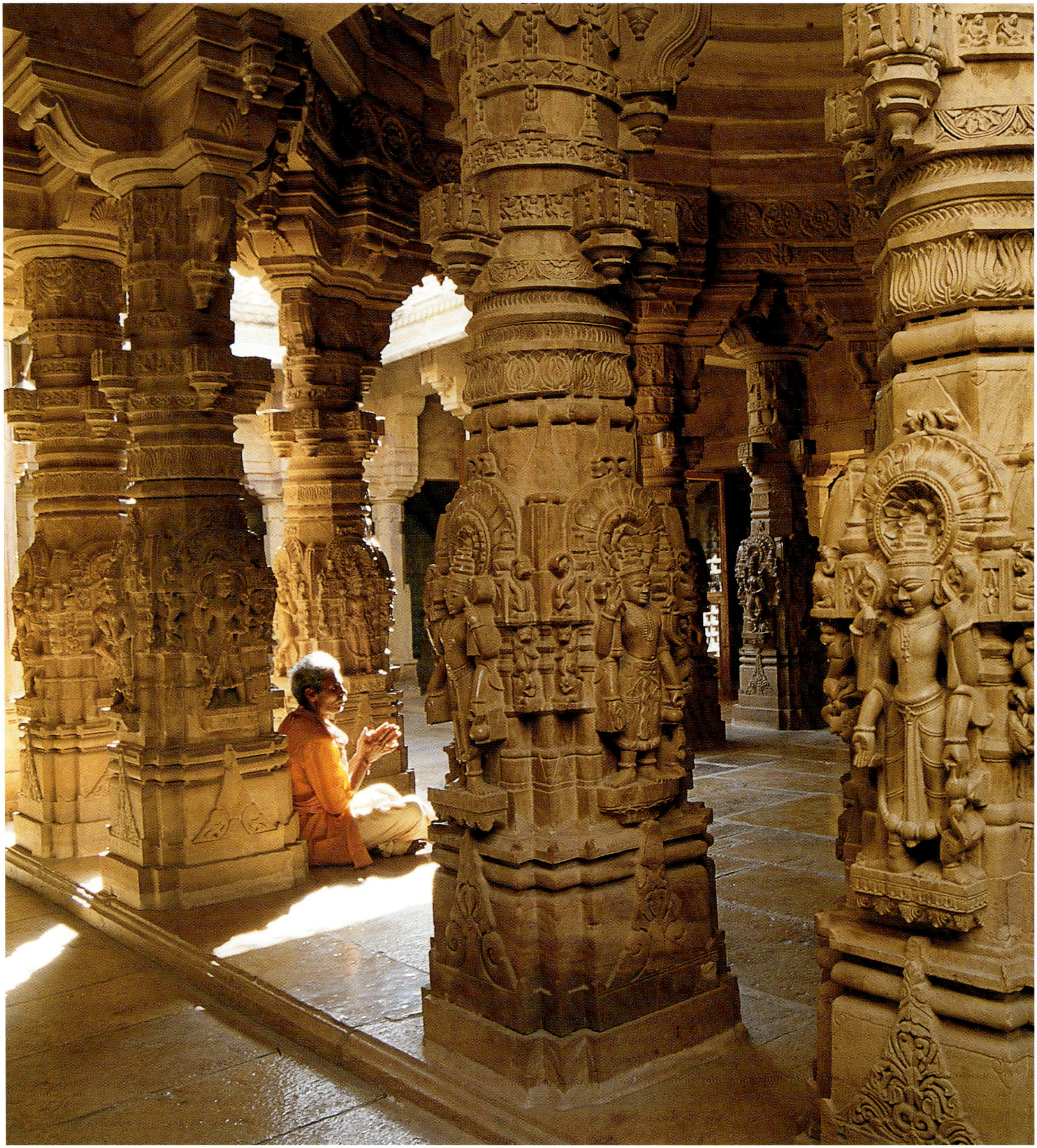

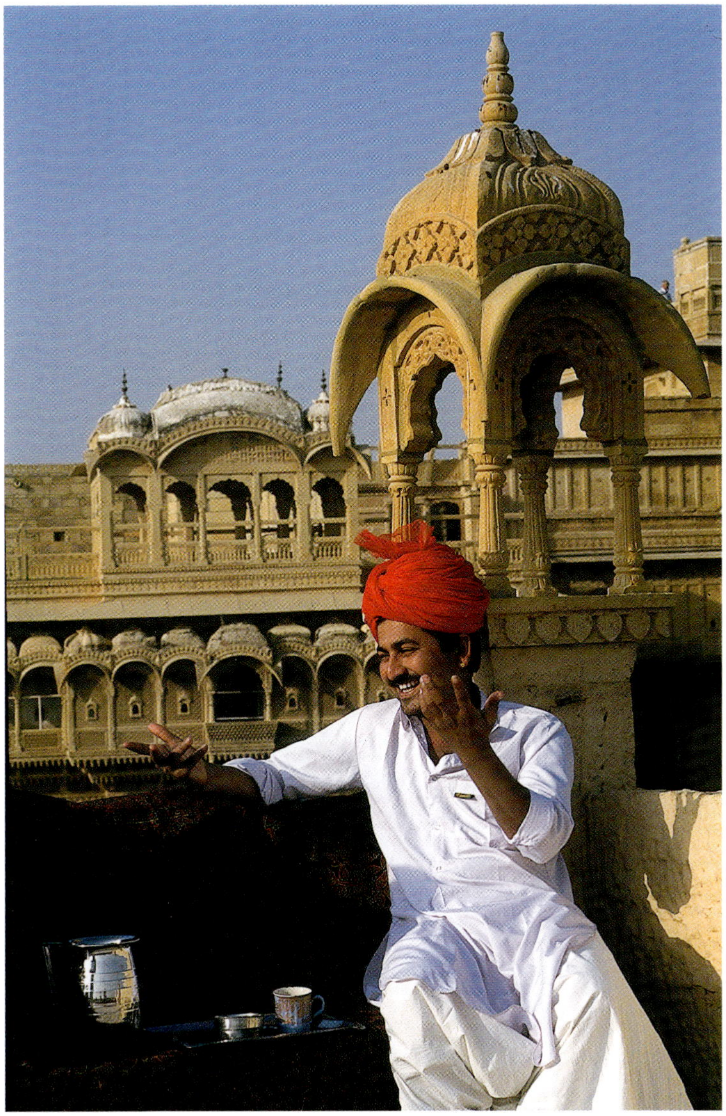

Histoire

Cette altière capitale du sable, couleur de miel, ceinturée de fortifications à la Vauban et dominée par des tours, fut bâtie en 1156 par le roi Rao Jaïsal, Rajput du clan Bhatti « race de la Lune ». La citadelle raconte l'histoire de ces princes un peu brigands qu'on appelait « les loups du désert » qui n'hésitaient pas à rançonner les pèlerins qui se rendaient à La Mecque. Pour embellir leur joyau, ils taxaient les interminables caravanes qui s'étiraient à proximité, reliant l'Égypte, l'Arabie, la Perse et l'Asie centrale, pillant aussi les livraisons de marchandises qui devaient approvisionner les marchés de Delhi. Ils se croyaient invincibles, attaquant même la caravane du puissant sultan de Delhi, Ala ud-Din Khilji. Qui se fâche et qui assiège la ville en 1314, avec patience. Le siège durera huit ans. Les guerriers rajputs sont orgueilleux. Plutôt que de se rendre, ils préfèrent le sacrifice suprême, le terrible *jauhar*. Habillés de la traditionnelle robe de safran, ils se lancent dans une charge héroïque et sans espoir face à l'ennemi pendant que leurs 24 000 femmes s'immolent par le feu. Folie destructrice ! Le XVIIe siècle sera celui des compromis et de la prospérité. Les maharawals acceptent la souveraineté impériale, le commerce est relancé, les princes et riches négociants font pointer des palais et des *haveli* au pied de la forteresse. C'est l'arrivée des Britanniques qui aura raison du temps des riches caravanes.

*L'intérieur de la citadelle juchée au milieu du désert réserve de belles surprises : le temple Shree Jagdish qui fait partie d'un ensemble de sept temples jaïns constitué entre les XIIe et XVe siècles (*page 312*) et le palais royal Raj Mahal qui pointe ses balcons couverts* (jharokhas) *(*page 313*).*

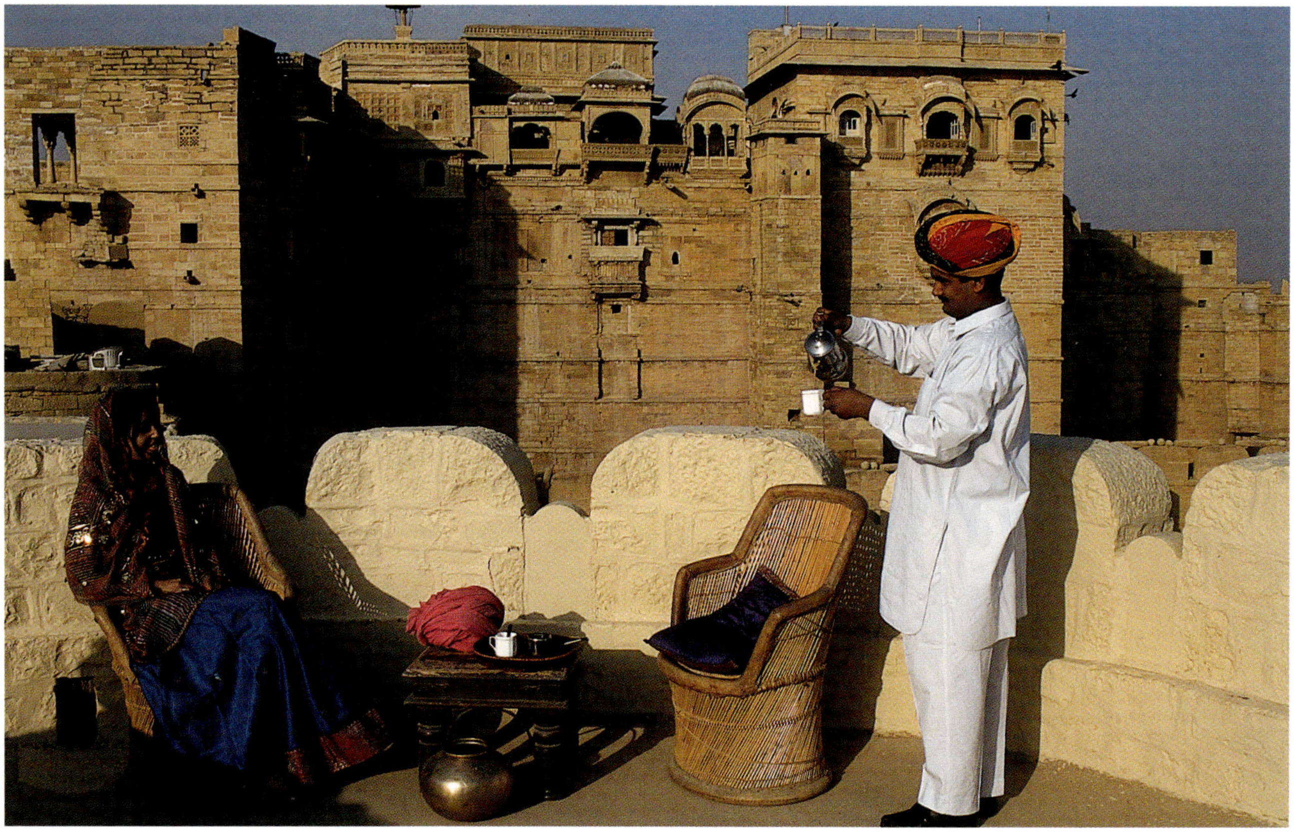

Dans la citadelle, chaque maison, chaque angle a son histoire. Depuis les terrasses de l'hôtel Killa Bhawan, la vue est immense sur le désert et les bastions des murailles couleur de miel.

La citadelle

Enserré dans sa carapace de pierre, surplombant la ville basse de près de cent mètres, le fort a su avec vaillance résister aux assauts du temps. Les dimensions sont gigantesques : une double ligne de murailles hautes de 10 m ponctuées de 99 bastions galbés. Pour prendre réellement la mesure du fort, il faut gravir une longue rampe pavée et pentue en passant sous quatre portes : l'Akhai Pol, la Suraj Pol, la Ganesh Pol et l'Hawa Pol. L'esplanade que l'on atteint est propice à tous les mystères et à tous les mirages. On part le nez en l'air dans les étroites ruelles bordées de vieux palais, maisons, ruines, échoppes, hôtels et temples jaïns fastueusement décorés. Sans circulation, la citadelle a conservé une âme et une atmosphère unique, ponctuée du palais royal qui pointe ses sept étages de pierre sculptée. De part et d'autre, la vue sur le désert est immense.

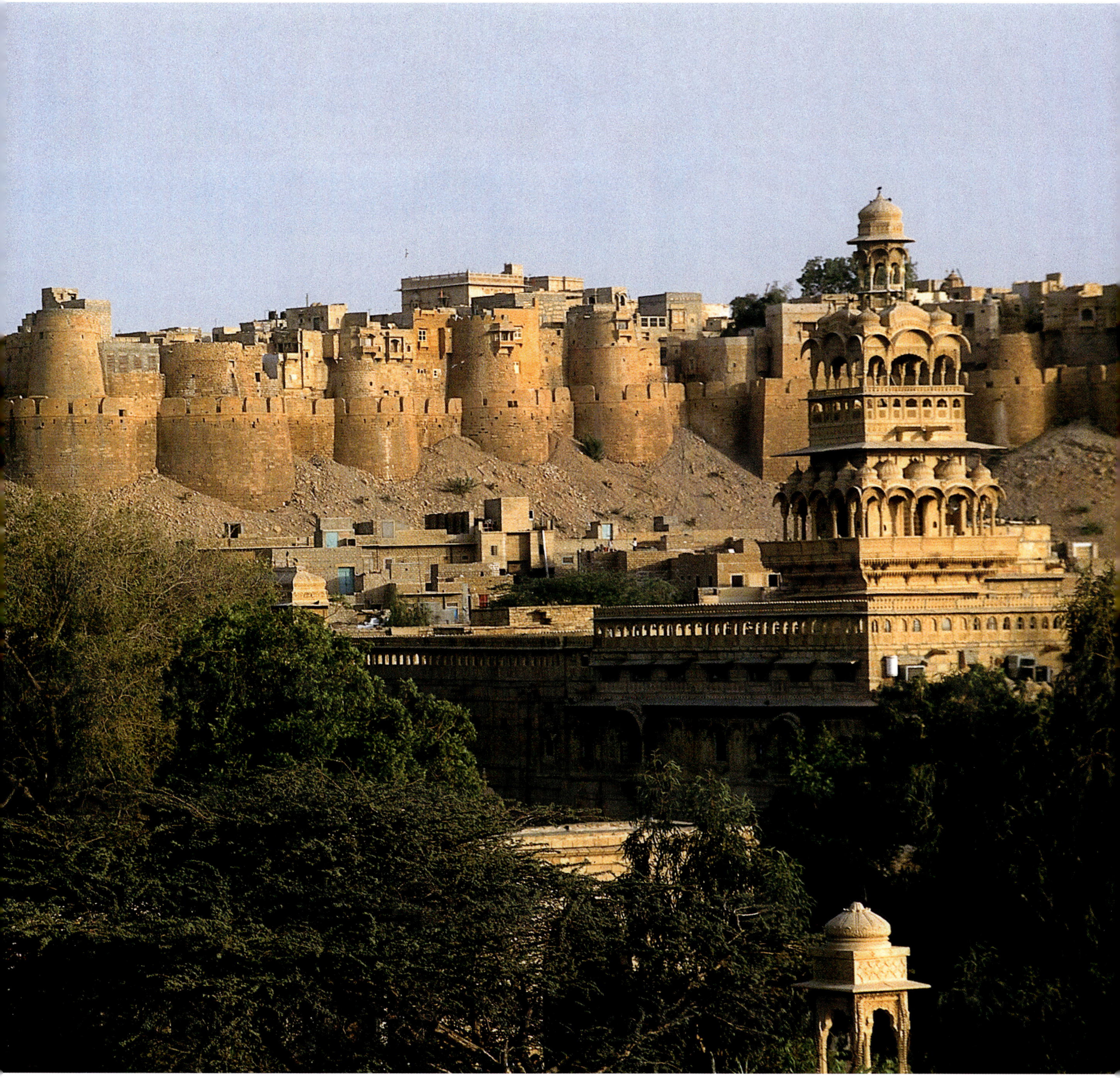

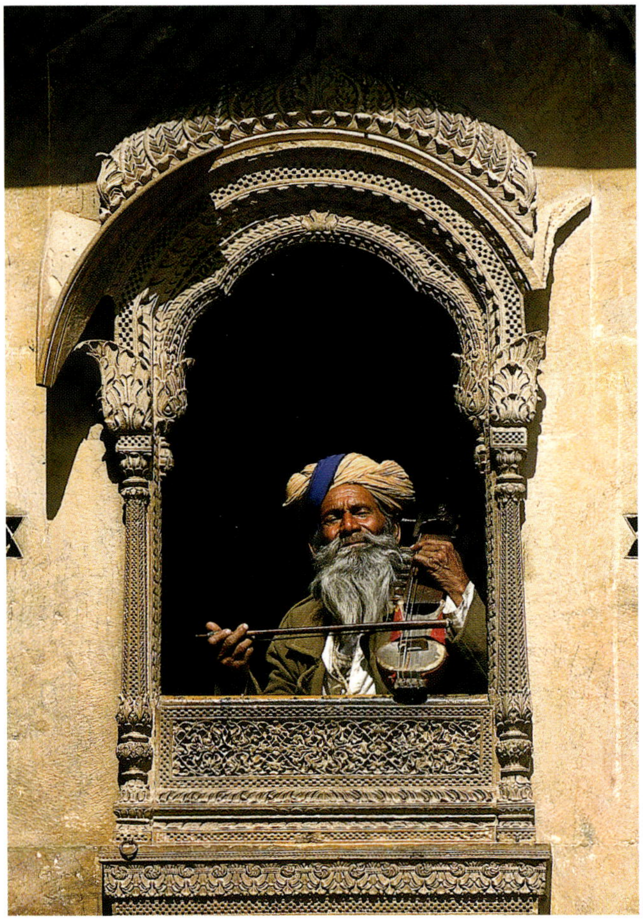

Les haveli de la ville basse

Se perdre dans les passages de la ville basse revient à accomplir un voyage à l'envers en remontant les siècles, au temps des caravanes qui donnèrent à la ville un essor foudroyant : tout s'échangeait, tout se vendait : les tapis de Hérat (Afghanistan), les cimeterres de Damas, les étalons d'Arabie, les soieries, les épices. Jusqu'au XIXe siècle, marchands et banquiers feront édifier ces fleurons d'architecture que sont les *haveli*, par des tailleurs de pierre de génie. Partons à leur découverte. Il faut pousser la porte du *haveli* dit de Salim Singh. Coup de chance insensé ! On tombe nez à nez avec une nombreuse famille qui n'est autre que celle de l'intrigant Salim Singh Mehta, celui qui fit ériger le *haveli*. Contre quelques roupies, les plus jeunes racontent la triste destinée de leur ancêtre nommé *diwan*, c'est-à-dire Premier ministre, en 1815. L'homme est immensément riche. Pour loger ses sept femmes et deux concubines, il engage les meilleurs artisans. Son *haveli*, unique, s'élargit davantage à chaque étage, le dernier niveau s'épanouissant par une galerie soutenue par des corbeaux de pierre ciselés. Des coupoles bleues coiffent l'édifice avec élégance. Gonflé d'ambition, le *diwan* projette de surélever son palais de deux étages supplémentaires. Mais le *rawal*, souverain de Jaisalmer, ne s'en laisse pas compter. Il les fait détruire afin que le palais royal reste la plus haute demeure. Le clou de la visite est niché au dernier étage, dans la salle de spectacle réservée au *diwan*. Les plafonds couverts de petits miroirs devaient permettre à Salim Singh Mehta de surveiller ses ennemis. Mais finalement le danger viendra de l'intérieur. Il sera poignardé et empoisonné par sa propre femme. Quel destin !

Au hasard d'une flânerie dans les ruelles serpentines, on débouche sur le sublime Patwon ki Haveli et sa façade élancée toute en pierre, percée de 60 balcons ou *jharokha* parfois clos de *jali*, alignés comme à la parade. Ce *haveli* se voulait la vitrine de Guman Chand Patwa, riche marchand jaïn qui possédait plus de 300 boutiques entre l'Afghanistan et la Chine. Il imagina l'édifice pour vivre heureux avec ses cinq fils. La construction commença en 1805 et dura 50 ans.

En contrebas de la ville basse, le petit lac de Gadi Sadar offre au photographe l'un des plus beaux clichés du Rajasthan avec, en ligne de mire, la citadelle de Jaisalmer adoucie par le soleil. Dessiné au XIVe siècle, ce lac constituait la principale source d'alimentation en eau de la ville. On remarque un élégant petit édifice en pierre doté d'un portail appelée Tila ki Pol. Il fut commandé par une certaine Tila, favorite préférée du prince. Les récits historiques rapportent que les épouses jalouses (on les comprend !) voulurent détruire l'œuvre de Tila. Cette dernière trouva la parade en faisant rajouter à l'édifice un petit temple dédié à Krishna. Ce qui le rendit invulnérable à toutes les jalousies !

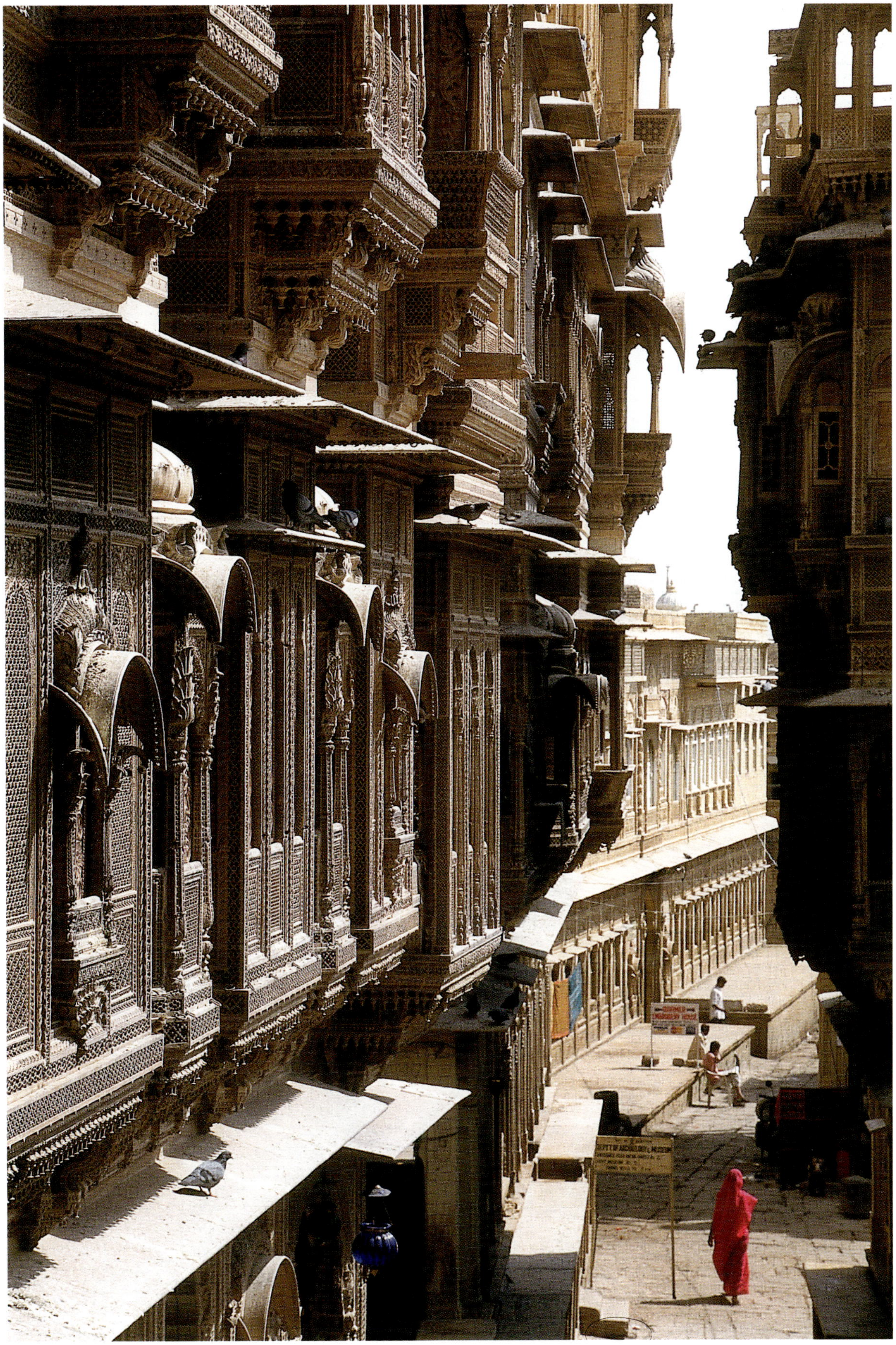

Dans la ville basse de Jaisalmer, alignés comme à la parade et tailladés par le soleil, les palais appelés haveli, *façonnés par les meilleurs tailleurs de pierre, racontent les captivantes histoires des marchands du désert.*

Patwon ki Haveli appartenait à cinq frères jaïns qui firent fortune en faisant le commerce de bijoux et de fins brocarts.

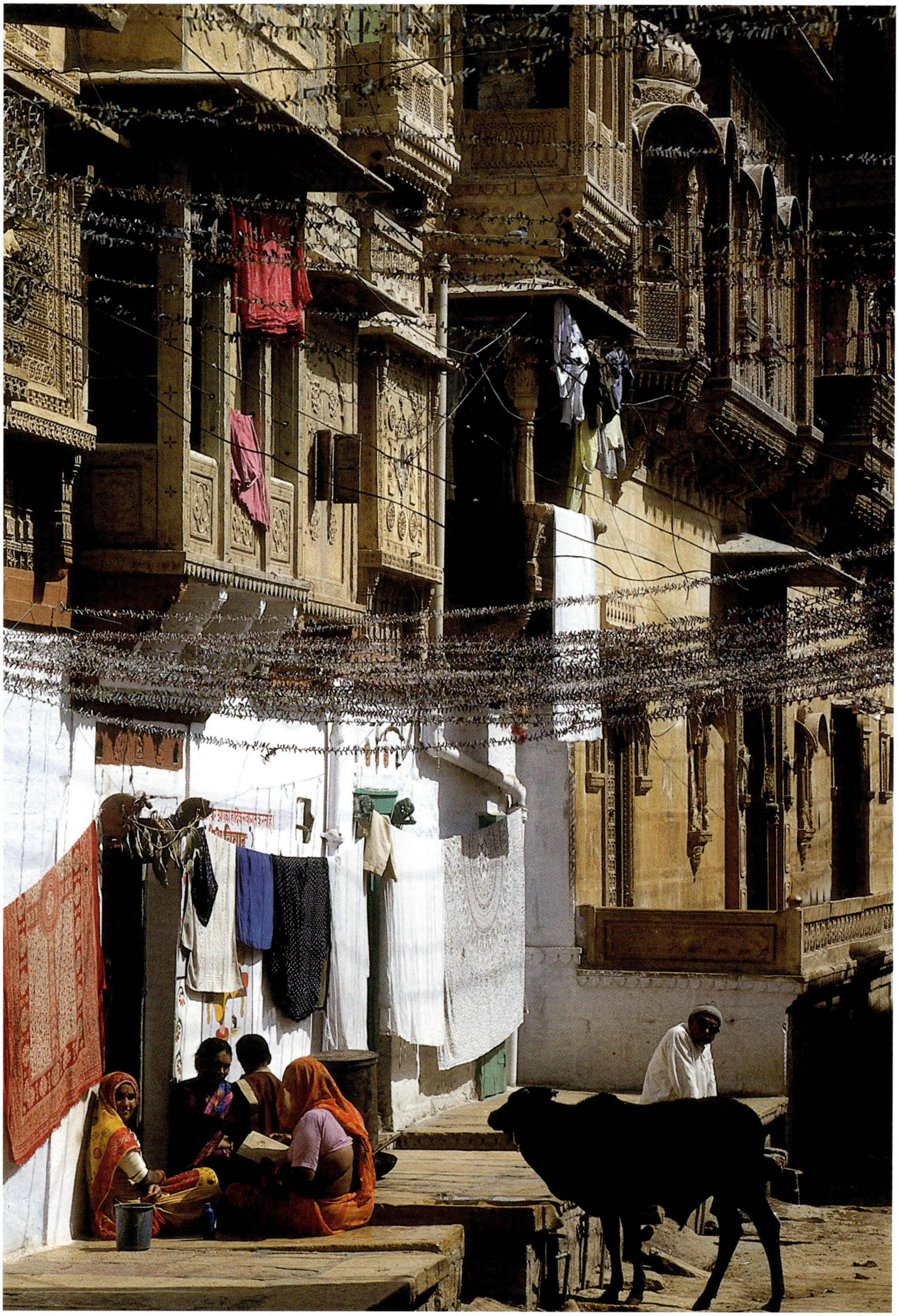

Musarder dans les ruelles tarabiscotées de la ville basse de Jaisalmer revient à accomplir un voyage à l'envers en remontant les siècles quand elle était l'étape obligée des caravaniers traversant le désert.

Depuis le lac de Gadi Sagar où se reflète la fameuse porte Tila ki Pol, la citadelle semble encore plus imprenable.

Double page suivante :
A quelques encablures de Jaisalmer, dans les dunes dites de Sam, les enfants du désert s'initient vite au dressage des dromadaires.

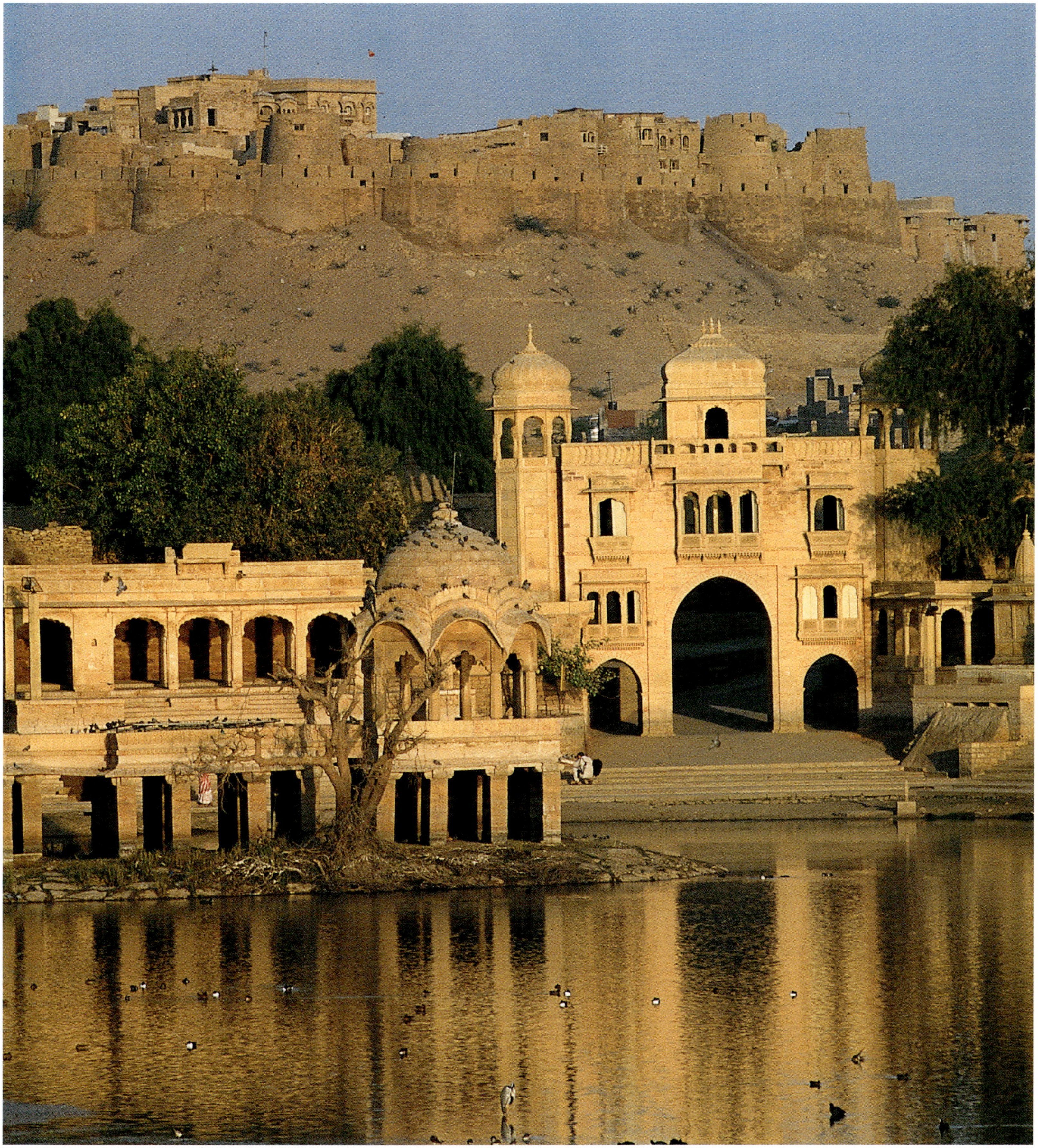

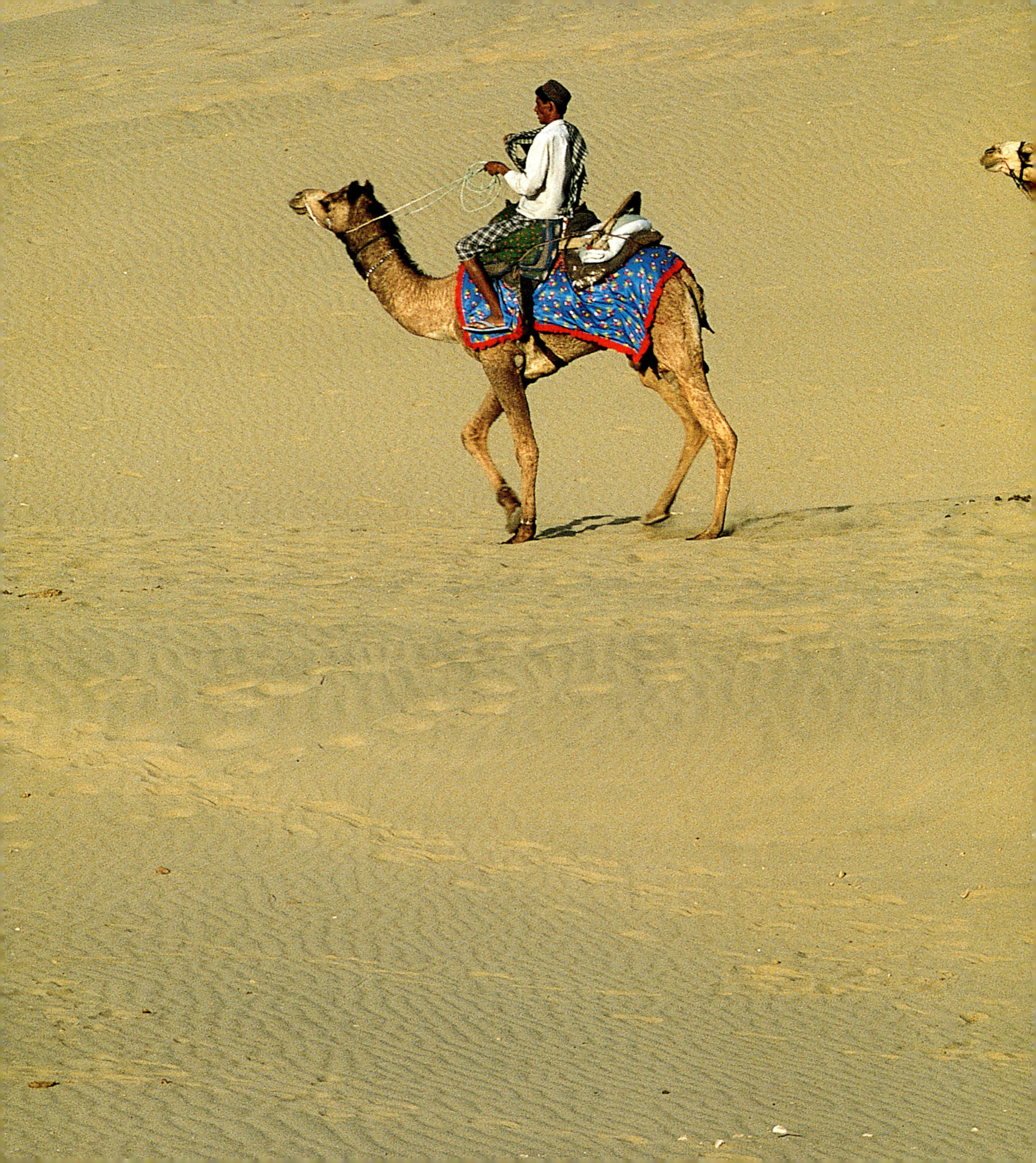

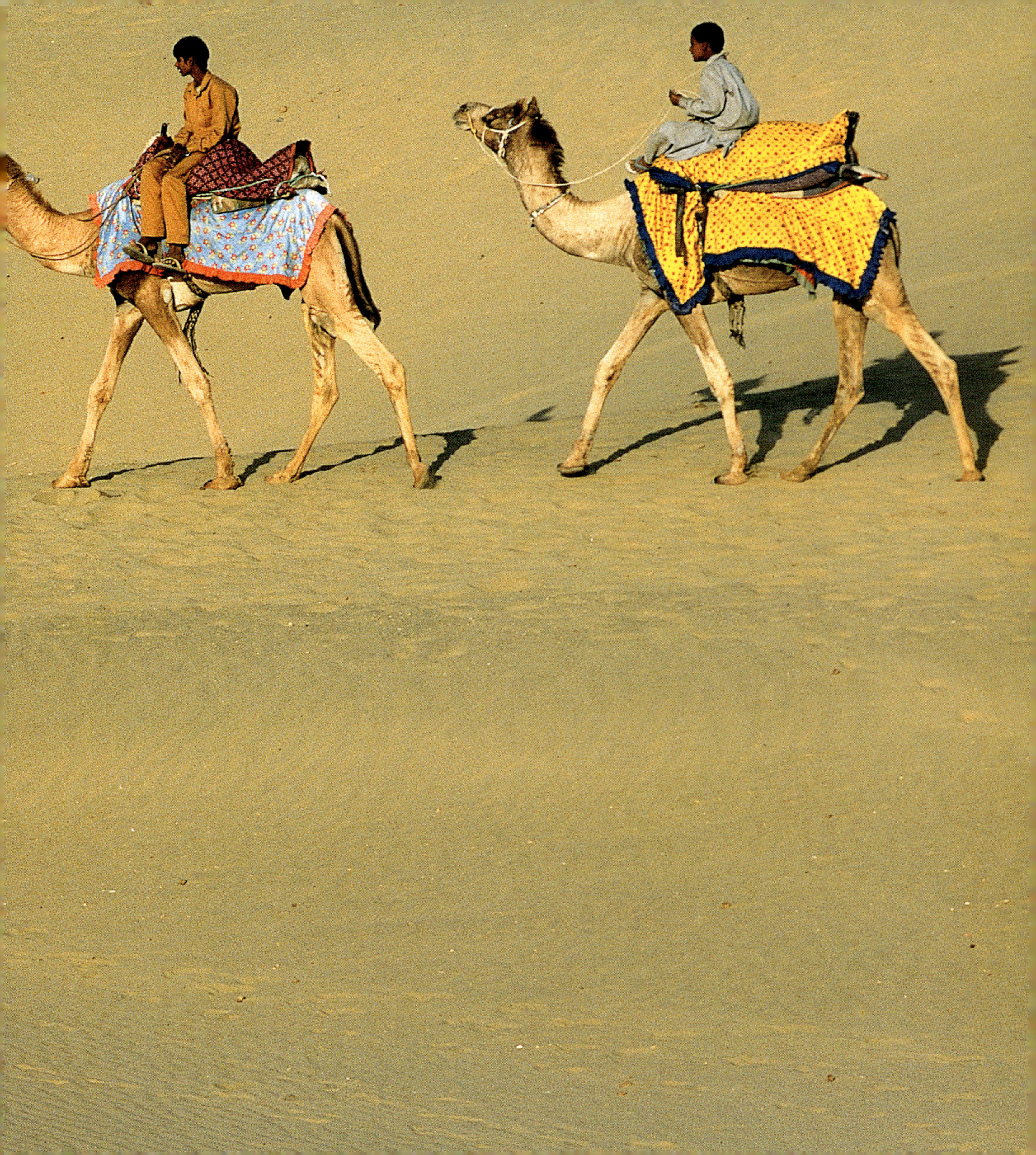

UDAIPUR, « LA CITÉ DE L'AUBE »

« His Highness » est dans les airs !

Visiblement conquis, le vice-roi lord Northbrook décrivait en son temps la ville en ces termes : « Prenez un lac de la taille d'Orta et des collines un peu plus basses et de teinte plus claire ; mettez les murs de Vérone sur les coteaux les moins hauts et ajoutez-y un ou deux forts, parsemez de quelques îles plus petites que celles du lac Majeur, couvrez de marbre les palais et les dômes… Empilez une demi-douzaine de châteaux français sur la cité et achevez le tout avec un morceau de Venise. » Lord Northbrook avait sûrement beaucoup voyagé !

Même à ceux qui ne sont pas vice-roi, Udaipur demeure souvent la petite préférée du Rajasthan. On y pose ses valises avec bonheur, on s'y repose, on y fait le plein de fraîcheur. Car « la cité de l'aube » tranche avec les forteresses un peu austères de la région. De jour comme de nuit, les terrasses des hôtels font surgir un paysage vraiment idyllique. On se laisse hypnotiser sans défense par ces palais de marbre blanc qui semblent posés sur un lac tranquille entouré de collines boisées. Si, en prenant votre petit déjeuner sur une terrasse, votre attention est soudain occupée par un petit avion qui tournoie au-dessus du palais royal, il est fort à parier que ce soit le maharana Arvind Singh Mewar qui soit aux commandes. Quand il n'est pas assis devant son ordinateur à gérer ses dix palais-hôtels, à parler de ses projets avec sa précieuse collaboratrice et amie britannique, Sabina Bailey, ou encore à sponsoriser un mouvement caritatif, « His Highness », « Shriji » pour les intimes, est dans les airs. Il s'est offert deux petits avions, des Microlites de fabrication tchèque. Sa dernière passion. Il en a d'autres : une douce épouse, ses enfants, sa ville qu'il a retrouvé après des études en Grande-Bretagne et aux États-Unis (avec un passage par Chicago où il apprit les métiers de l'hôtellerie).

Les appartements privés de la famille du maharana occupent un coquet pavillon construit en 1860, le Shambu Niwas, niché au milieu des jardins du palais royal (City Palace). Nous y pénétrons. Un intérieur très européen avec des meubles anciens en bois doré, des peintures et tapis de belle signature. Sur le côté, une cuisine des plus modernes (le maharana est un remarquable cordon bleu). Quelques serviteurs qui s'affairent en silence. Une chaîne stéréo a sa place sur un meuble (son altesse est grand amateur de musique classique indienne). Une véranda à l'arrière avec quelques sofas ; la brise s'y engouffre. Bref, un décor qui engendre une certaine nostalgie… Parlons-en : Nostalgique ? Réponse sans détour d'Arvind Singh : « Pas du tout. Mes ancêtres ont dû composer avec les Moghols qui nous ont envahis et les Britanniques qui nous ont occupés. Aujourd'hui, le peuple indien est libre. Rien ne vaut la liberté. »

Le maharana est à la tête de l'un des plus riches empires hôteliers de l'Inde. Mais il pense au futur, souhaite agrandir le petit aéroport de la ville pour donner la possibilité à davantage d'étrangers de découvrir Udaipur. Il désire aussi développer une Université de haut niveau et continuer d'encourager les Arts comme le faisaient ses ancêtres. Quels ancêtres, fiers et fougueux ! Ils furent les seuls rajputs a avoir toujours résisté aux Moghols, tirant de cette vaillance le titre de maharana, plus fort qu'un maharaja !

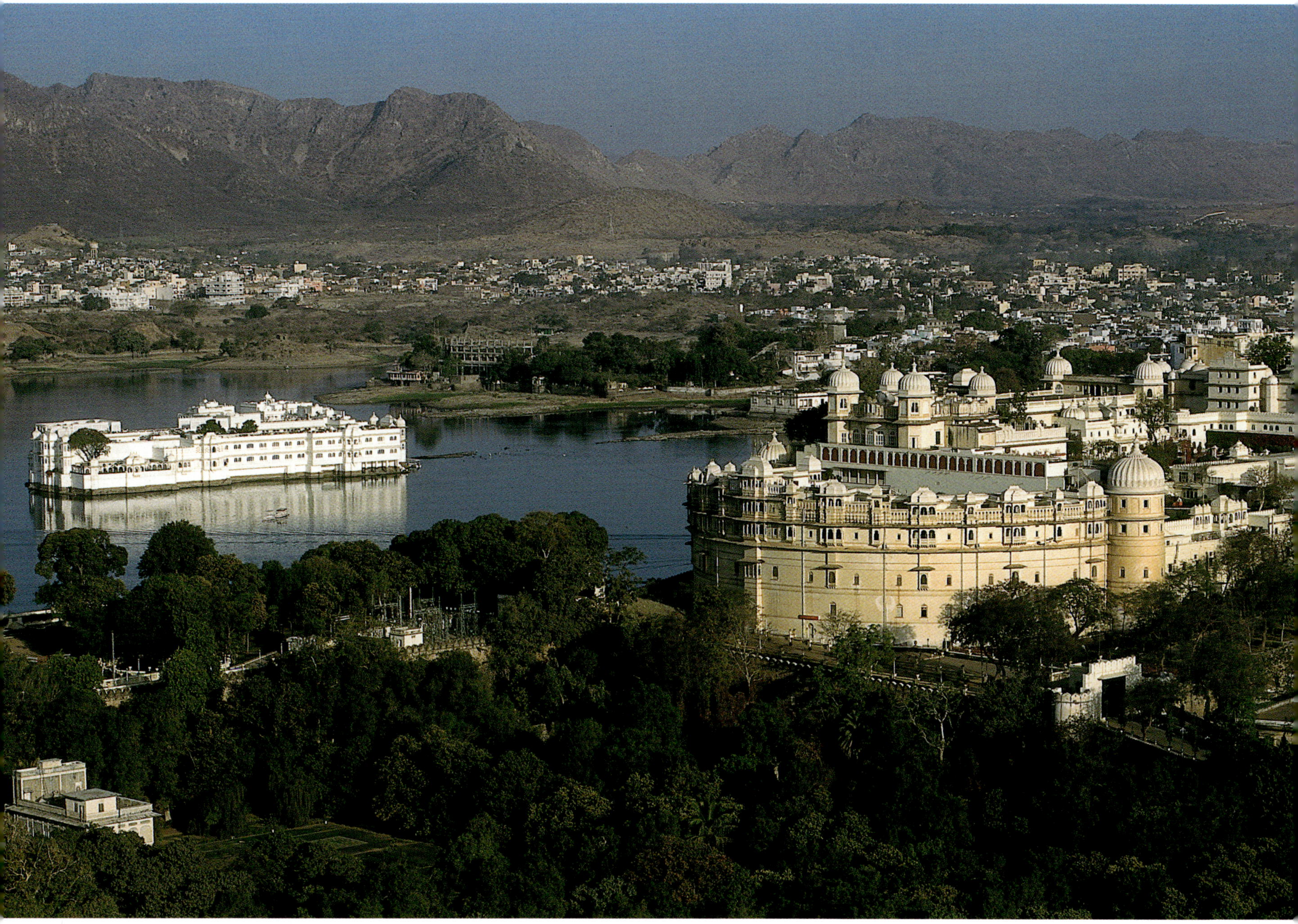

Avec son élégant palais royal et son Lake Palace qui semble tout juste posé sur le lac Pichola, Udaipur séduit, émerveille…

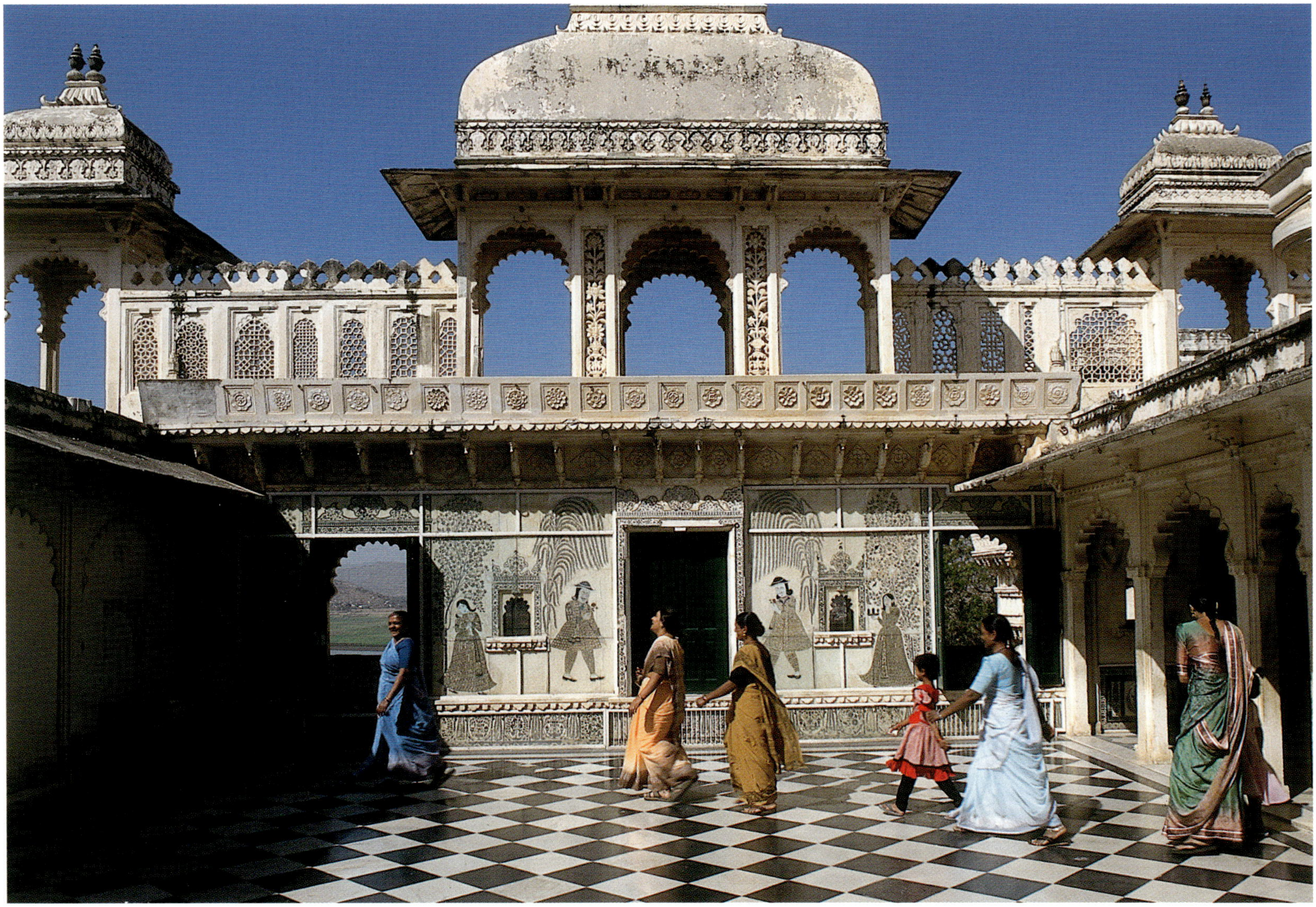

Histoire

Si la ville a été dessinée au XVIe siècle, ses origines sont plus lointaines. La dynastie fondatrice des Sisodyas aurait fui le Gujarat assiégé par les Huns au VIe siècle pour se réfugier dans cette région appelée Mewar au VIIe siècle. Un siècle plus tard, le roi Bappa Rawal fait bâtir la citadelle de Chittaurgarh qui deviendra capitale du Mewar pendant huit siècles, jusqu'à l'arrivée des Moghols. Akbar n'aime pas qu'on lui résiste, il détruit la citadelle en 1568. Le maharana Udai Singh II s'échappe et, sur les conseils d'un ermite, fonde Udaipur en ces lieux où il aspire au repos. Son fils, le maharana Pratap Singh (1572-1597) est finalement vaincu par Akbar à la bataille de Haldighati en 1576, à une trentaine de kilomètres d'Udaipur. Plus sage, son héritier Amar Singh (1597-1620) choisit de pactiser avec le successeur d'Akbar, Jahangir. La paix est enfin signée. Mais alors que les Moghols déclinent, la ville est sous la menace des Marathes venus du sud. Les maharanas sont contraints d'accepter la domination britannique en 1818.

Les Indiens ne sont pas en reste pour se perdre avec délice dans le labyrinthe du City Palace d'Udaipur, capitale du Mewar, qui égrène cours, terrasses, palais, zenana...

Figure emblématique de la région, surplombant le lac Pichola, le palais royal étend sa façade sur plus de 500 mètres.

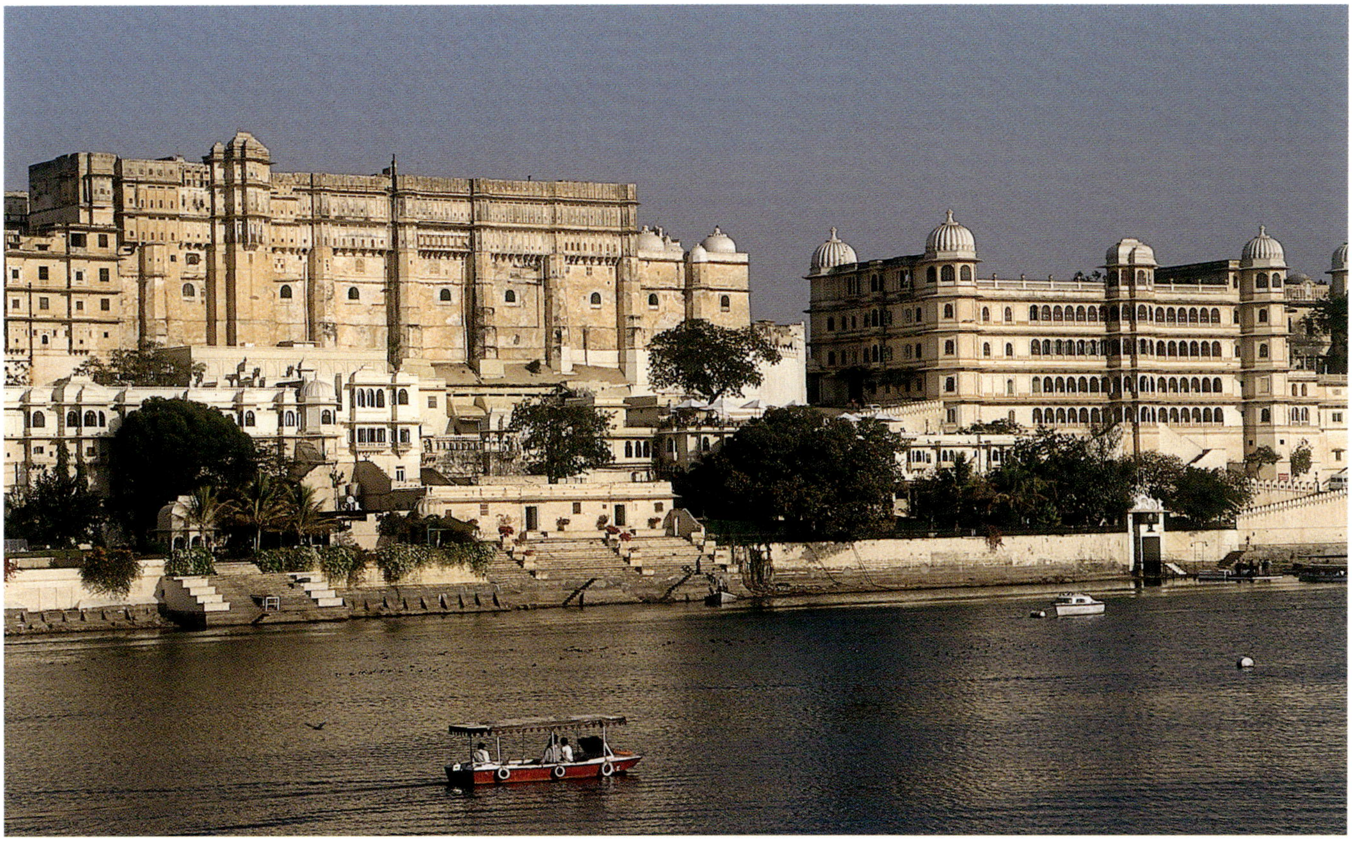

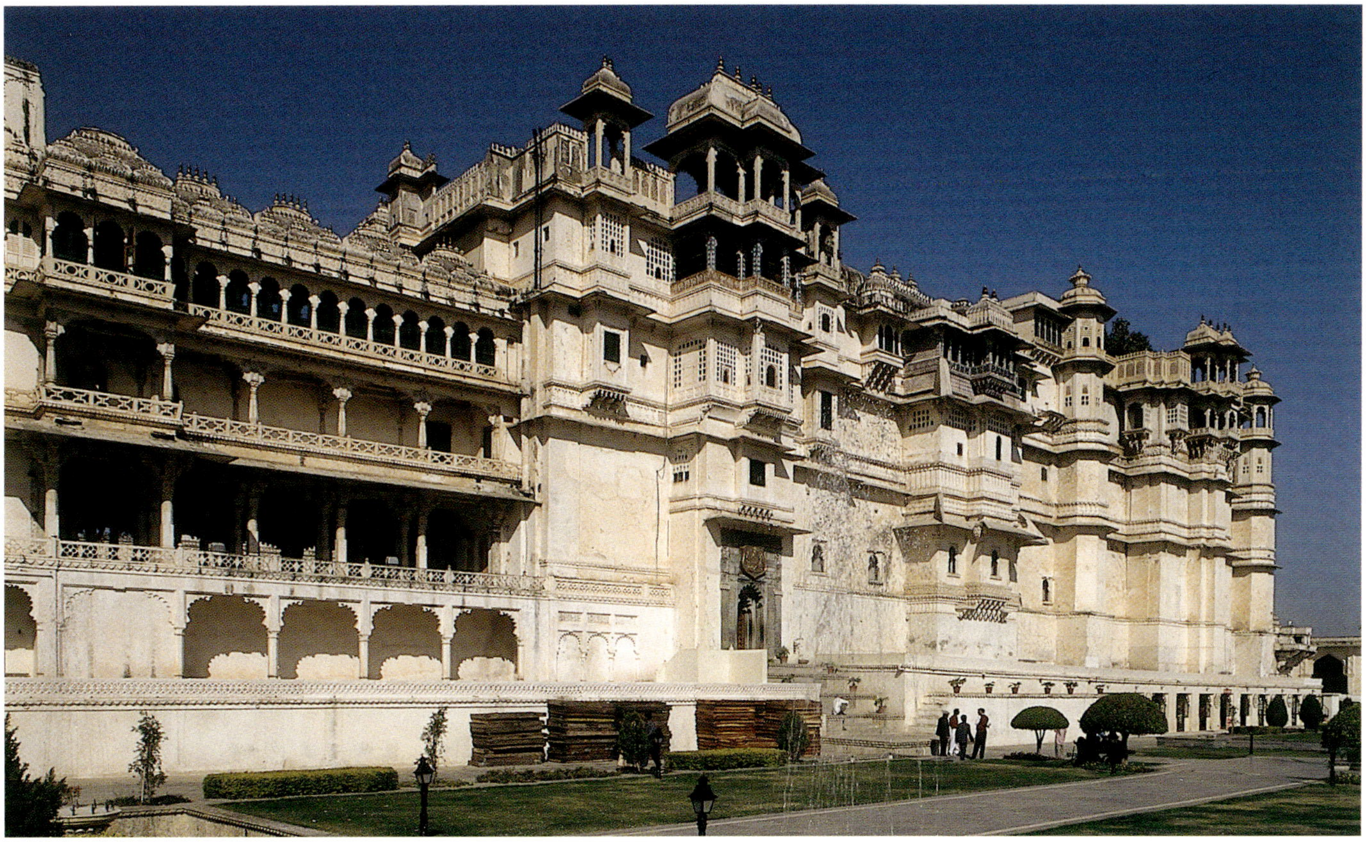

Le Palais Royal

Musarder dans les ruelles qui montent et qui descendent de la vieille ville, entourée de remparts, réserve une mine de surprises. Les échoppes remplies de tissus, brocarts, peintures sur soie et sur papier se serrent les coudes dans la bonne humeur. Dans les hauteurs, le City Palace (palais royal), qu'on dit le plus grand de tout le Rajasthan, commande une vue imprenable sur le lac Pichola. Il s'agit en fait de plusieurs palais juxtaposés, assemblés entre la première moitié du XVIe siècle et le début du XXe et formant une imposante façade sur 500 m. Les styles rajput et moghol s'entrecroisent pour le bonheur du néophyte.

Il faut d'abord explorer le Dilkush Mahal (le palais du Cœur joyeux) bâti au XVIIe siècle pour s'attarder devant les incomparables miniatures de la salle appelée Chitran ki Burj. Pas mal non plus les carreaux de faïence de Delphes de la galerie Chini Mahal. Plus loin, on s'engage dans le Moti Mahal, un incroyable palais couvert de petits miroirs. Ça brille de partout ! Dans ce vrai labyrinthe, il ne faut pas manquer l'une des cours appelée Mor Chowk, décorée au XIXe siècle de mosaïques et de paons en train de faire la roue. C'est du meilleur effet ! Plus loin, on tombe sous le charme fou du Manak Mahal aux murs parsemés de pierres semi-précieuses. Quelle injustice ! Ce luxe sans commune mesure devait être réservé aux hommes, alors que les femmes attendaient sagement dans le fameux *zenana*, quartier des femmes, un peu à l'écart. On gagne le Palais de la Reine qui domine le lac Pichola. La belle reine pouvait à loisir rêvasser sur le Lake Palace.

En sortant du Palais, pour un peu « digérer » ces trésors d'antan, vous pouvez aller déguster « a cup of tea » dans la galerie du Palais-hôtel Fateh Prakash. Service stylé, théière en argent. La grande vie ! Avec en prime à vos pieds le Lake Palace qui semble flotter sur le lac... Le Fateh Prakash est l'œuvre du maharana Fateh Singh qui régna de 1884 à 1930. Doyen des princes rajputs, ardent défenseur des coutumes ancestrales, on raconte qu'il avait carrément interdit sa ville aux voitures, aux machines à écrire ainsi qu'aux Européennes aux décolletés trop vertigineux ! Jetez tout de même un œil sur l'immense salon de réception, le durbar hall, dont les plafonds supportent de somptueux lustres dégoulinant de cristal de Bohême. Epoustouflant !

Pour succomber totalement, le Shiv Niwas Palace vous attend. Aménagé en hôtel en 1982, l'ancienne résidence de la famille royale a conservé beaucoup de classe avec quelques suites vraiment féeriques, jadis occupées par des invités de marque : la reine Elisabeth, Jacqueline Kennedy et le Shah d'Iran. On y tourna même en 1983 un célèbre film de la série « James Bond», *Octopussy*. Les Indiens en raffolent ! Coup de cœur des auteurs ? La Suite impériale, avec sa chambre ronde, ses arcs polylobés et une salle de bains en marbre rose.

Les appartements privés du maharaja d'Udaipur, Arvind Singh Mewar.

Pages suivantes :
Une insensée mosaïque d'influences architecturales s'étale dans les salles, chambres, cours et corridors du City Palace d'Udaipur bâti entre le XVIe et le XXe siècle. Les styles rajput et moghol s'entrecroisent avec finesse pour le bonheur du visiteur dans le Kanch ki Burj (page 328 en haut) *et le Moti Mahal (page 328 en bas), délicat palais à miroirs tous deux construits au XVIIe siècle. Le tout bleu Bhim Vilas* (page 329 en haut) *fut conçu sur la demande du maharaja Bhim Singh à la fin du XVIIIe siècle.*
Page 329 en bas : *La galerie Chini Chitrashala est égayée de carreaux bleus en céramique hollandaise.*

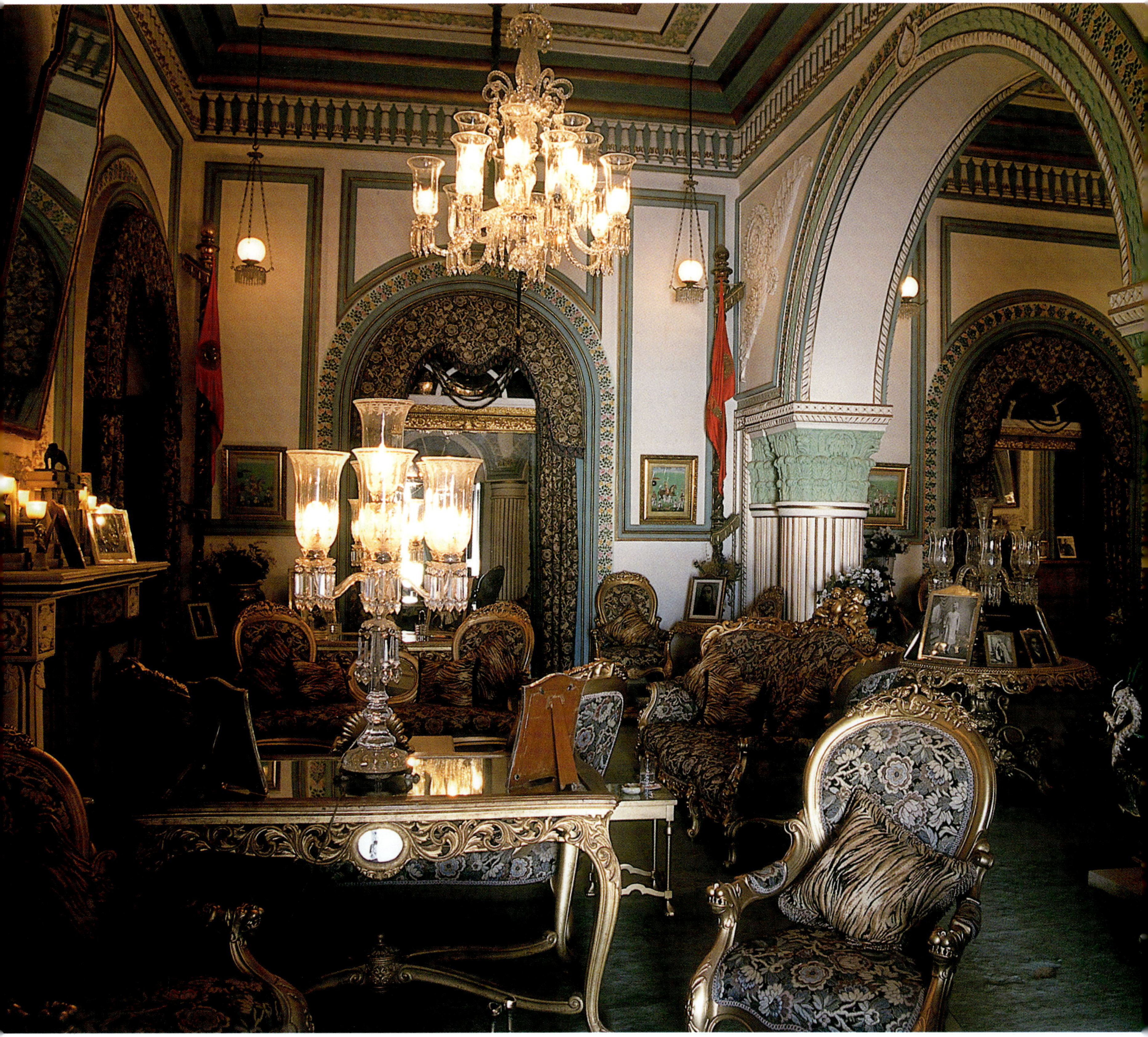

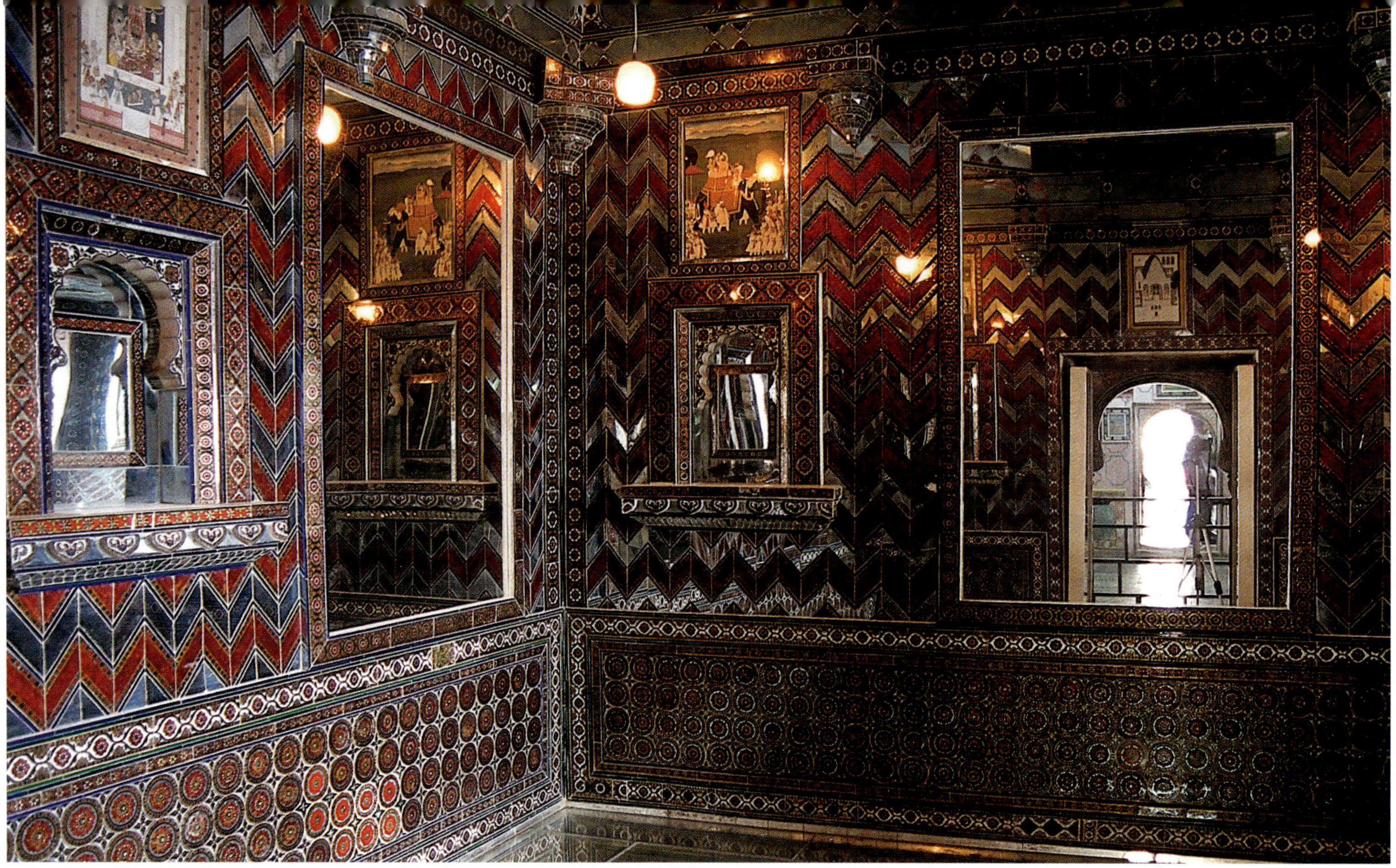

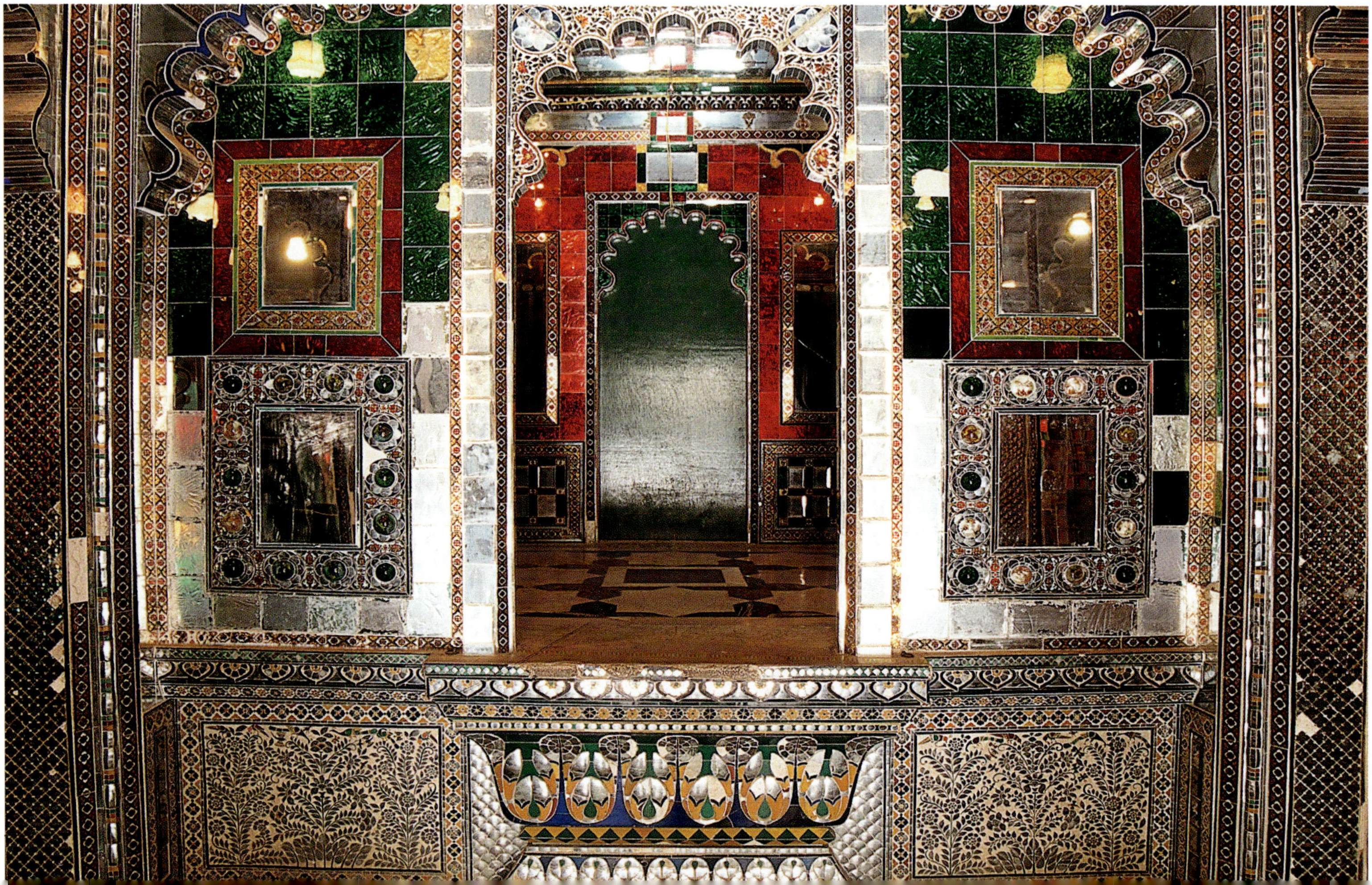

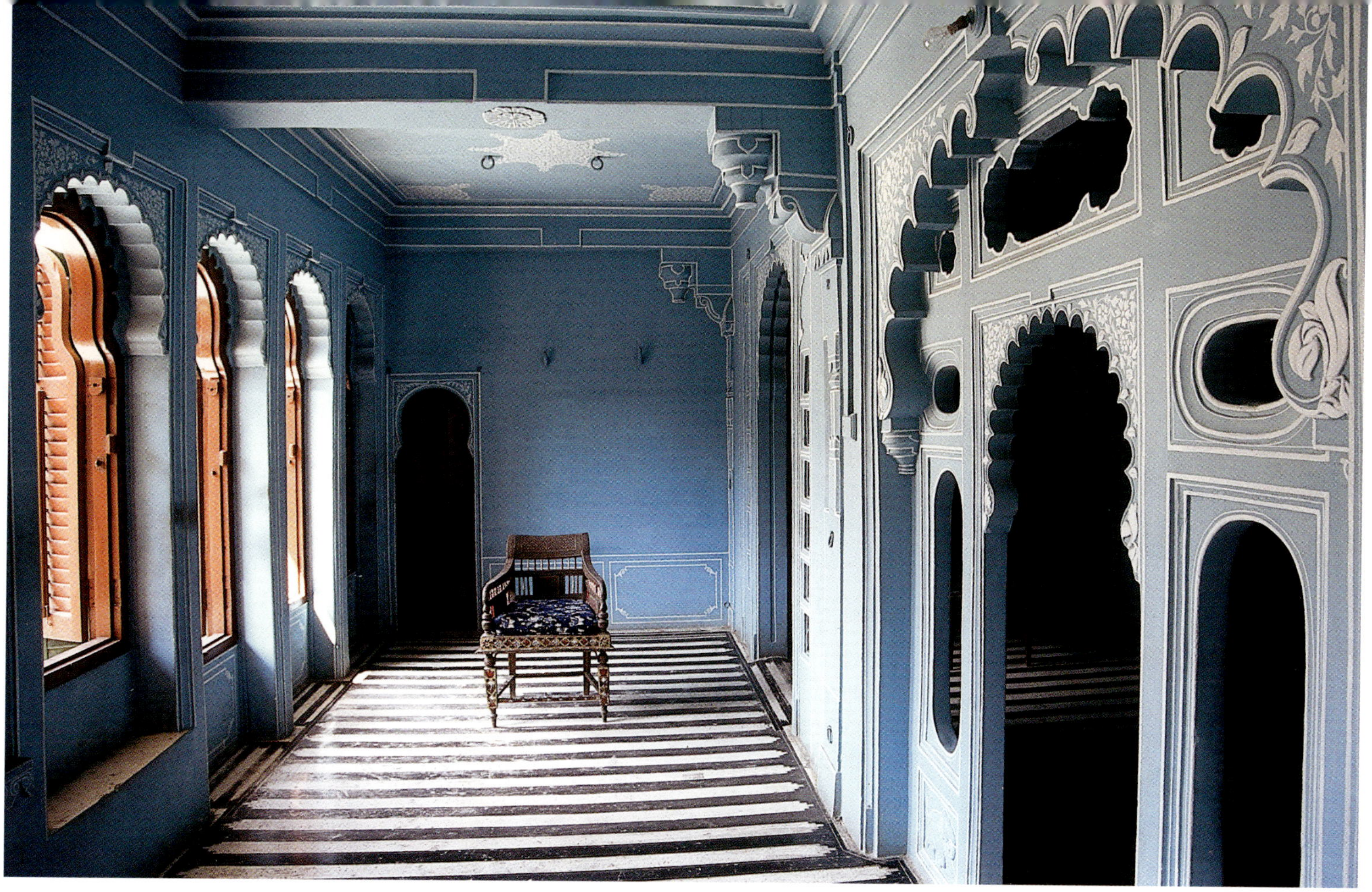

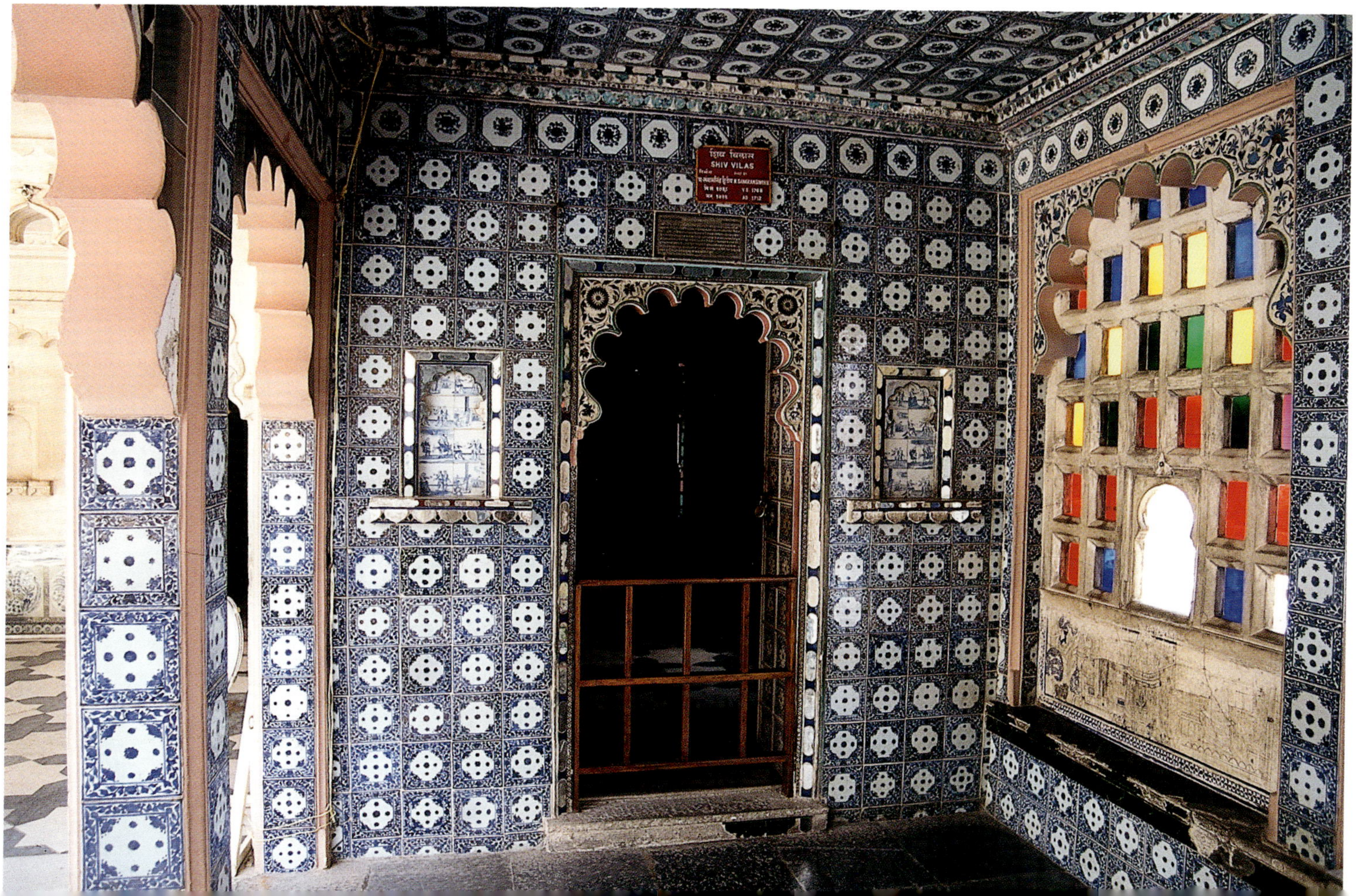
SHIV VILAS

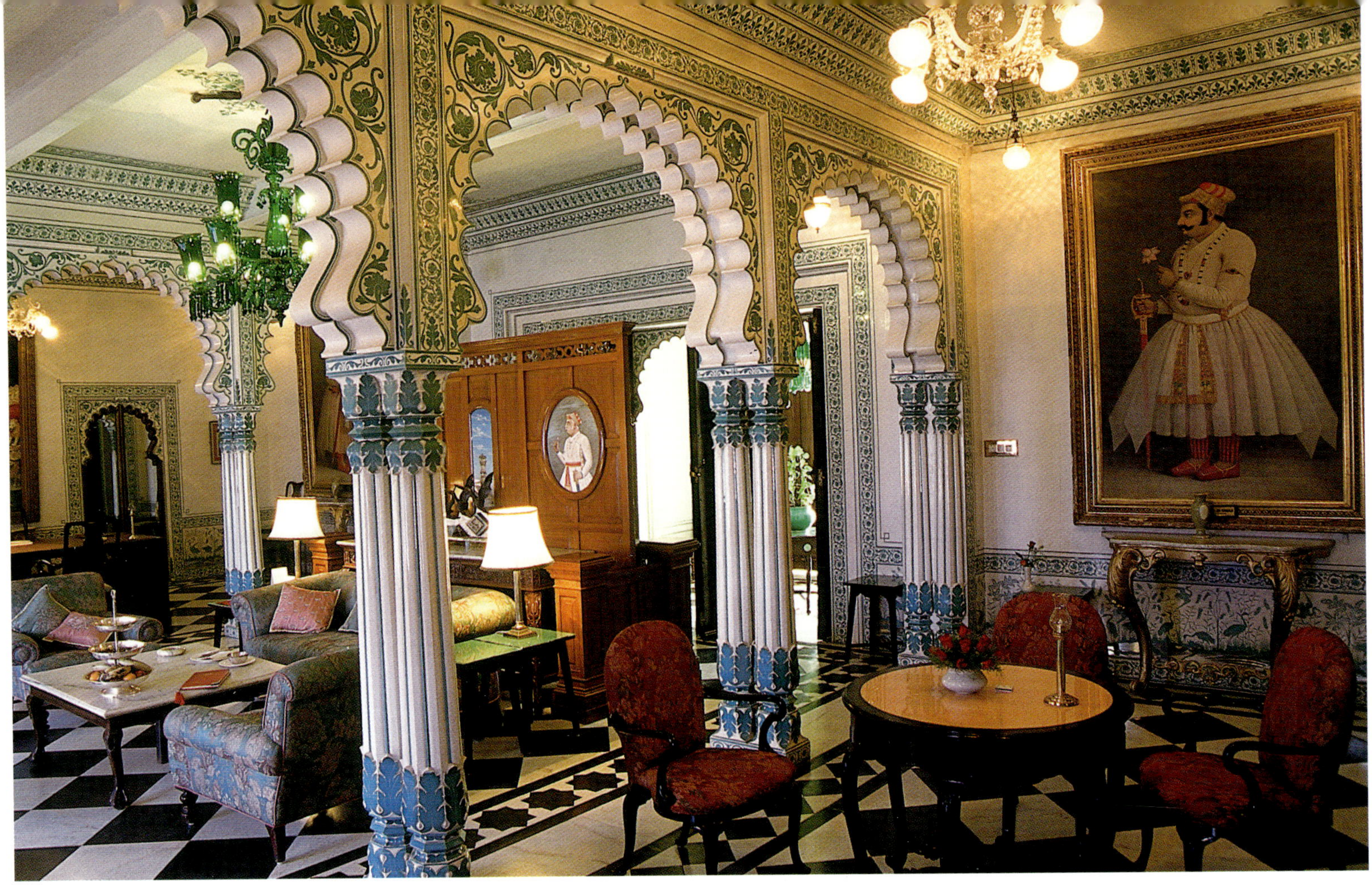

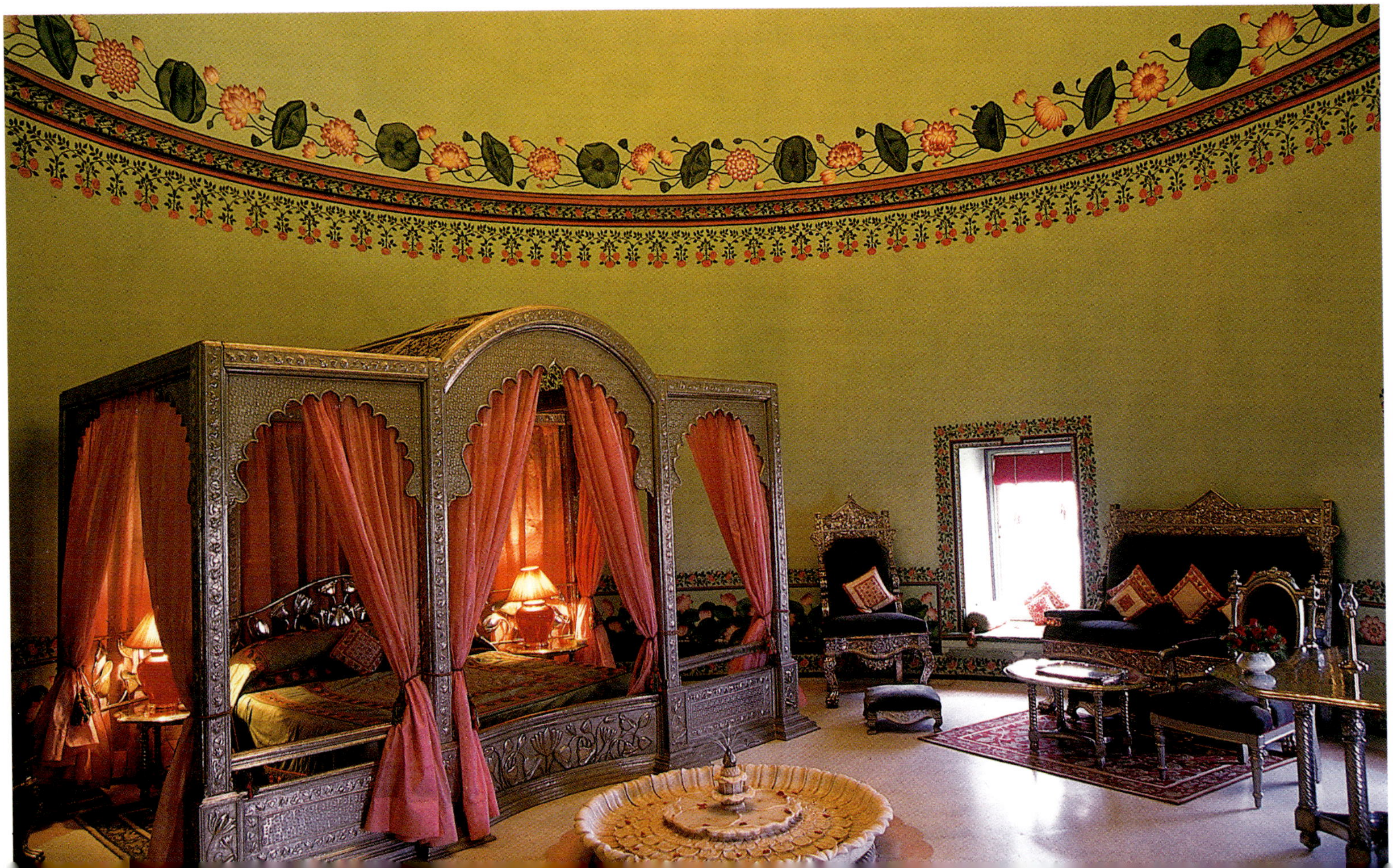

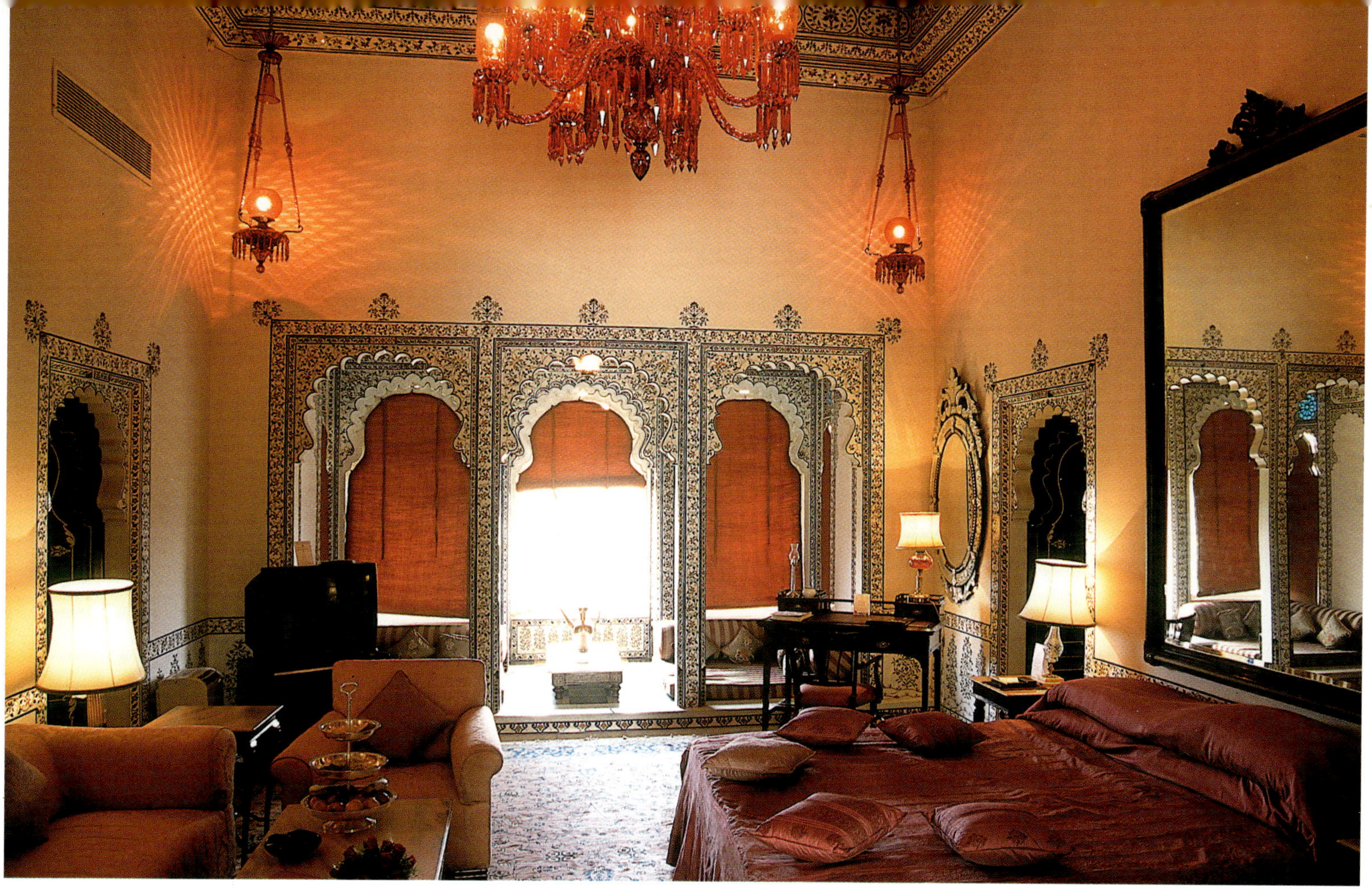

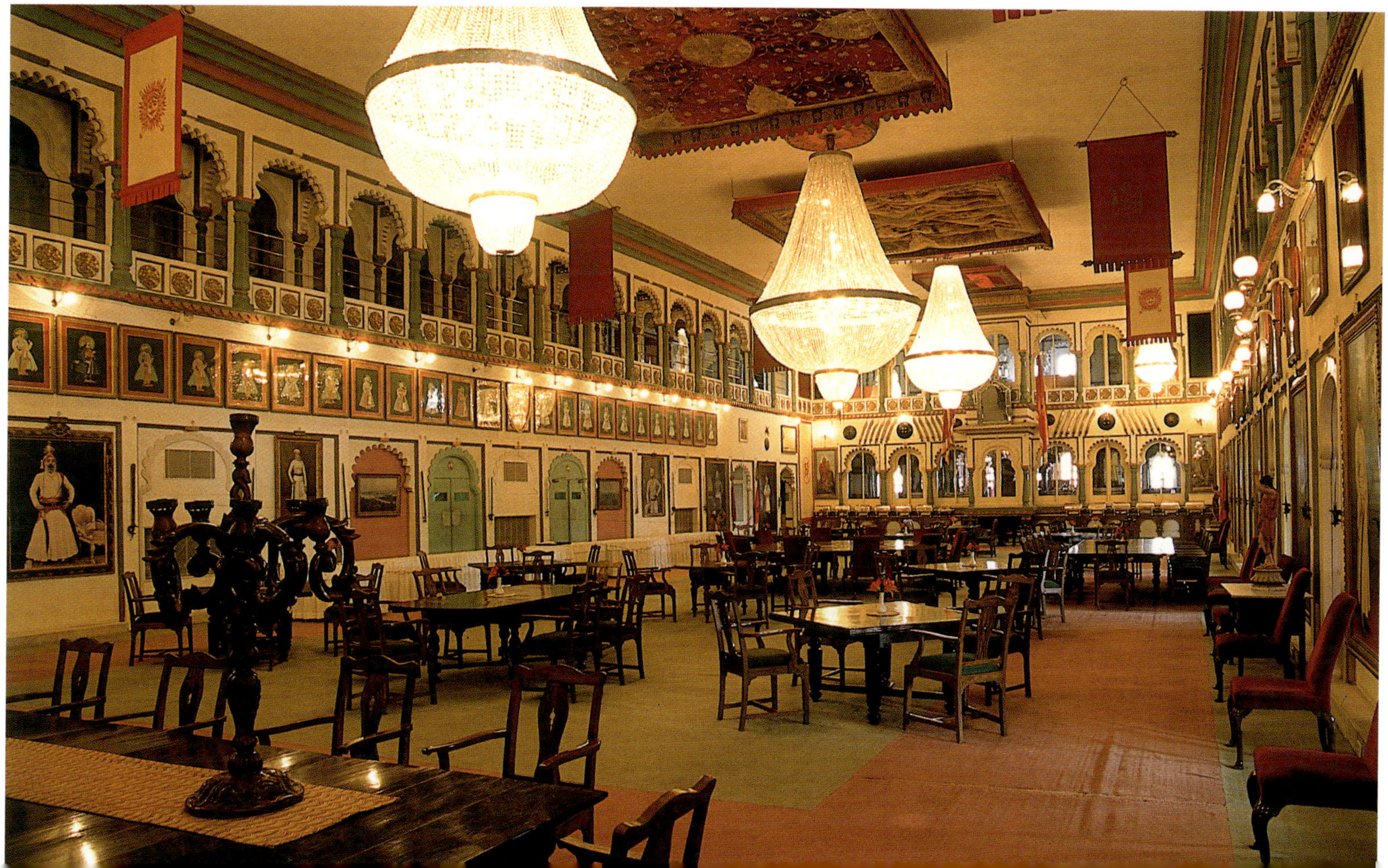

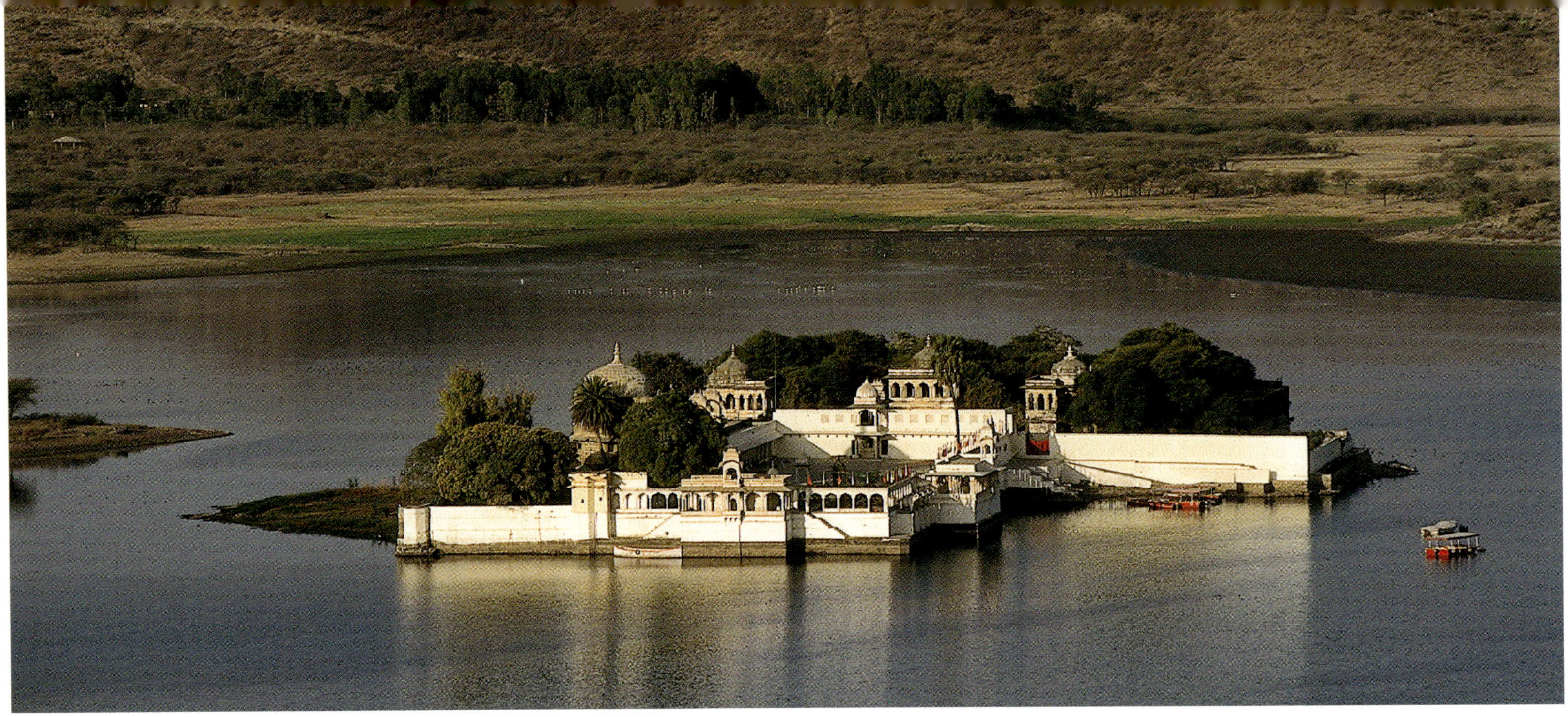

Pages précédentes :
Les suites du palais Shiv Niwas prennent des allures royales, à force d'arcs polylobés, de dorures, de marbre, de fins tissus.
Page 330 en haut : *Suite impériale ;* page 331 en haut : *Suite royale. Quant au durbar hall du Fateh Prakash Hotel, avec ses lustres en cristal de Bohême et sa galerie de portraits des maharajas, il servit de cadre à de somptueuses fêtes (*page 331 en bas*).*

La magie du lac Pichola

Le lac Pichola a ses icônes : deux îlots supportant des palais qui font fantasmer tous les cœurs romantiques. Le plus lointain s'habille de mystère au tout premier brouillard du petit matin. Imaginé en 1622 par le maharana Karan Singh pour être le cadre de banquets somptueux, le Jag Mandir porte le nom de son fils Jagat Singh (1628-1652) qui le transforma à sa guise. L'histoire nous apprend que le futur empereur moghol Shah Jahan, qui livrera au monde le Taj Mahal, y trouva refuge alors qu'il était disgracié par son père Jahangir.

Propriété du maharana Arvind Singh, le palais sert parfois de décor à des mariages huppés qu'on baptise « royaux ». Pour rêver, encore rêver, rien ne vaut la lecture des chroniques anciennes qui nous transporte dans un monde de suavité qui régnait alors au Jag Mandir : « Les nobles venaient y écouter les histoires des conteurs et passer leurs journées, perdus dans les vapeurs d'opium et bercés par les brises fraîches du lac, qui leur apportaient les délicieux parfums des milliers de fleurs de lotus couvrant la surface des eaux ; et lorsque les effets de l'opium se dissipaient, ils pouvaient rouvrir les yeux et contempler un paysage dont l'enchantement dépassait tout ce que la drogue pouvait leur inspirer. Ce fut dans un tel environnement que les princes et les chefs de clan se divertirent durant deux générations, abandonnant le fracas des armes pour une voluptueuse oisiveté. » On ne s'en lasse pas !

Comme une parenthèse dans la cité d'Udaipur, le lac Pichola et ses palais ont conservé un incomparable cachet. Ci-dessus, l'île de Jag Mandir.

Ci-contre :
Avec ses suites grandioses et son succulent restaurant, le Lake Palace qui occupe l'île de Jag Niwas, offre aux visiteurs les charmes envoûtants d'un hôtel hors du temps.

En bas *: La Kush Mahal Suite.*

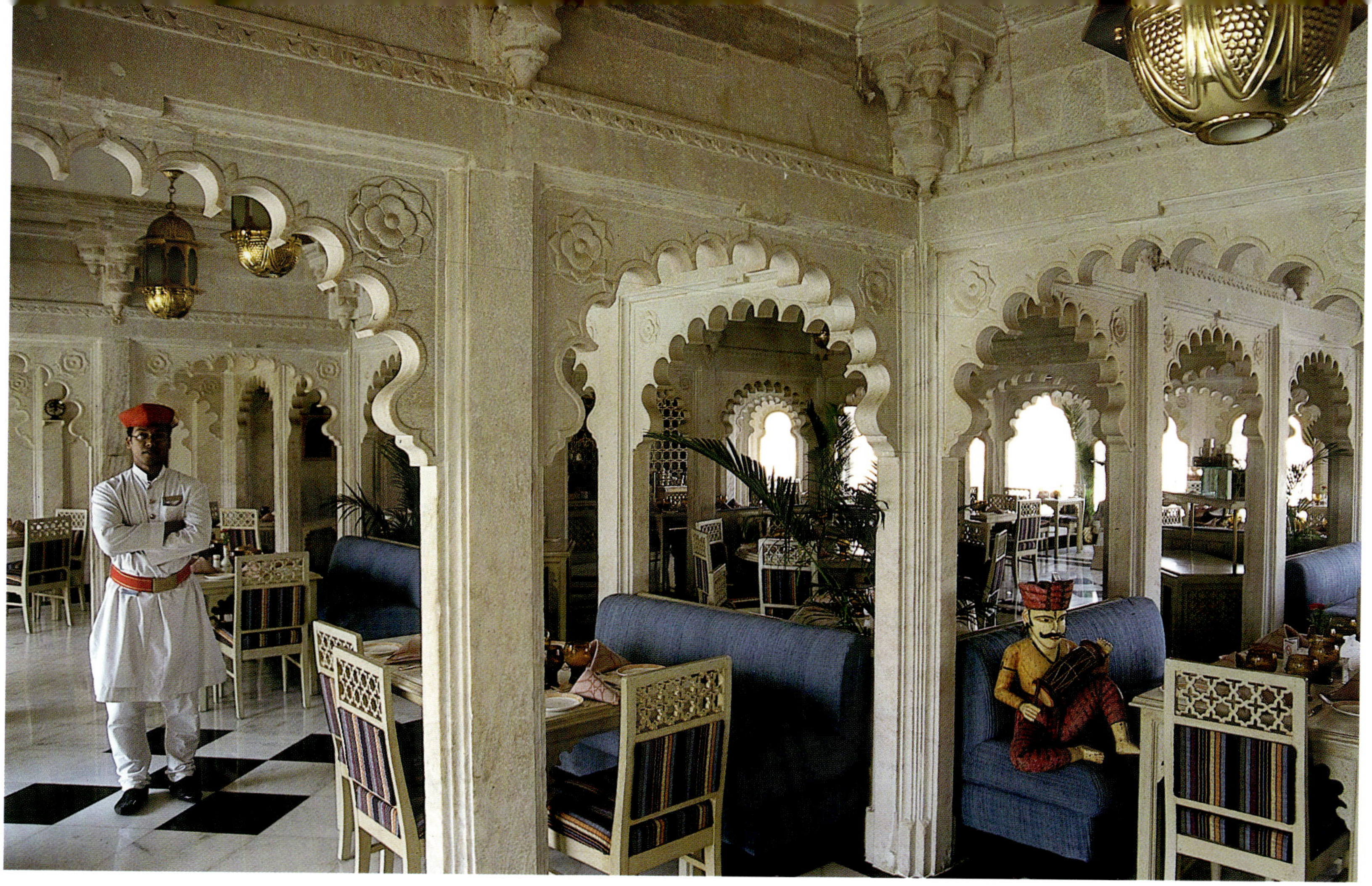

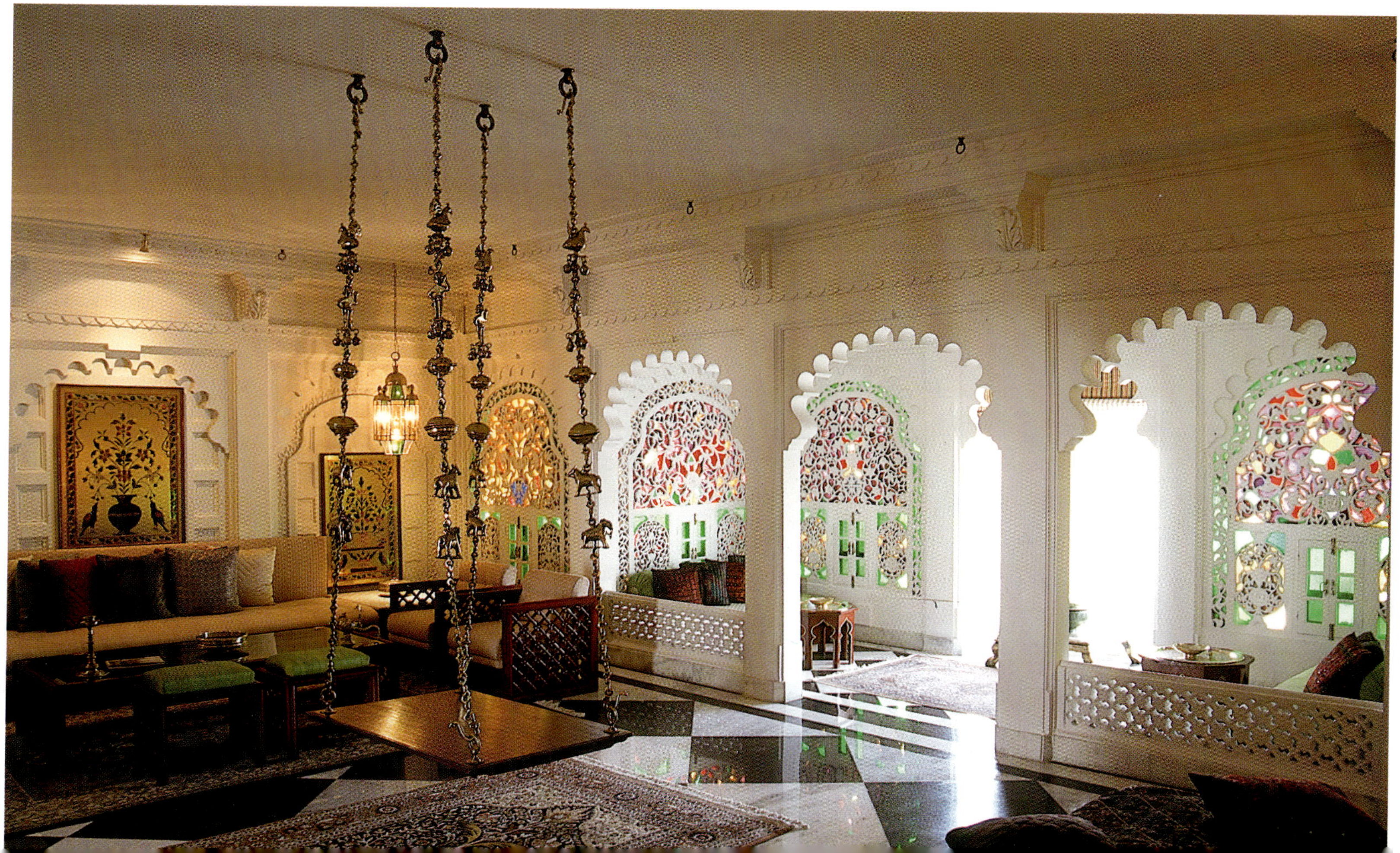

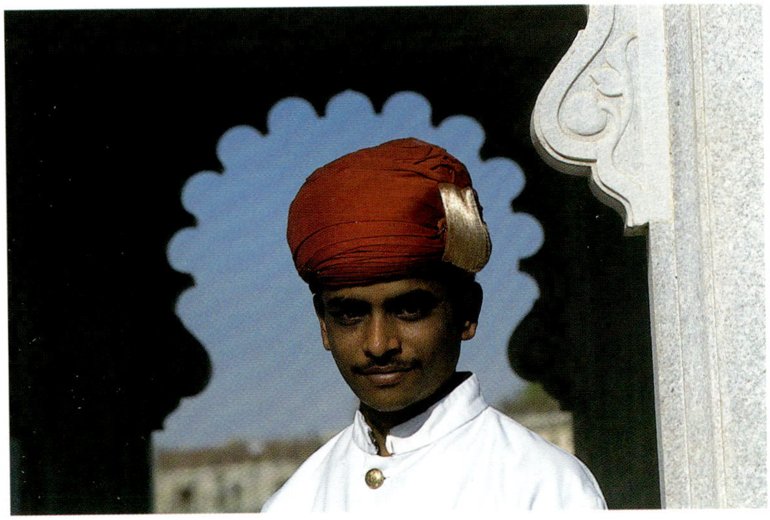

Le plus beau palace du monde !

L'autre îlot, Jag Niwas, est tout occupé par un fantastique palais de marbre blanc bien connu sous le nom de Lake Palace qui croule généralement sous les superlatifs des visiteurs : le plus idyllique, le plus romantique... A l'époque où une certaine marquise de Pompadour, favorite de Louis XV, rassemblait artistes et philosophes dans son salon parisien, le prince héritier du maharaja d'Udaipur imaginait (c'était en 1746) ce petit bijou entièrement voué au plaisir.

Métamorphosé en hôtel, certains assurent que le Lake Palace serait de nos jours le plus fabuleux palace du monde. Même si la rénovation en a altéré quelque peu la magie, y séjourner deux ou trois jours demeure le « must » d'un voyage au Rajasthan. L'endroit idéal pour y passer la dernière soirée d'un séjour inoubliable. Entouré d'élégants arcs polylobés, installé sur les canapés moelleux de la Khush Mahal Suite, caressé par le soleil qui filtre à travers les *jali* de dentelle et les vitraux colorés, et bercé par des odeurs d'encens, le plus chanceux des voyageurs n'aura plus qu'à entrouvrir les mémoires de Louis Rousselet, ce géographe français qui parcourut l'Inde de 1863 à 1869. Son récit de préparatifs d'une fête sur l'île l'entraînera dans une douce rêverie : « Les domestiques du rana vont et viennent, débarquant provisions, installant tout pour notre court passage. Les appartements sont meublés avec rapidité : des tentures ou des stores ferment les arcades ; des coussins et des tapis couvrent les dalles de marbre. A l'extrémité de l'île, tout un bâtiment nous est réservé ; nous y trouvons lits, chaises, toilettes ; dans une cour voisine, les cuisiniers sont à l'œuvre et des *banghcoulis* arrivent avec de telles provisions de champagne et de still hock que je crains que le rana n'en veuille à nos jours. Les jets d'eau lancent de tous côtés leurs gerbes au milieu des bosquets, et mille ruisseaux cascadent parmi les parterres. Rien n'a été oublié ; dans un kiosque au bord de l'eau, je découvre un essaim de jeunes filles rieuses, aux costumes étincelants de bijoux : ce sont les *nautchnis* de la Cour, que le rana a envoyées pour nous distraire par leurs chants et leurs danses... ».

Dehors, la pleine lune perce la nuit avec langueur, une brise légère enivre doucement le lac Pichola, quelques tambours résonnent au loin, le Palais Royal étincelle de mille feux. Dernier regard sur le Rajasthan...

Élégance, sens de l'hospitalité, sourires enjôleurs des habitués... L'arrivée au Lake Palace est toujours un enchantement. Ses terrasses commandent une superbe vue sur le palais royal d'Udaipur.

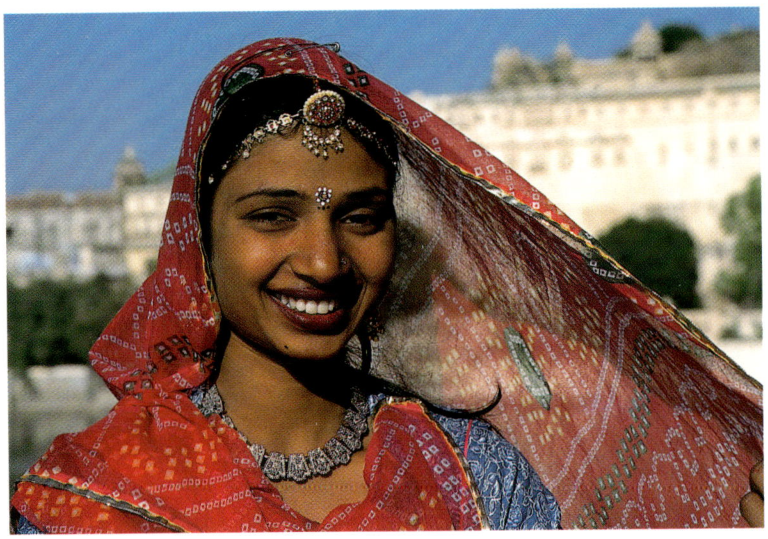

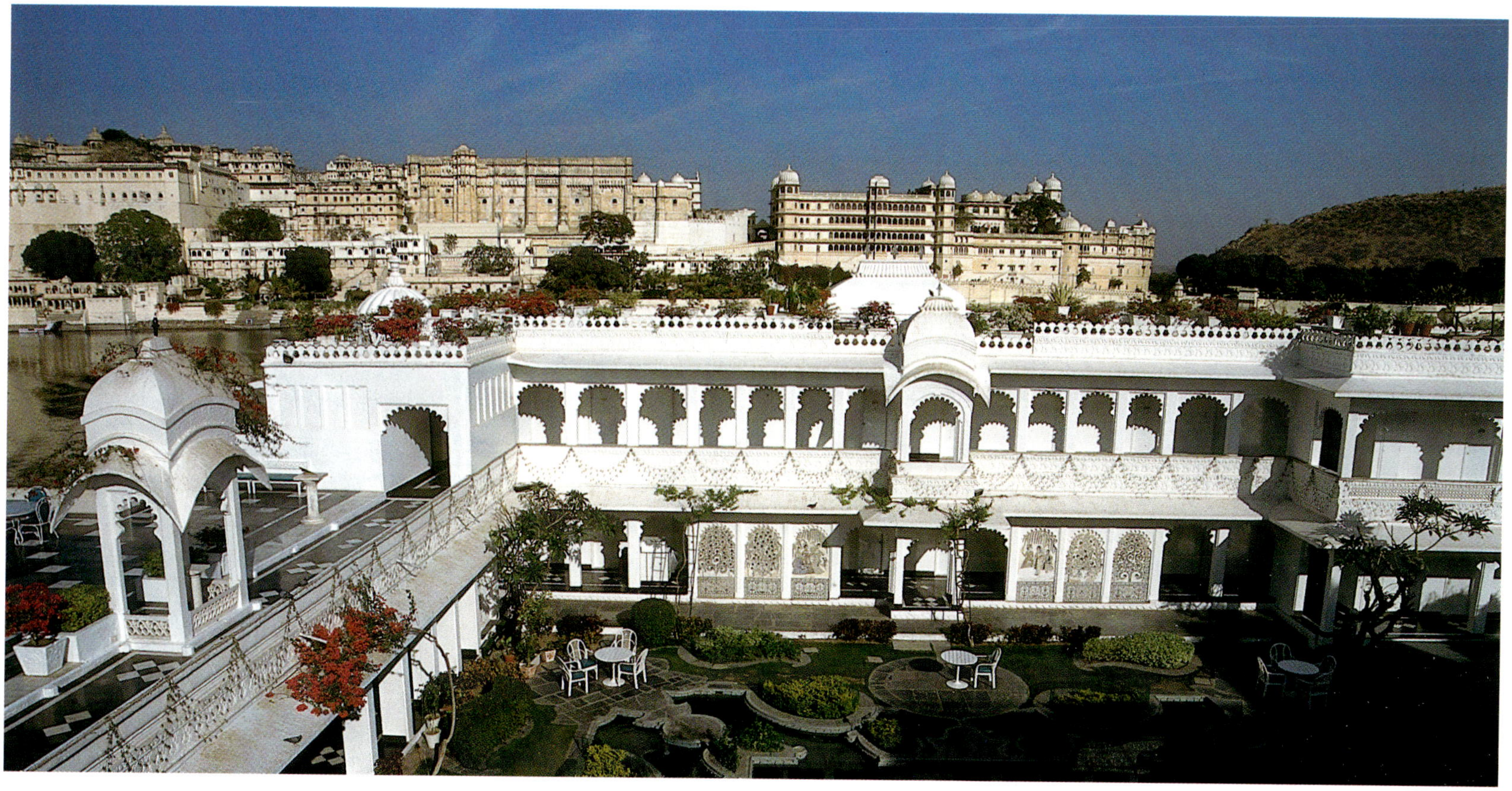

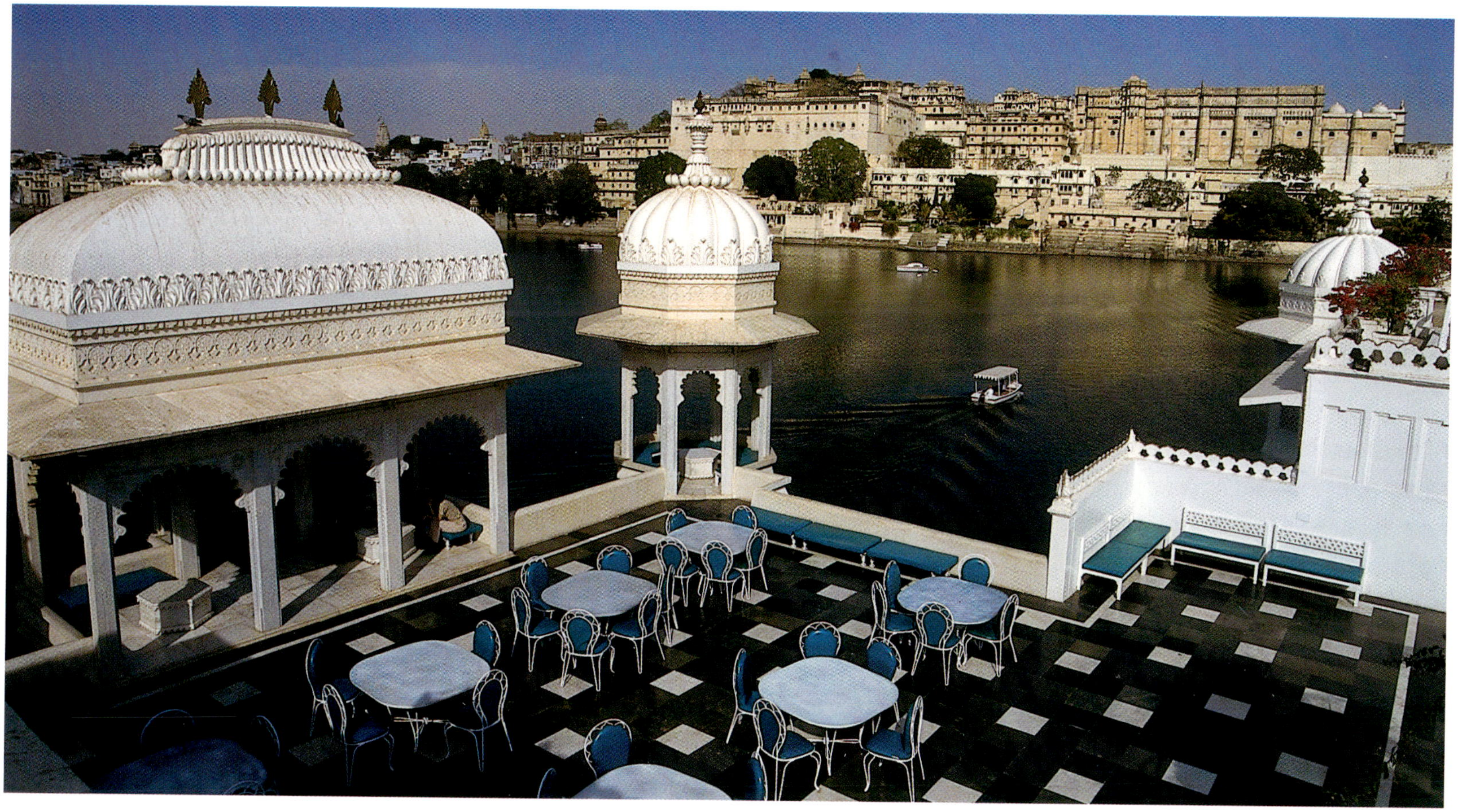